発達への
ダイナミックシステム・
アプローチ

認知と行為の発生プロセスとメカニズム

エスター・テーレン＆リンダ・スミス

小島康次 監訳

高橋義信・丸山　慎・宮内　洋・杉村伸一郎 訳

新曜社

A DYNAMIC SYSTEMS APPROACH
TO THE DEVELOPMENT OF COGNITION AND ACTION
by Esther Thelen & Linda Smith

© 1994 Massachusetts Institute of Technology
All rights reserved. First MIT Press paperback edition, 1996

Japanese translation rights arranged with
Massachusetts Institute of Technology
through its department The MIT Press, Cambridge, Massachusetts
through Tuttle-Mori Agency, Inc., Tokyo

日本語版出版に寄せて

　エスター・テーレンと私が、自己組織的なダイナミック・システムとしての発達の
プロセスがどのようなものかを著作にまとめようと決意してから25年の時が経ちま
した。その当時、発達心理学は単一の原因や生得的な起源、そして知識表象に多大な
関心を寄せていました。これらの構成概念は、乳児期そして幼児期を特色づけるドラ
マティックな行動上の変化についてはもとより、人間の知性を特徴づけている非常に
適応的で創意に富んだ多様な行動についても容易には受け容れられない説明を提起し
ていたように思われました。私たちは、エスターの専門分野である運動スキルの領域
からより優れた説明の枠組みに関する最初のインスピレーションを得ました。たとえ
ば（少なくとも1994年の時点で）世界最高のバスケットボール選手であったマイケル・
ジョーダンは、完全に同じ動作を繰り返していたわけではないという点で、まさしく
熟達していたといえます。これをさらに正確にいえば、彼の偉大なる洗練された特性
とは、特定の瞬間的な文脈に適合するように無限に変化することであったといえるで
しょう。ほんの数秒で実現される、文脈に応じたこのような適応的でスマートな適合
が、時間のなかで連続的に変化した相互に影響しあう多数の要素をもったシステムと
いう用語によって、その内的なダイナミクス、システム自体の履歴、および外界から
の即時的な入力から生じる結果として説明され得ることを、私たちは運動行動につい
てのダイナミック・システムズ・アプローチによって確信したのです。こうして人間
の認知とその発達を同じ理論的用語で理解しようとすることが、私たちの重要なアイ
ディアになりました。

　発達的な変化とは、多要因が関係したものであり、さまざまな時間スケールにわ
たって作用し、いくつもの分析水準（遺伝子にはじまり、親の行動や言語環境、そして
社会集団に至るまで）を交差して相互作用する多数の入れ子になったプロセスが集合
した結果である、という議論を私たちは展開しました。この多要因性ゆえに、表面的
には関連がない複数のシステムが、他のシステムの発達における原因となる、または
変調や許容的な役割を果たすという非自明的な因果的関係の広がりが存在することに
なります。この複雑性こそが、相互に関連した数々の原因の絡み合いを生み出すので
す。これら全てのことが、発達科学への新しいアプローチが必要であることを物語っ
ていると私たちは指摘しました。

　発達のプロセスにおける行動の役割を理解するには、多数の時間スケールを横断す
る変化のメカニズムを理解する必要があります。行動（たとえば歩行、読書、自己制御）
とは、神経の興奮にかかるミリ秒、目的的な行為にかかる2～3秒ないしほんの数秒、

課題遂行にかかる数秒ないし数分、そして技能学習にかかる数時間、数日、さらには数年といった数多くの時間スケールのもとで生じる、さまざまな変化が集合した結果なのです。

　生後の発達における行動の役割を理解することは、多様な分析水準における変化のメカニズムを理解するということも意味しています。たとえば歩行の発達や言語獲得、あるいは怒りに関する行動の制御や情動状態といった行動発達は、遺伝子、神経系、生体力学、心理学、そして環境要因を含む、数多くの異なる分析水準でのプロセスに依拠しているのです。

　最後に、私たちは発達研究における還元主義者のアプローチとは対立するシステム間の協同現象を主張しました。この提案は、現象の本質を単純化し、あらゆる要素をバラバラに解剖してしまうことを目的とする、科学において支配的であった方法論とは相容れないものです。近代科学における還元主義者の方法論が収めた目覚ましい成功は、確かに否定できるものではありません。たとえばその方法論は、生命システムの分子成分に関する全く新しい知識をもたらしたといえるでしょう。しかし一方で、それら分子成分の膨大な集合（すなわち生きて活動している総体としての子ども）が複数のシステムとしてどのように作用しているのかを矛盾なく理解することには至っていないのです。

　私たちがこの著作を執筆してからの数年の間に、発達科学のあらゆる分析水準において多くの進歩がありました。特定の現象について私たちが提案した説明のいくつかは、その詳細において正確であったのかが明らかになっていないものもあります。しかし、神経および行動の水準における変化の科学は、複雑系の方向に向かっているのであり、私たちの著作が今もなお有用であるという立場で進んでいるのです。

　　2018 年 1 月 2 日

　　　　　　　　　　　　　リンダ・スミス
　　　　　　　　　　　　　（インディアナ大学ブルーミントン校
　　　　　　　　　　　　　　心理・脳科学部 特別教授）

謝　辞

　インディアナ大学の知的風土は、新しいアイディアに対してエネルギッシュであり、また、挑戦的でもあります。イ大 (IU) 認知科学課程のダイナミックグループはその時代精神をよく示しています。1987 年にボブ・ポート、ジョン・メリル、ジャネット・メットカルフ、ヘルガ・ウイノート、ユン・スーらと研究会議を立ち上げ、さらにこの研究と討議をティム・ヴァン・ゲルダー、ジェフ・ビンガム、ベフ・アーリック、ジム・タウンゼント、デイヴ・ジョーンズ、ジョニ・カネルヴァらと継続しました。この研究グループはインディアナ大学の学部横断学際的研究基金の財政的支援を受けています。私たちは、また、認知科学課程学部長リッチ・シフリンによる開かれた、リーダーシップによるご支援に感謝し、また、同課程の同僚の皆さま、なかんずくマイケル・ギャッサーに、多くの有益なご助言をいただいたことに感謝申し上げます。

　インディアナ大学における発達研究者の同僚の皆さまからは発達過程について私たちが考える際に多くのヒントをいただき、惜しみないご協力をいただきました。レフ・アルバーツ、スーザン・ジョーンズ、メレディス・ウエスト、シェリア・ウオーカー、スティーヴ・バーロー、ベフ・アーリック、アレクサンドラ・クイッターの皆さんに感謝します。私たちの研究室とゼミの学生・院生、そしてポストドックの研究協力者たちは熱心に仕事をして、私たちが妥協するのを許しませんでした。特に、カレン・アドルフ、デボラ・デイヴィス、ダニエラ・コルベッタ、リサ・ガーシュコフ＝スノウ、スティーヴ・ゴルディンガー、ディアナ・ヘイズ、ジョディ・ジェンセン、カシー・カム、ドン・カッツ、ユルゲン・コンチャック、テレサ・ミッチェル、マイク・ムチスキー、ローラ・ネイミー、ブリジット・オリヴァー、ミカエル・ショーニー、マリア・セラ、グレゴリー・スミス、ジョン・スペンサー、グレゴリー・スミス、ジョン・スペンサー、ベアトリクス・ヴェレイカンの諸君、諸嬢に感謝します。また、心理学科長のペギー・イントス‐ピーターソンには、大学における知的活動、つまり、インディアナ大学の学問レベルを保つのに貢献していただいたことに謝意を表します。

　1987 年以来、私たちは、発達現象とダイナミックシステムに対する理解を、イ大の同僚ばかりでなく、発達と認知を複雑なダイナミックシステムとして理解しようと試みている世界中至る所にいる友人たちとの意見交換を通じて発展させてきました。1989 年のワークショップにご参加の、敢えて新しい事柄に本気で取り組んでくださった、ディック・アスリン、ベネット・バーテンサール、ジョージ・バターワー

ス、キャロル・エッカーマン、ジーン・ゴールドフィルド、アラン・フォーゲル、スコット・ケルソー、ダレン・ニュートン、ピーター・ウルフにお礼申し上げます。また、ジョージ・シェナー、アラン・フォーゲル、スーザン・オーヤマ、パトリック・ベイトソン、カール・ニューウェル、ジェーン・クラーク、キャロリン・ヘリザ、マイケル・ターヴェイ、ピーター・クグラー、ブランダイン・ブリル、クレア・フォン・ホフステン、ジュディ・デローチ、デドレ・ゲントナーとの長年にわたる対話から日常的に研究上のアイディアをいただきました。キャサリン・ハーシュ‐パーク、アラン・フォーゲル、マイケル・タッカーからは厳しくも思いやりに満ちた査読という、もっとも有益なご助力をいただきました。また、クラーク・ピーターソンには特別な感謝を捧げます。氏は、査読の上、洞察に満ちたコメントを寄せてくれただけでなく、常に発達に関する賢明な問いを発してくださり、このプロジェクトに対する揺るぎない関心と友情を示してくれました。

　私たちは、2人の卓越した発達研究者、エレノア・J・ギブソンとジェラルド・M・エーデルマンに特別な恩義を感じています。おふたりの影響は本書のいたるところに展がっています。ジャッキー・ギブソンはインディアナ大学高等研究所の研究員として1ヵ月滞在してくれました。その間、彼女は常に議論を喚起し、私たちを鼓舞してくれました。イ大の e- メールによる研究討論会で才気溢れた、刺激的な発言をされた、ジェリー・エーデルマンは、並み居る脳科学者の中で人間の発達を真摯に語る稀有な存在です。エーデルマン博士の理論の真髄を本書が遺憾なく発揮できていることを願うばかりです。

　インディアナの居心地の好さは、協力的で有能なスタッフのお陰です。アムバー・コックスは沢山の図表を独創的で巧みに作成してくれました。カレン・ジュークスは原稿を辛抱強く、時にユーモアを交えて清書してくれました。そして、マリー・ブックとデクスラー・ゴームリーには大変多くの場面 —— 図表作り、参考文献探し、写真撮影、全体の洩れの点検 —— で手伝ってもらいました。彼らの助けがなければ、本書は陽の目をみなかったでしょう。ドン・カッツ、ジョン・スペンサー、テレサ・トリートには、卒業研究の貴重な時間を索引作りのために割いてもらいました。

　アメリカ合衆国とインディアナ州の納税者の皆様からは、国立健康研究所とインディアナ大学の研究基金を通じて長年にわたりご支援をいただきました。感謝申し上げます。

　最後に、家族は、楽しさと、エネルギーと、平穏無事な生活をもたらしてくれました。デイヴィッド、ジェニファー、そして、ジャーミー・テーレンと、モーリス、ゴードン、エヴァン・スミスが私たちに平安と成長の場をもたらしてくれたことに対し、最大級の謝意を捧げます。

目　次

日本語版出版に寄せて　　i
謝　辞　　iii

序　章 —————————————————————————— 1

発達はどのようなものか —— 上からの見方　　2
発達はどのようなものか —— 下からの見方　　5
発達理論の目標　　7
本書の計画　　12

第Ⅰ部　発達の性質 —— ダイナミックなアプローチ　15〜162

第1章　歩行学習からの教訓 ————————————————— 17

歩行の学習 —— 上からの見方　　17
単一原因による説明の欠陥　　21
中枢パターン発生器と移動運動　　22
歩くことの学習 —— さらなるデータが示すもの　　25
発達段階を解体する　　32
シガエルの移動運動の発達　　33
ヒヨコの移動運動の発達　　35
ネコの移動運動の発達　　36

第2章　認知発達の危機 ————————————————————— 39

ピアジェ —— 上からの見方　　39
下からの見方 —— 推移律を用いた推論　　41
コンピテンス 対 パフォーマンス　　44
生得主義　　47
連続性とは何か？　　50
生得的とは何を意味するのか？　　53

(v)

モジュール性　55

人間の情報処理　58

コネクショニズム　60

目的論 —— 発達理論における最終状態を超えて　66

まとめ　67

第3章　ダイナミックシステム —— 変化のパラダイムを求めて —— 69

ダイナミックシステムの振る舞い —— 概観　75

ダイナミックシステムの原理　77

時間スケール関係の重要性　93

「ノイズ」についての覚え書き　95

安定性についての補足説明　96

まとめ　97

第4章　発達のダイナミック原理 —— 歩行学習再考 —————— 99

本章の概要　101

創発する行動の時間スケールに関する覚え書き　102

行為のダイナミックな原理　103

ベルンシュタインの貢献　105

運動のエネルギー的な側面　108

実時間における自己組織化 —— 乳児の自発的な足蹴りについて　109

複数の時間スケールを行き来する —— 行為から発達へ　114

生成と消失を繰り返すアトラクターとしての発達　117

発達における変動性の新たな役割　118

乳児の足蹴り運動における個体発生的な変化　121

新生児の足踏み運動の消失　122

乳児の足蹴り運動の協調と制御

　　　 —— ダイナミックな変化について　124

生来的なダイナミクスを環境に同調させる

　　　 —— トレッドミルから誘発される乳児の足踏み運動　128

トレッドミル上での足踏み運動の発達

　　　 —— 変化のダイナミクスをマッピングする　131

ダイナミックシステム・アプローチにおける個体の果たす役割 132

トレッドミル歩行の個体発生を理解するための、

ダイナミックシステムの原理の操作化　133

歩くことの学習のダイナミックな説明——個体発生の全体像　157

第Ⅱ部　変化のメカニズムを求めて

163 ~ 260

第5章　神経組織と発達のダイナミックス

165

説明とメカニズム　　　　　　　　　　　　　　　166

脳のダイナミックな組織化　　　　　　　　　　　167

神経細胞群選択理論　　　　　　　　　　　　　　179

神経的多様性の解剖学的基礎と機能　　　　　　　184

神経胎生学における多様性の創造　　　　　　　　191

形態発生における細胞表層の役割　　　　　　　　194

神経発生、マッピング、そして行動の関係 ── 知覚と行為へ　　198

第6章　カテゴリーとダイナミックな知識

201

哲学 対 生物学　　　　　　　　　　　　　　　　201

自らを教えるカテゴリー ── コンピュータ・モデル　　208

対象の定義の発達　　　　　　　　　　　　　　　213

カテゴリーとは何か　　　　　　　　　　　　　　223

カテゴリーのダイナミックな選択としての発達　　224

第7章　乳児における選択のダイナミックス

231

知覚の統一性　　　　　　　　　　　　　　　　　231

乳児の感覚モダリティ間統合　　　　　　　　　　235

知覚としての運動 ── 発達における運動の決定的な役割　　238

知覚と認知の発達における運動の中心的役割　　　241

知覚的モダリティの欠如における発達　　　　　　246

ダイナミックな記憶 ── 学習から発達へ　　　　249

記憶における発達的変化　　　　　　　　　　　　257

第Ⅲ部　知識のダイナミックスと起源

261 ~ 400

第8章　知識の文脈特異的な起源

263

大域的な構造－局所的変動性 ── 時間スケールの統合　　263

スロープについての学習	266
何が可能かを知る	272
可能な事象と不可能な事象	273
車が箱を通り抜けられないことを知る	275
発達する多様なアトラクター	283
大域的構造間の飛躍 —— 新奇な言葉の解釈	287
文脈とコンピテンス	295

第9章　行為からの知識 —— リーチングの学習における探索と選択　299

リーチングの学習 —— 課題の性質	299
リーチングの学習 —— ダイナミック・アプローチ	302
リーチングへの移行	305
マッチングの意図と、内在的ダイナミックス	321
創発的カテゴリーとしての行為	325
ネイサン —— 生後1年にわたる探究と選択	327
行為からの知識と知識からの行為	333

第10章　実時間、発達的時間、知るということ
　　　　—— A-not-B エラーの説明　335

A-not-B エラー	335
文脈効果	338
システムによる説明	341
発達 —— 実時間と発達的時間を統合する	356
成熟か発達か	360
知るとはどのようなことか	364

第11章　困難な問題 —— ダイナミックな認知に向かって　367

動機づけ —— それはどこから来るのか	369
身体化された認知の起源	380
知識の社会的身体性へ向けて	386
話すことと知覚すること —— 相互作用的認知	388
ダイナミックな認知における象徴的思考	391
パラダイムシフト	398

エピローグ　401

訳者あとがき	403
文献	409
人名索引	431
事項索引	438

装幀＝新曜社デザイン室

序　章

　人の生活は、思考と行為の両方で成り立っている。人が単細胞の単純な生物から出発して、どうやってこれほど複雑な身体的、心的活動をするようになったのかは、永遠の謎かもしれない。人はどのようにして、世界の中で活動できるほどに世界を理解するようになったのだろうか？　社会的現実や物理的現実を、どのように構築しているのだろうか？　私たちのメタファーやファンタジー、創意に満ちた豊かな心的生活は、どこからやってきたのだろうか？　そして同時に、脳は、どのように手足や身体の部分をコントロールして、複雑で熟練した行為ができるようにするのだろうか？何千年も、哲学者や心について研究してきた学者たちは、こうした重要で解きがたい問いの鍵が、子どもの発達の中に見出せるであろうということに気がついていた。

　ボールドウィン、ダーウィン、ゲゼル、ピアジェ、ウェルナーたち多くの先達同様、私たちもこの人間発達の謎に、心的生活の獲得は形態と機能に関するあらゆる生物学的な成長と連続性を有するという確信をもって挑む。人間は他の生物に比べて多くの特異な活動をすることができるので、人間の個体発生を特別なものと考えやすい。本書で論じることは、人間発達の到達点が複雑で独特なものだとしても、そこに到達するまでのプロセスは、単純な生き物の発達を支配するもの、そしてある程度までは、複雑な非生物のシステムを支配するものとも共通だということである。

　私たちの心的生活に関する基本的なアプローチは、非常に一般性をもつ原理に依存している。それは非線形のダイナミックシステムの原理であり、秩序発生と複雑性の問題、すなわち多くの個別の部分の協調によって、どのように全体の構造とパターンが生起するのかということに関係している。非線形システムの原理は、物理学、化学、数学に始まった。非線形のダイナミックスと生物システムの研究との関連性に気づいたのは、少数の先見の明ある生物学者たちだけだった（たとえば、von Bertalanffy, 1968; Waddington, 1977）。しかし、ここ数年の間に、そうした原理が厳密に、公式に適用されるようになってきた（たとえば、Glass & Mackey, 1988; Kelso, Mandell, & Shlesinger, 1988）。こうした原理は、複数の時間スケールの下に住まう多様な物質基盤のシステムを表現する。私たちは、そうした原理が生命体の形態から行動までのすべてのレベルにおける個体発生を統合する上でとりわけ強力であると考える。本書の最初の部分はダイナミックシステムの原理を記述することと、行動と発達のデータをダイナミックシステムの用語で解釈し直すことに充てることにする。

(1)

しかし、もっとも有力な一般原理も完全なものとは言えない。したがって、発達研究者は、依然として現実生活の現象のレベルにおいてプロセスとメカニズムを理解することが必要とされる。変化を生み出す生活体と環境の要因は何であろうか？　現実の乳児が、人、物、そして出来事が絶え間なく相互作用する世界において生活し、発達するとき、その因果関係の複雑な網の目をどのように解きほぐすことができるだろうか？　したがって本書の主要な課題は、ダイナミックシステムの原理を、プロセスとメカニズムの領域において例証することである。これらの一般原理が個体発生の本質とその具体的な現象の詳細と変異の両方を捉えること、そして当然のことながら、乳児と児童から得られた実験データに対する、新しく強力な説明が可能であることを示すことである。

特に、行動と発達が多くの説明レベルでダイナミックであること、とりわけ、行動のレベルにおいて記述された現象が、脳とその機能について知られていることと一致することを示すことに全力を傾注する。行動と発達を脳の活動に解消する還元主義的な説明を求めているのではなく、両者の調和のとれた説明を求めているのである。神経解剖学と生理学がすべての行動の土台ではあるが、後で論じるように、それらは論理的に因果的ということではない。このような観点に立って、脳の発達理論と関連づけて、発達のプロセスとメカニズムを考えていく。

発達はどのようなものか ── 上からの見方

生命体が「発達する」と言う場合、どのようことを意味するのだろうか？　私たちはここで、プロセスや生理学的な能力が発現すること、また、生涯を通じてそれらが最終的に行動に表現されるに至る、すべての発達を貫く共通性を探求する。これらの時間の経過とともに起こる多様なプロセスを結ぶものは何であろうか？　まず、拡大鏡の倍率をもっとも低くして、個体発生を見ることにしよう。

時間の流れを大きく見渡すと、生命体の発達のもっとも大きな質的変化は、小さく単純だった生命体が大きく複雑なものへと変わっていくことである。複雑になるということは、単純に考えて、異なる部品とその働きの数、さらにそれらの間の関係が増すことを意味する。発達は、常に直線的で量的なものであり、それは成長が常に増加的であるのと同様である。同時に、発達はまた、非直線的で質的でもある。というのは、複雑性は新しい形態や能力を創り出すからである。

このプロセスには、顕著な秩序正しさがある。どの種であっても、発達は通常、厳密な規則性とさらには必然性をもって進行する。私たちはかなり正確に、人間の新生児の行動および生理学上のレパートリーを記述することができ、またかなりの確信をもって、特に欠陥のないすべての人間は歩くであろうこと、彼らが所属する文化の言

語を話すこと、社会的関係を結ぶこと、生殖能力を成熟させること、ある種の心的操作に従事するであろうこと、を予測できる。私たちはまた、有意な信頼性をもって、こうした出来事や他の多くの事象が起こる、年齢と順序の目安をつけることができる。「子ども（あるいは大人）の発達段階」、「発達の一里塚あるいは予定表」、「生物時計のチクタク鳴る音」などと言うとき、私たちの日常言語は、こうした秩序正しさを表している。

　発達をざっと見回してみると、単なる秩序以上のものがあり、それは前進的、すなわち方向性をもったものである。変化は、質的なものも量的なものも、共に可逆的ではない。いったん新しい構造が出現したり、ある成長のレベルが達成されたり、あるいはある行動がパフォーマンスされたりすると、生命体は決して以前の形態へ逆戻りすることがない。ある機能は年齢とともに、また、病気で衰えることはあるかもしれないが、発達のプロセスは元に戻らない。すなわち、生命体が未成熟の状態に見えるようになることはない。ある種の行動は子どもっぽく見えるかもしれないが、年齢あるいは脳損傷が未成熟の生命体を創造することはない。

　あらゆる生物に共通して、発達の方向は、親から独立した摂食行動の増加と生殖機能の成熟の達成へと向かう。食物と配偶者を探すことには、こうした目標を実現するために必要とされる環境の特性と、動物のもつ知覚的、ならびに運動的な器官との正確な調和が求められる。発達は、こうした適応的な調和に向かって前進する。

　発達をもっとも広い範囲で見た場合の、秩序をもち、進歩的、増大的で一定の方向性をもつという特質は、それが設計によって導かれた目的的なプロセスであるという印象を引き起こす。生命体はどうやって、このように確実に、計画もなしに、決められたしかたで、適応的で成熟した機能を果たすという目標へ向かって進めるのだろうか？　単純なものから複雑なものへ向かうこの避けがたい変化の方向を示す案内書は、どこにあるのだろうか？　この運命は、どこかに、何らかのかたちで、個体発生の進行に伴って読まれるべき指示書として、書かれていなければならないように思われる。

　発達研究者たちは、この壮大な個体発生の計画書を発見すべく、膨大な努力を傾注してきた。どの教科書にも必ず載っている古典的な「生得－経験」論争は、発達がどこからもたらされるのかを理解する探求を反映している。1つの極端な見方は、発達の計画書が完全に生命体の内部に、一組の青写真として備わっているとするもので、そこに最終的な成人の形態を作るのに必要なすべての情報が含まれていて、それが時間の経過とともに順次読み出されるだけでよいとされる。もう一方の極端な見方は、生命体自体は、最終的な運命に関する情報を何ももたず、経験を通じて環境の秩序からもたらされる構造と複雑さを吸収するだけだというものである。

　驚くことに、現代の発達理論のいくつかは、依然として生得的な決定論か、あるいはあからさまな環境論の立場に立ち続けている。しかしながら、大部分の発達研究者

は、少なくとも口でだけは、発達が生得的に決定されたプロセスと環境からの入力との相互作用の関数であるとする見方を支持している。相互作用主義、あるいは交互作用主義は誰にとっても耳触りのいい用語であり、生得－経験という二分法に差し出された「解決」なのである。

　広く受け入れられている相互主義の立場が、なぜ発達的前進の全体像を説明するのに不十分なのかについては、いくつか理由がある。第一に、そして、真っ先に挙げるべき理由は、どのような既存の作用因の中に発達計画を探しても、重大な論理的な袋小路につきあたる、ということであり、もっとも新しいところでは、オオヤマ（Oyama, 1985）が、この点を圧倒的な詳細さで論じている。生命体の形態、すなわちその構造と機能における新奇性と複雑性がいかに立ち現れるのか、というのが、最初の発達に関する問いであったことを思い出してもらいたい。生命体内部にあらかじめ存在する計画を呼び出すという考え方をとると、無限の後退に陥る。たとえば、心の構造はどこからくるのかと問うてみよう。もし、それが中枢神経系（CNS）からくるのだとすれば、それはどこにコード化されているのだろうか？　もし、神経系の構造が完全に遺伝子にコード化されているとすれば、一次元上に系列的に配置された化学的なコードから、いかにして三次元の、しかも機能的に特殊化した精巧な構造が導かれるのだろうか？　このコードから生命体への移行をつかさどるルールは、どこにあるのだろうか？　このように、さらにもう１つ別の指示集合を仮定しなければならなくなり、さらにまた別の、ということになる。遺伝決定論者は、本質的に起源の問題を回避し、進化論生物学者にお鉢をまわしただけで、新奇な行動の起源を説明するのは結局進化生物学者の仕事になるのである。反対に、心の構造が世界から得られる情報や知識から作られると主張した場合、その情報はどのようにして評価されるのだろうか？　どんな基準によって、生命体は何が「良い」かを知るのだろうか？　何が注意を払われるべきものであり、心的レパートリーに同化されるべきものなのだろうか？　この場合もまた、最終的な発達の所産のもう１つの表現レベルが必要になるのである。

　大人になるための情報がどこにあるのかという問いに伴うジレンマは、相互作用論によっては解消されない。相互作用主義者の立場は、ここで定式化したように、ただ２つの論理的に擁護できない見方を結びつけるだけで、その結合がどのようにして、両方の見方が根本的にもっている後退的な性質を解消するかということに関しては、何の考えもない。情報は、生命体の内側と「外のあそこ」の両方にあり、何らかの特定されないしかたで結びついている。遺伝子は、連続的で基本的な、細胞、組織、生命体、そして環境の支持的マトリックスの中で働き続けるとき、単独では発達プロセスの最終的な状態を特定することができない。遺伝子外の因子も、それ自身では、卵子から成人への変遷を特定するのに十分ではない。相互作用主義者の立場は、不十分

な2つのコードを結びつけることがいかにして完全な青写真を創り上げることになるのかを、明らかにするものではない。もし、遺伝子と環境が「結びつく」とすれば、私たちは、いかにしてその相互作用が時とともに新しい形態や新しい行動を創り出すかを特定しなければならない。

成熟論、環境論、そして相互作用論は、成人の形態が発達する前に本質的にそれを指示するゆえに、不完全な発達理論なのである。これらの理論は（発達の）プロセス、すなわち、新しい形態と機能が時とともにいかに実現されるのかを説明しない。発達は結果の仕様、すなわち所産ではなく、生命体が初期の状態からより成熟した状態へと変化する道筋なのである。あらかじめの指示や目的論を仮定することによって、結果が計画の中にすでにカプセル化されていることになり、単にプロセスを巧妙に回避することになるのである。

上記の見方は、したがって、個体発生的な革新のための秩序と情報の源泉を提供する説明に向いている。しかし、伝統的な理論は論理的に満足できるものではない。というのは、何がシステムを前進させるのかということの原理的な説明がないのである。伝統的な理論は、また、観察というより身近なレベルにおいても、発達プロセスを説明し損なっているゆえに不完全である。

発達はどのようなものか — 下からの見方

発達を一渡り眺めると、きちんと規則によってコントロールされているように見える。しかしながら詳しく見てみると、発達はごたごたしたものである。顕微鏡で拡大してみると、直線性、単一性、必然的な系列、そして不可逆性さえもが壊れてしまう。遠くからは、一貫性があり、全体的に調和のとれたプロセスに見えたものが、その具体化にあっては、より探索的で、場当たり的で、異なるものが入り混じっており、実用上の都合に動かされるプロセスという趣を帯びる。続く各章において、私たちは、行動発達のごたごたしていて、流動的で、文脈に敏感な性質に関する、多くの具体例を提示する。

第一に、発達は異なる時間の流れをもつモジュールの性質を有するように思われる。というのは、動物のすべての構造と機能が同じ速度で、あるいは全体が一様に発達するわけではないということである。非常に多くの種で、産まれたときの構造と機能の要素の相対的な成熟度が、非常に異なっていることが観察される。おそらくそれは、選択圧に対する反応であろう。多くの種が生まれながらにして感覚と運動の能力の両方に関して晩成（留巣）性か早成（離巣）性を示すが（ネズミ vs. ウマ）、それ以外の種の新生児は混ぜこぜになっている。たとえば、人間は誕生時早成の感覚機能をもつが、運動能力は晩成である。アノーヒン（Anokhin, 1964）は、発達プロセスが若い個

体への生態学的要請に非常に敏感でありうること、必要な機能を提供するために、単一の神経束が選択的に加速されることさえありうると指摘している。同様に著しい不均衡が、種内における知覚、運動、認知、社会の各要素の相対的な成長率、変化率に見られる。ということは、各要素がそれぞれ固有の発達経路をもっているのかもしれず、それぞれが加速的な変化を示す時期、ゆっくりと直線的に増加する時期、まったく活動しない時期を示すことになる。ここで見られるパラドックスは、生命体が要素の構造とプロセスにおいては不規則に変化するのに、全体としては適応的に、かつ統合的に変わっていくということである。

　もっとも著しいのは、個体発生の現象を実験的に詳細に分析した場合、見かけ上統合的に行動をパフォーマンスする各要素が、行動が完全に機能するよりはるかに先立って見出せることがしばしばあるということである。ということは、特殊な条件下では、生命体は1つの領域において早成の能力を示すかもしれないのである。他の要素はもっとゆっくりした成熟を示し、成熟したパフォーマンスと決して切り離されることがない。動物研究の文献に見られる早成の能力に関する衝撃的な1つの例は、子ネズミの離乳である。子ネズミは普通、生後3週間は自分自身で飲み食いしない。しかしながら、ホールとブライアン（Hall & Bryan, 1980）は、生後間もない子ネズミでも、実験飼育室の室温が十分温かければ、実験室の床に置いた液体あるいは半液体の食物を摂取することを示した。なぜこのような構成要素が使える状態なのに、「（親の）保護のもとで待機する」のだろうか？　その後、何が、新しいレベルのパフォーマンスへと生命体を駆り立てるのだろうか？　これらの隠れた先駆体は、どのようにして表に現れるのだろうか？

　進歩した段階の境界線にしても、見かけ上起こるパフォーマンスにおける後戻りや、すでに確立された行動が喪失することがあり、同様に不鮮明である。そうした喪失のいくつかは種全体に現れ、哺乳類の乳を飲む行動のように普遍的に減退を示すが、それは生命維持のための要求における個体発生的変化に対する適応的な解決なのであろう。他の喪失は、より直接的に文脈に縛られた短期的なものであり、特に新しい能力が最初に出現してくるときはそうである。

　このように発達的変化は、遠くから眺めると順序正しくきちんと交代するように見えても、近くからよく見ると暫定的で流動的なのである。未成熟な動物においては、パフォーマンスは変わりやすく、容易に崩壊する。行動発達を安定した、一定不変の条件下で観察すれば、安定的で、一定不変であるように見える。もし一組の問いだけを問うならば、限定された一組の答えを引き出すだけだろう。不安定性、新奇性、変化性を導入した文脈においてのみ、動物の反応能力の範囲を引き出したり、検証したりできる。変化という挑戦のもとでは、限定された条件下では見られないような柔軟な解決法がしばしば見出される。

したがって、倍率を上げ、拡大して見た場合、規則は維持されないように思われる。行動上のパフォーマンスを決定するものは、（発達の）グランドプラン、あるいはタイムテーブルよりも、状況の即時性や目前の課題であるように思われる。発達現象を法則的な関係として体制化しようとする私たちの努力は、発達現象そのものによって頓挫させられるように見える。

発達理論の目標

それではいったい、レベル、領域、種にまたがる発達理論に何を求めるべきなのであろうか？　表 I.1 に、私たちが本質的と信じる 6 つの目標を掲げたので、次にそれらについて詳しく論じる。発達の主要な推力は、新しい構造と行動を産出することに向けられる。発達的説明は、それらがすべて初めから備わっていると仮定するよりもましなものでなければならない。そこで、最初に必要とされることは、新奇なものがどこから来るのかということの原理的理解である。この説明は、一見矛盾する 2 つのレベルを包含するものでなければならない。倍率を低くすると、事象は計画的に見える。発達は、時計のようにきちんと進み、全体的に正確で規則正しい時間で事象を区切ってゆく。同様に、そのプロセスは、全体的に目的論的であるように見える。それは目標方向的であり、健常な個体すべてに共通である。しかしながら倍率を上げて拡大して見ると、多様性、柔軟性、非対称性を説明しなければならない。すなわち、行動単位の流動性、ならびに、幼い生命体であっても、文脈や課題に合わせて行動を再体制化する能力などをいかに説明するかである。

表 I.1
発達理論の目標

1．新奇性の起源を理解すること
2．全体的な統御と局所的な変異、複雑性、文脈特異性を調和させること
3．異なる多くのレベルの発達データを統合すること
4．動の発達に対する生物学的に妥当でありながら還元主義的でない説明を提供すること
5．局所的なプロセスがどのように全体的な結果を導くのかを理解すること
6．実証的研究を生み出し、解釈するための理論的基礎を確立すること

私たちの基本的仮定は、生命体の最終状態は、成熟への旅の始まりにおいて実現されているのではない、というものである。そこで、私たちの原理は、多様で、異種混淆的で、流動的で、ダイナミックな局所的効果から、いかにして全体的な発達の軌跡が生起しうるのかを説明しなければならない。私たちは、変化し、流動する、課題に

敏感な、こうした局所的効果が、発達のグランドプランの単なるノイズ（攪乱要因）ではなく、それこそが発達的変化を産出するプロセスであると主張する。全体的な単純さにおいて行動を産出するのは、このような局所的複雑さのもつ本質そのものなのである。私たちはしたがって、時間スケール間の適合の必要という繰り返し発生するテーマをもつ。発達する生命体は、日常生活において知覚し行為するのであるから、長い時間スケールを通じて、これらの活動と変化との間に連続性がなければならない。

　同時に、私たちは、生物学的に妥当でありながら、非還元主義的な、行動発達の説明を求める。一見これは用語上、矛盾しているように見えるかもしれない。発達心理学者が行動の「生物学的基礎」を持ち出す場合、それは、往々にして人間の機能の神経生理学的、ホルモン的、あるいは遺伝的側面を意味する。すなわち、行動はそうした、より基本的なプロセスに「基礎づけ」られていると考えるのである。神経系、ホルモン系、遺伝子が人間行動に対して本質的な貢献をしていることに、疑いを差し挟む者はいないだろう。しかしながら、発達に貢献する要因を、生物学的、遺伝的、生得的、そしてそれゆえ根本的なものとして、何らか生命体の中に住まうものの中に仕分け、他方、生命体の外部にあり、物理的あるいは社会的環境の日常的特徴を含むものを、非生物学的で補足的でしかないものとするのは、深刻な間違いである。

　私たちは、ただ1つの要素だけが因果的に卓越したり、行動の基礎を形成することはないことを、多くのレベルで示そうと思う。個体発生的なニッチ、ウエストとキング（West & King, 1987）は正常で望ましい環境をそう名づけたのだが、それは生活体自体の境界内部における「組織体（wetware）」と同様に、確実に発達の結果を決定する。発達しつつある人間にとって、言語環境は、左脳と同じくらい生物学的なものである。「生得的」であることと、「獲得されたもの」であることとの間の境界は非常に不鮮明になってきているので、どう贔屓目に見ても、発達プロセスに関する強力な問いに比べれば、つまらないことでしかない。

　ここで私たちは、還元主義的－二分法的パラダイムをひっくり返して、いかにして行動が多数の基礎となる寄与要素から生じるかと問うてみよう。それは、全体が個々の断片の関数としていかに理解されうるかというよりも、個別の断片が一緒になって、いかに全体を生み出しうるかという問いである。私たちは有機体の発達の単純な還元主義的見方を拒否すると同時に、先達と同様、認知能力の成長は全般的な適応的個体発生の延長上にあると強く信じる。このことは、認知が神経構造という観点からのみ理解されえるものではなく、認知の変化の説明は、神経システムとその発達の構造と機能に関して知られていることと完全に調和のとれたものでなければならないことを意味する。

　生物学的に一貫した理論に対する私たちの拘りは、認知と発達の機械アナロジー（機械に喩える見方）を断固として拒否することを意味する。数十年来、人間の認知を

理解する抜きんでたメタファーはデジタル・コンピュータであった。脳が、ある種の操作をデジタル・コンピュータと共有しているだろうというのは大いにありうるが、しかし、脳はもっとも基本的な熱力学的なレベルで機械と異なっていることは、続く諸章で詳しく論じるとおりである。発達理論は、それが取り扱う生命体に適切なものでなければならない。だから私たちは、処理器、プログラム、貯蔵ユニット、スキーマ、モジュール、結線図のような機械用語を慎重に避ける。私たちは、それに代えて、ある一定の熱力学的特性をもつ流体的な生物システムにふさわしい用語で置き換える。

　私たちは、ここで最近の認知理論からの根本的な離脱を提言する。行動や発達は構造をもつように見えるけれども、構造は存在しない。行動や発達は規則により駆動されているように見えるけれども、規則は存在しない。あるのは複雑性である。あるのは、知覚と行為の多様な、並行する、そして連続的でダイナミックな相互作用であり、また、その熱力学的な性質によって、ある安定した解を求める１つのシステムである。これらの解は、関係から出てくるのであって、設計書（デザイン）からではない。このような複雑システムの要素が協調すると、それが単一の性格をもった行動を起こし、さらに構造という幻想をもたらすのである。しかしこの秩序は、規則により駆動されるというより、常に未確定であり、それゆえ行動に、課題と文脈をめぐって組織化し、再編成する、膨大な感受性と柔軟性を与えるのである。

　この見方によって、認知──心的生活──と行為──手足の生活──は、他の自然現象に創発する構造と同じとなる。たとえば、ある気象上の文脈において、雲は、特定の形、内的複雑さ、振る舞いをもつ入道雲となる。時間の経過とともに入道雲が発生するしかたには、明らかな秩序と方向性がある。同様に、１つの島における動植物の移植や二次的な森林の成長における生態学的共同体の成立においても、様々な動植物のタイプと豊富さは明確な連鎖にしたがい、最終的な生態系へと導かれる。ここでも、秩序、方向性、そして構造が、発達の場合にあったのとまさに同じように存在する。しかし、その設計書は、雲の中にも、最終的な共同体の構造を決定するどの特定の種の遺伝子のプログラム中にも、どこにも書かれていない。雲や動植物をある特定のしかたで変形させる指示は、どこにもない。あるのは、時間の経過とともに相互作用する、複雑な物理的あるいは生物学的システムだけであり、まさに、そうした相互作用の性質こそが、必然的に、入道雲や森林へと導くのである。行為と認知は創発的であって、設計されたものではないのである。

　私たちのダイナミック・アプローチは、フォン・ベルタランフィ（von Bertalanffy, 1968）、ラズロ（Laszlo, 1972）その他の「一般システム」原理、また、卓越した生物学者ウォディントン（Waddington, 1977）やワイス（Weiss, 1969）に関わる発達の有機体論的見方と、多くの類似点を共有する。システムならびに有機体論的説明は長い間、発達心理学における強力な「基底的メタファー」であった（Reese & Overton, 1970;

たとえば、Brent, 1978, 1984；Bronfenbrenner, 1979; Fogel, 1993; Gesell, 1946; Gottlieb, 1991a,b; Horowitz, 1957; Kitchener, 1982; Lerner, 1978; Overton, 1975; Piaget, 1971; Sameroff, 1983; Werner, 1957; Wolff, 1987 参照）。システムという概念が発達の説明に再三現れるのは、それが発達的変化の複雑性に対して論理上必然的な定式化を提供するからである。多くの内容領域から得られる発達的データは、全体性、自己組織性、非線形性、発達の緩衝作用、あるいは等結果性、そして組織化の階層的レベルを強調するシステムの原理によってのみ、解釈可能なのである。

　残念ながら、システムの原理の後知恵的な発動とそれらの発達プロセスの実証的研究への翻案との間には、大きな溝がある（Thelen, 1989）。これは特に、認知発達の説明において言える。たとえばピアジェは、均衡化を新しい構造の獲得の基本的なプロセスとして提示した（Chapman, 1988）。ピアジェの均衡化の定式化は、発生学者ウォディントンから意図的に借用したものであり（Haroutunian, 1983）、その基底的メタファーは有機的、かつシステム的であった。それにもかかわらず、ピアジェによって触発された膨大な実証的研究、理論的研究文献において、プロセスそのものの探求、考察がほとんど見られない。それに代わって、構造的な結果の性質に焦点が当てられてきた。次のような疑問は、研究者たちによって答えられないまま残された。均衡化とは何か？　なぜ、またいかにして、生命体は、環境との間に安定した関係を求めるのか？　何が生命体をして、新たな問題解決のレベルへと向かわせるのか？

　私たちのダイナミックな説明では、システム原理と有機体メタファーを採用する。しかし私たちは、そうした観念を主要な発達現象のより詳細で役に立つモデルへと拡張するように努める。そうするために、私たちは生物学の最近の動向にしたがう。ついこの間まで、全生命体の生物学的研究は、遺伝学と分子生物学における還元主義的なパラダイムによってなされた、目を見張る圧倒的な進歩に覆われてきた。現在は、強力な数学的また物理学的原理に根差した複雑系の研究が台頭してきて、潮流が反転しつつある。こうした諸原理によって、生物システムの総合的な振る舞いは、よりマクロなレベルでエレガントに、形式的なしかたで、モデル化されるようになった（たとえば、Baltes, 1987; Fogel, 1993; Gleick, 1987; Haken, 1977; Kelso, Mandell, & Shlesinger, 1988 参照）。私たちは、次に、発達的変化のモデルの基礎を、組織体の多くのレベルでシステムの振る舞いを理解する上で洞察的であることがわかりつつある、ダイナミックな原理の半形式的適用におく。私たちはこの方法で、発達心理学者たちを歴史的に魅了してきた観念に対して、実体と一般性を与えたいと思う。

　私たちは、発達におけるシステムについての理論化に対して、それらの原理の具体的で実現可能な経験的実例を示し、概略を述べることで、内実のあるものにしたいと思う。私たちは、システムの原理を研究のプログラムに翻案することを試みる。発達心理学者は、非線形性、創発的特性、複数の因果律を信じているにしても、多くの伝

統的な実験方法論や分析は、こうした現象の検出に適していない。全体論的思考をつらぬくには、伝統的な実験方法を新しいしかたで用いたり、解釈したりすると同時に、新しい、非伝統的な方略を採用することが求められると考える。

　私たちが記述と構造的構成概念を超える第二の方法は、完全に一般的なダイナミック原理と、調査する認知と行為の個体発生の神経学的に妥当なメカニズムを示唆することである。そのために私たちは、ジェラルド・エーデルマン（Edelman, 1987, 1988, 1992）の選択主義者の理論、すなわち、発生学、神経発生学、行動を包含する、包括的かつ洗練された説明の助けを求める。エーデルマンの神経細胞群選択理論は、個体発生の妥当な説明に対する私たちの基本的要求にピッタリ合っている。そこには、プロセスを指揮する脳や遺伝子内のコビト（ホムンクルス）は存在しない。ここで私たちが強調しなければならないのは、本書の後半で述べるように、これは決して還元主義者の退却ではないということである。むしろ私たちは、それがダイナミックな説明に、分析のいくつかのレベルでダイナミックな原理が働いていることをはっきりと示すパワーを加えるものであると信じる。つまり、行動レベルの事象は、神経、そして形態学的ダイナミックスに反映され、かつ支えられているということである。そして同様に重要なことは、エーデルマンの説明が、時間スケール、あるいはいかに局所的なプロセスが全体的な結果を構築するかということに対する私たちの関心に対して、優れた、尽きせぬ洞察を提供してくれることだと信じる。

　読者はまた、私たちの発達的説明が生態学的心理学、特にエレノア・ギブソン（E. Gibson, 1969, 1988）の研究の中心的な考えに触発されており、またそれと一致していることに気づかれるだろう。ことに、私たちは、世界は情報を含んでおり、発達の目標は、環境がアフォード（提供）することと、行為者ができること、したいこととを機能的に一致させるための適切な情報を発見することであるという、ギブソンの信念に与する。私たちは、認知の基礎としての知覚と行為の第一義性、また、探索の根本的な役割について彼女と信念を共有する。私たちは、ギブソニアンの視点からなされた実験がいかにダイナミックな原理と一致し、かつそれを増強するものであるかを示そう。最後に、私たちの発達的説明が、ヴィゴツキーの遺産を受け継ぐ発達心理学者たち（たとえば、Cole, 1985; Luria, 1976; Rogoff, 1982; Vygotzky, 1978, 1986; Wertsch, 1985）の学派、すなわち、人間の思考の起源が文脈的、歴史的、文化的であることを力説する研究者たちの考えとも、適合するものであると認識している。事実、最終章で指摘するように、ダイナミックな説明は文脈主義に対して生物学的な理論的解釈を与え、マクロレベルとマイクロレベルの両方の分析プロセスの、潜在的な和解と統合を提供するのである。

　私たちの企ての中心は、したがって、論理的に十分でありかつ有益であり、かつ分析の多くのレベルで妥当なしかたで、これらの原理が発達的データを説明すること

を、実際に示すことである。出発時点から、私たちの発達に対するよりパワフルな説明原理の探求は、もっぱらデータ駆動型の活動であったことを強調しておきたい。私たちは、有用なモデルを用いて解釈できないまま、10年に及ぶ研究に向き合ってきた。データは興味をそそると同時に当惑させられるものであったが、それらを理解するためには、新しい方法が必要だということは、はっきりしていた。私たちは、ほどなく、一連のデータの当惑させられる問題が、これらのデータに独特のものではなく、発達研究全体が抱える、より大きな問題の反映であることに気づいた。

　疑いもなく、理論駆動型の発達データ文献は、認知の領域でもっとも多い。文字どおり、数千の論文が発達初期の心的生活の里程標、すなわち、象徴的推論能力や言語の獲得について書かれてきた。認知プロセスは、非常に複雑でしかも不透明、つまり間接的手段によってしか測定できないから、理論にとって最大級の挑戦となる。行為の理論、すなわち知覚と運動に対する関心は、より観察可能なものを対象として進められるので、より直接的にダイナミックな分析に適している。そこで、私たちは移動運動の発達から始める。移動運動の発達は、理論的挑戦の性質と、その原理を、より透明で、より接近可能な発達の問題に適用することの両方を描き出す。このように構成することで、私たちが、行為を「単なる」運動発達として特徴づけたり、あるいは、運動と認知のどちらかに第一義性を与えようとするものでないことを理解してほしい。実際私たちは、知覚、行為、認知が絡み合ってほどきがたく、もつれあった因果の網目についての議論に、相当な努力を費やすつもりである。

本書の計画

　上記のような全体目標を心に留めた上で、ここで、本書の構成的な筋道を要約しておこう。本書は、3つの主要な部分に分かれている。第Ⅰ部では、もっとも一般的な用語で発達プロセスを扱う。思考し行為する人間を含むすべての発達する生命体は、共通の特徴を分かちもち、共通の論理的、ならびに哲学的問いを提起する。ダイナミックシステムの原理は、そこで、そうした問題に広く、理論的に説得力のあるアプローチを提供する。第一章では、こうした問題を人間の運動発達の領域でよく研究されてきた例、すなわち直立歩行の個体発生の例を用いて提起する。また、同様の問題が、他の脊椎動物種の行動発達の研究にまで広く当てはまることを示す。次いで第2章では、認知発達における最近の危機がいかにして、まったく同じ問題を反映しているかを見る。ここで私たちは、認知と行為に関する現代の発達理論が、そうした発達に関する普遍的な難問を説明するには不十分であると結論する。第3章では、非線形のダイナミックシステムの諸概念を、一般的な用語で紹介する。第4章では、歩行学習の例に戻り、発達へのダイナミック・アプローチを精緻なものにする。この章で、

乳児の移動運動に関する研究とデータという文脈の中で、アトラクター、段階変化、時間スケール、ダイナミックな安定性、変動性などの発達的意味を紹介する。そして、ダイナミックな原理の実証的研究への適用を例証する。

　本書第Ⅱ部の第5、6、7章では、ダイナミックな原理をプロセスとメカニズムの問題に導入する。ここで私たちは、発達的変化の発生における多元的なレベル —— 形態、神経プロセス、行動 —— と多元的な時間 —— 実時間、発達的時間 —— との間の関係に向かう。第5章では、したがって、脳のダイナミックな性質についての考察から始める。私たちは、エーデルマンの神経細胞群選択理論を拡張した説明にしたがう。これは必然的に、選択理論の鍵概念である拡散性の解剖学的基礎を確立するために、拡散を神経発生学に持ち込むということである。この章は、神経発達におけるダイナミックなプロセスの例証をもって、結論とする。

　第6章と第7章で、選択主義の理論に対する支持を確かなものにする。第6章では、カテゴリーの哲学的な性質についての議論から始める。知覚カテゴリーを形成する能力は、人間の認知と行為の基礎をなすものである。この章の要点は、思考と行為、ならびにそれらの発達のカテゴリーの根本的にダイナミックな特性を示すことである。私たちはこれらのダイナミックスを、コンピュータ・シミュレーションを通じて、また、乳児がいかに事物の特性を学習するかに関する新しい解釈を提示することによって例示する。第7章では、ダイナミックな選択としての発達プロセスに関する、乳児研究からのさらなる証拠を概観する。ここで私たちは、カテゴリー形成における知覚と行為の単一性に対する支持を確かなものにする。第一に、原初状態（primitive state）が、感覚モードの間の、そしてそれらが交差する、統合の1つであることを示す。次に、ダイナミックな表現の形成における運動の決定的な役割を論じる。そして第三に、この知覚－行為の単一性が、乳児の学習と記憶の研究における実時間と発達的時間の両方において、いかに明らかにされるかを示す。

　最後の第Ⅲ部では、第8、9、10、11章で、ダイナミックな原理とそのプロセスの実例が、第Ⅰ部で取り出した発達の永続的な難問にいかに取り組むかを示す。第8章は、文脈特異性の問題、すなわち大局的な秩序の中に乱雑な局所的変動性が含まれていることを取り扱う。乳児のスロープの学習、また、対象物の振る舞いについて何が可能で何が不可能かを知ることなどの例を用いて、いかにして局所的な細部、すなわち、日常行動の変動性と感度が、発達の経路の重要部分であるかを示す。この章は、新奇な言葉の解釈の発達の考察をもって結論とする。この章で繰り返されるテーマは、両時間スケールの連続性である。

　第9章は、変動性と選択に関する章である。ここで私たちは、基礎的なスキルであるリーチングの学習に関する研究を考察する。この章の要点は、個人のシステムの自然変動性の探索のプロセスの実際と、この変動性からいかにして行為の適応パターン

がダイナミックに選択されるかを示すことである。この作業はまた、新しい形態の起源にも向けられる。

　同様に、第10章は、新しいものの創発、具体的には、乳児期後期に見られる、いわゆる A-not-B エラーにおける位相変位について論じる。これは非常によく研究されてきたが、あまりよく理解されていない現象である。私たちは因果を多元的レベルで分析し、説明をダイナミックな用語で作り直す。ここでもまた、文脈特異性、安定性、変化というテーマと、そのダイナミックなランドスケープの展開が繰り返される。

　最終章の第11章では、「困難な諸問題」と呼んできたことがらに取り組む。まず動機づけの問題から始める。すなわち、何が処理を開始させるのか？　私たちは、動機づけが、発達プロセスのランドスケープにおける不断の分散された特性であり、ランドスケープ内の個人の行為に対して意味と価値を与えることを示唆する。次に、発達初期の認知と行為のダイナミックな説明が、いわゆる高次の認知プロセスに拡張できるのかどうかという、重要な問題について論じる。非象徴的、非表象的な認知を、感覚運動期を越えて、より高次の推論、言語、論理、メタ認知、すなわち「思考に関する思考」の説明に拡張できるのだろうか？　私たちはここで、あらゆる心的活動が創発的で、状況的で、歴史的で、かつ身体的であり、歩行やリーチングしてものを掴むこと、隠されたものを探すことを産出するプロセスと数学や詩を創作するプロセスとの間に、原理的な違いはないと結論する。私たちの発達的な理論化は、認知を継ぎ目のないダイナミックなものとして見る見方へと導く。

第Ⅰ部
発達の性質
── ダイナミックなアプローチ

第1章　歩行学習からの教訓

　序章で私たちは、発達する生命体は数多くの、非常に一般的で、ときには一見逆説的な特徴を共有しており、発達理論にとっての挑戦であると主張した。この章では、私たちの主張を、認知的分野ではなく、比較的よく研究されている個体発達の現象 —— 移動運動の発達 —— を詳細に見ていくことによって具体的に示す。移動運動の発達を体系的に吟味することが、現在主流の理論によって不適切に扱われている発達の性質について、どのような根本的な問題を提起するかを示そう。この章の大部分は、人間の移動運動を扱うが、他の脊椎動物 —— ネコ、ヒヨコ、カエル —— の移動運動の発達が個体発達における同じ問題をよく示していることを明らかにする。そして、第2章では、同様の議論を、人間の認知発達について行う。

歩行の学習 —— 上からの見方

　発達心理学において、歩行学習の研究には長く、由緒ある伝統がある。初期の人間発達の科学的研究の中で、方法論的にもっとも洗練され、理論的に生産的なものの1つが、運動発達の研究である（たとえば、Gesell, 1939; McGraw, 1932, 1940, 1945; Shirley, 1931）。これらの初期の研究者は、様々な動機から運動プロセスを研究した。たとえば発達的基準を確立すること、遺伝と環境論争を解決する、あるいは発達プロセスを理解し、その根底にある神経学的な基礎を理解する、などである。彼らは、すべての科学的取り組みがそうであるように、対象となる現象、この場合は明確な発達的指標に至る一連の行動形態の進歩を記述することから研究を始めた。

　彼らの努力は、様々な運動のタイプの見事なカタログへと結実した。たとえば、ゲゼルは、伏臥位での行動の23の段階と28の下位段階を記述している（Gesell & Ames, 1940）。これらの研究者たちは、伏臥位での移動、座る、立つ、泳ぐ、階段登りなど、ほとんどすべての運動発達について同様のカタログを作り出した。そしてゲゼルは、後にこの発達段階の概念を、多くの心的、社会的活動の分野にまで拡張していった。例として、マグロウの「直立移動の7つの段階」（McGraw, 1945）を説明したスケッチを図1.1に示す。彼女は、乳児は、歩行反射、静止、移行期、慎重な歩行、独立歩行、かかとからつま先への移動、そして最後に統合された歩行という段階を、順序を違えず移行していくことを示した。

(17)

18　第Ⅰ部　発達の性質

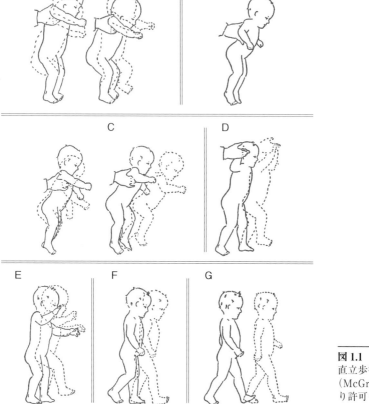

図1.1
直立歩行の7段階。
(McGraw, 1945 より許可を得て再掲)

　それなら、生命体がこれらの一連の段階を移行していくのは何によるのであろうか？　マグロウもゲゼルも、発達的変化の第一の原因として、成熟プロセスを挙げている。たとえばマグロウは、彼女が明らかにした移動運動の段階（と他の運動変化）は、主として大脳皮質の運動野とその下位中枢に対する制止の影響の変化によるとしている。「運動の質は、神経の成熟のレベルを大まかに示している」とマグロウは述べている（1946, p.359）。

　このストーリーは信じられるものだろう。この神経成熟的アプローチの第一の仮定は、大脳皮質は広範な、可塑性に富む、目的志向的行動の担い手であるというものである。それに対して新生児は、「原始的な皮質下の神経細胞」によって支配され（McGraw, 1945, p.10）、彼らの行動は大部分反射的であり、系統発生的に古い行動パターン、たとえば進化的残基である水泳運動やモロー反射を示す。私たちはまた、出生時には大脳皮質の髄鞘化が不十分で、組織学的に見て未熟であること、また皮質野

は最初の１年間でいっそう高度に分化し、より複雑な構造になることを知っている。したがって、大脳皮質が成熟するにつれて、限定された、定型的な皮質下の出力が徐々に抑制され、その代わり、神経筋肉系のコントロールをますます引き継ぐようになる。

　これは、マグロウが描く独立歩行への移行プロセスと見事に合致する。マグロウ（1945）によれば、生後１ヵ月あるいは２ヵ月に見られる歩行運動は「神経核レベルで制御されている」(p.76)。そして原始的機能の遺物と見なすべきものである。出生からの１ヵ月の間に見られる歩行運動の増加は、「皮質下の中枢の進歩」(p.78) による。それに続く数ヵ月における歩行運動の減少は、「皮質の制止プロセス」(p.79) によるもので、それは姿勢制御のメカニズムの進歩とほぼ時を同じくして、急速に成熟してくる。次の移行期の段階では、様々な下脚の運動が可能になり、それらが反射的なのか意図的なものか区別することが困難になる。姿勢制御は進歩し続ける。「皮質の関与の開始」は、段階Ｄにおいてはっきりと見て取れる〈図1.1参照〉。そこでは乳児は、不完全ながらも、意図的に歩行しようとする。姿勢制御と前進のメカニズムは、独立歩行の段階で統合されるようになる。しかし、動き自体は、洗練されてもいなし統合されてもいない。協応が改善されたとき、乳児ははっきりとかかとから接地し、つま先から離す歩行へと移行し始める。最後の段階において、滑らかで自動的な移動となる。

　ここで、マグロウの因果論上の単純性は、彼女の記述上、理論上の豊かさを損なうものではないことを明記しておかなければならない。彼女は一貫して、多因子的に決定される漸進的なプロセスを記述しているにもかかわらず、構造における、この場合では脳の組織における、発達を駆動する力を具体的に示す必要を感じていた。実際、マグロウもゲゼルも、後期の著作の中で、彼らが記述したプロセスの複雑性を認めている。マグロウは、「成長のはっきり異なる２つの特徴である『成熟』と『学習』を明確に区別するような神経系の構造上の特徴は、未だに確認されていない」(1945, p.122) ことを読者に念を押している。だが彼女は、「学習の質は各々の機能への皮質の関与の開始に伴って同時に現れる」(1945, p.122) と信じていた。1945年出版の『乳児における神経筋肉の成熟（*The Neuromuscular Maturation of the Human Infant*）』の1962年版の序文の中で、マグロウは、行動発達を「神経組織、特に脳内の神経組織の成熟」(p.xi) に関連づけようとした彼女の努力が、おおむね不成功であったと振り返っている。これは、一部は方法論上の限界によるものだが、より根本的には、複雑な機能が脳における組織学的な変化、あるいは単純な機能の局在化を想定することによって理解されるという、根拠のない信念に依拠していたことによる。ゲゼル（1945）も、発達プロセスのダイナミックで非線形的な性質を踏まえた、洗練された理論を発展させた。

これらのパイオニアたちが後期にはこのような留保をしたにもかかわらず、1930年代と 1940 年代の大量の発達的規準と図 1.1 のような説明が発するメッセージは、多くの人に受け入れられた。発達はより機能的となっていく一連の行動群によって示される直線的で段階的な進歩であり、それは自然の偉大な計画によって大人の形態を目指して進む（そして偉大な時計係によってスケジュールされた）ものであった。見るときの拡大率が低いとき、個々人の細かな事実が平均化されたとき、それらに対して一連の多少ともきれいに切り取られたカテゴリーに当てはめられるとき、個体発生はそのように見えるのである。

乳児の移動運動に関するより現代的な説明のいくつかは、この単一の原因という伝統を踏襲してきた。たとえば、フォルスバーグ（Forssberg, 1985）は、新生児の歩行運動は、系統発生的に古い脊椎の運動パターン発生メカニズムが個体発生に発現したもので、徐々に高次の大脳機能の支配に置き換わっていくと推測している。彼は、特に新生児も歩き始めたばかりの乳児も、より成熟した人間の歩行の特徴である、かかとからの接地ではなく、足全体、あるいはつま先から接地するという観察に注目した。ほとんどの人間以外の動物もまた、趾行性（つま先からの接地）の歩行をする。乳児は乳児期を通して、さらに独立歩行を開始してから数ヵ月後までも、先祖のパターンを保つ。古い行動パターン発生メカニズムが人間に特化した行動パターン発生メカニズムに置き換えられたときに初めて、乳児は、典型的なかかとからの接地による歩行が可能になる。

最近の論文で、コナーは大胆に、移動運動の発達は神経学的な成長が行動変化を方向づけることの「範例的なケース」（Konner, 1991, p.199）であると述べている。「運動発達の順序は、主に遺伝的にプログラムされている」と彼は書く（1991, p 199）。このことに関する証拠は、マグロウのものと同じである。すなわち、下肢をコントロールする皮質脊髄系は、歩行が発達するのと同じ出生後 1 年ほど経ってから髄鞘化するということである。「したがって、髄鞘化の結果として、この系における改善された機能の発達が」、乳児期の反射の消失と「歩行の成熟の神経学的な基礎の有力な候補である」（p.201）。コナーによれば、運動系列の系統発生的起源の基礎は、開始時期の範囲が普遍的に限定されていることである。すべての人間は、同じしかたで歩行を学習するのである。

より認知主義的精神に基づいて、ゼラゾー（Zelazo, 1984）は、「高次機能の影響」が独立歩行に導く主要な推進力であると提案している。これらの認知的プロセスの第一の機能は、初期の乳児の反射的行動レパートリーを道具的行動へと変換していくことである。いまや古典となった論文で、ゼラゾー、ゼラゾー、コルブ（Zelazo, Zelazo, & Kolb, 1972）は、新生児歩行を慎重に練習させると、消失することはなく、それどころか出現頻度が増加することを示した。著者たちは、この持続は高次機能の影響に

よって原始的パターンが道具的学習のかたちで取り込まれたのだと解釈している。したがって、新生児歩行のパターンの消失は、皮質による制止によるのではなく、「不使用」によるのであり、練習によって、新生児の歩行運動の早期の意図的行為への変換が促されたのである。

第二に、ゼラゾー（1984）によれば、高次機能の影響によって、いくつかの事象を素早く結びづけるのに必要な処理速度が得られ、その結果として、乳児が運動と意図した目標とを統合することが可能になり、独立歩行の開始がお膳立てされる。彼は最初の１年における数多くの質的変化、たとえば機能的遊びの開始、初語、二足歩行などの根底に、処理能力における全体的な認知的変化があると主張した。姿勢制御や生化学的必要が何であれ、乳児は彼らの表象能力が運動を意図的行為へと導くに十分になるまで、歩くことはないだろう（Zelazo, 1984）。

単一原因による説明の欠陥

私たちは、歩行の発達に対する伝統的な成熟論者も、より現代的な神経生理的説明や認知論者の説明も、論理と実証的論拠のいずれからも、重大な欠陥があると信じている。これらは、発達理論一般に見られる落とし穴のようである。後で同じことを、認知変化に対する現在の定式化についても述べるつもりである。

低い拡大率で見ると、ゲゼルやマグロウの段階や時期は、発達の要約的形式としては全体像をよく捉えている。そのような行動のカタログは、発達に対する完全に合理的で適切なアプローチであるばかりでなく、本質的なものと言えるだろう。運動発達の分野で生じたこと（そして間違いなく、認知研究でピアジェの後に生じたこと）は、カタログをプロセスとしてより精緻なものにすることであった。すなわち、記述として出発したものが、説明的なものになったのである（この批判は、段階理論一般に向けられている。たとえば Brainerd, 1978）。種に固有の結果（すべての人間は座り、歩き、登る）に至る運動発達の段階的な前進は、「経験」によって乱されることのない「成熟」、あるいは「生物学的」プロセスの証拠であるというのは、多くの発達に関する教科書に受け入れられてきたドグマであった。ここには、記述から因果論へという微妙な移行が見て取れる。結果の同一性が、プロセスの単一性となったのである。変化の連続的な流れを記述し、普遍的なタイプへと分類するという作業そのものが、すなわち前もって段階的な産出を知り生命体をその最終結果へと導く実行者（脳）という、普遍の分類者を容易に呼び出すのである。

個体発生的変化に対する単一の神経学的、あるいは心理主義的な因果論に訴えることは多くの重大な結果をもたらした。第一に、あらかじめ因果的な仮定をすることは、そのプロセスを理解しようとする他の努力を中止させる。すべてのカードが「生物

学」の手に握られているので、行動学者がすることがほとんどなくなり、結果として疑いもなく、ほぼ40年間、運動発達研究はほとんど関心をもたれることがなくなったのである。たとえば、すべての測度で、年齢とともに子どもの心的操作はより早くより複雑になるし、彼らの脳はより大きく、機能的に分化する。ある意味で、より大きな脳とより多くの処理能力が運動、知覚、認知、情動、社会性など、すべての発達的変化の根底にある。もしこれが十分な説明原理ならば、さらなる研究は必要ないことになるだろう。しかし明らかに、そうではない。新しい行動パターン発生メカニズムへの「切り替え」に訴えることも、同様に後知恵的であり、プロセスを含んではいないのである。

　加えて、このデザインによる発達の議論は、論理的な袋小路に行きあたる（Oyama, 1985）。説明の第一次原理として心的成長に訴えることは、遺伝的な生得論になる。つまり、すべてが始めから存在し、遺伝子というかたちでコード化されていて、時間の進行に伴い、ただ遺伝的コードを読み出し、神経構造へと変えていくことだけが必要なのである。興味深い疑問はしたがって、巧みに避けられることになる。なぜ乳児は歩けるようになったら歩くのか？　どんな発達的経路がこの最終結果を保証しているのか？　新しい形式の出現のためには、どんな必要十分条件があるのか？

　移動運動の発達の成熟論者も認知論者も、発達の第一原因は心的構造であり、それが歩行という行為に志向性（intentionality）をもたらすと見ている。すなわち、反射的、あるいはより原始的運動から適応的行動への移行は、下脚の運動の意識的な制御のレベルで生じるとしている。ここで私たちは、歩行のような行動は、そのどんな具体化においても、神経的あるいは認知的コードとして中枢神経系の中に「存在している」という単一因果モデルの暗黙の仮定に挑戦する。この仮定、すなわちすべての行動は生命体の中で特権的な形式で表現されているある本質に還元できるという考えは、広く流布しており魅力的だが、究極において幻想である。この点を説明するため、私たちはここで少しわき道にそれて、最近の人間以外の動物の移動運動の神経生理学的研究について見てゆこう。これを取り上げるのは、第一に、後で人間の移動運動をより細かく検討するときに関係するからであるが、加えて神経生理学者たちは、中枢神経系の高次機能ではなく、低次な部分に本質的な役割を認める傾向にあるからである。しかし、単一因果論の誤りは類似している。

中枢パターン発生器と移動運動

　運動神経生理学者の問いは、次のようなものである。移動運動は、どのように中枢神経系によって制御されているのだろうか？　数多くの脊椎動物の観察で印象深いものの1つは、移動運動のパターンは脊髄から発生しているようだ、ということであ

る。たとえば、ネコの脳を外科的に脊髄から分離し、四脚からの感覚情報を伝達する脊髄に至る経路を切断することにより、効果的に脊髄を高次中枢の脳からの影響と末梢からの影響を共に孤立させることができる。脊髄が適切に刺激され、ネコの姿勢を支えてやると、トレッドミルの上を、それぞれの脚内の関節においても、四脚間においても、普通のネコの移動運動と非常に似た協応パターンで歩く。研究者は、ネコの筋肉を麻痺させた場合でさえ、通常の歩行に見られる筋肉の交互に生じる屈曲と伸展に対応する脊髄内の神経発火パターンを検出することができた。言い換えれば、脊髄は移動運動の情報を、それを受け取る部分が機能していなくとも送っているのである（Grillner, 1975, 1981, 1985 によるレビューを参照）。

　このような発見から、神経生理学者たちは、中枢パターン発生器（CPG）あるいは感覚入力がなくとも自律的に自然な移動運動の筋肉特異な神経的賦活を行う、脊髄内のニューロン・ネットワークを仮定するようになった（レビューとしては、Delcomyn, 1980; Grillner, 1975, 1981 参照）。中枢パターン発生器の 1 つのユニットは、各脚の協応パターンを制御すると考えられ、次に、複数のユニットが組み合わされて、四脚を歩行に必要な正確な順序で動かす[1]。制御は本質的に階層的で、脳が中枢パターン発生器を活性化し、次に中枢パターン発生器が筋肉に指令を与える。感覚入力の役割は、この命令の連鎖を調整することである（中枢パターン発生器という概念が繰り返し持ち出されるが、人間においていかなる神経生理学的証拠も見出されていないことに留意してほしい。たとえば、Forssberg, 1985 参照）。

　中枢パターン発生器は魅力的な概念のように思える。なぜなら、四脚動物の移動運動の本質、すなわち運動のパターンをコード化する根本的な神経構造を捉えているからである。私たちはしかし、移動運動、あるいはすべての行動の本質が、生命体の中に特権的な形式で存在しているのかに疑問をもつ。脊椎分離のネコは、実際には何をしているのだろうか？　高次の脳中枢なしで、ネコは後脚の姿勢を制御できない。体重を支えるのに必要な筋緊張を欠いているのである。またネコは、運動を始めることも方向づけることもできないし、障害物を予測することも、脚の動きを修正することもできない。要するに、このようなネコは、歩くことはできないのである。現実世界でのネコの行動は、中枢パターン発生器に困難な概念上の問題を引き起こす。中枢パターン発生器は、後ろ向きの歩行や変化に富む地勢での歩行を、どのように扱うのだろうか？　ネコは、たとえばギブスで 1 つの足の関節を固定したときでも、まだ歩くことができるが、これは筋肉の発火パターンの再構成を要する。中枢パターン発生器は、これをどのように行うのであろうか？　中枢パターン発生器は、引っ掻く、異物を振り払うといった、他の脚の行動にも存在するのだろうか？　もしそうなら、ネコはどのように、それらを切り替えるのだろうか？　ネコは、今まで経験したことのない状況での新しい運動を予期するような中枢パターン発生器を、もっているのだろう

か？

　せいぜい、中枢パターン発生器は、移動運動の非常に貧弱な基本要素でしかない。ネコは運動パターンを生成しているかもしれないが、それは歩くことではない。独立した、機能的に適切な行動である場合にのみ、歩行と言えるのである。そういうわけで、たとえ中枢パターン発生器が存在したとしても、興味をそそられるような仕事をしてはいないだろう。最悪の場合、中枢パターン発生器という概念は、中身のないものかもしれない。なぜなら、すべての現実世界で行為するためには、中枢パターン発生器はネコの内側でもネコが存在している世界の中でも、両方の変化に対して柔軟で、応答的で、適応的でなくてはならないからである。それなら、歩行はどこで行われるのだろう。

　分離したネコの脊髄は、特殊な実験条件下でパターン化した神経インパルスを出すことができるが、中枢パターン発生器は神経的抽象化の所産である。通常の動物の歩行は抽象物によって制御されているのではなく、末梢部と絶えることなく情報交換を行っているのであり、このシステムは、はるかにもっと複雑なのである。ネコを特殊な環境で研究した場合に中枢パターン発生器の不変の本質的な特徴に見えたものは、もっと精密に調べてみると、不安定で変わりやすいものなのである（Pearson, 1987; Smith, 1986）。神経系はそのようなものでなくてはならないのである。というのは、出力装置（脚や身体の各部分）がそのような特徴を必要とするのである。現実世界のネコ（そして他の陸棲の脊椎動物）は、脚で体を支えなくてはならず、また重力に抗して立った姿勢を維持しなくてはならない。動かす脚はそれ自体重さを有し、筋肉は弾力性と粘着性がある。筋肉の機能は非常に複雑で、ある種の筋肉は1つ以上の関節を動かす。動物が動くとき、これらの末梢的構造と力のすべては、絶えず変化する。このような複雑性は、出力から孤立した単純化されたコードによって扱いうるものではない（Smith & Zernicke, 1987）。むしろ、筋肉の賦活パターンは、動物とその動かす脚のダイナミックな要求を反映し、それに応答するものなのである。運動パターンをかたちづくるものは、これらの抹消系からの要求であり、あらかじめ存在する運動の下絵ではないのである（Hasan & Stuart, 1988）。ネコも人間も、抽象世界の中で歩くのではない。重力に支配され、多様な、変化に富んだ世界の中で、様々な機能的目的をもって歩くのである。

　実際、機能を検討するときはいつでも、神経科学者は感覚情報が支配的であることを見出している（Patla, 1991）。たとえば、脊椎分離ネコでさえ、トレッドミルの速度が速くなると、歩みを早めるのである。トレッドミルに対する歩行のタイミングを決める上で、自己受容感覚が重要な働きをする。そしてまさしく、脚の踏み出しの開始は筋肉の伸展を知らせる受容体によって引き起こされることが今でははっきりと示されている。脚で立った状態で体が前に移動すると、ふくらはぎの筋肉が伸展するが、

脚が十分伸び切ると、それらの筋肉の活動が停止する。この停止は、自律的な信号ではなく、他側の脚の位置を維持し、踏み出しを開始する筋肉の引き金を引くのである（Pearson, Ramirez, & Jiang 1992）。

　より単純な動物でさえ、脳、脊髄、筋肉へと連なる階層的モデルは間違っているようである。コーエンは、ゴキブリ、うなぎ、ネコにおける中枢パターン発生器の概念の最近のレビューの中で、階層的ではなく並置的（heterarchical）な制御を支持している。すなわち、各要素間 —— 脊髄、脳、感覚入力、筋肉、脚 —— の結びつきは濃密であり、しかも多重に相互接続されている。移動運動パターンは、末梢における機械的な側面によって制御されているのと同じ程度に、それらを制御してもいるのである。たとえば、彼女は次のように書いている。

　　神経細胞は相互に影響しあうので、中枢パターン発生器に命令を与える神経細胞について語ることは不可能である。感覚入力が中枢パターン発生器を制御する、あるいは同調させると見なすことも不可能である。なぜなら中枢パターン発生器は、入力をフィルターしているからである。システムの各レベルが産出に対して貢献しており、各レベルはシステムの最終産出物をかたちづくるのを助け、各レベルは他のレベルによってかたちづくられる。システム内の双方向的な相互作用の結果として、システムの各部分は、それ自身の特異的な特性と制約によって最終産出に貢献するのである。（Cohen, 1992, p.117）

　それなら、どこで歩行移動は行われているのだろうか？
　歩行移動の本質としての中枢パターン発生器という概念は、データに合致しない。発達の単一因果モデルに対する第三のもっとも重大な反対の理由も、まさに同様のデータとの衝突にある。それらは単に、発達する生命体で実際に観察されたことを説明しないのである。私たちの理論は、カテゴリーや段階を越えて見るときに、そして顕微鏡の倍率を上げて見るときに、見えてくるものを説明しなければならない。この章の残りの部分で、歩行の学習をより詳細に見ることによってどのような新しい定式化が必要になるかを述べることにする。

歩くことの学習 —— さらなるデータが示すもの

　人間の直立歩行の発達についてのどんな記述的カテゴリーを受け入れようとも、いくつかの劇的な移行を見出すことができる。初めは、生後2ヵ月頃の、新生児を直立するように抱いたときに示される歩行様の協調運動の興味深い消失である。第二は、乳児が脚で体重を支えられるようになる最初の1年の後半における、歩行運動の再出現である。最後は、第三の里程標としての、1歳頃の最初の独立歩行の出現である。

私たちは、これらの変化に対する説明原理として、「脳の成熟」をいくつかの論理的根拠から退けた。今度は、この単一の原因は実証的な根拠をも欠いていることを見ていく。より慎重な精査のもとでは、これらの移行はどのように見えるのであろうか？顕微鏡の倍率を上げたとき、何が生じるのであろうか？

第一の移行は、特に謎めいている。新生児は、運動能力が未熟なので、彼らが早くも脚を交互に、そして歩くように持ち上げ、下ろすのを見るのは驚きである。1、2ヵ月後に、乳児は歩行様運動をまったくしなくなり、このようによく分節化された運動が正常なプロセスとして消失するという観察は、前進的な発達という私たちの考えと相容れない。

多くの研究者は、新生児の歩行運動を、いわゆる退行的、あるいはU字型発達の例としてきた（Bower, 1976; Strauss, 1982; Oppenheim, 1981）。この現象は、消失する行動の機能のみならず、個体発達における前駆の連続性と性質という問題を引き起こすからである。はっきりしているように見えることは、新生児期の歩行運動は自発的なものではないということである（多くが反射という用語を使用してきたが、多くの理由から歩行運動は広く受け入れられている定義が意味する反射ではない。Thelen & Fisher, 1982 参照）。また、最初の1年の終わり頃にかけて見られる歩行運動は、より意図的な特徴をもっていることも明らかである。

マグロウもゼラゾーも、彼らの説明は新生児期の歩行から後の歩行へと変換の鍵となる要素として、意図性の次元に焦点を当てているが、自発的な行動の出現に至るルートに対しては異なる仮定をしている。マグロウは、非自発的パターンは意志作用の出現のために抑制されなくてはならないと示唆しているが、ゼラゾーはこれらのパターンは高次中枢に取り込まれ、連合プロセスによって自発的な行為へと変換されるとしている。運動パターンの消失を、前者は抑制によって、後者は不使用によって生じるとしている。

意図性の変化は歩行運動の消失と回復を伴うという記述的な主張から、意図性をこれらの変化のエージェントであるという主張へ移行するのはたやすい。だがもし単一原因論を忘れ、行動それ自体とその行動が行われる文脈を見るなら、異なる姿が現れるだろう。

新生児期の歩行運動は、脚でたらめに振り動かしているのではなく、時間的にも空間的にも、はっきりとした構造を伴う組織化された運動である。具体的に言うと、乳児は臀部、膝、足首をほぼ同時に屈曲、伸展することにより脚を持ち上げ、しばしば2つの脚を交互に動かす。屈曲の持続時間は驚くほど一貫性があり、たいていは0.3秒くらいである。伸展の持続時間はかなり変動する。これらの運動を行っている筋肉活動の特徴的なパターンは、筋電計によって検出できる（Thelen & Fisher, 1983）。

発達的に重要なことは、これらの運動学的、筋電図的パターンは、新生児の歩行

運動に特徴的であるが、新生児特有のものではないことである。テーレンとフィッシャー（1983）は、新生児の歩行運動は運動学上の細部（関節の協調や脚の周期的な屈曲と伸展の各持続時間）とその筋肉活動パターンの点で、もう1つの新生児がよく行う運動である、背臥位での足蹴りと同一であることを見出した。足蹴りと歩行の両方とも、乳児がより行動的に刺激されたときに頻度が増す。これらの頻度の調整は、両方の行為において、類似した運動サイクルの相で生じる。足蹴りをしているときに背臥位から持ち上げたときの乳児は、直立させたときに歩行している乳児によく似ている。証拠は、以前は区別されるべき別個の行動と見なされていたものが、異なる2つの姿勢で行われる同じ運動出力の現れであることを示唆している。

　もっとも重要なことは、2ヵ月頃になると、乳児は歩行運動をはっきりと停止する一方、初めの1年を通して背臥位、伏臥位、座位での足蹴りはし続けることである。大脳の制止であれ不使用であれ、選択的に直立時の脚の運動サイクルに作用し、背臥位での脚の運動サイクルに作用しないということは、ありそうにない。非連続的発達コースから連続的なものを区別するのは姿勢の状態のみであり、運動パターンの消失は、とても必然的なものとは言えないだろう。

　実際、より詳細に見みれば、歩行運動からその消失への移行は、以前に想像されていたよりはるかに不安定なものであった。ゼラゾーたち（1972）が報告した練習効果、毎日自発的な歩行運動をするようにさせると、最初の1年を通じて、その運動パターンが維持されたことを思い出してほしい。しかし、歩行運動はまた、乳児のかなり非特異的な状態の関数でもある。すべての年齢で、歩行（と足蹴り）の発生頻度と強度は、一般的な覚醒レベルと直接的な相関がある。警戒、あるいは機嫌の良い状態では

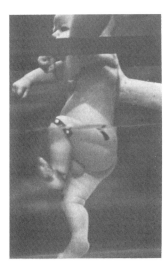 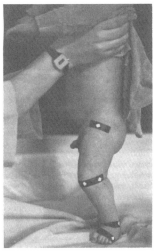

図1.2
脚を水中に入れてその質量が減じると、直立歩行運動が再開した。この3ヵ月児は、足をテーブルに着けた状態と、温水の中に入れられた状態でテストされた（詳細は、Thelen et al., 1984）

ほとんど歩行運動をしない乳児でも、いらだっていると歩行運動を始めるのである。第2週から第6週にかけての歩行運動の頻度の減少は、体重増加率がもっとも高い乳児においてもっとも急激である（Thelen, Fisher, Ridley-Johnson, & Griffin, 1982）。歩行運動の頻度はまた、単純な環境操作によっても影響を受ける。乳児を抱いておなかの深さの温水に直立させたとき、歩行運動は、頻度と強さの両方で増加した。3ヵ月児は、通常では歩行運動をしないが、脚を水に沈めると、しばしば歩行運動を行う（図1.2）。逆に、歩行運動をする乳児の脚に小さな重りをつけると、その運動は抑制される（Thelen, Fisher, & Ridley-Johnson, 1984）。

　乳児や環境の文脈における非常に単純な変化が、脳の成熟の必然的な結果と信じられてきた移行の発達的経路を変えた。歩行運動は、「本当に」消失するのだろうか？姿勢や脚に対する重りを付加することによって影響される構造的な仕組みの性質とは、どんなものだろうか？

　乳児が自らの足で体重を支えられる頃の、歩行運動が「再出現」する第二の移行は、もっと複雑な様相を呈する。通常、この移行は最初の年の後半、8〜10ヵ月頃に生じる。しかし、ここでもまた、機械的な操作が異なった発達の道筋を明らかにした。テーレン（1986）は、通常は歩行をしない7ヵ月児が、ゆっくり動く小さなモーター付のトレッドミルのベルトの上に体を支えて立たせたとき、高度に協調された足を交互に動かす歩行をすることを見出した。歩行はトレッドミルが動き出すや否や始まり、そして大人のように、乳児はトレッドミルの速度に合わせて歩行の速度を調整する。トレッドミルの速度が上昇するにつれ、乳児は歩行の接地あるいは支持相の時間を減少させることで歩行速度を上げるが、この支持相に依存した修正は、人間を含めた多くの種の大人の移動運動に典型的に見られるものである。より注目すべきことは、トレッドミル上の歩行で両脚の協調を機能的に適切に修正する乳児の能力である。テーレン、アーリッチ、ニールス（Thelen, Ulrich, Niles, 1987）は、別の7ヵ月児たちを2つの平行したベルトからなるトレッドミルでテストした。この2つのベルトの速度はそれぞれ別個に調整可能であり、各脚を異なる速度で動かすことができる。この通常はない挑戦を受けた乳児は、完全に交互に脚を踏み出す歩行を続けた（図1.3）。これは非対称的な調整を必要とする。すなわち速いベルトと遅いベルトの中間の歩行速度を維持するためには、正確に速い方の接地相の速度を遅くし、遅い方の接地相の速度を上げなくてはならない。

　7ヵ月児のトレッドミルでの歩行での発見は、この行動の個体発達上の起源に関する疑問を提起する。9人の乳児を縦断的に毎月トレッドミルでテストした研究で、テーレンとアーリッチ（1991）は、1人の乳児は生後1ヵ月で上手に歩行し、何人かは生後2、3ヵ月、残りは生後4ヵ月までにうまく協調した歩行を見出した。速度の変化に対する協調と調整は改善し続け、6ヵ月頃に安定する。

第1章　歩行学習からの教訓　　29

　トレッドミルでの歩行は、発達的パズルをさらに複雑にする多くの特徴がある。第一に、トレッドミルでの歩行は、完全に非自発的行為のように見えることである。生後8、9ヵ月になるまで、乳児は動いている脚にほとんど注意を払わないし、自らの動きに対して不機嫌になるとか驚くといったこともないようである。彼らの運動は、トレッドミルに「捕まえられた」ように見える。第1年目のさらに後になって、乳児はトレッドミルに気づくようだが、しかしこのトレッドミルへの注意は反応を促進するのではなく、抑制する。実際、立ち、自ら歩ける、より月齢の進んだ乳児は、トレッドミルをしばしば拒否する。

　非自発的だが、トレッドミルでの歩行は反射ではない。ここで言う反射とは、発達時期に固有の刺激に対するステレオタイプ的であり、その大きさが刺激の強さと独立している反応の意味である。トレッドミルでの歩行は、むしろ機能的に特異なしかたで、柔軟で適応的である。つまり乳児は、速度が変化したときも、さらに2つの脚の速度が異なるときでも、両脚を交互に動かすパターンを維持し続ける（図1.3参照）。明らかに、トレッドミルのベルトによって後方に脚が機械的に伸展させられるときに生ずる何かが、両脚を機能的に統合させる、つまりそれ自体の行動と、外的な原因によって生じる攪乱に反応する協調的な単位へと組織するのである。

　この現象の意味することは非常に大きい。脚が後ろに引っ張られるときに脚の動きを検知し、この知覚を脚の力動的な文脈に反応する高度に構造化された運動へと変換する仕組みが、発達の初期から機能しているということである。ここでトレッドミルでの歩行は、トレッドミルなしの場合に比べると（もしどんな歩行であれ実際に行われたなら）、すべての年齢で運動学的により成熟した様相を示すことを指摘しておくことは重要である。つまり、トレッドミルでの歩行は脚を交互に動かす点でより一貫性があり、関節の動きのパターンは、新生児期の歩行のパターン、あるいはさらに言えば、歩く数ヵ月前の1人での慎重に行う歩行のパターンより、成熟した移動歩行により似ている（Thelen & Cooke, 1987）。実際、トレッドミルでの歩行のかなりの部分で、はっきりとかかと接地を行う乳児もいる（Thelen, Bril, & Breniere, 1992）。かかと接地は、従来、成熟した移動運動の明確な特徴とされてきた（Forssberg, 1985; Sutherland, Olshen, Cooper, & Woo, 1980）。このような成熟に等しいパターンは、トレッドミルなしでは決して見られないし、実際には乳児が支えられて歩けるようになる、つまり実際に前進できるようになるまで生じない。要約すれば、トレッドミルはそれまで知られなかった、器質的に決定されると信じられてきた発達的進行があることを明らかにしたのである。

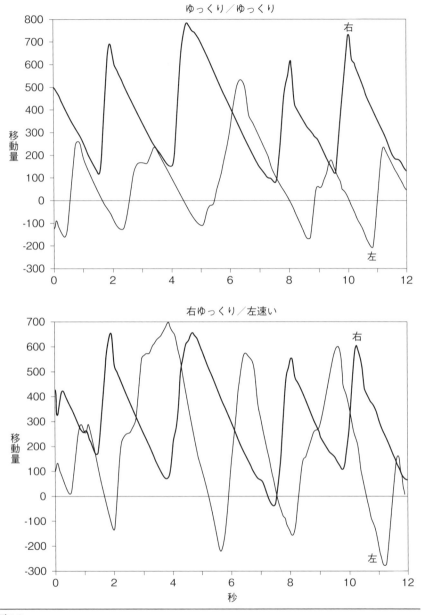

図1.3
平行トレッドミルにおける1乳児の、右足（R）、左足（L）の前向き、後ろ向きの移動量。ベルトは、両方ともゆっくり、両方とも速い、一方はゆっくり他方は速い、に調整された。前方向への運動は接地相である。図は、歩行速度へのベルトの測度の影響と（乳児は遅いトレッドミル上では歩数が少ない）、ベルトの測度が同じときと別のときも、交互の踏み出しの規則性が保たれていることを示している。（Thelen, Ulrich, Niles, 1987 より）

第1章　歩行学習からの教訓

速い／速い

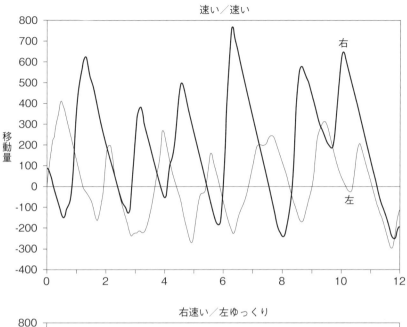

右速い／左ゆっくり

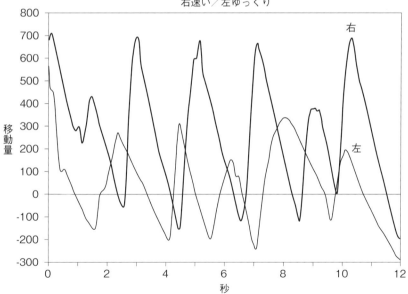

秒

発達段階を解体する

　新生児とトレッドミルでの歩行データは、マグロウの直立歩行に向かう7つの段階という直線的な進歩に対して、何を実際意味しているのであろうか？　第一に、これらのデータは、表面的には1つの単位をなしている行動が、多くの下位の要素からなっていることを示唆している。トレッドミル上での行動は、運動への意図性とも脚で体重を支える能力とも無関係な、移動運動の要素──脚の反応的パターン──を明らかにした。トレッドミル上での行動はまた、自律的な歩行とも異なるものである。トレッドミル上での歩行の能力は、単独での歩行自体が減少していくまさにその時期に、劇的に改善するからである。

　第二に、これらの要素は別々のものというだけでなく、非常に異なった速度で発達する。トレッドミルでの歩行に必要な神経筋肉的な仕組みは、最初の第1年の非常に早い時期から利用可能であるのに対し、直立する能力は何ヵ月も後に現れる。独立歩行は脚で体重を支える能力と脚を交互に振り出し接地する能力の両方を必要とするが、これらは容易に分離可能な特性であって、まったく異なる発達上の経路をたどる。乳児が誰かに支えられ、トレッドミルによって脚のダイナミックな動きが求められるとき、歩行の運動パターンは疑いもなく3、4ヵ月までには出現する。一方、独力で見事に立つことのできる9、10ヵ月児は、歩くことができない。

　似たような異時性（heterochrony）は、脚の運動制御の意図的側面に明らかである。トレッドミルでの歩行は7ヵ月間ずっと非自発的のようだが、乳児は、2ヵ月半から3ヵ月ほどの早い時期から、興味をひかれたモビールを動かすような自発的行動に脚を使うことができるのである（たとえば、Rovee & Rovee, 1969）。トレッドミルでの意図性は、モビールを蹴るときの意図性とは結合していない。脚の自発的使用は、最初の1年間で線形的に、あるいは単調増加的に発達する単一の能力ではなく、文脈と結びついている。

　第三に、これらの研究は、歩行の発達は以前には考えられなかったほど、生体内と環境的事象に敏感であることを示している。脳の発達の道筋がどんなものであれ、行動的表出はまったく文脈依存的である。乳児を直立させて検査した場合、歩行運動は消失したと結論するかもしれない。背臥位では、脚の運動は最初の1年間持続するだけでなく、関節の個別化の増加と両脚の協応パターンの変化を含む複雑な発達経路をたどる（Thelen, 1984）。トレッドミルの上では、脚の運動は同様に持続するが、まったく異なる個体発達の様相、すなわち、交互に脚を動かす上での漸進的な向上と、歩行運動のすべての側面での変動の減少を示す（Thelen & Ulrich, 1991）。

　ここでの要点は、文脈を特定することなしに、最初の1年間での脚の運動の本質を

指摘することはできないということである。脚の協応パターンは完全に状況依存的であり、乳児が落ち着いているか興奮しているか、直立か背臥位か伏臥位か、探索あるいは移動のために脚を慎重に動かしているのか、トレッドミルの上なのか、水の中に浸けられているのか、自分1人で立っているのかで異なるのである。さらに、運動野にも脊髄にも、移動運動の本質はない。実際、歩行の本質を神経構造でなくトレッドミルに求めても、同じようにもっともらしいのである。なぜなら、ほとんどの歩行移動的な行動をさせているのは、トレッドミルの動きだからである。

　第4章でさらに述べるように、移動運動の発達は、この行動の多次元的性質を認識することによってのみ理解される。多次元性とは、生体内の要素と文脈が同じように原因であり、特権的だということである。つまり、神経的、解剖学的構造が行動の表出に必要であるが、一方行動の産出は課題と文脈によって初めて十分なものとなるということである。トレッドミルが動いているときに歩行を生み出す、まさに同じ筋肉、関節、そして神経系が、トレッドミルが停止しているときの脚全体が接地する行動を生み出し、背臥位では、足を口に持っていく行動を生み出すのである。同時に、トレッドミルでの歩行にも様々な変化がある。脚を外側に、あるいは内側に回転する、接地の際につま先から、あるいは脚全体というような変化を示すのである。

　種に典型的な最終ゴールを織り込んだ発達のグランドプランという概念は、最初の1年の脚の運動協調の流動的性質を説明しない。次章で、認知発達も同じように、モジュール的で、異時的で、文脈依存的で、そして多次元的なものであることを論じる。しかし、ここで私たちの主張の一般性を増すために、他の3種類の脊椎動物の移動運動の発達を手短に見ることにする。人間の二足歩行は、疑いもなくもっとも生体工学的に負担の多いもので、人間の子どもが、他の種に比べて独力で歩行するのにより長い時間がかかるのも驚きではない。しかし、その発達プロセスは、行動発達一般の特徴を有している。ここで取り上げる他の3種類の脊椎動物 ―― カエル、ヒヨコ、ネコ ―― の移動運動は、離れたところから見れば、同じ質の明らかに同構造のプロセスに見えるが、より接近して見れば、モジュール的で、異時的で、文脈依存的で、そして多次元的なものであることがわかる。

ウシガエルの移動運動の発達

　他の両生類と同じように、ウシガエル（*Rana catesbeiana*）は2つの劇的に異なる生活をする。約2年間、おたまじゃくしとして、水生で草食性の生活を送り、活動的にエサを追い求め、捕食者を避ける。カエルとしては、陸棲で、肺呼吸の肉食性である。しかしまったく非活動的で、エサがたまたまそばを通るのを座って待っているだけである。これらの2つの段階におけるウシガエルの移動運動は、行動学的にも解剖

学的にも、明確に異なるものである。おたまじゃくしは尾部を振動させることによって泳ぐが、その運動は体幹や尾部の軸となる筋肉を動かす脊髄の運動神経によって制御されている。対照的に、カエルの歩行や跳躍や泳ぎは後脚を使い、前脚は体を支えるために用いられる。後脚を交互にあるいは同時に移動運動させる運動神経は、尾部を振動させるのに使用されるものとは完全に異なる（Stehouwer & Farel, 1983）。

　重大だが急速な生理学的、形態学的な変化である変態が、これらの2つの段階を分けている。変態の2週間の間に、

　　ウシガエルは半陸棲的になり、両眼は後方に移動し、前脚が出現し、尾部が消失し、幼
　　生の口吻部は消失し、成体の顎構造ができあがり、主に草食性であるおたまじゃくしの長
　　い渦を巻いた腸は、肉食に適した太い腸に取って代わられ、そして呼吸の主たる器官はエ
　　ラから皮膚と肺に変わる。（Stehouwer, 1988 p.384）

　変態が終了するまで、カエルは移動運動に後脚のみを使うわけではないが、解剖学的な変化はこの変態期間のかなり前から生じている。ステーフワアとファレル（Stehouwer & Farel, 1983）は、おたまじゃくし段階の初期あるいは中期、後脚の形態学的な分化が始まる前でさえ、分離した脊髄において後脚の歩く運動と蹴る運動の神経活動を見出した。後脚自体は幼生期の後期に出現するが、機能はしない。したがって、移動運動の神経学的な基盤と後脚それ自体の出現は、行動的表出に対してずっと早期から加速されていることになる。

　しかし、移動運動の行動的表出は、少なくとも一部は、環境的に媒介されているようである。ステーフワアとファレル（1984）は、変態中のウシガエルを3種類の生息環境条件、（1）深い水、（2）滑るぬれた表面（おそらく中間的な表面）そして（3）乾燥した地面に相当する、乾いたでこぼこした表面、でテストした。2つの堅い表面は尾部の振動の停止と後脚での歩行を使用した移動運動パターンが有意に加速された。つまり、地表からの触覚あるいは固有感覚刺激のどちらか、またはその両方が、発達の後の段階にならないと通常は見られない行動パターンを引き出すのに十分なのである。

　カエルの陸上での移動運動は、後脚の運動以上のものが必要である。陸上生活への生理学的適応に加えて、カエルは前脚による姿勢の支持と、眼球運動の新しいパターンを発達させなくてはならない。これらの変化は、変態期の最終段階におけるウシガエルの乾燥した地面への選好と、そこでの移動運動への適応を伴う（Stehouwer, 1988）。人間の乳児と同じように、機能的な移動運動は生体的要因と環境的要因が合流したものとして生じるのである。行動の要素は早い時期から現れるが、それらは特別な要素ではない。地表に接触することは、基礎的な神経組織と同じように必要なも

のなのである。

ヒヨコの移動運動の発達

カエルでは、後脚の移動運動を生み出す神経パターンが脊髄内で発見されたが、行動はある状況の中でのみ表出された。ヒヨコの脚の運動パターンも、同じように組織化されている。

人間の乳児と同じように、卵生期と孵化期のヒヨコは、様々なパターンの脚の運動をする。卵の中では、ヒヨコは自発的に、ぎくしゃくした、一見ランダムな脚の動きを示し、その間に協応した屈曲と伸展の時期が散見される（Watson & Bekoff, 1990）。しかし、孵化のときは、はっきりと両脚を同期させて突き出す運動が現れ、卵から出てくるのを助ける。孵化後、このような運動は二度と見られなくなるが、代わって、ヒヨコは脚を交互に動かす歩行、両足をそろえての跳躍、そして水の中に入れられたときは、泳ぐことさえできるようになる。

パターン化した神経活動は、卵生期において分離された脊髄内で検出することができるが（Bekoff, 1976）、これらの発達的変化と退行は中枢パターン発生器の基本的な再形成からではなく、個体発達的に適した状況的な変化から生じる。たとえば、孵化運動の開始は、姿勢に依存しているようである。孵化運動は孵化した後のヒヨコでも、ガラスの卵の中に入れる、あるいは拘束することによって、引き出すことができる。ベコフとカウアー（Bekoff & Kauer, 1984）は、このような操作が、通常は孵化のときだけに見られる脚の運動パターンを正確に「回復」させることを見出した。この行動の引きがねになるのは、典型的な卵生期の姿勢となるよう頸部を屈曲させることのようである。この姿勢は、ヒヨコが卵の中で大きくなるにつれて通常生じるものである（Bekoff & Kauer, 1982）。孵化の際に見られる運動は、運動レパートリーから「消える」のではなく、それを通常引き起こす状況が消えるのである。

同じように、ベコフ（1985）は、また別の状況を操作することによって、ヒヨコにはっきりと区別できる筋肉活動のパターンを作り出した。屈筋と伸筋の活動が突発するという特性は、ヒヨコが脚で体重を支えているかどうかに依存している。泳ぎの筋肉パターンは、地面を歩いているときよりも、脚に体重の負荷がない条件である、卵生期に生じる自発的な運動で見られる筋肉パターンにより似ている。さらに、孵化後直ちにヒヨコの脚からの感覚入力を外科的に遮断すると、移動運動に類似した協応パターンよりも、孵化時に見られるものに似たパターンが回復する。

ヒヨコでは、カエルや人間と同じように、末梢との対話が運動駆動型の発達的な変化に本質的なのである。行動出力は行動が生じる状況から決して分離されないのであるから、中枢パターン発生器のような特権的なコードというものの有用性と実在性そ

のものを問わなくてはならない。「純粋な」運動出力の例として、典型的には胎生期の場合や、あるいは動物をトレッドミル上でテストする場合などが考えられるが、これらも特定の状況にすぎない。最後の例として、ネコの移動運動の発達を取り上げる。

ネコの移動運動の発達

異時性と状況特異性という同様の主題は、ネコの移動運動の発達にも現れる。子ネコは、生後2週間の終わりまで、自らの体重を支えられないし、歩けないと広く信じられているが、ブラッドリーとスミス（Bradley & Smith, 1988a, b）は、彼らがテストしたすべての子ネコが、3日目までに歩くことを見出した。この早期の能力の出現の鍵は、厳密にテスト時の状況にある。母ネコから離された生まれたばかりの子ネコは、非常に興奮し、典型的には前脚で腹部を引きずりながら前へ進もうとする。しかし、ブラッドリーとスミスが子ネコを母ネコからほんの少しだけ離しておいたとき、子ネコは前脚と後ろ足の両方で体重を支え、母ネコのところへ戻ろうと歩いたのである。彼らは、ストレスを最小にし、地上を移動しようという動機づけを最適なものにするこの状況が、「体重を支えた後脚の歩行を引き出す唯一の信頼できる条件」であったと結論している（1988, p.48）。

また、生まれたばかりの子ネコは、体幹がうまく支えられているときは、トレッドミルの上で歩くが、このような歩行は引き出すのが難しい。なぜなら子ネコがひどく混乱し、脚を強く屈曲あるいは伸展させたまま動こうとしなくなるからである。実際、ブラッドリーとスミス（1988）は、通常はトレッドミル上で後脚を引きずる子ネコが、ベルトから離れて、実験者の手に登ろうとしたときは、体重を支えた歩行をすると報告している。

これらのもっとも初期の歩行の試みにおける筋肉活動パターンは、大人のネコのトレッドミル上と地面での移動運動のそれと、多くを共有している。しかし、大人のような筋肉パターンには、たくさんの状況に敏感な変化がある。通常の屈筋と伸筋の活動の交代パターンは、ストレスの多い状況では瓦解する。非常に幼い子ネコが体重を支えているとき、屈筋と伸筋を同時に収縮させ、脚を「こわばらせた」。この同時的な収縮は、通常屈筋と伸筋の交互の収縮よりも「原始的」なパターンであると信じられており、人間の乳児でも体重を支えているときに非常によく見られる。しかし、この脚のこわばりは、神経的未成熟の現れというより、より大人的姿勢の制御が発達する前に関節を安定させるための、アド・ホックな方略なのかもしれない。

生まれたばかりの子ネコを、通常自力で歩く数週間前に移動運動させることができるというこの証明は、ネコの移動運動の発達は、カエル、ヒヨコ、そして人間と同じように、モジュール的で状況に敏感であることを示している。ネコは非常に早い時期

からパターン化された脚の運動をすることができるが、歩くことだけであっても、それ以上のこと —— 姿勢の安定、強い筋肉と骨、前へ進もうという動機づけ、覚醒レベルが行動を促進する状態にあること、そして適切な足下の状態 —— が必要なのである。

　これらの事例のそれぞれにおいて、移動運動の「本質」を、何らか移動運動を抽象的にコード化していると思われる中枢パターン発生器に求めたくなる。神経構造は、通常の入力と出力の連結を切断されても、高度に構造化された発火パターンを生成することができる。この自律的な活動は、自然な行動の一部かもしれないが、それだけが自然な行動なのではない。もっとも大事なことは、いかなるレベルにおいても、孤立させられた神経構造は、漠然と成熟と呼ばれている生得的なプロセス以外に、新しいプロセスを生成するメカニズムをもたないということである。しかし最近の研究が示しているのは、本質などないこと、あるのは、ある特定の状況内での行動のパフォーマンスだけであることを見てきた。私たちは、これが役に立つ発達モデルを作るのに必要な根本的な洞察であると信じている。次章では、認知分野で、同じくこの線に沿って推論を進めるつもりである。

注
[1] 特定目的の神経構造が脊椎動物の移行運動の本質的特徴を与えるかという問いは、脊椎動物の脊髄におけるそれを含めて多くの神経構造が、複雑な連関、頻度、位相関係で自律的な振動を生み出すという証拠とは別に提起できる。こうした振動がおそらく協調行動を生み出すのに本質的である点については、第6章で論じる。そこでは、神経ネットワークは、行動がパフォーマンスされる複雑な同期的、環境的文脈から抽象された何らかの行動の特権的なアイコンをもつという概念に反論する。

第2章　認知発達の危機

　この章で、私たちは、認知発達に関する現在の理論化を概観する。私たちの問い
は、心の発達を理解するのに、現在どんな理論的ツールが使えるのか、また、それら
のツールはこの課題に対して十分なものであるのか、である。私たちは、単一の因果、
成熟、中枢パターン発生器などが歩行の説明として十分でないことがわかったのと同
じように、認知発達の説明もまた不満足なものであることを見てゆく。まず、認知発
達に関するピアジェの論理・数学的理論の失墜の簡単な歴史から始める。

ピアジェ ―― 上からの見方

　ピアジェ（たとえば、Piaget, 1951, 1954, 1970）は、発達が全範囲にわたって起こる
ものであることを強調する。ピアジェの見方では、子どもの心的生活は、より優れた
論理的高みへと一方向に向かってひたすら進行する。この進行は、質的に区別される、
不変の順序の段階からなる。乳児期、子どもは感覚－運動的な体制のもとにあり、彼
らの心的生活は、知覚され、行為されたものに限られる。就学前の時期は、子ども
は、シンボル（象徴）を使って世界を表現することができるが、そのシンボルは依然
として知覚的であり、融通が利かず、心的に操作することはできない。学童期になる
と、子どもは、論理的に推論を行ったり、観念を心的に操作したりすることはできる
が、それは抽象的なものではなく、未だ具体的なレベルに留まる。最終段階の青年期
において、心的能力は完全になり、抽象的論理的思考を実現する。

　遠くから眺める限りにおいては、認知発達は、ピアジェの記述に合致する。もし、
異なる年齢の子どもたちを、彼らが様々な課題に取り組むしかたにおいて見るならば、
そして、そのパフォーマンスの細部や微妙な点を無視するならば、いったい何が見え
るであろうか？　異なる年齢の子どもたちが、環境世界（外界）との間で質的に異な
るしかたで相互作用をしているであろう。この相違を理論的に叙述する方法はわから
ないとしても、1歳児の行動は、3歳児のそれとはまったく異なるし、また、3歳児
は8歳児、あるいは18歳とは全然違うであろう。さらに、ピアジェが行ったのと同
じ課題を子どもたちにさせたなら、やはりピアジェと同じ結果を得るだろう。乳児は、
対象物が視野から消えると、何事もなかったかのように注意を他に移す。3歳児はし
かしながら、注意深く系統的に、失われた対象の探索を行う。8歳児は記憶から空間

(39)

に関する推論を行うことができる。そして18歳では、抽象的なものや、文脈の支えのない空間に関する推論を行うことができる。全体的に見て、異なる年齢間の子どもに見られる知能面の違いは、ピアジェの記述と非常に似たものとなる。

それにもかかわらず、認知の背後に横たわる論理数学的構造は単一に変化すると仮定するピアジェ理論の部分は間違っているというのが科学的合意である。ピアジェの認知理論は大きなスケールで見る限り発達の順序性に適っているが、細部について見ると、認知発達の複雑性と無秩序さを決定的に捉え損なっている。ピアジェ理論は、発達研究者がより微視的に研究するようになって力を失った。ロシェル・ゲルマン（Gelman, 1972）やマーガレット・ドナルドソン（Donaldson, 1978）のような研究者たちがピアジェ課題のいくつかをいろいろと変更してみたところ —— 記憶の負荷を減じたり、言葉遣いを変えたり、子どもの手をお尻の下から出して、数を数えられるようにしたりなど —— 子どものコンピテンス（能力）は脆く、変わりやすいものであることがわかった。ピアジェ課題をそのまま行って、同一の条件下で観察すれば、認知の安定した段階が見出される。しかし、課題をいろいろと変えて、子どもの心を少しつつくだけで、すぐさま不安定で、文脈によって異なる、流動的な認知の姿が現れてくるのである。

微視的に見ることによって、ピアジェ理論の中心的な3つの主張、すなわち（1）発達初期の能力の貧弱さ、（2）段階間に見られる認知能力の普遍的な不連続性、（3）認知能力の成長の単一性、は深刻な挑戦を受けることになった。ピアジェによれば、乳児は外的世界を認知的に構成し始める際に、外的刺激に対する反射以上のものをもち合わせていない。しかし、データからは、そうではない。出生時の状態は貧困なものではない。人間の乳児は実に「有能（コンピテント）」であり、高度に構造化された知覚能力や、概念的能力を有するのである（たとえば、Cohen & Salapatek, 1975）。ピアジェによれば、子どもの表象能力の進歩は、不連続な段階を経る。しかしながら、乳児期初期の段階からすでに成熟した思考能力の前駆体が検出できるという証拠がある。たとえば乳児は、抽象的な数的思考（たとえば、Wynn, 1992）や、複雑な素朴物理学（たとえば、Spelke, 1990）、因果性に関する「理論」（Bullock, Gelman, & Baillargeon, 1982）などの要素を示す。赤ちゃんと大人の思考には連続性があり、共通の核がある。ピアジェによれば、認知構造における発達的変革は認知活動全体に波及し、制御する。ところが、個人の能力には領域ごとに大幅なズレが見られる。たとえば、2歳児は遊び場面でシンボルを使える（Bates, 1979）のに、実物を小さくした縮尺物をシンボルとして使えなかったり（DeLoache, 1987）、就学前児は流暢で強力な言語操作を示すのに、論理的推理ができなかったり（Inhelder & Piaget, 1964）する。すべての認知が歩調をそろえて前進するわけではない。認知発達は整然と進む行進というよりも、皆が勝手に歩く群衆により似ている。ピアジェの理論は、下からの見方

に合わないのである。

下からの見方 ── 推移律を用いた推論

　認知発達の複雑さは1つの領域、すなわち推移律を用いた推論の領域における認知発達の事象を考察することによって明らかになる。この課題領域は特殊なものではない。発達しつつある認知が流動的で、文脈依存的な性格をもつことを示唆する、多くの可能なデータセットの1つにすぎない（Smith, Sera, & Gattusso, 1988 参照）。

　推移律を用いた推論課題は、2つの関係から第三の関係を推論するというものである。たとえば、「青い棒は緑色の棒よりも長い」、「緑色の棒は黄色い棒よりも長い」から「青い棒は黄色い棒よりも長い」と推論する。ピアジェによれば、就学前児は、この推移律を用いた推論ができない。それを行うための心的操作をまだもっていないからである。イネルデとピアジェ（Inhelder & Piaget, 1964）は繰り返し就学前児がこの推移律を用いた推論に失敗することを示して、この主張の実証的証拠とした。ピアジェはまた、幼児が物をたとえば長いものから短いものへと順番に並べるのが難しいというように、量的次元の困難があることを指摘している。

　1971年にブライアントとトラバッソーは、就学前児にも推移律を用いた推論ができることを示した。彼らは子どもたちが直面した問題は、前提を覚えておくことにあることを示唆した。たとえば色つき棒の例では、子どもがどの色の棒が他のどの色の棒よりも長いのかを忘れたり、混乱したりすれば、推移律を用いた推論をうまく行うことはできない。したがってブライアントとトラバッソーは、子どもたちが前提情報を完全に記憶するまで反復練習を行った。刺激系列、前提、質問を図2.1に示す。この課題では（ピアジェ課題と同様）、子どもたちは実際に対象を見ることなく、言語的記述を聞いて学習するだけだった。

　ブライアントとトラバッソーの結果は明白だった。就学前児が完全に前提情報を学習したとき、彼らは推移律による推論を行った。それに続く研究（Trabasso & Riley, 1975）はさらに、就学前児が大人と同じしかたで推論を行うことを明らかにした。子どもも大人も同じ「隔たり効果」、すなわち、比較する項目同士が遠い場合（たとえば、図2.1の緑色とオレンジ色）よりも、近い場合（たとえば、緑色と赤）の方が、2つのうちどちらが長いかを判断するのにより多くの時間を要するのである。この隔たり効果は、一連の対象物の知覚に基づいて推論課題に答える場合に意味をもつ。しかしブライアントとトラバッソーの実験では、子どもたちは一列に並んだ対象を実際に見てはいなかった。その代わり、彼らは対象間の言語的記述から系列をイメージしなければならなかった。これは注目に値する達成である。就学前児は実際の対象をうまく並べることができない。しかし、彼らは明らかに、イメージした対象を心的に並べること

図 2.1
ブライアントとトラバッソーが用いた、刺激、前提、推論質問。

はできるのである。その上、子どもも大人も、大体同じ方法で推論を行っているようである。子どもの思考は、大人の思考と連続性がある。

　これらの結果をどのように考えるべきだろうか？　子どもの思考は大人と同じであると言えるだろうか？　事はそれほど単純ではない。推移律を用いた推論が可能であることを示すために、子どもたちは前提を何回も練習しなければならなかったし、また、前提を両方向に学習しなければならなかった。子どもに「赤色は緑色よりも長い」と単純に教えることはできない。子どもには、「赤色は緑色よりも長い」、そして「緑色は赤色よりも短い」と教えなければならない。前提に対するこうした両方向の表現を用いた、明示的で多大の訓練をしないと、就学前児は決定的な比較情報ではなく、「赤色は長い」というように、カテゴリー情報のみをコード化し、記憶する。この事実は重要である。幼児は、私たちが事実のリストを記憶しておくのに困難を感じ

るであろうように、記憶するのが困難だということではない。むしろ、幼児は情報を
・・・・・・・・・・・
一貫して誤って記憶するのである。

　その上、幼児の誤記憶のしかた ―― 「赤色は緑色よりも長い」を「赤色は長い」と
解釈する ―― は、ピアジェが指摘したように、系列化課題に見られる誤りと似ている
ように思われる。ピアジェによれば、系列化は推移律を用いた推論と似ている。なぜ
なら、両方とも、ある1つの対象が、他の対象以上であり、同時に別の対象以下であ
りうることの認識を必要とするからである。1つの系列化課題において、ピアジェは
子どもにすでに完成している系列に対象を挿入するように求めた。幼い子どもたちは、
その対象を両隣の対象よりも長くなるように挿入するか（図2.2A）、あるいは両隣の
対象よりも短くなるように挿入する（図2.2B）。伝統的なピアジェ派の解釈では、子
どもは挿入する対象を同時に一方向 ―― 長いか、あるいは短いか ―― でしか考えるこ
とができない。

　これと同じ困難が、子どもが系列化された積み木を見せられ、その絵を描くように
言われた場合にも見られた（Sinclair de Zwart, 1969）。系列を描くとき、就学前児は
「短いものの群と長いもの」（図2.2C）に分けて描いたり、「短いもの、長いもの、短
いもの、長いもの …」（図2.2D）と交互に描いたりした。ここで見られる困難は記
憶ではない。子どもが描いている間、系列は彼らの視野にあるのだから。同じカテゴ
リカルな次元の処理は、子どもが系列を語る語り方にも見られた。子どもたちは系
列に並べられた対象を「小さいのと大きいの」と記述した（Ehri, 1976; Sera & Smith,
1987; Smith, Rattermann, & Sera, 1988）。推移律を用いる推論課題において子どもたち
に見られた前提に対する誤記憶、系列化課題における失敗、量的な次元に対して子
どもたちがいかに語るか、これらはすべて、子どもたちが行ったとピアジェが述べたこ
とにピッタリ合致するように思われる。

　このように見える発達プロセスの性質は何であろうか？　就学前児は推移律を用い
た推論課題を解くことができるし、そこで用いているメカニズムは明らかに大人と同
じであるが、しかし、彼らは比較文を覚えていられない。就学前児は心の中では系列
化ができるが、実際の課題ではできない。就学前児は推移律を用いた推論課題を解く
ことができるが、それをするためには、大変特別な課題支援を必要とする。彼らの日
常生活において、就学前児はめったに推移律を用いた推論など行わない。日常、前提
を何回も練習させられたり、両方向に述べさせられたりすることはない。その代わり、
日常行われる世界との相互交渉において、就学前児はピアジェが記述したのと同様に
操作を行う。推移律を用いる推論課題に関する就学前児のデータは、発達理論に対し
て、乳児の歩行に関するデータの場合と同じ問題を提起する。トレッドミルを用いる
と、乳児は脚の運びに著しい能力を示す。日常生活では、マグロウが記述したように
見える。彼らは歩かないのである。

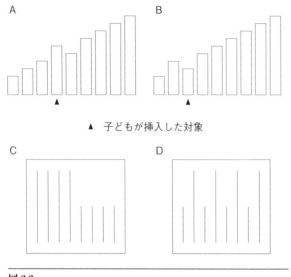

図 2.2
修学前児の系列課題への反応例。【A、B】系列中に入れる。【C、D】系列をコピーする。

私たちはいかにして、発達の連続性と不連続性、似たような課題における子どものパフォーマンスの非同期性と類似性、有能さと無能力の混合、の両方を説明することができるだろうか？ 本書の目標は、そうしたことを示すデータの詳細にわたって説明する枠組みを提供することである。この説明は、発達が複雑で異時的な土台をもちながら、全体としてみると1つの方向性をとることをいかに両立させるかにか

かっていると考える。ピアジェは初期の著作（1952）ならびにいくつかの後期の著作（1976, 1985, 1987）の中で、似た見方を表明している。次の簡単な概観で、現代の理論化がデータをどのように扱うかを見よう。

コンピテンス 対 パフォーマンス

年少の子どもの特徴として有能さ（competence）と無能さ（incompetence）が混在していることから、コンピテンス（有能さ＝潜在的能力）とパフォーマンス（遂行）を区別する発達心理学者もいる（Gelman, 1972; Donaldson, 1978）。パフォーマンスはその基礎にある認知を覗く上での完全な窓ではないという指摘は、もっともである。たとえば、大人である私たちは、前提が与えられれば自動的に推移率を用いて推論を行う。けれども、もしその前提がラテン語であったとしたら、簡単に推移率を用いた推論を行える者はほとんどいないだろう。つまりは、幼児はしばしば、ラテン語で理由づけをしようとしているような状態にあるということである。幼児も相当な認知能力をもっているとしても、記憶、注意、言語スキルなどが未熟なために、実際にその能力が完全にパフォーマンスに現れることは稀なのかもしれない。

コンピテンスとパフォーマンスの区別は、ゲルマン（Gelman, 1969）の数に関する古典的な論文以来、過去20年間、主要な方法論として君臨してきた。このアプロー

チの方法論的手続き（modus operandi）は明快である。ある知識構造の本質を定義せ
よ、課題を完全に分析せよ、本質的な知識構造を成功裡に利用することを制限する可
能性のある支持プロセスやパフォーマンスの変数をはぎ取れ、そして、子どもが「本
質的」知識を保有しているかどうかを確かめよ。研究者たちはこの方略にしたがって、
次から次へと認知領域を渉猟し、1960年代に学者たちが可能だと考えていたよりも
はるかに高い認知的コンピテンスの存在を明るみに出した。しかしこのアプローチは、
優れたデータを山のように生み出したが、優れた理論を生み出すことはなかった。

　コンピテンス−パフォーマンスの区別の理論的問題は、中枢パターン発生器が「歩
行の本質」として提案されたときに出会ったのと同様のものである。単一原因の誤謬
である。非常に厳しく限定されたコンピテンスとは、いったい何であろうか？　もし、
コンピテンスと密接に関わらないとすれば、パフォーマンスとはいったい何であろう
か？　中枢パターン発生器は、せいぜい貧弱なコンピテンスである。なぜなら、歩行
というストーリーの骨子はいかに中枢パターン発生器が変化しやすく、柔軟で、絶え
ず変化する現実の地面の要求に適応するかだからである。就学前児が推移率を要する
推論を行う過渡的なスキルもまた、大人が日常的に毎日の会話で使っている推論の影
でしかないように思われる。したがって、就学前児の推論に見られる「パフォーマン
ス」の限界 —— 比較用語を理解すること、次元を連続的なものとして概念化すること
—— は「コンピテンス」にとって決して周辺的なものではなく、中心的であるように
思われる。コンピテンス−パフォーマンスの区別の問題は、いかなる領域であっても、
どんなコンピテンスも単独では十分ではないということである。だからこそ、誰しも
認める一致したコンピテンスの集合というものが存在しないのである。言語を研究す
る発達研究者は、概念におけるパフォーマンスの限界を引き合いに出す（たとえば、
Clark, 1972; Hood & Bloom, 1979）。概念を研究する発達研究者は、言語におけるパ
フォーマンスの限界を引き合いに出す（Donaldson, 1978）。ある研究者の言うコンピ
テンスは、他の研究者にとってみればパフォーマンスの限界だったりする。この窮地
を脱する方途はない。というのは、現実世界において実際にパフォーマンスされつつ
ある認知活動は、上記のすべて —— 概念、言語、記憶、注意等々 —— を必要とするか
らである。

　発達研究者が用いるコンピテンス−パフォーマンスの区別は、チョムスキー
（Chomsky, 1965, 1986）のコンピテンス・モデルの概念に由来する。しかしながら、こ
のような区別を成り立たせる理論的前提について、発達研究者はあまり明確にしてこ
なかったので、多くの研究者はそのことを知らないまま用いているのではないだろう
か？　チョムスキーが求めたのは、人間の言語コンピテンスの理論であった。そうし
た理論は、人間の言語の可能な範囲を定める形式的な特性を明示的に特徴づける、普
遍言語の理論であろう。そうした理論は、人間の言語のうち実際に出現する文法の範

囲を直接的に予測するであろう。言語コンピテンス理論は厳格に言語構造の形式的説明であるので、意味は除外されているし、話者と世界との関係についても、まったく何も言わないのである。

コンピテンスと、コンピテンスのいかなる使用にも含まれることがらとの区別は、図2.3に示されている。言語コンピテンス、すなわち普遍言語は、抽象的な知識集合体である。この知識あるいはコンピテンスは、図2.3に示されているように、他の2つのレベル、すなわち一般的目的（認知）システムと実際にエネルギーや物理世界を扱う実行レベルの上に位置する。このシステムでは、コンピテンスは抽象的−象徴的な知識である。チョムスキー（1965, 1968）によれば、その構造は人間の言語に課された明確な生物学的制約によって独立に決定される。つまり、その構造は実時間の言語使用、記憶、注意、あるいはその他の「パフォーマンス」要因によっては決定されない。しかしながら、現実の言語使用と言語獲得は、常にこれら3つのレベルすべてに依存する。

言語コンピテンスと言語使用に関するこの説明を受け入れれば、発達におけるコンピテンス vs. パフォーマンスについて、どのような理論的問いを立てることができるかは明らかである。子どもの言葉は言語コンピテンス、すなわち抽象的な文法規則の知識の反映なのか？　あるいは、一般的な処理プロセスの限界の反映なのか？　また、問いを立てることはできるが、実証的に答えることができないことも明らかになる。言語コンピテンスを直接覗く窓はない。実際の言語使用と実際の言語獲得には、常に言語コンピテンス以上のものが含まれる。言語コンピテンス・モデルには実証的な制約がないことから、奇妙な結論が導き出される。言語パフォーマンスと言語コンピテンスとは明確に異なるという考え方を受け入れた発達心理学者たちは、一語文や二語文から事実上完全に発達した文法ができあがると結論づけた（Bloom, 1973; Gleitman & Wanner, 1982 も参照）。

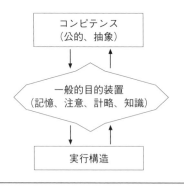

図2.3
コンピテンス−パフォーマンスの区別。

もし認知が、常に外界やお互い同士接触し、間断なく同時に影響を及ぼしあっている高度に相互作用的な諸システムによって決定されるのなら、この言語コンピテンスと言語パフォーマンスの区別は意味をもたない。両者の区別はまた、生物学的にもあまり意味がない。コンピテンス ── 文法の形式的特性 ── は、どこに存在しているのだろうか？　もし、チョムスキーが示唆したように、コンピテンスが「生得

的」だとしたら、それはいったい、脳のどこに特異化されているのだろう？　身体を
もたないシステムに対してなら、抽象的な形式的制約で十分である。しかし、人間は
生物学的な存在である。つまり、人間は身体をもち、生命を営んでいる。チョムス
キー派の言う意味でのコンピテンスが生物学の一部であるならば、それは、生きてい
る実時間の営みも中で身体化されているはずである。

生得主義

　発達心理学者の一部は、発達の方向性という性質と発達初期の能力に関する多くの
例示に注目して、発達は生得的にデザインされていると結論した。この合理主義的−
生得主義的見方を、カイル（Keil, 1981）が入念に明確化している。彼は生得的な強い
制約があると論じた。そうした制約は何を知るかを厳しく制約し、独自に、特定的に
決定するという。このような仮定のもとでは、実証的あるいは理論的な発達心理学者
が取り組むべき課題は生得的なデザインを特定することとなる。カイルは、理論的な
制約の特定化とは、チョムスキー（1965）の言う意味であると論じる。すなわち、あ
る領域における論理的に可能な知識構造のクラスを限定する、形式的制限のことであ
る。
　このヒトの認知における生得的制約の探究は、発達的な時間経過の中で一定のもの、
すなわち変化しないものを強調する。生得的制約の探究は、数多くの非常に特定的
な提案をもたらした。たとえば、数を数えることの発達に関する広範な研究から、ゲ
ルマンとガリステル（Gelman & Gallistel, 1978）は、ヒトに特有の数を数えるシステ
ムを制約する普遍的原理を提案した。これらの前提とされた普遍的原理は（1）数を
数える際の一対一対応 ── 数を数えるとき、各対象はただ１つの数が割り当てられる、
（2）順序の安定性 ── 数詞の系列は不変である、（3）基数と序数の一致 ── 数えた最
後の数が、対象の集合の数と一致する、（4）「対象によらない」原理 ── ある特定の
対象に数値が割り当てられ、その状態が数えている間継続したとしても、それは恣意
的なものである。ゲルマンとガリステルは、少なくとも単純な課題場面で子どもたち
をテストすれば、必ず、こうした原理の存在を示す証拠が見出されることを明らかに
した。つまり、数を数えることに関する生得的原理があるという結論である。
　ゲルマンとガリステルの原理は、発達初期の心と成熟した心の連続性を強調する。
知識あるいは、少なくともその中核部分は、静的であり、変わらない。こうした発達
観は、最初期の発達理論に合致する（Ausabel, 1957 参照）。すなわち、子どもは大人
のミニチュアであるとされる。カイル（1981; Fodor, 1983 も参照）は、このように高
度に特異化された生得的な青写真のかたちの不変性は、論理的必要性であると主張し
た。もし、認知発達が主として仮説検証と帰納のプロセスによって進むとすれば、仮

説と帰納のための仕組みは、外界からの入力と出力の構造において制約されていなければならない。

この論理は、クワイン (Quine, 1960) の翻訳の不確定性に関する謎に立脚している。次のような例を考えてみよう。言葉の通じない土地に行ったとする。やがて、その土地の単語や文をある程度話せるようになるだろう。しかし、もし、そこに住む現地人と同じようなしかたで世界を構成しなかったならば、単語1つすら話せないだろう。ウサギが跳び出して来て、そのとき、現地人が「ウサギ」と言ったとすると、その言葉の意味は、「跳び出す」、「白い」、「毛が生えている」、「長い耳」、「ウサギ」、「ウサギの部分」なのか、それらのすべて、あるいはそれらのいくつかなのか？ 実際には、大人が外国語を学習するときであれ、子どもが自国語を学習するときであれ、クワインが指摘したような問題は生じない。人は、あることについて語り合うために、その場面を似たようなしかたで切り取って、互いに理解しあう傾向を有する。この人間同士の間で見られる理解可能性は、人間に共通の性質を示すものである。カイルのような理論家は、このような共通の性質が神経回路に埋め込まれていると推測する。生得的制約 —— 思考の青写真 —— は、作りうる仮説の種類や仮説検証に使えるデータを限定する。したがって生得主義者は、発達には本当に新しいものは何もないという論理的主張をする。

翻訳の不確定性に関するクワインの謎と、それに立脚した生得論者の主張は、認知的学習が帰納的プロセス、すなわち、仮説生成と実証的経験によるその確証によって進むと仮定している。したがって、オシャーソン、スタブ、ワインシュタイン (Osherson, Stob, & Weinstein, 1986) によれば、表象と信念の学習は、次のような構成要素からなるという。

1. 学習者
2. 学習されることがら
3. 学習されることがらが学習者に対して提示される環境
4. その環境のもとで、学習されることがらについて学習者に生じた仮説

　学習されることがらについての学習者の仮説が最終的に安定して正確になったなら、学習はその所与の環境において成功したと言える。(Osherson, Stob, & Weinstein, 1986, p.7)

このように構成された学習という考え方には、多くの問題点を見出すことができる。学習される「ことがら」があり、学習の成功は正確で安定した内的に表象された信念（仮説）だとされる。しかし、認知理論家を生得論に引き寄せる力を理解する上でもっ

とも重要なのは、このように構成された学習はほとんど不可能だということをよく理解しているという事実にある。形成される仮説の種類に何の制限もなければ、経験的データからどんな帰納も一意に決定できないだろう（Goodman, 1955 参照）。たとえば、ウサギをウサギと呼ばれるのを継続して聞く経験は、ウサギがウサギを意味するという帰納的推論と一致するが、ウサギがウサギの一部分を意味するという帰納的推論とも一致するし、また、ウサギが 2020 年 2 月までのウサギを意味するという帰納的推論とも一致する。ここに生得的観念の議論の余地が生じる。もし、認知的学習が帰納的経験のみから構成されるとすれば、そして、経験的データのある一セット（個人の経験）が正確であったりそうでなかったりする多様な帰納を支持するなら、唯一の可能性は、知識が生得的であるということになる。

　この種の推論の例が、スペルキ、ブラインリンガー、マッコーマー、ヤコブソン（Spelke, Breinlinger, Macomber, & Jacobson, 1992）ら明白な生得主義者の主張に見ることができる。一連の洗練された手続きによる馴化研究において、3、4 ヵ月の乳児が物体の落下について何を知っているかを調べた。簡単に結果を述べると、乳児は落下する物体に起こると予想される自然な状態が知覚的に生じないときに、その出来事をより見つめる（驚きを示す）ことを見出した。スペルキらはこれらの結果を用いて、知識の起源に関する次の 3 つの強い主張を展開した。(1) 乳児は一連の生得的な核となる信念をもっている、(2) そうした信念は（表象に根差した）厳密に概念的なものであり、知覚や行為に依存しない、(3) これらの信念は、発達によって変化しない。

　知覚課題と生後 3、4 ヵ月の乳児（生まれてからずっと世界を見ている）から得られた証拠から、どうやってこれほど強い生得主義的－合理主義的な結論が得られることになるのだろうか？　スペルキたちは、乳児の視覚行為が知覚プロセスではなく、概念的表象（物体の落下に関する信念）に支配されていると仮定する。そして、そう仮定するのは、乳児がそれまで見たことのない対象と運動による出来事を見る際に、組織的なパターンを示すからである。上記の「論理」によって、これらの信念の起源は 2 つの可能性に絞られる。すなわち、経験による帰納か、生得的な特定化かである。スペルキらは帰納は不十分であり、それゆえ、信念は生得的であると結論する。

　乳児が落下物がどこで止まるかを予測するに違いない場合を考えてみよう。落下物の振る舞いと一致する可能性のある多くの帰納の中で、物体とそれを取り巻く表面との観点から述べると、次の 3 つがある。

1. 落下する物体はどこかの表面に着地する。
2. 落下する物体は落ちる経路にある最初の表面に着地する。
3. 落下する物体は運動し続けることによって到達しうる場所に着地し、その経路にある

いかなる表面も通過することはない。

　　一見、もっとも単純なのは帰納 1. であると考えられる。ところが実験知見からは …
乳児は、この帰納を･し･な･いことが示唆された。4ヵ月児は、落下する物体が空中に留まる
よりは、固い面に着地するとは推測しないようである … なぜ乳児は、帰納 1. よりも帰
納 3. にとらわれた反応を安定的に示すのだろうか？（Spelke et al., 1992, p.627）

　スペルキらの答えは、帰納 3. の一般化を生得的に知っているに違いないというも
のである。生得的に違いないという主張は、乳児から直接得られた証拠によるのでは
なく、帰納の失敗なのである。
　私たちの見るところ、生得主義者は 2 つの誤りを犯している。1 つは推論の誤りで
あり、もう 1 つは事実の誤りである。認知主義者は、認知が表現された信念からなり、
それらは生得的であるか、あるいは、経験から帰納されるかでしかありえないと仮定
する。したがって、パフォーマンスをうまく説明する帰納的学習の手続きが見出せな
いと、そこに発達はないと推論する。この論法の誤りは、生得主義者が、最初の前提
が間違っている可能性を忘れている点にある。発達は、帰納とは別の何かであるかも
しれない。認知は、表現された仮説や信念とは別の何かであるかもしれない。
　生得主義者の第二の誤りは、発達に関する経験的事実を否定していることである。
特別に工夫された課題において一見隠れていたコンピテンスが見出され、発達を通じ
てそれらが連続しているとしても、子どもは間違いなく発達している。乳児と成人は
決して同じではない。発達的変化の事実は、生得的な観念のリストでは説明されない。
生まれつき備わった中枢パターン発生器を仮定したところで歩行の発達は説明でき
ず、また、運動する物体に関する生まれつき備わった表現を仮定しても、乳児や幼児
の思考の変化を説明することができないのと同じである。発達の事実に注目するなら
ば、「連続性」とか「生得性」などという理論的構成概念は、あまり説明力をもたな
いのである。

連続性とは何か？

　発達を通じて認知が「連続的である」とは何を意味するのだろうか？　発達が「連
続的」であるためには、生命体の中にその最終状態が、そもそもの最初からどれくら
い、また、どのように含まれていなければならないのだろうか？
　人間の認知の連続性の議論において、カイル（1981）は、非連続的認知発達と連
続的発達の 2 つの形態を対比している。それを図式化したものが図 2.4 である。系列
（A）はピアジェの見方で、認知発達を質的な再構造化として記述する発達段階論で

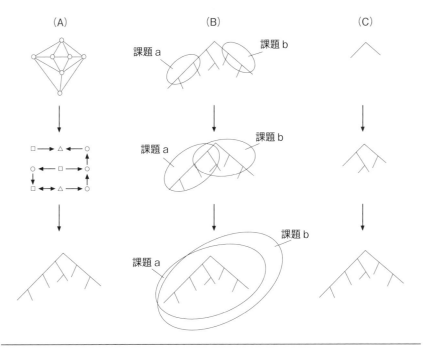

図 2.4
3種類の発達的系列を示す概念図。(A) 質的変化。(B) アクセス可能性の増大。(C) 制約された発達。(Keil, 1981 をもとに再描画)

ある。カイルはこの見方を、2つの理由で否定する。(1) 経験的証拠 ── ここ 20 年間に認知発達の文献を席巻してきた、早期のコンピテンスと連続性を示す例を引用している、(2) 理論的節約 ── 質的再構造化よりも連続的変化の方が、説明が容易であると論じる。

　系列 (A) をそれほど簡単に却下できるとは思わない。発達は、マクロレベル (低い倍率で観察した場合) には系列 (A) のように見える。歩けなかった乳児が、やがて歩く。推移律を利用できなかった児童が、やがて使えるようになる。倍率を上げれば、いくつもの小刻みに続く連続性が観察される。連続性は重要ではあるが、それは発達を説明するストーリーのほんの一部にすぎない。証拠は連続性と非連続性の両方を示しており、両者を共に説明しなければならない。系列 (A) を、理論的節約のために捨て去ることもできない。少なくとも、生得主義の見方からそうすることはできない。もっと連続的な発達形態にとって、ゲノムに知識構造の最終状態を書き込む方が、遺伝子に質的な展開の系列を書き込むよりも簡単であるとはとうてい言えない。どちらも本当であるとは思えない。

　系列 (B) は発達の最初から、最終状態が存在するであろう1つのあり方を示して

いる。この見方によれば、認知発達は、不変の知識構造へのアクセスが増大することとして捉えられる。つまり、何らかの知識構造が発達の初期から存在していて、それが特定の機能的課題と結合されるという考え方である（Rozin, 1976; Pylyshyn, 1978 参照）。たとえば、乳児は話し言葉の音声構造について相当な知識を保有しており、その知識を話し言葉の獲得や使用 —— この知識がもっとも直接役立つ機能的課題 —— に利用する。しかし、発達に伴って、言語の音声構造に関する知識が他の認知課題に対して接近可能になり、他の機能 —— 読みの学習、詩、言語の理論 —— にも用いられるようになる（たとえば、Walley, 1993 参照）。認知発達に関するたくさんの証拠が、この初期の知識構造は単一の機能的課題にしっかりと結びついていて接近できないが、発達に伴って接近可能となり、一般的に適用可能となるという考え方に合致する。生得主義者はこの記述に合致するデータを好む。構造はすべてそろっている、ただ接近可能になり、一般的に適用可能になるだけであると。しかし、どのようにして接近可能となるのだろうか？　これらのデータと接近可能性という筋立ては、連続性と同様、認知発達の非連続性も示唆している。背後に隠された、見かけ上不変の認知構造への接近可能性そのものが、説明の必要な非連続性である。

　さらに、初期の結合された知識とその知識への接近可能性の増大は、それらが獲得されたものという以上に「生得的な観念」の指標であるとは言えそうもない。靴紐を結ぶ一連の動作は緊密にカプセル化された知識であり、その内部構造にはほとんどアクセスできない。それは生得的知識ではない。初期の結合された知識も同じく、生得的知識の確実なしるしではない。アヒルの子も人間の乳児も、生まれる前から母親の声を学習するのである（Gottlieb, 1991; DeCasper & Fifer, 1980）。

　系列（C）はカイルが支持し、チョムスキー派の理論が背後にある認知発達に対する見方である。発達の初期状態は最終状態と連続的であるとされる。というのは初期状態が、後の発達が一定のしかたでのみ進むよう制約しているからである。この見方では、したがって、構造的変化が生じるけれども、それは高度に制約を受けている。知識構造は各年齢段階で異なってはいるが、重要な形式的特性を共有している。この見方を支持する直接的な証拠も否定するそれも、ほとんどない。ここで答えられるべき問いは、制約とはどのようなものか、それはどのように組み込まれているのか、また、どのように働くのか、である。

　上記のそれぞれの問いは、生得的制約がまったくもって最終的な構造の青写真であるかどうかに答えられるだろうか？　たとえば、歩行の発達は脚と筋肉の生物工学的な構造によって高度に制約されているが、これらの制約は最終的な歩行能力の設計図ではない。暑い夏の日に発生する積乱雲は数多くの複雑な物理システムの相互作用によって制約されている。しかし、雲の中に、積乱雲への成長を指示する形式的ルールセットはない。制約は、青写真や設計図である必要はないのである。

それでは、発達が連続であるとか不連続であるとは、何を意味するのだろうか？
発達は時間に沿って見れば常に連続的である。各個人は新生児から成人に至るまで、途切れることのない時間の流れとして捉えられる。変化は刻一刻、実時間で起こっている。また、不連続も存在する。乳児は成人のミニチュアではない。図2.4に概観した理論を含めて、どんな発達理論も、完全な理論であるためには、連続性と不連続性の両方を説明しなければならない。発達がどちらであるかを問うのは、意味をなさ・・・い・。

生得的とは何を意味するのか？

発達における連続性は「生得的」な中核の反映なのだろうか？　もしそうならば、ある知識が生得的であるとは、何を意味するのだろうか？　生得主義者－合理主義者は、たいてい、知識の抽象的な青写真やスケッチを思い描く。それらの制約によって得られる最終状態の象徴像なのである。こうして、数の知識への生得的制約が数の知識であり、文法への生得的制約が文法の知識であり、落下物に関する生得的制約が落下物の知識となる。これは明らかに、中身のない提案である。

落下物の知識の起源に関する考察の中で、スペルキらはこの点を認め、生得主義について次のように書いている。

　（生得主義は）認知の基礎に対するいくつかの種類の説明を拒否するが、その代わりに何らかの説明を提供するものではない。心理学における生得主義の提案は、明らかに空虚で恣意的な特徴をもち、それがこの立場を不満なものにする。もし認知が知覚することや行為することのような他の心理学的プロセスの上に成立するのならば、思考の起源を説明するという課題は、ごく自然に心理学者の仕事となる。しかし、認知が人間の心理学的な始まりの一部であるならば、心理学者はその起源に関する説明にまったく貢献できない。その説明の仕事は、完全に心理学以外の学問が担うことになる。(Spelke, 1992, p.629)

スペルキたちは、彼らの強い生得主義の提案のこの帰結を受け入れ、そうすることで彼らの理論の背後に潜む二元論、すなわち心的と身体は異なるという考えを明白に示している。私たちは、「知識の起源」は心理学の守備範囲の外の科学的問いであるという考えを拒絶する。実際、発達心理学は、発達理論が（まだ）無いときにはいつも、はばかることなく「生得的」であると言い、その結果、この問題を発達心理学以外の学問が解決すべき課題だと言明して、「生得的」であるとはその問題の解決が他の誰かの仕事だと責任を放棄するならば、重大な危機にあると言えよう。この問題に答えるのは誰の仕事だろうか？　明らかに生物学ではない。「生得的観念」というの

は、生物学的に妥当な構成概念ではないからである。

　もう少し生物学的に妥当な説明は、生活体の初期の構造と、その構造が発生させる活動、活動が生じる典型的な環境とが結合して、典型的な道筋に沿った発達を導くというものである。これら発達のプロセスが理解されるべき始まりである場合には、発達の「制約」は生得的観念や最終段階の縮図のようなものではない。たとえば、孵化しつつあるヒナは、卵の殻の中で首を曲げられた状態から、心拍の開始によって頭をもたげ殻をつつくように発達するが、それはつつくことの生得的なアイコンによって導かれるのではない（Kuo, 1967）。また、ヒナが孵った後、自分の脚を見る経験によってエサとなる虫を認識するように発達するのであって、虫の生得的なアイコンをもっているわけではない（Wallman, 1979）。

　ニューポート（Johnson & Newport, 1989; Newport, 1990）は、より本質に迫る、意味深い、人間の言語学習からの例を提供している。アメリカン・サイン・ランゲージ（ASL：アメリカで用いられている手話）を第一言語とし、英語を第二言語とする人たちを対象とした研究で、彼女は、発達初期に言語を学習した人と遅くに言語を学習した人の間に、一貫した相違のあることを見出した。ニューポートが研究対象としたのは、研究を実施した時点ですでに成人で、彼らはすべて ASL か英語を主たる言語として、少なくとも 20 年以上にわたって使用していた。したがって皆「流暢」に話す。それにもかかわらず、発達初期、就学前に言語を学習した人は以後に学習した人に比べて、その言語の深い統語論的規則性の知識と感受性がより豊かであった。なぜこのようなことが起こるのだろうか？　幼児は認知的に不完全であるのに、年長の人々より深く、多くの抽象的な規則性を学習するのだろうか？　それは生得的に設計されているのだろうか？

　ニューポートは、幼児が深い統語論的特性を成人よりも容易に学ぶのは、まさしく彼らが認知的に「不完全」だからだと推論する。認知的資源を十分備え、成熟した大人が言語を学習しようとした場合、耳に入ったことを文脈に沿った完全なかたちの意味として注意を向け、記憶する。それに対して低年齢の子どもは認知的に不完全であるために、すべてを聞き取ることも、記憶することも、理解することもできない。言語のバラバラな断片をひろいあげられるだけである。言語構造の深層の特性は、完全な全体が与えられたときよりも、バラバラな断片同士の関係においてよりよく見えるというのが、ニューポートの考えである。言語はおそらく、認知的に未熟な存在が言語の深層構造の特性についての知識を前もって備えていたというより、むしろ、認知的未熟性を利用して進化したと言える。言語獲得は「制約されている」かもしれないが、しかし、言語の抽象的な青写真のようなものによってではない。1970 年にレーマンが指摘したように、生得的な青写真という考え方は魅力的かもしれないが、中身のないものである。せいぜい、「生得的な青写真」の主張は、未解明の発達プロセス

の略号でしかない。

生得主義者は、生得的観念が論理的必然であると論じる。成熟した心を構成する見事に磨き上げられた要素が最初から生活体の中に詳細に特定された結果なしに、どのように生じうるのか、と問う。その1つの答えが、ロバート・ケアンズ（Cairns, 1988）による、進化と発達の間のアナロジーである。進化は構造の背後にある生物学的なプロセスであり、発達はその心理学的なプロセスである。本書においては、発達のプロセスは進化のプロセスのようなものであると提案する。進化に心はなく、機会主義的である。種を創発させるデザインも青写真も、「あらかじめ与えられた」仕様書もない。最終状態もない。ただ与えられた状況に固有の適応があるだけである。それにもかかわらず、機会主義と文脈－固有性だけから多様な驚くべき種が生じ、それぞれ独自の進化の歴史を反映しつつ、全体的に与えられた環境に見事に適合している。発達プロセスも、発達の全時間にわたって同様に働くということはないだろうか？個体における知識の起源が機会主義的で文脈－固有の心理学的プロセスから創発し、それは個体独自の発達の歴史を反映し、全体として生活し、考えることに適合するということはないだろうか？

モジュール性

合理主義者－生得主義者アプローチは、発達を通じた領域固有の知識の連続性と、異なる領域間における認知構造の非連続性を強調する。フォーダー（Fodor, 1972）は、とりわけピアジェ派のすべての領域を包含する認知構造という見方に批判的であった。

> 古典的な発達心理学は子どもを、広く様々なタイプの認知的統一体に、比較的かたよることなく適用できる代数が実現していくようなものとして考えるよう誘う。しかしそれは、大人の心的活動に内在する数学とは根本的な点で異なる。これに代わる考え方は、子どもは、大人の認知に含まれているのと形式上相似の、特別な目的をもった計算システムの束だというものである。… この見方では、認知発達はそうしたシステムが促進するプロセスの成熟ということになる。（Fodor, 1972, p.93）。

フォーダー（1983）は、この特別な目的をもった計算システムという考えをモジュール仮説に発展させた。モジュール仮説というのは、認知のアーキテクチャ（基本構造）に関する主張である。文献におけるこの仮説の議論は、大部分がシステムの最終状態に焦点を当てたものである。私たちは異なる知識の源泉同士が境目のない全体として自由にやりとりするような、高度に相互作用する認知システムを有するのだろうか？　それとも、サブシステム同士が互いの内的状態を知らず、ただ入力と出力

においてしかやりとりしない、高度に自律的なモジュールシステムからなるのだろうか？

このカプセル化されたサブシステムからなる自律的システムという考えが、モジュール仮説の中核である。フォーダーによれば、1つのモジュールの認知能力は、「その計算のプロセスで、生命体の認知能力にとって処理可能な情報のすべてより少ない情報にしかアクセスできない」ことを意味する（Fodor, 1987, p.25）。この情報のカプセル化によって、モジュールの能力は一般的問題解決の意味では有能でなく、「変化しにくく」、固定されているが、処理速度が速い。フォーダー（1987）は、ミューラー＝リヤーの錯視を取り上げ、知識にもかかわらず錯覚が頑健であることを、情報のカプセル化の例であると指摘した。フォーダーは、長さの視知覚を成立させる認知メカニズムは、情報的にカプセル化されているはずであると結論づける。重要なことは、モジュール仮説によれば、すべてのメカニズムがモジュールではなく、いくつかの知識領域がモジュール性を示すということである。際立った文脈効果は境目のない、汎用目的のための認知システムの印であり、そこではあらゆる要素が他のすべての要素に影響を及ぼす。情報の変化に直面して変化しないプロセスは、モジュール的な能力であることを告げている。これまで大多数の実証的研究は、成熟した言語や視覚におけるサブシステムのモジュール性に向けられてきた（Garfield, 1987 参照）。

モジュール仮説は、発達に関する証拠と（ある程度）一致する。認知発達はすべての領域が歩調をそろえて進むわけではない。異なるシステムが存在する。しかし、私たちはモジュール仮説を支持しない。モジュール仮説は、3つのうまく答えられない問題を抱えている。

第一の問題は、自律的なモジュールであることの境界は何かである。フォーダーの考えでは、言語のような自律的なモジュール能力は情報的にカプセル化されたサブシステムからなるが、一方、一般問題解決はそうではない。しかし、言語の理解はその全体性にある。すなわち、話された言葉の意味を含んでいる。フォーダー自身の見方によれば、カプセル化したサブシステムと広範に相互作用するシステムの混合である。提案された言語の個別モジュールは、実際の言語使用においては互いに強く相互作用するように思える（Kelly, 1992; Pinker, 1987, 1989; Tucker & Hirsh-Pasek, 1993 参照）。同様に、対象の即時的な視覚経験は一般知識（Rock, 1973）と情報的にカプセル化された仕組み（Stillings, 1987 参照）とが関わる。実際の言語理解や実際の視覚経験が情報的にカプセル化された仕組みと一般目的のメカニズムとの混合であるとすれば、両者の間に厳密な境界線を引くこと以上になすべきことがあるはずである。それらがどのように混合して全体を作り上げるかを、説明しなければならない。

第二の問題は、モジュール、すなわち情報的にカプセル化されたサブシステムはどこから来るのか、ということである。カミロフ＝スミス（Karmiloff-Smith, 1992）が論

じたように、大人の認知構造は必ずしも子どもと同形である必要はない。むしろ発達の結果であるだろう。「情報的にカプセル化された」構成単位は発達する。すなわちミューラー＝リヤーの錯視は発達する（Pick & Pick, 1970 参照）。さらに、フォーダーが示唆したように、情報的にカプセル化されたモデルにおける発達的変化の背後にある推進力は、必ずしも成熟である必要はない。むしろ、「情報的にカプセル化された」構成単位は、学習によって創発するかもしれない。大人に見られるストループ効果は、情報的にカプセル化されていて、フォーダーが視覚モジュールの証拠として引用したミューラー＝リヤーの錯視に似ている。インクの色（例、「あお」）の名前を質問された場合、どうしてもそのインクで書かれた単語（例「あか」）を読んでしまう。この効果のトリックを知っていても、何とか避けようと努力しても、ほとんど無駄である。しかし、この情報的にカプセル化（Shiffrin & Schneider, 1977 が言うところの自動化）された読みのメカニズムは、発達の結果生じたものである（Greenfield, 1991; Tucker & Hirsh-Pasek, 1993 参照）。言語発達から得られた証拠自体が、次の可能性を強く示唆している。すなわち、統語（syntax）は意味（semantics）に依存する（あるいは意味から自動的に生み出される）ように見える（Pinker, 1987, 1989; Tucker & Hirsh-Pasek, 1993）。しかしながら、実質的に認知の問題に関する実証研究も理論研究も、認知はモジュールシステムから構成されるとし、しかも大人の視覚や大人の言語研究なのである。こうした研究は、私たちの発達に関する問いに対しては不適切である。最終状態の基本構造に関して可能な事実を検討したからといって、どのようにしてその状態に達したかは明らかにならない。完全な成熟への解剖学的探索は、発生学ではない。

　第三の問題は、異なるモジュールがどのようにして互いに関連しあうのか、また、そうした関係がいつ始まるのかである。統一した心を成立させるには、異なるモジュール同士の間に高度な相互交通がなければならない。たとえ認知モジュールが心を構成する独立の「器官」だとしても、全体として機能するために互いを適合させる必要がある。たとえば、首を長くして食べることに適応したキリンは、特別な心臓血管のサポートを必要とする。各身体部分がそれぞれの仕事をうまくこなすだけでは十分でなく、それらが互いに適合して機能しなければならない。互いに適合するためには、各部分の性質が他の部分の性質を制約することになる。そのためには、異なるシステム同士が発達において相互作用しなければならないだろう。そして、認知と行動が瞬間ごとに整合性をもち、適応的であるためには、その都度、相互作用がなければならない。

　ここでも進化論のアナロジーが有益である。すなわち、種の進化と異なるサブシステムの発達との間のアナロジーである。進化の時間におけるある一時点で見ると、種の形態は安定しているが、その安定は局在的な現象である。進化の時間につれて変化が生じる。同様に、発達においても一時点で見ると、安定した、見かけ上「カプセル

化された」モジュールが観察されるかもしれない。しかし、生涯にわたる発達の時間において、モジュールの内的構造や、その存在自体も、全体の中で起こる相互作用の結果として変化するだろう。進化の時間にわたって、ある種の振る舞いの変化が他の種に影響を及ぼす。発達の全時間にわたって、1つの心的モジュールの変化が必然的に他の心的モジュールの変化をもたらす。ダイナミックシステムにあっては、完全なカプセル化はありえない。

　また、モジュールシステムを調べるフォーダーの研究プログラムも受け入れられない。フォーダーによれば、モジュールシステムは高度に制約されているため研究可能であるとされる。様々なモジュールが相互作用し、コミュニケートする「一般的認知プロセス」は、制約されていない（どの部分がどの部分に対しても影響を及ぼすことができる）ために、研究不可能であるとされる。しかし、ダイナミックシステムの中核的な信条は、まさしく、たくさんの異なる種類の力の複雑な相互作用から、秩序、不連続性、新しい形態が創発するというものである。この見方からすれば、人間の認知発達を推進する力の源は、個々バラバラのモジュールにではなく、それらが互いに相互作用するところにある。

人間の情報処理

　認知発達に対する情報処理論的アプローチは、発達的変化を一般的目的のためのメカニズム、知識獲得、それらの相互作用に帰属させる。モジュール理論とは対照的に、汎用的認知（心の一般問題解決の部分）に重点を置くのである。仮定された一般的メカニズムは、大人の認知理論から引き出されたもので、その主要なメタファーは、心は機械であるというものである。研究されるプロセスは、コード化、検索、干渉、注意、特徴統合、方略、規則などから構成される。こうした要素は心への時間計測アプローチに由来するもので、入力と出力の間の時間的段階を記述するものである（たとえば、Posner, 1980）。大人を対象とした文献でも発達を対象とした文献でも、ここでの研究方略は、特定のパフォーマンスのパターンの原因となる要素を分離することである。発達研究について言えば、主たる研究上の問いは、同一課題において、年少児よりも年長児の方がより良い成績を示すのはどの要素のためであるか、である。

　この枠組みの研究が進みデータが集まると、この研究法そのものが行き詰まってしまった。フォーダーの一般目的認知の記述に一致して、結果は、ほとんど境目のない知識源泉同士の相互作用を示唆した。簡単に言うと、あらゆるものが重要であり、あらゆるものが発達するということである。たとえば、乳児がピアジェの感覚運動期の第4段階の診断基準であるA-not-B課題で成功するには、コード化、記憶検索、注意、空間方略、課題固有の知識、等々に依存している（Wellman, Cross, & Bartsch,

1986 参照)。年長児は年少児よりも、推移律の使用 (Smith, Sera, & Gattusso, 1988a, b)
振り子運動の推論 (Siegler, 1978)、クラスの包含関係の推論 (Trabasso, 1977)、その
他、これまでよく研究されてきた様々な種類の課題においてはるかに優れた成績を収
めるが、これには複雑な認知メカニズムが絡んでいる。証拠ははっきりと、どの認知
能力も発達に伴って改善され、心のモー■モデルのどの処理段階も、発達に伴って有
能さが増すことを示している。何が発達するのか、という問いは、コード化 vs. 検
索、注意 vs. 知識、のような言葉で表現されると不適切となる。何が発達するかを、
あれかこれかに押し込めることはできない。すべてが発達するのである。どのような
課題のパフォーマンスも、多くのメカニズムとプロセスが、刻一刻寄与しているので
ある。

　さらに、まさにこのメカニズムとプロセスの組み合わせが、現下の特定の課題、そ
してその課題に取り組む個人の能力と深く結びついているように思われる。知って
いること、そしてその知識がどのように組織され、互いに結びつけられるかが、そ
れがどうコード化され、検索され、注意を向けられ、方略的に使用されるかを決め
る。こうして、10 歳のチェスのエキスパートの子どもは、チェスをしているときには、
チェスの素人の大人や、この子が馴染みのない課題に取り組むときよりも、情報処
理のいろいろな段階で「より成熟」しているように見えるであろう (Chi, 1978; Chi &
Koeske, 1983 参照)。どの課題１つとっても、パフォーマンスは多重に決定され、決定
因は課題に特有であるように見える。こうした事実の結果として、認知発達の文献に
おける情報処理モデルは、しばしば数多くのプロセスとメカニズムと発達的変化に関
する提案を行うことになる。モデルに想定されているプロセスとメカニズムは、彼ら
が説明しようとしている実験パラダイムと密接に結びついている。文献はこのように、
一見無関係なモデルに満ちている。アナロジーのモデル (Gentner, 1989) は素朴物理
学のモデル (Siegler, 1978) と重なるメカニズムをもたず、それは同様に、知覚的分
類のモデル (たとえば、Smith, 1989) と重なるメカニズムをもたない。

　情報処理アプローチにおいて互いに別々に研究されモデル化される課題領域は、生
得主義者－合理主義者のアプローチに言う基本的なモジュール (たとえば、シンタッ
クス) (のようなもの) ではない。課題領域は単なる実験のパラダイムにすぎない。こ
のような課題固有のモデルが生得的に、あるいは経験的にも間違っていると主張して
いるのではない。彼らのまさに詳細な課題分析は、理論化のための有用な糧となると
考えている。しかしそうした課題固有のモデルは、経験的な事実のリストと同様、理
論的に不十分である。個々の課題を超えた、もっと包括的な発達と認知に関する真理
が抽象され、相互に結合されねばならない。

　認知発達は次の２つの主要な問いとして概念化することができる。(1) 何が発達
するのか? (2) どのように発達するのか?　情報処理アプローチは、何が発達する

のかという問いに集中してきた。私たちはその答えの詳細な細部を見出したが、大きな全体像を照らし出せていない。もっと問題なのは、情報処理アプローチが発達のメカニズムに対してまったく無関心だということである（この失敗についての議論は、Siegler, 1989 参照）。どのようにすれば、未熟なフローチャートから成熟したフローチャートを得ることがきるのだろうか？　発達を推し進めるものは何だろうか？　頭の中には、新しいダイアログボックスを描いたり、新しいルールを書いたりする認知の理論家がいるわけではない。

コネクショニズム

　生得主義者－合理主義者のアプローチも人間の情報処理アプローチも、共に認知を構造化された象徴的表象の操作として見る。これらのアプローチでは、認知的世界を2つの部分に分割可能であるとする。1つは永続的な構造であり、もう1つは、そうした構造において働くプロセスである。認知構造はシンボルとそれらの結合から構成される。認知の実体は表象であり、ルールであり、概念である。プロセスとは記憶、注意、活性化の伝播のようなメカニズムであり、理論によっては、構造で働く組み合わせと分析のメカニズムも対象となる。多くの点で、認知発達における理論の行き詰まりは、この構造－プロセスの区別の直接的な結果である（Smith & Thelen, 1993 参照）。この構造－プロセスの区別は、発達現象を細分化（バルカン半島化）し、合理主義者－生得主義者の発達を否定して領域固有の能力とモジュールという見方を推進し、課題に固有の情報処理モデルを導いた。この理論における危機は、データが連続性と不連続性、全体的な構造と局所的な変動性の両方を示していることに直面して、不変の知識構造が認知を方向づけるという考え方を維持しようとしたことに由来する。

　最近、コネクショニスト・モデルという新しいアプローチが出現して、構造とプロセスの区別があいまいになった。コネクショニスト・モデルは「脳のような」、あるいは、「神経」ネットワークによるモデル化として特徴づけられる（Rumelhart, 1989）。というのは、コネクショニスト・ネットワークは脳のように、実に多くのユニットから成り立っているからである。こうしたユニットは、神経ニューロンのように、発火しているか、していないかであり、しかもニューロン同様、このネットワーク内の個々のユニットにはあらかじめ意味が備わっているわけではない。つまり、個々のユニットは何も表現していないし、また、何も「意味していない」。知識や意味はユニット間にまたがって（活性化のパターンの中に）分散している。コネクショニスト・モデルは、また、脳と同様に可塑性がある。コネクショニスト・モデルは、環境との相互作用に反応してユニット間の結合（コネクション）の強度を変えることによっ・・て、自分自身を変化させる。この種の理論化は新しく、そのモデルとしての可能性の

すべてはまだ十分探索されていない。まさに、現実の発達現象に本格的に適用され始めたところである（Gasser & Smith, 1991; Plunkett & Marchman, 1989; Rumelhart & McClelland, 1986; L.B.Smith, 1993b）。コネクショニスト・モデルは、存在するのはプロセスのみであるという私たちの鍵となる仮説を共有しており、大いに興味をひかれる。

　コネクショニズムは私たちが推奨するダイナミックシステム理論と、次の３つの点において似ている。

　第一に、行動の構造を説明するのに脳内にその構造のアイコンを持ち出さない。ルールなしで、ルールがあるかのような行動が可能であり、デザインなしで、全体の秩序が立ち上がることを意味する。コネクショニスト・モデルも私たちのダイナミックシステム理論も、知識を恒久的なルールや概念的構造とは見なさない。そうではなく、知識は状況の中で、諸ユニットから刻一刻組み立てられるのであり、ユニットはそれ自身もその内部も、結果として生じる知識とは似ても似つかず、また、そうした知識を含んでもいない。

　第二に、コネクショニズムもダイナミックシステム理論も、共に知識を構造、すなわちモノのような実体とは反対に、時間とともに生じる活動のパターンと見る。これは発達を考える上で強力な考え方となる。知識を実体と考えるならば、知識を変化させるには何かを付け加えたり、差し引いたり、くっつけたり、引き離したりするしか方法がない。このような存在論においては、真に新しい知識というものはありえない。しかしながら、もし私たちが知識を実体ではなく、プロセスとして考えるならば、変化にあまり問題はない。プロセスは、時には安定した均衡状態にあって実体のように見える。しかしプロセスはダイナミックであり、本来、一時的であり、変化しえるものである。

　第三に、心的生活をプロセスとしてのみ見ることによって、コネクショニズムとダイナミックシステム理論は、行動が全体的な秩序をもちながら同時に局所的な連続性と非連続性をもつという問題を解決する潜在力を提供する。この解決は、古典物理学と量子論との関係を彷彿とさせる（Smolensky, 1986）。量子力学のマイクロレベルの活動から、マクロレベルの古典物理学的現象が立ち上がる。古典物理学が量子力学に還元されるわけではない。量子力学は、マクロレベルの物体の振る舞いを説明しない。しかし、物体の変化と遷移を説明する。すなわち、量子の相互作用、力動性が、物体のマクロレベルの変化がどのように起こるかを説明するのである。物体は疑いなく現実である。なぜなら、物体はその要素間のプロセスによって構成されているからである。しかし、説明力はプロセスのダイナミックス、上から検証される下からの見方にある。つまり説明力は、ミクロレベルとマクロレベルを共に考慮することの中にある。

　これは伝統的な還元主義とは異なる。1975 年に、フォーダーは『思考の言語（*The Language of Thought*）』において、あるレベルの現象を、その下のレベルを参照して

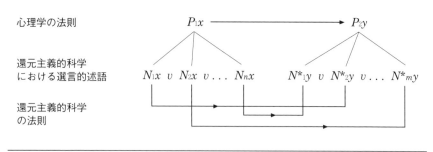

図 2.5
還元主義の無益さに関するフォーダー（Fodor, 1975）の議論。

説明する試みを批判した。なぜなら、それが「満足のいく」還元となる可能性はないからである。というより、フォーダーはレベル間の還元、たとえば認知と生物学の間の還元は意味がないであろうと論じた。意味がないのは、心の概念と脳の概念との間には（おそらく）体系的な関係がないからである。再び、私たちは現代理論の土台にある二元論を見出す。

　フォーダー（1975）は、この状況は図 2.5 に示すようであろうと論じた。$P_1x \to P_2y$ はマクロレベルの法則で、私たちが説明したい行動のレベルである。たとえば、P_1x が机の上のカップに入ったコーヒーを飲もうとする意図だとしよう。P_2y はコーヒーカップを口に持っていく行為であるとしよう。そうすると、「法則」$P_1x \to P_2y$ は「コーヒーを飲もうとする意図 → カップを掴み口に持っていく」と読める。マクロレベルの関連のある実体、あるいは性質は、P 状態、すなわち意図と行為である。P 状態の下には、N（神経科学）状態がある。N 状態はミクロな構造を構成する。P_1 と同時に起こる N 状態は喉の渇き、カフェインの禁断症状、ストレス、習慣などかもしれない。カップを掴むことに対応する N 状態は、カップが手やその他のものに対してどこに位置するかに応じて異なる、多様な高度に個別的な動きである。フォーダー説の要点は、N 状態は、多少なりとも同じような整合性のある集合にまとまりそうもないということである。このように、P_1x はバラバラの N 状態集合の統合である。P_2x もバラバラの N 状態集合の統合である。P レベルに関して 1 つの法則を書くことができるが（たとえば心理学）、P_1 に対応する N 状態が P_2 に対応する N 状態をもたらすには、様々な関数が関わっている。実際、その中には除外されるものもあるだろう。執筆しているときでさえ、ストレスが常にコーヒーに結びつくわけではない。そこでフォーダーは、「還元主義はその存在論的な力をもたない。なぜなら、もはや私たちは、P − 述部の充足からなるすべての出来事が N − 述部の充足からなる、とは言えないからである」（p.22）と結論する。フォーダーは、P' を N' に還元しても得られるものは何もないと論じる。行動の法則に関わる状態は意図と行為であり、無関連なス

トレス、渇き、嗜癖、筋肉の動きの集合体ではない。

　フォーダーは正しい。伝統的な還元主義から得るものは何もない。図2.5に描かれた事態は、おそらく正しい。しかし、図2.5の真実に対する適切な理論的反応は、ただ1つのレベルに焦点を絞ることではない。もし、認知構造のダイナミックス──それがどのように生じ、変化し、バラバラになるか──を説明したいと望むならば、マクロ構造のレベルでのみ理論を記述することではできない。また、ミクロレベルを見るだけでもできない。もし、図2.5が高次の分析と低次の分析の間の関係（たとえば、意図と筋運動、象徴と下位象徴、認知と感覚、心理学と神経科学の間の関係）を正しく表しているならば、発達において $P_1x \rightarrow P_2y$ のような法則がいかに創発し、心的外傷によって消滅し、状況に応じて機能するかを理解しえる唯一の可能性は、P 状態と N 状態の相互作用とダイナミックスを、システムとして理解する場合だけである。説明には、上からの見方と下からの見方の両方を保持することが必要とされる。コネクショニズムが有望であるのは、ダイナミックシステムと同様、まさにこれを企てているからにほかならない。

　コネクショニズムは有望であり、かつまた、ダイナミックシステム理論と密接に関係する本格的アプローチである。そして、ダイナミックシステムを具体化するコネクショニスト・モデルが数多く存在する（ただし、発達のダイナミックスを扱ってはいない）。たとえば、ジョーダン（Jordan, 1990）、ハンソン（Hanson, 1990）、ミェルスネス、シャープ、ライニッツ（Mjolsness, Sharp, & Reinitz, 1990）などである。コネクショニスト・モデルはダイナミックシステム・モデルが実現される場合に考えられる形式化の一タイプであると考えられるだろう。しかし、すべてのコネクショニスト・モデルは今までのところ、発達の理論としては失敗している。なぜなら、それらのモデルは脳の構造と生物学的プロセスをきちんと捉えることに失敗しているからであり、発達課題の複雑さをきちんと捉えることに失敗しているからであり、そして、発達データをきちんと取ることに失敗しているからである。これらのモデルは、原理的に間違っているわけではないであろう。しかし、精神において失敗している。つまり、コネクショニズムの発想自身にある、もっとも根本的な含意から後ずさりしているように思われる。こうした失敗について、順番に考えてみよう。

　第一の失敗は、脳の異種混淆的な構造を認識し、利用することができていないことである。コネクショニズムは、生得－経験問題に関して中立であるが（Rumelhart & McClelland, 1986; Smolensky, 1986）、コネクショニズムの文献においては、構造の始まりに関する発達的、あるいは神経学的に理に適った仮説にまじめな注意がほとんど払われてこなかった。その代わり、コネクショニストたちは、認知を均質なノードを結合することによって構成することを得意とした。コネクショニズムは明らかに、脳の拡散的で複雑で非均質的な構造をモデル化するという意味での、「脳スタイル」のモ

デル化ではない。コネクショニズムとは対称的に、私たちは生物学に基づいた発達理論を追求し、脳の構造とその可塑性について知られていることを真剣に取り上げる。

第二の失敗は、おそらく、第一の失敗から派生したものである。ノードのネットワークは、単一の問題を解決する能力をもつオモチャのシステムしか生み出さない（たとえば、過去形を認識する、あるいはブロックを持ち上げる）。しかし実際の子どもは、同時に多くの問題を解決し、多くの違った課題をこなす。それらの異なる課題は、同じ構成要素の下位集合を利用するものであるように思われる。口は微笑むためにも、しゃべるためにも、吸うためにも用いられる。ある１つの対象物を見ても、その名前を言うときもあれば、その性質を言うときもあるし、数えるときも、手に取るときも、投げるときもある。私たちは１つの小さな課題が達成されるであろうしかたを説明したいわけではない。私たちは、子どもが行うすべての課題が、どのように実行されるのかを説明したいのである。個々の課題を越えた発達の全体的な秩序と、課題間の脈絡のない変動性とが、どこから来るのかを説明したいのである。私たちは大方のコネクショニストたちが考えているよりも、大きな問題を説明したいと考えている。すなわち、システム全体の複雑さをそのままに、発達的傾向を説明したいのである。さらに、私たちは、発達の背後にある因果的力 —— 変化を生じさせる力 —— が、多くの変化に富んだ課題を解決する際に、また、異種混淆的システム間の相互作用において働いていると考える。

第三の失敗は、心理学に蔓延している現象である（Smith & Sera, 1992）。発達に関する問いを立て、発達に関するデータを得ることが、説明にとって本質的であると考える間違いである。私たちの研究上の目標は、コネクショニスト理論家たちのような特定の目標とは異なる。（多くの）コネクショニストのモデルにおける研究上の目標は、理論空間を数学的に分析することである。この最終状態に到達できるようにするには、どのような初期状態から出発し、どのような理論的道具立てが必要か？　異なる初期状態と理論的道具立てによる目標は、チョムスキー派の形式的アプローチと同様である。私たちの目標は違う。私たちが見据えるのは発達の最終状態ではなく、発達そのものなのである。私たちの目標は理論的可能性を追求することではなく、手元にあるデータなのである。私たちは発達的変化そのもののデータによって動機づけられる。なぜ発達は、それがたどるようなしかたで変化するのだろうか？　なぜ発達は下降したり、大きく落ち込んだり、また、上昇したりするのだろうか？　私たちが説明しようとしているのは発達であって、発達の最終状態ではない。

第四の失敗は、洞察の欠如である。コネクショニスト理論の多くは古い問題に新しい方法で答えを出そうと努めるばかりで、問題そのものが間違っていることを理解しない。伝統的な認知心理学は、何が安定して変わらないものであるかを理解しようと努める。たとえば、異なる人々が、異なる状況下でも、ある対象をネコという同じ言

表 2.1
認知に関する 3 種類の理論（Varela, Thompson, & Rosch, 1991 より引用）

	伝統的理論	コネクショニズム	ダイナミックシステムズ
認知とは何か	象徴的計算――ルールに基づいたシンボルの操作	単純な構成要素のネットワークにおける全体的状態の創発	変化と活動を前面」に押し出すかつ層の歴史
どのように働くか	シンボルを操作できる任意の装置を通して	要素の連結のしかたのローカルなルールと変化を通して	相互連結した感覚運動サブネットワークの自己組織的プロセスを通して
良い認知システムは何をするか	現実世界の安定した真実を表現する	課題の安定した解決をもたらす創発特性の開発	現在進行しつつある絶えず変化している世界の能動的で適応的な一部となる

葉で呼ぶことができるのはなぜなのか？　伝統的理論では、内的表象によって認知の安定性を説明する。ネコという単語を皆が同じように理解するのは、ネコであることを意味する表象を共有しているからだとされる。伝統的な見方では、認知とはそうした表象へ接近することであり、それを心的に操作することなのである。

　コネクショニストにとって、知識とは創発したネットワークの全体的状態と世界の特性との間のやりとりからなる。したがって、ネコの文脈で、安定したネットワークの活動パターンが生じたとき、ネコの意味に関する知識をもつと言える。このようなしかたで、コネクショニズムは、どのようにして表象のような束の間の構成体が実際のプロセスから創発するかを示す。問題をこのように定式化すると、創発する全体的状態を表象と同一視したい誘惑にかられる（たとえば、Clark & Karmiloff-Smith, 1993 参照）。しかし、象徴的表象と違って、ネットワークの全体的パターンの活動は連続的であり、分離できないし、要素に分解することもできず、その形態が現実の構造を表象するのである。表 2.1 は、ヴァレラ、トンプソン、ロッシュ（Varela, Thompson, & Rosch, 1991）の表を改変したもので、伝統的な理論とコネクショニズムの違いをまとめたものである（左から 2 つの欄）。

　全体として、コネクショニズムは伝統的認知理論と大変よく似ており、同じ理論的問題を解決しようとしている。コネクショニズムは依然として認知の安定性を説明しようとしているし、その成否を測定するにも、伝統的な理論で用いられてきたのと同じ物差しを使っている。シンボルなしに、シンボル的な行動が可能か？　ルールを用いずに、ルールにしたがう行動が可能か？　表象的に振る舞うネットワーク活動のパターンが得られるか？　私たちの考えでは、コネクショニズムは、とうてい十分とは

言えない。

　中心となる理論的問題は、安定性ではなく変化である。心はどのように変化するのか？　新しい知識、新しい理解、新しい行動はどこからくるのか？　生命体はどのように絶えず、新しい問題に対する新しい解決を生み出し、適応するのか？　本書における答えは、表象や表象的プロセスは役に立たないということである。理論を測るために私たちが用いる物差しは、ルール的な行動でもなければ、シンボル的な行動でもない（と言っても、第11章で、特にシンボル的推論のダイナミックシステムの説明について考察する）。表2.1の三番目の欄は、認知に対するダイナミックシステム理論の説明と、伝統的理論ならびにコネクショニズムによる説明を対比している。

目的論 ── 発達理論における最終状態を超えて

　安定性に焦点を当てることは、最終状態に焦点を当てることである。したがって、伝統的認知論は現実の最終的で正確な表象に固着しており、また、コネクショニズムは最終状態に漸近する活動に固着している。ほぼすべての発達理論もまた、この最終状態への焦点化に捉えられてきた。ダーウィン、ボールドウィン、ピアジェ、そして、ウェルナーなど様々な理論家たちが、皆、発達を「より良くなっていく」プロセスと見、人間という種の進歩の生成力であると考えてきた。発達とは多かれ少なかれ、目標へだんだんと向かう運動である。発達の度合いは目標との距離で測られる。時として目標は、成人を標準とした最終状態であり（たとえば言語）、あるいは、時としてそれは、機能的、適応的な価値である。いずれにしても、発達理論家は、自らの理論の中で発達が必然的に向かうところ、あるいは向かうべきところを知っているようである。

　発達理論における目的論の危険なところは、それが発達のメカニズムに入り込むことである。最終状態は生得主義者－合理主義者のアプローチのメカニズムである。最終状態（多かれ少なかれ完成された形態）は、生命体に書き込まれ、それが生命体を進むべきところへと駆り立てる。最終状態は暗黙のうちに、ラメルハートとマクレランド（Rumelhart & McClelland, 1986）が過去形の獲得のコネクショニスト・モデルで用いたような、特別な教授メカニズムの中にある。最終状態が正しい答えであり、すべてのことを行う。同様に、最終状態は、大方の情報処理理論や仮説検証の説明に深く関わっている。発達的移行や変化は、子どもがもっている方略やルールが働かないときに生じる。こうした説明では、発達のメカニズムは、いかに発達が順調に進んでいるかの評価となる。子どもは自分がよく知らないことをともかくも知って、いく分か発達する。メカニズムに最終状態を設定することによって、説明しようとしているものを事前に仮定している。

まとめ

　私たちは、発達のプロセスを研究することによって目的論を克服できると信じている。本書で私たちは変化の理論を提起するが、それは認知発達に関する多くの通常の考えを拒否する。私たちの見方では、発達は、最初からどこへ向かって行くのかを「知っている」わけではない。発達に関しては、増水した川の堤防のように、行くべきでないところを避けさせる制約があるわけではない。人生自体の終わり以外に、最終状態などない。その代わり私たちは、発達は絶えず活動的な、生きているシステムの自己組織化のプロセスの所産であると主張する。

　私たちがここで提示するダイナミックシステム理論は、発達に関する古典的な考え方のいくつかと関連している（特に、Piaget, 1952；Waddington, 1977；Werner, 1957参照）。同時に、現代における新しい画期的な考え方とも関連している。不変性を強調するあまり変化のプロセスを捉え損なっている認知発達研究の危機を認識する点で、私たちは孤立しているわけではない（特に、Bates, 1979；Bates & Elman, 1993；Fischer & Bidell；Fogel, 1993；Siegler, 1989, 1991参照）。では、ダイナミックシステム理論の紹介に移ろう。

第3章　ダイナミックシステム
── 変化のパラダイムを求めて

もし未来が、何らかのしかたで現在の中にすでに含まれているのだとすれば、そこには過去も含まれていることになり、時間の矢とはいったい何を意味するだろうか？　時間の矢とは未来が所与のものではないという事実の表明であり、フランスの詩人ポール・ヴァレリーの言葉が強調したように、「時間とは構成である」ということである。

──プリゴジン & スタンジェール（Prigogine & Stengers, 1984, p.16）

受精卵から成熟した脳へと至る神経システムの発達は、あらかじめのプログラムによるのではなく、単に、ある状態が他の状態を導いていく歴史的な現象である。

──ステント（Stent, 1984, p.156）

適応的な行動とは、単純な要素間の相互作用から自発的に現れる創発的特性である。それらの要素が、神経であろうが、アミノ酸であろうが、アリ（蟻）であろうが、はたまたビット行列であろうが、全体の集合的挙動が個々の部分の加算結果と質的に異なる限りにおいて、適応は起こりうる。これが、厳密な意味での非線形性の定義である。

──ファーマー & パッカード（Farmer & Packard. Gleick, 1987, p.339 から引用）

ひとりの化学者が、シャーレの強い酸性溶媒に臭素酸イオンを数滴加え、そこで次々に巻き起こった驚くべき出来事を見つめていた（図3.1）。

準備を終えると、シャーレに淡い色の液体が薄く広がり、ほんのわずかの間、静かに止まっていた。すると突然、化学反応が起こり、色の付いた中心が勝手に、はじけるように広がり始めた。新たな場所に次々と、同心円の渦巻き模様のパターンができ、広がっていった。これらは、隣接する波と衝突はするものの、決して貫入することはない。稀に1つ、2つ、あるいは3つの腕をもつ渦巻が回転するパターンも生じる。それぞれのパターンが広がりながら、渦巻きの外縁同士が接触し、一方が優勢となって他方が消滅したり、あるいは表面全体をユニークなパターンに変えてしまったりする。やがて二次的な反応が初期反応の流れを追い出し始めると、最終的にパターンが崩壊し、システムが消滅する。（Madore & Freedman, 1987, p.253）

図 3.1
ベロウソフ・ジャボチンスキー反応。シャーレの中の化学物質は、同心円の渦巻き状の波を形成する。こうした複雑な形態は、単純なシミュレーションによってモデル化できる（右図）。(Madore & Freedman, 1987 より許諾を得て掲載)

数年後、別の化学者たちのグループがこれと同じ化学反応（いわゆるベロウソフ・ジャボチンスキー反応）を研究した。彼らは、単にシャーレの中で化学物質を混合させるのではなく、厳密に流入を統制して、化学物質を反応箱に送り込む方法を見出した（図3.2）。化学反応の変動が始まると、彼らは生成されたイオンのうちの1つの濃度を時系列に沿って測定した。これらのイオンもまた、一定の周期で変動している。化学者たちが、むらなく連続的に反応物質の流入を増加させ続けると、注目すべき、しかし奇妙な結果が観察された。彼らは反応物質を段階的に増加させていったのだが、反応の変動周期は、最初の周期から厳密に倍々で増加したのである。そして臨界的な流量に達すると、その反応が乱雑になり、イオンが不規則に、そしてランダムに見えるようなしかたで変動した。ところが、この不規則な時間的経過をたどるイオンの濃度について、ある時点での値とその後の値という具合に単純な手続きでプロットしてみると、驚くべき複雑なパターンが現れたのである（図3.3）。その変化はランダムにしか見えないが、しかし、そうではない。イオンは複雑に変動していたが、数学的に言えば、それはいわゆるカオスとして知られる決定論的な挙動だったのである。この不思議なパズルにさらに付け加えておくと、化学物質にほんのわずかな不純物が混入しただけでも、この一連の結果、すなわちカオスを経て別の秩序をもった離散的状態に向かう変動の倍加周期は、崩壊してしまう（Swinney, Horsthemke, McCormick, Noszitczins, & Tam, 1988）。

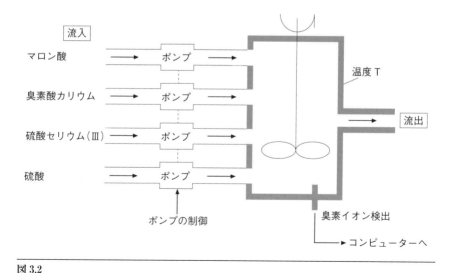

図3.2
ベロウソフ・ジャボチンスキー反応における変動を検証するために使用された化学反応器の模式図。異なる反応の経路は、ポンプによって制御される（化学物質の）投入量による。(Prigogine & Stengers, 1984 より許諾を得て転載)

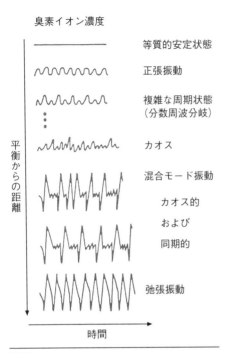

図 3.3
ベロウソフ・ジャボチンスキー反応における臭素イオン濃度の時間変動。反応物質の濃度は徐々に増大するが、反応の生成物は時間にしたがって質的に異なるパターンを示す。
(Prigogine & Stengers, 1984 より許諾を得て転載)

ここで、「化学 I」の中から特に、例題演習が果てしなく長く感じられた「化学平衡の方程式」を思い出してみよう。多量の物質 A と物質 B を混ぜ合わせると、多量の物質 C に加えて多量の物質 D も作られる。この単純な化学反応において、方程式の右辺にあるすべての項は、左辺の条件によって説明される。物質とエネルギーは保存される。この化学反応には、開始時の状態と終了時の状態は存在するが、その履歴は存在しない。重要なのは、反応物質とその反応から生成された物質である。時間は測定次元ではなく、物質が反応するプロセスも考慮されない。反応物質が平衡状態に到達したら、そこで終了というわけである。この反応は完全に線形的なものとして扱われている。たとえばイオンの量の多寡にかかわらず、ナトリウムイオンと塩化物イオンを混合させると塩化ナトリウム (NaCl) が生成される。大概の場合、こうした反応は溶液の中に多少の不純物が混じっていてもきちんと起こるので、試験管が少しばかり汚れていたとしても問題はない。確かに、いくつかの化学反応のなかには、それほど単純ではないものもあるが、学校の教師や教科書の著者によって選択される教材は、決定論的かつ線形的な物理システムの部類に属するものを模範としているのであり、そのようなシステムの特性は、教科書レベルの説明でも完全に記述し、理解することが可能なものである。

　もし仮に「化学 I」の最初の授業で、教師がいきなりベロウソフ・ジャボチンスキー反応を紹介したとしたら、物理世界についての私たちの認識はいったいどのように変わっていただろうか？　いくつかの単純で不活性な化学物質を混ぜ合わせただけで、空間的にも、そして時間的にも、複雑に絡み合ったパターンが、明らかに自発的に生成される様子を目の当たりにするのである。まるで正確な時計仕掛けにでも導かれているかのように、一定の特徴を維持した精緻な渦巻き状のパターンや変動を創り出す方法を、その化学物質はどのようにして知ったのか、不思議に思うだろう。そし

第3章　ダイナミックシステム──変化のパラダイムを求めて　　73

て、どうしてイオン濃度の変動が、その流入量と合致しないで、化学平衡の方程式が「釣り合わない」のか、という疑問も生じる。さらにまた、化学物質の濃縮における微量の不純物や微細な変化が、どのように時計仕掛けをリセットし、パターンの特徴を変化させてしまうのかと問うこともできる。

　要するに、ベロウソフ・ジャボチンスキー反応は、世界の振る舞いに対する私たちの慣習的な理解を揺さぶるものなのである。不活性な分子が互いに協同し、もっとも単純な前駆物質から複雑さを生み出し、設計者がいるわけでもないのにパターンを形成し、時計があるわけでもないのに時を刻むことになるのである。一見、ランダムな反応のようにも見えたが、そうではなかった。単純な因果的関係に、何かが起こった。臭素イオンと酸性溶媒の性質には、こうした反応の生起を予測させるものは何もない。それはあまりに驚くべきものであり、プリゴジンとスタンジェール（Prigogine & Stengers, 1984）は、このような反応やそれに類することが観察されていなかったら、誰もこのような反応が起こりえるとは信じないであろうと主張したほどである。

　この章の目的は、変化についての科学の概要を述べることである。先行する２つの章において私たちは、行為と認知に関する現在の理論化には、発達のプロセスを理解するための原理的な基盤が欠如していると主張した。多くの主要な理論的なシステム、成熟主義者、神経学、合理主義者－生得主義者、そして情報処理理論には、その中核に目的論がある。この中核とはつまり、発達のプロセスが開始される前にあらかじめ最終状態を仮定していることであり、プリゴジンとスタンジェール（1984）の言葉を借りれば、「時間の矢」を否定しているのである（p.16）。これらのアプローチは、発達を最終状態の段階的な連続として凍結してしまうので、せいぜい個体発生の流れを大まかに捉えられるだけである。最悪の場合、それらはトートロジーに陥り、往々にして空虚なものでしかない。生命体はすべてがより良い状態になろうとするから発達する、というわけである。還元主義者のアプローチはごたごたした細部を記述するものの、それらの細部に一貫性を欠いたままである。何が、どのように発達するのかという問題には答えていない。

　私たちはベロウソフ・ジャボチンスキー反応をめぐる科学を、化学の初級クラス用にではなく、発達に関する私たちのアプローチのために用いる。これは、比較的新しい科学であり、単純な因果関係のモデルや線形性、決定論、そして還元主義的分析を捨て去るものである。それは、履歴をもつシステムの科学であり、システムは時間とともに変わり、新たな状態が創られるが、その最終状態はどこにもコード化されておらず、マクロなレベルでの挙動が、原理的に、ミクロレベルでの挙動と調和している。

　ここで求められるのは、複雑系の大域的な特性に関する原理、すなわち酸性の媒質における臭素イオンだけではなく、その化合から生成される無数の時空間的なパターンにも適用される原理である。この原理は基板素材とは無関係に、複雑系に当てはま

るであろうことが、ますます明らかになってきている。これはつまり、多様性と複雑性が異なるレベルにあり、構成要素がまったく類似していない諸システムが、共通する挙動モードをもっているということを意味する。これに対して還元主義者のアプローチでは、あるシステムの本質を、そのシステムに特有、かつ特化された要素の中に見出そうとする。

　化学反応から雲や森林の変化、そして胚の挙動に至る様々なものにおける挙動に共通の原理を引き出すことを可能にするこの新しい科学は、ダイナミックシステム、シナジー的システム、散逸システム、非線形システム、自己組織的システム、あるいはカオスシステムなどと呼ばれている（私たちは記述用語としてダイナミックシステムを採用したが、それらが時間と共に絶えず変化するシステムであることを強調するためである）。複雑系の研究のルーツは物理学と数学であり、非常に抽象的である。非常に読みやすく、数学を使用せずにダイナミックシステムの従来のパラダイムを打ち破る性質を捉えた本に、プリゴジンとスタンジェールによる『混沌からの秩序 —— 人と自然との新たな対話（*Order Out of Chaos: Man's New Dialogue with Nature*）』（1984）と、グリックによる『カオス —— 新しい科学をつくる（*Chaos: Making a New Science*）』（Gleick, 1987）がある。

　ここ十年、ダイナミックシステムへの関心は非常に高まってきており、とりわけここ5年は、それがきわめて顕著である。フラクタル、カオス、ストレンジ・アトラクター、そしてマンデルブロー集合といった用語が、先見の明ある（そしてきわめて変わっていると思われていた）一部の数学者たちによって盛んに研究されたのは、それほど前のことではないが、今日ではこれらの言葉は、通俗科学や新聞の日曜版のキャッチーな言葉になっている。こうした考えが、人々の想像力を捉えたのも当然である。彼ら数学者たちは、驚くべき幾何学的な複雑性、ぞっとするほどの美しさすら、一見ごく単純な数式から生まれうることに気づかせてくれた。彼らは、事象が時間の経過とともにランダムに変化しているように見えても、実は高度に決定論的に振る舞っており、それがどのようにして可能になるのかを記述したのである。彼らが強調したのは、スケール変化の役割と、突発的な位相変位と分岐である（これらが、多くの日常的な現象の基本的な非線形性である）。そして同様に重要なのは、数学者たちが、複雑な現象を形式的で簡潔な表現で捉える道具を提供したことである。

　しかし、ダイナミック・アプローチの力と一般性がもっともよく反映されるのは、現実の世界への幅広い応用においてである。その例を挙げれば長大で多様なリストになる。たとえば、天候、レーザー光線、化学反応、銀河の形成、液体流動のパターン、雪の結晶の形成、葉のパターン、粘菌類、生体リズム、肺組織の形態学、形態発生、神経インパルスのパターン、神経ネットワークの挙動、心臓のリズム、運動協調、知覚システム、経済のパターンなどなど。この科学はまだ揺籃期にあるが、このリスト

第3章　ダイナミックシステム —— 変化のパラダイムを求めて　　75

は日々成長している。毎年学術集会や論文、書籍が増え続けており、これまでには想像もできなかったような方法で世界を眺める興奮と魅力が、ますます広がっている。

　いったいどんな原理が、こうした多様な現象を包摂できるのだろうか？　時空間的なスケールもまったく異なり、その要素も分子の単純な集合から複雑な細胞、および組織の構成要素、そして人間の行動というもっとも巨視的な事象に至るまでのあらゆるシステムに、何が共通しているのだろうか？　またそうした原理は、人間が運動や思考することを学ぶ仕組みを理解するのに、どう役立つのだろうか？

　この章の目的は、ダイナミックシステムの概念的なエッセンスを引き出すことであり、それらの基本原理が、いかに人間の初期発達を見る上で理論的に十全で、かつ有用な方法を提供できるかを示すことである。ダイナミクス研究における洗練はその数学的な形式主義にあるが、本書はまったくもって非数学的なアプローチである。これまで数多くの生物学的なシステムがモデル化されてきたが、そのシステムの振る舞いは、発達するヒトのそれに比べればはるかに単純である（Schöner & Kelso, 1988; West & Goldberger, 1987; Cohen, Holmes, & Rand, 1982 参照）。つまり、数学的な分析に適した、十分に精密でノイズのない、定常的な発達データは未だ存在しない。発達システムが、既存の非線形性のテクニックによって容易にモデル化できるかどうかはまだはっきりしないが、そのようなデータを得ることが、まずは最優先の目標であることは明らかである。たとえダイナミックシステムの他の多くの研究を特徴づけている、理論にデータをきれいに当てはめることはできないとしても、その概念は既存のデータをまとめ上げる強力な枠組みであり、新たな問いを生み出す豊かな土壌であることに変わりはない。

ダイナミックシステムの振る舞い —— 概観

　ここで中心となる問題は、発達している人間を含む複雑系が、いったいどのようにして時間とともに発展するパターンを生成するのかということである。ベロウソフ・ジャボチンスキー反応を思い出してみよう。この化学反応のいくつかの特徴は、一般的ダイナミックシステムに適合している。化学者たちは化学物質を混合することから始めたが、このときのシステムは、いくつかのタイプの膨大な数のイオン個体を含んでいた。このときの個々のイオンの挙動はもとより、起こりうる化合のしかたをすべて数えあげることなど不可能である。この意味で、このシステムの自由度はまさに非常に大きい。

　しかしひとたび化学反応が始まると、そのパターンは空間的、時間的秩序を示し、それは記述可能である。そのパターンの次元数が、そこに関わっている要素の次元数よりも格段に少ないからである。実際、ベロウソフ・ジャボチンスキー反応の空間的

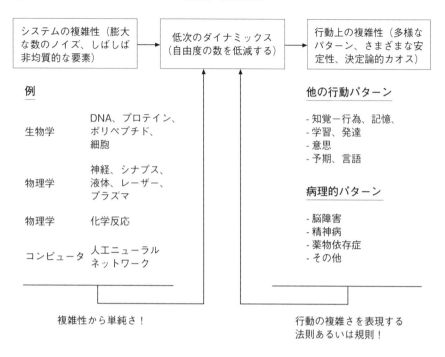

図 3.4
複雑系の特質と、それらを理解するための方略。(Kelso, Mandell, Shlesinger, 1988 より許可を得て再掲)

なパターンは、ごく単純な初期条件を設定しただけのコンピュータ・プログラムによってシミュレーションされている (Madore & Freedman, 1987 参照)。そのプログラムを走らせると、一連のパターンが創発する。同様に、臭化物イオンの変動についても、かなり単純な数学的関数として表現することができる。その挙動は、低次元のダイナミックスによって捉えられる。

初期の自由度が圧縮されると同時に多くのパターン化した挙動が生成されるが、その結果として現れるパターンそれ自体は、決して単純なものではない。複数の安定したパターンや不連続性、摂動に対する復元力、そして決定論的カオス等を含む、時空間的に非常に込み入った変化を起こしていく。

複雑から単純へ、単純から複雑へという連鎖は、その要素の素材が何であろうと（たとえば単純分子、光子、生物学的分子、細胞、組織、器官、神経、神経ネットワーク、器官、あるいは社会システムなど）、ダイナミックシステムの本質を捉えている。こういった特徴の数々を図3.4にまとめた。この章の残りの部分では、ダイナミックシステムにおけるパターン形成の一般原理をより詳細に記述する。この一般的な議論に続

いて、発達する生命体を動力学的な枠組みから特徴づけていく。そして、形態が創発する必須条件である初期の胚形成に関する議論をもって、この章を締めくくることにする。

ダイナミックシステムの原理

熱平衡からかけ離れた複雑性とシステム

　発達するヒト、そしてあらゆる生物学的なシステムは、複雑であり、かつ熱平衡とはかけ離れて存在するシステムの部類に属している。私たちはすでに複雑性を、膨大な数の要素からなり、生物学的なシステムの場合には、膨大な異種混淆性からなると述べた。この異種混淆性は、細胞の分子成分から、組織の種類や器官系における多様性、そして生理学と行動において機能的に定義されるサブシステム（たとえば呼吸や消化、生殖、運動、知覚、認知、情動などで使用されるもの）にまでわたる、すべてのレベルで明白である。たとえばパソコンの傍らに座ってコーヒーカップに手を伸ばすなど、どんな行為も、明らかに、膨大な複雑さをもつ階層が絡み合っている。それは、喉の渇き（あるいはカフェイン依存症）の生理学的および神経学的な経路から、次には電解質ないし神経伝達物質（あるいはその両方）を均衡させる細胞プロセスを引き起こし、それがコーヒーカップを視認し手を伸ばす視覚と運動のネットワークを活性化させ、再び網膜および筋細胞における化学的変化や数万の運動ニューロンにおける膜電位変化のプロセスに至る。これらの活動はまた、数多くのレベルと時間スケールで機能している解剖学的構造と自律神経の生理学的プロセスによって支えられている。機能的には、もっとも単純な行為についてでさえ、その生成に関わる要素やプロセス、およびそれらの潜在的な相互作用に関する膨大な次元を想像することさえ不可能だと言えるだろう。生物学的なシステムが生存していくためには、あらゆる構成要素が絶妙に協調しなければならず、これこそが私たちにとって関心のある協調の性質なのである。ベロウソフ・ジャボチンスキー反応における分子の振る舞いも高度に協調したものであり、その反応パターンが強く生物のような趣をもっているのも、おそらく偶然の一致ではない。生物学的な協調にとって鍵となる条件（それはベロウソフ・ジャボチンスキー反応の協調をもたらす条件でもある）とは、それらのシステムを通るエネルギーの流動のしかたなのである。

　伝統的な化学の授業の実験は多少とも退屈なものだが、それは化学反応に期待するようになったエネルギー領域、熱力学的な平衡ないし準平衡で行われるからである。システムのエネルギーと運動量が均一に分散し、ある領域から別の領域へのエネルギーの流動がないとき、そのシステムは熱力学的な平衡状態にある。アルコールを水に加える、あるいは食塩を水に溶かすと、分子やイオンは完全に混合ないし反応する。こ

こでさらにエネルギーや物質を加えない限り、そのシステムは安定していて、何も新しい状態は創発しない。こうして閉じたシステムが創られ、エントロピー的平衡状態に落ち着く。これはもちろん、熱力学の第二法則の例である。すなわちシステムは自ずと、乱雑さが最大の状態（エントロピー最大）になる熱対称性の状態に向かうが、そこに情報は存在せず、仕事をする能力を喪失する。熱力学的な準平衡のシステムに関して言えば、初期条件がどのようなものであっても、そしてそのシステムが平衡状態に到達するまでにどのような経路をたどるとしても、平衡とは１つの「アトラクター」状態（システムが安定性を獲得する地点）である。水分中の塩分は、その水にいくらかの NaCl 分子を加えてもスプーン何杯分か加えても、あるいは最初水かお湯かにも関係なく、やがて熱力学的平衡に到達する (Kugler & Turvey, 1987; Prigogine & Stengers, 1984; Yates, 1987)。

　ベロウソフ・ジャボチンスキー反応に驚くのは、不活性な化学物質の振る舞いについての私たちの予測を裏切るからである。秩序が減少せず、増大する。それはまるで開放システムのような挙動であり、安定はしているが、熱力学的平衡からは大きく離れている。平衡状態から大きく離れている状態は、システムの内外に自由エネルギーと物質の連続的な流動があることによってのみ維持される。生物学的なシステムは、開放システムの最たる例である。時間の経過とともに、その秩序と複雑性は、単に維持されるだけでなく、発達におけるように増大していく。生物学的なシステムは、熱力学第二法則にしたがっていない（エントロピーが増大しない）ように見えるが、それはエネルギーが直接的に注入されるか（植物）、エネルギーが豊富な食物を摂取する場合に限られる。プリゴジンとスタンジェールが指摘するように、この法則からの逸脱は局所的な効果にすぎない。すなわち生物学的なシステムは、他の何らかの外界から秩序を奪い、かつ高エントロピー状態のエネルギーを戻して循環させることによってのみ、組織としての複雑性を維持できる。プリゴジンとスタンジェールは、このような局所的に組織化された構造を散逸構造と名づけた。なぜなら高エネルギーポテンシャル源からエネルギーを引き入れて仕事をし、そしてそのエネルギーのいくらかを外部に戻して散逸させることによって、平衡状態を維持しているからである。エネルギーを特徴的な「噴出」システムで循環させるのも、生体システムの典型的な特徴である。つまり、連続的な代謝プロセスを維持するために、エネルギーがある程度まとまった単位で送られる。このことがなぜ自己組織化にとって重要な意味をもつのかについては、次節で詳述する。

　私たちが関心をもっているのは、以下の２つの基準を満たす種類のシステムである。(1) 複雑性、すなわちシステムを構成する要素が、非線形的かつ異種混淆的なしかたで相互作用できる、および (2) 散逸性のダイナミックス、すなわち熱力学的平衡から大きく離れて活動している。あらゆる生物学的なシステムはこれらの基準を満たし

ているが、他の多くの物理的および化学的システムも同様である。ベロウソフ・ジャボチンスキー反応に関する最初の例では、化学物質の特定の混合がエネルギーの「増大」を引き起こし、システムを平衡から大きく離れた状態へと導いた。しかし、その反応が進行し、自由エネルギーが消費されると、システムは、最大安定性と無秩序に向かい、熱力学的平衡状態に取って代わられ、パターンは消滅した。ところが化学者たちが、化学物質をさらに加えることによって、その反応に高い負のエントロピー・エネルギーを新しく供給し続ける方法を見つけると、秩序とパターンは創発と発展を続けた。

　別の見方をすれば、複雑かつ散逸性のシステムの特異な性質は、時空間的に熱力学的に対称的な世界における局所的な摂動と見なすこともできる。これらのシステムは、局所的な淵や渦巻きの中にエネルギー、そして秩序を集約させることによって、その対称性を破っている。しかし、これらの局所的な集約は、エネルギーと物質の連続的な流動がある場合にのみ維持される。この連続的な流動こそ、新たな形態が生まれるための源泉なのである。

自己組織化するシステム

　多数の要素が、非線形的なしかたで自由に結合しあう開放システムは、驚くべき特質をもつことができる。このシステムに十分なエネルギーが与えられると、それまではっきりとは現れていなかった新しい秩序構造が、自発的に姿を現すのである。何ら特定的な、あるいは特権的な関係をもたない分子の集合、あるいは個々の要素の集まりでしかなかったものが、突然、空間的なパターンと時間的な規則性を帯び始める。そのシステムは、きわめて複雑な、しかし秩序あるしかたで振る舞い、あるパターンから別パターンに移行し、周期を刻み、攪乱に抗し、やがて精緻な構造を生成する。このような創発する組織は、システムを構成している要素とはまったく異なり、その挙動パターンは、個々の要素の特徴のみによっては予測できない。

　ここまで、広く知られている一例、ベロウソフ・ジャボチンスキー反応について詳細に述べてきた。レーザーは、もう1つの重要な例である。その発見者であるハーケン（Haken, 1987）から引用しよう。

　　レーザーは、棒状のレーザー活性物質（光を放射する原子をもつ物質）から成っている。この棒状の物質の両端で向かい合う2枚の鏡によって、レーザー光が放射される方向が選択的に決定される。レーザーの原子は、外部、おそらくは他の光源によって活性化される。レーザーのもっとも興味深い特徴は、以下のような点である。レーザーの原子がごく弱くしか活性化されていない場合、各原子は、一般的な光源のようにランダムな位相で光を放射する。たとえば、放電灯の光照射野は、まるで「スパゲッティ」のように見える。とこ

ろが、原子が次第に活性化してくると、突然、完全に異種の光が放射される。それは、実際的に際限なく続く正弦波である（図3.5）。この放射光の構造的な変化は、以下のように説明することができる。通常の光源の場合、個々の原子の電子はそれぞれに独立して光学上の変化を起こすが、レーザーの場合には、各電子が協同して変化を起こしている。こうしたプロセスを自己組織化に関連づけるなら、単純なモデルを想定してみればよい。数名の人々が、水で満たされた水路に立っている（図3.6）。各人はその水の中に自由に押し込むことのできる棒を持っている。今、この人々の行動は個々の原子の挙動を表し、水は光照射野の挙動を表す。通常の光源に相当する状況は、人々が各自の棒をそれぞれ好き勝手に水の中に押し込んでいる場合である。その結果、水面にはまったく規則性のない動きが生じる。一方、彼らがその棒を相互に協同して水の中に押し込み、かつそれを完全に規則正しく（つまり秩序立ったしかたで）行うと、彼らの行動は、レーザーの原子の活動に類似したものとなる。もし外部にいる彼らのボスが命令を下せば、そうした協同的な活動はいとも簡単に引き起こされる。ところがレーザーの中には、命令を与える者など存在しない。したがって、レーザー原子の規則性のある協同的挙動は、自己組織化の作用なのである。(Haken, 1987, pp.419-420)

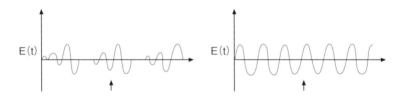

図 3.5
レーザー光。(Haken, 1987 より許可を得て再掲)

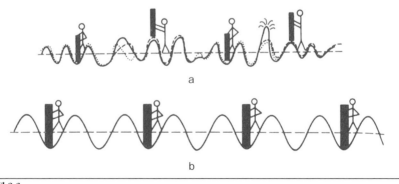

図 3.6
協同性がパターンを生む。(Haken, 1987 より許可を得て再掲)

第3章　ダイナミックシステム ── 変化のパラダイムを求めて　　　81

　レーザーおよび化学的なシステムでは、そのシステムを平衡状態から遠ざける何ら
かの外部条件の変化（たとえば光源の出力や化学物質の濃度の上昇など）が、システム
の巨視的な状態を急激に変える。変化が起こる前は各要素がそれぞれに独立して活動し
ていたのに、変化が起こった後は個々の要素の配置、あるいはそれらの集合的な活動
が増加し、システムの挙動を支配・管理しているかのように見える。ハーケン（1987）
は、このような支配的な様態を秩序パラメーターと呼んだ。それは、そのシステムにお
ける他のあらゆる様態を従属させることができる。つまりそのシステムは、もはや
個々の要素によってではなく、1つ、ないしいくつかの秩序パラメーター、あるいは集
合変数によって説明できる。秩序パラメーターは、構成要素の自由度を制約、ないし圧
縮するように作用している。

　ここで改めて、自然システムにおける自己組織化は、システムが複雑であり、かつ
環境の絶えざる変化に開放されている場合にのみ生起しうることを強調しておくこと
は重要である。複雑で異種混淆的であり、ノイズの多いシステムは、膨大な潜在的挙
動の変動性と多大な潜在的協同様態をもつ。それが不安定性を帯びた局所的な点を
生み出すと、そこに物質とエネルギーが集中し、隣接する要素を引きつける焦点とし
て働く。このシステムが熱力学的平衡から大きく遠ざかっていくにつれて、それらの
局所的な非対称性が増幅され、そこから秩序パラメーターとして作用する1つの様態が
立ち現れる。均質で対称性があり、かつ安定しているシステムには、このような新し
い形態を生み出す源泉はない。自己組織化において、システムは、多数の変化可能な
状態の中から選好する1つの形態を選択する、あるいはその選好する形態に引きつけ
られていくが、挙動の変動性が基本的な先行状態である（「混沌から秩序が生じる」）。

　ここまで長々と化学および物理システムについて議論してきた。なぜならそれは、
シャーレで起こる化学反応や光を放射する物質が、それらが生成する数々のパターン
についての命令を事前に包含していることなど、どうあっても不可能であることがき
わめて明らかだからである。これらのパターンは、厳密に、システムを構成する要素、
システムにかかる制約、そしてエネルギーの流動の相互作用から生じている。それら
の初期条件が特定されたとき、1つの事態が、単に別の結果へと結びついていくので
ある。少し前には個々別々だった要素が、つながり、協同する。自己組織化とは、決
して魔法ではない。それは、私たちの物理的および生物学的世界のほぼすべてに内在
する、非線形性ゆえに起こるのである。

ダイナミックな安定性とアトラクター

　システムが、ある秩序パラメーターの影響のもとで自己組織化するとき、その挙動は、
システムがあらゆる可能なモードから選好した1つ、ないしいくつかのモード（それ
ら自体が非常に複雑なものでありえる）に「落ち着いてゆく」。ダイナミックな用語で

言えば、こうした挙動のモードは、アトラクター状態であり、システムが、ある条件下でそのような状態に引き寄せられていくことを言う。再び動力学的な用語で言えば、システムはその状態空間において、あるトポロジーを選好する。

ダイナミックシステムの状態空間とは、空間に関する抽象的な構成概念であり、その空間の座標がシステムの要素を規定する（つまりその座標が、システムの挙動の自由度を規定する）。抽象的な状態空間の座標は、文脈に応じて変化する。たとえば振り子のような単純な機械的システムの挙動は、位置と速度の座標をもつ二次元の状態空間において完全に記述することができる（図3.7）。その振り子が左右に揺れるとき、その運動はこの平面上にプロットできる。摩擦を想定しない理想状態の振り子の動きは、その位置と速度の規則的な変化を追跡する状態空間における軌道、ないし経路を

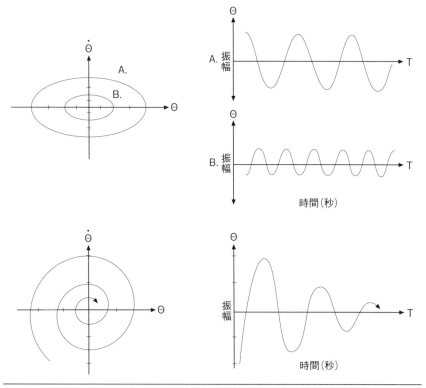

図 3.7
【上図】摩擦のない理想状態の２つの振り子（AおよびB）の動きを示している。右図は振幅と時間との関係をプロットしたもので、左図は位置と速度の関係を平面上に表現したもの。摩擦やエネルギーの散逸がない場合、振動は無限に持続する。一方、実際の振り子においては、時折エネルギーを増大させる必要がある。これは理想状態のリミットサイクル・アトラクターである。【下図】エネルギーの非保存ないし散逸的な振り子の挙動を描いたものであり、振り子の振幅が静止点に向かって次第に減衰していく不動点アトラクターの例である。

規定する。その振り子に摩擦を加えれば、やがて振動は静止に向かい、その軌道は渦巻き状になる。

　摩擦のない振り子の周期的軌道と摩擦が加わった振り子の静止点は、このシステムの・ア・ト・ラ・ク・タ・ーである（リミットサイクル・アトラクターと不動点アトラクター）。その振り子にわずかな撹乱を加えると、やがて周期的な挙動を回復するか、あるいは静止点に戻っていく。ひとたび振り子にエネルギーが与えられると、時空間的なパターンは、状態空間の中で生成可能なすべての軌跡を捉え、そしてその振り子システムの安定する秩序パラメーターを表現する。

　神経ネットワークや生命体、生態系などの他の複雑系の状態空間は、n次元の空間において各要素が取りうる値を抽象化したものであり、nはシステムの特性を明らかにするために必要となる構成要素の数である。別の平易な例として、自分の身体的な健康状態が、心拍と体温という2つの観測量で完全に記述できるとしてみよう。これらの観測量が取りうる値が、図3.8の二次元空間上に描かれている。ほとんどの時間、あなたの数値は、その仮説的空間上のごく限られた選好部分にあり、そこに心拍と体温の正常値が交差している。日中の撹乱を含めるかどうかによって、健康状態の・ア・ト・ラ・ク・タ・ーが、不動点アトラクターのように見えるか、あるいはリミットサイクル・アトラクターのように見えるかが変わってくるだろう。疾病や運動が、もっとも選好される領域からの一時的な移行を生じさせる場合もあるが、運動を終えた後や疾病から回復したときに、あなたのシステムは、その選好状態に「戻ろう」とする（そしてやがて戻る）。大いに訓練を行って、状態空間におけるアトラクターを変化させるかも

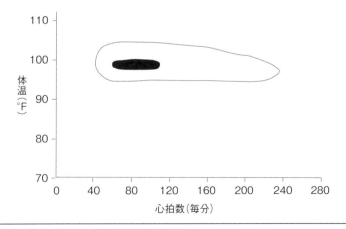

図3.8
健常な人間の仮説的「健康空間」で、心拍と体温のダイナミックな範囲を表している。ここでは、濃い色の中央部分で過ごすことが選好されているが、それに制限されているわけではない。撹乱が加えられても、システムは通常、中央の楕円部分に戻っていく。(Thelen, 1989 より)

しれない。あなたの健康状態は、このようにダイナミックな安定状態にある。すなわち、状態空間上に堅く固定されているわけではなく、生きている限り、ある領域を選好し、その領域に強くひかれているということである。

　ダイナミックシステムのトポロジカルな記述は、適切な状態空間における、時間経過に伴う集合変数の挙動をマッピングすることに基づいており、基本的な自由度の圧縮を捉えている。多くのダイナミックシステムについて、その挙動を、先の振り子の例のように、位置と速度という２つの変数によって記述できる。仮説的な健康状態空間の例で示したように、システムの適切な変数によって形成された状態空間は、そのシステムが留まり、軌跡が引き込まれていく場所を定性的に示している。さらにアトラクターの特徴として挙げられるのはリターンマップであり、その有用性と明解さは、ショー（Shaw, 1984）による「蛇口から落下する水滴」の例が示している。ショーは、蛇口から落ちる水滴の時間間隔を測定し、先に落ちた水滴との間隔を後続して落ちてくる水滴との間隔の関数としてプロットした。このプロセスがランダムであったならば、プロットされた点はリターンマップ上に散乱し、いかなるパターンも形成することはないだろう。ところがショーは、そこに複雑ながらも明らかな規則性を見出し、表面上は確率論的に見えるプロセスの根底に、何らかの秩序が存在することを示唆した（図3.9）。

　現代の非線形ダイナミックスは、蛇口から落ちる水滴の例のようなアトラクターの特徴を捉える数多くの優れた数学的手法をもっており、それらの扱い方については先に引用した文献を参照してほしい。このような定性的なモデル化は、アトラクターの存在とその次元性を明確に規定するために必要不可欠なものである（たとえば不動点アトラクターの次元数は「1」、循環的アトラクターの次元数は「2」となる）。こうした手法は、脳波図（EEG）の信号（Rapp, Albano, & Mees, 1988）、心拍のリズム（Goldberger & Rigney, 1988）、軟体動物（ウミウシ）の運動ニューロンの活動（Mpitsos, Creech, Cohan, & Mendelson, 1988）を含む、いくつかの生物学的なシステムについてはすでに試みられている。一方、私たちはまだ、厳密なアトラクターの定量化に必要となる数学的な要件を満たす、ノイズのない項目を十分に備えた発達研究のデータを用意できているわけではない。もちろん、以下に見ていくように、そうしたデータの蓄積は、私たちが目指していくべき目標である。

　不動点アトラクターおよび周期的アトラクターはもっとも単純な例だが、ショーによる水滴の例が示すように、ダイナミックシステムは、数多くの異なる状態空間にきわめて複雑なアトラクターを形成することができる（図3.10。Abraham, 1987 も参照）。現在、そのようなカオス的あるいはストレンジ・アトラクターに非常に多くの関心が寄せられており、大変な勢いで研究が進められている分野である（Grebogi, Ott, & Yorke, 1987）。カオス的なシステムは、時間的な発展をプロットすると、一見ランダ

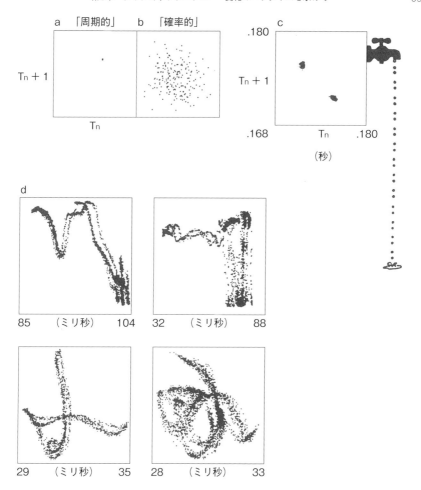

図 3.9
水滴の落下間隔のリターンマップ（後続する水滴との間隔に対する 2 つの水滴の感覚）。a. 水滴の落下が完全に周期的であった場合、すべての点は空間上の 1 つの地点に落ちる。b. 水滴の落下が完全にランダムであった場合、プロットされる点は空間上に散乱する。c. 水滴の落下が「対」になっている場合、プロットされる点は空間上の 2 つの地点に落ちる。d. 様々な水流の速さで落ちていく実際の水滴のプロット。パターンは複雑だが、決してランダムではない。(Shaw, 1984 より許可を得て再掲)

ムなように見えるが、実はそうではない。適切な状態空間において表現されれば、非常に複雑でありながらも、そこには決定論的なパターンが創発していることがわかる。このことは、システムの挙動に対する大域的な秩序と局所的な予測不可能性の存在を示唆している。物理的および生物学的システムの多くは、カオス的なダイナミックスの性質を露わにしている。だからこそ、私たちは議論を進めるなかで、カオス的状態

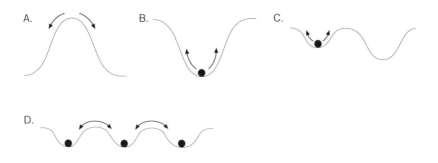

図 3.10
安定したアトラクターと不安定なアトラクター。アトラクターの安定性は、ポテンシャル井戸の深さとして描かれている。A. 丘の頂点にあるボールは、多くの潜在的なエネルギーを蓄えており、ほんのわずかに押されただけでも落下し始める（リペラーである）。B. 深い井戸の底にあるボールを頂点にまで押し上げるためには、かなりのエネルギーの増大が必要となる。この状態で攪乱が起こると、ボールは容易に底へと舞い戻ってしまう。これは安定したアトラクターである。C. やや安定性が低い状態を表している。比較的小さな攪乱でもボールは影響を受けるだろうが、十分な時間が与えられれば、おそらくより深い左側の井戸（B）が統計的には選好されることになるだろう。D. 一般的な行動のシステムは多重安定性をもっている（アトラクターの引き込み領域には、いくつかの疑似的な安定をもたらす選択肢がある）。

が発達にもたらす重要な含意に立ち返ることになるだろう。

　アトラクターのいくつかの特徴は、発達の構成概念として重要である。まず複雑なダイナミックシステムは、内部の構成要素と外的条件に対する感度との相互作用を関数として、選好する挙動のモードに向かっていく。アトラクター状態は、システムがその秩序パラメーターにしたがって編成されたときにのみ決定される。アトラクターの性質や軌跡を指揮する何らかのコードや命令、あるいはスキーマやプログラムなどは存在しない。これから示すように、条件が変われば、構成要素はいくらでも別の安定した挙動のモードに編成される。このように、多要素システムにおける「柔らかに編成する」性質こそが、生物学的システムの途方もない柔軟性を生むのであり、発達に関するいくつかのもっとも厄介なパズルを解き明かしてくれるのである。

　第二に、アトラクターは、多様な範囲に及ぶ安定性と不安定性を含んでいる可能性がある。アトラクターを、ポテンシャル井戸の中のボールとして図解することは一般的に知られている（図3.10参照）。ポテンシャルの丘の頂点にあるボールは、多くのポテンシャル・エネルギーを蓄積しており、ほんのわずかに押されただけでも、丘を転げ落ちるだろう。一方、ポテンシャル井戸の深い底にあるボールは、ほとんどポテンシャル・エネルギーをもっておらず、その位置を変化させるためには大きなエネルギーの増大が必要となる。後者は、非常に安定性の高いアトラクターである。これに対して、前者のシステムは丘の上に留まろうとしないので、リペラーと呼ばれる。井戸のやや浅い窪みに入っているボールは、適度に安定しているが、十分なエネルギー

の増大があれば、それに反応して隣の窪みに移動するだろう（窪みの間の丘の上に長く留まることはない）。

いくつかのアトラクター状態のなかには、ほとんど観察ができないほどに安定性を欠いているものもあるが、それら以外のアトラクター状態は非常に安定していて、必然的であるかのように見える。そうした挙動状態は、ある環境下では確実に現れるので、それらがシステム内に生来的に組み込まれた構造、ないしプログラムによって生成されると信じてしまいやすい。もし振り子の仕組みがそれほど単純明快なものではなかったとしたら、どこかに何らかの時計仕掛けが隠されているのではないかと、安易に考えてしまうのではないだろうか？　非常に安定したアトラクターは、選好する位置から動かすには非常に大きな力で押す必要があるが、それにもかかわらず、ダイナミックで変化しうるのである。ここで私たちが主張するのは、行為や認知、そして発達における数多くの形態が、あたかも永続的なプログラム、ないし構造のように見えるとしても、それらは安定したアトラクターであり、その安定性の限界は、適切な環境下では、実際変化しうるということである。つまり、多くの心的な構成概念（たとえば対象の永続性）や運動の形態（たとえば歩行）はアトラクターであり、その強度と安定性により、よほど激しい攪乱が加えられない限りは崩壊しない。それらはまるで、生来的に組み込まれているかのように見える。他にも、たとえば推移的推論や錯視、そして様々なスポーツのスキルなどの能力も、それぞれにアトラクターをもっているが、その安定性は文脈の操作や練習不足、あるいは注意の欠如などによって容易にかき乱されてしまうのである。

最後に、複雑系には、2つないしそれ以上の異なる引き込みの深さをもつアトラクターが共在している場合がある。このような場合には、同一のシステムが複数の安定性の高いモードをもち、それらが状態空間の中で離散的に存在しているかもしれない。次章では、行動に関する概念をさらに精査し、変動する安定性をもつ低次元の複数アトラクターとして描き出す。そして発達を、選好されたアトラクター状態が時間とともに絶えず安定化したり、不安定化したりを繰り返すものとして特徴づけていく。

位相変位 —— ダイナミックシステムはどのように状態を変化させるのか

ここでようやく、非均衡システム —— 状態空間における軌跡が一定の極限集合、すなわちアトラクターに収束していくシステム —— の特徴を、非常に一般的なダイナミック方程式を用いて表現することができる（Haken, 1977）。

$$q = N（q、パラメター、ノイズ）$$

この方程式において、q はベクトルであり、潜在的にきわめて高い次元性を備えた

システムにおける、既知の、（そのシステムの挙動に）高い関連性をもつ副次的な構成要素（システムの微視的な要素）を、ひとまとめに表したものである。

すなわち q は、システムの挙動そのものであり、その状態空間における時間的軌跡である。概してそれは、パラメーターの数（これには環境要素も含まれるだろう）、q に含まれないランダムな力とともに、微視的な要素の状態ベクトルに関する非線形関数 N となる。この方程式は、自己組織化のプロセスを表現している。つまり q は、あるアトラクター状態での挙動、q に内在する自由度、そしてノイズが集約されている。

ここでもう一度、室温で生起するベロウソフ・ジャボチンスキー反応に話を戻そう。ただし今回は、きわめて低温の室内で、q に相当する要素を組み合わせる。温度は方程式のパラメーターの１つである。ゆっくりと室温を上げていくと、化合物の入っているシャーレの中に、室温の変化に合わせて連続的に熱エネルギーが注入される。しばらくの間は何も変化は起こらず、q は状態空間の中で１つのアトラクター（不動点アトラクター）を維持している。ところが、温度が臨界点に達すると、化学反応が始まり、自発的なパターン生成と変化が繰り返される。このとき q は、状態空間の中で新たな別領域に飛び込み、より複雑なアトラクター状態に移行する。

温度の変化が連続的であっても、システムの挙動は明らかに非連続的である。こうした非線形性（位相変位ないし相転移）は、非均衡システムの最たる特徴であり、私たちが主張するように、それはまさに新たな形態を生む源泉なのである。発達という点から見て特筆すべき重要なことは、パラメーターの変化（この場合は温度）が、q について完全に非特異的であることである。温度は、その化学変化の性質を規定する情報を何１つもっていない。温度は、空間も、時間も、あるいは色ももたない。化学反応のパターンは、明らかに、システムの非線形性ダイナミックスである N の関数として創発したのである。

ダイナミック的な用語で言えば、この事例における温度は制御パラメーターである。システムの集合的な挙動はその影響を受けやすく、それゆえにシステムを異なる集合状態へと移行させる。ここでは、一般的な用語との一貫性をもたせるために制御パラメーターという呼び方をしているが、実際のところ、それはあまり好ましいことではない。というのも、この用語が制御理論あるいは制御装置を連想させてしまうからである。もちろん制御パラメーターは、慣用的な意味でシステムを制御しているのではない。それはシステムを、q の状態に与えられる１つの、あるいは他のアトラクター状態に編成する、変数ないしパラメーターにすぎないのである。

生物学的なシステムでは、制御パラメーターとして作用する生命体の変数ないし適切な外部の境界条件は、いくらでも存在しうる。たとえば感光性の動物の場合、相対的な光強度が移動ベクトルを決定する。光強度が弱から中程度のとき、動物は光源に接近するが、その強度が上昇するにつれて、接近は回避へと転ずる。光は、非特異的な

スカラー量である。つまりシステムは、不動点アトラクターから不動点リペラーへと、非連続的に移行する。エネルギーのレベルは、共通の制御パラメターである。よく用いられるが、このことを明確に示す事例は、馬の歩き方である。馬が速度を連続的に上昇させていくと、その歩き方は「常歩」から「速歩」、そして「襲歩」へと非連続的に変化し、その中間の安定したパターンはない。特定の歩みのパターンは、ある速度域におけるダイナミックなアトラクターとして作用する。どの速度のレベルであれ、選好された歩み方は、エネルギー的にももっとも効率的である（McMahon, 1984）。馬は人為的な歩み方をするよう訓練される場合もあるが、それはおそらく、エネルギー的な観点から見てずっと要求が厳しいだろう。この場合は、調教師のもろもろの意図が、制御パラメターである（馬の歩み方パターンに制約を課す）。調教師の意図は、馬本来の自然なダイナミックスと競合するが、新しい歩み方を教え込むには通常数年はかかることから、馬の内在的なダイナミックスがきわめて強力なアトラクターであることがわかる。ウィーンにあるスペイン式乗馬学校は、馬に新しい歩み方のアトラクターを調教することで世界的に知られており、特別料金を支払えば、自然のままでは決してできないようなことをやっている馬の様子を見ることができる。

　完全に非特異的な制御パラメターの振る舞いによって、システムが異なる集合状態になりうるという考え方は、広く受容されている生物学的秩序の機械的およびコンピュータ・メタファーに対する、大胆な挑戦である。馬は、いったいどのように歩き方を切り替えているのだろうか？　従来の枠組みでは、速度がある既定の閾値に達すると、1つの生成パターンから別のパターンへの切り替えを行う神経ネットワーク、ないし信号体系の存在を仮定するかもしれない。おそらくそのような閾値は、神経結合の中に構造的にエンコードされており、解剖学的に安定で、かつ系統発生的に決定されているということになるだろう。これに対して、シナジー的な見方からすると、歩み方は安定した集合変数と見なされる。それは、エネルギー的文脈、および課題文脈（馬の意図性はもちろん、馬場の状態や、馬が利用する視覚的情報などを含む）における、構造要素間の生じる組み合わせを圧縮している。馬の歩み方は、特定の速度域で非常に安定しているので、ともすれば「生来的に組み込まれた」ものと考えてしまいそうになる。確かに、神経結合は重要である。しかし、歩み方のパターンは、そうした「ハードウェア」自体の所産であると同時に、システムを流動するエネルギー、および情報の所産でもある。化学と物理学から明らかになったのは、自己組織化が、決して神秘的なものではないということである。パターンは、協働的な安定性に向かうシステムから生み出される。また秩序は、「その中に」あるのではない。行動のプロセスの中で創られるのである。私たちは追って、心的状態についても同様の線に沿って考えていく。

　デウス・エクス・マキナ（機械仕掛けから出てくる神）を永久に追放するためには、

プログラムやスキーマを放棄し、安定性と揺らぎの概念を採用する必要がある。安定性とは、システムの集合状態を定義するものであり、システムが安定性を喪失した際、遷移ないし位相変位のダイナミクスを理解することによって評価される。安定状態を取り巻いている揺らぎは、複雑系には不可避的に付随している。このような揺らぎは、行動および発達の新しい形態を生む源泉であり、自然界に多く見られる非線形性を説明するものなのである。

揺らぎと遷移 ── 変化のプロセスを読み解く

変化を、ある安定状態ないしアトラクターから別の状態への遷移として定義するならば、「安定性とは何か？」を問うことが重要になる。私たちはどのようにして、「システムが安定しているとき」を知るのだろうか？ 100万分の1秒後と比較してであろうか、宇宙の誕生から今日に至る時間規模でだろうか？ 非常に安定しているアトラクター状態でさえダイナミックに安定しているのであって、その平均的状態の周辺に揺らぎを示しているのであって、それは構成要素のノイズを反映している。制御パラメーターを見つけ出すためには、遷移について知らなければならない。また遷移を定義するためには、システムの相対的な安定性を評価する測定基準が必要となる。

システムにおけるあらゆる変化が位相変位であるというわけではない。多くの現象はパラメトリック、すなわち変数が連続的に増減していく。システムが、一定の範囲にある制御パラメーターの中ではパラメトリックに振る舞い、そしてある閾値に達した際に非線形的に振る舞うと見るのが一般である。しかしダイナミックな理論では、真の遷移点に近づいていくシステムの挙動について、特定的な予測をする。その予測は、副次的システムにおける構成要素の結合の結果から生じる内在的な揺らぎという仮定に依拠している。これらの揺らぎは、システムの集合的な挙動に対するノイズというかたちで、連続的な攪乱のように作用する。制御パラメーターの範囲内であれば、そうしたノイズに関わらず、システムは選好された挙動パターンを維持し続ける。ところが、ある臨界点に達した場合、システムはそれまでのパターンを維持する能力を喪失し、揺らぎが強まる。システムは、この時点で揺らぎに支配され、安定したパターンをどこにも見つけられない状態となり、遷移的挙動を示すようになるだろう。制御パラメーターが連続的に上昇していくと、システムは、新たな集合変数の値となり、それまでとは異なる新規のパターンを示し始める。このとき、システムは新しいアトラクター状態へと展開し、揺らぎは再び減少する。

図3.11は、上述の現象を一連のポテンシャル井戸として描いたものである。井戸の深さは、集合変数の相対的な安定性を表している。ボールは通常、同図左端のように井戸の底に嵌り込んでおり、システムに小さなランダムに生じる揺らぎがあっても井戸の底に留まっている。しかし、ひとたび制御パラメーターが上昇すると、現在のア

トラクター状態における協同的な相互作用は脆弱になる。そして、ある臨界点に達すると、どんなに小さなランダムな揺らぎであっても、ボールを井戸の外にはじき出すに十分となり、システムを新しいアトラクター状態に移行させる。このような揺らぎは常に存在しているが、その影響は非線形的である。つまりシステムの不安定性が揺らぎを増幅し、ランダムな影響が現れるのである。それゆえ、システムは臨界点において変移、ないし分岐していく。レーザー光やベロウソフ・ジャボチンスキー反応の事例で見てきたように、制御パラメーターが特定の値をとった場合にのみ、システムは凝集性のあるパターンを生成する。溶液の温度やイオン濃度、あるいは電子ビームに供給されるエネルギーが低すぎれば、システムは、本質的にノイズの多い副次的要素のランダムな揺らぎによって支配される。たとえば、ベロウソフ・ジャボチンスキー反応におけるイオン濃度は、時間の経過とともに大きく変化する。このとき、識別可能な明確なパターンは生成されず、振動の平均周波数の周辺での大きな変動性が示される（図3.3参照）。しかし臨界濃度に達すると、システムはパターン化された振動へと移行し、平均周波数の周辺に見られた変動性は著しく減少する。

以上から、平均状態の周辺に現れる相対的な変動性を測定することは、複雑系の安定性およびそのシステムの状態を評価するための有力な手段となる。それまでの古い形態がシステム内の攪乱によってかき乱され、そこで初めて、システムは新しい形態へと遷移する。こうした攪乱は、そのシステムが影響を受けやすいパラメーター値の変化から引き起こされる。安定したダイナミックシステムが遷移に近づいていくとき、そのシステムの増大する不安定性は、変動性の測度が大きくなることによって検出できる。そして、システムが新しい安定したパターンに遷移すれば、変動性は再び減少するはずである。

この予測を行動システムにおいてもっとも劇的に示したのが、ケルソたちによる「ヒトの両手協調」についての長い、一連の優れた研究およびモデルである。その基本実験において、実験参加者は両手の人差し指を2つの初期条件のもとで運動させることが求められた。「同位相」条件では、両指を同時に屈曲、あ

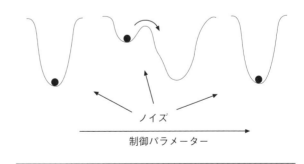

図3.11
位相変位は、通常の状態で発生しているノイズの揺らぎが増幅することによって生じる。制御パラメーターが上昇するとき、システムに内在する揺らぎが安定性を圧倒し、そのシステムが新たな安定モードに移行する臨界値がある。

るいは伸張させた（各手の同類の筋肉における収縮が同時に起こる）。「逆位相」条件では、一方の指を伸張させ、もう一方は屈曲させる（相同筋が交互に収縮する）。実験者は、メトロノームの音を呈示しながら、運動の周期を一定のペースで増加させていった。この実験パラダイムの注目すべき点は、参加者が逆位相から運動を開始した場合、ある特定の、個人ごとの再現可能なペースの周波数で、彼らの運動が自発的に同位相に遷移することである。同位相から開始した場合には、そうした協調運動に遷移しない。これら2つのパターンは、低い周波数では安定している。しかし、より高い運動周波数になると、その神経運動システムは安定したアトラクターをたった1つしか生成しないのである（Kelso, Holt, Rubin, & Kugler, 1981）。

　ケルソたちは、ダイナミック理論の予測を厳密に操作的に実証するため、このような離散的位相遷移に関する驚くほど簡単なモデルを使用した。とりわけ彼らは、システムの安定性の喪失が、協調モードの定性的移行の基底にあるメカニズムであることを非常に説得力をもって示した。実験参加者が同位相で運動を開始した場合、両指の位相関係は安定しており、位相平均の標準偏差も小さく、一定であった。ところが、逆位相から開始した運動サイクルの周波数を増加させていくと、同位相に遷移する直前および遷移の最中に、位相平均の揺らぎが著しく増大した。そして遷移が完了した後、標準偏差はすぐに同位相の値にまで減少した（Kelso & Scholz, 1985; Kelso, Scholz, & Schöner, 1986）。

　低速で行う場合、同位相と逆位相の運動はどちらも、（解剖学的ないしエネルギー的な観点のいずれか、あるいは両方の観点から見て）ごく自然で「簡単」であることを考えると、まさに、馬の例で指摘した特定の歩み方スタイルと移動速度とが関連しあっていることと似ている。ただし逆位相の運動の場合には、周波数が増大していくと、システムの自然な集合を崩壊させる。そして速度が上昇し、システムが安定したモードから逸脱し始めたときに増大する変動性を手がかりとして、この崩壊は、実際に検出することができる。というのも、遷移が起こる時点で、逆位相モードはもはや安定性を失っており、システムがもう1つの、より安定性の高い（同位相）モードにいつでも転じられる（あるいはそれに取って代わられる）状態になるからである。ここでも鍵になるのは、ノイズに満ちた副次的要素の編成の、ダイナミックな性質である。状態空間のいくつかの点において、ノイズがシステムの凝集性を圧倒する。しかし、それはまた、システムが新しい安定性の高いパターンに到達することを可能にする衝撃をもたらすことにもなる。繰り返し強調しておくが、発達の途上にあるシステムは、新しい協同的なパターン（あるいは方策）を探索し、課題のパフォーマンスに即したものを選択する、不安定なモード、あるいは疑似的な安定モードに置かれていなければならないのである。

　状態遷移の時点で揺らぎが増大するということは、変化のプロセスを読み解くも

第3章　ダイナミックシステム —— 変化のパラダイムを求めて　　93

う1つの有力な仮説に導く。あるアトラクターが安定しているとき、微小な攪乱はすぐに減衰される。ポテンシャル井戸の図（図3.10 および3.11 参照）に示したように、ボールが、その内在的なノイズ、あるいは何らかの外力によって、井戸の側壁を押し上げられたとしても、すぐに井戸の底の強固な吸引点へと戻っていく。システムが安定状態を再び取り戻すまでにかかる時間は、実際アトラクターの安定性の測度になる。すなわち強固なアトラクターは、きわめて短い局所的緩和時間（local relaxation times）を示す。システムが遷移に近づくにつれて、ポテンシャル井戸の壁が平坦になり、ボールが他の状態に移行する蓋然性が高くなっていくことを思い出そう。そしてまた、攪乱からの回復も比較して遅れる。つまりボールは、もはや局所的最小点に向かって素早く引き寄せられることはない。実際、臨界点において、井戸は完全に平坦になり、ボールはまったく新しい安定したアトラクターに嵌り込んでいく（位相変位を起こす）。そして、その点を過ぎると、緩和時間は再び減少する。

　ショルツ、ケルソとシェナー（Scholz, Kelso, & Schöner, 1987）は、両手指の協調研究によって、指の運動に臨界的な減速が起こる証拠を発見した。彼らは、ランダムかつ非常に急速なトルクのパルスを与えて、異なる振動数で運動に攪乱を加えた。攪乱が加えられると、システムが安定周期を回復する回数は、逆位相モードの方が同位相モードの場合よりも一貫して高かった（ただし非常に低い振動数の場合を除く）。このことは、逆位相アトラクターが、同位相ほど安定性が高くないことを示唆している。もっとも重要なのは、実験参加者が逆位相から指の運動を開始したとき、遷移の起こる周波数に近づいていくにつれて、加えられた攪乱に対する回復が、次第に遅くなっていったことである。遷移後には、安定性の回復は同位相の場合と同様になった。システムの凝集性の崩壊は、状態空間における様々な領域からその軌跡に引き込むアトラクターの強度が低下することに現れる。したがって、どのような測定基準を用いたとしても、システムがどこの領域にも引き込まれていない状態にある大きな蓋然性があり、それは集合変数におけるより大きな変動性に反映されている。同時に、システムにいったん攪乱が加えられると、そこにはさらに高い蓋然性が存在し、後続する時点（$t+1$）において、システムはその選好モードにはないだろう。

時間スケール関係の重要性

　次章でも取り上げるが、行動状態の相対的安定性という概念は、発達に対するダイナミックシステム・アプローチにとって礎石とも言うべきものである。ここで、アトラクターの強度を決定する2つの有力な方法を示しておく。1つは、システムが状態空間上で密集した領域を占めているか、広い範囲に分散しているかの確率であり、もう1つは様々な軌跡がアトラクターに捉えられる割合である。システムが、安定性あ

るいは不安定性に向かって進展していく時間スケールは、個体発生という点から見て非常に重要である。私たちはこれまで、攪乱からの回復を、パフォーマンス中の運動にパルスによる攪乱を与える例を用いて、「局所的スケール」の攪乱からの回復について論じてきた。これらの概念を、より長い時間スケールの発達時間で生じる変化に結びつけることができるだろうか？

　両指運動の実験のポテンシャル井戸のパラダイム（逆位相から開始した運動は浅い井戸として、同位相の運動は右側のより深い井戸として描かれた）をもう一度振り返ってみよう。ケルソたちの実験では、制御パラメーター（周期の振動数）を上昇させ、不安定性が位相遷移に至った。実験参加者が逆位相から開始して、その後も速度を変えずに逆位相のまま運動を継続したらどうなるかを想像してみてほしい。彼らが逆位相のパターンを維持できる確率は十分あるが、彼らが同位相で指を動かしたいと思う確率はより高い。もし彼らが、かなり長い時間にわたって指を動かしていたとすれば、その内在的な揺らぎによって、やがてシステムを押し上げてポテンシャルの丘を越えさせ、より深い井戸へと導くだろう。要するにシステムは大域的安定性に向かい、そのような状態に至ると、もはや新しい安定状態に移行しようとする確率は、実質的には存在しなくなる。こうして、システムは局所的緩和時間（t（rel））に加えて、大域的平衡時間（t（equ））をもつ。言うまでもなく、局所的および大域的平衡時間のどちらも、実験者が当該のシステムを観測する時間（t（obs））との関係から規定されなければならない。観測時間が短ければ、局所的な極小値は安定している。（一方、ある生命体を生涯にわたって観察すれば、大域的に安定したアトラクターは死であろう）。とはいえ、実時間の発達研究における一般的な観察では、局所的アトラクターの安定性は、以下のようであるかどうかによって規定することができる。

　　局所的緩和時間 t（rel）≪観測時間 t（obs）≪大域的平衡時間 t（equ）

　安定性の高いシステムは、観測時間のスケールのうちに、その極小値に回復する。つまり、観察時間の範囲内に（死ぬ前に！）、安定した発達状態が見ると予測する。さて、システムが安定性を失うと、観測時間内に局所的緩和時間を計測することは難しいと思われる。というのも、システムが極小にたどり着くには、あまりにも長い時間がかかりすぎるからである。

　このような関係は、ここでも、制御パラメーターが、時間的にどれくらい早く変化しているか（t（par））に依存する。両指運動の実験に関して言えば、実験者は参加者に対して、実験の計測時間中に両指の運動速度を上昇させるように教示していたのであり、この場合の時間関係は以下のようになる。

第3章　ダイナミックシステム——変化のパラダイムを求めて　　95

局所的緩和時間 t（rel）≪制御パラメーター時間 t（par）≪大域的平衡時間 t（equ）

　ところが発達事象を考えると、たとえば以下のように、制御パラメーターが大域的平衡よりももっとゆっくり変化する場合も想定される。

局所的緩和時間 t（rel）≪大域的平衡時間 t（equ）≪制御パラメーター時間 t（par）

　この場合、揺らぎの増大を確認することはできないだろう。システムは、安定性を喪失する臨界点に達する前に、大域的安定性の方にたどり着くからである。たとえば、漸次的な成長による変化、あるいは長期間にわたる練習効果が制御パラメーターとして作用するとき、それらのパラメーターの時間スケールによって、システムが現在の状態を過渡的に崩壊させることなく、大域的安定性に向かうことが考えられる。一方、発達においては、変化が急速に起こる時期が存在する。乳児前期や思春期前期における急激な身体発育がその例である。両眼視力を導く視索の分節化は、明らかに、およそ生後 3 ～ 4 ヵ月時に、1 ～ 2 週間のうちに起こる（Held, 1985）。また、前頭前皮質におけるシナプス密度（連合記憶に大きく関与する領域）は、生後 1 年の後半期に、1 ～ 2 ヵ月内に急激に高まる（Goldman-Rakic, 1987）。突発的とも言うべき変化は他にも数多く報告されており、それらは特に、誕生から数年間において起こる。次章でも取り上げるが、このような行動システムの 1 つの構成要素における明確な位相変位が、他の領域で後続する移行の制御パラメーターとして作用する可能性がある。時間スケールの関係が適切であれば、これらのシステムの移行を引き起こす安定性の喪失（その状態は上述の方法で測定される）は、発達のプロセスへの入り口となる。

「ノイズ」についての覚え書き

　実験心理学では、「ノイズの多い」データは信頼性の低いデータということになる。ノイズの多いデータは、確かに統計的に信頼性の高い効果を生まないので、分析対象からは除外しなければならない。こうしたノイズが行動研究のデータに混入してしまう原因はいくつか考えられる。まず、データ収集や分析の段階で生じる体系的（あるいは非体系的）な誤りである。この種のノイズは、データを解釈不能にしてしまうので、ダイナミックな観点から見ても好ましくない。ところが実験において、参加者のパフォーマンスが著しく一貫性を欠いていても、データはノイズを多く含んだものに見えてしまう。もし、実験課題や教示の複雑さゆえに、参加者のパフォーマンスが不安定になってしまったのだとすれば、それもまた結果の解釈に影響を及ぼすことになるだろう。たとえ実験計画や実験者側に何ら問題がなかったとしても、参加者はバラ

ツキの多い、一貫性のない反応をすることがある。このようなノイズは、非常に有用な情報をもたらす。それは、課題が安定したパフォーマンスを生み出すものではないということ、つまり参加者間、および参加者内のいずれにおいても、アトラクターが1つではないということを示しているのである。参加者は、課題の実行中に位相遷移の状態に陥っていたのかもしれないし、マルチ・アトラクター、あるいは疑似アトラクターが存在していたのかもしれない。課題の制約がそれほど厳しくない場合、実験参加者は、可能性のあるいくつかの、あるいは数多くの反応の中から選択することもできる。この最後の種類のノイズは、実験課題、参加者、あるいはその両方について教えてくれるのである。

安定性についての補足説明

安定性について私たちが論及した内容は、すべてその前に「相対的」という言葉を付けるべきものである。先述した両指運動の実験や脳内の振動現象（第5章参照）に見られるような大部分の「対」になった生物学的な振動現象では、複数のシステムが完全に同期的に振る舞うことは決して起こらない。それどころか、洗練された数学的および図形化手法によって明らかにされたのは、そのようなシステムが単に疑似的ないし断続的に安定しているにすぎないということである（Kelso & DeGuzman, 1991）。その好例は、ビーク（Beek, 1989）が描くところのジャグリングである。彼の研究によれば、優れたジャグラーは、高度な両手の位相同調運動をパフォーマンスする一方、完全な位相固定には至らない。ジャグラーたちは、いわば位相固定になるかならないかの境界線上で操作をしていると言える。この状態が、ボールを取っては投げるという動作の中で必然的に生じる微小な揺らぎにも適応できる、柔軟性を生み出しているのである。構成要素の完全な位相固定を続けるということは、各動作ごとに厳密な再現可能な初期条件が存在することを意味しているが、そのようなことは、実生活に関わるシステムでは不可能である。興味深いことに、ジャグラーがより多くのボールを空中に放り投げれば投げるほど、彼らは自身の動作をよりいっそう調整するようになる。タイミングの制約が厳密になるにつれて、課題の複雑さや強固な位相固定は、柔軟な調整を行うための可能性を制限してしまう。

表面上は安定しているように見える人間のどんな思考あるいは行動も、このような疑似的な安定性のきわどい先端、高度に協調する諸領域を巡ることに存在しているが、また、それらから断続的に逃れてもおり、新しい適応的な形態に反応し、編成してゆく柔軟性をもたらしてもいることに思いを巡らすのも重要である。

まとめ

　この章では、非線形的なダイナミックシステムの概念について、数学的な説明を用いずに、定性的に解説した。それらの諸概念は、いくつかのしかたで、発達現象の研究に寄与するものであると考える。まず私たちは、個体発生的な変化の基礎的なプロセスを理解するための強力な概念的メタファーとして、ダイナミックシステムを俎上に載せた。この試みにおいて、私たちは決して孤立無援ではない。このメタファーは、これまでにも多くの理論家たちによって、様々な姿で取り上げられてきたのである。ダイナミックシステムの概念が、繰り返し使用され、精緻化されてきたということは、これが直観的に（理論家たちの）関心を鼓舞するだけの力をもっているということを証明している。本書の大部分を割いて私たちが明らかにするのは、ダイナミックシステムの概念はどのように、これまで理論的に統合されてこなかった膨大かつ重要なデータを説明するのか、ということである。もちろん、これらのデータは、もっぱらダイナミックな予測を検証するために収集されたものではない。しかし、逆に言えば、こうしたデータは、他のいかなる競合する理論的解釈によっても説明できていないということを表しているのである。

　ダイナミックシステムの原理は、それ自体、きわめて強力かつ普遍的なものであるため、このアプローチが全体として実証的に検証できないものというわけではない。その原理は、実際特定的な予測を生み出すのであり、現時点ではまだ限定的で探索的ではあるが、確証しえるものであり、すでに発達関連の研究論文および私たち自身の研究において確認されてもいる。そのようなすでに確認された事項について、説明していこう。

　次に、少なくとも原理的に見てより厳密なダイナミックな分析の要請を満たす発達データを生み出すことのできる実証的な方略について、その概略を述べる。このような試みが成功するかどうかは定かではないが、しかし、私たちが目指すゴールに向かって収集してきた発達データが、個体発生における数多くの重要な側面についての私たちの理解を前進させるものであることを確信している。

　本書の後半では、発達のプロセスとメカニズムにおけるダイナミックな原理の事例として、神経学的にも妥当性が高いと思われる行動発達の理論を提示する。

注

[1] 以下の文献も参考になる。Abraham & Shaw（1984）；Barnsley（1988）；Devaney（1986）；Glass & Mackey（1988）；Kelso, Mandell, & Shlesinger（1988）；Jackson（1989）；Townsend（1992）；Grebogi, Ott, & Yorke（1987）；Madore & Freedman（1987）；Haken（1977, 1985）；West & Goldberger（1987）等。

第4章　発達のダイナミック原理
── 歩行学習再考

　この章では、改めて歩行学習について考えてみたい。ここまで私たちは、移動の制御と発達に関する従来の説明が、理論的に不十分であったばかりではなく、データを説明できず、とりわけ実際のデータに含まれる多様で柔軟、そして非同期的で特異的な側面を明らかにできないことを指摘してきた。前章では、シナジェティクスあるいは複雑系におけるパターン形成から導き出される多くの原理について説明した。これらは新しい形態の発生基盤を理解するための手段となるものである。ここで私たちは、第1章で述べた歩行の発達をめぐる謎を題材にして、これらの原理を直接、発達の問題に適用していくことにする。

　本題に入る前に、いくつか注意しておきたいことがある。まず、第3章ではあえて、ベロウソフ・ジャボチンスキー反応やレーザー光といった物理学の事例を取り上げたが、それは、これらの事例がプログラムによらないパターン形成を示す格好の材料だからである。この章では、バイオメカニクス（生体力学）が歩行の発達に及ぼす多くの影響に言及する。これはともすれば、ダイナミックシステムとは、「単純な物理学的モデル」を利用して発達という現象を捉えようとしているにすぎないのではないか（Hofsten, 1989, p.951）という誤解を招きかねない。もちろん私たちは、広く流行している物理学モデル、コンピュータを、新しい物理学モデル（つまりシャーレの中で引き起こされる化学反応や蛇口から滴り落ちる水、そして雲の生成などに関するモデル）に置き換えようと言っているのではない。

　最初に、ダイナミックな原理が、万物の運動法則を説明する熱力学的な事実に基づいていることを改めて強調しておきたい。これらの原理は、観察のレベル、あるいは特定の物質への適用といったことからは完全に独立したものである。私たちに言わせれば、これらの原理は、たとえば天候や生命体の発達といった多様性を示す現象に適用されることによってこそ、その威力を十二分に発揮する。はたしてこれらの一般的な原理が、発達を理解するのに有用なのかどうかを問うことは、妥当かつ重要な問題であり、それこそまさに、本書が追及していくことなのである。

　ダイナミックな原理は、あまりにも一般的で、発達研究には役に立たないのではないかと考える向きもあるかもしれない。確かにこの原理は、特定の領域における特定の事象について述べるものではない。したがって、ダイナミックな理論が、たとえば乳児がいつ発話するようになるのかを予測し、そこにどのようなメカニズムが関わっ

ているのかということについて、回答を与えてくれるわけではない。それらは発達研究が担うべき問題なのであり、変化に関する一般的なプロセスを探求する理論だけでは、領域特定的な事象の詳細を明らかにすることはできないという立場を、私たちは維持していくことにしよう。発達とは、偶発的で進化的、かつ創発的な特質を孕んでいるのであり、常に厳密な実験や観察によって、一般的な理論の隙間を埋めていかなければならないのである。

　それから、身体の「物理的な」部分を扱う分にはそれでよいし、確かに必要なものであるに違いないが、問題解決に関わる組織としての脳については、やはりそれを説明するための新しい別のカテゴリーが必要になるだろうという、根本的な決めつけがある。要するにダイナミックシステムは、身体運動に関しては十分な成果を収めることができるかもしれないが、プランニングや意図、さらに高次の認知機能を扱うには役不足だというわけである。しかし、ダイナミックシステムの強みは、こうしたデカルト的な二元論を原理的に拒否する点にこそある。本書およびその姉妹書において示唆しているように、ダイナミックな原理は、行動発達に関する様々なレベルに適用できるものであり、たとえばそれは神経発生学をはじめ、従来は「純粋に」認知的なものと見なされてきた領域、さらには社会的な相互作用にまで適用できる。実際、私たちは本書において、ダイナミックシステムの観点から神経発達について解釈することに相当の労力を割いているが、それは（神経発達と）行動レベルのパターン形成の原理とを完全に一致したものとして捉えているということである。とはいえ、ダイナミックシステムは脳（あるいは遺伝子）を拒絶しない。ただ、それらに発達的な変化を駆動するモーターとしての、特権的な地位を与えないということである。私たちは、発達のダイナミックな原理を説明するために、主に運動と認知の領域から例を挙げていくが、この原理は、生命体の多様なレベルにおける発達のプロセスを明らかにすることができると確信している。

　最後に、覚悟すべき批判があるとすれば、それは私たちがダイナミックシステムを、単にメタファーとして利用しているだけなのではないかということである。この点については、ダイナミックな枠組みを認知発達の領域に拡張していく際に改めて議論し、また本書の最後の章においても触れることにしたいと思う。とりあえず現時点では、いくつかの理由から、メタファーは理論であると主張しておくだけでいいだろう。第一に、発達研究は現在に至るまで、ダイナミックシステム理論の数学的形式に厳密に適用できる、数千の観測点をもった、長期にわたる厚みのあるデータを蓄積してきておらず、それらをすぐに整えられるわけでもない。そのようなデータを実時間の行動から得ることは可能であろうが（Robertson, Cohen, & Mayer-Kress, 1993 参照）、長期間にわたるデータの取得は方法論的にもきわめて難しい。第二に、仮にそれが可能だったとしても、長期間にわたって取得されたデータが、古典的な形式を適用する

のに必要な定常性を示すかどうかは定かではない（Schöner & Kelso, 1988; Beek, 1989）。しかし、もっとも重要なことは、たとえ正式な処理が難しいとしても、ダイナミックシステムの概念は非常に有用だということである。本書および本書の姉妹書においても示しているとおり、それは幅広い領域やレベルのデータを説明する上で、そして、発達の安定性や変化、そして変動性と選択について明確な予測を立てる上で、役に立つのである。ダイナミックシステムの一般原理は、従来の広く受け入れられてきた種々の発達の構成概念（たとえばスキーマ、知識構造、処理能力、生得的原理、スキルレベル、あるいは発達段階）よりも、さらに厳密な操作的検証を可能にするということを、私たちは一貫して主張していく。

本章の概要

この章で提示する乳児の歩行発達に関する私たちの見解は、従来の神経系の成熟を主張する立場や認知主義的な説明とは、明確な対比をなすものである。歩行の学習は、あらかじめ規定された論理的に必然の行動というより、ある特定の文脈的な機会において可能となる状態の複合から立ち現れるものである。健常児ならば、誰でも直立歩行ができるようになる。それは、系統発生的な背景をもつ解剖組織上および神経系の要素によるものであり、また、個体発生的な背景をもつ偶発的な発達事象でもあり、加えて、環境内をより効率的に移動しようとする強いモチベーションがあり、身体を支持する面や重力、しがみつくことのできる事物の存在といった課題環境が共有され、そして確かな感覚運動的な発達を促進する養育環境が存在することとも関わっている。歩行とは、これら数々の制約のもとで自己組織化される。なぜなら非線形的で複雑な動的システムが、ある選好的な行動状態を占めるようになるからである。

このかなり長い章で、初期の運動発達を対象として、発達におけるダイナミックシステムの原理を提示していくが、それは以下の2つの理由による。第一に、ダイナミックなシステムに組み込まれた物理的な部分（すなわち身体）は、動的かつ多要素による相互作用の存在を、実にわかりやすく示してくれるからである。しかしもっと重要なのは、近年成果が著しい成人の運動研究におけるダイナミックシステムの、理論的および実証的な応用である。そこで私たちはまず、実時間における成人の運動研究へのダイナミックシステムの応用を発達的な時間スケールにまで拡張することの妥当性について議論する。続いて、ベルンシュタインおよびそれ以降のダイナミックシステム理論を背景にした運動理論に重点をおきながら、現代の運動原理を概説する。そして、この実時間での運動原理を、乳児のごく一般的な運動である「足蹴り運動」の組織化に適用する。そこからさらに、この章の核となる内容に進んでいく。すなわち、実時間のダイナミックスを個体発生的な時間スケールに拡張し、ダイナミックシ

ステム・アプローチを提示していくのである。これらの原理を、乳児の足蹴り運動の
パターンにおける発達的な変化、とりわけ生後1年間で観察される特徴的な不安定性、
および発達の後退とすら思われるパターンに適用する。それから私たちは、生命体の
内在的なダイナミックスが特定の課題（この章の場合は発達初期のトレッドミル歩行の
例）に対して、どのように同調していくのかという問題を提起する。次節では、ダイ
ナミックシステムの原理を明示的に用いて、トレッドミル上での足踏み運動の発生プ
ロセスに関する研究を紹介する。そして最後に、ダイナミックシステムから見た歩行
学習というより大きな問題に立ち返り、「個体発生の全体像」から歩行の先行現象を
描き出して、この章のまとめとする。

創発する行動の時間スケールに関する覚え書き

　本書はこれから一貫して、相互に関係しあいながら互いに層をなす複数の時間ス
ケールに対してダイナミックな原理を適用していく。第一は、いわゆる実時間、すな
わち〈いま－ここ〉で刻まれる時間であり、現在生起している行動に関する秒ないし
それ以下の微小な時間である。人が目的や意図をもち、何らかの課題に直面している
とき、彼らは思考し、運動し、そして発話する。それぞれの行為は、新しい行動形態
であると言える。なぜならそれらの行為は、ある面では確かに安定しており、予測可
能であるが、その時々の状況において多様で変化に富み、また適応的でもあるからで
ある。たとえば統制された実験条件のもとで、あるいは一般的な状況において、成人
が運動ないし認知的な課題を行っている様子を眺めるとき、私たちは、彼らの行動の
特徴がおおよそ安定しており、予測の範囲内に収まるものと見がちである。そして、
その安定性の要因を、行動のパフォーマンスに関わる詳細な情報をエンコードしてい
る実行エージェントに帰属させてきた。被験者が幼少で未熟な場合、あるいは自由に
自然に行動することが許されていた場合、この安定性はほとんど消えてしまうか、少
なくとも安定状態の周辺にある変動性の範囲が著しく拡がることになるだろう。ここ
で歩行を例にして、また後で認知の事例で示すように、あらかじめ組み込まれている、
あるいはプログラムによって動かされているようにしか見えない行動も、ダイナミッ
クに創発するものとして見ることができる。すなわち行動とは、直面している課題の
特性に応じて編成されるのであり、その際に必要かつ利用可能な生命体の構成要素
（それら自体もまた、それぞれにダイナミックな履歴をもっている）および環境から
提供されるものを、いわば機会主義的に取り入れたものなのである。
　この実時間において編成される行動の創発的な性質こそが、発達のダイナミック理
論の礎石である。様々な要素が、多種多様な可能性に満ちた実時間における課題環境
に応じて自由に編成されるように、それらは個体発生的な時間スケールの中でもダイ

ナミックな変位を示すはずである。なぜなら、それらの構成要素や生命体が直面する課題、あるいは環境から提供されるものもまた、変化し続けているからである。乳児が部屋の中を見渡してオモチャを見つけ、それに向かって動き出そうとするとき、その移動の形態（たとえば歩行をするのか、あるいはハイハイをするのか）は、その乳児の神経筋の状態と動機づけの強さ、そして身体を支持する面の特性や目的のオモチャがどんな場所にあるのかといったことのダイナミックな結果なのである。発達するにつれて、乳児の移動の形態の安定性は、歩行については高まり、ハイハイについては低下していくだろうが、その行動がダイナミックに編成されていることに変わりはない。これらのダイナミックな複数の時間スケールは、完全に相互に絡み合っている。各行為が実時間の中で発見されたとき、そこにはダイナミックな履歴をもった様々な要素が関わっている。また同様に、その行為がパフォーマンスされるとき、そのこと自体が生命体のダイナミックな履歴の一部となり、次に生起する行為の形態を生み出すことに関与していく。従来、反復や強化、観察あるいは教育を介した学習として扱われてきた時間スケールは、秒から週、月、そして年に至るまでの、この複数の時間スケールの中に埋め込まれているのである。それゆえにダイナミックな見方からすれば、これらの複数の時間スケールの線引きを行うことはほとんど不可能となる。というのも、学習と発達の境界はきわめてあいまいだからである。行動に関するダイナミックな原理は、実時間で生起する運動の領域においてもっとも研究が進んでいるので、まずこの実時間の時間スケールから説明を開始する。読者諸氏にくれぐれも留意してほしいことは、まったく同一の原理やプロセスが、実時間に対しても、そして発達的な時間スケールに対しても当てはまるということ、またそれが単なる運動の領域に留まらず、他の行動の分野にも適用できるということである。

行為のダイナミックな原理

　発達の時間スケールへと議論を進める前に、形態が創発するダイナミックなプロセスとして、実時間における運動の生成に焦点を当てておくことが有益であろう。第1章で、歩行の発達と制御に関する従来の神経学的および認知的な理論に対して、私たちが2つの欠点を指摘したことを思い出してほしい。その1つは、これらの見方が、実時間および発達的な時間スケールのいずれにおいても、どのように新しい形態が現れるのか、すなわち変化を理解するためのメカニズムを提示しておらず、理論的に不毛であること、そしてもう1つは、観察されたデータを説明できないことである。

　運動研究には、2つの支配的な構成概念が存在している。1つは、中枢パターン発生器に関する神経生理学的なものであり、それは第1章で概説したとおりである。実験心理学において、それに相当するのは運動プログラムである。ローゼンバウムとザ

ルツマン（Rosenbaum & Saltzman, 1984）は、運動プログラムを以下のように規定している。「自発運動系列が実行される前に、中枢神経系においてそのすべての系列の指示に関する記憶表現が確立されていると考えられる」（p.51）。様々な運動プログラムは、通常階層的であり、階層の最上部に（そのプログラムの）監視・パフォーマンスをつかさどる制御プログラムを備えている。それは、その制御プログラムからの指令をパフォーマンスする、より低次の効果器のメカニズムとは区別される。運動プログラムは、時間計測法で研究されるのが一般的であり、課題の構成要素や難易度に応じて変化する反応時間と、運動のパフォーマンス時間とを切り分けて計測される。

　中枢パターン発生器、運動プログラムのいずれの構成概念も、身体から切り離された脊髄の出力、あるいはヒトの特定的なスキルの時間構造を理解するには一定程度適用できるものの、これらの規範的な理論が抱える重大な欠点は、一般化の可能性が欠如していることである。カエルやヒヨコ、ネコ、そしてヒトから測定された実際のデータは、この中枢パターン発生器という概念が幻想であることを示している。そもそも歩行のパフォーマンスや形態、そして安定性が、動物の年齢や動機づけの高さ、あるいは実験ないし観察の文脈に応じて気まぐれに変動してしまう。いったい何が、歩行の純粋な根本要素なのだろうか？

　同様に、運動プログラムという概念もまた、人間の意図的な行為の特質、すなわちその機能的な適応性をうまく説明できていない。仮に運動プログラムが、実際の行動に先立って、すべての動作系列についての指示を内包しているとすれば、新規な、そして適応的な形態は、どのように現れるというのだろうか？　一部の運動研究者たちは、こうした根本的な問いかけに対して、運動の全体的なプランのみを指定し、特定的な運動学的構造の子細は指定しない汎用的な運動「スキーマ」を提案して対処しようとした（たとえば、Schmidt, 1975）。現実の世界で移動している人間は、運動のプランと目的を生成し、それらを実際の身体出力に伝達しなければならないことはあまりに自明のことのように思われるかもしれない。しかし再び、運動プログラムの存在を主張する研究者たちは、そのようなスキーマの性質や始まりについて何ら特定できていないし、それが経験や発達によってどのように変容していくのかも明らかにしていない。

　中枢パターン発生器と運動プログラムのモデル、そのいずれもが運動に関する十分な説明に至っていない重要な理由の1つは、それらが運動を「純粋に」神経系の指令によって生成されると考えているからである。しかし、本書の第1章で述べたように、中枢神経系は、電気的な出力装置を制御するコンピュータではない。それはむしろ、意図やプランを、実際に運動する四肢や身体の諸関節に伝達しなければならない。身体は、質量、弾性、エネルギー性、そして慣性を備えた複雑な連結システムを形成しており、それは身体内ではもちろん、生命体と外界との間にも、多様な感覚のつなが

りを有しているのである。

ベルンシュタインの貢献

　心身の関係についての複雑性と不確定性という二重の問題は、ロシアの生理学者、ニコラス・ベルンシュタインによって初めて明確に認識された。彼の研究は 1930 年代から 60 年代にかけて行われた。ベルンシュタインの主著『運動の協調と制御 (*Coordination & Regulation of Movement*)』は、1967 年に英語版が出版されたが、彼の独創性に富んだ思考に対する注目が国際的に著しく高まったのは、最近 10 年くらいのことである（Whiting, 1984 参照）。ベルンシュタインの数多くの明察は、現代の運動研究の礎石であり、それらは主として、マイケル・ターヴェイ、スコット・ケルソ、ピーター・クグラーによる著作（たとえば、Kelso, Holt, Kugler, & Turvey, 1980; Kugler, Kelso, & Turvey, 1980）を通して、運動協調と制御に関するダイナミックシステムの立場へと直接結実していった。そして実時間において生成される運動にダイナミックシステム理論を適用するこうした試みは、私たちがここで展開しようとしている発達理論の生みの親である。このようにベルンシュタインから現在の運動研究に至る系譜をたどることができるのだから、ここで彼がどのように運動の組織化と制御についての諸概念を改訂したのか、それを要約しておくことは有意義であろう。

　ベルンシュタインによれば、運動は、筋張力の変化によって引き起こされる力の不均衡によって生起する。しかし、そうした運動は、運動神経の特定の興奮パターンや筋収縮によって引き起こされる力と、実際に生起する運動との間に一対一対応の関係を築いているわけではない。つまり、中枢神経系ないしその末梢で測定される筋活動のパターンを、そのまま実際の運動の経路に対応させることは不可能なのである。なぜそうなのだろうか？　自分の腕を肩の高さに持ち上げて、そこで筋肉をリラックスさせるという状況を想像してみよう。手首を軸にして、手のひらを勢いよく振ってみるということでもいい。前者の場合、あなたの腕は肩の高さから落下していくだろうし、後者の場合には、上腕と前腕も一緒になって振動するだろう。あなたが目にする運動は、そのすべてが神経システムによって制御されているわけではない。物理的なシステムとしての私たちの身体の、力学的な帰結についても目にしているのである。ある身体部位が動くと、その部位は慣性および求心性の力を生じ、重力の場の影響も受けている。こうした力は、運動が生じている間、すべての動きに関与しており、絶えず変化する力の場を構成している。腕を持ち上げ、それから下ろしたとき、同一の筋収縮が腕に異なる運動を生じさせる。それは実際、運動の経路のどの時点においてもそうなのである。さらに筋肉および諸関節は、それら自体が弾力性と張力といった力学的特性をもっており、それらは筋肉や関節がどのくらい伸縮させられたか、ある

いは四肢をどのくらい固くしたかに応じて変化する。ただし、それは線形的なものではない。

したがって、運動を行う間、制御されなければならない部位（四肢や体節）は、絶えず変化する生体力学的に解決すべき課題を中枢神経系に与え続けていることになる。運動がその生起する文脈に完全に依存しており、同一の筋収縮が異なる運動を生み出し、また逆に、異なる力から同一の軌跡を描く運動が生じうる場合、はたして中枢神経系は、スムーズで機能的な運動を生起させるよう身体部位をどのように協調させるのだろうか？　ベルンシュタインは、筋神経系において膨大な数の自由度が存在するとき、神経システムはどのようにして必要な運動の複雑な方程式を解いているのかという問いを立てた。

生命体の多数かつ異なる部位同士が、変化し続ける多様な文脈においてどのように協調しあうのか、というベルンシュタインが提起した運動の協調と制御に関する問題は、まさに、私たちがあらゆる領域と時間スケールにおいて行動の生成について理解するために解決しなければならない問題そのものである。行動する生命体はダイナミックな生き物であり、厳密な意味で同じではありえない環境の中で動き回っている。それなのにどのようにして、安定的かつ適応的な行動が生み出されるのだろうか？生命体を構成する膨大な要素（構造的および生理学的な要素）は、物理的および社会的環境において機能的な活動を生み出すために、どのように協同するのだろうか？

ベルンシュタインがもたらしたもっとも重要な洞察は、生命体の運動を形態学的に一貫性のある、全体的な形態として概念化したことである。彼は、他の行為と分離して単独に生成される行為はありえないと考えていた。

> 鏨で彫刻するときの運動の生体力学を研究することによって、私は、その運動の一部分だけを選択的に取り出して、それ以外の部分には何の影響も与えずに変更を加えることなど不可能であるということを明らかにすることができた。たとえば肘の軌跡にわずかな変化が生じたとすれば、金槌の軌跡もまた不可避的に変化するし、また振りかぶる速度とインパクトとの関係、あるいは手首の速度と金槌のヘッド、そしてその運動系列全体に関わる細やかな部分の関係にも差異が生じるのである。… 運動は、単一の抹消で起こった変化に対しても、他の部位が関わる全体的な系列の変化として反応し、時にそれは時空間的にかなり隔たった変化を起こし、最初の変化が起こった末梢に近接する要素には、ほとんどその末梢部位と一体となって、変化がないままということもある。このように、運動は個々の末梢の連鎖ではなく、末梢に分化した構造なのである［著者による強調］。つまり運動とは構造的な全体であって、構成要素の高度の分化を示しながら、同時にそれらの要素間の関係の特有の形態を変化させているのである。(Bernstein, Whiting, 1984, p179 からの引用)。

さらにベルンシュタインは、運動の形態は静的でなく、ダイナミックなものであることにも言及している。彼の言葉を借りれば、物理的な力の環境との関係に応じて「発達し、複雑になる」(p.180)。彼はたとえば歩行は、脚の運動と身体の重心、そして支持面との間に複雑な相互作用があり、彼が観察した様々なパターンを形成するのは、こうした相互作用自体であることを示した。外科的に脳から単離された動物の脊髄が、歩行運動に似た足踏みのパターンを生成することは可能だが（おそらく中枢パターン発生器の自律的活動からと推定される）、こうした遠心性の刺激だけでは、通常の歩行運動に見られる機能的かつ巧緻なパターンは生じない。この点についてベルンシュタインは、次のように述べている。

　　常に互いにやりとりし、その交代の複雑で特異なリズムを作り出している要素の多様な性質によって、一歩一歩の歩行のダイナミックスに、除脳処置（脊髄と脳を切り離す処置）を施された場合の単純な歩行反射において観察されるそれとは根本的に異なる様相を与えるのである。(Bernstein, Whiting, 1984, p188 からの引用)

　このような見方からすれば、歩行やその他の運動を組織化しているのは、運動する体節に関わるあらゆる要素、およびそれらの周辺についての知覚、およびその要素と周辺との間の相互作用との関係である。中枢神経系は、異種混淆でありながらも相互に強く依存しあった構成要素を動員させる行動のシナジーを構成することによって、自由度の問題を部分的に解決する。このシナジーは、次に複雑かつ多くの場合変動性のパターンを生み出すことができる。それゆえシステムの不確定性は、もはや厄介な問題などではなく、行動を組織化するための解の一部なのである。システムは、ダイナミックな運動の文脈に応じて変化することができるように、ある程度不確定なものでなければならず、その文脈には外力や内力だけではなく、行為者の目的や意図の変化も含まれる。同じ意味で、グリーン (Greene, 1982) は、ベルンシュタインの言う自由度はまた、機会の度合いとしても捉え直すことができるだろうと指摘した。つまり、刻々と変化する要求に応じて要素が編成され再編成されるシステムの自由こそが、新しい適応的な運動形態を生み出す源泉なのである。運動あるいはどのような行動であっても、それらが厳格にプログラム化されたものであるなら、そこに変化の源は存在しない。以下、そして後続の諸章で多くの例を挙げて、生命体が新しい、より機能的な解を探索することができるのは、生命体が発達し続けている間、古い硬直化した形態が解消され、こうした自由度が顕わになるときだけであることを論じてゆく。

　運動システムは、様々な要素の協働性が特にはっきりと表れているので、行動や発達に関するダイナミックな理論の導入として非常に役に立つ。運動は、人間のあらゆ

る活動にとっての究極的な共通の経路であり、機能的な運動は、心と身体そしてそれらに関わるすべての構成要素が融合したものである。しかし同じく、生命体と外界の物理的、情報的な性質との切っても切れない密接な関係もまた、重要である。動物は、効果的かつ効率的に移動するために、自身を取り囲んでいる力の場と情報の場を感受し、それらに適応し、さらにそれらを統合していかなければならない。行為の文脈から切り離された、「純粋な」歩行をする動物など存在しない。歩行の本質とは、まさにそれをパフォーマンスしている間に構築されることの中にのみ、見出されるものなのである。後で、あらゆる心的活動についても、この主張をしようと思う。

　次からは実時間で起こる行為の2つの事例を紹介する。これらはシステムの複雑性（多次元性）、自己組織化、そして文脈特異性をよく示すものである。こうした事例をもとにして、発達をめぐる概念の拡張を試みることにしよう。

運動のエネルギー的な側面

　筋運動が、多くの異種混淆的な要素からなるシステムによって生み出されることは、直感的にも明らかである。原理的に考えても、歩行には、脳、脊髄そして抹消の運動神経、および感覚経路だけではなく、骨格、関節、筋肉、循環器系のシステム、呼吸器、皮膚等々が必要であることを否定する人はいないだろう。参与しているこれらの要素がなければ、乳児は歩行どころか、おそらく生存することすらできない。参与しているこれらの要素の大部分は、歩行や運動に限られたものではないが、だからといって、歩行という特定の能力の発達において、それらの要素の重要性が低いというわけでは決してない。

　たとえば、移動することをエネルギー的な活動として捉えてみよう。アレクサンダー（Alexander, 1984）、ヒルデブランド（Hildebrand, 1989）、テーラー（Taylor, 1978）、マクマホン（McMahon, 1984）らの研究によれば、陸棲動物に見られる特有の生息スタイルや歩行パターンは、その選好された速度で運動した際のエネルギー消費を最小限にするものであるという。これはつまり、前方に移動する推力を生み出すための四肢の協調モードがいくつか理論的に想定される場合、特定の速度での移行課題に対して1つの安定したモードが創発するということであり、そのモードがもっとも効率的であるということを意味している。人間も同様に、飛んだり跳ねたり、ときにはスキップで移動することは可能だが、たとえ同じような速度であっても、通りを跳躍しながら通れば、歩いたり、ジョギングするよりもはるかに疲れるだろう。確かに人間はあえて飛び跳ねたり、ふざけていろいろな動きで移動してみることがあるが、自己推進で前方に移動しようとするときには、ほぼすべての場合において、歩行のモードに落ち着くだろう（ただし、月面のように重力の作用が小さくなる環境において

は、宇宙飛行士は跳躍することがむしろもっとも効率の良い移動形態であることに気づいた（McMahon, 1984））。また四足動物は、歩行、トロット、ギャロップというように、速度に応じて足どりのスタイルを変化させる。これはおそらく、それらの足どりのスタイルが、それをいつも行う速度以外では不可能だからではなく、システムが適切なモードを発見したからであり、それは身体のスケール・パラメーターに関する種々の側面はもちろん、呼吸や循環系の機能に関連すると考えられる（Alexander, 1984; McMahon, 1984; Taylor, 1978）。

　運動におけるエネルギー学の役割について議論することは、運動のプランニングや運動の生成、あるいはそのモニタリングにおける中枢神経系の役割を軽視しているということではない。むしろ私たちは、もっとも一般的で特定の目的に特化されたわけではない身体構造と機能でさえも —— 呼吸は決して運動に特化されたものではない —— 、行動の時空間的な特徴にいかに影響を与えているかを示したかったのである。呼吸器系に協調を求める情報などはない。あるいは振り子の重りの中に、情報は存在していない。協調は、課題に関わるすべてのことから創発するのである。

実時間における自己組織化 —— 乳児の自発的な足蹴りについて

　この、認知構造あるいは神経系からの命令として非身体化された指令を、ダイナミックに変容する情報的、物理的場において活動している生命体から切り離すことはできないということをよく示している一例が、乳児のごく一般的な運動である「足蹴り運動」の実時間における組織化に関する、テーレンらの研究である。生後1年間を通して、乳児は協調化されたパターンで足蹴りをする。彼らは、仰向けのときも、支えられて直立姿勢になっているときも、そして後になるとうつ伏せや椅子に座っているときでさえも、足蹴りをする（Thelen, 1979, 1981）。嬉しいときも興奮したときも、あるいはむずかったとき、不機嫌になったときにも、乳児は何かにつけて足蹴りをするので、足蹴り運動は、基本的に、とりあえず何か行動を起こそうとする際に顕在化するものである。しかし、たとえばベビーベッドに取り付けられたオモチャやモビールを揺り動かしたり（Piaget, 1952; Rovee & Rovee, 1969）、あるいは食事のときに自分の興味やじれったさを伝える（Thelen, 1981）など、足蹴りを道具的な行動に「転換する」ようにも思える。

　誕生後の数ヵ月において、乳児の足蹴り運動は非常によく協調化されているように思われる。これとまったく異なるのは両腕の動きで、それはずっとリズミカルでなく、見たところランダムにしか思われないような様子で振り動かす。肢（limbs）の時空間的な経路に関する分析（運動学：キネマティクス）によると、大腿、膝、そして足首の関節は、屈曲の際には胴体に対して迅速かつ通常は滑らかな軌跡をほぼ同時的にた

どり、それが伸展（すなわち脚が胴体から離れていく状態）へと続く（図4.1）。片側の脚の蹴りは、通常（とはいえ、常に必ずというわけではないが）、もう一方の脚による蹴りと交互に入れ替わりながら、リズミカルに継続する。このような協調運動は、中枢パターン発生器による制御の格好の対象であるように見える。それぞれの脚は交互に屈曲と伸展をし、一方の脚の振動はもう一方の脚の振動と一対になっているように見える。この運動の持続時間はランダムに分散してはおらず、おおよそ300ミリ秒くらいにまとまっている。これは、中枢における「タイムキーパー」が足蹴りをする適切な筋群を活性化し、循環的な運動を生起させる神経インパルスを調節していることを示唆している。

　テーレンらは、「純粋な」神経振動を一対一に反映する「純粋な」振動運動を自発的に生成する中枢パターン発生器を、発見したのだろうか？　これが、後の移動運動の、特権的な組織化の基盤だったのだろうか？　この中枢パターン発生器における個体発生的な変化を理解することが、乳児がどのようにして歩けるようになるのかの理解をもたらすのだろうか（Thelen, Bradshaw, & Ward, 1981）。カエルやニワトリ、そしてネコの歩行における変動性と適応性を目の当たりにして中枢パターン発生器という構成概念がいかに脆弱かを見たのとまさしく同じように、それは発達初期の乳児が示す周期的な足蹴り運動についても、貧弱な構成概念にすぎなかった。

　足蹴り運動が、より複雑でダイナミックに編成される行動であることを示す最初の手がかりは、表面筋電図（EMG：収縮時および弛緩時の筋群における微小な電気的変化を増幅して記録する）を用いて、足蹴り運動を生成している筋収縮時のパターンを記録することから得られた。中枢パターン発生器の基本概念は、脊髄神経ネットワークの構造が、脚の屈筋および伸筋運動ニューロン間に規則的な交互性をもたらしているということである（Grillner, 1975、1980；Pearson & Duysens, 1976）。しかし、テーレンとフィッシャー（Thelen & Fisher, 1983）が乳児の脚の筋群を観察すると、乳児の両脚は明らかに屈曲と伸展を繰り返していたにもかかわらず、そうした交互性を示すパターンは検出されなかった。その代わりにテーレンらが発見したことは、図4.1に示したように、屈曲運動の開始時に諸関節の屈筋（主に脚の前部に付いている大きな筋肉）と伸筋（主に膝窩腱と腓腹筋）の双方が、同時に収縮するということであった。表面筋電図から定量的な比較をするのは難しいが、屈筋群の方が伸筋群よりもはるかに強く収縮しているようであった。このことは再び、屈筋と伸筋の双方が収縮しても、全体として胴体に向かって屈曲運動が生じることを説明するだろう。（こうした共収縮は、未成熟でスキルを十分に獲得していないときに非常によく観察される特徴である。）同じく驚かされることに、テーレンたちは、足蹴りの脚を伸張し始める時点では、筋収縮がほとんど、あるいはまったく見られないことを観察した。こうした結果から、足蹴りのサイクルを完了することができるのは、筋肉を伸張させるための何らかの情報があ

らかじめ存在しているからではなく、両脚がよく知られているようにバネのような性質をもっており、かつ重力の影響を受けているからであると考えることができる。つまり、力強い屈曲の間に脚の筋肉と腱によって蓄えられた弾性位置エネルギーが、重力の下方への力と組み合わさって、脚を逆方向に動かすように働くのである。

以上から、足蹴り運動の軌跡とリズミカルな周期性および運動の各局面における内在的なタイミングは、・ダ・イ・ナ・ミ・ッ・ク・に・自・己・組・織・化・さ・れ・て・い・る・と言うことができる (Thelen, Kelso, & Fogel, 1987)。これらの時空間的なパラメターは、特定のエネルギー的、環境的制約の中での、「神経-骨格-筋システム」のオンラインの協同的な相互作用の結果なのである。脚が屈曲と伸張を繰り返すのは、力の不均衡によるのであり、一部は筋活動によって引き起こされ、他は物理的ないし神経以外の原因から生じる。こうした協同的な結果——自由度の減少——が、同一的な運動形態となって現れるのである。

ダイナミックな観点から言えば、こうした能動的、受動的な諸力の複雑な相互作用は、脚関節における回転角度の速度に対する変化を位相平面上にプロットした、足蹴り運動の時空間経路の集合変数を見ることで捉えることができ

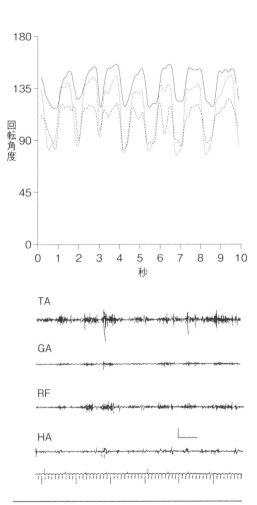

図 4.1
【上図】足蹴り運動をしている4ヵ月児の片脚における関節の回転。足蹴り運動のリズミックな特性を示しており、各関節の屈曲と伸展が協調していることがわかる。実線は股関節、細かい破線は膝関節、粗い波線は足根関節を示す (小さい角度のとき、関節は屈曲に向かっている)。【下図】上図データに対応する下腿の筋肉 (TA：前脛骨筋、GA：腓腹筋) および上腿の筋肉 (RF：大腿直筋、HA：膝窩腱) の筋電図。(Thelen & Fisher, 1983 より)

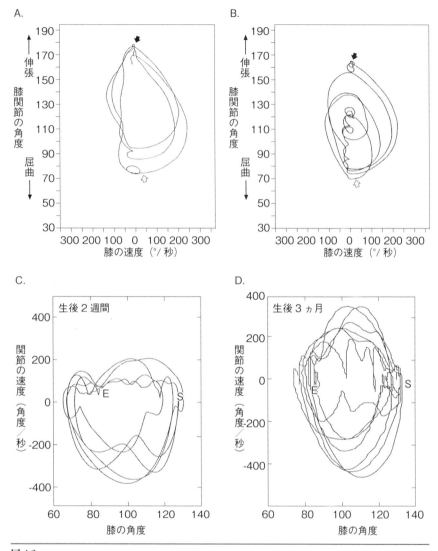

図 4.2
月齢および姿勢の異なる複数の乳児による足蹴り運動を位相平面上で表現した例。【上図】仰向けでの足蹴り運動時の膝関節における振幅と速度。(A) 在胎齢 40 週で生まれた早産児、(B) 妊娠満期で生まれた新生児。(Heriza, 1988 より)【下図】直立での足蹴り運動時の膝関節における振幅と速度。(C) 生後 2 週齢、(D) 3 ヵ月。(Jensen, Thelen, & Ulrich, 1989 より)

る。図 4.2 は、異なる年齢の乳児たちが様々な姿勢で示した多様な足蹴り運動を、位相平面上に描いた例である。位相平面上に描かれた足蹴りの形態は、かなりの均一性を示している。位相平面上に曲線的な形態学的特徴が現れるということは、足蹴り運

第4章　発達のダイナミック原理 ―― 歩行学習再考　　113

動の速度が関節の移動に伴って、滑らかに変化していることを意味する。これらの位相平面は、脚が、その集合的な振る舞いにおいて、重りのついたバネのようにダイナミックに動いていることを示唆している。片側の端に重りを付けた単純なバネを伸ばしてエネルギーを与えたとき、その振動は位相平面上に滑らかで規則的な周期性の軌跡を描くことを思い出してほしい（図3.7参照）。いったんバネにエネルギーの放出が伝わると、速度はバネの位置とともに滑らかに変化する。速度がゼロになるのは、バネの動きの向きが転換するときであり、速度がもっとも高くなるのは、上方に向かって跳ね上がるとき、あるいは逆に下方に向かって伸びるときの中間点である。乳児の足蹴り運動も同様に、こうした特徴的なバネ状の位相面を示す。これはつまり、神経筋組織が顕著なバネ的特性を備えており、それがエネルギー放出の際に、まさに単純なバネのように自己組織化して、滑らかな軌跡を描くことを示している。ヘリザ（Heriza, 1988）は、在胎齢34週で観察された早産児の自発的な足蹴り運動にも、同様の組織化が見られることを示している。乳児の足蹴り運動に見られるバネ状の振る舞いは、ちょうどバネの振動時間が剛性と質量のみに依存し、何らの時計も要しないのと同様に、明示的なプランの存在なしに、屈曲と伸展の規則的なタイミング（たとえば、Thelen, Bradshaw, & Ward, 1981）がどのように「結果として生じる」ことができるかを明らかにしている（Thelen, 1991, 1993も参照）。（こうした四肢のバネ的な特性については、本書第9章において、乳児がどのようにリーチングするようになるのかを述べる際にも改めて言及する。）

　これらの観察結果は、複雑系のダイナミックシステムの原理で捉え直すことができる。乳児の足蹴り運動は、乳児自身の中の構造やプロセスのみならず、足蹴りをするときの力の場をも含む多次元からなるが、ずっと少ない自由度の運動を生起させるために圧縮され、実際それは、かなり単純な機械的な仕組み、バネのような特性をもつものとなる。この運動は周期的な軌跡を描いて安定したアトラクターのように働き（もっともこの点はまだ、厳密に検証されてはいない）、そのため足蹴りの変位の集合変数と多様な個人システムと行動文脈における速度とに形態的な類似性が存在するのである。乳児が、脚を動かすことができるような状況にあり、さらに脚の筋肉に十分なエネルギーを注入したとき、彼らの脚は好ましい運動パターンを表す。脚の解剖学的構造と神経回路は、膝と足首を硬直させて大腿部分を伸展させるような単純なもの（乳児期にはまず見られない）から、たとえばタップダンスを踊るのに必要な関節を絶妙なタイミングで動かすといった複雑なもの（乳児期には決して見られない）まで、膨大な協調パターンを可能にしている。しかし、成熟しつつありエネルギーに溢れた乳児の状態では、こうした膨大な可能性の中の一部のパターンのみが見られるだけであり、図4.2からも明らかなように、バネのような弾性のある足蹴り運動がとびぬけて安定している。その安定した様子は、まるで生得的に組み込まれているかのように映

る（そもそも初めてそう解釈したのは、テーレンだった！）。しかし、これまで本書において示してきたように、集合変数に明らかに示される安定性は、変化に自由であり多様に変化する諸要素が、「柔軟に」、そして文脈特異的に編成されることから生じるのである。この、サブシステムが自己組織化されたパターンに引きつけられるということが（これから説明していくように、安定していたり、あるいは不安定だったりと様々だろうが）、私たちの理論を発達の時間スケールの中で適用していくための基本的な前提である。

　これまで、乳児の足蹴り運動の例をかなり詳細に取り上げてきたが、というのもこの例は、行われつつある行動の流れが、運動や発達が生起する環境の情報的、そしてこの例では、ごく常識的な意味での物理的側面と、不可分なものであるということを、まさに目に見えるかたちで示しているからである。加えて私たちは、乳児の脚について、その単純で周期的な、無意図的な運動に示されている、2つの重要な特性を確証した。その特性の第一は、ダイナミックな自己組織化の強さであり、運動の経路が、まさに創発してくるということである——それは、システムを活性化させる単純な筋肉の発火以上の、時空間的な情報を包含している。私たちの主張するこの自己組織化は、生命体のどんなレベルにおいても、生物学的システムの挙動の本質的な特性である。この特性によって、行動は、何ら特定の法則の必要なしに、あたかも法則に依存しているかのように見える。第二の重要な特性は、この組織化の文脈特異性である。足蹴り運動は、目的を指向した活動ないし目的に合わせて補正されてゆく活動ではない。それは重力の場および運動を引き起こす内的に生み出されたエネルギーのパルスの双方に関して組織化されるのである。こうした運動の編成において、乳児に「属する」生物的要素にも、あるいはそれがパフォーマンスされる環境にも、そのどちらにも主導権を与える論理的ないし実証的な方法はない。どちらもが、私たちが足蹴りと呼ぶ運動の集合的な特徴を決定するのである。この基本的な文脈感受性——システムの周辺環境に対する開放性——が、運動とプロセスに変化をもたらす発達しているシステムの特徴であり、この点については、この章の最後で再び取り上げることにしたい。次節では、当面、時間スケールを発達の領域に拡大し、発達の間の自己組織化について説明することにしよう。

複数の時間スケールを行き来する —— 行為から発達へ

　自己組織化のプロセスについて説明しようとするとき、通常（それが物理学あるいは生物学どちらの領域の場合でも）、時間スケールは「秒」ないし「分」である。しかしここで、類似したプロセスが個体発生的な時間スケールを通して起こり、それは、種に依存して、「時」、「日」、「週」、「月」あるいは「年」といったスケールで捉えら

第4章　発達のダイナミック原理 —— 歩行学習再考　　115

れるという主張を紹介するとともに、支持したい。実時間におけるパフォーマンスが、従事する課題および環境を背景としながら、その時点で利用可能な要素によって自己編成されるのとまったく同様に、発達の経過の中で、新しい形態が、特定の課題とエネルギー的な状況を背景として、生命体の解剖学的および生理学的な要素の同様の合流によって生じる。上述の例で言えば、特定の重力の場の中で作用している循環系、神経系および筋肉の諸要素が共同して乳児の足蹴り運動のパターンを決定するが、いずれの要素にも、その運動に特有の詳細に関する特権的な本質的要素は含まれていない。同様に、時間スケールを拡張しても、発達している生命体のどの要素にも、最終的な結果に向かって、命令系統のトップにいて執行役員のように働き、発達のタイム進行指標を監視している、計画書のようなものは存在しない。ちょうど筋肉、骨格、血管、神経そして重力のダイナミックな相互作用によって弾んでいるバネのリズムと軌跡が「結果として生じる」ように、徐々に創発する新しい行動形態も、それに関わるリソースの相互作用から「結果として生じる」のである。こうした時間スケールを、どのように測ることができるだろうか？

　ダイナミックな観点から言えば、パフォーマンスは、ある特定の課題環境におけるサブシステムの合流から創発する。行動のいくつかのパターンが、特定の条件下において非常に安定性が高いとき、それ以外のパターンは不安定で、仮に現れるとしてもきわめて稀でしかない。大人にカーペットで覆われている平坦な床の上を歩きやすい速度で歩行してもらい、たとえば彼らの四肢の関節の回転を計測すれば、運動のパターンは、おそらく非常に安定した一様なものになるだろう。このとき両脚のサイクルは間違いなく、交互の、180度の位相となり、明確な単足接地と両足接地のときがあり、各脚それぞれをスイングさせて進むだろう。同一人物が同一の条件下で歩行する限り、このパターンは確実に持続するだろう。ところが地面が凍った滑りやすい歩道だったり、ヒールの高い靴を履いていたり、あるいは足にまめでもできていた場合には、その典型的な歩行パターンは、当然のことながら変化するだろう。意図的な、あるいは生物側、環境側の制約に応じて歩行パターンを再調整する能力は、先述したサブシステムをダイナミックに編成する能力から生じる。

　乳幼児期は、言うまでもなくサブシステムと文脈がとりわけ急激に変化し続ける時期である。子どもは肉体的に成長しながら、知覚し、行為し、探索することによって、外界についての知識を蓄積していく。彼らの成長と経験は、知覚と行為のための新たな環境を絶え間なく広げていく。このように、実時間における行動の編成は、サブシステムと文脈がより長い時間スケールにわたってダイナミックに変化し続けていることの所産なのである。

　発達のダイナミックな説明において何よりも重要なことは、こうしたサブシステムおよび文脈が、非同期的かつ非線形的に変化していることである。ここで言う非同期

性とは、すべての構成要素が同じ割合で変化しているわけではないということである。先行研究を紐解くと、すでによく知られた事例が数多く存在している。たとえば、人間の運動システムに対する知覚システムの早熟性がそれである（視覚システムは生後6ヵ月くらいまでにかなり大人のそれに近い能力をもつようになるが、運動スキルはおおよそ10年以上かけて発達する）。知覚的な機能それ自体、一体として発達するのではない。モダリティそれぞれに特定的な経路を描き、かつ同一システムの内にさえ非同期的に変化する要素をもっている。たとえば乳児の視覚システムにおいて、立体視は3～4ヵ月時の1～2週間くらいのうちにかなり急速に発達する。しかし視力自体は、もっと時間をかけて緩やかに現れてくる（Held, 1985）。同様に運動システムにおいても、新生児の吸啜をコントロールする口腔−顔面の神経と筋肉は、頭部、胴部、そして四肢の運動をコントロールする神経や筋肉に比べて先行的に機能することを指摘できるだろう。頭部のコントロールは、胴部のそれに先行し、上肢のコントロールは下肢に先行する等々がある。

　非線形性とは、サブシステムにおける変化が、滑らかな増加性を示すものではなく、急上昇（スパート）や平坦状態（プラトー）、さらには逆方向への変化すらも伴うことを意味する。ダイナミックな用語で言えば、サブシステムそれ自体が位相変位を起こす。すなわち、行動形態が突発的かつ質的な変化を起こしたり、あるいは消滅したりする。発達初期においては、そのような例に事欠かない。たとえば喃語の発生、奥行き知覚、語彙爆発などは急速で、どんどん進む。一方、姿勢の制御の獲得などは、もっと緩やかで時間が長くかかる。

　どのようなレベルや領域であろうと、発達のプロセスを動的な視点から分析する場合には、時系列に沿って行動の変化を表す集合変数を同定する。この集合変数を定義するならば、これらの非同期的かつ非線形的なサブシステムを圧縮して表現したものである。あらゆる時点を通して、システムの安定性は、サブシステム同士の協同的な相互作用、すなわち、行動が編成される時点でのサブシステムの状態によって決定される。こうして、各時間スケールは緊密に互いに編み込まれあっている。環境や課題が変化するとき、あるいは生物のサブシステムそれ自体が動的に遷移するとき、協同的な相互作用が編成され、分解されている。いかなる意味でも、どの構成要素も、論理的に発達的変化を決定する原因であることはない。すべての構成要素と文脈が、システムの生み出す結果を決定するからである。しかし、さらに以下に述べるように、システムは特有の要素ないし環境のパラメターに対して、特に鋭敏な場合がある。そのため、それらのパラメターにおける微小な変化でさえも、システムにそれまでとはまったく異なる質的な影響を及ぼす可能性がある。この発達モデルにおいては、したがって変化を引き起こす数多くの潜在的な制御パラメターがある。そして発達心理学者の仕事は、そうした変化の原動力を見つけることである。それを実現するために、

ダイナミックシステム・アプローチは、以下でさらに議論していくように、原理に基づいた操作可能な方略を提供する。

生成と消失を繰り返すアトラクターとしての発達

発達の動的プロセスを簡易化したモデルを図4.3に示した。どのような行動であっても、そしてそれをどのようなレベルで分析するとしても、それはある環境と課題の文脈の内において、同時並行的に発達している異種混淆的な構成要素と複数のサブシステムの生み出す結果として見なす。サブシステムのそれぞれが、線形的ないし非線形的なダイナミックな履歴をもっている。ある時点（T1）での行動は、各サブシステムの状態からもたらされる、生命体およびエネルギー的制約を反映した文脈の中で編成される。このとき、出現しえる行動のパターンには、複数の可能性が存在する。重要な要素における微小な変化が、広範囲に及ぶ相遷移を引き起こすこともある。だからある別の時点（T2）で、集合変数が異なる形態をもち、それが新たな発達形態の出現の契機となるかもしれない。あるいは、その集合変数が、生命体と環境の影響の結果として、より線形的かつ漸増的な変化を示すかもしれない。最後に、システムがサブシステムの変化を吸収してしまい、T2の時点での集合変数にまったく違いがないこともある。

したがって、ダイナミックな観点からは、行動の発達は、時系列に沿って安定性を変化させつつ、システムのアトラクターが生成と崩壊を繰り返す連鎖として見ることができる。それと認識できる形態をもつどんな行動パターンも、その集合変数は状態空間のある限定的な部分にのみ存在しているということ、すなわち、状態空間パラメーターに潜在するあらゆる値をとるわけではないことを思い出してほしい。これはつまり、サブシステムはランダムに協調するのではなく、サブシステムの初期状態に多少変動性があっても、強く（あるいは弱く）選好される行動を産出するということを意味している。

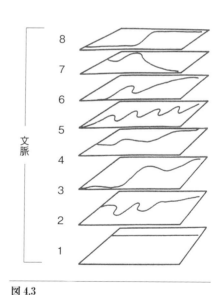

図4.3
それぞれに独自の経路をもつ複数のサブシステムが、同時並行的に変化しているものとして描いた発達。x軸には時間、y軸には発達的な変化に寄与するサブシステムの「量」を抽象化して表現している。どの時点での行動も、課題と環境の文脈において、これらのサブシステムから編成されている。

パターンがただ１つ諸要素の共同的な作用によって創発し、そのパターンは、程度の差こそあれ、他の可能性のあるパターンに対して優位性をもっている。後に述べるように、こうした生成と崩壊を繰り返すアトラクター（それは諸要素の様々な凝集状態を表している）という考え方は、実時間における認知にも新たな発達形態の出現にも、同様に当てはまるだろう。

　それゆえより広い意味で、ダイナミックシステム・アプローチは、発達による新しい形態の出現を、現在の形態の安定性が失われることによって引き起こされる位相変位の連鎖として捉える。創発した新しい形態は不安定性に対する自律的な解であり、システムがア・プリオリに解を備えているのではなく、空間の探索を通して発見するのであり、次々に探索が可能であるのは、諸要素の協同的編成は決して固定したものではないからである。生命体あるいは環境からの制約は、新たな解を生じさせる。それは、発達の中で、年齢に応じて期待される反応の、いわゆるデカラージュ（「ズレ」）として現れることもあるかもしれない。課題がほんの少し変わっただけでも、子どもがより熟達した（あるいはより未熟な）パフォーマンスを示すことは少なくないが、それは、子どもが課題の文脈において、ダイナミックに行動を全体的に編成できる能力をもつことの、何よりもの証拠である。後の章においても、さらに豊富な事例を紹介することにしよう。新たな反応が現れることはシステムのノイズではなく、そのシステムの相対的なダイナミックな状態の反映なのである。ダイナミックな視点のもとでは、行動の変動を誤差分散として扱うのではなく、その変動をむしろ、アトラクターの状態の相対的な強度、ないし安定性の測度として用い、発達をめぐる問題の捉え方が転回する。ここで再度強調しておくべきことは、私たちがパフォーマンスにおける実際の変動性に言及しているということであり、測定誤差としてのバラツキを意味しているのではないということである。実際にはこれらを分離することは難しいにしても、理論的にはまったく別なのである。

発達における変動性の新たな役割

　２つの測度が行動のアトラクターの安定性の指標となる。まず、集合変数の平均的状態をめぐる変動性が、パターンの強度、すなわちサブシステムの凝集力の程度を測定する。図3.10のポテンシャル井戸を思い出してみよう。その井戸が平坦である場合、井戸が深い場合に比べて、ボールは状態空間の中の様々な領域を自由に移動する。システムが安定性を失っていくにつれて、要素間の協同的な結合が弱ければ弱いほど、行動の変動性は大きくなる。このダイナミックな原理は、発達の分析にとって重大な含意をもっている。なぜなら実験や観察研究における変動性の地位を、ノイズではなくデータへと引き上げるからである。変動性は、理想的な平均的パフォーマンスから

第4章　発達のダイナミック原理 —— 歩行学習再考　　119

外れた逸脱という以上のものである。それどころか、行動のアトラクターの強度を測る指標なのであり、位相変位の間にシステムが安定性を失うことが予測されるのであるから、新たな形態への移行に伴う重要な随伴物なのである。

　システムの安定性を測る第二の指標は、攪乱に対する行動の抵抗性である。ここで言う攪乱は、人が日常生活において遭遇するものであり、また、実験者から与えられるものでもあるだろう。再び図 3.10 に話を戻すと、ボールが深い井戸に入り込んでいるならば、小さな攪乱が起こったとしても、すぐに回復してボールは安定した井戸の底に落ち着くだろう。逆に井戸が平坦なときに生じる攪乱は、ボールを空間の異なる領域（おそらくは別の、より安定性の高いアトラクター）へと移動させるだろう。つまりシステムは移行期にあると、攪乱からの影響を受けやすいのである。この原理もまた、発達を強力に説明する。移行期にはアトラクターが強く凝集していないので、生命体内、課題、あるいは環境において生じる微小な変化が、甚大な再組織化を促す可能性がある。これが、発達研究のあらゆる側面に共通して見られる、よく知られたデカラージュ効果の源なのである。つまり相対的に小さな、時には一見して無関係に思われるような操作でさえも、行動に大きなインパクトをもたらす。移行が起こる前、そして行動が十分安定した後ならば、これら同一の要因が行われているパフォーマンスを崩壊させることはない。

　ここでは 1 つの事例を挙げておけば十分だろう。本書を通して、私たちはこの 2 つの原理に何度も立ち返るが、というのも、これらは発達的な変化を研究する上で圧倒的とも言える探索力と理論に基づく検討課題を、2 つながら提供してくれるからである。立位での独立歩行ができるようになったばかりの乳児について考えてみよう。このとき立位バランスの維持は、たとえば支持基底面に対する重力中心の位置と速度からなる状態空間の点アトラクターと見なすことができる（ただしバランスは動的に安定しているので、多少とも点の周りに散らばっている）（たとえば、Bertenthal, 1990 参照）。多くの動的な測度から見て、独立歩行ができるようなったばかりの乳児のアトラクター状態は、歩行経験がより長い人間のアトラクターよりも安定性は低い。通常の条件下であっても、そうした乳児の姿勢の動揺は大きい。いわゆる「動く部屋」実験での自己運動による視覚的流動によって攪乱された場合、歩行経験の浅い乳児は、年長の子どもと比べると動揺が大きくなり、転倒してしまうことも多い（Lee & Aronson, 1974）。同様に、乳児の立位姿勢は、並進運動としても足関節の回転運動としても、足場が可動するような攪乱が引き起こされれば、すぐに不安定になってしまう（Woollacott, 1990）。付け加えておくと、歩行開始時に足を前に踏み出すことも、静止立位バランスに対する攪乱と見なすことができる。歩き始めたばかりの乳児は、足を踏み出す際に側方に動揺し、多くの場合バランスを崩してしまう。実際のところ、彼らのステップは、まさに制御された転倒なのである（Bril & Brenière, 1992）。

反応が変動しやすく、すぐにバランスを失ってしまう歩行が安定しない子どもは、移行期にあるシステムの（文字どおり）不安定性をきわめて明瞭に示す例である。しかしこの章で取り上げた他の事例のように、生体力学的な不安定性というのは、事実でもあり、メタファーでもある。やっと歩けるようになったくらいの幼児は、文字どおりちょっとした「一押し」を与えられると、バランスシステムの凝集性が崩されてしまうが、特にシステムが移行期にあって、攪乱に対して鋭敏な一定の時期にあっては、歩行以外の領域のパフォーマンスも同様に、課題や実験者からもたらされる影響によって動揺してしまう。システムに課せられる「一押し」の性質やそれに対するシステムの反応は、形態の創発を解き明かすための糸口である。

　新たな状態へと移行していく際に現れる変動性と不安定性は、ノイズ、あるいは不随意的な兆候という以上の究極的な、重要な意味をもっている。単一の深い井戸に落ち込んでいるシステムは、ごく限られた行動選択の幅しかもたないだろう。したがって、行動は安定するが、柔軟であるとは言えず、適応性に乏しい。サブシステムの変化から引き起こされるシステムの凝集性の喪失は、言ってみれば、それまでとは違う新しいしかたで再編成できるよう、構成要素を解放することなのである。そこで子どもは、より豊かで多様な可能な適応的解決の全体像を探索し、彼らの意図する目標に適ったより有効で的確なパターンを選択する。後で強調することになるが、新しい形態が創発するときには、数多くの状態を探索する柔軟性が決定的に重要である。ある程度のスキルを獲得している子どもや成人のアトラクターのレイアウトには、いくつもの安定した領域が存在しており、他のパターンよりも選好される行動や経験を積んだ行動の形態を表している。しかしながら、安定した形態もまた動的に編成されているので、予期しない課題に直面したときに全体として柔軟に対処し、再組織化し、新しいスキルを学習する十分な可塑性を有している。

　以下に示す発達初期の脚運動に関するデータは、単一の、相対的に柔軟性が低い個体発生的系列を示すアトラクターのパターンが、やがて無数とも言える運動の組み合わせの探索を可能にするように溶解していくことを示している。こうした運動の組み合わせの探索を通して、いくつかの安定性の高いパターンが創発し、それらが姿勢や歩行をはじめ、他の機能的な活動を支えていく（探索活動がどのように適応的な解を導いていくのかという問題は、次章の主題となる）。ここでも変動性が重要な鍵となる。つまりダイナミックな説明は、必然的な段階的前進という概念を、確率論的で機能主義的な選択に置き換える。発達は、生命体と、課題とその支持環境の情報との絶え間ないダイナミックな適合から起こるのである。

　ここで、発達のダイナミックな原理を乳児の脚運動で説明しよう。新生児の典型的な足蹴りおよび足踏み運動から、歩行開始後の数ヵ月で脚の動きが精緻になっていくなかで、運動のパターンと機能における発達的な変化がいかに複雑に入り組んだもの

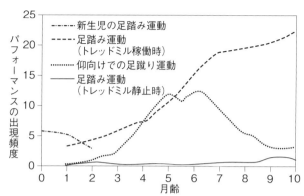

図 4.4
生後 1 年間における脚運動の種類とその出現頻度の発達。(Thelen, 1989 より)

であるかを示す。歩行前の脚運動のデータは、テーレンと共同研究者たちの最近 10 年にわたる研究からのものである。

乳児の足蹴り運動における個体発生的な変化

これまでの部分で、乳児の単調な足蹴り運動には、実時間の流動性と文脈特異性があることを述べた。実時間における足蹴りをダイナミックな用語で説明するならば、そのシステムがどのように変化するのかについても、同様の用語で説明しなければならない。ダイナミックな原理が本当の意味で普遍的であるならば、どのような時間スケールをもカバーするだろう。事実、ダイナミックな説明だけが、第 1 章および 2 章で提起した、未だ解決されていない発達の難問を解き明かすことができるのである。すなわち、発達の結果と「段階性」が全体としては安定している中で、デカラージュや異時性、文脈特異性が見られるという問題である。

脚運動の協調的なパターンが、生後 1 年間でどのように発達していくのかを考えてみよう。図 4.4 は、以下の 4 つの状況における脚運動の出現頻度を種類別に図示したものである。(1) 乳児が仰向けか、あるいは立位で支えられているかのいずれかの状態、(2) 通常の平面上にいる場合、(3) 第 1 章で述べたトレッドミルが動いている、あるいは静止している状態、(4) 支えなしで子どもが自立している状態。これらの文脈における脚運動の形態は、異なる変化のパターンをもっている。新生児の足踏み運動の経路と、静止しているトレッドミルでの足踏みから示される立位で支えられているときの足踏みは、生後数ヵ月に低次のパフォーマンスを示し、いったんほとんど消失してしまった後、9 ヵ月ないし 10 ヵ月あたりで再出現し始める。仰向けでの足蹴りは、生後 6 ヵ月くらいまでだんだんと増加していき、それ以降は徐々に消失していく。これとは対照的に、トレッドミルが動いているときに生じる足踏みの頻度は、

10ヵ月まで増加し続ける。一方、自立歩行は、生後1年目の後半になって現れ始め、それ以降そのまま維持されていく。発達の各時点で生起する脚運動のパフォーマンスと形態が、文脈において利用可能な諸要素からダイナミックに構成されるという主張を受け入れるならば、以下のような問いを立てることになるだろう。何が時間に応じて変化するこれらの行動の特性を説明するのか？　なぜ運動の各々の形態が出現し、そして消失するのか？　乳児の、あるいは彼らを取り囲む環境の何が新しいパターンを生み出すのか？　変化の一般的かつ特定的なプロセスとそのエージェントは何か？

新生児の足踏み運動の消失

　乳児が、誕生時に両脚を周期的に蹴り上げたり足踏みをするというパターン化された運動を行うことができるのは明らかな事実である。このパターン発生にかかる運動神経系の基盤は、妊娠のかなり初期から有効な状態であるらしい。プレクトル（Prechtl, 1986）は、妊娠第二期までに子宮の中で胎児が両脚を交互に動かすことを報告しているし、ヘリザ（Heriza, 1988）は、在胎期間28週の早産児による足蹴り運動が、運動学的には満期妊娠の新生児のそれと類似していると述べている。

　この脚運動のパターンにおける最初の大きな発達的変化は、乳児が支えられて立位をとった際に、この足踏み運動が明らかにできなくなってしまうことである。第1章で議論したように、たとえば仰向けのとき、あるいは水中のような文脈であれば、足踏み運動に類似した運動パターンが引き出されるので、この運動に関わる反射あるいは神経基質が実際に退行するというわけではなさそうである。この足踏み運動のパターンが、もっぱらこの目的に限定された反射ネットワークの所産であると考えると、その消失を理解することが困難になり、皮質の抑制といった場当たり的な説明に陥ってしまうのである。

　テーレンとフィッシャー（Thelen & Fisher, 1982）は、乳児期におけるいわゆる足踏みと足蹴りの運動学的な類似性の発見をもとに、生後2ヵ月くらいの時点で、立位での足踏み運動を抑制する何らかのユニークな要因が存在するに違いないという仮説を立てた。中枢神経系に推定される変化以外に見てゆくと、足踏み運動の消失と時期を同じくして、体重と体組成に劇的な変化が起こることに気づいた。つまり乳児は、生後2～3ヵ月の間に、急激に体重を増加させているのである。実際、この時期の乳児の体重の増加速度は、誕生直前の子宮内での3ヵ月間に特徴的に現れる急勾配をそのまま継続している。もっとも重要なのは、この体重増加が、主に生後の体温調節にとって不可欠な皮下脂肪の増加によることである。テーレンとフィッシャーは、乳児が生体力学的により要求の厳しい直立姿勢で支えられた場合、急激に増加した非筋組織が比較的弱い筋肉に対する追加的な負荷となり、それが足踏み運動を抑制させるの

だろうと提案した。すなわち、足踏み運動のパターン生成に寄与している筋肉と脂肪という２つの要素間の非同期性が、持ち上げなければならない負荷と、その負荷を持ち上げる力を発生させるエネルギー装置との間に、不均衡を生み出しているのである。この非同期性は、特有のしかたで重力がかかる状況、つまり直立時において脚運動がダイナミックに編成されるときにのみ、顕在化する。ダイナミックな用語で言えば、脂肪の沈着が非特異的な制御パラメターとして作用し、足踏み運動をパフォーマンスさせている安定したアトラクターのパターンから、それまでほとんど見られなかった、きわめて不安定な状態へと変位させたのである。

　テーレンと共同研究者たちは、いくつかの実験結果に基づいてこの仮説を支持している。まず彼女たちは、生後２、４、６、８週齢の乳児を継続的に観察し、足踏み運動の減少と身体の比率および覚醒における変化とを比較した（Thelen, Fisher, Ridley-Johnson, & Griffin, 1982）。すべての週齢で、覚醒は足踏みの割合と相関していた。この結果は、足踏みの運動パターンのダイナミックな編成という点で、納得のいくものである。覚醒が高められれば、より多くのエネルギーが筋肉に送られ、より強い筋収縮が起こって、追加された非筋肉の重みからくる生体力学的な負荷に打ち勝つことができると考えられる。付け加えると、体重増加の割合が早い乳児ほど（そして足が大きくなるほど）、足踏み運動がより急速に減少した。足踏み運動を抑制する体重の絶対的な閾値は見出されなかった。むしろ個人の、システムの諸要素の相対的なバランスであるように思われる。言うまでもなく、急速に筋肉と非筋肉が不均衡に陥ってしまった乳児でも、覚醒がきわめて高い場合には、足踏み運動が再び現れる。

　さらにテーレンらは、脚の重さを直接的に操作した（Thelen, Fisher, Ridley-Johnson, 1984）。１つの実験で、生後６週齢の乳児を支えて胴体を温水の入った水槽に沈めることで、両脚への負荷を減少させる操作を行った。そして続く実験では、同じく６週齢の乳児の脚に、２～６週間に増加すると推定される重量相当の重りを取り付けた。足踏み運動の消失についての生物力学的な仮説から予測されるとおり、最初の実験では、脚が水槽の中に沈んでいるときの方が、水の外での条件よりも足踏みの回数が多く、その振幅もより大きかった。次の実験でも同様に、重りを付加することによって、足踏み運動の割合は、６週齢児よりも年長かつ体重も重くなった乳児で通常観察される程度にまで減少した（図1.2 参照）。これらの実験は、運動発達におけるパターンの消失や獲得について説明しようとするならば、神経系や文脈の寄与とともに、生体力学的な要因が考慮されなければならないことを示している。

　これらの実験が示唆するいくつかのポイントは、理論全体に対する含意をもっている。まず、脚への負荷の操作が功を奏するのは、創発的な足踏み運動システムがダイナミックに編成されているからである。このシステムは、ある特定の構成要素（ここでは持ち上げられる脚の実際上の重さ）における変化に十分対応できる流動的なもので

ある。第二に、足踏み運動のアトラクターは、脚の重さの攪乱に対応できるような比較的浅い井戸に入っているに違いない。すでに歩行経験が豊富で筋肉が強く、付加された重量に対処可能な年長の子どもや成人による足踏みの運動学的構造は、たとえ実験と同程度の重量を付加したとしても、おそらく変化しないだろう。つまり、アトラクターがより強固なのである。最後に改めて指摘しておきたいのは、この例における制御パラメーターの「非自明性」とも言うべき性質である。神経ネットワークは、確かに足踏み運動のパターン形成にとって重要な貢献をしている要因ではあるが、だからといってそれが変化を引き起こす唯一の要因なのではない。すなわち神経システムにおける変化は、その末梢で生起している変化を「反映」しているのであって、その変化を引き起こしているのではないということである。

乳児の足蹴り運動の協調と制御 ── ダイナミックな変化について

　乳児は仰向けに寝かされると、誕生したその日から協調した周期的な足蹴り運動を示す。ごく自然な状況では、仰向けでの足蹴り運動の頻度は（うつ伏せや座位での足蹴り運動も同様に）、生後半年間までは増加し、その後、座る、立つ、ハイハイする、そして歩き始めるようになると次第に減少していく（Thelen, 1979）。足蹴り運動をする際のそれぞれの脚および両脚の間の協調パターン（つまり片脚あるいは両脚の各関節における運動の時空間的な関係）は、個体発生的な時間に沿って、行動のアトラクターがどのように生成し、そして崩壊していくかを明確に示している。

　新生児期における乳児の足蹴り運動は断続的で、臀部、膝、そして足首の各関節がほとんど同時に屈曲・伸展をしており、多くの場合、右脚と左脚の間で頻繁に入れ替わりながら、周期的に繰り返されることを思い出してほしい（Thelen, Bradshaw, & Ward, 1981; Thelen & Fisher, 1983）。私たちは先に、乳児の足蹴り運動の実時間におけるダイナミックな組織化について議論し、発達初期の運動の形態が、特有のエネルギー状態にある神経筋システムの内在的な特性から生起したものであること、とりわけ脚がバネのように運動し、その経路やタイミングが、こうしたバネ様の組織から創発した特性であるということを指摘した。

　生後1ヵ月くらいの時期において、乳児は、行動上覚醒していて、むずかったり、あるいは機嫌が良かったりすれば足蹴り運動をする（Thelen, 1981）。ところが彼らは間もなく、課題に関連するしかたで足蹴り運動を行うようになる。ピアジェ（Piaget, 1952）は、娘のルシアンヌが自分の揺籃を脚で突いて繰り返し揺らしている様子を描写し、発達初期の自発的な足蹴り運動が意図的なものへと転換していくことを初めて報告した。最近ではキャロライン・ロビー - コリアらが、乳児期における学習と記憶の能力を検証することを目的に、楽しい事象を繰り返し起こすために足蹴り運動を

行う乳児の能力を利用している。これについては第7章で詳細に述べる。ここで重要なのは、乳児は意図的に足蹴り運動をすることができるにもかかわらず、いわば、依然として自身のダイナミックな構造に縛られている、ということである。乳児は、足蹴り運動の頻度や強度を変えることができるが、運動の基本的なトポロジーを変えることはできないのである（両脚を交互に、あるいは片脚のみを動かすかのどちらかであり、脚関節が同時に屈曲・伸長する）。乳児は、この一見お決まりのように思われる運動の協調構造から、自身で身体を支え、歩行し、他の様々なスキルの獲得に適した脚の運動を発見・構造化して、脱出しなければならない。このことを今一度ダイナミックな用語で言うならば、生後数ヵ月の安定したアトラクターは、新規でより適応的な運動の形態を獲得するために、その安定性を喪失しなければならない。

テーレン（1985）は、乳児の仰向けでの足蹴り運動を生後2週齢から10ヵ月まで縦断的に観察し、その推移のプロセスを報告した。生後数ヵ月において緊密なシナジーを示す特徴の1つは、脚の3つの関節（臀部、膝、足首）のすべてが、同時に屈曲・伸展することである。これは、各関節の回転運動が対相関していることからから明らかである。すなわち、各関節が一緒に伸展する高い正の相関がある。ある関節が屈曲し、他の関節が伸展するなら当然負の相関となり、協調関係がまったくなけれ

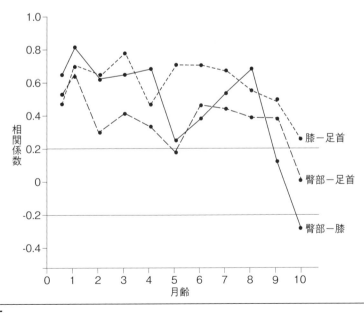

図 4.5
4名の乳児の、2週〜10ヵ月までの11時点における、仰向けでの足蹴りの10秒間における各関節の角度の対相関の平均。水平な線の上下にある値は、有意な正、または負の相関を示す。各相関、150対の関節の組み合わせに基づく。（Thelen, 1985 より）

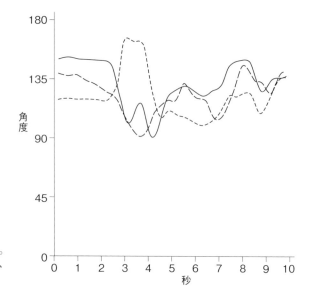

図 4.6
2名の10ヵ月の仰向けでの自発的足蹴りの10秒間における関節の回転の協調。実線は腰の関節、点線は膝、破線は足首。

ば、相関はゼロになる。実際、生後4ヵ月では、すべての対相関が正で、かつ高い（図4.5）。5ヵ月あたりで、このシナジーが一時的に解かれるように見え、続いて8ヵ月あたりまでにまた強固な結合に戻る。それ以降（生後1年目の下四半期）になると、この強固な結合は急激に減少し、各関節にはっきりと独立した動きが現れ始め、臀部と膝とが逆位相の協調関係で動くようにさえなる。この時期までに、乳児は発達初期に見られた断続的な足蹴り運動をほとんど示さなくなり、その代わりに、仰向けの状態で両足を複合的かつ明らかに随意的である多様なパターンで動かすようになる。たとえば脚関節の回転角度を、1ヵ月児（図4.1）と10ヵ月児（図4.6）とを比較してみよう。10ヵ月児では、各関節がより独立して動いており、実際、各関節間の協調パターンは、容易に記述することができないくらい変化に富んだものになっている。

　仰向けの足蹴りでの両足間の協調構造にも、これと同様の不安定化がはっきり現れる。生後1ヵ月くらいの間、足蹴りは左右交互に起こることが圧倒的に多い。つまり一方の脚による足蹴りの後には、もう一方の脚による足蹴りが続くのが一般的なのである。ところが新生児期の後に、両脚による運動に非対称性、および不安定性が顕著に現れる時期が訪れる。生後1〜5ヵ月に、乳児は一方の脚のみで足蹴りをすることが多くなる（Thelen, Ridley-Johnson, & Fisher, 1983）。引用したテーレンたちの研究例では、この時期における「片脚か両脚か」の選好性の程度は非常に不安定であり、複数の乳児を対象にすればどちらの場合も見られるし、ある1人の乳児がセッションごとに変化する場合もある。

　しかし、こうした不安定な状態は、同一の脚内での協調がそうであったように、両

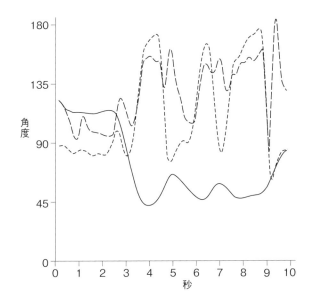

脚間での協調構造に新たな形態をもたらす。もっとも注目すべきは、およそ生後4〜6ヵ月の間に、両脚が同時に、あるいは同位相で動く足蹴りが現れることである。テーレンらが観察した8名の乳児たちはそれぞれ、まず両脚を交互に動かさなくなり、次いで一方の脚のみで足蹴りをし、その時期を過ぎると、両脚同時の足蹴りを劇的に増加させた。ここでも乳児は、新しい安定したアトラクターを編成するためには、新生児期の安定した運動パターンを、ほとんど義務的に解放しなければならないように見える。

人間の乳児は、生後1年目の後半になってやっと自身を支えたり、移動したりするために両脚を使い始める。上述の研究データは、アトラクターの初期状態（循環的でバネのような特徴を示し、周期的で屈曲と伸展を交互に繰り返す）が不安定になっていくことを示している。これは、協調の新しいパターンが創発するために生起しなければならない。強固に位相が固定された協調パターンは変動に乏しく、直面する課題や周囲の状況における些細な変化に対してさえも、システムを適応させる契機を提供することがない。生物学的な協調をもたらす鍵は、もっと緩く組み立てられたパターンの中にあると言えるだろう。それが、諸要素を適応的な状態に編成し再編成する柔軟性と、豊かさをもたらすのである。次章では、発達的な移行に関連した不安定性が、実際に協調の可能性に満ちた状況を生命体にもたらすこと、そしてこのような多様な可能性をマルチモーダルに探索することこそが、変化と機能的なスキルの獲得にとっての重要な制御パラメターであるだろうことを論じる。

ダイナミックシステムの視点から言えば、四肢の制御には単に意図性を組み入れる

だけではなく、それ以上のことが必要となる。ごく幼い乳児でさえ、たとえば足蹴りの頻度や勢いを増加させることができるように、行動にある程度の自発性を付与することができる。しかし特定の課題に対してさらに的確に運動を適応させるためには、生命体は神経筋システムに内在する自己組織的な特性と、その課題についての情報を伝達し、かつ課題を制約もする知覚領域の中で活動する必要がある。仰向けの足蹴りのように特定の課題の制約がなければ、生命体は内在的特質に沿って、バネのような、むしろ変動の少ない組織化を示す。乳児は、運動が安定しているだけでなく、適応的でもなければならない日常的な環境の中で立ち上がり、ハイハイし、歩行し、段差をよじ登るためには、この深いアトラクターの井戸から自らを引き上げなければならない。しかし同時に、生来的な脚のバネのような性質が取り除かれてしまってはならない。むしろ、適応的なパターンが生じるプロセスでは、システムの自己組織的な特性が可能なときにはいつでも利用されるが、再び、そうした生来的なダイナミックスと課題の要請との最適な組み合わせは、探索を通して学習されねばならない。このプロセスについては、第9章において別の例を挙げて説明する。

生来的なダイナミックスを環境に同調させる
── トレッドミルから誘発される乳児の足踏み運動

　これまで私たちは、課題の要求が何もないか最小限の条件のもとでの乳児の脚部の運動について説明してきた。言うまでもなく、運動発達に関するもっとも重要な問題は、乳児がこの現実世界において、有用で意味のある行為をパフォーマンスするために、どのようにして自身の身体を動かせるようになっていくのかということである。こうしたプロセスを考える上で格好の契機となるのは、第1章でも取り上げたトレッドミル上での足踏み運動の課題である。トレッドミルは、ある特定の方法で、直立歩行の一般的な構成要素である知覚と運動に関連した行為（脚をダイナミックに伸張させる状態）を疑似的に再現させる。それゆえトレッドミルを使用すれば、外界からの制約がかかる特定的な課題環境と相互作用している両脚の生来的なダイナミックスとしての協調的な運動の編成を、検証することができる。トレッドミルを使用するパラダイムは、実時間と発達上の時間の両方において行動がダイナミックに組織化される様子を捉え、その典型的な例を提示できる。まず、乳児のトレッドミル上での足踏み運動における「実時間の」問題について、検証することにしよう。

　テーレン（1986）は、その最初の実験において、小さな電動トレッドミルの上で7ヵ月児を支え、足踏み運動をさせた。その結果、トレッドミルは確実に足踏み運動を誘発し、その運動は、運動学的に、乳児がトレッドミルを使用しない状況で生起させるどんな脚運動と比べても、成人の歩行により近いものであることが明らかになっ

た。各関節の回転パターンは、乳児の足踏み運動（あるいは仰向けでの足蹴り）よりも、むしろ成人の歩行のように見えるものであった。さらに重要なことに、トレッドミル上で、乳児は両脚を交互に動かす非常に安定したパターンを生起させたのである。このように両脚を交互に動かすこと、それを私たちは集合変数を定義するものとして使用することにしよう。

　実時間におけるトレッドミル上での足踏み運動は、歩行のスキルが複合的な要因から決定される類ものであることを推測させる有力な証拠である。トレッドミルでの足踏みには、自立歩行の構成要素がはっきりと現れている。しかし、実際に乳児が自分の力だけで歩けるようになるには、まだ数ヵ月待たなければならない。歩行のような運動パターンを生じさせる能力だけでは、機能的な行動を産出するには至らないのである。したがって、論理的に、歩行のスキルにとって必要となる姿勢の制御や脚の強さなどの他の要因以上に、パターンの発生がとり立てて重要というわけではない。それは、協調化された様々な要素の複雑なネットワークにおける、1つの要素にすぎないのである。

　第二に、トレッドミルでの足踏み運動それ自体が、まさに創発的な行動である。同じ実験セッションにおける同一の乳児の自発的な足蹴りや（トレッドミルがない状態での）足踏み運動と比較して、トレッドミルでは、それらよりもはるかに運動学的に成熟したパターンが引き出されたことを思い出してほしい。このように、どのような意味でも、足踏み運動のパターンが乳児の中にのみ「存在している」のではない。この実験に参加した乳児は、それまでトレッドミルを一度も経験したことはないし、そもそも、トレッドミルが、乳児の進化的な歴史において一般的な環境の一部として存在していたことはなかっただろう。観察された運動パターンは、乳児の解剖学的な構造、エネルギーの状態、そしてトレッドミルの機械的な動きが協同的に相互作用することによって生み出された、新しい行動の形態だったのである。トレッドミルでの足踏み運動が、より一般的に観察される足蹴りや足踏み運動と筋群および神経ネットワークを共有していることに疑いはないが、ダイナミックな行動に向けてのこのサブシステムの特有の組織化は、もっぱらこの文脈に特有の作用によるのである。

　最後に、ほとんど、あるいはまったく足踏み運動が見られない状態から、トレッドミルを用いて循環的に両脚を交互に動かすことへの移行は、制御パラメターの作用によってある安定状態から別のそれへと移行するダイナミックな位相変位の典型であると思われる。この指摘を支持するいくつかの観察結果がある。トレッドミルを使用しない場合、7ヵ月児は、実験者が脚から脚へと支え方をいろいろと変えてみたり、あるいは両親や実験者がどんなに励ましてみても、ほとんど足踏みをしない（実際、直立姿勢で支えられて乳児が興奮したときであっても、7ヵ月の時点では多くの場合、足を上げるのではなく、各関節を同時に屈曲・伸展させて「跳ね上がる」ような反応をする）。逆

にトレッドミルを作動させると、彼らはすぐさま両脚を交互に、そして滑らかに動かし始めた。いったん運動が開始されると、たとえ一時的な攪乱があっても（たとえば両脚が前方で交差してしまう、あるいはベルトを踏み外してしまうなど）、そのパターンは安定して維持された。運動パターンの安定性という点からみてもっとも劇的なのは、トレッドミルのベルトの速度が変化しても、乳児は両脚を滑らかに、そして交互に動かし続ける能力を示したことである（Thelen, Ulrich, & Niles, 1987）。

したがってダイナミックな見地からは、トレッドミルが実時間における制御パラメーターとして作用し、2つの行動モード（足踏み運動なしと協調した足踏み）の間の位相変位を引き起こしたと、とりあえず指摘できよう。システムの、比較的非特異的な要素である温度あるいは気圧の変化が単純な物理システムにおける変化の作用因であるのとちょうど同じように、脚を後方に引っ張るというダイナミックだが機械的なトレッドミルの動きが、そうでなければ見られなかった融合パターンをもたらしたのである。ダイナミックシステム理論は、制御パラメーターにおける微小な変化でさえ、質的な位相変位を引き起こしうると予測する。位相変位の臨界を見定めるためにはトレッドミルの速度のパラメーター調整をするなどして、トレッドミルが引き起こす位相変位の詳細なダイナミックスを調べなければならないが、私たちはまだそうした精査を完了しているわけではない。しかしながら、テーレン（1986）およびテーレンとアーリッチ（1991）によって報告された結果は、トレッドミルが低速で動いているときの足踏み運動のパフォーマンスの安定性がずっと低い（変化がより大きい）ことを、はっきりと示している。このことは、システムが、乳児とトレッドミルの一定の境界条件の範囲内にあることを好む（アトラクターがより安定している）ことを示唆している。

立位で機械的に脚を後方に引っ張ることが、トレッドミル上での足踏み運動の制御パラメーターであるという指摘は、さらに行動および神経生理学的な根拠からも支持される。第一に、トレッドミルが、地上での歩行時に通常生じる脚のダイナミックスにおける変化を代行している。足が下がって踏み板に接地した後、立脚の重心が移動し、脚が後方に伸展していく。この伸展は、地面から足が離れること（遊脚）を促すための推進力を与えるので、「エネルギー的」に重要である。これは、バネを伸展すること、あるいは振り子を一押ししてエネルギーを与えることと同様である。実際、前方への脚の振り上げは大部分、この蓄えられたエネルギーによるのであり、付加的な筋肉の活性化はほとんど、あるいはまったく必要がない。最近の研究では、こうした伸展が、情報の点からも重要であることが示唆されている。とりわけピアソン、ラミレス、ジャン（Pearson, Ramirez, & Jiang, 1992）は、立脚相の終了時に脚が最大限に伸展し、脚に負荷がかからない状態になると、自己受容的な入力がもたらされ、脚の振り上げを誘発すると仮定している。彼らが足首の伸筋と膝の屈筋を外科的に分離した

ネコの足首の伸筋を機械的に伸展させたところ、足首の筋肉のリズミックな伸展の周期に一致して、膝の筋肉に両側性の移動によって生じるパターンを同調させた。このことは、両脚の生体力学的な状態に関する自己受容的な情報が中枢神経系によって利用され、成熟した歩行に見られる典型的な筋活動のパターンを発生させていたことを示唆している。歩行の基本パターンは、周辺とのダイナミックな対話において編成されるのであり、この例の場合で言えば、この活動の最中に変化する力と負荷との対話ということになる。

　実時間において、乳児がトレッドミル上で足踏み運動をダイナミックに組織化していたということは、自立歩行ができるようになる前であっても、この知覚−行為のループが存在するということを示唆している。トレッドミルは、そうした循環を生み出すためのダイナミックな生体力学的情報をもたらし、通常の環境下では見えにくい運動パターンを顕在化させるのである。トレッドミル上での乳児の足踏み運動は、その速度およびそれを踏んでいる方と反対の脚の生体力学的な状態に鋭敏で、このループが単なる反射弓ではなく、情報と力が連続的に流動するシステムであることを意味しており、この循環において、ある時点1における筋肉の状態が、続く時点2における筋肉の活動を調整するために利用される。さらに、筋活動のうちの特定のパターンおよび周波数が、選好的にパフォーマンスされる。構造的な要素とエネルギー性の要素が、この同調課題——トレッドミルのベルトの運動——との相互作用が生じた場合にのみ、これらの選好される形態へと自己組織されるのである。以下では、自立歩行の諸要素もまた、同様のしかたで自己組織化されると提案する。

トレッドミル上での足踏み運動の発達
—— 変化のダイナミックスをマッピングする

　ここからは、トレッドミル上での足踏み運動の編成について、より長い時間で捉えていこう。乳児は、おおよそ7ヵ月までに両脚をよどみなく交互に動かし続けることができるようになる。こうした行動をどのように獲得するのだろうか？　この行動に必要な神経筋の編成は、誕生時から利用可能だったのだろうか？　そうでないとすれば、その発達プロセスはどのような推移をたどるのだろうか？　そこに寄与する構成要素のうち、発達の制御パラメーターとして作用するのは、どの要素なのだろうか？　システムは、どのように変化するのだろうか？

　テーレンとアーリッチ（1991）は、明確にダイナミックシステムの原理から導き出された実験方略を用いて、これらの疑問に答えようとした。システムが、状態空間のどこに「きている」のかを知ること、そしてその推定上のアトラクターの相対的な安定性および不安定性を見分けることが、本質的に重要だということを思い出してほし

い。状態の移行はその不安定性によって特徴づけられ、平均的状態を周囲での変動性や攪乱に対する感度の増大として表れる。位相変位を引き起こす諸要素が同定されるのは、システムが不安定になるときなのである。したがって、発達を研究するためにダイナミックシステムの原理を操作可能なものにする方略は、集合変数を同定し、そのアトラクターの状態を時系列的な変化に沿って記述することである。重要なのは、システムが新しい形態をとる位相変位を発見し、そうした移行に伴う不安定性を、遷移を引き起こす制御パラメーターを実験的に同定・操作するために利用することである。

ダイナミックシステム・アプローチにおける個体の果たす役割

ダイナミックシステムの方略において決定的に重要な前提は、個体とその行動の時系列的な変化が研究の基本的な構成単位だということである。発達研究では、実験協力者をいくつかの年齢で群分けし、そのパフォーマンスを比較するのが一般である。パフォーマンスの平均に有意な差が見られれば、測定した年齢群間で何らかの発達が生じていたと推定される。そうした年齢間の発達プロセスの性質が問われることはあまり多くないが、すべての実験協力者が、熟達したパフォーマンスに向かって同じ発達経路をたどったのかを問うのは理に適っているだろう。変化が起こる境界をはっきりさせるために、横断的な研究は確かに重要かつ有用である。しかし、ダイナミックな原理が示唆するのは、発達のプロセスを横断的な群間比較のみによって理解することはできない、ということである。発達の経路は、短い間隔で縦断的に収集された個体のデータによってのみ解釈可能なのである。発達の経路内における変動性は、そのプロセスにかかる制約の強さを示唆している。行動は、同一種内のすべての個体によって、まったく同じしかたで獲得されるのだろうか？

アトラクターが、様々な初期位置から各軌跡に「引き込まれる」というのが、ダイ

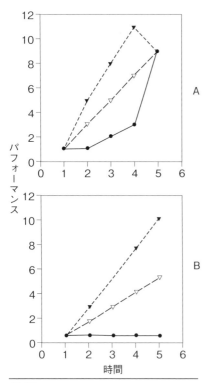

図 4.7
グループのデータが発達の経路を明確にできない仮説的な発達の道筋。

ナミックシステムを定義づける特徴である。同時に、初期条件における微小な差異でさえも、まったく異なった結果をもたらしうる。行動の時間的な推移を知らなければ、システムのこのような本質的な特徴は謎のままとなってしまうだろう。図4.7Aは、最初のケースを表している。たとえばある行動を、「時間1」の時点ではどの個体も行っていないが、「時間5」の時点になると健常な個体のすべてがそれを行うとしよう。そして、横断的な研究から、「時間2、3、4」のデータが同図に示したようになったとする。これらのデータポイントは異なる軌跡として結ぶことができるが、すべて「時間5」において収束している。しかしそれぞれの軌跡は、グループとしてまとめられたデータからは識別できない。実際、いくつかの個体では、行動パターンの習得は漸進的かつ線形的であり、他の個体では非線形、U字型でさえあるかもしれない。これに対して図4.7Bは、初期の一様性が失われ、成熟形態が非常に変化に富んだ状態にある、仮説的な行動の発達を示している。こうした変化のダイナミックスもまた、グループのデータでは不明瞭になってしまう。たとえば何人かの実験協力者は、初期条件のカスケード効果（あることが次々と他に影響を及ぼしていく効果）によって著しい不連続性および位相変位を示すかもしれない。他の実験協力者は、一直線の、変化が緩和された道筋をたどるかもしれない。

　つまりグループのデータは、パフォーマンスの全般的かつ年齢に関連した一様性が存在するかどうかを明らかにすることは可能だが、変化そのもの、ないし変化と結びついた安定性の喪失については、何も明らかにできない。グループ単位では変化が見えなくても、個体は変化している。私たちが興味をもつのは、特定のシステムにおける安定性と不安定性の測度としての変動性である。それゆえ、横断的な研究は、行動上の変化の境界を定め、行動アトラクターの安定性を評価するためには不可欠であるかもしれないが、その一方で、適切に密な間隔の時間スケールで縦断的なサンプリングを行うことは、変化のダイナミックスを理解する上で不可欠である。

　次節では、トレッドミル上での足踏み運動の発達を研究するために、テーレンとウルリッチがダイナミックシステムの方法をどのように使用したかを説明する。その1つひとつのステップは、明確にこれまでの節で詳しく論じたダイナミックシステムの原理から引き出されている。

トレッドミル歩行の個体発生を理解するための、ダイナミックシステムの原理の操作化

支配的な影響をもつ集合変数を同定する

　ダイナミックシステムにおいては、多次元的なシステムの自由度の圧縮を捉える1つ、ないしいくつかの変数を同定することが可能である。発達研究の場合には、日、

週、月、あるいは年といった長い時間にわたる集合変数の振る舞いを記述することが目標となる。しかし、変化しているシステムの集合変数を同定することは、決して楽な作業ではない。なぜなら、そこに内在している諸要素それ自体が非線形的なものであり、何よりも生命体が文脈に応じて絶えず変化しているので、いずれのパフォーマンス・パラメーターも、その意味が変動せずに残り続けているのかを把握するのは容易ではないからである。このそれぞれの年齢に応じた発達課題を選択することの難しさは、これまで長い間、発達研究者たちによって認識されてきたが、ダイナミックシステムそれ自体も、簡単な解決策を提供するものではない。

ダイナミックシステム・アプローチが示唆しているのは、集合変数が厳密に観察可能だということである。たとえば「アタッチメント」あるいは「情報処理能力」といった構成概念は、それらの操作的な具体化が漠然としているため、ダイナミックな分析には馴染まない。集合変数は、多次元的なシステムにおける協同性を指し示す、明確に定量化できる行為や反応でなければならない。これらの変数は、運動反応ないし言語的反応としてもっぱら個体内にあるかもしれないし、あるいは個体と物理的ないし社会的な環境との相互作用を反映したものであるかもしれない。前者の場合の例は、意図したゴールに向かう道筋の一直線性の測度や、カテゴリーに対してある言語ラベルを割り当てることなどであろう。また後者の場合なら、他者と関わっているときの注視方向の相互的な位相調整などが、例として考えられるだろう。

テーレンとアーリッチ（1991）の研究では、測定する集合変数として、両脚の位相調整を用いた。足踏みを左右交互に行うことは、トレッドミルに対するユニークな反応を捉えると考えられ、後の歩行という観点から見て発達上重要なものである。トレッドミルの動きは、両脚を後方に引っ張るように作用する。このとき、乳児は以下に挙げるいくつかの反応を生起させる可能性がある。無反応（両脚を後方に引きずられるままにする）、片脚の足踏み（一方の脚だけを前方に踏み出し、もう一方の脚は後方に引きずられるままにする）、二重の足踏み（一方の脚だけを2回連続して踏み出し、他方は反応しない）、並行した足踏み（両脚が同時に前方に踏み出される）。乳児が両脚交互の足踏み、すなわち、一方の足踏みに他方のそれが続き、脚を交互に動かす場合にのみ、反応が単なる機械的なものではなくなったと確実に言える。トレッドミル上で、十分に発達した歩行のように左右の脚を交互に動かすためには、一方の脚を立脚位置に維持しながら、もう一方の脚を離地して前方に移動させることが求められ、そこには両脚とそのダイナミックな状態の間で、神経系の情報の流動が関わっていなければならない。こうした交互性の反応の精密さは、両脚の相対位相、つまり、他方の脚がサイクルを開始する地点でのもう一方の脚のサイクル状の位置によって、定量化することが可能である。発達した歩行の場合、両脚間は180度の逆位相、ないし.5の相対位相となる。

トレッドミル課題は、まさにダイナミックな分析にはうってつけであることがわかった。なぜなら交互性の足踏みは、両脚間の協調を示す有意義な集合変数であり、研究で取り上げた期間、ずっと存在し続けるからである。加えて、予備研究から、この変数における発達的な変化は、1～9ヵ月の間に起こると示唆された。

行動上のアトラクターの状態を特徴づける

長期的な変化の分析に進む前に、時間軸上の特定の時点における集合変数の選好状態を把握しておくことが重要である。この点に関しては、横断的な研究が大きな意味をもつ。安定性は、個人間あるいは（なるべくなら）個人内のいずれの場合も、実時間の次元で評価できる。個人内での安定性については、従来の再検査法を用い、セッション内の平均的なパフォーマンスの変動、あるいはパフォーマンスを攪乱する操作を加えることによって評価できるだろう。個人間でも個人内でも安定性が高く、たとえ攪乱が与えられてもシステムがそこへ回帰していくような行動パターンは、行動のアトラクターのように作用している。

この章の最初の方で述べたように、私たちはトレッドミル上での交互性の足踏み運動を、行動のアトラクターとして特徴づけた。7ヵ月で、乳児はトレッドミルの速度の広い範囲で（ただし、速い方がより強く選好されるようではあったが）、交互の足踏み運動を確実に、そして一貫して行った。さらにこの足踏み運動は、トレッドミルのベルト部分が左右別々になるという攪乱を与えても、なお維持された。安定した交互性は自立歩行の特徴でもあることから、この協調的な行動の解が、両脚を一緒に運動させる他のパターンよりも強く選好されると仮定することは、理に適っていると言えるだろう。

集合変数のダイナミックな経路を記述する

これはダイナミックシステム・アプローチの核心とも言える部分である。ダイナミックなプロセスの説明には、各個人の集合変数の状態を時間に沿って記録する、数多くのデータ抽出ポイントを設定しなければならない。つまり、個体発生的な変化に適切な時間スケールに沿った縦断的な研究が求められる。前章で述べたように、システム本来の（全体的な）安定性を評価するためには、観察を行う時間スケールが、推定される位相変位の時間スケールよりも長くなければならないことを思い出してほしい。テーレンとアーリッチは予備実験を通して、トレッドミル上での足踏み運動が7ヵ月から8ヵ月では容易に引き出されるが、1ヵ月ではめったに見られず、3ヵ月から4ヵ月ではときどき観察されるということを把握していた。そこで、トレッドミル上での足踏み運動の推移を1ヵ月から8ヵ月の期間にわたって測定することにした。こうすることによって、協調の新しい形態が軌跡に現れた箇所、システムが安定性を

獲得・喪失した箇所、そして制御パラメーターを明らかにするためにシステム自体を操作すべき箇所を、同定することが可能となった。

新しい状態に移行する時点を同定する

　新しい状態への移行は、安定性の喪失によって特徴づけられる。この研究は、データの変動性を、平均的なパフォーマンスの周辺に生じるノイズとしてではなく、安定性と不安定性の指標として利用するようにデザインされている。個人間変動性は、トレッドミル上での足踏み運動の開始とその安定性の獲得に向けての、各人の異なる発達軌跡に反映されるだろう。この変動性の性質は、制御パラメーターの重要な手がかりとなる。もしすべての乳児が非常によく似ているように見えるなら、その行動は強固に方向づけられたものであり、制御パラメーターは、生命体の諸条件とすべての実験協力者に共有されている文脈に求められるだろう。一方、発達軌跡の変動性は（その場合が多いであろうが）、乳児のどのような特徴が、各人の発達のプロファイルを独自のものにするのか、そして協調的な行動の出現を引き起こす影響因子が何であるかを評価するための、一種の「自然実験」となる。個人内変動性は、アトラクターの安定性を描き出すために重要であり、この研究においては、2日間の実験結果の評価、および平均的パフォーマンスからの変動によって測定された。テーレンとアーリッチは、各月2回、各回1〜3日をかけて、厳密に同じ手順を繰り返して実験を実施した。安定性は、足踏みパフォーマンスにおける変動性と足踏み間、および実験日間の脚部の協調性の変動性の低さに反映されるだろう。

　続いて、トレッドミル上での足踏み運動のダイナミックな測定結果について、2つの時間スケールから評価した。まずはすでに述べた「1ヵ月」を単位とするスケール、すなわち月ごとに、乳児のパフォーマンスがどれだけ反復されたかという評価である。もう1つは、「年」をスケールとして、実時間における運動のダイナミックな特徴を評価することである。ここで検討されたのは、速度の変化に対する協調的な反応がどのようなものであったか、システムに「選好」されたのはどの速度であり、そうした選好される速度は年齢とともにどう変化したか、であった。これらの操作は、成人を対象にした両手の協調運動に関する研究、とりわけ第3章でも言及したケルソと彼の共同研究者たちの業績から着想を得た。ここで、ケルソが実験参加者に対し、協調した同位相あるいは逆位相のパターンのいずれかで指や手首を屈曲・伸張させ、それを様々な周期でパフォーマンスさせたことを思い出してほしい。逆位相の場合、実験参加者は、ある臨界周期になったとき自発的に同位相へと変位し、その周期は、各実験参加者が選好する、ないし無理なく振動運動ができる状態に依存していた。ケルソと共同研究者たちは、ダイナミック原理を用いて、これらの位相変位とそれに付随して起こる安定性の喪失を厳密にモデル化した。はたして乳児は、同様に、安定性を喪失

する状態、さらにはシステムに流入する異なるエネルギーによって位相変位を引き起こすだろうか？　この点は、トレッドミルの速度を漸進的に上昇させる試行を設定することによって検証した。

　最後に、ダイナミックな発達経路の安定性については、2つの攪乱を導入することによって評価された。その1つはトレッドミルの速度であり、試行の最中に上昇するようにした。仮に足踏み運動の交互性が安定した状態にあれば、乳児は交互性を修正しながら、それを維持すると期待される。もう1つは、左右のベルトが独立して動くトレッドミルの実験を反復し、左右の脚を異なる速度で運動させるという、強力な攪乱をもたらすものである。乳児は7ヵ月になるまでに、こうした攪乱に対して非常に正確、かつ信頼性のある運動の補正を行うことを思い出してほしい。

　これらの様々な測度を用いて、テーレンとアーリッチは、明確に定義された協調状態の相対的な安定性の変化として、トレッドミル歩行の創発の経過を描き出した。速度変化と複数の攪乱の導入によって、トレッドミル歩行における神経運動反応のダイナミックな全体像を探究することが可能になった。行動を典型化した段階や構造に当てはめることはしなかった。ここでの基本的な前提は、根本から異なるものである。トレッドミル上での足踏み運動は「存在する」かしないかではなく、ある定義された環境下で、確率論的にパフォーマンスされるのである。さらに、このアプローチは、変動性の位置づけを単なるノイズから、重要なデータへと引き上げる。発達軌跡に見られる個人差は、変化の作用因を同定し、それに基づいて、実験的な介入操作を行うための原理的な基礎を見つけ出す、記述的な根拠となるのである。

アトラクターを安定させる交互性の足踏み運動　生後1年の間のトレッドミル上での足踏み運動は、全体としてどのような道筋をたどるのだろうか？　図4.8は、トレッドミルのすべての速度に対する、9名の乳児による足踏みの出現数を発達的な経過に沿って表したものである。各乳児あたり2回の試行を行ったうちの、良い方のパフォーマンスが計測された日の結果である。月を経るごとに足踏み数が増加していくという点では、どの乳児の経路も類似しており、ほとんどが、かなり急激に足踏みが増加する時期があったことを示している。しかしながら、経路の勾配と、とりわけ足踏みが顕著に増加した月齢は異なっている。それぞれの乳児の足踏み運動は、月齢が上がるにつれてトレッドミルの速度に対してより敏感になり、生後6ヵ月を過ぎるくらいまでに、すべての乳児が一様に、トレッドミルが「選好する」速度のとき（それはしばしば、最高速度のときではない）に足踏み運動の出現率がもっとも高くなった。この結果は、トレッドミルのある特定の速度が、足踏み運動を引き出すために最適であったということを示唆している。これをダイナミックな用語で言うならば、その速度のときに、足踏み運動のアトラクターがもっとも強固であったということである。

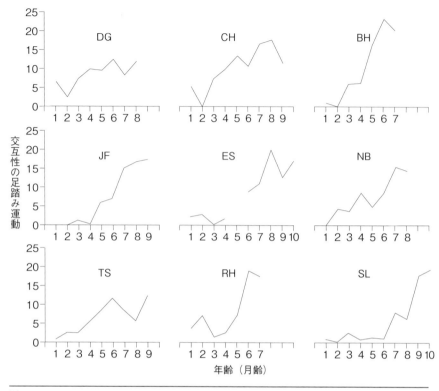

図 4.8
集合変数としての交互性の足踏み運動の平均出現数。トレッドミルのすべての速度で試行した9名の乳児の結果を、それぞれ月ごとにまとめている。(Thelen & Ulrich, 1991 より)

　変動性を測るいくつかの測度からは、トレッドミル上での交互性の足踏み運動が、一貫して、より安定性の高いアトラクター状態の創発として描くことができることが確認された。

　トレッドミルのベルトが動くという状況に応じて、乳児は多様な協調のモードで足踏み運動を行うことができるし、まったく脚を動かさないということもある、ということを思い起こそう。図4.9は、各乳児の足踏み運動を、交互性、片脚、両脚、並行に分類し、足踏み運動の総出現数に対するそれらの出現数の比率を月ごとにまとめたものである。際立っているのは、選好されるモードとして、交互性のモードの優位性が増加していることである。これに呼応して、同じように可能な、それ以外の2本の脚を動かすモードは減少している。各乳児とも、交互性の足踏み運動の出現数とすべての足踏み運動の総出現数との間には、有意に高い相関が見られる（この2つは、必ずしも結びついているわけではない）。これらのデータには、個人差が顕著に現れてい

る。たとえば乳児 CH は、交互性の足踏み運動を生後 2 ヵ月から 3 ヵ月の間にもっとも増加させたが、乳児 SL は生後 6 ヵ月以降を過ぎるまで、そのような変化を示さなかった。乳児 CH では、交互性の足踏み運動が現れ始めると、他の協調モードの出現数が劇的に減少し、3 ヵ月以降は交互性の運動が中心になった。しかし、乳児 SL の場合は、複数の協調モードによる足踏み運動を出現させ続け（それらのモードが「必須」ということはまったくなかったにもかかわらず）、トレッドミル上で一貫して脚を交互に動かすようになって、それ以外のモードでの運動が減少した。ダイナミックな用語で言えば、生後 8 〜 9 ヵ月間にわたって諸アトラクターが消滅し、そして展開し、片脚、両脚、並行、そして交互性といった複数の安定状態が、交互性という単一の安定状態へと置き換えられたのである。

　それぞれの乳児について、展開しているアトラクターの安定性は、両脚間の協調の程度、あるいは相対位相を測定することによって示される（180 度の逆位相、ないし相対位相が .5 であれば、完全な交互性のモードである）。図 4.10 は、生後 6 ヵ月以降になると、相対位相も安定してくることを示している。ここにはこの分析を終えた乳児 4 名のデータのサブサンプルについて、トレッドミルのすべての速度における足踏み運動の相対的な位相、およびその位相に関する標準偏差が示されている。数値が .4 と .5 の間で安定し、標準偏差もより一貫していったことがわかるだろう。

　続いてテーレンとウルリッチは、交互性の足踏み運動が増加するにつれて、計測日ごとに比較した乳児のパフォーマンスが劇的に一貫性を高めていったことを明らかにした。図 4.11 は、2 日間におけるパフォーマンスの差を示しており、結果が良かった方の計測日のデータを基準にして図示したものである。明らかに、全体として交互性の足踏み運動が増加すると、計測日間のバラツキが減少している。計測初期に交互性の足踏み運動を増加させていた乳児 CH と、より後期になってからの乳児 SL とでは、このタイミングは対照をなしている。

　試行中にトレッドミルの速度を上げる撹乱の結果は、それほど明瞭には定量化できなかった。というのも、速度の撹乱が引き起こされると、発達初期の乳児は足踏み運動をすることが少なく、比較的月齢が低い時期であっても、運動の調整が即時的、かつ急速に行われるからである。たとえば、図 4.12 は、同じ測度における、乳児 CH と BH の 3 ヵ月および 7 ヵ月時のパフォーマンスの例である。CH は 3 ヵ月時に、BH は 7 ヵ月時に、速度の撹乱が起こると両脚を並行して前に振るか、あるいは後ろに動くかが現れたが、次の時期には交互性の足踏み運動を開始している。CH の 7 ヵ月時と BH の 3 ヵ月時においては、交互性の運動が乱されることはまったくなかった。特に CH の 7 ヵ月時の試行は、この乳児が、いわゆる拍を維持したまま、いかに交互性の足踏み運動を継続できていたかを明確に示している。

　最後に、ベルトが分かれているトレッドミル上でのパフォーマンスは、交互性の

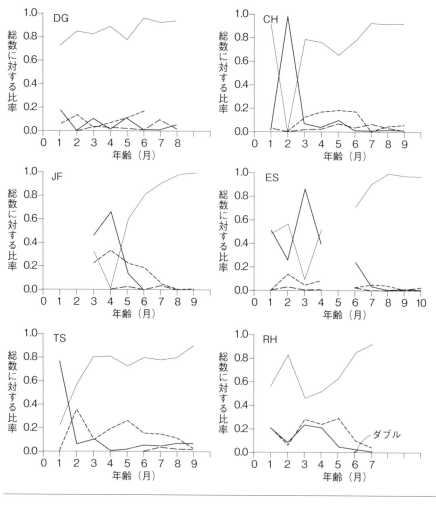

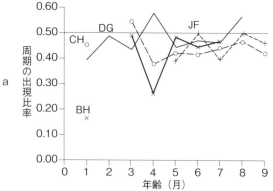

第4章　発達のダイナミック原理──歩行学習再考　　141

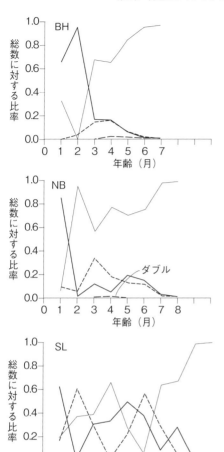

図 4.9
乳児別に見た足踏み運動の、月ごとの総出現数に対する各協調モード（交互性・片脚・両脚・並行）の出現比率。数値 r は、足踏み運動の総数と各足踏み運動の出現比率との相関である。(Thelen & Ulrich, 1991 より)

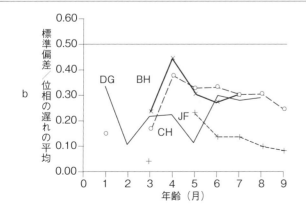

図 4.10
a：月別に見た、各乳児の相対位相の遅れ（トレッドミルのすべての速度をまとめたもの）。
b：標準偏差／位相の遅れの平均。(Thelen & Ulrich, 1991 より)

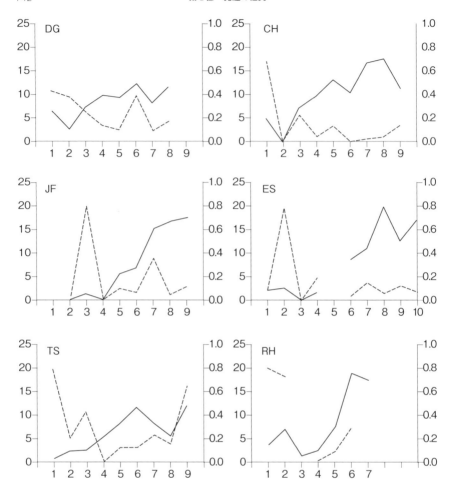

モードが次第に安定性を増し、選好されるようになることを確証するものであった。このトレッドミルは、もっとも月齢の低い乳児にも、いくらか交互性の足踏み運動を引き出したが、左右のベルトが同じ速度で動いているときに交互性のモードが創発するのと並行して、パフォーマンスが向上した。パフォーマンスの向上は、生後6ヵ月以降における、ベルトが分かれたトレッドミル上での足踏み運動の全体的な出現数、および（相対位相の遅れによって測定される）より強固になった逆位相の協調モードによって示される。

　これら複数の測度による結果をまとめてみると、トレッドミル上での交互性の足踏み運動が、生後1ヵ月から9ヵ月にかけて、新しい安定した協調運動の形態として創発することを示す強力な証拠が得られた。ほとんどの乳児に、足踏みなし、あるいは

第4章　発達のダイナミック原理 ── 歩行学習再考

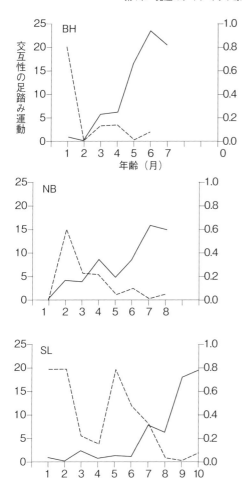

―――― 計測日間での差
- - - - パフォーマンスが良かった日

図4.11
同一月内の2日間で計測された交互性の足踏み運動の総出現数と、パフォーマンスが良かった計測日における交互性の足踏み運動の平均出現数との差を標準化し、年齢と乳児ごとに図示。差の標準化は、以下のように行った。｜(第一計測日 − 第2計測日)｜／(第一計測日 + 第2計測日)。(Thelen & Ulrich, 1991より)

複数の足踏みモードとの間の位相変位は1ヵ月ないし2ヵ月くらいにかけて比較的劇的に起こっているが、他の遷移はもっと緩やかに始まった。しかし、このような発達的な変化が起こる時期については、乳児の間で有意な差異があり、トレッドミル上での足踏み運動が、いわゆる自動的、ないし時計仕掛けのような発達の「タイマー」によるのではなく、強い機能的束縛なしに膨大な要素が結合するところから創発することを物語っている。たとえば吸啜行動あるいは微笑行動の開始時期については、乳児間での変動ははるかに少ない。このことは、まさに生存に関わる身体的、および社会的な価値と結びついた行動に対する、強力な選択圧を反映している。もしトレッドミル上での足踏み運動が、通常ならば表に現れない自立歩行の構成要素である神経筋の伝達経路の存在を示すとしても、それが成熟した歩行に関わる他の要素と一緒に利用

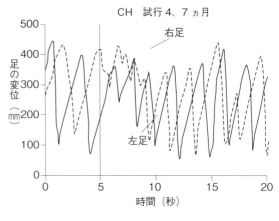

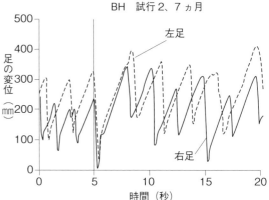

図 4.12
脚の線形変位。2名の乳児の異なる月齢時における2試行のデータ。変位の数値の増加は、トレッドミル上で脚が後方に動いていたことを示し（stance：立脚）、数値の減少は脚が前方に振れたことを示している。トレッドミルの速度は、5秒の時点で上昇した。(Thelen & Ulrich, 1991 より)

表 4.1
脚部の状態を表す変数とトレッドミル上での足踏みの総数との緩やかな相関および各変数の相互相関 (Thelen & Ulrich, 1991 より)

		脚部の状態を表す変数								足踏みの数
		1	2	3	4	5	6	7	8	
脚部の高い屈曲	1. 覚醒時		.38	.19	.29	.04	-.33	.05	-.29	-.50
	2. 遊脚期			.23	.12	.09	-.35	.02	-.18	-.26
足部の回内	3. 遊脚期				.69	.01	-.13	-.15	-.18	-.26
	4. ベースライン					-.09	-.14	.01	-.30	-.29
接地時の足部の状態	5. つま先立ち						-.75	.52	-.53	-.46
	6. 接地							-.33	.48	.45
立位時の足部の状態	7. つま先立ち								-.86	-.43
	8. 接地									.60

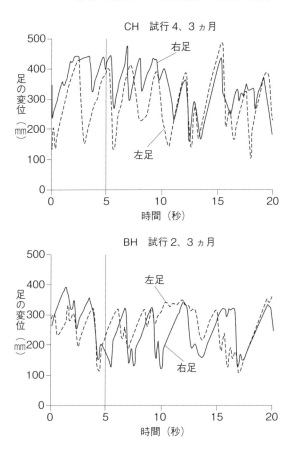

可能である限り、わざわざそのスキルを助長したり、あるいは低下させたりすることに明確な価値はない。日常生活の中で乳児がトレッドミルに遭遇することはまずないので、この行動への制約は比較的緩いものであろうし、多様でもあるだろう。より早く足踏み運動を開始した乳児に何ら利点や不利な点はない。本研究に参加したすべての乳児が、通常の年齢の範囲において問題なく歩行した。

潜在的な制御パラメターを同定するために移行期の不安定性を利用する

トレッドミル上での足踏み運動のダイナミックな軌跡（その安定性と不安定性の領域）を追跡したので、テーレンとウルリッヒは、可能性のある制御パラメターの同定に乗り出す準備が整った。足踏みなしから複数の協調パターンを生起させるモードへ、そして安定して一貫した交互の足踏み運動への移行をもたらす生物的、環境的要因は何

であろうか？

　それを調べる方略は、足踏み運動の出現に潜在的に寄与している可能性のあるサブシステムの発達を、それぞれの乳児ごとに描き出し、それらを足踏み運動のパフォーマンスの個体発生的なプロファイルと比較することである。そうすることによって、テーレンとアーリッチは、足踏み運動のプロファイルにおける個人差を利用することができる。つまり、潜在的な制御パラメーターにおける変化は、定義された集合変数における変化と共起するはずである。この方法が、足踏み運動において観察される変化との相関において潜在的な制御パラメーターを分離しているにすぎないことに留意しよう。より決定的な根拠を得るためには、そのシステムが敏感に応答する時点での制御パラメーターのスカラー量を操作しなければならない。

　テーレンとアーリッチは、トレッドミル上での安定した足踏み運動への遷移に関与していると思われる以下の４つの要因について測定を行った。(1) ベイリー乳幼児発達検査の運動スケールによる一般的運動の成熟の全般的なペース、(2) 両脚のバランスおよび構造の発達的な変化（丸々と太った脚が新生児の足踏み運動に与えた影響を思い出してほしい）、(3) 覚醒状態や気分における全般的な変化（この点についても、高い覚醒状態が両脚の運動を促進したことを思い出してほしい）、(4) 優勢となっている姿勢および両脚の運動における特定的な変化（これは両脚の筋肉の相対的な強さを示す）。

　様々な体格の測定あるいは乳児の覚醒状態のレベルにおける個人差が、足踏み運動の開始時期を予測させるといった関係はまったく存在しなかった。乳児が相対的に太っているか痩せているか、あるいは脚のバランスがどうかといったことは、交互性の足踏み運動の開始とは何ら関わりがなかった。同様に、生後数ヵ月においては、すべての乳児が興奮を示しやすかったので、測定時の覚醒状態が足踏み運動の開始時期の「早い／遅い」を分けることはなかった。

　一方、一般的な運動の成熟とトレッドミル上での足踏み運動には関連性があったが、それは極端な場合に限られていた。足踏み運動の開始時期がもっとも遅かった２名の乳児は、毎月運動能力の成熟の指標を通過するのが比較的遅く、早期に足踏み運動をした乳児に比べて、歩行が遅かった。しかしながら、この結びつきは弱いものだった。たとえばある乳児は同様に通過が遅かったが、足踏み運動は中間的な時期に開始した。運動能力の成熟それ自体、膨大な関連要素における変化を捉えるための構成概念である。それゆえベイリーの発達検査項目とトレッドミル上での足踏み運動が、どちらも何か別の共通した要因から影響を受けていた可能性がある。

　これに対して、実験中の優勢な姿勢と股部を含む両脚の運動の測定結果からは、トレッドミル上での足踏み運動の開始に関与していると思われる制御パラメーターが明らかになった。脚の姿勢に関わる 17 の変数のうちの８つが、すべての試行および年齢にわたって、交互性の足踏み運動の出現数と緩やかな相関を示していた（表4.1）。特

に、トレッドミルのベルトが動いても乳児が足踏み運動をしなかった場合、あるいは足踏み運動が行われ脚を前に振り出す場合の両方において、不十分な足踏み運動のパフォーマンスが強い屈曲と結びついていた。また、不十分なパフォーマンスは、足の内側への回転とも関係があった。足踏み運動の出現数の増加はまた、つま先ではなく、足がべったりとベルトに接する回数の増加とも相関していた。つまり、足がべったりとベルトに接触することと脚の屈曲状態との間に、負の相関があった。

　なぜ、トレッドミルに対する両脚の方向と足が、足踏み運動のパフォーマンスにとってそれほど重要な意味をもっていたのだろうか？　前にも述べたように、トレッドミルのベルトが動いて両脚が後方に引っ張られると、交互性の足踏み運動が引き起こされるのだと思われる。ここには２つのメカニズムが含まれていると思われる。筋肉（主として両脚の後ろ側にある伸筋）が伸展すると、その筋肉にはバネのようにエネルギーが蓄えられる。そして脚が完全に伸展すると、この位置エネルギーが脚を前方に振り上げるために利用される。また筋肉には、脚の負荷の解除（脚の振り出しを開始したとき体重が移動して負荷がかからなくなる）に対して鋭敏な受容体が存在し、両脚間の相互の位相を制御するために負荷状態に関する情報を伝達する。したがってトレッドミル上での足踏み運動の２つの特徴、すなわち脚の前方への振り出しと運動の交互性は、トレッドミルによって脚がきちんと後方に引っ張られていることに依存している。

　ここで改めて、乳児の脚が重りの付いたバネのようなものであり、そのバネの相対的な堅さ、ないし弾性が変動すると想像してみよう。バネの張力が緩すぎる場合には、トレッドミルが脚部の慣性を上回って伸長させることはなく、脚が前方に振り出されることはないだろう。一方、バネがあまりに堅く巻き上げられていた場合も同様に、トレッドミルが脚部を伸長させるほどの牽引力をもたらすことはない。いずれの場合も、伸長受容器が、相反位相を引き起こすほどに活性化されることはないと考えられる。新生児の四肢には、特徴的な屈曲位へのバイアスがある。両脚と両腕が胴体側に向かって強く屈曲しているのである。（この屈曲位へのバイアスは、一部、胎内できつくうずくまっていることが関わっているのかもしれない）。四肢は生後数ヵ月をかけて初めて弛緩する。実際に脚の伸筋の力は、生後１年を通して屈筋の力を下回っている。乳児は非常に屈曲が強く、トレッドミルのベルトの上に足を平らに接地させるほど伸筋の力がないため、伸筋が優位になった状態の乳児に比べて、足踏み運動のパフォーマンスという点では劣っていたのである。

　したがって、相対的に屈筋が非常に強い、あるいは伸筋が弱いという両脚部に見られる傾向（ここでは姿勢に現れるいくつかの特徴が指標となる）は、安定した交互性の足踏み運動への移行を引き起こす制御パラメターとして作用している。制御パラメターとしての屈筋の状態は、相互作用しあう要素を制約するが、特権的に行動の結果を規

148 第Ⅰ部　発達の性質

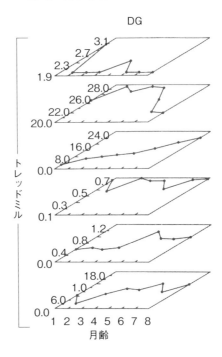

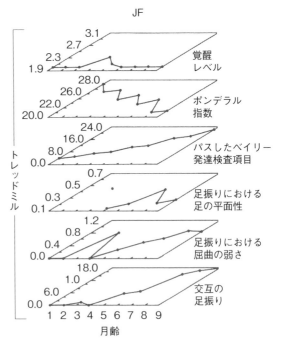

図 4.13
関連するサブシステムの平行する軌跡として描いた、トレッドミル上での交互足踏みの発達。(Thelen & Ulrich, 1991 より)

定しているわけではない。図4.13は、測定された変数を多レベルの層からなるシステムとして表現したものである。この図では、多少異なる足踏み開始パターンを示す2名の乳児を比較している。まずDGは、生後1ヵ月の時点で早くも足踏み運動を示し、5ヵ月までに安定した運動に至った。一方のJFは、生後5ヵ月までほとんど足踏みをせず、その後に増加させた。この乳児たちの発達が、いくつかの測定された変数との関係から描かれている。足部と脚部の状態における大きな違いに注目してほしい。DGは、足部の内側あるいは外側への回転がなく、発達初期からあまり屈曲が強くない（脚部が伸張している）が、一方のJFは、そうした足踏み運動に最適な状態になるのはかなり後になっている。両名とも、どちらかと言えば太った赤ちゃんだったが（その条件は、初期の足踏み運動にとって不利に働く）、生後1ヵ月時におけるDGの覚醒レベルがJFと比較して高かったことは重要であり、そのことが足踏み運動のパフォーマンスを促進したのだろう。要するに、ここで描き出したのは、相互作用をしている多数の構成要素のすべてが行動のパフォーマンスに寄与しているのであり、発達のプロセスにおいては、おそらくそれらの要素のうちのいくつかが決定的に重要であろう、ということである。

　テーレンとアーリッチは、トレッドミル上での足踏み運動の発達に関わる制御パラメーターが、脚の筋肉における屈筋と伸筋のバランスの変化であると提案した。非定型発達児のいくつかのグループを対象にした進行中の研究が、この結論を支持している。アーリッチ、アーリッチとコリアー（Ulrich, Ulrich & Collier, 1992）は、ダウン症児を対象にトレッドミル歩行の実験を行った。対象乳児は、典型的な筋低張症（筋緊張が弱い、あるいは「だらっとしてしまう状態」）であり、運動発達に遅滞があった。そして、やはりトレッドミル上での足踏み運動の開始にも遅れが見られたことから、この乳児たちにはトレッドミルの動きからもたらされる伸張力を利用できる筋張力が不足していたことが示唆される。さらに、デイヴィス（Davis, 1991）は、早期産児のグループを対象にした生後1年間にわたる計測を行った。その早期産児たちは、満期産児と比較して、補正月齢1ヵ月の時点で、顕著に改善されたトレッドミル歩行のパフォーマンスを示した。一般的に早期産児には運動障害のリスクがあると考えられているのに、どうしてこのようなことが起こりうるのだろうか？　その説明として、中枢ではなく、抹消的な要因の関与が指摘されている。ヘリザ（1988）は、子宮外で過ごした期間が6週間ないしそれ以上経過している早期産児は、その相当期間在胎していた乳児と比べて、明らかに足蹴り運動において伸筋が優勢であることを見出した。おそらくこれは、早期産児の方が、早くから子宮内の限られた空間から自由になり、伸筋が重力の影響下にあった期間がより長かったことによるものであろう。そしてまた、伸張位で重力の影響を受ける経験が長くなれば、トレッドミルで生じる伸張作用に反応して筋張力のバランスを整えやすくなるのかもしれない。このことは、先のデイヴィスの実

験において、早期産児の運動が改善されたことも説明している。

　トレッドミル上での協調的な足踏み運動の創発は、多数の要因が絡むプロセスであるに違いない。トレッドミルでの足踏み運動のパターン生成にとって不可欠な神経経路は、生後1ヵ月までに機能し始めるようであるが、中枢神経のパターン発生は、この場合、どうやらその発達に関わる制御パラメターではなさそうである。むしろ、中枢神経の要素と筋肉、関節、腱といった効果器とが、適切な物理的文脈において協同的に作用しあって初めて、行動が創発するのである。トレッドミル上で足踏み運動を行うためには、感覚運動系からのシグナルを伝達する神経経路のみならず、トレッドミルの動きを感知し、それに反応して伸張する筋肉も必要なのである。

　しかしながら、ここで指摘している潜在的な制御パラメターの同定は、厳密に相関的なものである。さらに精確な特徴を描き出すためには、実験的な操作が必要であり、それがダイナミックな方略の次のステップである。

実験的に位相変位を引き起こすために推定上の制御パラメターを操作する

　ダイナミックシステムの用語で言えば、位相変位が起きている時点で、潜在的な制御パラメターを検証することができる。システムが安定し、変化に乏しい場合、そのシステムは攪乱の影響を受けない。すなわちボールは深い井戸に落ち込んでいる。ちょっとした振動が起こっても、ボールはわずかに動くだけであり、ボールが深い井戸から出るためには強い力が必要である。一方、システムが位相変位をしている場合には、その諸要素の結合はずっと緩い。比較的小規模な攪乱であっても、浅いポテンシャル井戸からボールをはじき出すには十分だろう。

　発達研究者たちは、常にこうしたシステムの移行期における特徴を利用して、実験を計画し、あるいは発達の全体像の中でシステムの状態を動かす介入をデザインしてきた。大多数の応用発達研究は、特定の介入を行うための最適なタイミングを見出すことに力を注いでいる。ここで言う最適なタイミングとは、人が補助的な教育、理学療法、情動カウンセリングなどをもっとも受け入れやすくなる時期を指している。もし乳児や児童、家族成員が発達的にまだ準備ができていないならば、介入は役に立たない。反対に、不適切な行動がすでに強固なものになってしまっている場合、介入はあまり意味をなさないかもしれないし、変化を期待しようとするならば、比較的強力なプログラムが必要となるだろう。

　この考え方は、敏感期（Hinde, 1961）の概念に類似している。それは、以前は「臨界期」と呼ばれていた（Lorenz, 1937; Gottlieb, 1961）。個体発生の間に、生命体が環境からの特定的な刺激の入力に対して反応する時期が存在する一方、その時期を外してしまうと、同一の刺激に対する反応があまり起こらなくなる。従来、敏感期は、おおよそ一定の時期に決まっており、成熟によって決定されるものと考えられてきた

が、現代の研究者たちはもっとダイナミックな見方を採用している（Bateson, 1987；Gottlieb, 1991）。

　発達の制御パラメーターは、研究者が、長期にわたって行動に変化を引き起こすと信じるに足る理由のある、特定の介入操作をすることによって検証される。倫理上の理由から、通常これらの介入は、（パフォーマンスを）強化拡充するものである。この点に関連する典型的な実験は、ゼラゾー、ゼラゾー、コルブ（Zelazo, Zelazo, & Kolb, 1972）による実験で、歩行反射の頻度が急速に減少する時期に、足踏み運動をするように乳児を訓練するというものである。ダイナミックな観点から言えば、ゼラゾーらは、訓練からもたらされる何らかの効果が制御パラメーターとして作用し（ただし特定の効果については議論の余地がある。たとえば、Thelen, 1984 参照）、不安定なシステムに変化に起こす、つまりこの場合は、足踏み運動の減少をもたらす要素が何であれ、とりあえずその作用を抑制するという仮説を検証することになる。

　こうした長期にわたる介入よりももっと一般的なのは、ヴィゴツキー（Vygotsky, 1962）が微視発生的実験と呼んだものであろう（Kuhn & Phelps, 1982; Siegler & Jenkins, 1989 参照）。それは、多少なりともパフォーマンスがより成熟したものになるよう子どもに働きかけることを目的として、推定される制御パラメーターを短期間で操作することによって、発達の変化を疑似的に再現する試みである。その例を、再び新生児の足踏み運動の研究から挙げてみよう。テーレン、フィッシャー、リドリー－ジョンソン（Thelen, Fisher & Ridley-Johnson, 1984）は、脚への急速な皮下脂肪の付着が足踏み運動のパフォーマンスを弱めたという仮説を検証した。彼らは、付加された重さが、発達の期間全体にわたって足踏み運動を抑制しているのならば——制御パラメーターであるのならば——、実時間で制御パラメーターを操作することによって、システムは予測される方向に変位するはずだ、と考えた。実際、乳児の脚を水中に沈めて力学的な負荷を軽減すれば、足踏み運動は増加し、脚に重さを加えれば足踏み運動は減少した。

　このようなテーレンらによる微視発生的な実験が功を奏したのは、乳児の足踏み運動システムが、両脚の有効質量の変化によって測定可能なほどの影響を受けるに十分なほど、不安定だったからである。ダイナミック理論では、いったん足踏み運動の強度とパターンがしっかりしたものになると、同程度の操作を加えてもほとんど効果がないと予測される。たとえば、成人は脚に同じくらいの重さを加えられても、問題なく歩き続けるだろう。また足踏み運動の生起は、脚を水中に沈めても影響されないだろう。発達初期の数ヵ月で足踏み運動が消失する現象は、もっぱら乳児期には体重の増加が急速で、筋力の発達がそれに伴っていないからである。システムが変化しやすい状態にあるとき、自由に自律的に状態空間における新しい落ち着き所を求めるのであり、副次的な要素のどれかが実験的に操作された場合も同様である。一方、システ

ムが強固に結びついている場合、変化は可能ではあるが、相当に強い撹乱が必要となる。

　またこれらの研究は、脚の運動パターンの発達に強力な経験的要素があることを示唆してもいる。屈筋優位から伸筋優位への移行は、在胎月齢よりもむしろ子宮外に出てからの期間に依存しているので、神経筋システムは重力場における運動経験に反応をしているに違いない。つまり、制御パラメーターは何かという問題は、別のレベルから問い直すことができる。もし屈筋優位の状態からの移行がトレッドミル上での足踏み運動を生起させているのなら、筋緊張の優位性を変化させるよう作用している発達的なプロセスは何だろうか？　次章では、発達を引き起こす要因は、主として環境内での持続的な経験の多様な様相間の協同の結果であることを論じる。ここでの例で言えば、筋肉が運動と重力によって伸張され、より強くより柔軟になり、うまく機能するために次第に知覚に合わせた調整がなされていく。日常生活の中で乳児がトレッドミルに遭遇することはないので、トレッドミル上でのパフォーマンスは、両脚を動かすという非特異的な経験に支援されているだろう。この経験が、結果として生じる筋肉、腱、神経経路における変化を通して、トレッドミル歩行の有機的な文脈を与えるのである。

　トレッドミルでの現象のダイナミックな文脈は、さらに厳密に推定される発達の制御パラメーターの検証の必要を示唆している。その実験について述べる前に、まずはそのモデルとなった成人対象の実験について触れておくのがよいだろう。ここで、ケルソと共同研究者たちが、手指の屈曲／伸展の両手協調において、2つの安定領域を見出していたことを思い出そう。すなわち、両手指が同時に屈曲および伸展し、あらゆる周期周波数において安定している同位相のアトラクターと、左手指の屈曲と右手指の伸展が交代する逆位相のアトラクターである。逆位相のアトラクターは運動の周波数が低いときには安定しているが、周波数が増加していくと、同位相のパターンへと自発的に遷移した。

　そこでザノーネとケルソ（Zanone & Kelso, 1991）は、新しい協調目標のパフォーマンスを学習することによって安定したパターンがどのような影響を受けるかを問い、具体的には、相対角度が90°、すなわち左指と右指の位相角度が1/4だけズレているパターンを取り上げた。この課題に不慣れな大部分の実験参加者にとって、このパターンは多くの点で発達のプロセスと相似であり、課題の練習が制御パラメーターとなっている。実験協力者は、一定間隔で発光するダイオードに合わせてそれぞれの指を動かしてこの新しいパターンを練習し、それを1日当たり15試行、連続して5日間にわたって行った。新しい形態の練習の関数として以前の協調アトラクターと新しい協調アトラクターの相対的安定性を評価するため、ザノーネとケルソは、この練習の前、最中、後で探索的計測を行った。この計測では、実験協力者に指の運動を、相

対位相が 0°の状態から 180°（すなわち逆位相）に至るまで、15°ごとに連続的に角度を変化させて行わせ、パフォーマンス可能な協調パターンを体系的に抽出した。言い換えるとこの計測は、実験協力者が、安定していて選好している運動パターンから離れていくよう求められ、新規な課題を練習するとき、どのような協調パターンがパフォーマンスされるかを問うものだった。

　図 4.14 は、この学習プロセスの変化に富んだダイナミックな様子が描かれている。ここでは 2 名の実験協力者について、連続する 4 回の計測結果が練習日ごとにプロットされている。A から O までのラベルが付されている各点は、0°から 180°までの間の求められた相対位相における、平均反応を表している。実験協力者が、求められた相対位相のすべてを完全に再現できたなら、13 個の平均値（相対位相の段階的な計測による値）が y 軸上に等間隔に並ぶことになり、強い協調アトラクターはないことになる。それゆえ、いくつか平均値が近接して密集している状態は、その値のところにアトラクターが存在していることを示しており、その値周辺の密集の度合いが、そのアトラクターの強度を示している。つまり、ここではアトラクターが、探索的計測のスケールと 5 日間にわたる学習という 2 つの時間スケールにおいて、ダイナミックに位置づけられている。

　この図に表れている重要な特徴は、実験参加者の初期ダイナミックスとは独立に、位相 90°のアトラクターが徐々に発見されていき、他の相対位相のパターンがその谷の中へと、いわば「吸い込まれて」いることである。興味深いことに、曲線の大半は、相対位相 0°のパターンよりも安定していない初期 180°のアトラクターから現れている。たとえば実験参加者 MS の場合（同図下）、位相 180°のパターンが完全に消失し、30°と 180°の間で要請されたすべての位相が、新しく学習された 90°のパターンに引き込まれている。この計測が示しているのは、新たな運動パターンの練習が初期の安定したアトラクターをどのようにして崩壊させ、実験参加者に数多くの協調範囲を探索可能にし、システムが実験課題の求める解に「落ち着く」かということである。

　テーレンとアーリッチ（1991）は、乳児のトレッドミル歩行で、同様の実時間と発達時間とのダイナミックスを明らかにした。実時間において、両脚を交互に動かすパターンのアトラクターは、トレッドミルの速度が速い方が、緩やかな場合よりも安定していた。また発達時間のスケールにおいては、ほとんどの乳児の場合、交互性の運動がパターンとして安定したのは生後 4 ～ 5 ヵ月であり、それより前の月齢ではほぼ同程度に現れていた他の足踏み運動のパターン（片側・両側・並行）と、次第に入れ替わっていった。これに加えて、足踏み運動の頻度は、課せられた速度への応答性を増加させていった。つまり発達初期の数ヵ月間は、トレッドミル上での足踏み運動は不安定な過渡的状態にあり、制御パラメターの操作に敏感なはずである。ザノーネとケルソの実験において、成人の実験参加者が課題の要請に適した新しい協調の解を見

第 I 部 発達の性質

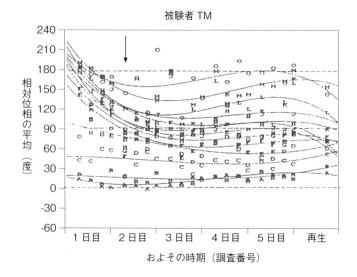

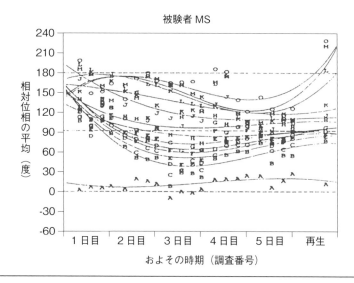

図 4.14
学習経験を伴う手指の協調課題における、2名の実験協力者のパフォーマンスの変化。上部に描かれている曲線は、協調運動の練習試行に対する相対位相の試行内平均を示し、下部の破線はそれに対応する標準偏差を示している。(Zanone & Kelso, 1991 より許可を得て転載)

つけ出すことができたように、乳児のトレッドミル歩行における特定の、あるいは一般的なトレーニングは、交互性のアトラクターの発見を促し、加速させるのだろうか？

そこでヴェレイジケンとテーレン（Vereijken, 1993; Vereijken, & Thelen, 1993）は、トレッドミルのダイナミックスへのトレーニングの効果を検証した。足踏み運動が不安定な3カ月児と交互性の足踏み運動を安定して行うことのできる7ヵ月児を対象にして、トレッドミルを利用したトレーニング・セッションを毎日、1ヵ月にわたって実施した。3カ月児の半数は低速度で、そして残りの半数は、年長児が足踏み運動を行うのに最適であることがわかっている、より速い速度でトレーニングを行った。一方、7ヵ月児は、安定性が下がる低い速度でのみトレーニングを受けた。統制群の乳児には、自宅でのトレーニングをまったく行わないか、あるいは停止したトレッドミルの上で同じ時間、立位姿勢を維持するようにした。足踏み運動のアトラクターの状態変化については毎週2回、テーレンとウルリッチが行ったように速度を測度にして評価を行った。

図4.15は、トレーニングによるアトラクターの強度の変化を示したものであり、アトラクター井戸の深さは、1ヵ月間のトレーニングの前／後における各種の足踏み運動の相対的な出現率を表している（Vereijken, 1993）。同図上の2つの図は、3カ月児のうち、高速度と低速度でトレーニングをした2つの実験群の結果である。この乳児たちは、初期の片脚および両脚の足踏み運動から交互性のそれに向かって、明確なトレーニングの効果を示した。また彼らは、（この図には示されていないが）統制群の乳児たちに比べて、足踏み運動の全体的な数を飛躍的に増加させた。一方、交互性のパターンが大方安定していた7ヵ月児は、足踏み運動の頻度についても、あるいは相対的な協調パターンについても、予想されたように、トレーニングの効果をほとんど示さなかった。ところが非常に興味深かったのは、静止したトレッドミル上で立位姿勢を保つようにしただけのグループである。彼らはパラレルな足踏み運動の出現率を大きく増加させたのである。つまり、トレッドミルでのトレーニングは、特に交互性の神経運動パターンを強化し、一方トレッドミルの上に立っているだけの場合は、トレッドミルのスイッチが入れられたとき、両脚を並行に動かすことを助長した。トレーニングを行った期間の協調パターンに関する分析は、時間の経過に伴うトレーニングに対する個人ごとの反応を明らかにするだろう。

多様なレベルの分析におけるダイナミックな説明を統合する

ダイナミックな方略として最後に取り上げる原理は、もっとも重要かつ操作的に実現することがきわめて難しいものである。これまで私たちは、行動、特に生後1年間に発達する乳児の足踏み運動のパターンを特徴づけるために、ダイナミック理論を用いてきた。このような行動のダイナミックスは、その行動に関与する多数のサブシステムのダイナミックスによって支えられ、かつその中に存在している。たとえば、私たちは、筋肉の収縮特性、細胞の膜組織のダイナミックスや神経筋接合部における変

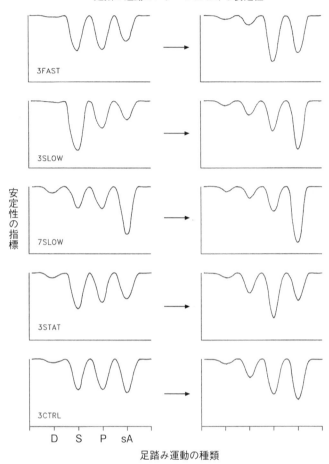

図 4.15
動いている／静止しているトレッドミル上でのトレーニングによる足踏み運動のパターンの安定性。アトラクター井戸の深さは、足踏み運動の相対的な出現率を表している。実験条件：「3FAST：高速度でトレーニングを受けた3ヵ月児」、「3SLOW：低速度でトレーニングを受けた3ヵ月児」、「7SLOW：低速度でトレーニングを受けた7ヵ月児」、「3STAT：静止したトレッドミル上で立位を保つようにトレーニングされた3ヵ月児」、「3CTRL：トレーニングをまったく行わなかった3ヵ月児」。足踏み運動の種類の表記：D, 両脚；S, 片脚；P, 並行；A, 交互性

化などを考慮して、筋生理学的な発達的変化をダイナミックなシステムとして研究するだろう。これらの変化は、行動のダイナミクスの重要部分である。いずれかがより基本的とか原因とかいうことはなく、すべてが協調していなければならないのであ

る。要するに、神経筋接合部において効率的な伝達が行われなければ、乳児が直立姿勢を維持するための十分な強さや敏速な応答性を発達させることはできない。しかし、立ち上がろうとし、体重を支えようと努力すること自体が、効率的な伝達を促進する、というのも、また確かなことである。したがってダイナミックな説明による多レベルの統合は、分析のレベルと時間のレベルの双方にまたがっているのであり、本書の残りの部分で繰り返し強調されるポイントである。後続する諸章において、行動のダイナミックスが、レベルと広がりの双方にわたって、脳のダイナミックスとどのように調和しえるのかを示していきたいと思う。

歩くことの学習のダイナミックな説明 —— 個体発生の全体像

　この長大な章を締めくくるにあたって、第1章で取り上げた歩くことの学習という、より一般的な問題に再び立ち返ろう。歩行発達に関する伝統的な説明は、本質的に単一の原因に還元するものであったことを思い出してほしい。マグロウのような理論家あるいはフォスバーグのような神経生理学者たちは、歩行には姿勢制御、筋力などが要求されることを認めていたが、彼らは発達的な変化を引き起こす能力を中枢神経系の構造に帰し、その自律的な成熟によって、発達初期における非協調的で制御が未熟な運動から、機能的な歩行が現れるとした。私たちは、どんな単一原因モデルも、歩行発達に見られるモジュール性、異時性、文脈依存性、そして多次元性という特徴を説明するには不十分であることを示した。それはヒトの乳児に限らず、他の脊椎動物についても同様である。また認知発達についても同じように、プロセスの多様さや非線形性を無視したモデルは、満足のいく説明ができないことを論じた。

　では、どのようにしてダイナミックな枠組みから、歩くことの学習のプロセスを概念化することができるであろうか？　それは、すべての個体発生の基礎にある連続性を捉え、かつ発達の段階的な特徴をも明らかにするものでなければならない。はたしてダイナミックシステムの視点は、そうした発達の大きな流れと複雑な細部の双方を、同一の原理のもとで扱うことができるのだろうか？　そして私たちは、何が歩行発達を引き起こしているのか、その理解に近づいたと言えるのだろうか？

　ヒトの乳児は、あらゆる生物学的な生命体と同様に、エネルギーの流動によって生命を維持している。代謝プロセスによって、彼らは高エネルギー源、つまり食物からエネルギーを吸収し、それを運動のため、および熱を生み出すために利用している。他のダイナミックなシステムと同様に、身体の膨大な構成要素の相互作用から生じるエネルギーの流動は、1つあるいは多数の平衡点、ないしアトラクターを自己組織的に生成する。そうした平衡点ないしアトラクターの形態と安定性は、システムの制約に依存している。新生児や幼児の場合、安定したアトラクターの1つが、循環的な足

蹴り運動のパターンである。あるエネルギー状態において、おそらくは神経システムを介して調整され、かつ重力の場における筋肉、腱、骨格および循環・神経システムの制約の中で、バネのような特性を示す足蹴り運動が自己組織化する。後に、トレッドミルからもたらされるエネルギー性および情報の制約がさらに加わることで、別のアトラクターの周期が創発し、それもまた同様に、多元的な関連要素の低次のダイナミックスへと圧縮される。こうしたアトラクターは、連続性をもつ要素から編成されるが、発達の状態空間の中で特異な一体のように振る舞い、これが発達段階と定義される状態である。しかしまた、行動アトラクターは、常にその構成要素の相互作用から柔らかに編成されており、かつ外部と絶えず開放的にエネルギー交換をしているので、構成要素あるいは文脈のいずれにおける変化も、創発するパターンやその安定性に影響を及ぼす。こうして歩行の発達は、そこに寄与する構成要素とそれを制約する文脈自体が変化するのであり、アトラクターの安定化と不安定化の連続として捉えなければならない。新しい行動の形態の追加、あるいは過去の形態の消失は、さらに新たな文脈と（新たなパターンの創発に向けた）挑戦の源となり、それが別の安定性の高い解の発見を求めていくことになる。

　したがって、歩行の発達を記述する新しい方法は、変化する多数のアトラクターとなる点が、時間とともに癒合と崩壊を繰り返している様子を捉えることとなる。このプロセスを視覚化する１つの方法は、マイケル・ムチスキー、リサ・ガーシュコフ・ストウ、エミリー・コール、エスター・テーレン（Muchisky, Gershkoff-Stowe, Cole, & Thelen, 1993）によって創られた、歩行に関する個体発生ランドスケープを用いることである。図4.17は、C. H. ウォディントン（Waddington, 1956）による有名なエピジェネティック・ランドスケープの翻案である（図4.16）。ウォディントンは、当初このエピジェネティック・ランドスケープを水路づけのプロセス、つまり胚形成における組織や器官の分化の増大を記述するために用いたが、以来、あらゆる発達プロセスに関する強力なメタファーとなった。ウォディントンがもっぱら関心を寄せていたのは、なぜ発達のプロセスは、遺伝的継承や環境条件に変動があるにもかかわらず、種に特有の安定した表現型を生み出すのか、という中心問題にあった。（これは私たちが序論で提起したこと、すなわち全体的な秩序が、どのようにして局所的な変動から現れてくるのかという問題と同じである。）ウォディントンは、発達が遺伝的には緩衝されていると信じており、あたかも時間の経過に沿って、次第に深くなっていくランドスケープの谷間にボールが転がり落ちていくようなものとして描いた。つまり、いったん発達のプロセスが始まると、次第に安定性が増大し、不規則なノイズから保護され、さらなる分化が進んでいく。

　私たちが描くダイナミック・ランドスケープでは（図4.17参照）、発達は単に安定性が増大する方向だけに向かうのではなく（制御パラメターは究極的には遺伝的である

とも仮定しない)、相対的な安定性と不安定性の変化の連続として捉える。このランドスケープは、要するに連続したポテンシャル井戸であり、第3章で言及したように、そこでは井戸の壁の勾配の険しさが、システムがそのアトラクターから脱出するために必要な「圧力」の総量を示している。同様に、その井戸の谷間の相対的な幅は、そのアトラクター空間に内在的な変動性を表している。ある井戸が急勾配で幅が狭いなら、行動の安定性が非常に高く、選択肢がわずかであることが特定される。一方、安定した行動の選択肢がいくつか存在しているが、そのいずれかが特に選好されるわけではない場合、壁は急勾配でも谷底は平坦となる。さらに、谷の中にいくつかの小さな丘をもつ多重安定性をもつ可能性があり、その場合システムが、多くのアトラクターの間を移動するだろうことを示唆している。歩行のランドスケープは、これらの地勢をすべて合わせ持っている。発達のプロセスで、選好される状態が創発し、あるいは消失する中で、丘や谷は深くなったり、あるいは浅くなったりしている。

歩行の個体発生的ランドスケープは、胎生期から始まる。そのランドスケープの頂点は相対的に平坦な地形で描かれており、優勢な運動のアトラクターがほとんど存在

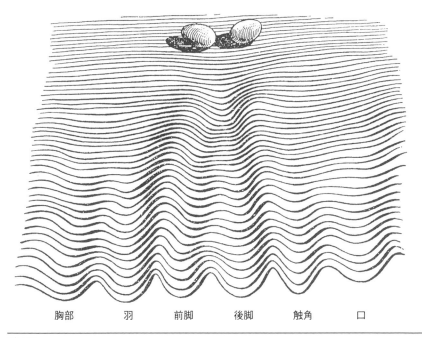

図 4.16
ウォディントンが、最初に「キイロショウジョウバエ *Drosophila*」の組織分化を表すために使用したエピジェネティック・ランドスケープ。発達が進むにつれて、初期の未分化な胚が、次第に特定的な体組織および器官に水路づけられていく。(Waddington, 1956 より許諾を得て転載)

していないことを示唆している。おそらく実際には、非常に制約の強い強固な運動パターンが存在しているであろう。胎児期の運動に関する研究から、多くのタイプの運動が確認されているが、それらの変動性や安定性についての報告はない。私たちが把握しているのは、誕生時、ないしそれより数ヵ月前に（Heriza, 1988）、乳児がいろいろな定型的な安定性の高い脚の運動パターン（特に交互性の足蹴り運動と足踏み運動、およびトレッドミルに同調する能力）をもっているということである。これらは狭い井戸として描かれている。「足蹴り運動」と「足踏み運動」のカテゴリーが別々の井戸をもつことに注意されたい。それぞれ、異なる種類の運動は副次的な谷で表現されており、姿勢からの制約を表す丘で区切られている。両脚平行および片脚の足蹴りは、最初は浅い井戸であり、交互性の足蹴り運動が十分に発現するようになった後に、ようやく深くなる。

　新生児の足踏み運動の消失と乳児がトレッドミル上で足踏みをし続けられる能力は、新生児のアトラクターがトレッドミルの谷と次第に融合し、平坦化していく状態であると考えられる。トレッドミルがなければ、足踏み運動はもはや選好される状態ではなくなる。同様に、生後1年間における足蹴り運動の漸進的な減少は、それらの丘の平坦化として表される。足蹴り運動は、まだ可能だが、ほとんど起こらない。足蹴り運動と足踏み運動の発達最初期におけるもっとも重要な課題は、重力に抗して脚を動かし続けることである。

　第二の課題は、重力課題に重さの負荷をかけることである。このとき乳児はハイハイや支えられて立つといった多様な姿勢支持の形態を探索するとき、比較的広く平坦なランドスケープが見られる。それは発達初期の脚運動の要素を利用し、かつそこから次第に進展していくものとして描かれるが、課題特定的な要求がなければ、強固で安定性の高い形態を生み出すことはない。

　ダイナミックなバランスがもたらされると、システムはより限定されたアトラクター空間に向かうように強いられるが、乳児は、最初そのランドスケープの隅々を探索する――時には自身の限界を逸脱してしまい、たとえば孤立した移動形態に嵌り込んでしまう。歩くことは、もちろん、他の可能な移動形態の中から選択されて、選好されたアトラクターとなる。これは、エネルギー的にもダイナミックな観点からも、ほとんどの移動課題にとって安定性が高く、自動的となる。それは深いアトラクターとして、システムの他の組織化を「吸い込む」。成人なら、ハイハイに頼るまでもなく、両脚で歩こうとするだろう！　しかし乳児の場合は、おそらく安定性には欠けるが、意図的に何かをしようとする際に、パフォーマンス可能な他の移動形態を学習している。彼らは、遊びや運動のためにスキップしたり、跳ねたり、あるいは駆けてみたりするかもしれないし、姿勢の安定を保つのが難しい場所には、這い上がったり、腹ばいで進んだり、ハイハイをしたりするだろう。いずれの場合も、それぞれの移動

第4章 発達のダイナミック原理 —— 歩行学習再考　　　　　　161

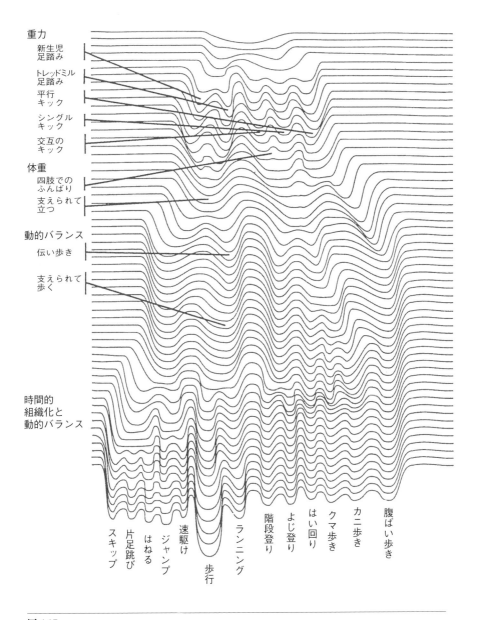

図 4.17
移動運動の個体発生的ランドスケープ。(Muchisky, Gershkoff-Stowe, Cole, & Thelen, 1993 より)

の形態は十分な再現性があり、確実にパフォーマンスできるくらい安定したものでありながら、変化し続ける課題の要求に合わせていくに十分なほどに柔軟なのである。

　以下のいくつかの章では、発展と崩壊を繰り返すアトラクターの谷を、一種の知覚的カテゴリーと呼ぶことの論拠を示す。そこでは、運動の形態が、他の心的カテゴリーとまったく同じプロセスによって選択され、記憶され、そして検索される。私たちがどのようにこの主張をするのかを理解するために、まずはもう1つ別のレベルのダイナミックス、すなわち神経系の発達のダイナミックスを探求しなければならない。

第Ⅱ部
変化のメカニズムを求めて

第5章　神経組織と発達のダイナミックス

　前章で、私たちは発達を理解するための非常に一般的な一組の原理と、ダイナミック理論に基づいた発達研究を行うための操作的な方略をともども定式化した。次に私たちは、この原理と方略を歩行の学習という特定のケースに適用した。私たちはこれらの原理と方略をきわめて明確に、シナジェティックスから引き出した。シナジェティックスは複雑系におけるパターン形成の理論であり、ハーケンとその弟子たちに緊密に関わっている。鍵となる概念は、複雑で多くの要素からなるシステムの自由度を集合変数、安定性が刻々変動し変化する行動アトラクターに圧縮することであり、それは操作的に定義でき、位相が変位すると新しい形態の外観を呈する。このアプローチは、発達プロセスの覗き窓としての移行期の重要性と、生命体を新しい発達位相へと動かす制御パラメターの同定を強調する。私たちは、歩行の学習という現象はダイナミックな観点からのみ理解されることを示したが、認知発達の現象にも同様の主張をするつもりである。

　一般シナジェティック原理のレベルで発達を特徴づけるなかで、私たちはいくつかの目標を達成した。第一に、自己組織化によって、物理学の普遍的な法則と調和し、またホムンクルス（頭の中のコビト）や内的、外的な最終状態を「知っている人」という概念に訴えることなく、発達の中で行動の新しい形態がいかに現れうるかを示した。第二に、特定の生命体とか興味のある特定の行動に限定されない、時間依存システムに十分一般的に適用できる原理を明確にした。第三に、これらの原理は非常に一般的ではあるが、安定と変化に関する具体的な予測を生み出し、実験的操作に対する原理的説明を与えることができる。そして最後に、ダイナミック理論の原理は、伝統的理論が通常扱ってこなかった行動の実時間での編成と個体発達の時間スケールで生じる行動の編成の間の、ギャップをなくすのである。

　このレベルでは、これらの原理は、一貫性のあるダイナミックな組織体が安定性を失うことによって生じる変化の一般的なプロセスについては明確であるが、アトラクターの安定性が変化するより正確なメカニズムについては完全に何も語らない。この章では、発達のプロセスに、より具体的なメカニズムを付け加えることを試みる。そうすることによって、私たちはまた、今までの章で扱ってきた運動プロセスの発達を、この本の残りの部分で扱う認知と結びつける概念的枠組みを作ることになる。私たちはこのことを、認知が、知覚－行動－知覚というサイクルが繰り返されることによっ

て発達の中で創発すること、安定した適応的な運動を作るプロセスと安定した適応的な認知を作るプロセスは同じであることを示すことで行う。以前に述べたように、私たちの見方は、能動性、知覚と運動の反復、そしてシステムの自己均衡化能力を重視する点で、はっきりとピアジェ的な香りをただよわせている。しかし、心的活動を階層的な構造ではなく、ダイナミックな集合体とする点で、また発達のプロセスを構成ではなく選択の一種と見る点で、根本的に異なる。

説明とメカニズム

メカニズムについて語るとき、私たちは何を求めているのだろうか？　メカニズム的な説明には多くのレベルがある。たとえば、体脂肪の蓄積が新生児歩行の消失の制御変数として作用することを発見することによって、変化のメカニズムが示された。もちろん、どのような生理学的あるいは栄養学的プロセスが脂肪の蓄積を加速したのかと問うことは正当なことであるし、このレベルでのメカニズムを追及している人もいるだろう。メカニズムの探求はしばしば還元論的に解釈されるが、体脂肪による説明が他のレベルの説明よりも、基礎的（そして現実的）であると考える理由はない。ダイナミックな見方では、たとえば体脂肪の変化は、神経伝達の効率性の変化とまったく同等である。両者とも、観察した行動の変化に貢献しているに違いないからである。究極的な目標は、まちがいなく多くのレベルのプロセスを統合し、それらの相互作用を理解することだろう。たとえば、体脂肪の蓄積は、脚の筋肉に対する生化学的な要求を増加させ、運動神経の動員と発火率を増大させて、神経伝達の効率性を増大させるということが、少なくとも考えられる。それゆえ、説明には、これらの交互的な作用を解きほぐすことが求められる。

心的プロセスの変化のメカニズムに神経伝達における変化が含まれることは間違いないが、このレベルの説明のみが満足できる説明ということではない。にもかかわらず、私たちは、すべてのレベルでの説明に一貫性があり、究極的には調和的でなくてはならないと強く信じている。最低限、行動現象のダイナミックスは神経現象のダイナミックスと一貫していなくてはならない。同じように、行動発達の理論は脳の発達的神経生理学を持ち込む必要はないが、その分野で知られていることに通じ、それらと一貫することによって計り知れないほど強められるのである。

初期の発達のメカニズムを考えるにあたり、私たちはジェラルド・エーデルマンの仕事、特に、3巻からなるシリーズ（Edelman, 1987, 1988, 1989）の中に詳細に述べられている神経細胞群選択理論（theory of neuronal group selection: TNGS）から、強く影響を受けている。エーデルマンの理論はいくつかの点でまだ推論にすぎないものであるが、私たちの意見では、それは一貫性を保った巧みなしかたで、今日の神経解剖

学、神経胎生学、そして発達心理学を統合しようとした最初の試みである。この理論は、私たちがこれまで詳述してきたシナジェティックスの原理と完全に一致するが、分析のいくつかのレベルで変化のプロセスを具体的に示すことによって、メカニズムを加えるのである。神経細胞群選択理論は、最初の細胞形態が確立する発生の初期においては分子レベルで、最初の神経解剖学的構造の出現時ではニューロンレベルで、そして知覚−行動カテゴリーの形成では行動レベルで、ダイナミックな原理とプロセスを明らかに示す。私たちはエーデルマンを以下の論点を支持するために使用する。(1) 発達の間、行動はより広い可能性の宇宙から選択されるのであって、押し付けられるのではない。(2) ダイナミックな知覚−行動マッピングは、初期の発達では主要なものである。(3) マルチモーダルな（多感覚間の）探索は、新しい形態を獲得するための鍵となるプロセスである。(4) 変動性の創造と活用は、このプロセスの鍵となる要素である。したがって、神経細胞群選択理論は、行動の起源の理解を深めるものである。なぜなら、それは伝統的に発達の両極にあるとされているもの、たとえば生得 対 獲得、学習 対 成熟、進化 対 発達、遺伝子 対 環境の間に、こうしたメカニズムによる架け橋となるからである。

脳のダイナミックな組織化

　第4章で、私たちは、どのように行為が実時間で編成されるかを調べることによって、運動プロセスの発達を研究するための準備をした。ダイナミックシステムの強みは、現実の時間スケールと発達の時間スケールの連続性を認識していること、つまり、自己組織化、課題編成、そして非線形性という同じ原理を、たとえば、大人がどのようにコーヒーカップを掴むかにも、乳児がどのようにカップにリーチングするかを学習するかにも、両方に適用することにある。発達する脳の理論として神経細胞群選択理論を考える前に、実時間の脳機能の時間スケールと、脳の個体発生の時間スケールも結びつけておきたい。この結びつきもまたダイナミックシステムであり、特に最近の研究は、個々のニューロン、細胞膜、そして伝達物質といった顕微鏡的な見方を超えて、ダイナミックな集合体としての脳をより巨視的に捉えようとしている。この研究が示しているのは、脳の働き方は全体的で、可塑的で、自己組織的であり、構造的な境界は以前考えられていたより固定されておらず、そしてニューロンの集合体は、位相同期性やカオスなど、多くのダイナミックな特性を有していることである。未だに比較できるような発達的実験は行われていないが、このような大人の脳の特性についての理解は、神経細胞群選択理論の妥当性をより高めるのである。

知覚のダイナミックス —— ウサギの嗅覚

　脳のダイナミックな機能をもっとも完璧に、非凡に描いているのが、バークレーのウォルター・J・フリーマンと共同研究者たちによる研究である（この説明は、Freeman, 1981, 1987, 1991; Freeman & Skarda, 1985; Skarda & Freeman, 1981, 1987a,b に基づく）。フリーマンは過去30年間以上にわたって、知覚の神経生理学に取り組んできた。すなわち、脳はどのように世界の中の出来事を、たとえその刺激が複雑で、異なる状況で現れたとしても、正確に素早く認識し、意味を付与するのか、という問題である。この問いは、発達の根本的な重要問題である。

　単一のニューロンの特性のみに焦点化する代わりに、フリーマンは脳全体に広がっている数百万のニューロンの協応行動を見た。彼は、知覚はこの巨視的レベルで生成されるパターンとしてのみ理解されうるということを発見した。さらに彼は、協応的な脳活動の中にカオスの証拠を見出した。カオスは、彼が信じるところによれば、脳の新奇かつ柔軟な反応を生み出す能力の根底にあるものである。後で、個体発生上の新しい形態の生成におけるカオスの役割を論じるつもりである。

　フリーマンの結論は嗅覚、主に数種類の異なる匂いを認識するよう訓練したウサギを対象にした研究に基づいている。ウサギが匂いを嗅いでいる間に、研究者は嗅球の表面の大部分をカバーする60～64のサイトを同時に脳波計（EEG）で記録した。各EEGサイトからの記録は、単一のニューロンではなく、EEGの電極の真下にある何千ものニューロンのかたまりとしての興奮を表してしている。ウサギが既知の匂いを嗅いでいるとき、各吸気時に通常見られるEEGの変動がより規則的になり、呼気時にはより乱れた状態に戻る。フリーマンは洗練されたコンピュータ分析により、すべ

図 5.1
ウサギの嗅球の皮質全体に生じたEEG強度の空間パターンの等高線図。左の等高線図は、おがくずの匂いと特定の強化因子とを連合するよう条件づけられたウサギの嗅球EEGに一貫して現れた。しかし、このウサギがバナナの匂いを嗅ぎ分けることを学習した後（真ん中）、再びおがくずの匂いを嗅がせると、新しい等高線図が現れた（右）。フリーマン（1991）は、嗅球の活動は刺激よりも経験が優位であると結論づけた。そうでなければ、おがくずの匂いは常に同じ等高線図をもたらすはずである。(Freeman, 1991　より許可を得て再掲)

第5章　神経組織と発達のダイナミックス　　169

ての記録サイトの集合的行動を、複雑な背景的な活動から切り離すことができた。彼が発見したことは、何の匂いかの同定は単一の、あるいは集団としてのニューロンではなく、EEGの波形でさえもなく、嗅球全体で生じる波の強度の空間パターンによってなされているということであった。知覚的情報は、ちょうど地形を表す地図の等高線のように、実際に波の強度によって「地図化」されていたのである（図5.1）。ウサギが同じ条件で、同じ匂いを嗅ぐたびに、EEGの主要波の周波数が異なることはあっても、同じ全体的な地図を生み出した。

　ウサギの嗅覚は、いくつかの重要な点でダイナミックシステムのように作用する。第一に、既知の匂いを嗅ぐたびに現れる空間地図は、匂いそのものだけに反応するのではなく、ウサギの訓練や喚起状態を含む複雑な文脈の中で、自己組織化される。たとえば、強度を示す地図は、匂いと連合した強化によって激しく変化し、他の匂いに対するそれまでの一連の強化手続きによって、より劇的に変化するのである。たとえば、ウサギをおがくずの匂いと特定の強化因子とを連合するよう条件づけると、ウサギは特徴的なおがくずの等高線図を生み出す。しかし、そのウサギにバナナの匂いを覚えるように教えると、新しいおがくずの図が、特徴的なバナナの図と一緒に現れたのである。

　このことは、おがくずが嗅球の中で、固定した構造あるいはスキーマとしてではなく、常に全体活動の関数である、ダイナミックな編成として表現されていて初めて生じることである。これはおがくずに関与しているニューロンは、バナナをコード化したニューロンの過去にも影響され、この過去は刺激の静的な表現に優越するのである。フリーマンは、彼が神経細胞編成体（nerve cell assembly）と呼ぶ相互に刺激しあうニューロン群が全体的なパターンに関与し、それらの過去の連合の貯蔵庫であると仮定した（フリーマンの神経細胞編成体は、これから議論するエーデルマンの神経細胞群と類似しているが、同一ではない）。神経細胞編成体は、相互に連結しているニューロンの集まりで、それらのシナプスは学習の間ニューロンに入力されることによって、相互的、かつ同時に強化される（いわゆるヘップ的シナプス）。このように、経験は特定の細胞結合のパターンを選択し、特定の匂いに対する選択性が強化される。しかし、この結合は広く分散しているので、いずれかの神経細胞群の一部が既知の入力を受けた場合、編成体全体が素早く反応する。また、嗅覚システムのニューロンは高度に相互連結しているので、匂いそのものに加えて、他の入力源も反応に影響を与える。フリーマンは、一般的な覚醒が嗅覚的反応を「促進する」ことを見出している。たとえば、ウサギは空腹時、一般的な覚醒レベルが高められ、閾値を低くし、匂いにより強く反応する。さらに、ネットワークに対する入力そのものが敏感性を増加させ、そのためネットワークのほんの一部からの興奮性の入力が広がるにつれて、集合的活動がますます強くなり、爆発的なものに至る。このはっきりとした反応の非線形性――小

さな入力が巨大に増幅される ―― は、言うまでもなく、ダイナミックシステムのもう
1つの特徴である。

　ダイナミックなプロセスはまた、知覚プロセスの次のステップ、嗅球からの情報が、
より高次の脳中枢、皮質の嗅覚野で、どのように認識されるのかということにも本質
的なものである。嗅球内のネットワーク同様、嗅球と皮質は強力に結合されており、
各皮質の細胞は何千もの嗅球内のニューロンからの入力を受け取る。嗅球からパター
ン化された信号が伝達されると、すべての受け手側のニューロンが、その信号の一部
を受け取る。皮質細胞は継続的に活性状態にあるが、匂いの信号は背景の信号に比べ
てより一貫しているので、それらとは区別される。皮質細胞は、次に、同様の集合的
信号爆発を生み出す。

　フリーマンは、しかし、このような構造内で進行する活動の特異なカオス的性質が、
確実にこうしたメッセージの極度に素早い、正確な認識を可能にしていると考えてい
る。読者はこうしたメッセージが、その集合的活動の中にのみパターン化されている
ことを覚えておられるだろう。再び、複雑なコンピュータ・シミュレーションと三次
元プロットを用いて、フリーマンは嗅球と皮質の嗅覚野の活動におけるカオス ―― ラ
ンダムのように見えるが、そうではない活動 ―― の証拠を描き出した。プロットの形
はカオス的アトラクター、あるいは特定の匂いの影響下にあるときに、システムが最
終的に落ち着く行動を表している。フリーマンは次のように述べている。

　　　示された画像は、知覚の行為が、ダイナミックシステムがあるカオス的アトラクターの
　　「窪み」から別のそれへの爆発的な跳躍からなることを示唆している。あるアトラクター
　　の窪みが、システムが特定の行動へ進む一連の初期条件である。引きつける窪みはボウル
　　の底であって、その縁のどこかにボールが置かれている。私たちの実験では、各アトラク
　　ターの窪みは、神経細胞編成体を形成する訓練期間中に活性化された、受容ニューロンに
　　よって定義されよう。

　　　私たちは、嗅球と皮質は多くのカオス的アトラクターを維持しており、それぞれが動物、
　　あるいは人間が区別できる各匂いに対応すると考える。ある匂いが何らかのしかたで意味
　　あるものになるときはいつでも、他のアトラクターが加えられ、そしてすべての他のアト
　　ラクターがわずかに変化する［強調を付加した］。(Freeman, 1991, pp.85-86)

　フリーマンはさらに、カオスが新しい活動パターンの源であり、新しい神経細胞編
成体が付け加わるのに決定的な役割を果たすに違いないと考えている。活動の多様性
こそが試行錯誤的問題解決の「試行」を生み出すのである。私たちはまた、探索と選
択のプロセスが、発達的変化の主要な道筋であると論じるつもりである。したがって、
制御された変動性は、実時間と個体発生上の時間の両方において、新しい形態の源な

のである。

この節をフリーマンの第二の、やや長い引用で締めくくろう。再び、彼の知覚のダイナミックスと認知と行為の個体発生の間に、驚くべき一致があるからである。

　　私は知覚の一般的なダイナミックスを心に描き始めた。脳は、主に人に見たり、聞いたり、嗅いだりさせることによって、情報を求める。この探索は辺縁系の自己組織化の活動から生じる。… 辺縁系は、探索命令を運動系に伝える。運動命令が伝達されると、辺縁系はいわゆる再求心性のメッセージを出し、すべての感覚系を新しい情報に反応できるよう準備させる。

　　そして感覚系は、その領域のすべてのニューロンが集合的に活動に参加して反応する——信号爆発である。各システムの同期した活動は、次に辺縁系へと逆に伝達される。そこで同じように生成された出力が組み合わされ、1つのゲシュタルトをかたちづくる。そして、1秒の何分の1以内に、情報を求める他の探索が要求され、感覚系は再び、再求心性のメッセージによって準備する。

　　意識は、さしずめこの運動命令、再求心性メッセージ、そして知覚の再帰的プロセスの、主観的経験と言えよう。もしそうなら、それは過去の行為、感覚入力、知覚的統合に基づいて、脳がこれから生じる行為を計画し、準備することを可能にするだろう。要約すれば、知覚という行為は、流入する刺激の複製を作ることではない。それは脳が成長し、自らを再組織化し、自らの都合のよいように改変するため環境に達する経路における、1ステップなのである［強調を付加した］。(Freeman, 1991, p.85)

運動のダイナミックス —— リーチングの神経制御

実時間での脳のダイナミックスが発達に対する理解を深めることのできる第二の分野は、運動の大脳皮質での制御である。ここでは、主にアポストロス・ジョージャポーリスと共同研究者たちの研究（Georgopoulos, 1990, 1991; Georgopoulos, 1986, 1988にレビューされている）について報告する。彼らは、行動しているサルの運動野と前運動野の活動を複数のサイトから記録した。一連の重要な実験で、ジョージャポーリスたちはサルを二次元、あるいは三次元空間の中に置かれた目標物にリーチングすることを訓練した。同時に、彼らは、関心のある脳領域にある複数の単一細胞からの信号を継続的に記録した。彼らの主要な発見は、運動野と前運動野の両者において、単一細胞の活動は空間内の運動方向に応じて、規則的なしかたで変化することであった。すなわち、どの細胞も、活動は選好された方向において最高となり、腕の動きが選好された方向からそれると減少した。細胞は腕の動きの実際の方向に反応したのであって、目標物の絶対的な方向に反応したのではないことに注目してほしい。しかし、記録が取られた領域内では、異なる細胞は異なる選好方向を示し、可能な目標物の方向

の三次元空間中に分布していた。このことが示しているのは、すべての個々の細胞が様々な方向の運動に関与していること、そして、どの特定の方向への運動にも、細胞の集合体が関与しているということである。

それゆえ、これらの細胞の集合体からどのようにして、特定の固有な運動の方向が生み出されるのかが疑問となる。ジョージャポーリスと共同研究者たちは、細胞が一斉に働いて最終的な運動方向の範囲を定める全体的な集団としてのベクトルに参与して、運動命令を生み出すと示唆している。すなわち、各細胞は、大まかに特定の方向を選好するよう調整されていて、一定量活動を変化させることによって、「投票」するのである。サルは、個々の細胞の方向選好のベクトル和によって決定される方向へと動く。このように、最終的な方向は、多くの個々の参与する神経細胞のダイナミックな編成によって生み出されるアンサンブルであり、このプロセスは前運動野でも運動野でも類似している。特筆すべきことは、ジョージャポーリスと共同研究者たちが、動きが実際に始まる前、すなわちサルが目標物を見た後、しかし実際に動き出す前の時点で神経活動が記録されたとき、これらの集合的ベクトルを用いて運動の方向を予測できたことである（図5.2。Georgopoulos, Kettner, & Schwartz, 1988）。集合的コード化が多くの皮質層で同時的に生じ、運動野と脊髄の運動神経集団との間の連絡に膨大な重複があるようであり、これは以下に述べる、エーデルマンモデルに関する私たちの議論からみて妥当である。たとえば、リーチングに関与する脊髄の神経細胞間では、多くの脊髄以外の部分からの入力を受け取り、次に様々な大脳皮質と皮質下の脳の構造へと送り出すのである。

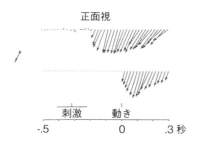

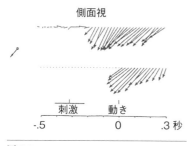

図5.2
サルの方向に特化した皮質神経の集合的ベクトルによるリーチング運動の方向予測。正面および側方から見た集合ベクトル（P）と動きのベクトル（M）の時系列（最大値に正規化してある）。目標の光源が点灯すると（刺激）、動きの開始の160ms前に集合ベクトルが動きの方向を示していることに注意。(Georgopoulos, Kettner, & Schwartz, 1988 より許可を得て再掲)

それゆえ、リーチングに関するこの神経生理学的な研究から2つの主要な点を導き出すことができる。1つは、先述のフリーマンの研究に一致して、行為の表現は（知覚の場合と同様）固定した構造、あるいはトポグラフィーの中にコード化されるのではなく、活動の集合体の中にコード化されるのであり、それは特定の課題の文脈内で創発することで

ある。各ニューロンは選択的に反応するよう調整されている一方、システムは協調的に作用するニューロン群のパターンにのみ反応する。個別に調整されているニューロン、あるいはそれらが作り出す集合的なパターンの起源と安定性はリーチングに関して知られていないが、私たちが次に議論する可塑性に関する研究とも一致して、これらは機能的に確立されるように思われる。この研究から学べる第二の点は、リーチングの諸経路における連結の過剰決定と重複性である。次の節の後で議論するように、これらの経路とそれらの発達的重要性の機能的意義が、ますます明らかになりつつある。

変化のダイナミックス —— 大人の脳における経験駆動による可塑性

　ペンフィールドが、身体表面と各部における感覚と運動機能が大脳皮質にトポグラフィー的にマッピングされていることを発見して以来、賢いホムンクルス（コビト）が脳の中に棲んでおり、その解剖図は、それと結びついているより大きな各部分を表現し、かつ制御しているという想像に、人々は魅せられてきた（図5.3。Penfield & Rasmussen, 1957, Jeannerod, 1985に再掲）。それ以来、神経生理学者は、神経系の解剖学的成熟によって、これらのきちんと秩序だった表現が発達初期に確立され、それ以降は、機能的にほとんど変化ないと暗黙のうちに仮定してきた（Merzenich, Allard, & Jenkins, 1990)[1]。したがって、過去10年間におけるメルゼニックとカース（Merzenich & Kaas, 1991)、そして共同研究者たちによる、大人のサルの皮質における皮膚感覚の地図が経験によって再組織化されるという発見は、このような信念を根本的に再検討させることとなった。その後、研究者たちは、サルや他の哺乳類でも、同様の再組織化が皮質下における身体感覚、皮質における視覚野、聴覚野、運動野に見られることを発見した（Kaas, 1991)。基本的な実験手続きは、脳の探索可能な領域の感覚、あるいは運動反応が生ずる場所の地図を慎重に作成し、その地図への入力の性質を機能的手段によって変化させ、あるいはニューロンへの入力を直接的に変化させて、様々な時間経過後に同じ個体でもう一度地図を作るというものである。これにより示された大人の可塑性は、発達を理解する上で非常に重要である。それは第一に、脳の中の表現は、たとえ「地理的に」位置づけられるとしても、ダイナミックなプロセスであり、固定した構造ではないことをさらに確証するものだからであり、第二に、それらは発達途上の動物と成熟した動物の両方で、スキルが獲得されるまさにそのプロセスに、光を当てるものだからである。

　実験は報告をかなり詳細に根拠づけている。カリフォルニア大学サンフランシスコ校のメルゼニックと彼のグループは、新世界ザルの一次体性感覚野（SI）を集中的に研究した。新世界ザルは比較的溝の少ない脳をもち、よく分節化した敏感な手の体性感覚表現が明確である。大脳皮質表面の広範な電気生理学的地図を作ることによっ

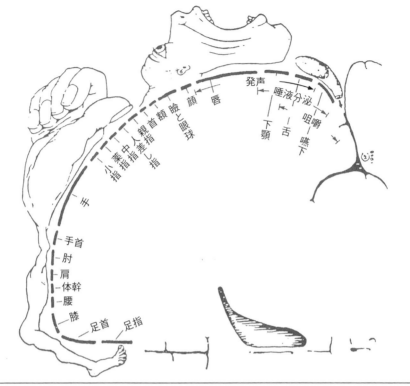

図 5.3
人間の運動皮質を電気的に刺激することによって生み出された運動のトポグラフィー的表現。ペンフィールドとラスムッセン (Penfield & Rasmessen, 1957) の図では、前頭皮質で脳を縦にスライスした図式上に、「ホムンクルス」が描かれている。皮質領域の異なる範囲が、異なる身体部分に用いられ、手と顔が比較的により重要である。

て、サルの個体間の多くの共通点が見出された。たとえば、指は正確に空間的配列を保って表現されている。すなわち、指先は領域の端近くに位置し、その隣に真ん中の部分、さらにその隣に付け根の部分が続き、手の周辺から中枢へと並んでいる（図 5.4）。手の甲側は手のひら側よりはるかにまばらにしか表現されていない。各指の表現は、はっきりとお互いから分離している。領域配置の秩序正しい位置取りとは対照的に、それらの形や大きさは個体間で大きく異なる。たとえば手の 1 つの部分に対応する領域の比率、場所配置関係の細かな部分、そして手の甲の表現の完全さなどである。研究者たちは、皮質上の地図の細部は、サルが生まれて以来の手の使用の歴史を反映していると仮説を立てた (Jenkins, Merzenich, & Recanzone, 1990)。おそらく地図の共通性は、すべてのサルが同じように使用することから生じ、一方個体差は、個体特有の経験の結果から生じるのだろう。

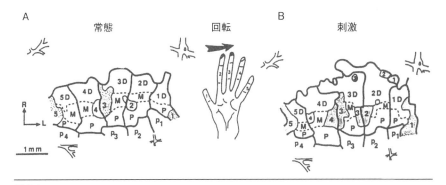

図 5.4
【A】異なる刺激を与える前の、ヨザルの皮質 3b 領域の手の表現地図。【B】指 2 と 3 を 109 日間毎日（そして指 4 の先端を時折）1 日当たり 1 時間半刺激した後の同領域の表現。刺激された指の表現が拡大していることに注意。(Jenkins, Merzenich, & Recanzone, 1990 より許可を得て再掲)

　異なる入力に対するこれらの地図の可塑性は、多くの方法で証明されている。実験者たちは、外科的に 1 本あるいは 2 本の指を切断した。切断後、隣の指と手のひらの表現が、それまで切断された指が表現されていた皮質の部分に拡大して、そこを占めた。はっきりとした新しい非連続的な境界が形成され、新しい境界がそれまで隣り合っていなかった指の間に現れた（図 5.5）。指の間の境界は解剖学的に固定した、融通の利かないものではない。それゆえ、絶え間なくダイナミックに形成され、機能することにより維持されていくのである。

　第二の一連の実験で、メルゼニックのグループは、通常の神経の末端を保ちながら 2 つの隣り合う指の皮膚を縫合することによって、大人のサルの指を機能的に融合させた。数ヵ月後、サルが融合された指を 1 つの指のように使用するようになったとき、サルたちの脳の地図は書き換えられたのである。この場合、脳の地図上の指の間の非連続性は消え去り（図 5.5 参照）、受容野が重なっていた。驚くべきことに、指を後で外科的に分離したところ、はっきりとした境界がまた出現した。

　最後に、これらの研究者たちは、皮質の再組織化が厳密に指の通常使用の関数として生じることを証明することができた。サルは 1 本あるいは 2 本の指先のみを刺激する装置に触れることにより、食べ物の報酬を得るよう訓練された。特定の指先のみを何千回と刺激した結果、サルの関係する指の体性感覚野の表現が大きく拡大した（図 5.4 参照）。訓練が終了したとき、歪んだ表現は通常のものに戻った。これらや他の実験は、メルゼニックたちの言葉を借りれば (1990)、「皮質での『表現』——皮質ニューロンの分散した、選択的な反応——の個々の細部は、生涯にわたる「私たちの経験」によって作られ、絶えず作り変えられる」(p.195) [強調は原文]。

　経験がどのように、各機能の空間的「表現」を作るのだろうか？　これらの実験は、

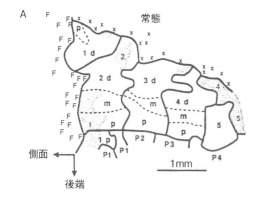

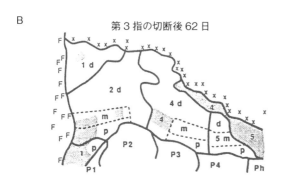

図 5.5
ヨザルの皮質の 3b 領域内への、手の表面の内側とその周辺の表現。顔に位置する受容野は F で示されている。ニューロンが深い皮膚受容器によらない入力は x で示されている。1〜5 の数字は指を示す。d、m、p はそれぞれ、先端、中間、基部の指骨を示す。【A】切断前の表現。【B】同じ成体の、第 3 指切断後 62 日。以前の第 3 指の表現が、隣接する第 2 指および最 4 指の表現が拡大してそれに占められていることに注意。(Jenkins, Merzenich, & Recanzone, 1990 より許可を得て再掲)

体性感覚の組織化は手から脳への直接的な解剖学的な対応関係の結果ではないことを明らかにした。むしろ、それらは経験の時間的構造——時間的に一致した活性化による結合の強化——であるに違いない。そのためきめ細かいダイナミックな地図が出現し、そして変化することができるのである。メルゼニックたち (1990) は、「皮質領域は『時間的』連続を空間的にマップする」(p.195) と強調している [強調は原文による]。この時間的コード化がどのように行われるのかについては、次の節で扱う視覚野の研究で説明することにする。

視覚野における時間拘束されたダイナミックプロセス

時間的コード化の第一義性に関する見事な証拠に、最近の、空間的に離れた皮質領域における機能的に関連した時間相関的活動の発見がある。すべてのヘッブ主義、つまり脳の機能に関する神経編成型の理論には、ずっとある問題が付きまとっていた。もし知覚的特徴の表現がニューロンの集合体の相対的な強度の中に組み込まれているのなら、多くの密接に関連した集合体を活性化する複雑なシーンの処理はどのように

行われるのだろうか？　どのようにシステムは、特徴の間違った結合を回避し、ユニークなカテゴリーを形成するのだろうか？

　解決策は、またもや時間領域での弁別的コード化にあるようである。そして実際シンガーと共同研究者たちは、視覚野においてそのようなコード化の説得力のある証拠を見出した（Engel, König, Kreiter, Schillen, & Singer, 1992; Singer, 1986, 1990; Singer, Artola, Engel, König, Kreiter, Löwel, & Schillen, 1993; Singer, Gray, Engel, König, Artola, & Bröcher, 1990）。上述した実時間の脳のダイナミックスの各例において、特徴上の、あるいはパフォーマンス上の一貫性の基礎は、ニューロンの集合体ないしニューロン群における信号の時間拘束された性質にあったことを思い出そう。シンガーと共同研究者たちは、ネコの視覚野において、刺激が空間的に離れた領域で神経活動の同期した振動を引き出すことを発見した。これらの振動は、かなり広い周波数範囲にわたる神経細胞群の同期的な爆発の反復である。ネコに１つの刺激形態を見せると、位相のそろった爆発が、同じ領域の７ミリ以上離れた細胞群で見られるだけでなく、注目すべきことに、右半球と左半球の両方で見られるのである。この振動は位相のズレがまったくなく、同期している。解剖学的証拠は、この正確な同期は共通入力によるのではなく、並列的な皮質間結合によることを示している。さらに、私たちの発達の見方からもっとも重要なことは、この位相同期が刺激特異的なことである。よく知られているように、ネコの視覚野の細胞は、異なる方向と動きの向きをもつ刺激（この場合は光の縞模様）に選好的に反応する。この研究者たちは、第17野において、重なることのない感覚受容野が、１つの連続的な刺激、１つの方向へ移動する光の縞模様によって活性化されると同期的に振動するが、光の縞模様が反対方向に動く場合、無相関的に発火することを示した。これは、活動パターンが時間拘束されているという性質に反している（Engel et al., 1992）。これは図5.6に例示されている。

　全体として見た場合、これらはいくつかの理由から重要な結果と言える。第一に、それらは心的活動がダイナミックで自己組織的なものである――知覚と行為のカテゴリーは様々な脳の部分から編成され、その結合は空間的ではなく、基本的に時間的なコード化に基づいている――ということを強く支持するものである。第二に、それらは、柔軟性と独自性の両方を兼ね備えたメカニズムを示唆している。細胞群は共在し、重なりあっているが、独自の時間的コードによって、その活動は区別することが可能である。同時に、知覚的反応の極度の文脈依存性とゲシュタルト的特徴の両方に対するメカニズムであることから、同じ細胞、あるいは細胞群が、時間的関係を変化させながら異なる編成に関与しているだろう。最後に、これらの同期した反応の振動的性質は、すべての脳のプロセスがダイナミックな性質を示すことのさらなる証拠である。エンゲルたちが示唆しているように（Engel, 1992）、あまりきっちりと位相制約的でない、対になった発振器による同期には、多くの利点がある。それらは４章で議論し

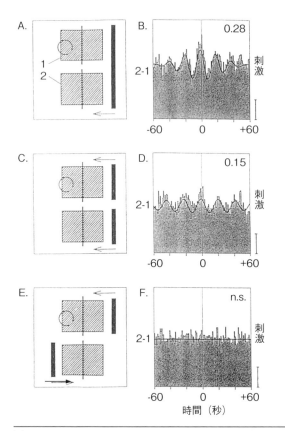

図 5.6
全体的な刺激の位相整合によって、いかに神経振動の長い距離にわたる同期が影響を受けるか？ ネコの視覚野の 17 野の 7mm 隔てられた 2 ヵ所で、多ユニットの活動が記録された。2 つの細胞群が視覚野内の縦方向を選好した。A、C、E は 3 つの異なる刺激条件下での受容野を図式的に示している。A では長い連続したバーが 2 つの受容野を横切った。E では、2 つの独立した光のバーが同じ方向に移動した。C では、2 つバーが反対方向に移動した。円は視覚野の中心を示す。各受容野を横切っている実線は選好される方向を示す。B、D、F はそれぞれの刺激条件で得られた相互相関曲線を示す。(相互相関曲線は 2 群のニューロンの振動の位相同調の測度である。) 長い光バーでは、2 つの振動反応が同期し、相互相関曲線が山谷を交代しながら強く変調していることに示されている (B)。刺激の連続性が弱くなると、同期も弱くなる (D)。バーが一致して動かないと、同期は消失する (F)。(Engel, König, Kreiter, Schillen, & Singer, 1992 より許可を得て再掲)

た、生物学的組織化の一般原理である。

　どのように、機能 ── 世界に対して様々なしかたで継続的に働きかけ、知覚すること ── は、脳の中にトポグラフィー的にコード化されるのだろうか？ その後、どのように貯えられた経験が、次の行動を指示したりより洗練されたものにしたりするのであろうか？ 脳についての巨視的レベルの研究から浮かび上がってくる共通のテー

マは、時間である。実時間で創発し、より長期の時間にわたって、より永続的なパターンとして「貯えられる」アトラクター地図の空間的領域に書き込まれるのは、入力の時間的パターンと近接性——匂い、景色、音、皮膚や動きの感覚——である。同じように、機能的に関連するニューロンの集合体の同時的な編成が、運動の方向の空間的領域へと翻訳される。この図式は、脳を記号処理系とする見方とは大きく異なっている。この伝統的な認知的見解は、脳を膨大な数のコンピュータ・プログラム、あらかじめ決められた論理的階層構造によって操作される貯蔵された記号群の貯蔵庫と見なしている。第3章で説明したダイナミックな物理的、生物的システムの方が、より良いメタファーである。すなわち、空間的、時間的パターンが、大きな、しばしば異種混淆的な要素群から自己編成され、「生来的な組み込み構造」が様々な安定性をもつパターンに置き換えられている。しかし、もっとも重要なことは、脳機能をダイナミックに捉える視点は、発達に関する昔からの疑問である、行動の安定した、貯蔵された特徴はどこからくるのかを理解するメカニズムを与えてくれることである。

　メルゼニック、エーデルマンやその他の人たちにしたがって私たちは、知覚と行為のこの時間的連合こそが行動発達の基盤であり、また、変化するスキルの他のすべての側面にも同じことが言えるだろうと主張する。しかしこの議論を続け、個体発生の時間スケールまで拡大するためには、ここでエーデルマン理論の全体へと移らねばならない。それは、胎生学、神経胎生学、脳と行動の出生後の発達にわたる理論である。

神経細胞群選択理論

　エーデルマンの統合理論の最大の強みは、行動発達を胎児期から一貫性のあるプロセス指向的な説明をしている点である。全体的テーマは、全体的な発達プロセスのエピジェネティックな性質である。エピジェネティックとは、発達が偶発的、かつ歴史的なしかたで展開するということである。細胞レベルとより高次のレベルの両方において、構造や機能の複雑性や多様性を増加させる事象は、すべて、それに先立つ事象に依存している。これは、神経系の基本的な解剖学的構造の形成と、経験によって後に刻まれる機能的に課された地図の両方において、発達するシステムはその特徴を表すのであって、それはそれらの相互作用によって創発し、あらかじめ存在するコード体系に依存しているのではないということを意味している。エーデルマンは、主要な発達メカニズムとして、選択を強調する。一方、エピジェネティックなプロセスは、種のすべての成員に形態上類似している脳の構造を作り出すが、その同じプロセスが、——選択を通して——個々の神経細胞とその集合体の解剖学的連結性のレベルで、膨大な個体差を生み出しもする。選択は出生後にも起こる。経験が、機能的行動と相関のある活動を生み出す連結を特に強化することによって、神経細胞群に対して選択す

るからである。これから説明するように、選択のプロセスとして作用するのは、感覚的、運動的信号の時間的首尾一貫性である。

　エーデルマンが成したこと、そして私たちがここに要約することは、行動発達のより巨視的なダイナミック原理を神経学的に説明することであり、本書の多くは、そのことに専心している。彼の議論をたどりながら、分析のこれらのレベルが並行関係にあることを指摘していく。しかし、神経学個体発生に対する彼の説明を理解するためには、まずエーデルマンが発達の根本的な心理学的課題と考えるもの、すなわち世界の知覚的カテゴリー化についてよく知らねばならない。ここではカテゴリー化の重要な問題を紹介し、より十分な拡大した議論は次章で行うこととする。

知覚的カテゴリー化と行動の起源

　すべての行動と心的機能の根本は、カテゴリー化である。知的行動は、何らかのしかたで、目下の知覚的活動を過去の活動と比較することが必要である。たとえば、もしある生命体が、感覚的活性化の特定のパターンが生じている状況で危険を避ける（あるいは食物を手に入れる）よう行為していたら、元の経験と十分重なりあう活性化パターンが類似した反応を生み出すだろう。行動の一般化は、知覚的カテゴリーの存在を例証している。さて、概念発達の研究者にとって、1つの時から別の時への行動の一般化は、人々に「クジラは魚のようだが、本当はそうではない」といったことを言うことを可能にしている人間の概念や知識の理論的複雑性を、ほとんどすくいとっていない。カテゴリーとより高次な概念との結びつきについては、次章でより詳しく扱うことにする。ここでは、神経細胞群選択に関するエーデルマンの理論は、知的行動に固有な多次元レベルでのカテゴリー化の問題に有用なかたちで適用できると言うに留めておく。この節では、エーデルマンの理論を、エーデルマンが定義したしかたでカテゴリーとカテゴリー化という用語を使用しながら、紹介する。

　エーデルマンのカテゴリーという概念の使用法は、反応般化よりも単純である。なぜなら、外的な反応をまったく含まないからである。実際、エーデルマンのカテゴリー概念の中心は、特定のカテゴリー、知覚、行為、そして知識を超えた、概念の核となる意味にある。エーデルマンは知覚を、「ある対象、あるいは事象を、1つあるいはそれ以上の感覚モダリティによって区別することであり、それらを背景、あるいは他の対象や事象から分離することである」と定義している（1987, p.26）。そこで知覚的カテゴリー化とは、「個人が同一でない対象、あるいは事象を、同等のものとして扱うプロセスである」（p.26）。しかし、エーデルマンにとって、同等性は、2つの分離したプロセスの間のマッピングから創発する。カテゴリーはマッピングであり、対象と反応の間である必要はなく、肯定的、あるいは否定的結果を導き出すものでもない。エーデルマンの見方では、カテゴリーは、ニューロン群のダイナミックな相互

作用から創発し、マッピング —— カテゴリー —— は、他との相互作用を通して、自己組織化するものである。

この世界で動物にその対象は何であるか、その対象にどのように働きかけなければならないのかを教えるカテゴリーで、変化しないものはないのだから、エーデルマン的に見た知覚的カテゴリーは、発達における本質的な中核である。知覚的分類の問題に関する解決は、系統発生における適応によってのみ、広く期待できる。重要な細部は個体によって、一生のうちに獲得されねばならない。次に、この問題に対する各個体が発見した解決法は、その個体の生態学的なニッチと、そのニッチに対する特異な機能的適応によって決定される。したがって、各生命体にとって、カテゴリーは相対的であり、不変のものではないし、抽象的な物理世界の真実の記述でもない。世界は、生命体にとって情報に満ちているが、情報は常に、世界における生命体の過去と現在の機能との関係において存在している。それゆえ、発達する神経システムにとっての問題は、情報に富んだ環境内で、どう正しく行為したらよいかを知るのに十分な特異性をもって世界を意味づけることであり、同時に、そのカテゴリーの事例がほとんどない場合でさえ、新しい対象を再認できるよう広く一般化できることである。

世界の中にある情報の性質について（たとえば、Gibson, 1979）、あるいは生命体が、系統発生によって知覚的カテゴリーを形成するようどれほど準備されているか（たとえば、Spelke, 1988; Marler, 1991）について、活発な論争が続いている。にもかかわらず、私たちは、知覚的カテゴリー化、これは個体の外部から来る信号も自己運動の知覚も含めたかたちで広く定義されたものであるが、これが認知と行為の基礎を形成するというエーデルマンに完全に同意する。しかし、私たちが述べてきた神経と行動の2つのレベルにおいて、これらのカテゴリーはダイナミックなものであるということを思い出すことが基本的に重要である。それらは、全面的に手がかり、文脈、刺激の顕著さに依存し、動物のダイナミックな過去と現在の状態に依存している。カテゴリーのあるものは、非常に安定し、容易に呼び出すことができ、簡単には変化しない。カテゴリーの他のものは、はるかに変化しやすく、それらのアトラクターの窪みは、新しい知覚情報によって簡単に動く。これから示すように、神経解剖学上の多様性と重複は、いかなる2つのカテゴリーの想起においても、まったく同じしかたで編成されることがないことを保証するものである。この柔軟性は、認知と行為の一般化と新たな形成の両方にとって、本質的な源なのである。

選択による発達

知覚的カテゴリーは個体発生のプロセスでダイナミックに確立され、日常的な使用の中で、選択というプロセスの働きで維持されていくということが、私たちの中心的なテーマである。古典的なダーウィン理論では、自然選択が行われるのは、自然状態

の集団が遺伝的に（そして表現形においても）常に多様だからである。種のレベルにおいて、ある環境、あるいは変化しつつある環境に対する適応が可能であるのは、異なる子孫を生み出すのに十分な遺伝的多様性が、集団内に存在するからである。多くの人が認めているように、この多様性は、解剖学的特徴や生理学的特徴同様、生命体の行動においても生じる。ダイナミックシステムの用語を使えば、自然選択は、集団のn次元の状態空間内にアトラクターの窪みを作り出す。すなわち、任意の種の特徴によって境界づけられる仮説的な状態空間内で、一定の属性の特定の組み合わせのみが一緒に生じるため、現実の集団は特定の領域を占めるだけである。しかし、これらの窪みは固定したものではない。匂いによってウサギの臭脳に作られる地図が、ウサギの蓄積された匂いに関わる歴史にダイナミックに反応するように、ある集団のアトラクター地図は環境の変化によってダイナミックに変わるのである。個体発生の時間スケールでも、同じようなダイナミックスが考えられる。次のようなことを想像してみてほしい。生まれたばかりの動物は、いかなる属性の集合についても、大きな、しかし無限ではない潜在的な状態空間をもっている。発達につれて、アトラクターの窪みは、その空間内で機能的により特定化された場所に移動していく。この場所は、動物が世界を知覚し、それに働きかける中で、選択によって創発する。特定の行動集合体に基づいて、窪みはより安定していたりいなかったりするだろう。たとえば、運動行為では、歩行の窪みは非常に安定し、障害あるいは長期間の不活動によってのみ攪乱される。一方、ピアノの演奏は、継続的な練習によって維持される必要があり、練習という行為と知覚のサイクルの反復によって、音楽的に正しい指の次々の動きと圧力が選択されるのである。

　伝統的ダーウィン理論同様、発達の選択論的見解には、適応的パターンを選ぶことが可能な多様性と変動性の源を必要とする。もし発達を、主としてより複雑な構造の階層的な増大と見なすなら、変動性や多様性は、ちょうど点と点を結ぶ回線の信号を減じる電話回線内の雑音のように、システム内の「雑音」としてのみ見なされることになる。個体差は、最頻的パフォーマンスからのズレとなる。もし個体間における差異が大きければ、グループ間の差異を見出すことはできない。そして、仮定した効果は存在しないと結論づけるだろう。このような思考様式、実験的デザインにおける操作化が、選択主義的プロセスの発見を妨げている。なぜならそうした見方は変動性それ自体に備わる本質を、重要なものと見なさないからである。発達に関するダイナミックな見方は、これと鋭く対立し、変動性の起源と機能を、変化を理解するための絶対的な中心であると考えている。変動性は、系統発生においてまさにそうであるように、個体発生と実時間的なプロセスにおける新しい適応的な形態の、まさに源なのである。変動性は、システムが移行期にあり、それが進行しているとき、すなわちシステムが自由に新しい、より適応的な組み合わせと形態を探索するときに姿を現す。

第5章　神経組織と発達のダイナミックス　　　183

個体差は、システムが取りうる可能な状態空間の範囲と、安定したアトラクター状態間の可能な軌跡の範囲を示す。それに対して、個体間の類似性は、その空間の制約と限界、そしてどのように異なる個体が同じ選択された解決策に収斂していくかについて教えてくれる。同じようなパフォーマンスにつながる個々の経路は、要素が編成されうるしかたと、空間の探索についてのダイナミックスを記述する。私たちは、個体間の変動性と類似性に関するこの考えを、とりわけこの後の諸章で、発達的な軌跡をどのように地図として示すことができるか、発達的なシステムを構成する相互作用する諸力をどのように明らかにできるかを示すのに使用するつもりである。

　古典的ダーウィン理論が強調する新しい形態の源としての変動性の考えを踏襲する一方、選択は生命体と環境の間の「最適な」適合を生み出し続けるという概念を退けるポストダーウィンの理論家たち（たとえば、Gould & Lewontin, 1979）に同意する。発達においては、進化においてと同様、変化とは、そのときの生命体の能力、目標、歴史のもとで機能する、一連の「間に合わせの」解決策からなると、私たちは信じている。私たちはヴァレラ、トンプソン、ロッシュ（Varela, Thompson, & Rosch, 1992）が述べたアナロジーが気に入っている。それはエーデルマンとガル（Edelman & Gall, 1992）が、抗体の生成との関連で初めて用いたものである。

　　ジョンはスーツが必要である。完全に象徴的かつ表象的世界で、彼は仕立屋のところに行き、寸法を測ってもらい、寸法どおりにできたすばらしいスーツを作ってもらう。しかし、もう１つ別の、環境に多くのことを期待しない明らかな可能性がある。何軒かのデパートに行き、そこにあるものの中から体によく合うスーツを選ぶのである。これらはピッタリと彼にあってはいないかもしれないが、十分満足できるものであり、彼は大きさと好みの点で最適なものを選ぶのである。こうして、適合についての最適基準を使った選択論者の、良い別の選択肢を得ることができる。このアナロジーは、しかし、さらに改良することができる。ジョンは、すべての人間同様、彼の人生の中で生じる他の出来事と無関係にスーツを買うことはできない。スーツを買うにあたって、彼の外見が職場の上司や、女友達の反応にどのように影響するかを考慮するし、また政治的経済的要素にも関心があるだろう。実際、スーツを買うというこの決断自体、初めから問題として与えられたものではなく、彼の人生という全体的な状況によって構成されたものなのである。彼の最終的な選択は、とても緩やかな制約（たとえば、身なりが良い）のいくつかを満足させるものだが、これらの制約のすべてに適合する種類のものではないし、ましてや最適な適合には及ばない。(p.194)

　このアナロジーは特に適切である。生命体は解決策の能動的な探索者である。彼らは偏りと目標をもち、様々な選択肢を試み、適応はあらかじめ定められたものという

よりは、その場しのぎのものである。彼らは多彩な袖、ポケット、ジッパー、ボタンのコレクションからスーツを作るのではなく、今手に入る中からもっとも良いものを選ぶのである。発達はより良い買い物客であること —— 一番近いサイズを思い出し、色や布地を見分け、より効率的に買い物をする —— が必要であるのかもしれない。しかしその途上には、すばらしいスーツがたくさんあるだろう。またもや、鍵となるのは、多様な選択肢をもつことなのである。

神経的多様性の解剖学的基礎と機能

　前節で、知覚と行為は中枢神経系の中で、相互に連結しているニューロンの大きな集合体によって生成されたダイナミックなパターンによって表現されることを見た。これらのパターンは、数分の1秒からもっと長い時間スケールにわたって、安定した特徴をもっているかもしれない。しかし、それらは常に、その活動の過去と現在の状況と生命体の現在の状態の関数である。ウサギの嗅覚の場合、フリーマンは、匂いの再認パターンは神経活動のカオス的な背景 —— その活動は高度に複雑で多様だが、無限にそうではない —— から選択されると示唆した。嗅いだり、リーチングしたり、指を使ったりという各事例で、表現は分散されているという特徴をもち、脳の各領域内とそれらの領域間の結合におけるニューロンの高度に関連しあったネットワークに、全面的に依存している。多様で重複しあった解剖学的構造もまた、神経学的発達と行動学的発達の選択理論の本質的な特徴である。それゆえ次の節で、まず神経選択の解剖学的基礎に関するエーデルマンの議論を要約する。次に、どのようにこれらの構造が胎生期にダイナミックに創発するかの概略を示す。結論の部分では、どのようにこのような神経構造が行動発達において機能するかを記述する。

　エーデルマンの理論の第一の部分は、神経系における多様性の性質に関するものである。神経的多様性は、この理論の土台となるものである。なぜならそれなしでは、神経系は知覚カテゴリーが特定的でありかつ一般的でもあるように、それを獲得し、修正できない。それでは、神経的多様性とは何であろうか？　どう現れるのであろうか？　なぜ神経的多様性は重要なのであろうか？　次に私たちは、これらの問題を扱うことにする。

神経系の構造における変動性

　複雑な神経系を有する動物について、解剖学者は、様々な核、束、層、溝、回路や、種のすべての個体に共通な形態的に他と区別しうる領域を認め、名前をつけることができる。何年間にもわたって、神経解剖学者と生理学者は、これらの解剖学的に定義された回路から脳の精巧な連結をたどろうとしてきた。大きな神経解剖学的構造に対

第5章　神経組織と発達のダイナミックス　　　185

する1つの解釈は、中枢神経系は、複雑な電話交換機のように配線されていて、点から点へと接続された配線によって、神経信号は電話の音声のように様々な中継器と中継地点を通じて処理されるというものである。この解剖学的見解は、シンボルがアルゴリズム的な規則によって操作されるというコンピュータをもとにした脳モデルに支持を与える。

　脳の大きな解剖学から一段下のレベルに降りてみると、非常に違った光景が出現する。エーデルマンは、神経系は実に多くのレベルで極度に変化することを指摘している（表5.1）。それは細胞の大きさや形、処理から連結の数、タイプ、程度、細胞のより大きな層、コラム、斑点、繊維への集成化、ニューロン間の電気的、化学的伝達にまで及ぶ。しかし、局所的複雑性と変動性という2つの特別な特性は、知覚的カテゴリーの獲得において根本的な重要性をもつ。それは縮重（degeneracy）と再入力（reentrant）の構造をもつ。これらはいくぶん難しい概念であるし、心理学では新しいものなので、さらに説明することにする。

　神経構造における縮重という概念は、いかなる単一の機能も、1つ以上の神経信号形態によってパフォーマンスされうるということを意味している。同時に、1つの神経細胞群は、複数の機能的関係に関与することができる。ウサギの嗅球の説明において、フリーマンが、複数の神経群が共同して作用し、シナプス連結強度が匂いと強化の連合によって修正される必要を仮定していたことを思い出してほしい。これは、エーデルマンの神経細胞群の定義、「類似した、あるいは多様なタイプの細胞の集合体で、数百から数千の細胞を含み、固有の回路構成の中で密接に連結し、それらの相互的なダイナミックな関わりはシナプス間連結の効率の増加によってさらに増大する」（1987, pp.46-47）と似ている。

　エーデルマンはこのような神経細胞群の巨大な集合体が発達初期から存在し、「初期レパートリー」を構成するとした。この多様な初期レパートリーから、特定のシナプス、あるいは連結性のパターンが、経験によって強められていく。こうして神経系は、広い範囲の感覚信号を解釈し、そして正確なしかたで特定の信号を再認することの両方に対して準備がなされる。もし神経細胞群間での連結が広範に強められるなら、すなわち刺激が同時に多くの神経細胞群を興奮させるなら、システムは広範囲なクラスの刺激に応答するが、弁別的には反応しないだろう。たとえば、すべての丸い小さな物体が再認されるだろうが、リンゴとオレンジを区別しない。逆に、もし非常に狭いクラスの神経細胞群が強められるなら、脳は非常に特異な刺激に反応するが、一般化することはできない。たとえば、特定の方向に置かれた赤いリンゴだけはわかるが、リンゴ一般はわからない。これらの神経細胞群が末梢からの信号の流れから意味を見つけるためには、初期レパートリーは縮重していなければならない——すなわち十分に重複していて、ネットワークのごく一部を活性化する刺激も一般化した反応を

表 5.1
ニューロンの変動の場所とレベル（Edelman, 1987 より許可を得て転載）

A．遺伝的傾向と発達的に主要なプロセスにおける変動：細胞分裂、移動、付着、分化、死

B．細胞組織における変動
  1．細胞の形と大きさ
  2．樹状軸索
    a．空間的分布
    b．分岐順序
    c．樹枝の長さ
    d．突起の数

C．結合パターンの変動
  1．入力と出力の数
  2．他の神経との結合順序
  3．部分的 vs. 長い範囲の結合
  4．軸の重なりの度合

D．細胞構築上の変動
  1．細胞の数あるいは濃度
  2．個々の皮質層の厚さ
  3．超微小体、微小体間、微小体層の相対的厚さ
  4．細胞体の位置
  5．柱状構造の変動
  6．ひも状あるいは布状の終点における変動
  7．繊維の異方性における変動

E．伝達装置における変動
  1．ある細胞集団の間
  2．異なる時間における細胞間

F．ダイナミックな反動における変動
  1．シナプスの化学とシナプスの大きさ
  2．電気的特性
  3．興奮／抑制比率とシナプスの位置
  4．短期と長期のシナプスの交代
  5．新陳代謝の状態

G．神経伝導における変動

H．グリア間の相互作用における変動

生み出すが、非常に特異な特性を無視するほど漠然としたものとはならない必要がある。解剖学的連結は、システムが、「絶対的な特異性と全範囲性の両極の間のどこかに調整」（1987, p.56）されることを保証しなければならない。このような形態の縮重は、エーデルマンがこのような分散型のシステムの様々なシミュレーションで示したよう

に、神経細胞群選択理論が機能するための必要条件なのである。どの神経細胞群も同時にいくつかの機能に関与でき、特定の機能は一組以上の神経細胞群によって実行されうるのであるから、知覚的カテゴリーの選択において変動性と柔軟性の両方があるのである。経験によって駆動される凝集と剪定のプロセスというこの見方は、反対例を想像することによってより明確になるかもしれない。電気技師が家の中に電気配線をする、あるいは機械技師が電話交換機を作るのと同じように、高度に特定化された連結経路の確立によって発達が進むという見方である。（この説明の困難なところは、もちろん、電気技師あるいは機械技師が細部まで特定化された青写真を必要とすること、つまり発達の「青写真」の起源という中心的な論理的問題が、解決されないまま残ることである。）

　エーデルマンによれば、神経的縮重の実際の解剖学的基礎は、神経系の多くの異なる領域の内部、およびそれらの間のニューロン間の高度に分岐した結合にあると思われる。個々のニューロンの軸は、しばしば脳や脊髄の全領域にわたって分岐しており、1つの細胞の出力が他の神経のネットワークに広く分散することを確実なものにしている。これらの分岐の数が数百万のニューロンによって乗数的に増加するとき、様々な相互的な連結の膨大なネットワークができることになる。私たちが先に述べたウサギの嗅球やサルの体性感覚と運動皮質のダイナミックで創発的な機能は、このような広く分散した神経細胞群によってのみ達成できる。これは、1つの細胞ではなく、ニューロンの群と集合体を実行単位とするのである。

　エーデルマンの発達に関する説明に必要不可欠な中枢神経系の第二の特徴は、再入力、すなわち、いくつかあるいは多くの同時的な知覚的、運動的表現の解剖学的な相互結合である。再入力は、いくつかの感覚モダリティにまたがる反応の協調を説明するのに不可欠である。リンゴを経験して、即座にそのようなものとカテゴリー化するとき、それは視覚的だが、リンゴの匂い、味、触感、持ち上げたときの手応え、さらにはリンゴに対して行われる様々な行為 ── スライスしたり、食べたり、アップルソースを作ったりなど ── に関連した一群の感覚や運動も呼び出す。いかなる種類の対象や出来事の経験も、ほとんど常に多モダリティである。たとえ単純に見ることでさえ、眼球運動とその知覚的な結果を含むのである。もし多くのタイプの知覚的情報に対する反応が一塊りになっているなら、神経細胞群の異なる集合体に届く情報は相関しているに違いない。すでに紹介したように、この相関の基礎は、入力信号の時間的接近に違いない。リンゴをかじるとき、サクサクという歯ごたえや口の中で感じる繊維、甘酸っぱい味、特徴的な香り、咀嚼する動きは、その一連の出来事の間中、常に完全に相関している。多モダリティ情報のこの完全な時間的連合は、おそらくすべての年齢、文脈、感覚モダリティにおいて知覚的に不変と言える唯一のものだろう。私たちは、エーデルマンと同様、この相関が、心と世界の間の第一義的リンクである

と考える。

　それでは、複雑に相互連結していてその構造が変動性をもつものであるとき、神経系はどのようにこれらの膨大でダイナミックな相関を計算するのであろうか？　再入力が重要な神経的な要件である。知覚的カテゴリー化をダイナミックに、すなわち教示によらないシステムによって行うためには、「2つの独立した抽象作用をもったネットワークが1つの刺激に対して同時に（そして分離して）働かなければならない。そして再入力によって、それらの表現の抽象的でより高次なリンクを提供するために、相互作用しなくてはならない」(1987, p.61)。

　再入力のあるネットワークが分類カップルを用いてどのように分類するのかについて、図5.7に示す非常に単純な例で考えることにする。説明のためにカップルに対する入力は、先ほどのリンゴをかじることから生じたとしよう。1つの分類カップルは、かじったり、かみ砕いたりすることによって生じる機械的な変形を検出する皮膚と口の内側の体性感覚ニューロンからの発火のパターンを受け取るだろう。かじり、かむとき、皮膚の受容体は刺激の特定の空間的時間的分布を検出する。これがこの最初のステップで抽象的に表現される。第二の特徴検出器は、たとえばフリーマンがウサギについて記述したのと同じようなダイナミックなしかたで、リンゴのある特徴に特異的に興奮する味らいあるいは臭覚神経からのインパルスのパターンを抽象化する。これらのパターンは独立に一連の縮重地図に伝達される。これらの地図は解剖学的にお互いと連結しており、入力が相互的に制御される。この2つの特徴検出器への入力は実時間で相関していなくてはならない。つまり、あごの下向きの圧力を示すニューロンとリンゴが歯によって砕かれるとき生じるリンゴの味の特異的な強い感覚をコード化したニューロンは、不変の、自己矛盾のない現実世界の関係を有しなくてはならない。この2つの地図は相互に連結しているので、元々は別の感覚システムによって検出されたパターンを連結する、ネットワークを作り上げる。

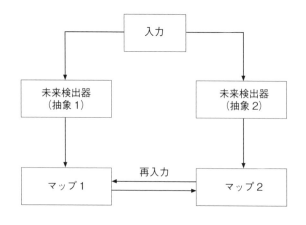

図 5.7
実時間の再入力を通して作動する分類カップル。刺激入力は2つの異なるネットワークによって、独立にサンプリングされる。一方は特徴検出を行い、他方は特徴相関を取り出す。選択された高次レベルの地図化された反応は、地図領域間で相互的に調整された連結によって、再入力を通して関連づけられる。(Edelman, 1987 より許可を得て再掲)

第5章　神経組織と発達のダイナミックス　　　　　　　　　　189

　ここで、神経細胞群間の連結は、繰り返し機能することによって選択的に強められることを思い出してほしい。リンゴをかじり、かみ続けるとき、類似しているが同一ではないパターンが、触覚と嗅覚あるいは味覚の地図に、そしてそれらの相互的で、自己矛盾のない連結において繰り返し生み出される。それは完全な真の時間的連合のゆえに、必ず不変の関係が成立している。このプロセスは、それゆえ現実世界での連合によって強化され、2つの一貫性のある感覚モダリティからの信号によって検出されたシナプス集団を選択するのである。この選択が、知覚的カテゴリー化の基礎である。対象や行為のカテゴリーは、それらの相関する特徴から「降りてくる」からである。したがって、様々な感覚による対象の知覚と、その対象に対する自らの働きかけの知覚を通して、私たちは、リンゴを食べることに関係した知覚と行為のカテゴリーの記憶の内に、長く続く、しかしダイナミックな連合を作り上げる。ネットワークは縮重的なので、カテゴリーは多くの経路によって喚起される。リンゴを見るだけで、リンゴを食べることに関する連合が喚起されるだろう。そして、発達の点でもっとも重要なことは、後ほどこの点を論ずるが、これらの縮重と再入力による連結は、元の集合体のどれにも存在しない、新しい連合的な機能の創発を可能にすることである。

　神経細胞群選択のもう1つの解剖学的必要は、神経系がある領域内の局所においても神経核間の長距離においても、その両方で再入力ネットワークをもつことである。これは中枢神経の処理のすべてのレベルで特性相関を保つのに必要である。再び、末梢から高次の皮質中枢へ伝達されるリンゴの姿、触覚、そして味をコード化している神経パターンを考えてみよう。どのように神経系は、様々な感覚モダリティからの情報の時間的同時性を刻々追い続けているのだろうか？　もしこれらの多レベルのネットワークが存在しなければ、システムは処理の進行につれて何の次に何が続くのかを追い続けるために、各感覚モダリティからの表現に、コンピュータ・プログラムの命令行のように、順序を表すマーカーをつけなくてはならないだろう。しかし、もし中枢神経系がすべてのレベルで再入力結合をもっていたなら、内的カテゴリーは並行的に同期して生成され、ネットワークを通過するプロセスで信号に別々の時間と場所のマーカーをつける必要はなくなる。すべてのレベルにおける再入力は、感覚入力の連続的な時空間的な表現を可能にするのである。

　エーデルマンは、神経系がこのようなしかたでカテゴリーを形成するよう作られているという解剖学的な証拠は疑問の余地がないとしている。視覚系は脳の多段的、並列的、高度に相互連結している性質の優れた例である。以前は、視覚情報は2つの経路、網膜から小丘を通る皮質下の経路と外側膝状体を通って視覚野に至る主要な経路によって処理されると信じられていた。しかし、最近の証拠は、視覚皮質でのいくつかの関連する処理の流れを指摘しており、それらはすべて、眼球運動の協調的な制御と密接に関連している。図5.8（ピーター・シラーの提供。Schiller, 1986, 1993; Felleman

& Van Essen, 1991 参照）は、霊長類の眼球運動制御モデルの図式的表現である。そこには、神経核と脳の領域の内の、そして相互間の経路が、相互に連結し、再入力的性質をもつことがはっきりと示されている。たとえば、上丘（SC）への経路は、網膜からの直接的な経路だけではなく、第一次視覚野、側頭葉中部、前頭葉視覚野からの再入力経路を含んでおり、それらはすべて異なる視覚情報を処理している。さらに、上丘は、黒質から大脳基底核を通る抑制性の影響を受ける。したがって、大脳基底核によって作られる眼（と手）の運動と並行したチャンネルで眼から受け取る入力の両者が、相乗的に作用し、継続的に連結し相関するのである。ジョンソン（Johnson, 1990;

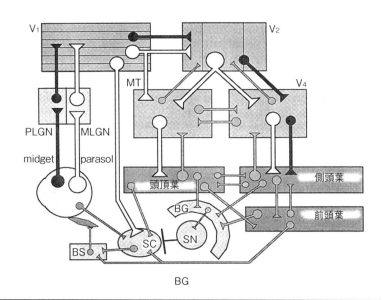

図 5.8
視覚的にガイドされた眼のサッカード運動の生成に関わる主要な経路。描かれているのは、網膜のミジェット、パラソル、w型（w）神経節細胞から発する3つの経路である。ミジェット細胞は外側膝状体の小細胞（PLGN）に投射し、パラソル細胞は大細胞（MLGN）に投射する。この2つのシステムは、それらが視覚野（V1）に投射するときも分離したままである。ミジェットシステムもパラソルシステムもV2野とV4野に投射する。しかし、視覚野から上丘（SC）へ、そして中側頭回（MT）へ投射している細胞は、直接投射もV2野を介する場合も、パラソルシステム優位に駆動される。視覚野はここに示されているよりもはるかに密に相互連絡している。外線条皮質から視覚野への高密度のフィードバック結合と、視覚野から外側膝状体へ戻る投射はここに描かれていない。外線条野と頭頂葉、側頭葉、前頭葉は上丘および大脳基底核（BG）の双方と密に連絡している。黒質（SN）は上丘に大きな抑制性の影響を及ぼす。w型細胞からの直接の網膜投射を含んで、他の上丘への入力は、この構造と主として興奮性の結合をしている。脳幹（BS）は前頭葉と上丘の両方から密な投射を受ける。脳幹の外転神経核、滑車神経核、動眼神経核は、眼球運動を引き起こす眼球筋への最終的共通路を形成する細胞を含んでいる。視覚システムの下位区分と結合についてのさらに詳細な記述は、フェルマンとヴァン・エッセン（Felleman & Van Essen, 1991）を参照。（Peter Schiller のご厚意による）

Morton & Johnson, 1991）は、これらの神経解剖学的経路の発達が、乳児の視覚的注意と顔の再認の発達にどのように関連しているかについてのすばらしいモデルを作り上げている。

神経胎生学における多様性の創造

縮重と再入力ネットワークのかたちでの多様性が選択プロセスによって行動発達がなされる不可欠な前提条件であることを明らかにしたので、エーデルマンは、基本的な胎生学的プロセスが、ダイナミックシステムとして、どのように変動性を作り上げるかを示すことに取りかかった。問題は、エーデルマンが初期レパートリーと呼んでいる、神経解剖学の基礎的で種特異的な要素が、経験に駆動される知覚的カテゴリー化の基礎として、どのように作られるのかである。

初期レパートリーの発達

先に述べたように、エピジェネシスは生涯にわたる発達の諸プロセスを結ぶテーマである。受精のときから、個体発生は偶発的であり、創発的である。そのプロセスは遺伝的制約を受けるが、局所的な形態発生の細部まで遺伝子の中に具体的にコード化することは不可能であり、それらは環境依存的で状況上の出来事から生じる。遺伝的プロセスとエピジェネティックなプロセスの相互作用は、発達のほとんどの「生物学的」レベル、つまり初期の胚発生にまで及ぶ。私たちはここで、胚発生と初期神経レパートリーの形成に対するエーデルマンの説明を、2つの理由で要約する。第一に、発達心理学者は現代の神経胎生学についてあまり馴染みがないかもしれないので、ダイナミックなプロセスがもっとも初期の段階から連続していることを強調することは重要だからである。第二に、もっとも重要なことだが、私たちは、この説明（およびエーデルマンの仕事とそれの基礎となった多くの研究）が、果てしない発達上の二分法、氏か育ちか、あるいは遺伝か環境かという問題を、永遠に無意味なものにすると信じるからである。

初期胚のダイナミックなプロセス

エーデルマンによれば、胎生学における基本的発達問題は、形態の創発である。（行動は時間依存的な形態であり、行動発達のすべては類似の基本問題として提起することができる。）とりわけ、エーデルマンは、本質的に一次元的な、化学物質の連鎖である遺伝コードが、どのように三次元的な動物の明細を記述するのかを問うた。エーデルマンは、分子生物学の大勝利、DNA の構造とコード化が解き明かされたことは、特性がどのように伝達されるかについての問いに答えるものであるが、それ自体は遺

伝子がどのように特性を決定するかについて教えてくれるものでないことを、私たちに気づかせてくれた。すべての動物は1つの細胞から始まり、それは哺乳類なら10^5個の遺伝子をもつことを考えてみよう。成熟につれて、動物は10^{11}の細胞、200種類の組織、10^9の生理学的制御ループ、そして人間なら10^{15}のシナプスを脳内にもつことになる。成熟した動物の規模と複雑性はDNAの規模をはるかに超えるものであり、実際、ゲノム内のDNAの内容と種の複雑性には関係がないのである（Edelman, 1988, p.12）。したがって、遺伝子に導かれながらも、形態の複雑性は、発達の間に、自己組織的なしかたで生じるのに違いない。遺伝子は、各動物の各細胞の出現する時間と空間的位置に関する情報を貯蔵しておくことはできないのである。

　このことはどのように可能になるのであろうか？　胚発生の間、卵割が行われ、細胞の特徴は変化し、移動し、組織、器官、そして器官システムのより大きな集合体へと組織化される。胎生学者は、秩序と複雑性の源としてこれらの細胞や組織のダイナミックスそのものに注目し、とりわけ、パターン形成のために細胞がどのように協力しあって相互に影響しあうかに焦点を当てた。第3章で述べた古典的な物理的ダイナミックシステムとまさに同じように、パターンは、一般的な制約のもと、多くの潜在的に独立した要素からなるシステムの集合的な影響から生じる。遺伝子の役割は大まかに、これらの物理的システムにおける非特定的な制御パラメターに比較しうる。したがって、たとえば圧力と温度は、ベロウソフ・ジャボチンスキー化学反応におけるパターン、あるいはパイプの中の流れのパターンの性質の決定的要因であるが、圧力と温度それ自身はパターンの局所的な細部を特定はしない。（しかし、このアナロジーは、部分的にのみ真である。なぜなら遺伝的制御パラメターは、遺伝子と細胞の他の部分との間の相互的な影響のサイクルという、継続的な相互作用のしかたで発達を制御するからである。）

　エーデルマンは、図5.9に示されるような、いくつかの発達の初期プロセスを提案している。細胞分裂、細胞移動、そして細胞死は駆動力プロセスであり、一方細胞接着と分化は、制御プロセスである。発達の間、これらのプロセスは時には独立して、時には相互作用的に働くが、前者は、細胞の数と位置を変化させ、胚の機械的特性を変化させるのに対し、後者は、細胞間の相互作用のタイプを変化させる。全体として、初期の胚発生は誘導として知られているものによって特徴づけられている。異なる経歴の細胞が1つにまとめられ、それらが新しい位置を占めることにより、それらの遺伝的表現が変化する。したがって、基本的な細胞変化は、他の細胞と相互作用する細胞表層からの信号によって開始される。エーデルマンは次のように述べている。

　　誘導は細胞表層から組織内の誘発された細胞の核への信号伝達が関わるようである。誘導は一般に単一の細胞間ではなく、細胞群あるいは私たちの呼ぶところの細胞集合体の間

第5章　神経組織と発達のダイナミックス　　193

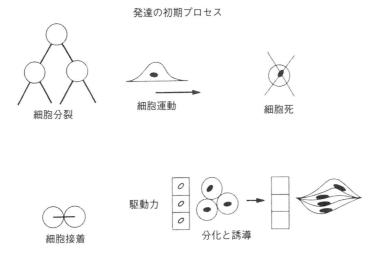

図 5.9
発達の初期プロセスの概念図。「駆動力プロセス」——細胞分裂、細胞移動、細胞死——は細胞接着と分化によって制御される。鍵となる出来事は環境依存の分化ないし胎生誘導で、単一細胞間ではなく、異なる細胞集合体の間で起こる。(Edelman, 1987 より許可を得て再掲)

で生じる。(1988, p.18)

　誘導のタイミングは周囲の組織の性質ばかりでなく、これらの組織の位置に決定的に依存する。細胞が位置を検出し反応する能力を、エーデルマンは位置生物学的 (topobiological) 潜在力と呼んだ。位置生物学は、場所依存的な相互作用に対する彼の用語である。たとえば、原腸胚形成は類似した細胞（胞胚）の最初のシートが将来の組織と器官の源となる、初期の神経管と3つの初期胚の層、外胚葉、中胚葉、内胚葉を備えた構造へと変形することである。胞胚内の細胞はこれらの層を作り出すために移動するのに必要な潜在力を同じようにもっているわけでない。特定の位置にいる細胞だけがそれができるのであり、それらだけが特定の時間においてこの潜在力をもっている。どんな特定の細胞も、いわゆる神経管の誘導体として作用する可能性があるが、それは個々の特徴ゆえではなく、隣接細胞との関係とその細胞集団の歴史的文脈において作用する。さらに、細胞分割と、とりわけ細胞移動と細胞死のプロセスは厳密に、あるいは決定論的に制御されているのではなく、かなり確率論的プロセスなのである。エーデルマンによれば、

これらの観察は、隣接した細胞の制御的特性の進化的選択の仮説についての基礎となった。ある一定期間における特定の細胞集合体内の細胞の位置が重要なのであって、その集合体内の正確な位置は、一般に重要ではないようである。類似の履歴の細胞が十分な数だけ存在する限り、特定の細胞の死が隣接している細胞の運命を変えることはないだろう。(1988, p.24)

誘導と決定の経路は、環境依存的な遺伝子のそれまでの一連の歴史的発現に関わり、それが機械的、機械化学的事象と組み合わさって、形態とパターンの達成を実際上支配している。いかなるときも、隣接する集合体の場所、規模、大きさの間で相互作用があり、そして様々な誘導分子信号がそれまでに確立されたパターンを維持するばかりではなく、それを新しいパターンに作り変えている。(1988, p.26)

これらのもっとも初期の段階から複雑な人間の認知の獲得への発達の主題は、パターンと形態の創発である。本書の第1章で紹介したように、発達の説明は2つの一見矛盾しあう傾向を説明しなくてはならない。巨視的レベルでは、発達の結果には大いなる斉一性と規則性がある。受精卵から人間の胚や胎児が作られる正確な出来事の種の驚くべき類似性、正常な人間における行動、思考、コミュニケーションのしかたの驚くべき収斂がある。同時に、「局所」レベルにおける多様性、非決定性、そして一見非教示的な先行体からのパターンの創発を見ることができる。いかなる細胞も、神経管誘導のためのコードをもってはいないし、いかなるニューロンあるいは脳の神経核でさえも、知覚や行為のパターンを決定しない。

これらの傾向が機械的に解決されうる初期の神経レパートリーを生み出すのは、この胎生期の事象にある。つまり、初期の形態発生の空間的時間的ダイナミックスを制御する分子メカニズムを提案することで、エーデルマンは遺伝子の所産——その種の成員間の遺伝的な類似性の源——と、遺伝子そのものの中には特定してコードされていない複雑性と多様性を詳らかにする創発するパターンを、結びつけようとした。さらにこの初期レパートリーがどのように世界内の経験を予期し、それによってかたちづくられるかを示すことによって、エーデルマンは、構造と機能におけるその対応物の多様性と類似性の間のギャップに橋をかけたのである。

形態発生における細胞表層の役割

エーデルマンは細胞表層が、胚発生において形態を進化させることになる細胞間相互作用において鍵となる役割を果たすと見ている。細胞表層は、細胞間の基本的なコミュニケーションを媒介し、環境からの信号を細胞が受け取るところであることから、

第5章　神経組織と発達のダイナミックス　　　195

さらに細胞表層（二次元的なシート）は、細胞の形、分割、移動から生じるその他す
べての形態学的変化を反映し、反応することからも重要である。とりわけ、細胞表層
は、広い範囲の分子に対する受容体をもつ複雑な層であることが発見され、そこでは、
細胞内外の機械的変化、化学変化から局所的相転移が生じる。表層は、したがって、
内的な事象に反応する。すなわち細胞質における化学的変化がタンパク質の構造の交
代を導き、それに対応した細胞の形、硬さ、流動性の変化を生み出す。たとえば、受
精という化学的事象は卵の構造的極化への動きを開始させ、後の細胞分裂の運命を決
定する。同じように、細胞表層は隣接する細胞からの機械的化学的影響に反応し、そ
れに応じて自らの特性を調節する。細胞間のこれらの機械化学的相互作用は、細胞移
動、結合、細胞分割、細胞死による胚の構造的複雑性の展開の、直接的な原因である。
　細胞表層による駆動力は、エーデルマンによれば、細胞表層同士の接着の性質を変
化させる一連の特異な分子によって媒介される。これらの分子、いわゆる細胞接着分
子（cell adhesion molecules: CAMs）は、一方で、制御遺伝子とそれらの三次元的発達
的表現間の翻訳者として作用する、特異な遺伝子の所産である。細胞接着分子は、細
胞を集合体へと結びつける —— 異なる細胞接着分子は異なる細胞の境界を特定する。
これらの異なる細胞接着分子によって結びつけられた細胞の結合特性は、集合体の間
で交換される信号を通して、細胞自体によって制御される。細胞がこれらの多様で特
異な集合体に結合されるにつれて、結合そのものが細胞の形態を変化させ、ゲノムに
信号を送り返すことにより、遺伝子表現の変化を誘導する。こうして相互作用的なサ
イクルが確立されるが、そこでは細胞接着分子の結合が変化することによって形態が
変化し、形態の変化が細胞接着分子を変化させる。図5.10に、このサイクルが図式
的に描かれている。
　このプロセスの詳細を知りたい読者は、エーデルマンの『ニューラル・ダーウィニ
ズム（Neural Darwinism）』(1987) と『トポバイオロジー（Topobiology）』(1988) を
参照してほしい。私たちの目的にとっては、細胞接着分子サイクルが発達のダイナ
ミック理論を支持する多くの原理を説明するものであることが重要なのである。第一
に、このプロセスは究極的には遺伝子の制御のもとにあるが、歴史的であり偶然的で
もあり、遺伝子発現は自律的に制御されているのではなく、細胞核あるいは細胞の外
の形態学的事象に対する反応として作用しているのである。ひとたび細胞接着分子が
発現すれば、一連の変化が最初の事象から次々と生じる。この偶然的な、カスケード
効果のため、局所レベルでの変動性が不可避的に生じるのである。他のダイナミック
システムにおけるように、このプロセスは、重要な非線形性を説明している。初期の
個体発生で、異なる時間に発現しうる異なる細胞接着分子の数はわずかにすぎないよ
うである。にもかかわらず、それらの発現の違いと、その後の形態学的、化学的事象
の偶発的性質によって、特定の時点でのこれらの特定の分子の発現は、いわゆる下流

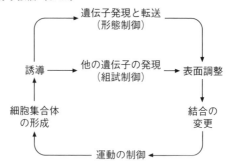

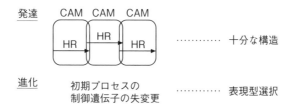

図 5.10
エピジェネティックな系列における細胞接着分子 (CAM) 制御サイクル。初期の誘導信号 (左の太い矢印) が細胞接着分子の遺伝子発現を導く。表層の調整は細胞の結合率を変える。これは形態発生運動を制御し、次には胚の誘導ないし環境依存の文化に影響する。この誘導体は、再び細胞接着分子の遺伝子発現に影響することができ、また他の遺伝子の特定の組織の発現にも影響する。左右の太い矢印は、未知の誘導を開始する信号の候補を示している。これらの信号は細胞接着分子の結合の結果としての全体的な表層の調整、からの、あるいは誘導に影響するモルフォゲンの放出からの、あるいはその両方の結果でありうる。いずれにしても、遺伝子発現と形態発生の間の機械化学的連結は、このサイクルによって提供される。(Edelman, 1987 より許可を得て再掲)

で大きな変化を生み出すのである。化学的メッセージと特定の細胞の運命との間に一対一対応は存在しないので、細胞接着分子によって制御されている形態発生の所産は、厳密に決定論的というよりは統計的である。細胞接着分子は特定的に制御しているというよりは、調節をしているのである。なぜなら、制御の座は、遺伝子からのメッセージとそれらのメッセージによって創発するパターンの両方にあるからである。

それゆえ、神経系の初期発達において創発するパターンと場所の特異性は、発達の系列の中でダイナミックなしかたで異なり、また異なる時間に発現する、比較的少数の細胞接着分子の所産である。発達が進むにつれて、エーデルマンが言うように、

　　途方もない数の神経パターンが、5つか6つの表層調節メカニズムの影響の下、異なる

特異性をもつ比較的少数の細胞接着分子の働きの結果として生ずる。細胞接着分子遺伝子の初期の制御は、細胞接着分子サイクルで見られるように、細胞分化制御遺伝子の制御のもとでの、その後の比較的独立した細胞分化の発現と相まって、事実上無限なパターンの集合を生み出すことができる。これらのパターンの多様性は、調節メカニズムでの避けることのできない局所的揺らぎに由来するだろう。[強調を付加した]（1987, p.102）

「避けることのできない局所的揺らぎ」というテーマは、今まで見てきたように、物理的であれ生物的であれ、すべてのダイナミックシステムの説明に何度も現れてきたものである。これらの局所的揺らぎとその結果としての初期条件に対する敏感性は、最終的な局所的多様性の性質は予測できないということを意味している。しかし、この「ノイズ」はまた、新しく発現するパターンの究極的な源なのである。なぜならそれは、選択が働く対象となる新しい組み合わせを生み出すのに必要な、変動性と柔軟性をもたらすからである。しかし、ちょうど物理的ダイナミックシステムが全体としては決定論的なように、エーデルマンの制御仮説も、特定の種内で見られる神経パターンの広域的な一貫性と両立する。つまり、系統発生的選択によって保証された細胞接着分子発現の遺伝的制御によって、このプロセスはコースを保ち続け、局所的な変動性は全体的な一貫性の枠内に留まるのである。そのため、初期の神経発生の結果は、統計的な最頻値である、種内に一貫した神経構築体でもあるし、より微視的に見れば、神経の数と結合において膨大な三次元的変動性をもつシステムでもあるのである。

神経発達の細胞プロセス

神経系の発達における特異な細胞プロセスは、管、層、核における全体的な順序性と、局所的な不可避的揺らぎの２つの主題を継続する。とりわけ、コーワン（Cowan, 1978）の統合にならい、エーデルマンは神経発生の以下の段階を記述している。

1. **細胞増殖**　中枢神経系における細胞増殖は時間的にも空間的にも規則正しい順序で生じ、求心性の、あるいは遠心性の結合のいずれからも独立しているようである。ほとんどの細胞増殖は、胎生期後期までに終了する。それに対して、末梢神経系の細胞は入力に反応して増殖する。
2. **細胞移動**　異なる要因が細胞移動と軸索突起での結合を決定する。細胞移動は、おそらくは細胞接着分子発現との相互作用を通じて、グリア細胞によって指示されるようである。
3. **細胞集合**　細胞は、移動と類似のメカニズム、すなわち細胞表層の細胞接着分子調節に関わるエピジェネティックなプロセスによって集合するようである。

4. **神経分化**　2つのプロセスが働く。神経の全体的な形は遺伝的に決定されているようである。軸（軸索突起と樹状突起）の分岐の広がりと性質は、それに対して、入力、すなわち活動の開始、チャンネルのタイプ、シナプス伝達の性質などに依存している。

5. **細胞死**　発達の間に、特定の領域では細胞の70％までが、しばしばきわめて短時間の間に死ぬ。細胞が生存するか死ぬかは経験に依存しているという多くの証拠がある（Greenough, Black, & Wallace, 1987 も参照）。分化した細胞の生存は、その特異的な神経分布パターンに依存しているので、このプロセスはあらかじめプログラムしておくことはできない。したがって、統計的でありダイナミックな特質をもつ。

6. **結合の形成**　神経結合の形成はと安定化は、エーデルマンによれば、「その活動においてダイナミックで、ある程度は統計的な、協力と競争のメカニズムの複雑な集合に依存している」［強調はエーデルマンによる］（1987, p.115）。これらのプロセスは、適切な結合を伴う位置的に秩序だった構造を生み出すが、独立して生じることもあるし、時には協調して生じることもある。たとえば、分化は移動と死と同時に生じるかもしれない。全体として、それらは、神経特異性はあらかじめ決定されているわけではないこと、つまり遺伝的プロセスは大まかな輪郭を規定しているだけであることを示唆している。むしろ、神経レベルでは、特異性はダイナミックシステム間の選択と競争によって生じるのである。私たちは、個体発生においても行動レベルで同様なプロセスが生じるというエーデルマンに同意する。

神経発生、マッピング、そして行動の関係 ── 知覚と行為へ

　私たちは、胚におけるダイナミックなプロセスが神経発生を開始させること、ゲノムと細胞集団間のエピジェネティックな相互作用が初期の神経構造体をかたちづくることを立証した。私たちはさらに、エーデルマンの仮説、神経構造の特異性 ── 機能的に関連しあう神経グループの地図の作成 ── は、主として経験駆動であり、おそらく大人の皮質の可塑性で明らかになった地図の形成と一貫するようなしかたであるだろうことを検討した。新生児期以降の脳の発達、とりわけ視覚野における経験の決定的役割に対するかなりの発達的証拠がある（レビューとして、Huttenlocher, 1990; Frégnac & Imbert, 1984; Greenough, Black, & Wallace, 1987; Merzenich, Allard, & Jenkins, 1990; Gottlieb, 1991a,b; Movshon & Van Sluyters, 1981; Singer, 1990 参照）。両眼視の連結の発達における経験の役割は、特によく研究されていて（たとえば、Weisel & Hubel, 1965）、両眼が一貫性を保って機能するようになるための選択の担い手とし

ての時間制約的活性化の見方と一致する。つまり、両眼の活動は、2つの目の映像が視覚的に一致したときのみ生じるのである。もし実験者が2つの眼に一致しない情報を提示したら、正しい結合は発達しない。これからの私たちの発達に関する説明にとってもっとも重要なのは、運動 —— 行動の制御 —— が視覚的優位を確立するのに本質的役割を果たすという発見である。網膜からの信号だけでは十分ではない。もし子ネコを麻痺あるいは麻酔状態にして、視覚的パターンを提示したとき、あるいは、視覚的信号が行動を制御するのに使用できないようにしたとき、子ネコの皮質の機能は変化しないのである（Singer, 1990）。

　次章では、再びエーデルマンの理論をたどり、神経発達を出生後の行動発達の基本的プロセスと視覚的カテゴリー化の問題と結びつける。エーデルマンの理論的統合の魅力は、彼の心的行動の発達における動きの基本的重要性をよく考慮していることである。本書を書いた私たちの主な目的は、行為と認知の発達を単一の理論的枠組みの中に統合することであるから、彼の理論のこの側面がとりわけ示唆するところが大きいと知ったのである。ここでの鍵となる考えは、カテゴリー化の全体的な機能 —— 記憶、学習、パフォーマンス —— は多くのモダリティからの感覚情報と並んで、運動行為の再入力性のマッピングからダイナミックに生じるということである。より具体的には、初期の発達において、動きと感覚信号は完全に対になっており、一緒に全体的な地図を形成するよう作用し、それがさらなる発達の基礎となる —— これは視覚発達の神経生理学だけでなく、乳児の行動研究からも生まれた考えである。これらの考えを初期発達の特定の側面 —— 歩行、リーチング、対象の知識 —— に適用する前に、カテゴリーの理論的な位置と、発達における全体的なダイナミックス、そして神経ダイナミックスの —— エーデルマンの理論を介した —— 連結について考えよう。

注
[1] 最近、体性機能局在論の概念全体が疑問視されるようになった。一次運動野（M1）の局所的領域で制御されていると考えられた動きは、広く分散されたニューロンが関わっているようである。シーバーとヒバード（Schieber & Hibbard, 1993）は、サルが異なる指を動かすよう訓練されたとき、異なる指の動きに対してM1の単一のニューロンが活性化したと報告している。同時に、別の指によって活性化されたニューロン集団は、高度に重なっていた。著者たちは、「どの指の動きの制御もこのように、体性機能局在的に分離された神経集団によるというより、M1の手領域全体に分散された神経集団を動員しているように見える」と結論している（p.489）。

第6章　カテゴリーとダイナミックな知識

　発達心理学の中心的関心は、人間はいかに事物、自らの体や社会的物理的環境など
の事物、最終的には自分そのもの、自己意識や自己概念について知るようになるの
かということである。この章では、本書の初めの部分で扱ったパターン形成のダイナ
ミックス、エーデルマンの神経細胞群選択理論（TNGS）が示唆しているような行動
発達の神経的基質と、思考や行為のための知識の創発との理論的結びつきを確証する。
とりわけ、私たちは、いかに知覚、行為、認知がパターン形成の同一のダイナミック
なプロセスから生じているかを強調する。パターンとは、世界内で行為し知覚する、
経験の反映である。共通するプロセスは、入力の時間と結びついた特性から利益を得
るよう遺伝的に配線された脳による、経験のマルチモーダルなマッピングである。神
経細胞群選択理論は、このような発達のストーリーに対する胎生学的、解剖学的証拠
を提供する。

　この章の鍵となる概念は、カテゴリー化である。私たちは、知覚的カテゴリーの概
念をより深く探求する。カテゴリーが特別な教示者なしに自律的に生じることがどの
ように可能かを示し、そして、神経細胞群選択理論を用いて、乳児期初期において知
覚−行為カテゴリーがどのように心的生活の基礎を形成するのかを、一般性を保った
しかたで議論する。次章では、この章で探求を始める理論的考えに適合する乳児期の
知覚、運動、記憶発達からの経験的証拠を提示する。

哲学 対 生物学

　ピアジェや他の構造主義者の先達に続く伝統的発達心理学は、心的活動の個体発生
をより洗練された知識構造へと進む前進的構成と見なしている。ピアジェのルーツは
非常に深く哲学に根差しており、また彼の主たる関心は論理的知識の構造にあったの
で、彼の残したものは、心を世界の論理を映し出す論理的装置とする見方である。そ
してピアジェ自身は、この構成プロセスをダイナミックなものと見ていたが、こうし
て獲得そのものがもの（things）── 様々な洗練さにおいて論理的操作をパフォーマ
ンスする心の中の実体 ──であると見なしていた。ものとして、それらは論理的形式
によって表象でき、それはつまり、脳はこれらの形式を論理学者と同じしかたで操作
するということである。

(201)

複雑なパターンの形成の原理とエーデルマンの神経細胞群選択理論から、私たちは、心の操作をダイナミックシステムのそれであると見なす。ニューロンの流動的でダイナミックな編成がどのように世界を意味あるものとして捉えるのかを理解する上で重要なのは、心のカテゴリーを形成する能力、すなわち、同一ではない出来事あるいは対象を、同等の意味をもつかもしれないと認識することである。この能力なしでは、思考であれ行為であれ、いかなる心的操作の基礎も成り立たない。カテゴリー形成は心的活動の原初形態である。カテゴリー形成の個体発生は、行動発達の基礎なのである。

哲学的カテゴリー

哲学の伝統的推論において、カテゴリーと概念とは異なる。この見方によれば、カテゴリーは概念の外延、つまり世界内に存在するそのカテゴリーのすべての真なる構成要素である。概念は、カテゴリーの志向的定義である。これは心の事象、すなわち個人が世界内の対象がカテゴリーの一員かどうかを決定することを可能にする内的表象である。この客観主義の哲学では、概念は、それを創り出した心とは独立に、その外に存在する「真の」カテゴリーの集合、すなわち外的現実を表象する。このほとんどプラトン的なカテゴリーの見方では、心の仕事はカテゴリーを作り上げることというより、それらを発見することである（たとえば、Ghiselin, 1969; Gellman & Coley, 1991; Markman, 1989; Carey, 1985; Keil, 1989 参照）。概念構造は世界の中で、世界に働きかける子どもの行為から発達すると信じていた発達的構成主義者であるピアジェでさえ、これらの「構成された」概念の客観主義者の見方に固執していた。ピアジェによれば、発達は外的な実在の内的なモデルを造ることからなり、そのモデルは、発達とともに次第に正しいものになる。正しさは世界の永続的な物理構造と論理によって定義される。

客観主義の見方では、心はシンボルの集合を外的現実の構造と対応するように構成することによって、外的現実を表象する。この立場からカテゴリーを研究している理論家にとって、重大問題は、概念はどのように現実を表象するのかであり、特定の課題で概念がどのように用いられるかではないし、概念が現実と接触するとき、どのようにそれが起こるのかでもない。実際、ピアジェや他の研究者が語る発達は（レビューとして、Smith & Heise, 1992 参照）、〈いま－ここ〉の現実から遠ざかり、一時的な課題や文脈を超越した無菌の概念へと向かうものである。それゆえ、カテゴリー化に関する文献上の論争は、主に内的表象の構造に関してであり、心的状態と外的あるいは生態学的現実との対応、あるいは、内的構造が特定の実時間の経験と結びつくプロセスではない。外的現実の内的表象の細部に関する論争において、かなりの合意が得られた時期もあったが、これらの表象の性質に関してはほとんど進歩が見られてこ

なかった。

　概念構造に関する伝統的な論争の出発点は、述語論理から直接借用した古典的な見方、すなわち対象は、定義となる特徴の集合を有しているなら、そのときにのみ、特定のカテゴリーの事例であるという見方である。この見方によって、私たちのカテゴリーの内的表象、すなわち概念は、カテゴリーの一員たる必要十分な特徴を条件として定義されるのである。しかしこの古典的見方は、心理学的理論としては退けられることとなった。なぜならば、いかなるカテゴリーも必要十分な特徴を見出すことは不可能に見えるからであり、人間のカテゴリー判断はしばしば段階的であり、全か無かではないからである。古典的定義では、カテゴリーの定義に合致する対象はそのカテゴリーの一員であり、定義に合致するすべての対象は、そのカテゴリーの一員として等しいものである。しかし、この古典的定義は、ロッシュ（Rosch, 1973）が、人間はカテゴリーのあるものを他のものより良い事例と判断することを示して、心理学的障害にぶつかってしまった。たとえば、コマドリはアオカケスより鳥カテゴリーの良い事例である。概念、つまり私たちの内的表象は、論理的定義のようには働かない。これら（そして他の同様な結果）に照らして、カテゴリーの古典的見解は、確率論的見解に取って代わられた。

　確率論的見解では、カテゴリーは一連の特徴によって定義されるが、それらのどれも決定的ではない。というより、対象は、そのカテゴリーの特徴を多く有していればそれだけ、そのカテゴリーの一員なのである。しかし、確率論的見解もまた問題がある。個々のカテゴリーが段階的な構造をもつとしても、それは実験において非常に変わりやすいのである。コマドリがより良い（そしてより速く再認される）鳥であるかどうかは、状況や、その個人の知識に依存する（Johnson, 1992）。さらに、段階的カテゴリー構造は、一見して定義的な特徴が疑いようのない場合でさえ、現れる。たとえば、三角形という概念は古典的な定義が当てはまるように思える。普通の人は、ある対象が三角形であるための必要十分条件（3辺からなる閉じた図形）を知っている。にもかかわらず、三角形であるかどうかは、ハイかイイエの論理的問題だとする同じ人物が、正三角形を他の三角形よりより良い三角形と判断し、より速く再認するのである（Armstrong, Gleitman, & Gleitman, 1983）。

　古典的な論理的定義のカテゴリーだけが、段階的構造を示すべきでないにもかかわらず示してしまうわけではない。たとえば、「この瞬間に私の机の上にあるすべてのもの」というカテゴリーは、外延をもつが、安定した内的表象をもたない。もしコマドリが鷹より鳥的というような、カテゴリーの一員かどうかの判断における段階的構造が、安定したカテゴリー構造の固有の特性であるなら、「この瞬間に私の机の上にあるすべてのもの」というアドホックなカテゴリーは、カテゴリーの一員かどうかの判断で段階的構造を示さないはずである。しかし、バーサロウ（Barsalou, 1987）は、

特別な目的のカテゴリー —— ある課題に適するよう応急的に作られたカテゴリー —— が典型的な「段階的構造」を示すことを明らかにした。たとえば、「クギを打ち付けるのに使用できる机の上にあるすべてのもの」というカテゴリーを作ってみる。机を見ながら、重い、掴むことのできるものという定義的特徴をガラス製、たとえばペーパーウエイトは除く、というように移していく。このとき内的表象としての安定した「もののような」概念、「クギを打ち付けるのに使用できる机の上にあるすべてのもの」の客観的な現実の用意されたモデルは、もっていない。このように、アドホックなカテゴリーが段階効果をもつことから、ある研究者たち（Medin & Ortony, 1989）は、段階構造は、人間のパフォーマンスにおける信頼できない側面であり、外的な現実の内的表象とはほとんど関係がないだろうと結論している。

　概念の確率論的見方は、カテゴリーの一員かどうかをどう決めるかに関して人は直感をもっており、それは確率的ではなく、明確なことだと思われるという理由からも攻撃された。人々にカテゴリー構造について内観してもらうと、カテゴリーが古典的に定義された論理的分類に組織化されているように振る舞った。人は、カテゴリーの一員であることにとって必要不可欠な特定の特性、定義があると信じているように思われる。たとえば、人々は、その対象の母親がスカンクであれば、その外見にかかわらず、それをスカンクであるとする（たとえば、Keil, 1898）。問題の対象が、青色で、はげていて、耳がなく、知られているすべてのスカンクの３倍の大きさでも、まったく問題にせず、その母親と父親がスカンクであれば、それもまたスカンクであるとするのである。ここでの本質的な特性は一種の因果関係 —— 親子関係 —— であり、知覚的なものではない（親子関係は見たり感じたりできない）。カテゴリーの一員かどうかに関してどんな特性が決定的かに関する人々の直感は、対象を知覚的に認識するのに使用される特性の種類とは無関係である。すなわち、スカンクと言えるためにはどんな特性が必要かについて話すとき、道を横切ったものがスカンクかどうか決定するときに使用する特性について話すことはまずない。

　カテゴリー構造に関する人々の直感に関する研究から、何人かの理論家たち（Keil, 1989; Gelman & Markman, 1987; しかし Gelman & Medin 1993 も参照）は、私たちが対象を認識する知覚的手続きは、概念の一部（あるいは中心的部分）ではないと示唆している。この見方によれば、対象がどのように見え、聞こえ、感じるかは、実際に何であるか、あるいはそれが実際に何であるかに関する私たちの内的表象とは、ほとんど関係がない（たとえば、Medin & Ortony, 1989; Gelman & Markman, 1987; Mandler, Bauer, & McDonough, 1990; Keil, 1981; この問題のさらなる議論については、Smith & Heise, 1992, Jones & Smith 参照）。

　このようにカテゴリーの客観主義的アプローチでは、古典的定義から古典的定義へと一周し、そのプロセスで得たものは、対象（パフォーマンス）を認識したり相互作

用したりするのに使用される知覚的プロセスと人間のカテゴリー化における広範囲な段階的判断を導くプロセスは、表象された概念の中心的な部分ではない、ということだけである。私たちから見れば、客観主義的理論家は、論理的根拠から人間の思考の豊かさ、多様性、適応性を追い出してしまった。知覚とカテゴリー判断をするプロセスが人間のカテゴリー化の心理学的説明の中心ではないなどということが、ありえるだろうか？　心を現実と接触するのではなくそれらを表象するものとし、知識はパフォーマンスの外側にしか存在せず、知識獲得のダイナミックスはその貯蔵と使用のプロセスから分離しているとでもしなければ、知覚が概念とカテゴリーの研究の外側に位置することなどあるはずがない。

生物学的カテゴリー

　哲学的に純化したアプローチは、私たちにとって無意味である。私たちは、絶えることのない世界との接触の形態と機能を理解したい。心は世界を表象するだけではなく、物理的現実、肉体をもつ自己や物質的な世界という現実の中に生き、その一部なのである。私たちの見解では、知覚的特性、本質的特性、あるいは段階的構造が実際の概念でどうなっているかを議論する必要はない。代わりに、私たちは、人間のカテゴリー行動の現実の多様性を認識し、捉えるべきである。段階的構造、直感、対象の知覚的再認はすべて本質的に対立を含み、縮重的で、それゆえ創造的なプロセスであるシステムの現れであるだろう。知覚、行為、認知は、このように１つのダイナミックスのもとで、高次元の基質から編成され、それらがノイズに満ち、変動し、初期条件に敏感であることは、人間の認知に見られる柔軟性のみならず、新しい形態の源ともなる。心の中の世界という客観主義的現実は、世界の中の生命体という生物学的現実を無視している。

　非常に異なった観点から出発して、レイコフ（Lakoff, 1987a）は、認知に対する哲学的客観主義のアプローチを退ける議論を行っている。言語学的現象を基礎にして、認知は外的現実の内的表象ではないと論じた。

　　概念的カテゴリーは、全体として、客観主義的見解がそれに要請するものとは非常に異なっている。証拠は、カテゴリーのみならず、人間の推論一般において、非常に異なる見方を示唆している。

・思考は身体的なものである。すなわち、私たちの概念システムをまとめるのに使用される構造は、身体的な経験から生じ、それによって意味づけられる。さらに、私たちの概念システムの中核は、直接的に知覚、身体運動、物理的社会的性格をもつ経験に基礎を置いている。

・思考は想像的である。すなわち、経験に直接基づかない概念はメタファー、換喩、心的

イメージを用いる。これらはすべて … 外的現実の表象以上のものである。

・思考はゲシュタルトの特徴をもち、したがって原子論的ではない。概念は、単に一般的ルールによって、概念的「建築ブロック」を積み上げた以上の全体的な構造をもっている。

・思考は生態学的構造をもつ。認知的処理の効率性は、学習や記憶におけるように、概念システムの全体的構造と概念が意味するものに依存している。思考はしたがって抽象的なシンボルの機械的な操作以上のものである …。

・人間の理性は先験的な理性の事例ではない。それは生命体の性質と個人的集合的経験に貢献するすべて、たとえば遺伝形質、生活している環境の性質、環境内で機能するしかた、社会的機能の性質など、から生じる。(Lakoff, 1987b, pp.xiv-xv)

レイコフは、人間のカテゴリーの性質が、表象することとは対照的に、身体的で創造的であると論じた。なぜなら、エーデルマンの用語を使えば、人間のカテゴリーは縮重的であるからである。つまり、それらは複数の対立を孕む解決法からなり、それらが共同して創造的に働くのである。レイコフの用語では、カテゴリーは、「認知モデル」の集まりによって組織化され、それらは1つの論理的全体へと首尾一貫することはないが、産出的で想像的なのである。

レイコフ（1987a）の母親概念の分析は、人間の概念の潜在的な縮重的性質をよく説明している。レイコフによれば、母親の単一の、一貫した考えや定義はなく、つまり母親とは本当は何かを決定する、1つの手続きは存在しない。母親という概念は、他のすべての概念同様、本質的に縮重的である。とりわけ、レイコフの言語学的分析によれば、私たちは、母親の以下のような複数のモデルをもっている。

・産む母親モデル：産んでくれた人物を、母親と言う。
・遺伝モデル：遺伝材料に貢献した女性が、母親である。
・養育モデル：子どもを養い育てる大人の女性が、その子どもの母親である。
・結婚モデル：父親の妻は、母親である。
・系図的モデル：もっとも近い女性の祖先が、母親である。

レイコフによれば、これらすべてが、私たちの「母親」の概念である。普通の人々は、哲学者同様、カテゴリーは必要不可欠な特性をもっているという直感を有し、哲学者同様、しばしば本当の母親とは何かについての単一の定義が存在すると論じようとする。しかし、哲学者のようにそれを試みたとしても、上の例は、母親とは何かの真の定義となる1つの定義を取り出すことはできないことを示唆している。この例は、発見されるべき1つの真実は、どこにも存在しないことを示唆している。

第6章　カテゴリーとダイナミックな知識　　207

以下の文が示しているように、「真の」母親性に対する1つ以上の基準が存在する。

　私は養子です。本当の母親が誰か知りません。
　私は子育て向きの人間ではありません。それでどの子どもにも、本当の母親でありえたとは思えません。
　私の本当の母親は、私が胚のときに死にました。私は凍結され、後で私を生んだ女性の子宮に移植されたのです。
　私には遺伝上の母親がいて、その人の卵子が私を産み育てた本当の母親の子宮に移植されたのです。
　遺伝子工学によって、私の父の精子によって受精した卵子の遺伝子は、20人の女性の卵子の遺伝子から接合されたものです。それらの誰も私の本当の母親とは呼べません。私の本当の母親は、1人の遺伝上の母親をもっていなくても、私を産んで育てくれた女性です。

　要約すると、これらのモデルの1つ以上のものが、真の母親の特徴づけに関わっているのであって、いずれの1つも、そのような特徴づけに欠けているかもしれないのである。
（Lakoff, 1987, p.68）

　これらの文すべてを理解したということは、私たちの心理学がこれらの母の理解と定義のすべてを含んでいることを示している。これらは重複しているが、縮重モデルである。それらは、母親の単一の定義へと収斂しない。レイコフが書いているように、誰かが、「私には4人の本当の母親がいる。遺伝子上の母親、産みの母親、育ての母親、父の今の妻である」と言ったら奇怪であろう（Lakoff, 1987b, p.87）。
　母親のこれら多重モデルは、新しい生殖技術や変化する家族構造の現代的な圧力が生み出した特殊なケースではない。レイコフは様々なカテゴリー —— いくつか挙げると、日本語の「本」、ジルバル（Dyirbal：オーストラリアの原住民の言語）の分類システム、英語における「lust」と「over」の概念 —— の縮重性を分析している。これらのすべては、重複しあうが一貫しない多重の意味からなっている。そのようなものなので、それらは本質的に創造的でもある。「必要は発明の母である」や「全員、ボーイフレンドが母みたいにかまってくれたらと思っている」という文は、母親という同じ非一貫的な概念の異なる側面を、想像力に富んだしかたで使用している。想像と創造は変動性を必要とする。それらは、生物学的カテゴリー化の本来的な不安定性の例なのである。
　レイコフの洞察は、もしカテゴリーの定義を、単一で、一貫性のある、客観主義的

なもの ── つまり、表象された要素が、世界の現実に対して、真理条件的言明によっ
て対応づけられるもの ── と見ようとするならば、不都合である。これらの洞察は、
私たちがカテゴリーを身体化された ── 生きている ── プロセスであり、同じ現実に
ついての多重的で対立をも含む解釈の相互作用から生じるがゆえに創造的であると
見なすなら、不都合はない。これらの洞察は、すべての微妙で、完全なまでに適切な
ニュアンスを伴う母親の多重的な理解を、あるアトラクターの窪みから別の窪みへと
飛び移るダイナミックシステムの所産として見るなら（Freeman, 1991）、ダイナミッ
クな集合体のアンサンブルの所産として見るなら（Georgopoulos, 1986, 1988, 1990）、
そして、固定的でなく、厳格でもなく、機能することにより継続的にダイナミック
なしかたで確立され、維持されるものとして見るなら（Merzenich, Allard, & Jenkins,
1990）、不都合ではない。

自らを教えるカテゴリー ── コンピュータ・モデル

もし抽象的な論理構造が脳の中に組み込まれていないとしたら、人々はどのように
世界を認識可能なチャンク、たとえば母親の多重的な意味へと分割する能力を獲得す
るのだろうか？　今までの章で記述してきた神経解剖学的特徴 ── 重複、再入力、過
剰特異化、変動性、縮重 ── はいかにして、同時に論理的で、捉えにくく、演算的で
かつ状況的である心を支持し、維持することが可能なのだろうか？　もっとも重要な
問いは、どんなプロセスとメカニズムが、頭の中のコビト ── あらかじめ完成してい
て答えを示唆する先験的な知者 ── の助けなしで、日常生活の多重的で連続的な感覚
に意味を付与できるのだろうか？

この節では、カテゴリー学習の単純な事例 ── アルファベットのカテゴリー学習に
関するリークとエーデルマン（Reeke & Edelman, 1984）による例証 ── について考え
る。この例証は、カテゴリーは実時間のマルチモーダルな相関によって自己組織化さ
れうることを示している（次章で、人間の乳児におけるマルチモーダルなマッピングの証
拠をレビューする）。コンピュータ・シミュレーションによるこうした例証は重要であ
る。なぜなら、それらは神経細胞群選択理論によって示唆された神経プロセスの実行
可能性を、純粋なかたちで、観察可能な透明なメカニズムによって具体化することに
よって確証するからである。

エーデルマンのカテゴリーの起源に関する５つの中心的主張を再度述べると、（a）
システムは縮重的である ── 実時間で同一の入力に関して作用する複数の分離したプ
ロセスが存在する。（b）カテゴリーは知覚的空間の分離した事例の再入力マッピン
グから発達する。（c）マッピングは独立した事例間に存在する実時間の相関関係に
よって作られる。（d）再入力マップは活動依存的である ── 私たちが知覚するものは、

正確に時間拘束的なしかたで、私たちが行うことに依存している。(e) システム内に常に変動性が存在する。変動性はシステム内の高度な連結性に由来するので、解剖学的であり、またダイナミックである。ダイナミックな変動性は、中枢神経系の固有の連続的な活動と入力の連続的で変化する性質の結果である。そのためシステムは二度と同じ状態になることがない。

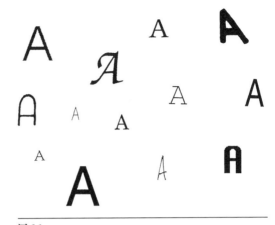

図 6.1
Aとして認識可能ないろいろなA。

　リークとエーデルマンはこの仮定を使って、カテゴリー学習、具体的にはAという文字のコンピュータ・シミュレーションをデザインした。装置の課題は、単にアルファベットを経験するだけで、アルファベットの文字のカテゴリーを学習することである。明示的な教示なしで文字カテゴリーを学習することは、これらの考え方の強力さの説得的な例証となる。アルファベットの文字は典型的に、本来的に任意のカテゴリーだと見られている。なぜならそれらは、厳密に文化的構築物だからである。私たちはいろいろなAをAとして、いろいろなBをBとして、いろいろなCをCとして認識するための装置を特別に進化させてきてはいない。にもかかわらず、私たちはそのことが非常に得意であり、大人であれば、図6.1のすべてをAと認識できる。

　私たちがどのように文字カテゴリーを学習しているかに関する直接的な仮定は、書かれたものがどの文字カテゴリーの例であり、どの文字カテゴリーの例ではないかを明示的に教示されるというものである。カテゴリーの明示的な教示という考えは、大人のカテゴリー学習のモデルで支配的である（たとえば、Nosofsky, 1986）。もちろん、文字カテゴリーは、真に任意なものではない。文字システムは、文字を書くのに使用される手のプロセス、文字を知覚する際の視覚的プロセス、文字を想起する際の記憶プロセスによって制約され、維持されている。リークとエーデルマンは、これらの制約の合流が本質的に、かつそれだけで文字カテゴリーの創発にどのように十分であるかを示した。リークとエーデルマンの装置は、AやBやその他を独力で — 特定の例を見て働きかけるだけで — 学習する。

　図6.2は彼らのカテゴリー発生装置の図式的説明である。リークとエーデルマンのモデルにおいて、自己組織的カテゴリー化を可能にしている鍵となる要素は、同じ物

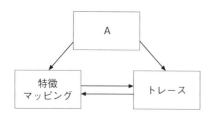

図 6.2
リークとエーデルマンのモデルの模式図。

理的刺激を同時に処理する2つの縮重的で離接的な2組のプロセスの提案である。図の左側に描かれているプロセスは、特徴分析である。標準的な特徴分析モデルと類似のしかたで、角度、直線、曲線、方向の各検出器が刺激の対応するパターンによって活性化する。図の右側に描かれている第二のプロセスは、文字をトレースするという活動である。トレース運動は、全体的な形についての情報を与える。このように、このモデルは文字認識の分析的アプローチと全体的アプローチのどちらかを選択するのではなく、むしろ両方のプロセスを設けている。このシステムは、それゆえ同じ課題に適用される冗長的プロセスがあるという点で、縮重的である。さらに、2つのプロセスは離接的である、すなわちそれらは分離し独立している。したがって、片方がもう片方から作られてはいないのである。しかし、これは単なる二重プロセス理論ではない。その力は実時間での2つの独立したプロセスのカップリングにある。特徴分析器が特徴を分析するのと同時に、形態トレーサーが全体的な形を引き出す。これら2つの異種混淆的プロセスの産出は、実時間ですべてのステップごとに、お互いにマップされる。

　リークとエーデルマンの装置では、実際には実時間で同時に3種類のマッピングが行われる。第一のマッピング、特徴分析マップは、入力された文字を特徴リストへとマップする。第二のマッピング、トレースマップは、入力された文字を連続的にトレースする動作の系列へとマップする。第三のマップは、再入力マップであり、2つの表象を実時間でお互いにマップする。このモデルの新しい発想は次にある。すなわち、刺激を内的プロセスへとマップする2つの独立したマッピングは、知覚情報についての質的に異なった解釈となり、実時間で相関されることにより、お互いに教育しあうのである。自己教育はさらに2つのプロセスによって達成される。(a) トレーサーは活動の方向を追求し、そちらに動く（このバイアスは動機的な価値である）。(b) 選択論的プロセスは活性化している連結を維持する。このモデルによれば、私たちはいろいろなAといろいろなBを、時間的にリンクした単一の刺激の独立のサンプル間に存在する相関によって、認識することを学習する。

　リークとエーデルマンは、この装置が文字カテゴリーを学習し、一般化できることを示した。この装置は、外的に評価されるいかなる反応もなしに、文字を認識することを自らに教える。この装置がいろいろなAの間に存在する類似性を発見するため

に、すべてのAがAであることを外部から教えてもらう必要はない。この装置の知能は、3つのマップの同時的な自己組織的活動の中にある。つまり知能は、全体の活動のパターンに存在する。

　文字認識に離接的サンプルを相互作用させるリークとエーデルマンのモデルが作動するということは、1つの例証モデルである。それはこの種の自己組織的カテゴリー学習が、たとえ文字のような人工的なカテゴリーであっても、可能であることを示している。もし人々が、リークとエーデルマンのモデルが示唆するようなしかたで文字を現実に学習しているとしたら、文字認識の実験的研究の結果は、ある時には、独立した特徴分析器のようであり、ある時は各部分間の関係的な特徴の全体的な抽出のようになるはずである。

　リークとエーデルマンのモデルのさらなる予測は、文字トレースのダイナミックな経験に依存する関係的分析が、特徴分析に影響を与えるだろうというものである。すなわち、文字カテゴリー ── 私たちが文字を認識するのに使用する特徴 ── は、その文字をトレースする（あるいは書く）ことに関わる筋肉運動に、正確に依存しているだろう。これが意味するところは、もし私たちすべてが、左から右ではなく、右から左に文字を書くとしたら、私たちはAという文字の例として異なる物理的刺激を受け入れるであろうということである。この予測は、データによって支持されている。フレイド（Freyd, 1983）は、大人に文字に似た記号の認識を、それが書かれるのを観察することによって学習させた。実験協力者は、2つの書字方法のどちらかで書かれるのを観察した。図6.3は、1つの記号と2つの書字方法を示している。書字方法が異なっているにもかかわらず、2つの条件で書かれた最終的な静的な状態としての記号は同一である。1つの方法で訓練した後、実験協力者は静的な表象を示され、それがモデルとなった記号の例かどうかを尋ねられた。これらのテスト記号のいくつかは、モデルとなった記号を「ヘタクソ」に書いたものである。

　フレイドは、実験協力者が訓練期間中に観察した書字方法と一致するように歪められた静的な記号を、同じように歪められているが訓練期間中に観察した書字方法と一致しない場合に比べて、より信頼性をもって速く認識することを見出した。たとえば、訓練期間中に書字方法1を観察した実験協力者は、テスト項目1を2より速く認識した。一方、訓練期間中に書字方法2を観察

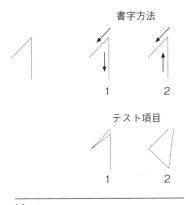

図 6.3
フレイドが用いた、2つの書字方法と2つのテスト項目。(Freyd, 1983)

した実験協力者は、テスト項目2を1より速く認識した。要するに、カテゴリーの一員かどうかに関する静的な視覚的特徴は、それらが実時間でどのように作られたかに関するダイナミックな情報によって影響される。これはまさに、リークとエーデルマンのモデルから期待される種類の結果である。カテゴリーの一員と認識するための手続きは、おそらく静的な特徴抽出に含まれるプロセスと、実験協力者が実験者の書字を観察したときの形態の視覚的なトレースとの、実時間での相互作用から発達するのである。

　リークとエーデルマンのモデルの成功は、カテゴリーについて以下のことを示唆する。第一に、カテゴリーは自己組織化する。モデルは単に世界を知覚的に探索することによってのみ学習する。カテゴリーの鋳型は世界の中にはないし、頭の中にもない。発達は、外的な教師や発達の最終結果の青写真なしで、すべて自ら組織化するというしかたで可能なのである。私たちがよく出会う、生得的あるいは任意のカテゴリーという二分法は、間違いである。発達の所産であるカテゴリーは、生得的でも任意でもある必要はない。むしろ、それは、同じ刺激に関わる複数のプロセスの、時間拘束的な相互作用によって制約されているだろう。

　第二に、リークとエーデルマンのモデルでは、特定の場所に貯蔵される表象された概念は存在しない。Aというカテゴリーの学習は、Aの定義の学習を含んでいない。どこかに貯蔵されている文字Aの概念セットも、志向的定義もない。文字Aの認識は、Aという象徴と接触する（「アクセスする」）ことを含んでいない。一般的な認知のコネクショニスト・モデルや、フリーマンが記述したネズミの嗅脳と同じように、カテゴリーは相互に強化しあい同期する、活動の爆発である。そして、それは進行中の活動の文脈の中で現れるので、本質的に可変的である。

　第三に、縮重的で離接的なサンプリングという考えは、あるカテゴリーの例をどのように認識するのかという疑問に対して、単一の根本的な答えは存在しないことを意味している。リークとエーデルマンのモデルでは、文字Aは、その特徴群でもないし、トレースでもない。どちらかではないが、両方なのであり、両者以上のものなのである。

　私たちはこれらの考えは、カテゴリー発達を説明する基礎を形成するものであり、ダイナミックな表象の生物学的に実行可能な解釈となるものと信じている。私たちはこれらの考えを、すべてのカテゴリーの中でもっとも基本的なものの1つ、物体のカテゴリーの知覚的起源を検討することによって発展させる。これらの考えが、どのように乳児が相互に分離した個々の物体からなる世界を知覚するようになるのかに関するデータを再解釈することにより、発達的変化の理解に用いることができることを示す。このように神経細胞群選択理論を発達的データに拡張することで、ダイナミックな表象の性質に関する私たちの提案、すなわち、このような表象がどのように作られ、

どのように機能し、どのように認知の新しい、より生命体的で生物学的な見方の基礎となるのかを明確にするのである。

対象の定義の発達

発達において重要なことの多くがそうであるように、ここで関心の対象となる現象は、ピアジェによる自らの子どもが乳児であったときの観察によって、初めて同定された。ピアジェ（Piaget, 1955）は、幼い乳児の視覚的追視、あるいは、より月齢の進んだ乳児の対象物へのリーチング行動は、対象をもう１つの対象の上に載せたり、後ろに置いたりすることによって混乱することを観察した。ピアジェによれば、図 6.4 に描かれているボールのような物体が、別の物体の上に載せられると、幼い乳児は、元の形を見分けられなくなる──つまり、分離した物体ではなくなるのである。ピアジェにとって、物体が境界をもち、その物体に関する経験とは独立に存在するものであるという理解は、知覚と行為によって構築される認知的な構成物なのである。

１つの物体にもう１つの物体が載せられると、独立した２つの物体とは知覚されなくなるというピアジェの観察は、視覚的シーンを対象へと解析することは、生得的な「法則」によって制御されているというゲシュタルト心理学者の考えと対照的である。これらの法則──よき連続、閉鎖、近接──は、視覚的表示の静的な特性に関わる。計算機論的視覚とシーン解析に関する現在の研究（Marr, 1982）は、ゲシュタルト的アプローチとは主要な面で異なるにもかかわらず、対象を縁とテクスチャにおける非連続性という、静的な特性によって定義している点では同じような見方をしている。

スペルキと共同研究者たちは、ピアジェの方がゲシュタルト心理学者よりも発達的には正しいことを示した。幼い乳児は対象を分離するのに静的な特性を利用しない。幼い乳児は、たとえば図 6.5A を図 6.5C のようではなく、図 6.5B のように知覚する

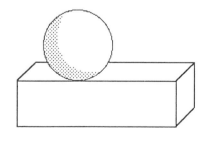

図 6.4
幼い乳児は、ボールが他の物体の上に置かれると、別個のものであると認識できなくなる。

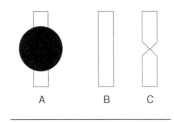

図 6.5
大人はCよりもBがAらしいと知覚する。乳児はそうではない。

ということはない。ゲシュタルト的特性の使用や静的な視覚的シーンを対象に分離するための手続きは、発達的にはより後に出現する (Spelke, 1990を参照)。ゲシュタルト的特性は、7〜30ヵ月の間に対象を定義するのに使用され始める（たとえば、Kellman & Spelke, 1983; Kellman, Spelke, & Short, 1986; Schmidt, Spelke, & LaMorte, 1986)。1つの対象を他のものから分離するためにゲシュタルト的特性を使用することは、発達の所産なのである。

運動の重要性

　スペルキの研究はまた、乳児は対象を空間と時間の中に無境界的で非連続的なものとして知覚しているというピアジェの提案を否定させることとなった。スペルキの研究は、乳児は対象を空間と時間の中で境界のある一体のものとして知覚しないが、もし対象が他のものに対して独立に動くならば、幼い乳児は分離した対象を分離したものとして知覚することを示した。ケルマンとスペルキ（Kellman & Spelke, 1983）の長期にわたる洗練された一連の研究の第一実験 (1983) に、彼らの発見と実験手続きがよく示されている。その実験で、4ヵ月児を、上部と下部は見えるが、中央部がその手前にある物体によって隠されている対象に馴化させた。その対象――箱の後ろにある棒――を図6.6に示す。乳児はこのディスプレイに馴化した後、2つのテストディスプレイを見せられる。乳児は1本の棒の全体か、2つに分かれた棒か、どちらのテストディスプレイであれ、馴化したディスプレイと異なると知覚したディスプレイをより長く見るはずである。

　ケルマンとスペルキは様々な馴化ディスプレイで調べた。棒が動く、ブロックが動く、棒と箱が独立して動く、棒とブロックが一緒に動く、まったく動かないである。テストディスプレイは1本の棒、あるいは2つに分かれた棒からなり、実験を通して、これらのテストディスプレイは行ったり来たりしているか静止している。問題は、乳児は1本の棒と2つに分かれた棒のどちらを、馴化したものより異なると知覚するかである。結果は明快なものであった。2つに分かれた棒は異なるものとして、1本の棒は、テスト対象が動き、かつ馴化した棒の端が手前の物体の後で、共通の動きをしたときのみ、類似したものとして知覚される。発達の初期では、対象の境界――物体が1つなのか2つなのか――は、運動によって定義されるのである。

　さらなる研究から、対象の境界に関する静的な手がかり――相対的な大きさ、色、テクスチャの違いといった手がかり――は、幼い乳児の棒が1本なのか離れているの

かの定義にほとんど役割を果たしていないことが示された。この月齢の乳児は、すでに大きさ、色、テクスチャの違いを知覚できるので、ある意味で、これは驚きである（Aslin & Smith, 1988 参照）。しかし、ケルマンとスペルキの結果は、乳児が分離した対象を定義するのに最初はこれらの知覚的に利用可能な静的特性を使用していないことを、はっきり示している。

スペルキ（1990）は、発達初期の対象が分割していることへのダイナミックな手がかりそれ自体は、生得的なものかもしれないと示唆した。証拠は、この結論を強要するものではない。ダイナミック

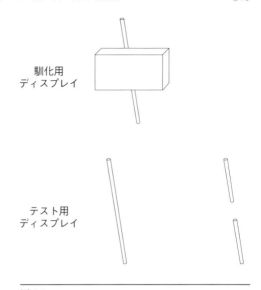

図 6.6
ケルマンとスペルキが使用した、馴化用とテスト用のディスプレイ。

な手がかり —— 動いている物体（そして動いている知覚者）から生じる手がかり —— は、体性感覚野における場所地図と同様、生得的ではないだろう。乳児が始めに対象を分割するのに使用するダイナミックな手がかりそれ自体が、縁、テクスチャ、動きの時間拘束的な相互相関の中で創発するであろう。リークとエーデルマンの装置が、知覚と行為間の時間拘束的マッピングから文字のカテゴリーを発見したように、乳児は個別に動く物体を発見するのだと思われる。そして、ひとたび発見すれば、この発達的変化は、対象分割の静的手がかりの発見というような、他の変化を引き起こすであろう。

ダイナミックシステムの説明

ここで、対象の知覚的定義のダイナミックシステムによる説明を示す。私たちは、対象が分割しているという知覚の創発に対して提案するシステムが、きわめて単純なものであるにもかかわらず、発達がどのように進行するかの鍵となる要素を捉えていると信じている。私たちは特に、対象分割は2つの離散的知覚システム ——〈なに〉（what）システムと〈どこ〉（where）システム —— の相互作用において発達すると提案する。〈なに〉メカニズムは、対象のカテゴリー化と同定に関係し、対象の静的な特性 —— 縁、色、形 —— を使用する。〈どこ〉メカニズムは、知覚を位置づけるものであり、視覚的ディスプレイで発生した運動とダイナミックな情報を使用する。私た

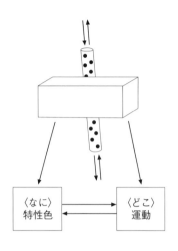

図 6.7
ケルマンとスペルキの結果を説明するダイナミックシステムの、〈なに〉と〈どこ〉メカニズムの結合。

ちは〈なに〉と〈どこ〉システムが図 6.7 に図示されているように相互作用し、分離した対象の知覚を生み出すと提案する。そして図 6.7 のような装置が、3 つの時間に拘束された、相互作用するマップによって対象を分割することを学習すると提案する。第一のマッピング――〈なに〉マップ――は、視覚的入力からのテクスチャと縁を各ユニットの活動の各レベルへとマップする。第二のマッピング――〈どこ〉マップ――は、物理的意味での運動を第二のユニットグループの活動レベルへマップする。第三のマッピングは再入力マップであり、〈なに〉と〈どこ〉システムの活動レベルを相互にマップする。

　ある対象が動いているのを見ていることの背後にある神経的事象は、時間的に展開する。この神経事象の時間的経過を、状態空間内に〈なに〉システムの活動に対するもう 1 つのシステムの活動をプロットすることにより描く。図 6.8 の状態空間は、〈なに〉と〈どこ〉システムの共同活動のすべての可能な組み合わせを含んでいる。したがって、いかなる知覚事象も、その空間内の点に位置づけることができ、それはある瞬間における 2 つのシステムの共同活動を示す。それらの「瞬間」点は、時間と伴に 1 つの方向に伸びる線を形成し、図 6.8a のような時間的軌跡となる。もしケルマンとスペルキが用いたような反復事象ならば、状態空間内の神経事象の軌跡は繰り返し類似の経路をたどり、図 6.8b のような活動の反復パターンを生み出す。

　第 5 章で吟味した神経プロセスの証拠と一致して、私たちは〈なに〉と〈どこ〉システムの活動は連続的であり、個別的な処理段階はないものとする。〈どこ〉システムは、たとえば感覚データを集め、それを処理し、多数の段階を経て最終的な所産を出力するということはしない。むしろ、各システムは一群のニューロンからなり、その群の活動は全体として連続的なのである。これらのシステムはまた、常に活動的である。停止したりしない。〈なに〉と〈どこ〉システムの共同活動の経路は連続的に、常に状態空間内に描かれ、存在している。生命体が目覚めて眼を開けていれば、活動のこの経路は、物理的刺激からシステムへの 2 つのマップと再入力マップに依存する。処理を開始させるのに必要なものは、ごく限られている。乳児は、ただ見るだけ、物を見ないことより見ることを、何もない壁よりは複雑な、あるいは動くものを見るこ

とを選好する（動機づけ的価値）ことが必要なだけである。乳児は、どの特性が物体を定義し境界づけるのかに関するあらかじめの「知識」は必要としない。目覚め、外界を見ている乳児がこの連続的な活動をする中で、状態空間内に規則的で組織化された経路が創発する。なぜなら神経系と外界は、固有な特性をもつからである。(a) 2つの異種混淆的なシステムの活動が時間拘束されている、(b) 物体と生命体の行為は、物理法則によって制約されている、(c) 各瞬間において、各システムの活動レベルは物理的な刺激、自らの直前の活動、他のシステムの直前の活動によって決定される。

外界を見るという連続的経験から、状態空間に経路の密度の高い領域と低い領域が出現する。経験の連続的な軌跡の部分は何度も何度も生じるので、状態空間内のある領域内で、経路が反復的にお互いの上を通るだろう。経験による連続的軌跡のこれらの反復的部分は、図6.8bで重なっている濃い線によって表されている。すべての3つのマッピングにおいて共同活動との連結の増加という単純なヘッブ的概念によって、共通に繰り返される経路はアトラクターになるだろう ── 以前には近接しているが別個の活動パターンを生み出していた刺激と行為は、いまや単一の軌跡を描くだろう。これらのアトラクターの軌跡は、システムが過去の経験から一般化し、未来について予測することを可能にする。

私たちは、ケルマンとスペルキの実験やそれと同様のものにおいて、馴化手続きがアトラクター軌跡を作り上げると提案する。たとえば、1本の棒が箱の後を動くのを見るという経験を繰り返すことによって、繰り返される〈なに〉と〈どこ〉システム間の共同活動のあるパターンが作られる。特定の経路が繰り返し状態空間内に描かれる。この経路は一組の期待を作り出すが、それは破られうる。私たちは、驚き（すなわち、注視の増加）は、その後の事象が、最初はそのアトラクターに落ちた ── 補足された ── 軌跡が、次には期待しないかたちで向きを変え

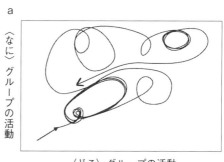

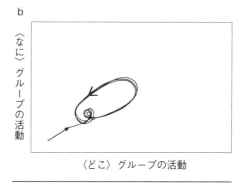

図 6.8
〈なに〉と〈どこ〉システム結合における、内的活動の理論的軌跡。

るときに生じると提案する。驚きは、アトラクターに重なる軌跡を生み出すテスト事象や、状態空間内ではるかに離れた軌跡を生み出す経験からは生じないだろう。期待が外れることこそが、驚きを生み出すのである。

　これらの考えは以下のように、ケルマンとスペルキの実験結果の説明に使えるだろう。馴化手続きの間、同一運動条件群の乳児は、棒の両端がそれを遮っているブロックの後を一体となって行ったり来たりするのを見る。この動きは、テクスチャや縁によって決定される〈なに〉システムの活動と、縁の動きによって決定される〈どこ〉システムの活動の共同的相互作用に基づくアトラクターの軌跡を作り出す。乳児が、テスト条件で完全な1本の棒が動くのを示されたとき、〈なに〉と〈どこ〉システムの共同活動のパターンはアトラクター軌跡に近く、そこに落ち、あるいは捕捉され、乳児は驚きを示さない。しかし、乳児がテスト条件で2つに分かれた棒が行ったり来たりするのを示されたとき、共同神経活動のパターンは、アトラクター軌跡の近く、あるいはその上に落ちるが、次にはその経路から外れてしまう。この考えを図6.9に図示する。ここで示されているのは、〈なに〉と〈どこ〉システムの活動のすべての可能な組み合わせからなる状態空間である。太い線の軌跡は、ケルマンとスペルキの実験の馴化事象によって生じる、〈なに〉と〈どこ〉システムに繰り返される活動パターンを表している。点線は、1本の棒が動くテスト事象、細い線は、2つの半分の棒が動くテスト事象を表している。1本の棒に対する活動の軌跡は、馴化手続きの軌跡と多くの部分で重なっている。それゆえ、この事象は驚きを引き起こさない。それに対して、分かれた棒の軌跡は、繰り返し重なった後、馴化手続きの軌跡から大きく離れてしまう。つまり期待に反し、したがって興味を生じさせる事象となる。

　この説明は、もちろんすべてが架空のものであり、なぜ1本の棒が2つに分かれた棒より馴化手続きの軌跡に似た軌跡を生み出すのかという問いに答える必要がある。なぜ、そしてどのように、ブロックの後ろの棒の両端の一体的な動きは、ブロックなしで同じ経路を動く分かれた棒の両端の軌跡とは大きく異なるのに、1本の棒の動きではそうではないのだろうか？　この問いに答えるには、仮定された異種混淆的シス

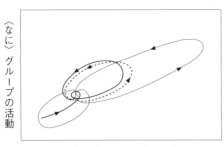

図6.9
ケルマンとスペルキの課題における内的活動の仮説的軌跡。【太線】馴化、【点線】1本の棒、【細線】2つに分かれた棒。

テムのメカニズムを具体的に調べる必要がある。私たちがここでこの説明を示したのは２つの理由からである。第一に、第8、10章で発達現象のより詳細でより検証可能な説明に使用する、知識は活動の時間に拘束された異種混淆的なパターンの軌跡であるという考えを紹介することである。第二に、知識はどのようにもの以外の何か――静的で客観主義的な外的世界のメンタルモデル以外の何か――でありうるかを示している。実際、ケルマンとスペルキの発見に対する私たちの「説明」の妥当性を示す経験的な証拠やコンピュータ・シミュレーションはないが、にもかかわらず、私たちの説明は、いかなる現行の説明よりもより良い説明だと信じている。私たちの説明は、伝統的な説明における「概念」という言葉に意味を与える。たとえば、乳児は「環境は一貫していて、お互いに独立した単位として動き、動くときもその一貫性と境界を維持しながら存続する、物からなるという概念」をもっている（Kellman & Spelke, 1983, p.152）。

　私たちの説明はまた、いかに知識が局所的に特異的で文脈に敏感でありうるかを理解させてくれる。私たちの説明は、コンピテンス（能力）－パフォーマンスの区別を否定する。客観主義に基づく認知発達では、ケルマンとスペルキの実験における乳児は、時間拘束的な一体として動く諸部分の一貫性について何か一般的なことを知っていると言えるかが、適切な問いとなる。この客観主義から見れば、私たちの説明は、乳児が、一体的対象は「動くとき、一貫性と境界を保つ」という中心的考え方をもっていることを否定していると見なされるかもしれない。私たちの説明では、実験での乳児の行動は具体的な馴化経験によって作り出された軌跡に依存する。これは、私たちが、乳児は独立に動く物体が独立していることを本当には知らず、一般化されたコンピテンスを欠いていて、この実験の中で独立に動く物体は独立していると「知っている」だけだと言っているということだろうか？　ケルマンとスペルキの実験で乳児が示した驚きは、単なる文脈特異な知識の表明なのだろうか？　この疑問は、ダイナミックシステムの枠組みでは無意味である。コンピテンスは、文脈特異な知識なのである。世界で適応的に行動するためには、乳児は（実際には子どもも大人も）、具体的な対象事象について――ブロックの後ろの棒の動きについて、転がるボールについて、積み上げられた積み木とそれがどのように落ちるかについて、脚が独立に動く犬の動きについて――オンラインの期待を形成する必要がある。子どもが対象について「知っている」ことが何であろうとも、その知識が〈いま－ここ〉において――目の前の具体的な課題において――関わり、発揮されるのでなければ、何の役にも立たない。ケルマンとスペルキの実験の乳児は有能であり、棒に関する期待を作り上げた諸プロセスの同じ共同作用が、別の種類の対象と動きがある別の文脈における課題に特異なコンピテンスを立ち上げるのである。

　私たちの説明はまた、物体に関する知識の発達的起源に関する洞察を与えるもので

もある。スペルキ（1990）は、乳児は物体に関する生得的な理解をもっていると指摘した。したがって彼女の説明では、馴化経験は知識を作り出すのではなく、物体を物体たらしめているものに関してあらかじめ存在する抽象的考えに連絡を取ることなのである。私たちの説明は、期待が実験での経験にのみ依存していると示唆しているわけではない。むしろ、私たちの説明では、乳児の行動は、実験以前の経験と文脈特異な期待の両方を明らかにするのである。軌跡がもっぱら馴化手続き間の実験において作られるのか、一般化された「実験以前」の知識を反映しているのかという問い自体が、発達のダイナミックシステム的見地からは無意味なのである。歴史は、すべての知覚、行為、概念に常に関係している。ケルマンとスペルキの実験の乳児は4ヵ月児であった。プロセスの軌跡——2つの仮説的な異種混淆的プロセスの共同活動——は、誕生以来継続的に描かれてきている。世界の構造と、再入力マッピングから、深いアトラクターが形成されてきている。これらのアトラクターは、世界がどのように作動するのかに関する期待と理解である。しかし、この理解は現実の——文脈特異的な——経験を通してのみ、関わりをもち実現される。馴化手続きの間に作られるおそらく一時的なアトラクターの軌跡の形は、実時間に実際に生じていることとその生命体の生活の歴史の、両者に依存するだろう。

　これらの考えを図6.10に図示した。そこでは乳児の経験に伴う状態空間内での一連のアトラクターの展開が示されている。状態空間の輪郭——活動の隣接するパターンをかたちづくるアトラクター領域（あるいは谷）——は、より太く濃い線で示されている。一番上の図は、歴史の初期時点での状態空間を示している。真中の図は、乳児の幾分後の歴史、たとえば4ヵ月の時点を示している。より濃い線で示されている調子の合った内的活動のパターンは、しばしば経験しているものである。再入力マッピングと〈なに〉と〈どこ〉システム間の学習ゆえに、この領域はアトラクターを構成する。もしこの時点で、乳児がスペルキとケルマンの実験協力者なら、実験での経験は（すべての経験がそうであるように）下の図のように、この空間を通る線を描くだろう。経路の位置と形はこの時点での状態空間のトポロジー——乳児の歴史——に依存しているだろう。具体的には、この時点での軌跡は、状態空間内の出発点がどこかにかかわらず、アトラクター軌跡の方へ引き寄せられるだろう。馴化事象へ繰り返しさらされることによって、この経路は馴化経験を期待されるものとするだろう。一時的なアトラクター領域が形成され、特定の棒の両端と棒を隠すボックスについての具体的な期待が構成される。この説明では、実時間の文脈特異的な行動、一般化された知識、コンピテンスはすべて1つである。これは、客観主義的な認知心理学のそれとはまったく異なるものである。

　図6.10は、具体的な経験が過去の経験によってどのように解釈されるかを説明している。神経プロセスの活動パターンは、生命体の生活史に依存している。図6.10

はまた、知識が具体的な経験から
いかに生じるかを説明している。
状態空間のトポロジーは実時間に
創発する活動の具体的パターンに
依存している。これらの考えか
ら、発達の時間スケールでの変化
がどのように創発するかを見るこ
とができる。知覚や行為という連
続的経験によって、深くて安定し
たアトラクターが状態空間のラン
ドスケープの中に創発し、これら
の深くて安定したアトラクターは、
他の経験によって作られた経路に
影響するだろう。より具体的には、
アトラクターのあるものは、多く
の経験が同じ心的事象を生み出す
のに十分なほど、深く安定してい
る。それらは世界について一般化

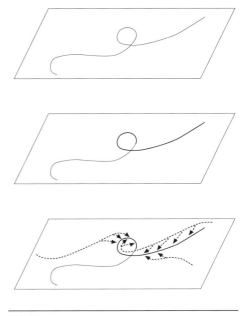

図 6.10
経験に伴って展開するアトラクター。

された予測となるだろう。言い換えれば、それらは一般に概念的知識とされる役割を
果たすだろう。

　図 6.11 の 3 つの物体を考えてみよう。発達初期、これらの物体が空間内を行った
り来たり同じ方向に動いているとき、それらははっきり異なる活動のパターン、内的
活動の別個の軌跡を生み出すかもしれない。それらの特性が異なり、また経験開始時
点での生命体の内的状態が異なるからである。しかし、これらの対称的で均一の色で
塗られた形の運動を連続的に経験するにつれて、単一の深いアトラクターが発達し、
以前の別々で変化するプロセスの軌跡を捉え、1 つの安定した心的事象とするだろう。
ひとまとまりの境界をもった物体を身体化し、それについての考えを形成する心的事
象である。

　対称的で均一なテクスチャのひとまとまりの物体が全体として動くという経験を繰
り返しすることによって、1 つのアトラクターが形成されるだろう。不規則な形で不
均一なテクスチャの物体が独立に動くという経験を繰り返すことによって、もう 1
つの ── はっきりと異なる ── アトラクターが作られるだろう。〈なに〉と〈どこ〉シ
ステムの共同活動におけるこれらの別個のアトラクターのパターンは、対象を分離す
る静的な手がかりが創発することを可能にする。なぜならそれぞれのアトラクターの
軌跡は、知覚的経験の期待された道筋だからである。単一の境界をもつ形の「スナッ

 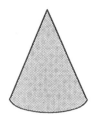

図 6.11
3つの固体。

プ写真」のような経験は、2つのシステムの活動の共同パターン —— ひとまとまりの物体に対する軌跡の小部分である活動のパターン —— を生じさせるだろう。再入力マッピングのため、対称的で均一なテクスチャの物体の静的なスナップ写真は、活動の飛び飛びの爆発をもたらしたりしない。むしろ、共同活動のアトラクターに重なる短い部分は、アトラクターの軌跡に沿った、さらなる活動を生み出すだろう。

したがって、ダイナミックプロセスは、生命体が命題的表象と同じように、未来の出来事を予測することを可能にするのではない。活動の内的なダイナミックな軌跡は、帰納によって変化するのではない。確証されたり反証されたりするのは、内的な仮説ではない。あるのはただ、プロセス —— 活動のみである。一定の時間にわたって繰り返し生じる活動のパターンは、安定したアトラクターになる。したがって、ある時点での活動の特定の形態が将来の活動を生み出す。これらの考えは、J. J. ギブソンが、私たちが球体の前を見ているとき、その後を看取していると論じたときに意味したことに、プロセス的な説明を与えるものである。

認知的推力

静的な知覚的事象がダイナミックな事象と結びついた神経活動を生み出すという私たちの考えは、フレイド（Freyd, 1983, 1992）の認知的推力（cognitive momentum）の考えと関連している。静的手がかりが（年長の乳児と大人に）いかに分離した物体を知覚させるかについての私たちの説明におけるように、フレイドは、人間は画像からダイナミックな情報を推論するのではなく、むしろ直接的にそれを知覚するのだと論じた。認知的推力の最初の研究で、フレイドとフィンケ（Freyd & Finke, 1984）は、成人に図 6.12 に示すような静止画像を提示した。一連の画像の各1枚は、きわめて短い時間だけ提示された。実験協力者の課題は、最後の画像がその前のものと同じか違うかを判断することである。A系列の最初の3つの画像は、一貫した回転率を示している。B系列の最初の3つの画像はそうではない。実験協力者の課題は、最後の棒が同じか違うかを判断することである。フレイドとフィンケは、実験協力者は一貫

した系列の暗黙の動きの方向にあるとき、異なる向きを違うと判断するのにより成功しないことを見出した。私たちはこの結果を、一貫した回転率が一貫しているのは、まさしくほぼ均一な変化率をそれまでに何度も経験しているからであると提案して、この結果を説明する。こうして、一貫した回転の主観的経験を構成する内的活動の軌跡は、最後の棒を越えて行為の道筋を生成 —— 予測 —— する。実験協力者がテストの棒が同じか異なるかを尋ねられたとき、彼らは、テストの棒を見たときの活動の

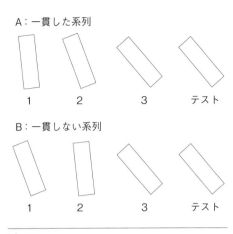

図 6.12
フレイドとフィンケの実験における、一貫した系列と一貫しない系列。(Freyd & Finke, 1984)

現在の状態からの逸脱があるかどうかに基づいて答える。テストの棒が連続的な一貫した回転を形成していると期待される位置にあるとき、逸脱はない。

　認知的推力は、時間と共に生ずる活動の変化として見る認知観に適合する。一連の知覚的事象（あるいは、単一の静的事象であっても）が相互作用的な内的プロセスの軌跡を開始するとき、その軌跡の経路は一定の間維持され、期待を作り出すという意味で、「未来の知覚」を私たちに与える。ここで表象なしに —— 世界にある何かを表す頭の中の静的なシンボルといった実体を置くことなしに —— 新奇な事象について予測しているということに留意してほしい。

カテゴリーとは何か

　文献の中には、概念やカテゴリーに対する伝統的な客観主義的見解とうまく適合しない結果がたくさんある。伝統的見解では、概念は、持続し、個々の経験を超え、経験を解釈し、意味づける象徴的構造である。しかし、表象としての概念というこの見解は、人間のカテゴリー化行動の多様性、すなわち、人は、ある対象が三角形であるのは3つの辺からなる閉じた図形であるとき、そのときのみであると考えているにもかかわらず、正三角形が他の三角形より良い三角形だと判断するという事実、人は青い毛のない動物をスカンクとして認識しないが、そのような動物の母親がスカンクなら本物のスカンクと判断するという事実、人は特定の課題に適合する新しいカテゴリーを作るという事実とうまく適合しないし、また、母親の複数の意味にも適合しない。ジョーンズとスミス（Jones & Smith, 1993）が指摘しているように、人間のこの

カテゴリー判断における多様性に対して、2つの可能な反応がある。1つの反応は ―― 現在の論文の中で主要なものと思われるもので ―― 人間のカテゴリー判断のどの側面が表象されたカテゴリーの構造に関するもので、どの側面が何か他のものに関するものなのかを決定しようとするもの（コンピテンスに対立するものとしてのパフォーマンス）。理論が多様なすべてのデータを扱うことができないことに直面したもう1つの反応は、その理論が根本的に間違っている ―― カテゴリー化は個々の経験を超えた、持続する抽象的構造によって支配されているのではない ―― と結論づけるものである。表象された概念というものは、存在しない。

　私たちは、どのように乳児が知覚的に対象を分離するかに関する私たちの説明 ―― ダイナミックな表現と時間拘束と再入力マップという考え ―― が、カテゴリーの新しい生物学的理論 ―― 多様性と文脈特異性が知識獲得の根本的な中核である理論 ―― の基礎をかたちづくると信じている。この見方では、知識は外的な実在の象徴的な表象ではない。カテゴリーは基準となる特性によって構成されるのか、基本的な特性によって構成されるのか、あるいは段階的構造、それとも知覚によって構成されるのかと問うのは、無意味である。この質問が無意味であるのは、基準的な特性、基本的な特性、段階的構造を示唆する行動は、すべて相互作用している諸プロセスの時間特異的な現れだからである。それは知識獲得活動の行動的で文脈特異的な所産であり、知識の構成的要素ではない。知的多様性と知識獲得の文脈特異性は、もしカテゴリーがリークとエーデルマンの装置によって作られる A のカテゴリーのようなものであるなら、そしてもし、カテゴリーが私たちの説明における乳児の対象概念のようなものであるなら、当然、予想されるはずのものである。これらの説明では、カテゴリーは文脈の中で、時間経過に伴う内的活動の軌跡の中で作り出される。その軌跡は常に、その時点での文脈、直前の内的活動、システムを構成している異種混淆的プロセス間の再入力マップの歴史の、複雑な所産なのである。

　これは、概念の根本的な再解釈である。伝統的な客観主義的見方では、概念の知識獲得に対する関係は、中枢パターン発生器の歩行に対する関係である。それらは行動を解釈し、命令する、持続的な構造なのである。伝統的見方では、乳児は図 6.4 にあるような他の物体の上にある1つの物体を見る。そしてこの知覚は概念 ―― 知識構造 ―― にアクセスし、それは知覚を解釈し、意味を与える。今述べた見方では、知覚は解釈されたり、何かによって意味を与えられたりしない。意味は具体的文脈において知覚し、行為することの中で、そして、それらの歴史の中で、創発するのである。

カテゴリーのダイナミックな選択としての発達

　この章で示した考えは第3章で概説したダイナミックなパターン形成の考え、第5

章で議論したダイナミックな神経機構、これからの諸章で提示し探求する、様々な領域における発達の新しい理論をつなぐものである。この章のダイナミックな表象とカテゴリーに関する私たちの提案は、主として神経細胞群選択理論 —— 時間拘束的再入力マップの考え —— に由来しており、神経細胞群選択理論が知識を作り、それを発揮する。私たちはこの特別の考えに基づいて、後の諸章で、記憶、スロープ越え、言葉の知識、リーチング、A-not-B エラーといった多様な発達的現象を考察する。しかしその前に、これらの考えとこれまでの章の考えとの間の結びつき、つまり神経細胞群選択理論におけるダイナミックなカテゴリー形成、ダイナミックシステム、子どもと大人の脳に関する神経解剖学的、生理学的データについて、私たちが学習したこととの結びつきをより明確にすることを試みたい。私たちの見方では、これらの考えすべてはうまく融合し、ダイナミックなパターン形成としての発達の姿を描き出す。

特に、私たちは、知覚的カテゴリーを認知発達の礎石として、そしてパターン形成の特殊なケースとして見ている。新生児が直面する課題は、多くのレベルで自由度を減少させることである。乳児は外的世界の自由度 —— 刺激の潜在的な非決定的性質 —— を、知覚的カテゴリーを形成することによって減少させなくてはならない。彼らは、彼らの内的世界 —— 多数の関節や筋肉の同様に非決定的な性質 —— に対しても、運動協応と制御のパターンを見つけ出すことによって、同じことをしなければならない。同時に、もっとも重要なことだが、彼らは内的ダイナミックスを、彼らの周りの世界のそれに適合させなくてはならない。つまり、彼らは、彼らの知覚的カテゴリーや行為カテゴリーを、柔軟で適応的なしかたで機能する、適合的なものにしなくてはならない。しかし、私たちのダイナミック・アプローチでは、知覚、行為、認知は別個のものではなく、単一のプロセスの部分なのである。

したがって、私たちは、それらをパターン形成、協応、あるいはカテゴリー獲得などどう呼ぼうとも、複雑で異種混淆的な要素が自己組織化し、時空間的に一貫性を生み出すという同じダイナミックなプロセスに言及しているのである。ダイナミックパターンは、束の間のこともあれば、非常に安定していることもある。しかしもっとも重要なのは、それらは時間依存的で、継ぎ目がないことである。「時間依存的」とは、脳や体の各事象は、〈いま－ここ〉だけでなく、歴史であり、未来における結果でもあるということである。「継ぎ目のない」とは、これらの時間領域それ自体に中断がない、という意味である。発達の材料は、実時間での知覚、行為、認知のダイナミックスである。乳児が現時点で、見たり、考えたり、行為したりすることは、将来における子どもの栄養となる。それは過去の時点で子どもがしたことが、現在の、見たり、考えたり、行為したりするしかたの基盤であるのと同じである。このように、私たちは、神経細胞群選択理論によって想定される神経プロセスを、ダイナミックなパターン形成の特異な形態として描くことができる。知覚と行為のカテゴリーであるパター

ンが高次の心的機能の発達的中核を形成し、思考のパターンが乳児期と児童期を通じて、ますます複雑化し、一般化してゆく。

第5章で論じた、神経胎生学的なエピジェネティックなプロセスが、全体的には似ているが、局所的には高度に多様な神経索をもつ初期神経レパートリーを生み出し、それが発達する脳のすべての領域、脊髄、末梢神経間の総体的な連結を与えることを思い出してほしい。この後の諸章では、誕生の時点でさえ、この初期レパートリーは単純な知覚、運動パターンを作り出すことができることを論じる。つまり、新生児の解剖学的および生理学的特徴と感覚刺激の特定のパターンがあれば、一定の選好される行動形態を示し、それらは様々な安定性のアトラクターとして特徴づけることができる。したがって、誕生の時点でさえ、各実時間の行為はエピジェネティックな歴史の結果であり、間違いなくそのパフォーマンスによって、未来の指標を定めるのである。

初期レパートリーの際立った特徴は、縮重と再入力構造であることもまた思い出してほしい。繰り返すと、縮重とは、脳の配線が非常に重複しており、いかなる単一の機能も1つ以上の神経連結のパターンによって行われ、そして単一の神経細胞の集合が1つ以上の機能に関わることができることを意味する。再入力も非常に重要である。それは2つあるいはそれ以上の抽象化ネットワークが、離接的に同じ刺激を処理するのに働いていることを意味している。離接的入力における重要な要素は、時間拘束的であること、つまり、同じ事象のマルチモーダルなサンプリングは、時間の点で相関しなくてはならないことを見てきた。これもまた、初期の知覚 – 行為カテゴリーの重要な特徴である。最後に、初期の中枢神経系は、発達的変化を生み出す選択と剪定の基礎として必要な変動性を、豊富な連結性の中に備えていることを指摘しておく。

私たちは、この機能的解剖学的特徴とダイナミックに自己組織化するシステムの能力は、カテゴリー化のプロセスを開始する —— 世界を理解する —— のに十分であるとするエーデルマンに賛成する。実際、幼い乳児のいくつかの一見洗練された認知的能力に対してさえ、詳細な「知識」や賢明な物知りを想定する必要はないのである。私たちが示唆していることは、初めから、乳児は連続的で能動的なダイナミックシステムであり、その活動が発達の材料なのである。新生児の活動の中でもっとも単純なもの、見ることと頭部と頚部の運動を考えて見よう。新生児の不規則な眼球運動とゆっくりした不正確な追視でさえ、視覚的入力と、頭部、頚部、眼球の筋肉、伸展した皮膚の機械的受容器官からの求心的情報とをつなぐ、時間拘束的な、再入力情報を与える。エーデルマンの用語では、これらは、同じ事象の離接的サンプリングであり、脳における独特な配線によってカテゴリーを形成する。図6.13は、独立したサンプリングのカテゴリー形成を可能にする基礎的神経単位、分類カップルのエーデルマンの略図である。最小単位は、図6.2のAを認識する装置、あるいは図6.6に示した乳児

の対象知覚に関する私たちの提案した説明、あるいは眼球運動に反応する視覚系と機械的受容器官の間に存在するカップルのように、再入力によって結合している2つの機能的に異なるマップである。これらの分類カップルにおける単位は、機能的に別々のものである。しかし、カップルの相互的連結によってそれらの間の関係が作られる。鍵となるのは、一定の相互的で重複している複数の連結があって、時間拘束的な刺激によって強化されることである。新生児が、眼で追跡していて同じ方向にほんのわずか頭を動かしていると想像してみよう。マップ1に入る追視された物体の特徴は、マップ2によって独立にサンプリングされた頸部の運動の特徴と相関される。2つのマップをつないでいる神経繊維は、いわば「マップをマップする」。頸部の運動と対象を視野に留め続けるというような、世界の中で相関する事象は、選択的にあるシナプスの経路を強化し、それらをある種の感覚運動的分類 ── ものごとを見失わないようにするのに有益なもの ── に結びつける。

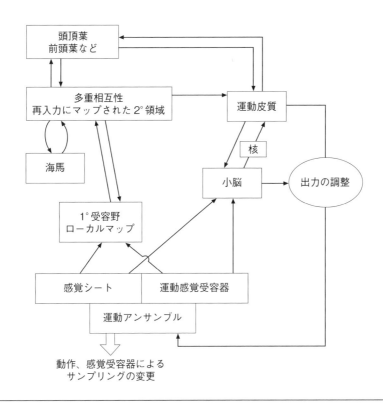

図 6.13
エーデルマンによる、脳内の異種混淆的構造の膨大なカップルと結合の略図。(Edelman, 1987)

しかし、この単純な行為でさえ多様なサンプリングの可能性があり、実際に、脳の膨大な結合はこのような選択的な強化が、すべての感覚モダリティで、途切れることなく進行していることを意味していることを思い出してほしい。これは、図6.13でエーデルマンが示しているように、まさに脳全体が関わる感覚入力と運動の全体的なマッピングを反映している。多様な分類カップルは再入力によって連結しているため、外界や自己運動から検出した多様な信号は、脳の他の領域と協力して、（自発的あるいは目標志向的行為としての）次の運動を導く。この運動は、次に検出された感覚情報を変え … というように続く。それゆえ、全体的なプロセスはダイナミックであり、継ぎ目がない。新生児が動き、見るたびに、システムは変化し、ある連結はより強くなって維持され、他のものは弱くなり、消滅することさえあるだろう。

どのようにこの非指示的プロセスがより適応的な方向へと前進する発達的変化を生み出すのか、と問うことができよう。どのようにシステムは、何が適切な行動か（すなわち、視野の中の物体を追い続ける）を知るのだろうか？　自然選択によって受け継がれた、何らかの非常に一般的なバイアスを想定することが必要である。エーデルマンは、これらのバイアスを「価値」と呼んでいる。たとえば、一般的な価値の1つは、動いているものを視野に留める、というものであろう。他のものとしては、食べたり他の探索的機能のために手で掴んだり口を使うことが含まれるだろう。価値は、心拍、呼吸、食餌、性的反応などの基本的な生存機能に関わる脳の部分 —— 海馬、中脳、他の辺縁系 —— に現れているとエーデルマンは確信している。しかし、価値はカテゴリーを作り出さない。それらは、経験を基礎にした、神経細胞群の選択的強化が必要なのである。しかし、生命の基本的機能を維持する高次レベルの駆動力として作用する。さらに、これらの価値は、生命体が一定のしかたで行動するのを制約することはないという点で、発達理論の標準的意味での「制約」ではない。むしろ、価値は活動を、したがって自己組織的なプロセスを開始させる「刺し針」のようなものである。

さらに例を挙げると、あるレベルの神経活動を維持するような「価値」は、視野に興味をひく対象を留めておくという、単純な目標を作り出す。これは次に、知覚的カテゴリーが創発するための必要条件を作り出す。視覚的に動いているものを追うことによって、乳児は目に入った外界を特定の感知された運動に結びつける。そうすることによって、彼らは視野内の対象の相関した特徴、たとえば一緒に動く縁をマップする。このマッピングは次に、神経細胞群の時間依存的再入力的相互作用に基づく、他のマッピングの機会を作り出す。たとえば、硬い物体の縁の関係が一定で固定した硬い物体の動きと、硬くない物体の各部が独立して動き縁が変化する動きは、硬い物対 硬くない物という知覚−行為カテゴリー —— 概念的成長の存在論的基礎の一部であると提案されてきたカテゴリー —— を作り出すだろう（Soja, Carey, & Spelke, 1991）。神経活動を維持するという目標でシステムを開始させるという単純な価値は、神経の

組織化と共に、一連の〈いま－ここ〉の経験のパターンを引き起こし、それが概念的
原型を、規定するのではなく、まさに創り出すのである。以降の諸章では、これらの
考えをさらに展開させ、11章で特に価値について議論する。次章では、乳児が事象
の時間拘束的でマルチモーダルな経験の中で再入力マップを形成することの証拠につ
いて考える。

第7章　乳児における選択のダイナミックス

　前章で、私たちは神経細胞群選択のプロセスを、ダイナミックなパターン形成の特異な事例として特徴づけ、知覚－運動カテゴリーを、乳児と外界の間で進行している、非教示的な相互作用から創発するアトラクターであるとした。ダイナミックなカテゴリー形成のメカニズムにとって決定的なことは、中枢神経系の縮重的構造と再入力の特性であり、そこでは知覚し行為している経験が、独立に、しかし同時に、高度に重複したマップで処理される。この章では、これらの主張をより具体的なものにする。第一に、マルチモーダルなマッピングは、乳児期初期から存在する基本的なものであろうことを示す。証拠は、このような再入力が乳児期初期の生得的なダイナミックスの一部であることを示している。第二に、ダイナミックな知覚－行為カテゴリーの獲得における運動の重要性を論じる。第三に、ダイナミックなカテゴリー形成の創発における記憶の役割を論じる。再びここでも、実時間と発達的ダイナミックスの間の連続性を強調する。この章では、第8章でより十分なかたちで探求するテーマを紹介する。特に、発達の中心的な二重的性質、全体的な一貫性と広範囲な局所的な敏感性、の理解のための基礎を固める。最後に、これらのテーマを統合する、最近の経験的な証拠を提示する。

知覚の統一性

　前の2つの章における中心的な考えは、乳児はマルチモーダルな経験の相互的相関によって、行為と対象のカテゴリーを発見するというものである。聞いたり、見たり、感じたり、動いたりという離接的、異種混淆的な経験は、すべて時間拘束的で、乳児の活動、状態、行為の変化につれて、共に変化する。私たちは、乳児は対象や事象のカテゴリーに適切な特性 —— 光、視点、距離が変化しても変化しない形、色、テクスチャの手がかり —— を、対象のマルチモーダルな、活動依存的経験を通じて発見すると提起した。同じように、乳児は、運動とその知覚的所産を通じて、機能的行為をもたらす協応のパターンを発見する。これらの考えは、よくある発達的ストーリーを逆転させる。つまり、マルチモーダルな対応は、発達の所産というより、発達の原因なのである。

　心理学と神経科学には、神経系をモジュール的な情報処理機械と見なす、昔からの

(231)

長い伝統がある。たとえば、ヨハネス・ミューラー以来、脳は各感覚モダリティごとに異なる領域に特異化されているということは明らかなことであった。同様に、シェリントン（Sherrington, 1906）の影響の下、心理学者と神経生理学者は、感覚経路と運動経路との間に、また中枢プロセスと末梢プロセスの間に、明確な線を引いてきた。この解剖学的、機能的モジュール性は、直感にかない、常識でもある。私たちは、見るものを見るし、聞くものを聞くのである。行為は、反射的で不随意的か、意図的で計画的なもののどちらかである。哺乳類の脳の基本的構造では、感覚情報は、並行的に、感覚モダリティ特異な、「ラベルづけされたライン」（Mountcastle, 1980）によって伝達される。中枢神経系は階層的に組織化され、脊髄系から始まり、新皮質へと上向して行く。反射は、末梢から情報が中枢へと送られ、反応が、意識に上ることなく外界へ向けられるとき生じ、随意的運動は皮質に発するものである（議論については、Reed, 1982 参照）。

　モジュールの作用のこの直感的見方は、私たちの心理学的現実に合わない。もし基本的構造が質的に分離した経験を生み出すのなら、いかにして知覚は、統一性を作り出すのだろうか？　いかにしてある経験の見え、音、触覚は統合されるのだろうか？いかにして経験は、その各部分が別々なら、意味を得るのだろうか？　より高次のレベルにおいて、いかにしてモジュール的システムは、イメージやメタファーのようなマルチモーダルな経験を作り出すのだろうか？

　経験の統一性の問題、ダマシオ（Damasio, 1989）の言う結合問題に対する伝統的な神経生理学的解決は、脳の中に、多様な感覚的流れが集まり、統合される特定の場所、皮質の連合野の存在を仮定することであった。連合野は知覚情報の最終到達地点であると考えられてきた。知覚情報は感覚受容器から脳のより高次構造を経て段階的に上向するにつれ、ますますより抽象的、かつ表象的になるのである。解剖学的には、知覚的処理は、第一次感覚野から各感覚モダリティが合同する領域である側頭部前部と前頭部へと、直列的に進行する。

　これらの解剖学と現実との間の懸隔に対する、ピアジェによって示された発達的解答は、各感覚モダリティ間の、知覚と行為の間の、感覚運動的連合と推論における高次のより抽象的な形式との間の協調関係を能動的に構成することであった。ピアジェ（1952）は、感覚モダリティは個別的で分離していること、反射は後の運動機能の礎石となることを仮定して、彼の発達理論を始める。乳児にとっての課題は、それゆえ、これらのマルチモーダルな経験を徐々に統合して行くこと、つまり眼と手を一致させること、手と口を結びつけること、見ることと聞くことを協調させることである。けれども、ピアジェは、乳児が最初に獲得する適応は各感覚モダリティ内のものであり、感覚モダリティ間の適応はしばらく経ってからのみ生じると明確に述べている。

　たとえばピアジェ（1952）の説明では、リーチングと把握行動は、把握、吸てつ、

定位といった個別的な原始反射から作られる。把握について、「第一段階は、衝動的運動と純粋な反射の段階であり、新生児は手を自発的かつ反射的に動かす」（p.89）。ピアジェによれば、「第二段階は、手の運動に関連した第一次循環反応の段階であり、把握と吸てつ、あるいは視覚との間のいかなる現実的な協応関係もまだない」（p.90）。第二段階で、乳児は運動そのもののために運動するが、運動は繰り返され始め、把握される対象へと方向づけられ、調整され始める。第三段階で初めて、手の運動は機能的に他の感覚モダリティと連結する。「第三段階の間に、顕著な進歩が明らかとなる。ここからは、把握と吸てつの間の協調が存在する」（p.99）。見ることは第四と第五段階の間で徐々に組み込まれてゆく。初めは、把握は手と対象の両方が視野にあるときのみ生じる。そして最終的には、手を見る必要もなく、見た対象を把握する。このように、ピアジェの説明は、伝統的な神経生理学的見方と一致する。知識は、おそらく後に成熟する前頭葉の連合野において実現される、分離した知覚的流れの同化から構成されるに違いない。

　第5章でも論じたように、最近の神経生理学と発達研究は、このきわめてもっともに見える見方を逆転させた。いまや、初めの発達的課題が機能の別々でモジュール的な中核から統合された現実を構成することであるということに重大な疑いがある。厳格な構成主義的見方は、解剖学的に別の領域内と領域間の両方で、以前は想像さえできなかったほどの膨大な相互連結のネットワークが存在することを示す研究によって、その土台が崩れた。個別のモダリティの基本的感覚構造があるし、各モダリティには、たとえば視覚系における、色、形、運動のように、分離した処理経路が存在している。しかし、この仕組みは、物語の半分でしかない。これらの経路を超えて、証拠は、第5章で見たように、多くのタイプの豊富な相互連結を明らかにしている。第一に、感覚情報はいくつかの機能的領域へと早期に分離し、拡散する。これらの連結は拡散的で、一対多的、並列的であり、直列的である（Damasio, 1989）。第二に、情報発信領域へと逆向きに送信する神経繊維 —— エーデルマンの再入力 —— が、遡及的なしかたで処理に影響を与え、同じレベル同士の相互投射によって、局所的なネットワーク、あるいはパターンを形成する。第三に、感覚情報が下向し収斂することの強い証拠がある。つまり、視覚、聴覚、体性感覚の皮質からの投射が収斂する、複数の領域が存在する。最後に、これらの収斂領域それ自体、感覚野に情報を投射し返し、再び収斂された情報を拡散的に様々な領域へ戻すのである。重要な点は、脳のいかなる所にも、知覚的な結合が生じる、局在する「連合野」の証拠はない、ということである。ダマシオは、「どの領域あるいは領域の集合が、現在、神経的結合について知られていることに基づいて、十分に境界づけられた単一の収斂領域として機能している可能性があるだろうか」と問うている。そして、彼の答えは、「ない」である（1989, pp.35-36）。同じように、エトリンガーとウィルソンは、「··· マルチモーダルな

表象を貯えるための領域は存在しない、そして CMP [cross-modal performance: 感覚モダリティ間パフォーマンス] は、感覚モダリティ内システム間の直接的コミュニケーションによって達成される」と結論づけている (Ettlinger & Wilson, 1990, p.185)。

最近この直接的コミュニケーションが、電気生理学的記録によって確かめられた。第5章で、視覚野における神経発火の共時的振動パターンについて述べた。最近、シンガーと共同研究者がネコの視覚野について述べたのと類似した共時的振動活動が、覚醒し、行動しているサルの体性感覚と運動野において見出されたことが報告されている (Murthy & Fetz, 1991)。これは、エトリンガーとウィルソン (1990) の、感覚モダリティ間のパフォーマンスは、脳内の特別な領域も独特なメカニズムも含んでいない、との指摘を確証するものである。むしろ、感覚モダリティ間のパフォーマンスは、感覚モダリティ内での特徴の連合を生み出すのと同じプロセスによるのである。

実際、感覚間統合を示す神経構造のあるものは皮質下の、初期に成熟する、系統発生的に古いものである。『感覚の合流 (*The Merging of Senses*)』というエレガントな本の中で、スタインとメレディス (Stein & Meredith, 1990) は、感覚収斂がすべての (生物分類上の) 門に普遍的で、神経軸の多くのレベルで生じる、動物の神経系の根本的かつ持続する特徴であることを立証した。彼らは、特に視覚処理における役割を広く研究されている中脳の構造である上丘に焦点を当てた。この構造についてあまり知られていないのは、神経細胞の大部分が視覚的入力だけでなく、聴覚的、体性感覚的入力にも反応することである。実際、これらの感覚モダリティの神経投射マップ間に、強い対応関係が存在する。そこでは、図7.1に示されているように、共通の「多重感覚空間」の協調システムを有している。これらの著者たちは、さらに、運動反

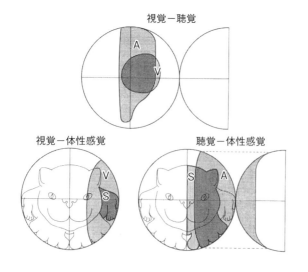

図7.1
多重感覚ニューロン群における受容野の空間配置。3つの典型的な双モダリティニューロン群における、視覚受容野 (V) と聴覚受容野 (A) (上図)、視覚受容野と体性感覚受容野 (S) (下図左)、聴覚受容野と体性感覚受容野 (下図右) の重なりに注意。(Stein & Meredith, 1993 より許可を得て再掲)

応も同じように統合され、「多重感覚-多重運動マップ」を生み出すと示唆している（p.115）。このマップは、多数に重なった縮重と再入力で、各感覚モダリティからの入力は並列的かつ収斂的に処理される。たとえば、視覚的入力が単一モダリティで処理されると同時に、「多重感覚-多重運動ニューロン群の中心部が、共通回路を介して運動を開始する」（p.116）。

　ネコを対象にした実験から、スタインとメレディスは、マルチモーダルな入力が上丘において、興味深い、非線形的なしかたで相互作用することを見出した。特に、受容野が空間的に近接し、時間的に連続している（様々な感覚の多様な伝達を捉えるのに適切な範囲内の）入力は、神経細胞の反応を増強させるように働く。しかし、この増強は刺激強度の関数であり、強度が低いときに最大となる。これは、マルチモーダルな情報は、個々の感覚情報が最小の効果しかもたないときに、もっとも効果的であるということを意味する。1つの感覚モダリティからの刺激が非常に強いとき、増幅から得られる機能的利益はほとんどない。しかし、重要な刺激を発見することが困難な状況では、マルチモーダルな増強はより決定的となる。すべてのバードウォッチャーが知っているように、尾羽の一瞬の動きや鳴き声の一片は、個々にはあいまいなものである。しかし、一緒に経験すれば、潜んでいる犯人を特定するのに十分だろう。

　以下では、このような多重感覚的統合が脳内の至るところで行われているばかりでなく、拡大し、後に発達する連合野の領域だけではないことを示唆する行動的証拠を提示する。神経解剖学的な結果として、感覚統合は基本的なものであるかもしれない。発達の課題は、構成することではなく、すべての可能なマルチモーダルな連合から、世界の中の知覚と行為の実生活における持続的な相関関係を表象するものを、選択することである。

乳児の感覚モダリティ間統合

　神経解剖学と神経生理学に一致して、新生児や早期の乳児において、ピアジェが提示した同化と調節の漸進的なプロセスがその発達を可能にすると思われるよりはるかに前に、強い感覚モダリティ間結合があることの強力な行動的証拠がある。第一に、新生児における、諸感覚のある種の統一の、数は少ないが興味深い証拠がある。たとえば、新生児は、音が聞こえた空間的位置に視覚的に定位する（Mendelson & Haith, 1976）。明るさと音の大きさは、合わさって新生児の覚醒を生み出す（Lewkowicz & Turkewitz, 1980）。ターケヴィッチと共同研究者たちは、統合の基礎は質的側面ではなく、刺激の強度、つまり、単純に「どれくらいか」であると提唱している（Turkewitz, Birch, Moreau, Levy, & Cornwell, 1966 ; Turkewitz, Gardner, & Lewkowicz, 1984）。

新生児期後の乳児期の感覚モダリティ間パフォーマンスの証拠は、かなりある（レビューとして、Rose & Ruff, 1987; Meltzoff, 1990; Spelke, 1984 参照）。1ヵ月までに、乳児は口唇感覚に適合するおしゃぶりのテクスチャの見えを見つけ（Meltzoff & Borton, 1979）、硬い円柱と弾力のある円柱の間でも、口唇−視覚転移を示す（Gibson & Walker, 1984）。4ヵ月児は、聞こえてくる複雑な聴覚的事象にダイナミックに対応する複雑な視覚的事象を見るのを好む（Spelke, 1976, 1979）。同じ時期に、乳児は、固く、あるいは柔軟に動く輪を、触覚的に探索した類似した輪と選好注視によって対応させられる（Streri & Pecheux, 1986）。多くの実験は、乳児は、聞き、かつ見た刺激、たとえば人形と音（Spelke, 1979）、スポンジと積み木とその音（Bahrick, 1983）、話し声と唇の動き（Kuhl & Meltzoff, 1982）の時間的、空間時間的性質を対応させることができることを示している。乳児期を通して、感覚モダリティ間パフォーマンスの多くの例がある。明らかに、感覚間相互作用は最初の1年間に普通のことである。神経解剖学と最近の神経生理学は、この交差感覚機能の卓越を支持している。

　要約すると、知覚系の組織について2つの事実がある。1つは、物理的世界の分離した、質的に似ていない「取り入れ」であり、すなわち個別の感覚モダリティである。第二は、複雑性のすべてのレベルで、システムを行き来し、そして発達の初めからある、これらの並列的で離接的な処理システム間の、多重的な相互作用である。発達の意義は、この2つの真実をあわせて考えることにある。発達の背後にあるエンジンは、異種混淆的だが連続的な相互作用するシステムの相互的教育と、このようなシステムの自己組織的ダイナミックスによって新しい形態の生成を可能にするところにあるに違いない。

　このような観点で見ると、乳児が感覚モダリティ間等価性を見つけることができるということを示すとき、それは何を意味するのであろうか？　典型的には、実験的に感覚モダリティ間パフォーマンスを証明するためには、乳児に、初めに1つの感覚モダリティで刺激に馴化するか、特定の対象に1つの感覚モダリティで反応するよう訓練する。乳児は、次に異なる感覚モダリティだけで、その対象あるいは事象を再認するか、訓練されたように反応するかどうかがテストされる。もし乳児ができるなら、乳児は1つの感覚モダリティで得た情報を他の感覚モダリティへと転送したとするのである。感覚モダリティ間パフォーマンスをテストする第二の方法は、乳児に1つの感覚モダリティである対象を探索させ、同時に別の感覚モダリティでその対象か別の対象を選ばせるというものである（その乳児は触覚的に探索した対象と同じと見えるものを見ることを選ぶ？）。再び、合致すれば、情報が転送されたことを意味している。

　このような結果は何を意味しているのだろうか？　これらの結果の1つの可能な意味は、実験前から、1つの感覚モダリティと他の感覚モダリティとの間に連結があるというものである。たとえば、口唇で突起のあるおしゃぶりに接触しただけで、1ヵ

月児がそれに対応する形を見るのを好むという発見は、触覚領域の経験を視覚野に転送する経路が存在しているに違いないことを示している（Meltzoff & Borton, 1979; see also Meltzoff, 1990）。私たちは、神経生理学が強くこの主張を支持していると信じている。乳児は、これらの連結を作り上げる必要はない。それは、非常に早期の乳児で行動的に証明することは大変困難ではあるが、一般的であり、ごく普通のことなのである。

　しかし、その発達的意義は、感覚モダリティ間協調が存在しているということをはるかに超えるものであるだろう。実際、実験で観察されたのは、発達の結果ではなく、世界との知的交流が選択され、維持されるプロセスであり、まさに発達のメカニズムなのだと考えられる。私たちの見方では、感覚モダリティ間の実験的テストは、知覚－行為カテゴリー──認知発達の基本的中身──が実時間において、どのように選択されるかを明らかにしているのである。各事例で、乳児は刺激対象を、見たり、しゃぶったり、触ったり、聞いたりすることによって、探索する時間を与えられていることを思い出してほしい。ネコの視覚野で示されたように、1つの感覚モダリティ内で、共通の動き、縁、輪郭、音の高低の変化などといった刺激の一貫した特徴が神経細胞群における相関した活動を引き起こす。この時間拘束的パターンは、経験に基づいたアトラクターの窪み、1つの神経細胞群のダイナミックな創発をもたらす。視覚野のような単一の感覚モダリティで、神経細胞群は視覚的に検出された共通の特徴を連合させる。しかし、神経解剖学的に膨大な相互連結があるため、発火の一貫したパターンは異なる感覚モダリティと連合している領域も含む、離れた領域でも確立される。したがって、実験的操作によって生じたことは、乳児が刺激を探索し、慣れることにより、実時間でそのようなダイナミックなアトラクターの窪みが作られたということなのである。この間に、乳児は、対象の感覚モダリティ間特性について、感覚モダリティ内の特性についてと同じように学習する。感覚モダリティ間照合は乳児にとって生得的であり、初期の神経レパートリーがこれらの連結を支えている。また非常に早期の乳児においても、刺激特性の全体的転送が見出せるであろうことは納得できることであり、早期乳児の照合が相対的な強度のように何ら特別ではない刺激特徴であるということは、完全に妥当なことなのである。

　しかし、もっとも重要なことは、実験的状況で作られたこの慣熟化とカテゴリー化の実時間のプロセスは、現実世界での乳児自身の経験を模倣しているということである。乳児は、大量の複数の感覚モダリティの相関を連続して、文字どおり目覚めているすべての時間受け取っている。誰かが乳児に話しかけたり、触ったり、あるいは乳児がガラガラを振ってそれを見たりするたびに、乳児は、時間拘束的なマルチモーダルな情報を受け取っている。神経細胞群選択理論によれば、現実世界で連続的で、信頼性のあるしかたで連合している異感覚的な特徴は、安定した持続性のあるアトラク

ターの窪みとなる。世界での現実の相関的事象にさらされることにより、これらの全体的なマッピングのあるものは選択的に強化されるだろう。時間拘束的に信頼性のないものは、結合しないであろう。

したがって、実験的状況でバラバラな事象、たとえば視覚的事象と相関しない音は、乳児を驚かす。なぜならば、乳児は、慣熟化期間において、あるいは実生活の経験を通して、刺激間の対応に慣れているからである。より多く、そしてより多様な状況で経験するマルチモーダルに対応するカテゴリーは、より強力なアトラクターの窪みになるはずである。それゆえ、乳児が自ら日常生活で一定期間観察してきた対応は、特に実験的に捉えることが容易であると予測できるだろう。たとえば、4ヵ月までに、乳児は、聴覚で聞いた話し声と視覚で見た顔の動きの対応を再認するのが非常に得意になる（Kuhl & Meltzoff, 1982）。この能力がどのようなプロセスで発達するかについてはほとんどわかっていないが、4ヵ月までに、乳児は、顔を近づけて話しかけられることにおそらく数百時間さらされているだろう。他の対応、たとえば視覚的と触覚的に検出した対象の形の対応は、何ヵ月も後に生じる。おそらく、乳児は、手－視覚マップを作る経験をあまりしていないからだろう（Bushnell & Boudreau, 1993）。

このことの決定的な重要性は、実験状況での学習の時間スケールと現実世界で乳児が検出するものの間に、完全な連続性があることである。乳児が慣熟手続きで特徴が連合していると期待するようになるプロセスと、連合した特徴を強化し想起することを通して、多くの感覚モダリティでの長期「知識」を獲得するプロセスは、同じである。したがって、感覚モダリティ間対応は、特定の年齢で様々な程度でもっている能力というだけではない。むしろ、もっとも基本的な発達プロセスの現れであり、変化の性質を覗く窓なのである。この章とその後の諸章で、このダイナミックな観点から、いくつかの種類の乳児研究を再解釈する。

知覚としての運動 ── 発達における運動の決定的な役割

自己発動的運動は、エーデルマンの発達における選択理論において決定的な役割を果たす。事象の離接的サンプリング（触覚、視覚、聴覚、その他）を行う感覚シートは、自己運動によって生み出された運動感覚と一緒に、最初の再入力マッピング領域に入ることを思い出してほしい（図 6.13 参照）。言い換えれば、運動はそれ自身、知覚システムと見なされるべきなのである。運動の感覚は、外的刺激の特性がお互いに時間拘束的であるのと同じく、外的刺激と時間拘束的なのである。この場合、運動とは、移動や操作に関連した大きな四肢や体幹の運動だけでなく、頭部や首の運動、そしてもっとも重要だが、目の運動も含むことに注意してほしい。実際、第5章で触れたネコの視覚的発達に関する実験で、眼の運動を制御する筋肉からの自己受容的刺激

―― それによって両眼が同じ物に向き、焦点を合わせることが可能になる ―― は、視覚野において両眼の一貫性を作り出す点で、絶対的に不可欠である（Singer, 1990）。これから議論するように、行動的証拠は、人間の両眼視が類似した運動を必要としていることを示唆している。

　知覚としての運動という見方は、求心性と遠心性という伝統的見方と非常に異なるものである。そこでは、行動は行為者にとって外的な対象や出来事によって解発され、誘導され、入力は出力ときれいに分離されている。実際、もし運動が知覚のもう1つの形態であるなら、厳密に1つの感覚モダリティ内では、学習あるいは発達はほとんど、あるいはまったく生じないと言っても誇張ではない。どんなタイプのものでもよいので、現実世界で見たり遊んだりしている間に生じる、あるいは感覚モダリティ間実験の間に生じる、習熟化ないしは探索を考えてみよう。刺激が、視覚的、触覚的、聴覚的のいずれであろうと、常に、眼、手、腕、頭、首の運動と連合している（Gibson, 1988）。これらの運動的信号は再入力パッケージの一部であり、探索している対象や事象からの多様な信号と時間的に相関している。したがって、たとえ一見もっとも「純粋な」視覚的刺激の提示であったとしても、シーンの縁、色、動きに、眼球運動検出器の正確かつ常時同期した活性化も加わっているのである。

　私たちは、相関した運動が、ダイナミックなカテゴリーを確立する上で重要であり、そしておそらくは決定的であると信じている。神経細胞群選択理論の見方では、特定の教示なしに神経細胞群の選択的強化を生じさせているのは、相関しあう多重的入力の結合である。したがって、時間拘束的な情報源の感覚モダリティがより多くなればなるほど、相関はより強くなり、生じる連合はより速く、より効率的になると思われる。運動の潜在力は、随伴的な足蹴りを用いた実験の強力な学習と記憶効果を説明するのに役立つと思われる（たとえば、Rovee & Rovee, 1969; Bahrick & Watson, 1985）。これは直感的に正しいようであるが、人間の乳児でこのことを実験的に直接確かめたものでないことは承知している。実際には、学習が生じるほとんどの自然な状況は、多重感覚の点で豊かであり、多くの連合した運動を含んでいる。

　運動は、学習と選択による発達において、もう1つ決定的役割を果たす。刺激属性のダイナミックなサンプリングを行うのが運動なのである（Bushnell & Boudreau, 1993）。乳児は、刺激配列のダイナミックなサンプリングの手段なしでは、輪郭、縁、対象の背景、音源、テクスチャ、重さ、表面を探索できない。乳児は、対象や事象に、そして刺激配列内の自らの活動について、同一の「シーン」を得るためには、―― 眼、頭、手、足の裏を ―― 動かさなくてはならない。ギブソン的観点からは、運動は、適応的な行為に必要な環境内の不変な要素 ―― 光の流れ、運動、縁、テクスチャの共通していて相関する特性 ―― を弁別し、発見することを可能にする。しかし、重要なのは運動だけではない。古典といえるヘルドとハイン（Held & Hein, 1963）の実験で、

受動的運動は、子ネコにおける正常な視覚機能の発達に効果がなかったことを思い出してほしい。鍵は自力による運動で、おそらく自己運動に特有の知覚であろう。以下で、人間の乳児の発達における自己運動の決定的な役割を議論する。

　もし互いに独立で多様なサンプリングが、カテゴリーが選択されるプロセスなら、運動 —— 環境内の乳児の行為 —— は、認知発達の共通の初期形態と考えるべきものであり、多くの初期スキルの創発におけるダイナミックな制御パラメターであろう。もし自己産出的運動が決定的なものであるなら、ダイナミックなカテゴリー形成 —— 乳児の世界の基本的な組織化 —— は、その運動を生み出し制御する能力によって歩調が決められ、制約されているに相違ない。両眼を制御する能力なしでは、両眼による輻輳と視覚野におけるそれに連合したマッピングは不可能である。頭部の制御なしでは、音の定位は困難である。手と腕の運動する能力なしでは、効果的に対象の触覚的特性の探索を行うことはできない。移動する能力なしでは、ある対象が後ろから見たときにも同一であることを理解しえない。

　これらの運動スキルが理解にとって重大な役割を果たすと同時に、運動によって学習される知覚的特異性の増加もまた、より正確で効率的な行為に貢献する。したがって、対象が触覚的に探索され、その質がカテゴリー化されるにつれ、運動行為はこれらの質を説明するように適応していく。乳児は、重い物体はより四肢の筋肉を硬直させる必要があること、小さい物体は掴むのにより正確なやり方が必要なことを学習する。

　最後に、運動は知覚であるという意味で、運動カテゴリー、すなわち安定的で柔軟な反応の一般的タイプは、おそらく世界に関する他のカテゴリーと同じプロセスによって獲得されると思われる。乳児がカップの特性について学習するにつれて ——それは液体を保ち、それから飲むことができて、小さな物を中に入れることもでき、1つか2つの取っ手がついていて掴むことができる ——、乳児はまた、これらの行為を成し遂げる適切な運動反応も、ダイナミックに学習する。つまり、乳児は、ある物をカップの中に入れるには、片手でカップを安定させる必要があること、あるいは、カップの取っ手を掴むには、正確に握る必要があることを学習する。これらの機能的に適応的な行為は、行為が今の課題に適合することができるよう ——手の届くものにリーチングする、歩くことが可能な表面を歩くなどなど ——、ダイナミックに貯蔵され、再生されなくてはならない。再び、ギブソンの用語で言うなら、乳児は環境のアフォーダンスを、つまり自らの能力と世界の中にあって行為を支える世界の質との適合を、学習しなければならない（Gibson, 1988; Adolph, Eppler, & Gibson, 1993）。

知覚と認知の発達における運動の中心的役割

発達初期におけるマルチモーダルなマッピングの卓越性に対する十分な証拠があるように、自己産出的運動がダイナミックなカテゴリー形成にとって決定的な入力となるという神経細胞群選択理論の前提に対する豊富な支持も存在する（読者はこのテーマに関するいくつかのレビューを参照することができる。Adolph, Eppler, & Gibson, 1993b; Bushnell & Boudreau, 1993; Bertenthal & Campos, 1990; Bertenthal, Campos, & Barret, 1984; Fogel, 1993; Gibson, 1988; Lockman, 1990）。

自己産出的移動

発達に多段的で創発的な効果をもたらす運動のもっとも劇的な例は、自己移動を獲得することによって生じる大きな知覚的、認知的、社会的変化である。バーテンサールたちによって議論されているように（Berthenthal, 1984; Berthenthal & Campos, 1990 も参照）、自己移動は、他の領域での機能における様々な変化のための、環境設定事象、私たちのダイナミック理論の用語では制御パラメターとして機能する。たとえば、6ヵ月半の移動可能な乳児（自分自身で這う、あるいは歩行器で移動できる）は、床に座っているだけで移動しない乳児に比べて、より探索し、環境に対する注意が増加し、部屋の中の他の人々との社会的関わりの時間がより多い（Gustafson, 1984）。移動する乳児は、視覚的断崖に対して恐怖を示すという証拠があるが、前移動期の乳児はそうではない。しかし、自己運動と認知の間のもっとも直接的で否定しがたい結びつきを、空間能力に対する移動の効果を証明した研究結果が示している。バーテンサールたち（1984）は、空間方向課題で3つのグループの乳児をテストした。3つのグループは、這うことができる乳児、這うことはできないが歩行器の経験が豊富な乳児、這うこともできないし、歩行器の経験もない乳児である。課題は、乳児が1つの位置で興味深い出来事が生じると期待するように訓練した後、乳児を部屋の別の側へ回転させるというものである。這う乳児、歩行器の経験がある乳児は、たとえ乳児の側から見て反対方向であっても、訓練された位置を期待をもって見た。一方、自己移動の経験のない乳児は、自らの側から見て同じ方向を向いた。つまり、対象の初めの位置が左側だとすると、非移動乳児は左側を向き続けたのである。明らかに、移動経験の何らかの側面が空間の新しいダイナミックなカテゴリー化（たとえ自分自身が動いたとしても、固定された位置を特定する目印に注意を払うこと）を促進しており、それは、運動の同時的経験なしにはマップすることができない。

動くという経験がもたらすものは何であろうか？　興味をそそる手がかりが、カーモイアンとキャンポス（Kermoian & Campos, 1988）の研究から得られる。彼らは、

歩行できないが歩行器経験のある乳児と這うことのできる乳児は、A-not-B 課題で、非移動乳児よりも成績が良かった。ただし、うつ伏せ姿勢で進む乳児のすべてが同じようにうまくできたというわけではなかった。腹部をついて這う乳児、つまり手と膝で這う乳児のように腹部を持ち上げられないが腹部を引きずっていく乳児は、這う経験の長さにかかわらず、非移動乳児より成績が良いということはなかった。腹部をついて這う乳児は多くのエネルギーを消費し、加えて、頭と顔が床に近い。彼らは周りの空間に注意を払うことができず、したがって移動するときに、空間内の位置の見え方が変化する経験を得られないのだと思われる。移動経験効果のメカニズムには神秘的な点はない。自己と独立に空間的位置を表象する能力が、自己の位置と相関するその位置の特性のサンプリングに依存しているとするなら、乳児は位置を追い続けなくてはならない。もし乳児の頭部が絨毯に埋もれているなら、そうすることはできない。このような説明は、以下に示す追視の直接的な行動的証拠とも一致する。

多くの他の洗練された実験によって、自己移動が、視覚的探索と隠されたものに対するリーチングの両方に対する、いわゆる自己中心的から場所目印コード化への移行における制御パラメーターとして働くことが確証されている（Acredelo, 1985, 1988 のレビューを参照）。第 10 章で、いわゆる A-not-B エラーと呼ばれる、ものを隠す課題における探索について考える際に、この文献に立ち戻る。しかし、ここでは 1 つの特定の実験が、私たちの議論に関係している。すでに、経験──探索や習熟化を通しての学習という短い時間スケールと発達的変化という長い時間スケールの両方における──が、ダイナミックなカテゴリー、可能な知覚的相関の空間内のアトラクターを立ち上げ、それが時間スケールにわたって持続し、相互的に活性化する神経細胞群の強さと直接的に関係している、という考えを紹介した。マルチモーダルなパフォーマンスの場合、1 つの感覚モダリティにおける学習（プラス運動！）は、いわば他の感覚モダリティにおける相関的活性化をもたらし、それゆえ、より長い時間スケールにわたる多くの経験で繰り返されるプロセスを、実験的に証明していることを議論した。ダイナミック理論の用語で言うと、私たちは、システムが敏感な制御パラメーターを操作することによって、1 つの安定したモードから他のモードへと、位相変位を引き起こしているのである。

知覚的モダリティとしての運動に関わるこの微小発生プロセスの完全な例が、アクレデロ、アダムス、グッドウィン（Acredelo, Adams, & Goodwyn, 1984）の研究にある。彼らは、自己運動が、実験の間という時間スケール内でさえ、空間的パフォーマンスを改善することを示した。彼らは乳児に、中央にオモチャを隠せる 2 つの穴のある大きなプレキシガラス〔訳注：透明なアクリル樹脂〕の箱を見せた（図7.2）。箱の正面の壁は、乳児が手を伸ばし、オモチャを取り出せる開口部がある。乳児は開口部の反対側に向かって座らされるが、壁は、乳児が一連の訓練手続きの間オモチャを取り出す

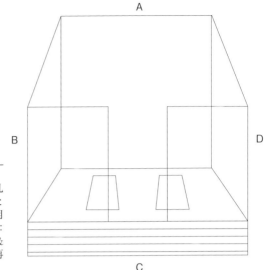

図 7.2
開口部からオモチャを取り出す乳児の能力における、能動的移動と受動的移送の役割のテストに使用された実験箱。A：正面の壁。C：背後の壁。(Acredelo, Adams, & Goodwyn, 1984 より許可を得て再掲)

ことができるように、訓練試行の間取り除かれる。乳児が何度もオモチャを取り出すのに成功したら、壁が取り付けられ、オモチャが再び隠される。第一のグループの乳児は、開口部へ自力で移動するよう励まされる。第二のグループは、両親によって開口部と同じ高さまで上に持ち上げられる。したがって、独立変数は、単に自力で適切な壁にたどり着くか、あるいは受動的に運ばれるかである。

生後12ヵ月の時点で、自力で動いた乳児は、明らかにオモチャを取り出すのに優れていた。取り出すには、初めとは逆方向からのリーチングが必要である。そしてもっとも重要な点として、能動的条件の乳児はまた、移動するとき、より目標の開口部を目で追い続けるだろう。18ヵ月までには、それに対して、同じ乳児が、能動、受動の両条件で正確となり、もはや興味のある開口部を追視しなくなる。第二実験で、これらの著者は追視が実際重要であることを示した。彼らが箱の透明な壁を不透明なものに取り替えると、移動条件での成績が低下した。再び、18ヵ月では、乳児は壁が不透明な場合も、能動、受動の両条件で位置を思い出した。

この実験で何が生じているのだろうか？ オモチャが隠された空間的位置を見る、そしてリーチングすることにより繰り返し習熟化することにより、神経細胞群の相関的な活動によって一組の期待が作られる。乳児が受動的に動かされるとき、新しい位置-運動カテゴリーは作られない。しかし、自力で移動していく乳児では、すでに移動するには目標を目で追い続けることが必要であることを発見しており、その視覚的要素が、同じ空間的位置の多様な、連続的かつ相関しているシーンを得る。運動はしたがって、運動の知覚によって時間拘束される刺激属性のダイナミックなサンプリン

グをもたらす。それは実験的操作という時間スケール内でさえ、この変位を生じさせる組み合わせである。自己産出された移動がなければ、この新奇な環境において、空間的コード化は自己中心的なものに留まってしまう。また18ヵ月までに、これらの乳児は運動や追視なしでも正確な穴の場所を思い出すことができることにも注意しよう。6ヵ月の間に、動く、ものを見つけるという経験が、より高次のカテゴリー、自己と独立した空間の表象を選択したのである。

この実験を、直接本書の最初の部分で紹介した、より一般的なダイナミック理論の用語に言い換えることができる。8ヵ月より早期の乳児は、いかなる環境下でも、空間的に位置が動いた後では、目標の位置を思い出すことができない。彼らは、あくまでも訓練手続きによって、そして、さらにこれから論じるように、現実世界での経験によって作り上げられた期待によって設定された運動-反応習慣に留まる。18ヵ月後、彼らはほとんどすべての環境で非自己中心的に反応する。1つの安定したアトラクターとパフォーマンスの第二の安定したモードの移行期には、空間的コード化は高度に変動し、全面的に訓練手続きの性質、テスト時の文脈（家庭あるいは実験室、実験者を知っているあるいは知らない）、遅延時間、などに依存する（Acredelo, 1985）。したがって、移行の時期では、システムの要素が流動的であり、パフォーマンスは乳児や文脈の小さな変化によってさえ大きく影響される。反応のパターンが安定しているとき、このような文脈上の操作は効果がない。どんなに多くの文脈的支持を与えても、対象の位置に対する向きが変えられると、非常に早期の乳児は対象の位置に気づくことができない。同じように、2年目の後半では、乳児は自らの自己移動によってだまされなくなる。2つのケースにおけるアトラクターは深くて狭い。彼らが安定したパターンの間にある広い台地にいるときのみ、アクレデロたちの実験を行うことができる。メカニズムを考える上で重要なのは、しかし、これらの著者たちが実時間で推定される制御パラメター —— 自己産出の運動 —— を操作し、発達的変化を引き起こすにあたっての制御パラメターの効果を再現したことである。

制御パラメターとしての他の運動スキル

独立移動の開始は、発達上の画期的な出来事であり、大きな、後まで続く影響を及ぼす。しかし、他のもっと微妙で、漸進的な運動スキルも同じように、認知変化のエンジンとして強力かもしれない。ブッシュネルとボードロウ（Bushnell & Boudreau, 1993）は、そのような2つの例、すなわち触知覚と視覚的な奥行き知覚の運動的要素を指摘している。両者について、彼らは知覚的能力の発揮と特定の運動パターン獲得の間に、高度な対応関係を見出している。

ブッシュネルとボードロウの文献レビューによると、乳児は様々な物体の特性を触覚的に検出する能力を非同時的に獲得する。文献は不完全であるが、乳児は、初め

大きさあるいは量に敏感となり、それは3ヵ月頃であり、6ヵ月頃には、テクスチャ、温度、硬さに敏感になることを示している。6ヵ月〜9ヵ月になって初めて、重さによって物を区別できるようになり、1年の終わり頃になるまで、形状による区別はできない。触覚的に対象の特性を検出するには、何が必要なのだろうか？　大人を対象にした研究では、研究者たちは、触覚的探索によって得られる感覚情報を最大化する、特定の探索的な手の運動パターンを同定している。たとえば、もしテクスチャが関係していれば、大人は、横方向にこする運動を使う。しかし、対象の重さを尋ねられたら、大人は持ち上げる動作をする。神経細胞群選択理論の神経的仮説によれば、特定の手の運動が、相関する刺激属性のダイナミックなサンプリングを最適化すると言えるだろう。もっとも適切な情報をもたらすであろう触覚的刺激とそれに関連した運動の自己受容知覚の一貫したパターンは、何だろうか？　明らかに、対象をこするだけでは、腕にかかる負荷に敏感な関節と筋肉の伸展の受容器を活性化しない。一方、持ち上げる動作は、ビロード対マジックテープに関連する手の感覚刺激のパターンを作り出さない。もし本当に触覚的探索の最適なパターンがあるなら、乳児は、それらのパターンを生み出す運動的制御を欠いている場合、その感覚モダリティにおいてうまく分化できないことになる。

　これは、少なくとも相関的レベルにおいて当てはまるようである。出生から3ヵ月まで、乳児は、指の運動タイプとしては、ほとんど単に対象を握り、掴む、そして「こねる」だけである。この時期の実験的結果はわずかだが、これらは温度、大きさ、硬さを検出するのに十分だろう。4ヵ月頃、乳児ははるかに多くの多様な運動群を開始する。それらはしばしばリズム性をもっていて、引っ掻く、こする、振る、叩く、握り締める、突く、片方の手から別の手に持ちかえるなどを含む。これらはほとんどの場合、片手で行われ、テクスチャと重さを検出するのに適したものであろう。最後に、形状の検出には、両手の協調的使用が必要であり、それは初めの年の後半になるまで発達しない。原理的には、形態がたとえば硬さなどより後に発達する触覚的知覚である理由はない。実際、形態は触覚的に検出されるより前に、視覚的に区別されるようである。このように、探索的運動における運動上の限界が、まさしく制御パラメーターであるようである（Gibson, 1988）。これらのことは、再び、ダイナミックなカテゴリー形成における刺激属性の反復的、離接的サンプリングの決定的重要性を支持している。

　第二の例である視覚的奥行き知覚の発達は、両眼（そして二次元的な網膜）で三次元的に世界を知覚する能力に関係している。通常は、奥行きの手がかりを検出する3つの方法がある。広範な洗練された研究によって、ヨナス（たとえば、Yonas & Granrud, 1985）は、これらの方法が同時に発達するのではないことを示した。最初に、運動的手がかりに敏感になる。すなわち、視覚的拡大と収縮と運動視差である。運動

的手がかりは対象あるいは観察者のいずれかが移動しても同じように存在するので、頭部の運動は奥行きに関する情報をもたらすことができる。しかし、観察者は、実際に動いているのが彼あるいは彼女の頭部なのか見ているものなのかを、「知っている」必要がある。これには頭部の制御が必要である。したがって、頭部の制御、これは乳児が最初に獲得する運動スキルの1つだが、運動的奥行き手がかりを使用する制御パラメーターである。実際、このような奥行きに対する敏感性は、頭部の制御が上達する月齢である、3ヵ月までに明白になる。

　奥行きに対する第二の手がかりは、両眼からの情報である。これは、同時に三次元的なシーンのサンプリングを行うが、網膜上のそれぞれ異なる場所に像を結ぶ、2つの目をもっていることに依存している。2つの網膜像の比較こそが、対象までの三次元的距離を判断することを可能にしている。しかし、眼がシーンを見回しているとき、2つの眼が完全に一緒に動き、対象の距離に関する一貫した情報を両眼に一緒にもたらすことが本質的である。この能力 ── 輻輳作用 ── は、最初の3、4ヵ月にわたってゆっくりと発達し、4～5ヵ月に現れる両眼視に対して決定的な貢献をすると信じられている。この発見は、眼筋からの相関する入力が脳における両眼的マッピングに決定的であることを示す、動物の視覚系の研究と一致している。

　奥行きに対する第三の手がかりは、静的な単眼の手がかりであり、1つの網膜において利用可能な情報を含んでいる。それらは、相対的な大きさ、テクスチャの勾配、熟知性、陰影、遠近法、他の「絵画的」手がかりである。これらの手がかりは、他の情報と組み合わされたときにのみ、奥行きに関する情報をもたらす。たとえば、相対的な大きさから奥行きを推定するには、より接近した像はより大きくなるということを「知っている」ことが必要である。これらの手がかりは、乳児期の比較的遅い時期、5～7ヵ月頃、そして驚くべきことに、様々な手がかりがほとんど同じ時期に、効果的になる。ブッシュネルとボードロウは、これらの発見に対する運動的解釈を提示している。すなわち、三次元的不変要素に対するこれらの手がかりは、対象を手で扱う経験、特に対象を掴む、注視する、回転する等をある程度の量行うことによって学習されるのに違いないとしている。この能力が初めて現れるのは4、5ヵ月である。言い換えれば、対象を能動的に探索することによって、その対象が視野の中で動かされるにつれ、本当の大きさと形の情報がもたらされ、眼からの距離が変化するにつれ、形態の不変要素についてのより一般的でダイナミックなカテゴリーを乳児が形成するのに十分な情報がもたらされるのである。

知覚的モダリティの欠如における発達

　神経細胞群選択理論の仮定が正しく、高次の能力の発達が多重感覚的入力の初期の

ダイナミックな知覚的カテゴリーに依存しているとすれば、1つあるいは複数の感覚モダリティの不全あるいは欠如は、発達に劇的かつ有益な結果をもたらすはずである。前の節で、運動が決定的な知覚的入力であることを強調したので、ここでは視覚あるいは運動に障害のある乳児の、移動および空間的能力に関するいくつかの研究を報告する。

　もし乳児が移動しなければ、空間についての推論に何が生じるだろうか？　バーテンサールたち（Bertenthal et al., 1984）は、整形外科的障害をもつ乳児について報告している。彼女は、2ヵ所の股関節の脱臼のため、7ヵ月半まで全身型の装身具を、その後1ヵ月はより軽量の装身具を装着していた。8ヵ月半の時点で、這うことを許され、素早くそのスキルを獲得した。これらの著者は、彼女に1ヵ月に一度、生後6〜10ヵ月の期間、先述した空間的方向課題のテストを行った。6、7、8ヵ月の時点でのテストでは、高いレベルの自己中心的反応をしたが、9ヵ月になると劇的にそのレベルは低下した。それは彼女が這い始めてから数週間後であった。

　空間認知における制御パラメーターとしての移動のより頑健な確証は、髄膜脊髄瘤のため移動運動が遅れたものの、他の認知機能のテストでは正常に機能している7人の乳児を対象にした、最近の研究から得られる（Telzrow, Campos, Kermoian, & Bertenthal, 1992）。これらの乳児は毎月2つの課題でテストされた。1つは隠された物を探す課題、もう1つは実験者の指差しと凝視の後追いをする課題である。乳児は8ヵ月半から13ヵ月半の範囲の様々な時点で這い始めたにもかかわらず、移動を開始し始めてから（月齢が何であれ）7人中5人の乳児で、隠したものを探す課題の劇的な成績の向上があった。そして、同じように、指差しと凝視の後追いをする課題でも、移動開始によってはっきりした向上があった。これは、隠したものを探す行動の厳格な成熟説に対する、とりわけ強い反証である。なぜなら、2つの課題における乳児のパフォーマンスは、年齢の関数ではなく、スキルの関数として変化したからである。

　以前に、知覚と行為は分離できないループを形成していて、知覚的能力の向上は運動によって調整されるが、運動スキルもまた知覚の向上によって促進されることを指摘した。このループとスキルのダイナミックな編成（このテーマは9章でさらに議論する）の興味深い証拠が、ビゲロウ（Bigelow, 1992）による3人の盲目の乳児の研究から得られている。ビゲロウはこれらの乳児を、這い始める前から独力で歩行するまで追跡した。よく知られているように、盲目の乳児は、運動障害がないにもかかわらず、移動運動に関する発達が有意に遅い。ビゲロウは彼らを毎月、対象の永続性の理解を引き出すようにデザインされた課題でテストした。つまり、乳児の体から遠ざかりより複雑な位置へと移動する、音の出る、あるいは音の出ないオモチャにリーチングすることにより、オモチャの位置を示すことができるかどうかを調べた。ビゲロウは、

移動スキルの創発が、対象の永続性課題を習得した月齢が大きく違うにもかかわらず、この課題の成績と関連することを見出した。たとえば、乳児は、独立歩行の直前あるいは開始時期に（それは 17 から 36 ヵ月と様々であった）、もっとも高いレベルのパフォーマンスを示す、つまり音を出しているオモチャを追い続けるか、対象を移動させた後、正確に位置をつきとめた。

　ビゲロウは、これらの盲児では、「移動スキルの進歩と対象の知識の間には持続的な関係」があったが（p.186）、この関係は、目が見える子どもにおける関係と同じではないであろうと結論している。正常な視覚の子どもでは、移動は、乳児の対象との注意関係を変化させる準備事象となる。盲児では、他の感覚モダリティによる対象の知識が実際に移動の準備事象であろう。したがって、次のような推論になる。目の見える子どもは、単に見たり、頭部や目を動かすだけで、空間の中に対象が独立に存在することを学習する。そのため、あるものを捕まえるために前に動こうという動機が、下位の運動システムが独立移動を支持するずっと前から存在する。フライバーグ（Fraiberg, 1977）によって初めて示唆されたように、盲児は、手と聴覚による探索とマッピングによって、自分から離れた対象の存在と、対象の位置を確立しなければならない。彼らにとって、前に動こうという動機は、これらの空間的、認知的関係が発達した後にのみ創発する。姿勢と筋肉の強度は移動に適切であっても、動機づけが発達的制御パラメターとして働くのである。

　盲児からの証拠は、移動スキルのダイナミックな編成（Thelen, 1986）と、実際システムの異種混淆的な要素同士が相互作用しあっていること（図 4.4 参照）を、とりわけ説得的に確証している。発達は、脳の成熟を調整する遺伝的な時刻表の必然的な結果としてではなく、一連の偶然と課題として進行する。乳児が世界について学習することを 1 つの感覚モダリティで妨げられているとき、システムは他の感覚モダリティで代用することができる。このことが生じているとき、私たちは、目前の課題に適切なしかたになるよう、その後のスキルの発達が再組織化されるのを見ているのである。そこに働くのは種に典型的なパターンではなく、個としての乳児の、現在の状態とそれまでの歴史における、連続的な問題解決なのである。盲児は、対象の永続性を理解するのに異なった課題に直面していて、この課題を達成するには異なる要素の形態を動員しなくてはならない。これらのパターンは、今度は、その後の課題解決にさらなる制約を課すことになる。第 4 章で築いた発達のランドスケープは、個々の乳児がエピジェネティック的に、かつ偶然的に作り上げていくものである。状態空間内には多くの潜在的な溝が存在し、ある経路ではなくもう 1 つの経路が選択されるのは、障害があろうとなかろうと、個人の経験によるのである。このテーマは、さらに第 9 章で発展させる。

ダイナミックな記憶 —— 学習から発達へ

　私たちのダイナミックな見方によれば、神経細胞群選択理論の仮定とも一致して、行動発達は、特定の課題群、あるいは価値状態と協同した、学習と想起のプロセスによって生じる。不幸なことに、学習と想起は、乳児期ではあまりにも研究されてこなかった。そのため、私たちは、これらのプロセスの結果について、行動的パフォーマンスの点からは多くを知っている一方、このプロセス自体のダイナミックスについてはあまりよく知らないのである。乳児は何を想起するのか？　どのように彼らは学習するのか？　学習と想起自体、年齢とともにどのように変化するのか？　伝統的な情報処理理論的アプローチでは、しばしば乳児と子どもは年齢と伴によりよい情報処理者になるとされ、彼らはより多くの情報を扱え、より速く処理でき、一度により多くのことできるようになるとされる。これらの主張は疑いもなく真実であるが、情報処理能力が、ときどき発達的変化の説明として用いられる。しかし、これらの能力はどこから生じたのだろうか？　情報は、単に脳の成長とともに、より効率よく扱われるようになるのだろうか？　もしそうなら、行動変化の豊かさ、多様性、非線形性を、どのように説明するのだろうか？

　乳児の学習と記憶のプロセスの説明は乏しいが、私たちの理解のもっとも豊かな源は、キャロリン・ロビー - コリアと共同研究者たちによるすばらしい一連のプログラム化された研究である。ダイナミックなカテゴリー形成の観点からこの研究を解釈する前に、神経細胞群選択理論における学習と記憶の地位を振り返ってみたい。再び、私たちは時間スケールの連続性の仮定、すなわち実時間での変化のダイナミックスは、継ぎ目がなく、発達の時間スケールでの変化のダイナミックスと一体であるという仮定を強調する。

　第４章で、ザノーネとケルソ（1991）による実験を説明した。そこでは、大人の実験協力者が新奇な知覚−運動的マッピング —— 両手の指のリズミカルな運動の間の新しい位相的関係を学習する —— を練習した。実験協力者は、彼ら個人に本来的な課題に対するダイナミックスの探索と照合によって、状態空間内のアトラクター領域を示す、安定したパターンを発見、あるいは選択した。何日か練習が進むにつれ、各個人は課題に適合する協調的パターンを発見し、そして想起した一方、あまり適応的でない解法は忘れていった。

　どのように彼らは学習し、想起したのだろうか？　第５章で提示した神経細胞群選択理論の原理によれば、指の動きをメトロノームのペースに合わせるという目標のもとでは、実験協力者は繰り返し感じた動きを聞こえてくる拍動にマップした。学習されるべき位相と対応するダイナミックスをもつ神経ネットワークは、再入力と縮重的

全体マップによって選択的に強化される。したがって、90度パターンは、実験協力者の反復的探索により、ダイナミックに選択される知覚行為カテゴリーとなった。

エーデルマンによれば、このような照合の記憶は一種の再カテゴリー化、「以前に確立されたカテゴリー化能力の特定の拡充」（1992, p.102）である。彼は次のように続ける。

> この種の記憶は全体的マッピング内のシナプス集合体での連続的ダイナミックな変化—— 第一にカテゴリー化が生じることを可能にする変化——から集合体の特性として創発する。全体的マッピングでの集合体のシナプス強度の変更は、記憶の生化学的基礎となる。（p.102）

ここで再び、私たちは時間スケールの連続性に出会う。

> 知覚的カテゴリーは不変のものではなく、動物の進行中の行動によって変更されるので、この見方における記憶は、連続的再カテゴリー化のプロセスから生じる。その性質によって、記憶は手続き的であり、連続的運動的活動と異なる文脈での反復的リハーサルを含む。これらの文脈で生じる新しい連合のため、入力と刺激が変化しているため、そして神経細胞群の異なる組み合わせが類似の出力を生み出すことができるため、記憶内のすでにあるカテゴリー的反応はいくつかの方法で達成されうる。（p.102）

このように、想起は、硬直した固定的なものではなく、現在の状況の全体的文脈と想起されたカテゴリーの歴史に、高度に依存したものである。各記憶は以前に促進された連結のすべてではないが、多くからダイナミックに構成され、ダイナミックなアトラクターとして、以前はそのダイナミックなカテゴリーに含まれていなかった連合に「入り込む」かもしれない。知覚的カテゴリーはそれ自体、確率論的で文脈に縛られているので、これらのカテゴリー自体に依存している記憶もまた、それ自体、流動的で正確なものではない。記憶はデジタルなシンボル操作機械としてではなく、ダイナミックシステムとして機能するのである。

この節の残りで示す例と、後で扱うA-not-Bエラーに関する議論が示唆することは、乳児期の間、記憶はとりわけ文脈限定的でありうる、ということである。多くの異なる文脈で行為したり、思考したりする乳児の経験—— 知覚的カテゴリーからより高次なレベルの概念へ移行するために必要である——が基本的に運動スキルによって限定されているので、乳児が想起するものは、連合が作られた知覚－運動的状況に密接に結びつけられているであろう。この文脈が初期アトラクターを定義し、その状況での異なる「シーン」によって新しいマッピングが作り上げられるまで、システムはその

アトラクター——いわゆる運動‐経験習慣——に拘束される。したがって、新しい運動スキルの開始は、制御パラメターとして働く。それは安定したシステムを揺さぶり、必要な変動性と、システムが要素を新しくグループ化する方法を探索できるようにする疑似的安定をもたらす。この文脈の拘束からの自由によって、このシステムは、再カテゴリー化し、より高次のレベルの概念を形成し、求心的経路と遠心的経路の両方から記憶にアクセスするのに十分な、離接的入力を獲得することができる。

　しかしもっとも重要なことは、この理論が、知覚的カテゴリーと再カテゴリー化(記憶と概念)は、探索の機会のある感覚モダリティでもっとも容易に確立されるであろうことを予測することである。というのは、その探索は豊かで、離接的マッピングをもたらすものであり、神経細胞群の形成と安定化を促進するからである。これは、知覚‐運動的「知識」が評価されるいかなる実験的状況においても、乳児は、これらの多重感覚マップを作る機会をもち、そして、その実験状況が、特に以前の経験を用いる領域で、より洗練された理解を示すだろうということである。言い換えれば、乳児のどんな能力を取り出すテストも、現在の知識だけではなく、知覚的カテゴリーとより高次レベルのカテゴリー化を探索し、形成する乳児のそれまでの機会によって形成されたアトラクターの強度でもある。これらは個別に獲得され、まぎれもなく乳児の、分ごと、日ごとの世界の中での相互作用を反映している。

　知識はまさしくダイナミックに獲得され、貯蔵され、検索されるため、第2章で記述した広範囲な混乱——デカラージュ、文脈特異性、早熟化、コンピテンスとパフォーマンスの見かけの相違——が見られるのである。この混乱は、能力の点で異なる乳児たちと、機会の点で異なる乳児の環境との間の、時には予測可能で、時には体系だっていない出会いを反映している。これは、乳児が対象のある特性については非常に早い時期から「知っている」のに、他の、同じように明確な特性については乳児期の遅い時期でも頑固なまでに愚かなのかを説明する。これは、なぜ多重感覚照合課題のあるものがやさしいのに対し、他のものが獲得するのに数ヵ月も余計にかかるのか、なぜある連合はまったく学習されないないのかを説明する。そして、これはなぜ、これから議論するように、月齢の小さい乳児が大きい乳児よりあることをよく想起できるのか、なぜ記憶は、特定の状況に結びつくようになることが可能なのか、なぜ記憶の発達は特有の非線形的特徴をもっているように見えるのかを説明する。

乳児の学習と記憶の実験的研究

　乳児に記憶に関して私たちが知っていることのほとんどは、ロビー‐コリアと共同研究者たちによって行われた長く、高度に体系化された一連の研究からのものであると言っても決して過言ではない (Rovee-Collier & Gekoski, 1979; Robee-Collier & Hayne, 1987 参照。レビューとしては、Rovee-Collier, 1990 参照)。これらの研究を独特か

つ情報量豊かにしているのは、ロビー・コリアが頑健な行動的現象 —— 乳児の共役強化 —— を用いて、3ヵ月と6ヵ月の乳児の学習、想起、忘却の条件を探求したことにある。訓練とテストは、嘘のような単純さである。乳児は背臥位で寝かされ（3ヵ月児）、あるいは柔らかいつり帯の中に置かれ（6ヵ月児）、かかとにリボンをつけて頭上にあるモビールとつながれた。乳児が、初めは無意識に脚を蹴ると、モビールが動く。数分で、乳児は脚の蹴りと興味深い眺めと音を示すモビールが鳴ることの間の、随伴性を学習する。モビールは乳児の行為に結合して反応する。より多く蹴れば、より力強く動き、より多くの動きと音を生み出す。この状況で、乳児は、動かないモビールを単に眺めているときに測定した基準となる自然発生的レベルを超えて、蹴りを増加させる。乳児は、次に訓練状況についてどれほど想起できるかを、最初の訓練の後、何回かにわたって、同じ、あるいは異なる状況での脚の蹴りを数えることでテストされる。実験は再テストの回数だけでなく、モビールの質、直接的文脈、時刻などが、いろいろ変化する。加えて、ロビー・コリアと共同研究者たちは、効果的に「リマインダー」条件を使用した。乳児は訓練状況に置かれ、モビールが動くのを見せられるが、自分の脚の蹴りではモビールが動かない。

　これらの多くの実験を再解釈する前に、この訓練課題が神経細胞群選択理論のダイナミック原理から見て、いかに豊かで適切かについて述べたい。モビールは複雑であるが、何よりも、動いている視覚的で音の出る飾りである。そこでは課題が異なっても、見ることと聞くことが乳児に一貫した対象特性の多くの相関性のある例をもたらす。しかし、もっとも重要なのは、乳児自身がモビールと随伴的に動くこと、つまりより速く、より強く蹴ると、モビールの鳴り方がより力強くなることである。こうして実験の訓練手続きは、視覚的、触覚的、自己受容的な、著しく複雑で、多様で、反復的で、にもかかわらず完全に時間拘束的な、一連の入力をもたらす。また、モビールの随伴的制御は、高度に強化的である。乳児はこの課題に熱心に取り組み続け、しばしば微笑したり笑ったりする。そして随伴性が取り除かれると、怒り出す。モビールが鳴り続けることは、高い肯定的価値と結びつけられる。3ヵ月児（移動も手の操作もまだうまくできない）がこれほど簡単にカテゴリー化と学習の最適の条件を満たすことができる、他の自然に生じる環境を多く想像することは難しい。

　このような高度に促進的な条件に置かれた3ヵ月児は、長期間にわたる特筆すべき記憶力を示す。訓練から1週間以上経過しても、高いレベルで蹴りを行う（Fagen & Rovee-Collier, 1983）。もっと時間が経過すると、乳児は訓練を忘れ、訓練2週間後にはベースラインに戻る。

　しかし、乳児が想起するのは課題の一般的な印象ではなく、もとの訓練文脈に高度に特異的な結合である。モビールの特徴と他の訓練環境の両方とも、乳児が何を想起し、どのように忘れるかに関わっている。たとえば、訓練から24時間後にテストさ

れた2ヵ月児と3ヵ月児の両者とも、テスト時のモビールが実質的に訓練時のモビールと同じであったときにのみ、ベースラインを上回った。モビールの1つあるいは2つの部品が変えられただけのときでさえ、乳児は訓練を完全に忘れた。同様に、これらの早期乳児でさえも、訓練環境の特定の細部をコード化し想起した。訓練とテスト時に同じ特徴のある布のクッションをベビーベッドに用いたとき、1週間後でも、課題を想起した。しかし、テスト時にクッションが変えられると、3日後でも訓練を再生できなかった。特徴のあるクッションが変えられなかったときは、忘却は2週間にわたって徐々に生じた。より特筆すべきことは、訓練後24時間以内であれば、異なるクッションでテストしても、この文脈の変化はパフォーマンスを低下させなかったことである（Butler & Rovee-Collier, 1989）。

　これらの当惑させる結果を、どのように解釈すべきなのだろうか？　この実験の好ましい条件のもとでは、非常に早期の乳児でさえ、自らの行為と興味深い事象との随伴的関係を素早く学習したばかりでなく、この関係を高度に特異的に、文脈依存的に、非線形的に想起した。おそらくこの高度に突出した訓練環境が、モビールの特定の細部、興味深い効果を生み出す動き、訓練の文脈を捉えるダイナミックなカテゴリーを作り出した。このプロセスが図7.3の個体発生的な概略図に描かれている。いつものように、谷の深さと勾配はアトラクターの強度を表す。強いアトラクターは、簡単には崩壊しない安定した行動を生み出す。馴染みのある、特別変わったことのない文脈

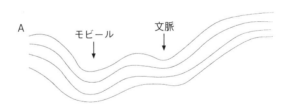

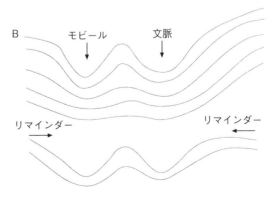

図7.3
モビール強化の記憶における文脈効果の概略図。【A】文脈が馴染んだものである場合、乳児は文脈にあまり注意を払わず、モビールのアトラクターの窪みが優勢となる。【B】文脈が突出したものである場合、乳児は2つの関連するアトラクターを形成し、それらは最初別個に検索可能だが、時間と共により緊密に結びつくようになる。時間が経つと、訓練モビールあるいは文脈のどちらかの視覚的リマインダーがモビールと文脈の両方の記憶を検索する。

で訓練されたとき、乳児はその慣れ親しんだ文脈にほとんど注意を払わないし、文脈アトラクターは、図 7.3A に描かれたように、あまり強くない。しかし、独特の文脈──予期しない出来事──は注意をひき、新しい、それと結びついたアトラクターを作り出す。しかし、乳児の注意はモビールそのものに向けられていて、モビールの動きはあまりにも多くの多様なシーンの経験をもたらすので、モビールの知覚的カテゴリーはクッションのそれより常に強いが、それと連合していると仮定しよう。この経験の多重感覚マップが非常に強く（24 時間以内）、アトラクターの窪みが深い間（24 時間以内）、乳児は、図 7.3B の概略図の上部にあるように、そばの文脈アトラクターに「入り込む」ことなく、モビールの細部とそれと連合している蹴りを引き出すことができる。しかし、時間とともにアトラクターの窪みがいくぶん平らに、広くなるにつれ、モビールと蹴りの連合はさらに文脈アトラクターと連結し、結びついていく。

　誰も、自分の乳児期のことを覚えていない。人生初期の出来事の記憶に何が生じるのだろうか？　乳児は 2 週間でモビールの動かし方を「忘却」したが、それは乳児の記憶が貧弱なものであることを示すのだろうか？　注目すべきことに、ロビー・コリアと共同研究者たちは、乳児は長期間記憶を保持するが、それを引き出すためには適切な活性化手がかりが必要であることを示した。これらの手がかりは、訓練状況全体の正確な再現である必要はなく、訓練環境の突出した部分だけでよい。したがって、訓練時のモビールあるいは特徴のあるクッションを見る乳児は、リマインダーがない条件ではほぼ完全な忘却が生じる 2 週間後でさえ、運動訓練を完全に思い出す。私たちの概略図で言えば、モビールあるいは独特の文脈のどちらかを見るだけで、高度の縮重的で再入力的な連結を通してネットワークを再活性化するのに十分であり、それは再び、より安定したパフォーマンス・アトラクターを形成する（図 7.3B 参照）。言い換えれば、蹴ることの記憶は、訓練場所の視覚記憶と大変密接にカテゴリー化されるので、行為は視覚的痕跡の活性化によってのみ、想起される。矛盾することに、乳児は、時間の経過とともに新奇なモビールの要素によってあまり混乱しなくなるが、再活性化課題でのリマインダーとなるモビールは、ほとんど完全に忘却しているとき、元の訓練時のモビールを再現したものであることが必要とされる（Rovee-Collier, Griesler, & Early, 1985）。乳児が新奇なベッドのクッションで訓練された場合──独特の文脈──、元のテストから 2 週間後でさえ、モビールなしで、クッションを見るだけで乳児に蹴ることの随伴性を効果的に思い出させるので、これはとりわけ興味深い。しかし、リマインダーとして訓練モビールがあると、文脈の変化を乗り越えられるのである。

　このような 3 ヵ月児での訓練と想起研究には、多くの重要な意義がある。第一に、乳児における忘却は、大人と同様、貯蔵の問題というより検索の問題である。乳児は、十分な記憶を促進する支えがあるとき、何週間後でも数分間の興味深い出来事を

想起することができる（職業的な集まりで馴染みの顔に挨拶をするのだが、その人の名前を思い出すことができないという、不愉快な、よくある状況を思い出す。しかし、会話中のわずかな手がかりでも、名前や他の記憶の細部を取り出すきっかけになる。）。第二に、私たちのダイナミックな見方ともっとも関連するのは、検索手がかりで焦点となるものと文脈的なものの間の、複雑な相互作用である。ロビー－コリアと共同研究者たち（Rovee-Collier & Hayne, 1987; Butler & Rovee-Collier, 1989）は、これを検索手がかりの階層的ゲート制御構造の反映として解釈する。乳児は、中立的な文脈で訓練された場合には新奇なモビールへ一般化するが、独特の文脈におかれると、モビールの新奇性が課題パフォーマンスを崩壊させることを思い出してほしい。彼らは、文脈的検索手がかりが階層的に利用されると示唆している。

　　私たちは、乳児は情報があいまいでないとき、近接した文脈の情報を検索手がかりの最初の源として利用すると提案する。もしあいまいなら、より離れた文脈情報を使う。もし遠隔手がかりが記憶表象の属性と対応するなら、乳児は再び近接文脈情報に注意を向ける。もしそれも同様なら、検索が開始されるし、もし異なるなら、検索は開始されない。しかし、もし遠隔文脈手がかりが記憶表象内の属性と対応しないなら、記憶処理はその時点で終了する。したがって、私たちは遠隔的文脈に検索の最初のゲート制御機能を振り当てるのである。加えて、私たちは遠隔的文脈が、「ファジー」な近接文脈情報を明確にし、弁別性を高めると見ている。（Rovee-Collier & Hayne, 1987, pp.219-220）

ダイナミック理論の説明は、想起と再認を、乳児の頭の中に「if-then」型の論理機械を埋め込むことなしに説明できる。再び、焦点となっている対象、モビールは、目立つ色、形、動きをし、音を出すが、それらはすべて、随伴的に精力的な脚の動きと結びついていて、最初の強い知覚－運動アトラクターを形成するが、それは時間の経過と伴に広がり、より「ファジー」になる。中立的あるいは親しみのある刺激はモビールより目立たないので、乳児の注意をひくことがなく、アトラクターの窪みでの浅い井戸を作るだけである。このような環境で、元の記憶痕跡がファジーなとき、モビールのリマインダーの新奇性は、訓練手がかりの運動記憶を含む他の部分を引き出すのに十分ではない。しかし、訓練文脈もまた目立ち、近くにあるとき、相互作用するアトラクターの窪みが作られ、文脈リマインダーは、さらにより近接したモビールの連結を引っ張り込むのに十分な活性化を生み出す。しかし、もし想起文脈が訓練文脈と異なるなら、文脈と元のモビール・アトラクターの痕跡間に必要な連結がなく、相互的に活性化するネットワークが２つの事象を結びつけるのに不十分となる。このプロセスは論理的でも階層的でもある必要はないが、元の訓練の強度に、つまりモビールと文脈の目立つ度合と対応性、さらに元の神経細胞群連結が弱まっていく時間

依存の軌跡に、完全に依存している。

3ヵ月児における想起がそれほど訓練文脈に結びついているなら、乳児はどのように一般化することを学習できるのだろうか？ つまり、すべてのモビールが蹴ることができる、ガラガラは振ることができる、哺乳ビンは吸うことができるなどを認識できるのだろうか？ まさに神経細胞群選択理論から予測されるように、鍵は増加する変動性、似た状況を多重に経験することにある。それが共通特徴を継続的に選択し、再カテゴリー化することを可能にする。2日間同じモビールで訓練を受けた3ヵ月児は、24時間後新奇なモビールに反応しなかったが、1日ごとに新奇なモビールで訓練した乳児は、翌日さらなる新奇なモビールにも同じ蹴る率を示し、一般化した (Fagen, Morrongiello, Rovee-Collier, & Gekoski, 1984)。ロビー・コリアと共同研究者たちは、これらと他の支持的結果を、乳児が、個々の訓練モビールの特定の手がかりより一般的な、「蹴るモビール」というカテゴリーを学習したと解釈している。事実、ひとたび乳児がいくつかのモビールで訓練されると、新奇なモビールが忘却を減らすリマインダーとして、同じように効果的になった。しかしこの多様な訓練がないと、乳児は訓練とテストモビールの小さな違いさえ弁別し、訓練時のようには蹴らない。実際、新奇なモビールが訓練時のカテゴリー「蹴るモビール」の部分と見なされるかどうかは、モビールの物理的、機能的特徴、テストと元の状況間の文脈の類似性、訓練とテストの間の時間に依存している (Greco, Hayne, & Rovee-Collier, 1990)。

再び、これらのダイナミックスを、概略図で要約することができる (図7.4)。1つのモビールで訓練することにより1つの窪みが作られ、第二のモビールで訓練することによりもう1つの窪みが作られるが、状態空間内には多くの重なりがあると想像してほしい。このような重なりが作られるのは、いくつかの特徴が違っているが、2つの訓練状況が多くの共通の、縮重した知覚的神経細胞群を活性化させるからである。実際、1つの窪みが、1つのモビールによる訓練のより急で深いアトラクターよりも、「蹴るモビール」のより一般的な特徴によって活性化されることのできる訓練手続きから生じることが可能なのは、このより広い重なりのためである。したがって、乳児が第三の新奇なモビールによってテストされる、あるいは想起するとき、カテゴリーの共通の特徴は知覚運動群全体を活性化するのに十分であり、訓練時の蹴りの率が現

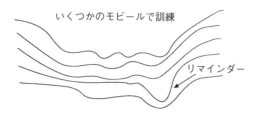

図7.4
異なるモビールで訓練した時の一般化のランドスケープ。アトラクターの窪みには多くの重複する谷がある。新奇なモビールがリマインダーとなり、共通する特徴が活性化されて、近くのアトラクターの井戸の中に引き込む。

れる。多くの例による訓練は、多くの入り口からの再認と再生を可能にする。次の節と続く諸章で見るように、このような説明は、他の初期スキルの緊密な文脈依存記憶と、その後の新奇な事象や遭遇したものへの一般化を説明する。

　記憶に対するこの説明は、私たちのデカラージュのプロセスの説明を支持している。現実世界の事象は、自然に多くの多様な、反復的取り入れをもたらし、初期の再カテゴリー化と一般化を可能にする。早期乳児の主要な顕著な活動は、目と頭部を動かし、周りの対象や事象を見ること、そして多くの異なる文脈で、何度も何度も繰り返される行為である。この時間拘束的活動は、事象や対象の相関する特徴の記憶アトラクターを形成し、広く、多くの異なる刺激特徴からの入力を可能にする。乳児は、たとえば、縁が一緒に動く事象のカテゴリーがあることを期待するようになる。彼らはこのことを実験的状況で素早く学習し、期待が破られたときは驚く。リーチングや移動のようなより複雑な運動スキルと連合したカテゴリーは、徐々に向上するスキルとより特異的に結びつく。このように、乳児は最初、姿勢あるいは状況的文脈が乳児に実生活での「訓練」状況を思い出させるときのみ、反応を思い出すだろう。運動スキルそのものが、多重的な取り入れによって効果的に再カテゴリー化がもたらされるよう十分に確立されているときのみ、乳児はより一般的な状況に反応する。行為と知覚の循環的な性質のため、運動スキルが向上することはまた、乳児がより良い知覚的学習者になることを可能にする。知覚的弁別の増加は、次に対象や事象の多重的取り入れを増加させ、再カテゴリー化のプロセスをさらに増強し、記憶をより一般的なものにする。乳児のスキルと現実世界での機会は、非線形的、非同期的に相互作用するので、パフォーマンスのレベルでは、このプロセスは、領域間だけでなく、機能の領域内でさえ、驚くほどデカラージュのように見えるのである。

記憶における発達的変化

　それならば、発達している知覚スキルや運動スキルは、どのように記憶のダイナミックスを変化させるのだろうか？　乳児自身の能力と経験が想起するものや想起のしかたに影響を与えるのを見ることができるのだろうか？　ここで、私たちは普通の発達的ストーリーの方向を転回する。伝統的に、記憶容量は脳が「成熟する」につれて自動的に増大すると信じられている。記憶が増大するにつれ、その結果として認知スキルが複雑性を増す。より優れた記憶は確かにより複雑な行動を導くが、また、より優れた記憶を構成しているものは何か、どんなプロセスによって記憶容量は増大するのか、と問うてもよいだろう。ここでもまた私たちは、神経細胞群選択理論のダイナミックスで、相互作用的なプロセスを呼び出すことになる。

　ロビー・コリアと共同研究者たちによる６ヵ月児を対象にした最近の一連の実験

は、非常に啓発的である。3ヵ月児は、1日経過した時点では文脈の変化によってモビール訓練状況の記憶が崩壊しなかったが、3日後では崩壊したことを思い出してほしい。3ヵ月児にとって、訓練文脈は重要であるが、とりわけそれが独特であるときや、モビール文脈がいくぶんファジーなときにそうである。驚くことに、この文脈効果は、6ヵ月児の方がいっそう強かった。この時期では、リマインダーは、乳児が訓練、想起、テストを同一の、高度にそのときに独自の文脈で行わない限り、検索に対して効果的でない（Boller, Rovee-Collier, Borovsky, O'connor, & Shyi, 1990）。訓練1日後でさえ、文脈の変化は記憶保持を崩壊させた。そして、乳児が元のモビールで再認させられても、再認条件が違っていると、乳児は訓練を思い出さなかった（Borosky & Rovee-Collier, 1990）。より幼い乳児のように、6ヵ月児は、いくつかの新奇なモビールで訓練されたとき、「蹴るモビール」のカテゴリーを形成し、このカテゴリー学習を翌日の新奇なテストモビールに転移できた。しかし、テストの文脈は同じである必要があった。この文脈特異性は長期間保持される —— 忘れられた記憶の再活性化には、訓練文脈が必要なのである（Shields & Rovee-Collier, 1992）。

　6ヵ月児が文脈に対する注意を増加させることは、初めは直感に反するように思える。文脈を無視し、モビールのカテゴリー自体を一般化する方がより適応的であると思えるのに、なぜ月齢と伴に、記憶がますます訓練状況に結びつくようになるのだろうか？　ボロフスキーとロビー - コリア（Borovsky & Rovee-Collier, 1990）は、ここには初めの半年間における乳児の「注意焦点の範囲の連続的な拡大」（p.1580）が関係していると推測する。より幼い乳児はモビールそのものにだけ注意を払い、ベビーベッド、囲い、部屋の様子などの特徴に関心を払っていない。しかし、乳児が周りの場所や事象のより広い範囲に注意を払うにつれて、同じ文脈手がかりが、目立って知覚される訓練経験に加えてコード化される。ボロフスキーとロビー - コリアは、これらの他のもっと遠隔の文脈を、目標刺激が検索されるためにはその前に検出されなくてはならない「注意ゲート」として作用すると見ているが、私たちは、それらは目標モビールの連合とともに形成され、さらに豊かな連合した活性化をもたらすと提案する。これが意味することは、文脈手がかりが目標の手がかりとより弱く連合しているときよりも、アトラクターはいっそう深く、より安定しているだろうということである。言い換えると、より年長の乳児は、モビールの記憶を文脈の他の目立つ部分のそれと「接着」させているのであり、モビール自体、あるいは訓練状況の変化は、検索を大きく崩壊させるのである。記憶の要素は緊密に結びついているが、変化する文脈と広範囲に連合してはいないので、より一般的なアクセス手がかりでは検索できないのである。

　6ヵ月児の結果には、多くの重要な意味がある。第一に、ボロフスキーとロビー - コリア（1990）が指摘しているように、乳児は、まさに独立移動を開始しようとする

ちょうどそのときに、周囲に対してより注意を払うということは興味深い。このように、あたかもこの視覚的注意の拡大と、結果としての遠隔の場所と事象の記憶へのコード化が、ランドマークの学習のお膳立てをするようである。乳児が初めてある場所であることが生じるということを理解することは重要であり、それゆえ、動き回るときに場所を記憶するようになるだろう。しかし、これらの結果はまた、乳児の空間的知識が、独立移動を開始する前は、記憶がその活動を学習した場所にきわめて特異的に結びついていて、きわめて自己中心的である理由を説明する。これから見ていくように、行為の文脈特異性は、年齢特異なものではなく、乳児自身の活動状態の関数であるように思われる。乳児は、世界内の事象の多重的取り入れをするために、——いかなる年齢であろうと——彼ら自身で反復する再入力情報を生成する必要がある。

最後に、ロビー・コリアの仕事は全体として、初期の認知のダイナミックな性質に対する、説得力のある証拠である。カテゴリー——知識の基礎——は、乳児の進行中の活動と世界との出会いから創発する。乳児が行為し、知覚し、想起し、忘却するにつれ、乳児は、世界の中で自然に一貫しているこれらの連合を選択する。彼らのカテゴリーは、経験によって情報を与えられる。その経験は、本来変動するものであり、したがって乱雑で、豊かで、冗長的な情報をもたらし、そこから神経選択が起こりうる。

モビールを蹴ることの学習に関するこれらの実験は、乳児がどのように世界についての基本的な知識を獲得するかを明らかにしている。ピアジェが指摘したように、この知識は、行為とほどきがたく絡み合っている。運動は学習にとって偶発的なものではなく、知覚的パッケージの部分なのであり、それがカテゴリー化と再カテゴリー化の基礎なのである。乳児が知っていること、想起することは、乳児が見、聞き、感じたことの断片である。しかし、ピアジェとは対照的に、私たちは、知識は分離した感覚モダリティの継続的な統合から、あるいは一般的な知識スキーマを含む構造の精緻化から構成されるのではないと信じている。むしろ、乳児が知っていることと、乳児がどのように行為するかとは、乳児が遭遇したこととどのように行為したかということから、連続的、かつダイナミックに選択されるのである。感覚的統合は、基本的状態であり、派生的なものではない。知識は基本的に記憶の不足によって限定されるのではなく、適切にサンプルし、それによって世界をカテゴリー化する能力の不足によって、限定されているのである。

次章では、このダイナミックなプロセスが、他の領域の初期学習に適用されるのを見る。

注
[1] 認知発達における自己活動の中心的重要性を認識させてくれたのは、もちろんピアジェで

ある。しかし、先に議論したように、ピアジェは運動が他の感覚システムとは別に発生し、主として制御されない反射に始まり、行為は別々のシステムを適応的行動ができるようにまとめ上げることに資すると見なした。

第III部
知識のダイナミックスと起源

第8章　知識の文脈特異的な起源

　前章では、カテゴリーが乳児の進行している活動において、その中から創発することを論じた。世界の中にあるということ —— 行為し、知覚し、記憶していること —— は、その中で一貫している結合と関係を選択することである。私たちは、ロビー‐コリアの乳児の記憶についての発見が、この考えを支持していることを見た。この章では、さらに以下の3つの系統の研究を検討する。（1）スロープ上での乳児の移動の研究、（2）可能な事象と不可能な事象に対する乳児の知覚の研究、（3）幼児における新奇な言葉の解釈の研究である。これらすべての3つの研究方向は、実時間の活動の中で、それを越えていく発達プロセスとして、生命体の歴史、その〈いま‐ここ〉、そして未来一度に、そして同時に含む行動において、理解することができる。この章では、これらの考えが発達をどのように理解し研究するかに対して、いかに根本的に新しい結果をもたらすかを示す。

大域的な構造－局所的変動性 —— 時間スケールの統合

　どんな行動にも、2つの見方がある。第一に、上からの視点がある。本書の第1章と第2章で論じたように、私たちがもっとも低いレベルの倍率で行動を見る場合に見るのは、個人の行為に含まれ、かつ個人間に共通する、大域的な構造である。こうして、ネコは歩くとき、地形に関係なく脚を交互に動かして同じように歩く。私たちがコーヒーカップに手を伸ばすとき、同じ一般的な動きをする。私たちは母親という言葉を —— あそこにいるのは私の母親ですという文章や、ビルの母親はなんて変わっているんだという文章の中の母親という言葉を —— 理解するたびに、共通の意味を理解している。ネコの歩き方、コーヒーカップへの手の伸ばし方、言葉の意味には、大域的な構造がある。発達心理学の仕事の1つは、この大域的秩序がどこからやって来て、それが発達に伴ってどのように変化するかを説明することである。

　だが、行動に対する第二の見方もある。下からの視点である。ここから見ると、行動はごちゃごちゃしていて、流動的で、非常に文脈に依存しているように見える。顕微鏡の倍率を上げると、個々のネコの歩きに似ているところは1つもない。それらは、地形の性質 —— パターンが異なり、細部がまるで違っており、傾斜を上ったり下ったり、道筋の障害物をよけたり —— と密接に結びついた、筋肉活動の異なるパターンが

関わっている。倍率を上げると、コーヒーカップに手を伸ばす個々の動作も同じではないことがわかる。時には早く、時には遅く、時にはへまをして机中にコーヒーをこぼしたりもする。倍率を上げると、言葉の意味さえもごちゃごちゃしていて流動的であるように見える。第6章で論じたように、母親には数多くの異なる意味がある。接近して行動を詳しく見ると、数多くの局所的な変動性がわかる。どの2つの行為も、決してまったく同じではない。発達心理学は、大域的な構造がどのように現下の課題に合致するようにされるのかという、個々の行為の局所的適応性についても説明しなければならない。

　行動がどのように特定の課題の文脈に適合されるのかを説明するというこの第二の問題は、伝統的な心理学ではほとんど注意を払われてこなかった。さらに、局所的変動性の問題は、大域的な構造を説明するという問題とは別の、二次的な問題だと見なされてきた。伝統的なアプローチは、行動の大域的な秩序を、その基礎にある秩序——ネコが歩く中枢パターン発生器、カップにリーチングする運動の設計図、言葉の意味の本質——を仮定することによって説明する。伝統的な静的な構造アプローチでは、ネコが歩く（カップにリーチングする、言葉を理解する）というすべての事例が大域的にどれも類似している理由は、共通の基礎的な構造を共有しているからであるとされる。この不変の基礎的な構造が個々の行為に呼び出され、それらを指揮するのである。

　この種の説明は、個々の行為の局所的細部、つまり特定の文脈への「その適合」を説明しないままである。どのように大域的な細部が手元の課題に適合するのかを説明しないままでは、大域的な構造もまた説明されないままとなる。このことは、第1章で却下した、ネコの四つ足歩行が中枢パターン発生器によってコントロールされているという考えを再考すると理解できる。中枢パターン発生器のみではネコの歩行を説明するのに十分ではないので、私たちは中枢パターン発生器という考えを却下した。実際のネコは後ろ向きや、障害物を越えたり、臭いを嗅いだり、坂を上ったり下ったりしながら歩く。ネコの歩きの大域的な構造はこれらすべての事例に存在しているが、これらの各々の文脈間の変動性は膨大である。確かに第1章で論じたように、これらの様々な行為は基本的に、歩行の交互的なパターンを維持するために、筋肉発火の異なるパターンを要する。それでも、仮定された中枢パターン発生器は一定であるとされる。もし中枢パターン発生器が一定不変のパターンを出力するなら、中枢パターン発生器は前に歩いたり後ろに歩いたり、臭いを嗅いだりしながら歩く類似した構造の、唯一の原因ではありえない。もし中枢パターン発生器が存在するならば、これらのすべての文脈において、質的には類似していても適切に異なった方法で歩行を生じさせる、他のプロセスがなければならない。どのように大域的な秩序が局所の細部の中で現実化されるのかを説明しなければ、大域的な秩序自体を説明できない。

第8章　知識の文脈特異的な起源　　265

　ダイナミックシステムは、大域的な秩序と局所の細部の両方を説明する。大域的な秩序と局所の変動性は同じことである。つまりそれらは、文脈、すなわち直接的な「〈いま－ここ〉」の役割に特別の地位を与えるというしかたで、ほどきがたく絡み合っている。文脈 —— 上記の 〈いま－ここ〉 —— は、3つの点で重要である。第一に、文脈は大域的な秩序を作る。大域的な秩序は、特定の文脈の中で知覚し行為してきた歴史である。大域的な秩序が発達するのは、繰り返された〈いま－ここ〉の経験を通してである。第二に、文脈はこの大域的な秩序を選ぶ。だから、私たちは質的に異なる行為をすることができるのである。たとえば、地形に応じて、ときに歩き、ときに滑り、ときにはじっと立ったままでいることができる。第三に、文脈は大域的な秩序を適応させる。つまり、過去の〈いま－ここ〉の歴史を、目下の課題に合致させる。文脈は、私たちのダイナミックシステム理論では、知識を作り、選択し、適応させる。というのも、知識は実時間の課題の中でのみ、明らかとなるからである。大域的な秩序は、時間拘束的な再入力システムの実時間の活動のパターン —— その瞬間の感覚入力、直前の活動、活動の歴史を含む活動のパターン —— である。大域的な秩序は〈いま－ここ〉の細部によって作られ、その中で表出されるのであり、もっとも基本的な意味で、常に文脈に依存している。

　この見方は、特定の発達の方向を示唆する。発達初期、行動のパターンは経験の特異性、すなわち行動が生じる課題の文脈の細部と密接に結びついているはずである。継続される活動は、知覚し行為し続け、その結果他の文脈でも探索することになり、次の2種類の変化につながるだろう。(a) 大部分の多様な文脈を通じて含まれている連合の選択、(b) システムに大域的な諸構造の再組織化 —— 大域的構造間のジャンプ —— を引き起こす、細部の選択。発達とともに —— 知覚し行為しながら継続的に探究していくにしたがって —— 大域的な構造はより一般的になり —— 一見、より〈いま－ここ〉から離れ —— 、そして同時に、異なるクラスの文脈をより高度に区別し、識別するようになるだろう。ダイナミックシステムの用語では、知覚し行為することからなるシステム間の再入力マッピングは、深いアトラクターの形成を引き起こすだろう。これらの深いアトラクターは大域的な構造、つまり知識の具体的表現である。けれども、これらのアトラクターは、ものではない。持続的なニューロン群の活動の軌跡、異種混淆的な諸システムの再入力マッピングを通してできあがった、軌跡なのである。これらのニューロン群の活動の中で、〈いま－ここ〉は常に、過去と調和している。

　知識の発達において文脈 —— 〈いま－ここ〉 —— が果たす中心的役割について考察するが、1つの領域の知識、つまりスロープ上での自己移動の知識が、いかに高度に文脈特異的なしかたで形成されるかを示すことから始める。それから、宇宙の物理法則に関する乳児の抽象的な考えが、展開しつつある出来事の軌跡の観点から理解されるだろうこと、つまり抽象的な知識が文脈特異的な経験によって作られ、その中で表

出されることを示す。最後に、子どもたちによる新奇な言葉の解釈についての発達上の証拠について考察する。活動のパターンがどのように次第に分化し、文脈がどのように次第にシステムを1つの大域的な秩序から別のそれへと移行させるのかを示す。

スロープについての学習

　人間はどのように、ネコの歩行で示した問題を解くのだろうか？　私たちはどのように、平面上や上り坂や下り坂でうまく移動することを学習するのだろうか？　私たちはどのように、身体が異なった地形上でできることとできないことを発見するのだろうか？　カレン・アドルフと共同研究者たち（Adolph, Eppler, & Gibson, 1993a, b）は、私たちがそれを課題ごと、文脈ごとに学び、最初は1つの移動形態（ハイハイ）から他の形態（歩行）への転移はほとんどないことを見出している。この研究で明らかにされた発達のパターンは、乳児の記憶の文脈特異的な性質についてのロビー・コリアの発見と、まさに同じであるように見える。それは、もし知識が特定の文脈の中で、知覚することと行為することとの時間拘束的な相互作用を通して作られるとすれば、期待されるものであるように思われる。

　ギブソンのアフォーダンスの枠組みで研究しながら、アドルフと共同研究者たちは、ハイハイの乳児と歩行する乳児がどのように自分の能力とスロープの険しさとの間の「適合」を知覚するかを問い続けてきた。傾斜した平面の頂上もしくはふもとに置か

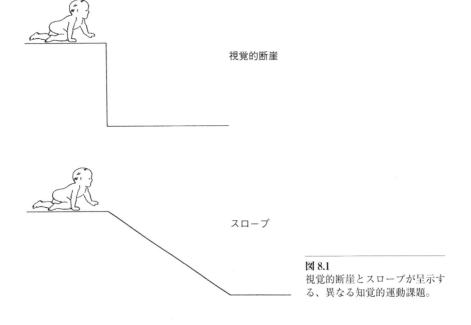

図 8.1
視覚的断崖とスロープが呈示する、異なる知覚的運動課題。

第8章　知識の文脈特異的な起源

れると、乳児は落下することなく通過するにはスロープが急すぎると認識して、それに伴って行動を調整するだろうか？　乳児の知覚に関する古典研究は、そうすると示唆する。読者は古典である視覚的断崖の実験を思い起こされるだろう。ハイハイの乳児は、断崖がプレキシガラスで覆われていて、触れてみれば表面が堅いとわかっても、視覚的には垂直な断崖を横切るのを避ける（Gibson & Walk, 1960）。もし視覚的断崖でのハイハイの乳児のパフォーマンスが大域的なコンピテンス、深さとその結果に関する知識構造を伝えているのであれば、乳児が断崖ではなく、図8.1に示すような急斜面に直面したときにも、この知識構造が示されると期待される。しかし、そうではない。

　データを見る前に、アドルフたちのスロープ実験が視覚的断崖実験とは3つの点で決定的に異なる可能性があることを認めることが重要である。第一に、乳児たちはベッドやソファや椅子や階段において、垂直の断崖によく出会っているのに対して、スロープにはそう常には出会わない。スロープを通ることは比較的新奇な課題である。第二に、スロープ実験では、知覚的なモダリティ間に矛盾はない。触覚情報と視覚情報は一致しており、スロープの度合いがどれほどかについて一致している。第三に、乳児は上り斜面と下り斜面の両方でテストされた。上りと下りは生物力学的に異なる挑戦となる。それらは局所的な細部では、非常に異なる課題である。

　最初の実験で、アドルフ、エプラー、ギブソン（1993a）は、スロープを10度、20度、30度、40度に変えられる装置で、14ヵ月のよちよち歩きの乳児と8.5ヵ月のハイハイの乳児をテストした。乳児たちは上り坂と下り坂の両方で、歩くかハイハイするよう励まされた。注目すべきことに、ハイハイの乳児も歩く乳児も、たいてい何の躊躇もなく、また手や足でスロープを調べることもなく、すべてのスロープを登ろうとした。乳児たちはスロープがきついとしばしば落ちたり、身体のコントロールを失ったりしたが、上り続けた。歩いているときやハイハイしているときに前にのめるのは、それほど問題がない——乳児は手で、短い落下を止めることができる。

　しかし、スロープを下りることは、生物運動学的に挑戦である。落下は重大な結果をもたらす。このスロープを下りる課題では、歩く乳児とハイハイの乳児とでは、劇的に異なった。歩く乳児は非常に警戒し、スロープがより急になると——20度、30度、40度になると——ためらい、調べ、拒むか、多くの場合は歩行から背を下にして滑り降りるなど、移動のモードを変えた。対照的に、ハイハイの乳児は、あたかも結果を見て取ることができないかのように、下りスロープに頭から突っ込んでいった。ハイハイの乳児の大半が、多くは落下したが、10度と20度のスロープでハイハイで下りようと試みた。多くはより急なスロープでもなお、ハイハイで降りようと試み、ほとんど必ず落下した。そして、ハイハイの乳児のかなりが、きわめて急なスロープでも気づかないように見え、スロープに突っ込んでいって確実に落下した。スロープ

の端でのハイハイの乳児のこの向こう見ずな行動は、断崖の端でのハイハイの乳児と
くっきり対照をなしている。ハイハイの乳児は、常に視覚的断崖を避けるのである。

　なぜスロープ上のよちよち歩きの乳児とハイハイの乳児との間に、このような際
立った違いがあるのだろうか？　6ヵ月年長なので、よちよち歩きの乳児は一般的に
利口だっただけで、それゆえにスロープを落下する危険がわかったのだろうか？　こ
れは可能性が低い。というのも、下りスロープに突っ込んでいく乳児と同じ年齢で同
じ運動能力のハイハイの乳児が、視覚的断崖の垂直な急スロープを見つけることがで
き、積極的にそれを避けたからである。ここに古典的な意味での、デカラージュの劇
的な例がある——ハイハイの乳児は断崖の高さとそこから落ちる結果を知っているこ
とを示すのに、スロープの高さとそこから落ちる結果を知っているようには見えない。
おそらく、ハイハイの乳児はスロープの視覚的特質に鈍感なのだという主張がされる
かもしれない。これもまた、可能性が低い。なぜなら、たとえハイハイの乳児が下り
ていく自らの能力を過大に評価したとしても、より急なスロープではよりいっそうた
めらい、下りようと試みる前にスロープをより調べたからである。

　アドルフたちのその後の発見によって支持されたもう1つの可能性は、ハイハイの
乳児はスロープを認知できるが、しかし、スロープがどんなものかを知らないという
ものである。ハイハイの乳児は、スロープを上がり下りする際に必要とされることと、
自分自身の移動能力を適合させることができない（Adolph et al., 1993b）。上り坂では、
移動スキルと課題を適合させられないことの結果は、ほとんど問題なかった。しかし、
下り坂では、スキルと課題との間の適合が乏しいため、実際に姿勢が保てなくなって
しまった。ハイハイの乳児とは対照的に、よちよち歩きの乳児は、このスキルと目下
の課題を適合させることができた。よちよち歩きの乳児は、緩やかなスロープと急な
スロープを上ることができ、緩やかなスロープを下ることができるが、急なスロープ
を歩いて下ることができないことを知っていた。よちよち歩きの乳児におけるそのよ
うな適合プロセスの証拠は、また、歩幅が次第に増大することに示されるしっかりと
歩ける乳児は、より急なスロープも下りようとするという知見からも支持される。ハ
イハイの乳児においては、ハイハイのスキルと実際の試みとの間に、どんな関係も明
確には見られなかった。

　二番目の実験で、アドルフ（1993）は、スロープがより微細に増大するようにし、
よちよち歩きの乳児が自分の実際のパフォーマンスと「歩くことができる」という知
覚とを適合させることができるスロープ角を正確に知るために、角度を変化させた。
もし乳児がスロープに挑んだ場合は、落下することなく常に成功しただろうか？　ア
ドルフは、実際、よちよち歩きの乳児が自分自身のスキルとスロープの特性を適合さ
せるのに、非常に正確であることを見出した。とりわけ、落下の結果がより重大な下
りでの試みでは、乳児はほとんど失敗することがなかった。乳児は安定したスロープ

度の閾値を認識していた。つまり、スロープが各個人の閾値よりも緩やかなとき、乳児たちは落下することなく歩いて下りた。スロープがそれより急なときは、乳児は歩かなかったが、下りるための別の方法を見つけた。ハイハイの乳児とは異なり、よちよち歩きの乳児は、歩行が可能なところと不可能なところの間の境界を、正確に知っている。

　乳児はどのようなプロセスによって、発達している運動スキルと知覚スキルのそのような特異的な適合を作り出すようになるのだろうか？　縦断研究からの発見は、スロープ上の移動の結果は、学習されることを示唆している（Adolph, 1993）。アドルフは、初期のハイハイから初期の歩行を通して熟達した歩行に至るまで、各々の乳児を追跡した。この縦断的なアプローチによって、横断的な断片データでは明らかでない、文脈特異的な経験上に作られる発達の軌跡が明らかになる。

　この縦断データは、乳児が最初にハイハイするときに、一見向こう見ずに捨て身で、どんな角度のスロープにも頭から突っ込んでいくことを示している。もし乳児が腕で支えられないと気づいても、さらに下ろうとする試みを制止しない（注意：これらの研究のすべては、実験者が注意深く乳児を「受けとめている」！）。しかし、ハイハイの経験が数ヵ月にもなっていくと、次第に、同じ乳児たち（今ではハイハイが上手になり、縦断研究での経験を通じて、いつもスロープを経験しているハイハイの乳児たち）が、スロープが急になるとより注意深くなる。そして、ついには、そのスロープでは落ちるかもしれないと認識していることを、強い指標——躊躇、探索、拒絶、移動する他のモードを見つけるなど——によって示す。これらの結果から、乳児にスロープの結果について教えることができるのは、歩くことだけによるのでも、成熟におけるある神秘の点に達したことによってスロープについて知ったからでもないことを、私たちは知るのである。

　しかし、いまやハイハイに熟達した乳児は、スロープについて何を知っているのだろうか？　緩やかなスロープは下ることができるが急なスロープはできないという知識は、乳児が立ち上がって歩くときに一般化されるのだろうか？　この２番目の質問への答えは、はっきりとノーである。乳児たちの知識は、一般化しない。ハイハイの乳児が歩くようになるとき、再びスロープについて一から学習しなければならない。15人中10人の歩き始めたばかりの乳児が、彼らがハイハイしていたときにそうしたように、どんな急斜面もためらうことなく突き進んで下りた。他の実験参加児の間では、一部の乳児は多くの間違いをし、スロープにまで歩いて行ってよろめいた。何人かは過剰に注意深くなりすぎて、難なくこなせるだろうきわめて緩やかなスロープでさえ、歩いて下りなかった。一部の乳児では、ハイハイ時の知識と歩行時の知識との間の移行は、一試行内においてさえ劇的だった。手と膝をついて急なスロープの頂上に置かれると、ためらって確かめるが、下りて落下はしない。その後すぐに立ち上が

らされると、たちまちスロープに気づかなくなったかのように、頭から突っ込んでいった。再びハイハイの位置に置かれると、理解は元に戻った。何人かの頑固な、新たなよちよち歩きするようになった乳児は、スロープの頂上に手と膝をついた状態で置かれると、すぐさま自分から立ち上がり（より成長した姿勢である）、同じように急なスロープに素早く頭から突っ込んでいった。スロープについての知識は、初期のよちよち歩きの乳児にとっては課題に依存している。もちろん、すべての乳児は、その後数週間から数ヵ月歩行をする間に、比較的素早く、彼らの試みをバランスとコントロールにおけるスキルのレベル向上に適合させることを再学習した。

　この驚くべきデカラージュは、領域一般の知識構造に対する圧倒的な反証であり、前章で概略を述べた学習と記憶のダイナミックな説明を雄弁に支持している。ダイナミック理論の用語では、スロープ上の乳児の行動は、知覚し行為することの蓄積された経験、実験手続きの相対的な目新しさと身近さ、そしてテスト状況が乳児の知覚‐行為のカテゴリー検索を助ける適切さの間の相互作用として説明することができる。私たちは、この発達の進行を以下のように説明する。ロビー‐コリアの研究が示すように、ハイハイし始めるとき、乳児は自らの周囲に注意を払い、コード化していると思われる。そして、乳児の「周囲」は、ほとんどいつも平らな表面であり、そしてある頻度で、平らな表面間の垂直な断崖に頭から近づく。頭から傾斜面に近づくことはありそうもない。もし活動記憶が、モビールの実験におけるように、高度に活動と文脈に依存しているのであれば、垂直な断崖について発見された一般的カテゴリーは、簡単にはスロープへと一般化しないだろう。言い換えれば、平面上ではハイハイし、視覚的に検出された垂直な断崖では躊躇するという適合によって形成されたアトラクターは、スロープによっては活発化されないだろう。スロープ上にいて見下ろしているという〈いま‐ここ〉の経験の内容は、垂直な断崖について蓄積された〈いま‐ここ〉の経験の歴史の「リマインダー」として、その知識を一般化させるには十分ではないだろう。言い換えれば、スロープの新奇な事象は、よく安定されたアトラクターと連結されないのである。

　図8.2に、この一連の発達事象を図示した。第6章で対象物の知覚的分離について描いたのと同様の、理論的な状態空間を示している。この理論的空間は、2つの複雑で時間拘束されたシステム、つまり知覚と行為で定義されている。文字を認識する装置を作る際にリークとエーデルマンが用いた神経細胞群選択理論（TNGS）と同じ考え、そして、ダイナミックな手がかりから対象の知覚に対する静的な手がかりが発達することを説明したときと同じ考えを用いて、私たちは、平面上でのハイハイの時間拘束的な知覚と感じられた運動によって作られた再入力マップを通して、複雑で深いアトラクターが創発すると提起する。図8.2に示すこの仮説的アトラクターは、ハイハイの乳児が積み上げてきた経験と、視覚的事象と、感じられた運動の一定の組み合

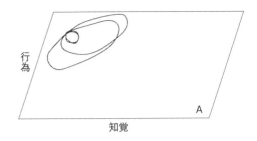

図 8.2
自己移動課題の状態空間における
ハイハイの仮説的アトラクター。A
は、乳児が立ち上がり、歩くように
なったときに自身を置く状態空間の
離れた領域。

わせのもとでの、一連の予期を表している。こうしてこの複雑なアトラクターの一部は、視覚的断崖までやって来て尻込みしている際の時間拘束的な知覚と行為の継起に対応する。アドルフのデータは、スロープを見下ろすという視覚事象が、乳児が視覚的断崖を見下ろす際に生じる視覚事象と大きく異なることを示唆している。ハイハイしだしばかりの乳児がスロープに置かれたとき、断崖の知識のアトラクターからは程遠い。おそらく、数ヵ月のハイハイと多様な状況に対する身体の反応を探索することで、「ハイハイできる」という知覚-行為カテゴリーがより一般化され、アトラクターの窪みを拡大し、結合を強固にするだろう。私たちの見方では、これが、乳児が実験室で繰り返しスロープを上ったり下ったりする経験をする縦断研究において生じていることであり、世界の中で、多様な表面に出会うときに起こっていることなのである。

しかし独立歩行に移行すると、完全に新しい触覚、自己刺激、視覚の連合の組み合わせになり、ハイハイに特有の姿勢と動き、そして四つん這いから眺めた特有の世界の見えと入れ子になったアトラクターとは、弱い、わずかな結合しかない。乳児が十分な移動スキルをもち、環境を広く、いろいろと試せるようになる前、彼らの記憶はきつく文脈に縛られている。この場合、乳児の世界の知覚的な見えと感じられた運動の両方を決定づけるのは、姿勢の文脈である。自らのスキルを実践するとき、乳児は新しい姿勢の文脈 —— 状態空間の新しい領域 ——、図 8.2 の、たぶん A 点に自分自身を置く。乳児はこれらの新しい領域を、新たな姿勢の文脈の中で知覚し、行為することによって探索する。そして、そうする中で、より深く広いアトラクター、つまりより一般的にアクセス可能なカテゴリーを体現するアトラクターを発達させる。こうして、多様な姿勢と多様な地面形状の十分な探索に伴って、平らな表面とは異なる、スロープや他の種類の面についての知識が普遍化していくと考えられる。どこかの時点で、子どもたちはスロープを下るにはコツが要る —— 歩いたり、這ったり、時にはジャンプする —— という一般的な考えをもつだろう。

スロープを下ることの学習というこうした実験は、世界の知識の本質についての基本的な真実を明らかにするものであると、私たちは信じる。まず、知識は行為とほど

きがたく絡み合っている。運動は学習に付随するのではなく、カテゴリー化と再カテ
ゴリー化の基礎である、知覚パッケージの一部なのである。乳児が何を知っており、
何を記憶しているかは、乳児が何を見、聞き、感じるかにかかっている。第二に、知
識は個別のモダリティの段階的な統合や、一般的な知識スキーマを包含する構造が次
第に洗練されることで構築されるのではない。むしろ、乳児が何を知り、どのように
行為するかは、乳児が出会うものと、それへの行為のしかたから、途切れることなく
ダイナミックに選択されるのである。知識は〈いま−ここ〉の、実時間の細部に起源
があり、その事実は初期の知識の文脈特異性に、明白に示されている。

何が可能かを知る

　私たちのダイナミックシステムの見方では、知識は〈いま−ここ〉の詳細だけにそ
の起源をもっているのではない。それは常に、現在と過去の双方の一部でもある。知
識は、過去と現在の双方に依存する活動の軌跡だからである。この考えを採用すると、
多くの古典的なテーマ——そしてそれらに対する現在の議論——が意味のないものに
なる。そろそろ引退してよいそのような論争の１つは、認識の発達の方向は、常に
〈いま−ここ〉における知覚と行為から離れて、直接的な経験とは別個に存在する抽
象的な観念に向かうという、伝統的な考えに関わっている。乳児は、ピアジェ（Piaget,
1952）やヴィゴツキー（Vygotsky, 1986）、ウェルナー（Werner, 1957）が考えたように、
〈いま−ここ〉に縛り付けられているだろうか？　発達は、フラベル（Flavell, 1970）
やヴォールヴィル（Wohlwill, 1962）、ブルーナーとオルバー（Bruner & Olver, 1963）、
そしてより最近ではゲントナー（Gentner, 1989）やカイル（Keil, 1989）が示唆する
ように、知覚から離れることだろうか？　それとも、ベイラージョン（Baillargeon,
1991）やスペルキ（Spelke, 1990）、フォーダー（Fodor, 1975）が主張するように、乳
児はきわめて抽象的な知識構造をもつ理性的なカント主義者であって、それは直接的
な経験から派生するのではなく、先験的に存在し、直接的な経験を解釈するのに用い
られるのだろうか？
　この論争の両陣営には共有された前提があり、それは根本的に間違いだと、私たち
は信じる。この共有された前提は、知的であるとは大域的な構造であって、個人のそ
の文脈における行為を準備する局所的な変動性ではないということである。この前提
は、〈いま−ここ〉にとらわれた理解から象徴的構造に基づく理解へと発達するとい
う伝統的な主張から見れば、理解できる。発達とは方向性をもち、年長の子どもたち
は年少の子どもたちよりも知的であり、直接的な現実に密着することはより知的でな
く、未熟だと見られる。真正の経験特有の細部が取り除かれた抽象的な考えは、知的
で成熟していると見られる。この論争の両陣営は共に、抽象的で文脈に依存しない知

識は、豊かに細部に富んだ文脈特異的な知識よりも知的であるという考えを共有している。論争点は、単に乳児は「大人と同じように賢い」かどうか、そして抽象的な考えをもっているかどうかにすぎない。私たちの見方では、基となっている前提が間違っている。この点を、ある事象が「可能」か「不可能」かの乳児の知覚についての研究を検討することによって示す。この研究から、スペルキは以下のように結論した。

　　私は、人間が物体の概念をもって生まれてくると信じている。この概念によって、乳児はある物体を一塊りであり、境界があるものとして知覚するようになる。この概念により、乳児は、物体がある風に動いたり変化するときも物体が存続していると知覚するようになるし、将来変容しても存続し続けるかどうかを予期するようになる。(Spelke, 1985, p.89)

可能な事象と不可能な事象

　乳児の世界の「概念」の研究で、スペルキ (1990) とベイラージョン (Baillargeon, Spelke, & Wasserman, 1985; Baillargeon, 1987a, b; Baillargeon, 1991) は、馴化と習熟化の手続きを用いて、何が可能であり、不可能であるかについての乳児の理解を研究した。この手続きの論理は、以下のとおりである。乳児はいくつかの物理的「法則」の具体的な例を呈示され、この例示事象に習熟させられる。それから、乳児は 2 つの新規なテスト事象のうちの 1 つを呈示される。この 2 つのテスト事象は、〈いま－ここ〉の細部を知覚することと、超越的な抽象的な考えとを分離するようにデザインされている。こうして、可能事象には新しい知覚的特徴があるが、同じの抽象的な物理法則を具体化している。不可能事象は、〈いま－ここ〉の細部で可能事象と似ていると (内省によって) されるが、物理法則に反している。多様な実験の結果は、このパラダイムでは、乳児は可能事象よりも不可能事象の方をより多く見、不可能事象を新奇で、奇妙で、おそらく不可能だと知覚していることを示唆した。そのような研究の 1 つを、少し詳細に検討しよう。

　ベイラージョン (1986) は、6 ヵ月と 8 ヵ月の乳児に、オモチャの車がスロープを下りてきてスクリーンの後ろに入るという馴化 (または習熟化) 事象を見せた。習熟化事象を構成する一連の動きの流れを図 8.3 に示す。最初、乳児は何も動いていないディスプレイを見る。それから、スクリーンが持ち上げられて、その後ろに走路が見える。そして、オモチャの車がスロープを下りてきて、スクリーンの後ろを通り、スクリーンの後ろから出るのを見る。乳児の全注視時間が最初の馴化試行での時間の 50％になるまで、乳児はこの馴化事象を繰り返し見た。平均して、乳児は可能か不可能かのテスト試行が与えられる前に、馴化事象を 8 度見た。

　可能事象は、図 8.3 の 2 段目のパネルに描かれている。この事象は、馴化事象と同

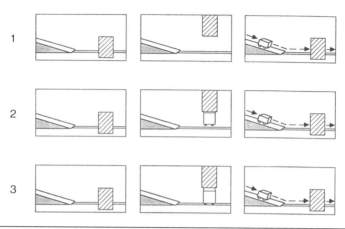

図 8.3
ベイラージョン課題。1. 馴化事象。2. 可能事象。3. 不可能事象。(Baillargeon, 1986 をもとに再描画)

一の、何も動いていないディスプレイで始まる。スクリーンが持ち上げられ、走路の後ろにある箱が現れる。スクリーンが再び元に戻され、車がスクリーンの後ろにある走路にしたがってスロープを下り、再びスクリーンの外に出てくる。

不可能事象は、図 8.3 の 3 段目のパネルに描かれている。再び、不可能事象は、馴化事象と同一の、何も動いていないディスプレイで始まる。しかし、スクリーンが持ち上げられると、走路の上に置かれている箱が現れる。それにもかかわらず、スクリーンが再び元に戻され、車がスロープを下ると、車はスクリーンの後ろを通過して、再びスクリーンの外に出てくる。もし箱が走路上で静止していて車の進路を遮断しているなら、これは不可能な事象である。

この研究では、乳児は可能事象よりも不可能事象をより見た。これは、乳児がそれらを異なったものとして見ていて、不可能事象を可能事象よりも馴化事象とより異なったものとして見ていたであろうことを意味している。これらの結果は、物体が一般的に何が可能で何が不可能かに関する抽象的な考えを乳児がもっていることを、ある程度示唆している。こうして、ベイラージョンは以下のように結論づけた。

> 乳児は、(1) スクリーンで遮られた後も同一の位置に箱が存在し続けること、(2) オモチャの車がスクリーンの後ろに消えた後も、存在し続け、軌道を進み続けること、(3) オモチャの車は箱に占拠された空間を通り抜けて進むことができないこと、を理解していた。(1986, p.37)

もし乳児がこれらのことすべてを知っているならば、そもそもなぜ馴化事象が必要なのだろうか？　もし乳児が本当に抽象的な知識構造をもっているのならば、たとえ先行する馴化事象を経験しないでも、可能事象よりも不可能事象に対して、より驚きを見せるはずではないだろうか？　答えはノーである。というのも、心の静的構造理論においてさえ、表現された象徴的構造を〈いま－ここ〉に結びつける、何らかの手段がなければならないからである。知能は進行している現実と触れることができなければ、役立たずである。「表現構造としての知識」という見方では、必要な知識構造を呼び出し、その抽象的な知識にとって不適切な局所的細部を乳児が無視できるようにするために、馴化事象が必要になる。こうして、乳児が先に馴化事象を見せられずに、単に可能事象、ないし不可能事象だけを見せられたとすると、両方の事象とも、置いてある特定の事物、実験室でスクリーンの前に座らされていること、動いている手など、あまりにも多くの次元のすべてが十分に新奇であり、乳児にとって不可能事象の抽象的な特質が知覚されなかっただろう。馴化事象が繰り返し提示されることによって、関連する抽象的知識構造が活性化され、またその抽象的知識とは無関係な細部が無視される。この馴化事象によって、乳児はテスト事象を、馴化事象の独自の細部ではなく、物が時空間において持続的に境界づけられて存在するという概念と比較できるようになる。要するに、明らかにされた知識とはすでに存在する知識であり、直接的な経験の役割は、ただ、すでに知られていることを活性化するだけである。

　私たちはここで、馴化の経験とその事象の文脈特異的な細部の役割に対する、根本的に異なる見方を提案する──その事象の中で、こうした細部が作られ、かつ、それら細部によって、乳児が知覚している物体に関する知識と予期が明らかになるのである。念のため述べておくが、私たちはこの提案が、細部においても的確であるとは主張しない。しかし、全体としての主張は正しいと考えている。私たちの目指すところは、抽象的な考えがダイナミックな表現にどのように創発するのかを具体的に、つまり発達の歴史と実時間を統合するようなしかたで、示すことである。

　私たちの提案の中心的な考えは、第6章で述べた物の分離の説明とよく似ている。私たちは、実験の馴化局面の間、相互作用する──「再入力」──プロセスがアトラクターの軌跡を作ると提案する。このアトラクターの軌跡は、軌跡に沿ったいかなる点からも、次に何が起こるかの予測を構成する。この考えを具体的でわかりやすくするために、上述の車と箱実験の結果を詳しく再説明しよう。私たちは、不可能事象が始まると馴化の軌跡の終端によって早まって捉えられてしまい、「次に何が起こるべきか」の予測に著しく反することになると提案する。

車が箱を通り抜けられないことを知る

車と箱の結果に関する私たちの説明は、再び、図 8.4 に示したような〈なに〉と〈どこ〉の視覚的システムの相互作用に基づいている。私たちは、パフォーマンスと発達が、実時間で連続して起こっている、次の 3 つ同時のマッピングを通して生成されると提案する。(a) 刺激事象から、車やスクリーンや箱といった物の静的な視覚的特質（色や形など）によって活性化された〈なに〉システムへのマッピング。(b) 刺激事象から、刺激の動きが生じる空間的位置を処理する〈どこ〉システムへのマッピング。(c)〈なに〉システムと〈どこ〉システムの間のマッピング。これらによって、時間 t + 1 におけるどちらのシステムにおける処理も、刺激事象、その直前の時間 t におけるそのシステムの活動、そして、その直前の時間 t における他のシステムの活動、によって決定される。

説明のため、〈なに〉システムと〈どこ〉システムの活動を、きわめて単純に性格づけよう。〈なに〉システムに対して、3 つの鍵となる物体に対応する、活動の 3 つの全般的なレベルを想定する。具体的には、〈なに〉システムに、事象の中心となる各々の物体に対する、異なる大域的な活動のレベルがあると提案する。つまり、車に対しては 3 つの活動レベル、箱に対しては 5 つの活動レベル、スクリーンに対しては

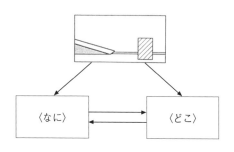

図 8.4
連結された〈なに〉分析器と〈どこ〉分析器。

1	3	6	10	15	21	28	35	42
2	5	9	14	20	27	34	41	48
4	**8**	13	19	**26**	33	40	47	53
7	12	**18**	25	32	39	46	52	57
11	17	24	**31**	38	45	51	56	60
16	23	30	37	**44**	**50**	**55**	**59**	**62**
22	29	36	43	**49**	54	58	61	63

図 8.5
空間における運動に結びついた〈どこ〉システムの活性化レベル。太字の数字は、馴化事象で運動が起こった空間的位置を示している。

第8章　知識の文脈特異的な起源　　　277

10 の活動レベルといったようにである。ベイラージョンの実験で、箱はスクリーンよりも車に似ているので、この類似性を活性化レベルに維持した以外は、これらの活性化の数値は体系的に決めたものではない。〈どこ〉システムでは、大域的活動は視覚野の二次元平面における位置の関数であると提案する。位置に対応した活動レベルを生み出すのに用いたスキーマを、図 8.5 に示す。このスキーマでは、より近い位置が類似の活動レベルを引き起こす。この空間における「ランドマーク」のいくつかは、以下のようである。2 は車の出発点、31 はスロープの下端、62 はスクリーンの右端をそれぞれ示している。〈どこ〉システムにおける位置の活動レベルへのマッピングで唯一重要な前提は、それぞれのシステムの活動が変化（たとえば運動）が生じる物体、もしくは運動が生じる位置を反映していることである。もう 1 つの前提は、乳児は動いている事象を見る、すなわち運動への注視は、このシステムの価値であるということである。

　実験で事象が進展するにつれて、その時点での〈なに〉システムの活動は、物体に関する知覚入力、その過去の活動、そして〈どこ〉システムの活動レベルによって決定されるだろう。しかし、簡単のため、各々のシステムの活動レベルにおける主要な力が、現在――〈いま－ここ〉――の感覚入力であると仮定する。そうすると、馴化事象が展開し、そして活動が 1 つの動く物体によって引き起こされたものから他のものへと移行するにつれて、〈なに〉システムの活動レベルの時間的継起は（大まかに）、10（スクリーン）、3、3、3、3（車）、10（車が背後を通っている際のスクリーン）、3、3、3、3（車が現れるとき）となるだろう。〈どこ〉システムにおける活動レベルは、運動の位置の関数として変化するだろう。図に示されたスキーマを用いると、活動レベルの時間的継起は（大まかに）、49（スクリーンの位置）, 2（平面の頂上にある車の位置）, 8、18、31、49（スクリーンの位置）, 50、55、59、60 となるだろう。

　知覚する行為において知識が創発するプロセスにとって重要なのは、〈なに〉システムと〈どこ〉システムにおける活動レベルの時間拘束的な性質である。〈なに〉システムと〈どこ〉システムは、一緒に、内的な心的活動の時間を通して軌跡を描く。1 つの馴化事象に対するこの軌跡が、図 8.6 の上段に示されている。点 1 は軌跡の出発点、つまり馴化事象が始まるときの 2 つのシステムの協同活動を示す（49 の位置にスクリーン）。点 2 は事象の次の局面を示す。したがってこの軌跡は、世界の中のその車の軌跡ではないし、物理的軌跡の内的モデルでもない。描かれた軌跡は、時間を通しての内的な心的プロセスの軌跡であり、そのプロセスは外的事象のように見えることはないし、そのモデル化でもない。けれども、活動レベルのこのパターンは馴化事象を繰り返し経験して何度も呼び起こされるので、それはアトラクターになるだろう。それは次第に「近くの」活動パターンを引き寄せるだろう。そしてそれは、一連の予期と知識を体現するものとなる。すなわち、この軌跡上の小さな領域をたどる刺

激事象が、次第に、さらに軌跡に沿って先へと続くと予測するようになる。私たちは、これが、馴化期間の終わりにおける乳児の状況であると提案する。

この時点で、乳児が馴化事象の可能版と不可能版といったわずかに異なる事象を提示されたら、何が起こるであろうか？　何が起こるかは、形成されたアトラクターの軌跡が、2つのプロセスの活動レベルを捉えるかどうかと、それを捉える領域にかかっている。もしテスト事象が非常に異なっていれば、捉えられることはないだろうし、決定的に異なるテスト事象に対する乳児の行動は、先行の馴化事象の経験がない場合のそのような事象への反応と、測定可能なほどには異ならないだろうと予測される。もしテスト事象のプロセスの軌跡が馴化事象のプロセスの軌跡と非常に似ているならば、テスト事象は心的に馴化事象と同一の事象であるだろう。テストに対する乳児の反応は、馴化事象に対する乳児の反応に相当するだろう。対照的に、テスト事象がアトラクターの軌跡の一部に捉えられる活動パターンからスタートして、それから予測されるコースを外れる場合には、乳児の行動はもっとも劇的に影響されるであろう。

これらの前提によって、可能事象と不可能事象の軌跡を描くと、ベイラージョンの結果が生み出される。可能事象の軌跡は、太線の（アトラクターの）馴化事象の軌跡に沿って、図8.6Bに示されている。可能事象の軌跡は、最初は馴化事象の軌跡からかなり逸脱しているが、それからその頂点で直接重なる。もっと正確に言えば、可能事象のテストにおける〈なに〉システムの活動レベルの時間継起は、10（スクリーン），5（箱），10（スクリーン），3（車），3，3，3，10（スクリーン），3，3，3，3である。〈どこ〉システムの活動レベルの時間継起は、49（スクリーンの位置），26（箱の位置），49，2，8，31，49，50，55，59，60である。図8.6の中段のパネルの軌跡は、各々のシステムの活動を時間を通じての他のそれの関数としてプロットした結果である。明らかなように、可能なテスト事象は最初アトラクターの軌跡から外れる（箱が走路の背後に現れるとき）。可能事象の軌跡のこの部分は馴化事象の軌跡とは十分にかけ離れているので、捉えられそうにない。けれども、スクリーンが再び元の位置に戻されると、可能事象の活動レベルの展開は、アトラクターの軌跡の頂点に直接重なる。私たちの分析によれば、これは当初は乳児にとってやや興味をひく事象であるが、その後は完全に予測できるものである。

内省的、直感的には、不可能なテスト事象は可能事象によく似ている。けれども、不可能事象のプロセスの軌跡と馴化事象のプロセスの軌跡との関係は、可能事象とは根本的に異なっている。決定的なのは、不可能事象の開始時に現れる軌跡は、アトラクターの軌跡の終端（もしくはその非常に近く）に重なるが、その後そのコースから外れていく。これは、驚きと注視の増加が予期される状況である。具体的には、私たちが馴化事象と可能事象の軌跡を発展させたのと同一のスキーマを用いると、不可能事

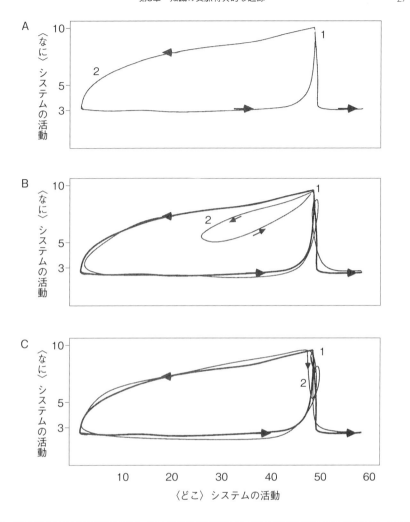

図 8.6
〈なに〉システムと〈どこ〉システムにおける活動の時間的軌跡。【A】馴化事象。【B】可能事象。【C】不可能事象。1. スクリーンが上げられたときのシステムの状態を示す。(それぞれの事象は図 8.3 に示されている。)

象における〈なに〉システムの活動レベルの時間継起は 10, 5, 10, 3, 3, 3, 3, 10, 3, 3, 3, 3 であり、〈どこ〉システムにとっての活動レベルの時間継起は 49, 44（走路上の箱の位置）, 49, 2, 8, 18, 31, 49（スクリーンの位置）, 50, 55, 59, 60 である。結果としての時間を追ったプロセスの軌跡が、図 8.6 の下段のパネルに示されている。不可能事象の軌跡の開始部分（箱が走路上に示される部分）が、いかにアトラク

ターの軌跡の終端に密接しているかに注意してほしい。不可能事象の軌跡がアトラクターの軌跡によって捉えられるならば、わずかな間、プロセスはその方向に動くだろう。しかし、馴化事象の「予期された」結末とはかなり異なる知覚入力が与えられて、急にまったく異なるパターンへと移行するだろう。こうして不可能事象は乳児の予期、つまり直接的な経験から導かれた予期に反するので、乳児は驚きを見せる。この説明では、馴化事象はすでに存在する知識にアクセスして、〈いま−ここ〉に利用できるようにするのではない。それは知識を作るのである。乳児は、彼らの物体に対する抽象的な理解に反するから驚くのではなく、走路上のこの車についての非常に特定的な予期に反するので、驚くのである。システムが知的であるのは、正確に、オンラインで、特定の物体に関する非常に特定的な予期を形成できるからなのである。

　こうして私たちは、乳児のモビールに対する記憶やスロープに関する知識がそうであるように、乳児の車と箱に関する知識は文脈特異的であると提案する。〈いま−ここ〉は、それによって知識が編成されるので重要である。乳児が時間上のある特定の瞬間に車と箱について何を知っているかは、知覚し活性化する行為に含まれる、経験の歴史に依存している。だから、乳児の不可能事象と可能事象の理解は、その知識の獲得され方の細部に、当然含まれている。馴化事象が特定の予期を準備し、それが不可能なテスト事象において破られるならば、馴化事象と内的な中心活動の重複を著しく変容させたテスト事象の間の変化は、最後の結果を変容させるだろう。このことは重要である。つまり、文脈依存性の主張は、単にいかなる変化も重要であり、またすべての変化が均しく重要だということを意味しない。

　実際、どの文脈が重要であるのか、どのように重要なのかを経験的に決定することは、発達のダイナミックシステム理論における中心的なリサーチクエスチョンである。この見方では、乳児の知識は、次のことの時間を追った現れである。(a) システムの内在的なダイナミクス——脳とシステムの歴史における、諸プロセスの異種混淆的な集団、そして (b) システムに影響する諸力——たとえば〈いま−ここ〉の感覚入力。実証的研究の目標は、内的なダイナミクス、力、そして、それらの相互作用のしかたを、具体的に明らかにすることである。実証的戦略はシステムを混乱させること、つまり文脈を操作し、システムの反応を調べることから成る。もちろんこれは、認知の能力モデルとは正反対の実証的アプローチである。そして、現在のところ、適切なデータ、つまりいかに特定の文脈的要素が可能事象と不可能事象の乳児の知覚に影響を及ぼすかに関するデータは、まだない。

　しかし、乳児の事象の理解について私たちが行ってきた説明に基づいて、実証的な予測をすることができる。私たちは、もっとも重要な文脈要素は、知覚し行為するパターンを著しく変えるものであると示唆する。たとえば、直立からうつ伏せへといった乳児の姿勢の変化や、事象の 90 度の回転は、ベイラージョンの実験結果を著

第8章　知識の文脈特異的な起源　　281

しく変えるかもしれない。確かに、私たちの説明から明白なように、乳児が馴化事象
を座位で見て、それから（2種類の）テスト事象を腹ばいで見たなら、どちらのテス
ト事象も馴化事象と「似ている」とすれば驚きである。1つの角度から見た馴化事象
の〈なに－どこ〉の軌跡は、別の角度から見たテスト事象の〈なに－どこ〉の軌跡と、
状態空間の中でかけ離れたところにあるかもしれない。一方で、私たちの説明から、
たとえば色や形といった個々の物体の静的な特質におけるいくつかの変化は、馴化事
象とテスト事象との間で変化しても、あまり問題ではないと予測される。もっとも重
要に相違ない文脈要素は、知覚し行為するパターンを著しく変える要素である。た
えば、車の色や形における静的な変化が、ある場所を注視し、ある光景を見ること
大域的な秩序を、著しく変えることはありそうにない。注視し見ることの大域的な秩
序は、馴化事象のアトラクターの軌跡であり、テスト事象が馴化事象「のようだ」と
知覚されるためには、この大域的な秩序がテスト事象の〈いま－ここ〉によって、再
び生成される必要があるのである。静的な特質における変化は〈なに－どこ〉の軌跡
を大きく変えることはないであろうが、一方、姿勢と位置の変化は大きな違いをもた
らす。これは、検証可能な予測であり、実証的に精査する価値がある。

　特定の経験が特定の予測をもたらすという私たちの提起は、では、乳児が物体は持
続的、永続的であるという抽象的な知識をもっていない――乳児は文脈特異的な予期
しかもっておらず、実際に物体のもつ一般的性質について何も知らない、ということ
を意味するのだろうか？　この質問には居心地の悪さを感じる。これは、私たちが否
定する、古い仮定に基づく古い質問である。ベイラージョンが行ったような実験は、
その基底にあるコンピテンスを明らかにするものではないし、文脈特異的で一般化で
きない予測を「たかがそういうもの」として否定することもできない。その代わりに、
それらは微視的発生（microgeneses）の実験であり、6ヵ月児を8ヵ月児に、24ヵ月
児へと実際に変換する同一の発達プロセスを利用し、そうすることによって明らかに
する実験なのである。これらのプロセスは、知覚し行為する時間拘束的な活動におけ
る、異種混淆的な諸システムの再入力マッピングである。こうして、ベイラージョン
が用いた特定の馴化事象が繰り返し経験され、馴化事象における物体についての予想
を体現するアトラクターが作られ、同様のテスト事象における物体についての知覚と
予期に影響を及ぼす。そのように、乳児の現実世界における継続的な物体の経験もア
トラクターを作り、次第に多様になっていく物体の事象についての知覚と予期を捉え、
影響を及ぼしていく。

　知覚し行為することへの歴史の影響に関するこれらの考えを、図8.7 に示すように、
状態空間の変化するランドスケープとして描くことができる。これらのランドスケー
プにおける任意の地点における変化の潜在力を、その地形の丘と谷で表現する。時間
上のどの時点でも（t）、システムの活動はこの空間上の一点にある。活動における変

化の方向と速度（t＋1の時点でのシステムの活動は何か）は、システム上で働いている諸力（感覚入力——〈いま－ここ〉）と地形におけるシステムの位置に依存する。変化は、丘から谷へと動き、不安定な状態から安定した状態への変化がより速いだろう。このように、丘と谷は、システムが内在するダイナミックスを反映している。

　図8.7の上図のランドスケープは、出生時の内在するダイナミックスを表しているかもしれない。丘と谷は遺伝的構造と胎児期の経験によって決定される。実時間で知覚し行為している外的な諸力が内的な活動を動かしているとき、図8.7の下図のランドスケープで示されるように、その結果の活動の軌跡は、ランドスケープの形状と諸力の両方によって決定されるだろう。

　しかし、ランドスケープの形状は、発達的に不変ではない。図8.7に描かれているように、知覚し行為することは、空間を通じて反復するプロセスの軌跡を描くだろう。プロセスの軌跡は状態空間を通って絶え間なく描かれるので、図8.8に示すように、新しい丘と谷ができるだろう。いったん丘と谷が形成されると、知覚し行為するプロセスの軌跡は、状態空間の谷に接近すると、その谷に引き込まれるだろう。歴史は連結されたシステムの活動パターン——知るという活動——に影響する。経験が増えるにつれて、より深い谷とより険しい丘が作られ、実時間のいかなる瞬間でも知覚され、知られ、予測されることごとに影響を与える。こうして、ベイラージョンの馴化事象のような現実の経験は（だが、各々の経験は、それ自身の独自の細部をもっている）深く

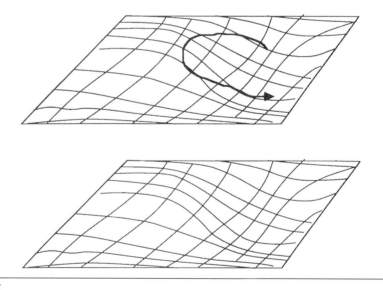

図8.7
【上】システムの歴史を反映する状態空間のランドスケープ。【下】ある特定の課題の、時間的な内的活動の軌跡。

広いアトラクターを形成する集合的な効果をもち、このようなアトラクターは、後に続く特定の事象の理解に影響を与える。この広く深いアトラクターのことを、物体の持続的で境界づけられた性質についての抽象的知識と呼べるだろう。しかし、それは実時間の知覚し行為する活動の細部に創発し、ユニークに実現される抽象的知識である。こうしてこの見方では、ランドスケープがでこぼこしているときよりも平らなときに、知がより多く、あるいは少なく〈いま−ここ〉に結びついているということはない。

　ベイラージョンによるこの１つの実験の結果から、事象を理解する「ランドスケープ」が平らかでこぼこしているかを知る術はない。不可能事象での乳児の驚きは、馴化事象により平らな地形に作られたアトラクターによって生み出されることができるし、あるいは、馴化事象により呼び出され、境界づけられ、永続するものとして物体を知覚することの歴史により形成されたアトラクターによっても生み出されることができるだろう。この２つの可能性は、乳児の可能事象と不可能事象の知覚を混乱させるよう試みて、その安定性を見ることによってのみ、区別することができる。もし不可能事象と可能事象の知覚が身体の姿勢の移動、もしくは物体の特定の細部や事象のタイミングによってたやすく崩壊するならば、つまりその知覚が〈いま−ここ〉の経験の特性に大いに依存しているならば、そのアトラクターは浅い。もし不可能事象が可能事象と同じほど容易に予期されるようにされたならば、つまりベイラージョンの不可能事象がテスト事象ではなく、馴化事象であったならば、これらの実験における乳児の予測は狭く、文脈特異的であろう。そして、物体を知覚しそれに行為する多様な経験通して形成された深いアトラクターによっては、さほど影響を受けないであろう。これらは答えられる必要のある、実証的な問いである。しかし、実験の目標がコンピテンスの立証である場合には、問われることのなさそうな問いである。

発達する多様なアトラクター

　図 8.8 の、アトラクターが発達しより深く広くなり、ますます多様な事例を捉えることによってますます抽象的な知識を体現してゆくというイメージは、発達が進む１つの道にすぎない。発達はまた、より深く、より狭いアトラクターの発達からも成る。発達のこのパターンは、ベイラージョンによるさらなる一連の実験に見られる（Baillargeon, 1987a, b; 1992 参照）。不可能と可能の回転事象に対する、乳児の知覚についての実験である。

　この一連の実験で、ベイラージョンは、図 8.9 に示すように、180 度の弧を前後に回転するスクリーンに乳児を馴化させた。このテスト事象では、１つの箱が場面に付け加えられた。可能事象では、箱にぶつかるまで――112 度のところ――スクリーン

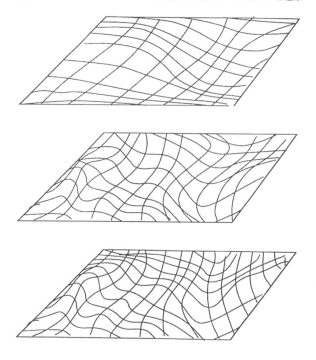

図 8.8
頂上から底へ。活動の関数としての状態空間のランドスケープの変化。

が回転され、ぶつかると止まった。3つの不可能事象があった。3つとも、箱を通り抜けるように見えるスクリーンが提示され、それぞれ135度（図8.9に少しだけ背反）、157度（中間的背反）、180度（大きな背反）回転した。驚きは可能事象とテスト事象の相違の程度と、年齢の両方に関係していた。4.5ヵ月児はもっとも極端な背反（180度）にしか驚きを見せず、6.5ヵ月児は中間と、もっとも極限の背反の2つの場合（157度と180度）に驚きを見せた。重要だったのは、テスト事象の可能事象との類似性であり、馴化事象がアトラクターの軌跡を立ち上げるという私たちの考えから予期されたような、物理的「不可能性」ではなかった。年少の乳児は年長の乳児よりもより大きな相違を必要としたが、年長の乳児の馴化事象のような事象の生涯経験は、より厳密な、深いアトラクターを作っていたからである。こうして、年少の乳児に対して、馴化事象は広く、比較的浅いアトラクターを立ち上げたのかもしれない。不可能事象でスクリーンが箱のかなりの部分を通り抜けるのを知覚することの内的軌跡は、馴化のアトラクターに引き込まれるほど十分近い。しかし発達に伴って、世界の中で箱を通り抜けない様々なスクリーンを知覚して、馴化事象が陥るランドスケープは異なってくる。馴化事象を繰り返し知覚することによって発達するアトラクターは、よく発達した深いアトラクターたちの中間に落ちる。事象の知覚的特性の小さな移行 ── 途中にある箱 ── によって、発達するアトラクターが突然馴化のアトラクターから別のア

トラクターへと移行する原因となる。そして、結果として、驚きと注視の増加が生じるだろう。

まとめると、発達のかたちは、世界における乳児の絶え間ない知覚と行為から創発する。発達の初期では、知識はオハイオ州のなだらかな起伏のようなものである。谷は予期の広い窪地であり、知覚し行為する実時間の軌跡を引き込み、かたちづくる。これらの広い谷では、特定の課題は一時的なアトラクターを作る——現在の課題における事象の特定のコースについての予期を作り出すが、それは発達しつつある地形に影響され、それに影響を与える。知覚し行為する経験が増えるにつれて、地形は次第にウェストヴァージニア州のようになるだろう——急峻な尾根で隔てられた深く狭い渓谷になっていくだろう。狭い渓谷は深いアトラクターと、明確でよく分化した種類の知識を構成している——事象間で、どんな種類の類似性と相違が重要かに関する知識、たとえば、スクリーンがどこまで回転することができるかにとって近くの箱は要ではないが、スクリーンのすぐ後ろの箱は重要であるという知識である。〈いま－ここ〉の文脈の役割は、渓谷と尾根を作ること、そして、直接経験をランドスケープの中に位置づけることの両方である。

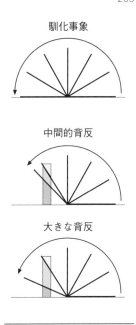

図 8.9
ベイラージョン（1992）の馴化事象とテスト事象。

これらの考えは、発達の経験的な研究にとっての新しいアプローチを示唆する。それは、乳児のコンピテンスの表出から「マジック」を抜き取り、乳児と大人の心という真に驚嘆すべきものを、科学的に理解し始めるだろう。5.5 ヵ月の乳児のコンピテンスの、さらに驚くべき証明を検討しよう。ベイラージョンとグレイバー（Baillargeon & Graber, 1987）は、乳児に図 8.10 に示した 2 つの可能事象を提示し、それから同じく図 8.10 に示した可能なテスト事象と不可能なテスト事象を提示した。可能な習熟化の事象では、スクリーンの背後を背の低いウサギと背の高いウサギが通過し、それから他方の側から再び現れた。テスト事象では、窓のあるスクリーンの背後をウサギが通り抜けた。つまり、背の低いウサギにとってはスクリーンが高すぎて、スクリーンの後にいても姿が見えない。しかし、背の高いウサギがスクリーンの後ろを通過するときには、窓から見える。背の低いウサギの通過は可能事象であった。それは窓に見えない（そして、見えるべきでない）。背の高いウサギの通過は不可能事象だった。つまり、窓にその姿は見えなかったが、窓に見えるべきであった。ベイラージョンと

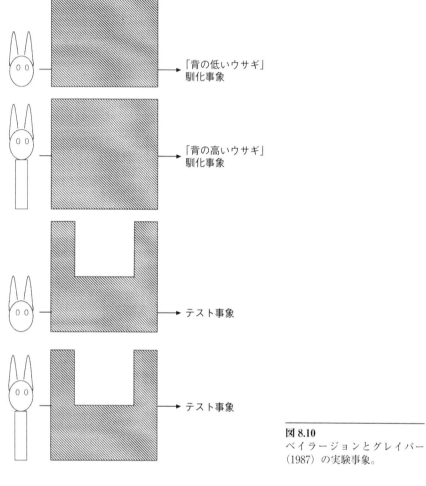

図 8.10
ベイラージョンとグレイバー(1987)の実験事象。

グレイバーは、乳児が可能なテスト事象よりもこの不可能なテスト事象をより注視することを見出した。研究者たちはこれを、乳児が相対的な高さについて推測することができ、そうしてウサギが窓に現れないことに驚くと示唆した。著者たちは、以下のように結論づけた。

　生後5.5ヵ月までに、乳児は隠れた物体の高さを思い描き、この情報をこれらの物体が関わる単純な物理的事象の結果を予測するのに用いる。これらの結果は、年少乳児に特筆すべき、これまでほとんど思いもよらなかった物理的な推理能力があることを示している。明らかに、認知発達研究者が将来直面する重要な課題は、(a) 年少乳児の物理的知識

の性質と乳児がその知識を獲得するプロセス、(b) 乳児の物理的な推理能力の性質とそれが発達するプロセスを記述することである。(1987, pp.391-392)

　私たちは、背の高いウサギが窓に現れ、背の低いウサギは現れないと予想する乳児の神秘的な能力もまた、注視し知覚するパターンによって —— 物理的な推理能力と推測によってではなく、習熟化の事象によって —— 作られた、〈なに〉と〈どこ〉の軌跡によって説明可能であると思う。しかし、私たちの考えは、ベイラージョンとグレイバーがまさしく求めていることを成し遂げることを提案するものである。物体についての乳児の知識、その発達のしかた、それがどのように文脈の中で用いられるかを記述することである。走っていく車や回転するスクリーン、横切っていくウサギといった多様な文脈における驚くほど賢い乳児の行動が繰り返し示されたことは、知能が文脈に適合していることを示している。私たちの見方では、知能が文脈に適合しているのは、生命体の歴史、直前の内的状態、知覚入力の〈いま－ここ〉の所産だからである。

大域的構造間の飛躍 —— 新奇な言葉の解釈

　子どもの新奇な言葉の解釈に関する最近の発見は、発達しつつある知識における文脈の中心的な役割についての三番目の例証となる。18ヵ月と6歳の間に、子どもは平均して、1日に9つの新しい言葉を獲得する（Templin, 1957）。それほど多くの言葉をそれほど速く獲得するためには、子どもたちはそれらの言葉が文脈の中で用いられているのを聞くことから学習しているに違いない。新奇な言葉の解釈の研究は、非常に年少の子どもたちに文脈上で新奇な言葉を呈示して、—— その1つの経験から ——その言葉が何を意味すると考えるかを尋ねることによって、子どもたちがどのようにこの課題を達成するかを調べる。これらの研究の多くは、新奇な可算名詞を具体的な物体に当てはめるときの子どもたちの解釈に集中してきた。可算名詞は、数えることができる個別のもの（一匹の犬や二軒の家など）を指し、集合体（砂、砂糖、水など）を指す質量名詞と対照をなす。新奇な言葉の解釈の研究から、年少の子ども（そして大人も）が新奇な物体を指して新奇な可算名詞が使われるのを聞くときには、その名詞が形によって組織化されたカテゴリーを指すと解釈することが示されている（たとえば、Landau, Smith & Jones, 1988；Jones, Smith & Landau, 1993; Smith, Jones, & Landau, 1992 参照）。この研究の流れで典型的なのは、子どもたちに新奇な三次元の見本を提示し、それに新奇な名前を与え、それから他の物体がこの名前で呼ばれるかを尋ねるというものである。その最初の研究で、ランドーたち（Landau, 1988）は、24ヵ月の年少児が新奇な名詞を見本と同じ形の物体を指すと解釈することを見出し

た。この効果の大きさは、かなり劇的であった。たとえば、「dax」と呼ばれる2インチの木製の物体が与えられると、見本のdaxと同じ形である限り、子どもたちはスポンジや金網、そして元々の「dax」よりも100倍以上も大きな物体をも、「dax」と呼んだ。

　もっとも重要なことだが、この形のバイアスは物体に名前をつけるという文脈に特異である。つまり、子どもたちの注意を形に組織化するのは、名づけるという課題なのである。この文脈依存性は、名づけ課題におけるパフォーマンスを、子どもが単純にある物体が別のものと「同じような」ものだったかどうかを尋ねられるだけの統制課題でのパフォーマンスと比較するとわかる。この統制課題（まったく同一の刺激を用いている）では、子どもたちは物体の質感や大きさよりも形に注目する、ということはなかった。実際、これらの類似性判断は、全般的な相違の程度によって制御されており、どれか1つの次元が優先されるということはなかった。ランドーたち（1988）は、24ヵ月と36ヵ月の両方の子どもたちにおいて、名づけが形への注意をもたらすことを見出した。だが、この影響と、とりわけ名づけ課題と類似性判断の課題との間の相違は、36ヵ月の子どもたちでもっともはっきり示された。

　後続の研究から、名づけにおける形バイアスは発達とともに変化し、より強固に、可算名詞に対してより特異的になっていき、子どもの新奇な言葉の解釈により限定的でなくなっていくことが示されている（Jones & Smith, 1993のレビュー参照）。形に対する子どもの注目を、異なる課題文脈における年齢の関数としてプロットすることによって、この発達傾向を図8.11のようにまとめることができる。最初に、可算名詞と表示された発達関数について考えよう。この関数は、実験参加児が新奇な物体を見せられ、新奇な可算名詞によって分類され、どの物体がその語彙のカテゴリーの実例であるかを尋ねられるという課題における、様々な実験結果の要約である。結果は、この文脈における形への選択的注意が18ヵ月〜24ヵ月の間で発達し、ちょうど36ヵ月直前に上限に近づくことを示している。18ヵ月〜24ヵ月に形バイアスが創発するという発見は、ジョーンズ、スミス、ランドー、ガーシュコフ-ストウ（Jones, Smith, Landau & Geshkoff-Stowe, 1992）によってなされた。こうして、新奇な可算名詞を解釈するという課題の文脈では、形への選択的注意が発達に伴いながら増大し、幼少の子どもたちにおいては、特に表現語彙〔訳注：自発的に使える語彙〕における可算名詞の数に関連している。彼らは、子どもの表現語彙中に50以上の物体の名前があるとき、新奇な可算名詞を解釈する際の形バイアスが生じることを見出した。

　さて、図の、類似性と表示された関数について考えよう。この結果は、子どもが新奇な見本の物体を見せられるが、その物体は名づけられておらず、子どもは他のどの物体が見本のようかを尋ねられるという研究結果の要約である。この課題において、30ヵ月以上の子どもは選択的に形に注目しない。しかし、ジョーンズたち（1992）は、

非常に幼少の子どもにおいては、2つの物体の類似性を判断する課題で、新奇な可算名詞を解釈する課題のように、形に注目してしまい、そしてこの形への注目は「類似」課題と「名づけ」課題の両方で、それぞれの子どもが表現する言葉の数にしたがって増えることを見出した。この結果は、形バイアスの出現に続く短い期間、それが特別語彙的なことに限定されないことを示した。物体の名前を学習する中で、形への注目は名づけの文脈でもそうではない文脈でも、共に増える。しかし、ランドーたち (1988) の報告している結果は、形バイアスがすぐに、新奇な言葉の解釈独自に特異的になることを示している。こうして、形バイアスは初期の言葉の学習の関数として成長し、最初は新奇な言葉の解釈課題と非言語課題の両方で注意に影響を与えるが、さらなる発達にしたがって分化し、新奇な言葉の解釈の課題に特異的となるようである。

　発達に伴って、形バイアスはまた、特定の種類の新奇な言葉に特異的になる。図8.11 で、形容詞と表示された2つの関数を考えよう。スミスたち (Smith et al., 1992) とランドーたち (1993) の2つの研究では、3〜5歳の子どもの新奇な可算名詞と新奇な形容詞の解釈が調べられた。これらの研究では、子どもたちは新奇な物体を見せられ、それは新奇な可算名詞で名づけられるか（たとえば、「これは dax だ」）、新奇な形容詞で述べられた（たとえば、「これは riff なものだ」）。3歳児は形に注意を向けた。つまり、子どもたちは両方の課題の文脈で、新奇な言葉を同一の形の物体を指すと解釈した。しかし年長の5歳児は、新奇な形容詞と新奇な名詞を解釈する際に異なった特質に注目した。とりわけ、新奇な形容詞は、注意を形とは離れたものに向けさせるようである。

　しかし、言葉のみが、これらの課題において重要な要因であるわけではない。言葉の力は刺激に依存する。この事実は、図8.11 の形容詞と表示された関数と形容詞－目立つ色と表示された関数を比較するとわかる。スミスたち (1992) は、形容詞が形への注目をもたらすかどうかは、年少児 (36ヵ月) にとって他の特質がいかに目立つかに依存していることを示した。最後に、可算名詞－目と表示された関数を考えよう。ジョーンズたち (1991) は、24ヵ月児と36ヵ月児が、目のある物体と目のない物体に対してまったく異なるしかたで新奇な名前を解釈したことを見出した。物体に目があるときには形と質感に注目し、同じ物体に目がない際は形のみに注目した。

　以上述べてきた図8.11 に描かれた発達傾向からわかることは、驚くべき文脈特異性の創発であり、その特異性において、子どもは新奇な言葉を解釈するために知っていることすべて —— 何であれ知っていること —— を動員するように思われる。言語上の文脈、課題の文脈、刺激の文脈といった異なる文脈は、それぞれの異なる文脈に適応的に、ふさわしいような異なるしかたで、協同して、物体に対する子どもたちの注意を組織化する。これらのデータは、図8.12 に描いたような発達のランドスケープ

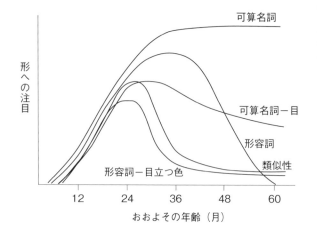

図 8.11
異なる新奇な言葉の解釈課題における、形への注目の発達傾向。

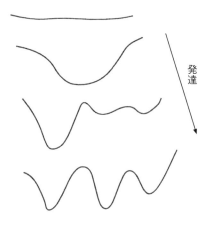

図 8.12
新奇な言葉の解釈課題の変化するランドスケープと、創発するアトラクター。

の創発を示唆する。発達の初期、子どもが最初のいくつかの言葉を獲得すると、形——子どもの初めの言葉は、形によってよく組織化された具体的な物体のカテゴリー（たとえば、犬、車、椅子）が優勢だという事実を反映するアトラクター——への注目が増える。この形を形成するアトラクターは、最初は幅が広い。つまり、非言語的文脈も含む多種多様な文脈で、形の方向へと注意を向けさせる。しかし、子どもがさらに多くの言葉を学習し、より多くの種類のカテゴリーを学習するにつれて、物体の異なる特質への注意と異なる文脈とが連結されるようになる。ランドスケープにおいて密集した多様なアトラクターが創発し、文脈における小さな変化——新奇な名詞から新奇な物体への変化、もしくは目のある物体から目のない物体への変化——に伴って、システムは高度に組織化された注意の1つのパターンから別のパターンへと、「ジャンプする」だろう。

システムに、等しく高度に組織化された注意のモード間のジャンプをもたらす文脈の役割が、36ヵ月児の新奇な形容詞と可算名詞の解釈の研究（Smith et al., 1992）に明確に見られる。刺激の例を図8.13に示す。1つ目の条件では、見本は緑と白と赤で「迷彩色」に塗られた逆立ちしたUの文字だった。テストの物体は、色と形のどちら

か一方が先の見本と合っていた。二番目の条件では、見本は銀と金のキラキラする飾りで覆われた、木製のWだった。いくつかのテスト物体は形は見本に合っていたが、キラキラする飾りに覆われてはいなかった。そして、他のテストの物体は、キラキラする飾りで覆われている点では見本と合っていたが、形が異なっていた。異なる子どもたちが、各々の刺激のセットについて、3つの異なる言語的文脈で、個別のテスト刺激について「イエス・ノー」の判断をした。統制課題では、子どもたちは各々のテストの物体が見本と「同じような」ものだったかを尋ねられた。すなわち、可算名詞の課題では、見本は「dax」であると告げ、各々のテストの物体もまた「dax」かどうか尋ねられた。また、形容詞の条件では、見本は「dax なもの」であると告げられ、各々のテストの物体もまた「dax なもの」かどうかを尋ねられた。子どもたちはまた、2つの照明の文脈でもテストされた。つや消しの迷彩色の刺激は通常の照明の部屋で提示され、質問がなされた。一方で、キラキラする刺激は、対照的に、上から中央部に光線が放たれた暗い洞窟のような場所で提示され、見本とキラキラする飾りのついたテスト物体が輝いて光を放った。

　この実験における子どもたちのパフォーマンスを、図8.14に示すような状態空間内の位置という観点から表すことができる。x軸は、見本と同一色のテスト物体に対するイエスの数である。y軸は、見本と同一の形のテスト物体に対するイエスの数である。こうして、特定の文脈における子どものパフォーマンスを、状態空間内の点によって位置づけることができる。そして、子ども集団の個別のパフォーマンスは、図8.14の上図のように、散布図で示すことができる。

　これらの散布図は、発達のランドスケープの指標として用いることができる。ア

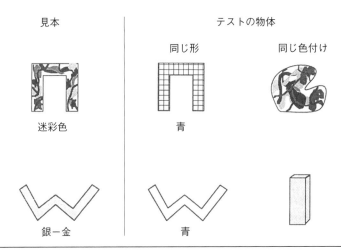

図 8.13
スミス、ジョーンズ、ランドー（1992）の実験の刺激例。

トラクター・ランドスケープのかたちの1つの測度が、子どもたちのパフォーマンスの位置によって与えられる。図8.14では、ある物体が「dax」かどうかを尋ねられた際、15人中12人が、同色の物体に対してではなく、同じ形の物体に対してイエスと答えている。ランドスケープに対する二番目の関連する手がかりは、子どもたちの変動性、つまり子どもたち1人ひとりのパフォーマンスが多様であるかどうかである。すべての子どもたちが特定の文脈においてまったく同じことを行うならば、その文脈でもたらされるのは深く狭いアトラクターであると示唆される。しかし、実験参加児間の変動性が非常に高いならば、そのときにはせいぜい、幅の広い、浅いアトラクターが示唆される。

スミス (1992, 1994) は、発達ランドスケープの指標として、子どもたちのデータの位置と広がりを見るアルゴリズムを発展させた。このアルゴリズムによって、子どもたちの80%が占める状態空間のパフォーマンス領域が見出された。このアルゴリズムの結果は、図8.14の下図の塗りつぶされた範囲で示されている。このアルゴリズムは以下のように働く。状態空間における子どもたち1人ひとりのパフォーマンスの散布図を作る。最頻反応の位置を見つける。次に、最頻値から一定のギャップがあるところまで動いていき、実験参加者の数が最大となるパフォーマンス領域の外郭境界を見つける（ギャップは空間に比例して定義される）。このギャップに、境界の点が位置する。この手続きを、すべての実験参加児の80%が含まれるパフォーマンス領域の境界線が定義されるまで、最頻値から始めて繰り返す。こうして、このパフォーマンス領域の位置は、子どもたちの判断の特徴を図示する。ある文脈におけるパフォーマンス領域が空間の右上部にあるなら、子どもたちは色と形の両方に注目したことになる（すべてに対してイエスと言った）。左上部の角にあるならば、子どもたちは色に注目したことになる。右下部の角にあるならば、子どもたちは形に注目したことになる。左下底辺部の角にあるならば、再び色と形に注目しているが、「同じような」のときも、見本と同じ言葉で命名されたときも、その物体が見本とどのように異なるかに関係な

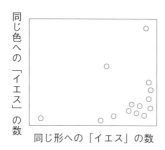

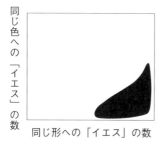

図8.14
【上】新奇な言葉の解釈課題で形に注目している個々の子どものパフォーマンスの散布図。【下】80%の子どものパフォーマンスが含まれるパフォーマンス領域。

く、すべての物体を拒絶したことを示している。パフォーマンス領域の大きさは、発達のランドスケープの形を示している。それは、すべてのパフォーマンスが非常に類似していることを示す、狭く深い谷を含んでいるだろうか？　それとも、各個人のパフォーマンスが広く散らばっていることを示すだだっ広い平野だろうか？

　図8.15は、スミスたち（1992）による実験の、3つの言語条件と2つの刺激条件におけるパフォーマンス領域を示している。各条件には16名の36ヵ月児がいて、パフォーマンス領域の大きさは、直接各個人のパフォーマンスの多様性を反映している。最初に図8.15の最上図を見てほしい。それは、「同じような」の言語的な文脈での子どもたちのパフォーマンスを示している。子どもたちは単純に、各々のテスト物体が見本のようかどうかを尋ねられる。明らかなように、通常照明条件でのキラキラしていない刺激には、子どもたちは形と色に注目した。そして、広いパフォーマンス領域から、この課題のもっとも良い解決に関して、子どもたちの間で一致していないことが明らかである。ある子どもは同じ色のテスト物体が見本と同じようだと言い、ある子どもは同じ形のテスト物体が見本と同じようだと言い、ある子どもはどちらの種類のテスト物体も見本と同じようだと言った。しかし、キラキラする刺激では、子どもたちは主にキラキラに注目した。キラキラするテスト物体を見本と同じようだと言ったが、何人かは、見本と同じ形のテスト物体を見本と同じようだと言った。

　次に、可算名詞の条件、つまり見本が「dax」と名づけられた条件の、著しく異なるパフォーマンス・パターンを見てみよう（図の中段）。ここでは、キラキラしていない刺激とキラキラする刺激の両方共に、実質的にはすべての子どもたちが形に注目した。新奇な可算名詞を解釈する課題は、明らかに、深いかたちのアトラクターを形成した。子どもたちの間に、ほぼまったく変動がない。すべての子どもたちが、見本と同一の形であるテスト物体は同じ名前であると言っている。この名詞−形バイアスは、輝いて光を放つキラキラする見本が与えられたときですら存続する、明らかに非常に強力なアトラクターである。キラキラのない刺激からキラキラ刺激になると色がずっと目立つようになるが、ほとんどパフォーマンス領域の形と広さを変えていない。もっとも、キラキラ条件で色が目立つようになり、第二のアトラクターの領域が形成され始めているヒントを見ることができる。

　第三に、図8.15の最下図を見てほしい。そこには、形容詞の条件、つまり見本が「dax なもの」と呼ばれ、子どもたちに各々のテスト物体もまた「dax なもの」かどうかを尋ねられた条件における、パフォーマンスのパターンを示している。この言語的文脈では、見てわかるように、2つの刺激条件は劇的に異なる効果をもつ。一般的な照明下でキラキラしていない色では、新奇な名詞のように、新奇な形容詞は形への注目を引き出す。パフォーマンス領域の大きさから、形のアトラクターは、新奇な名詞の文脈におけるほど新奇な形容詞の文脈において狭くはないが、今なお注意をひく

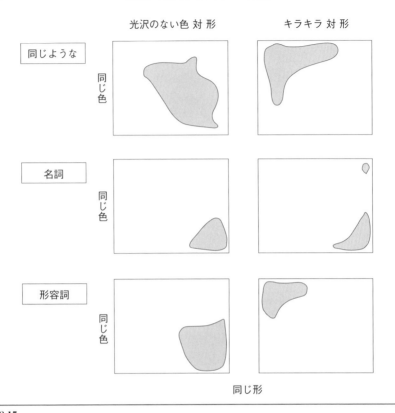

図 8.15
光沢のない色とキラキラの2つの刺激条件における、課題「同じような」、「名詞」、「形容詞」の関数としての、変化するパフォーマンス領域。

力が、キラキラする色から離れて形に向かっていることが示唆される。しかし、キラキラ輝く見本が与えられると、新奇な形容詞はキラキラへの注目を引き出す。アトラクターの窪みは状態空間の左上部へと動いている。ここに見るのは、分岐点の明らかな例である。つまり、可算名詞に対する1つのアトラクターの窪みから、形容詞に対する2つの異なった、幅の狭いアトラクターの窪みが創発するのである。言葉の統語論的な形態クラス（名詞 対 形容詞）と、物体の特質の課題と物体に特異的な特徴との間には、非線形の相互作用がある。

これらの結果、そして、形バイアスの文脈特異性と複雑性の発達の他の証拠は、行動の大域的な構造が〈いま－ここ〉で編成されるという考えと完全に一致しており、行動の大域的な構造が〈いま－ここ〉と離れて存在する不変の内的な構造に由来するという考えとは矛盾している。きわめて単純に、子どもの新奇な言葉の解釈の複雑で文脈に依存した変動性は、ノイズとするにはあまりにも体系的であり、頭の中の構造

であるにはあまりに複雑にすぎる。むしろ、子どもたちの新奇な言葉の解釈は、言葉に関する知識、統語論的な形態クラスの知識、特定の特性に関する知識（たとえば目）、照明やキラキラのような文脈特異的な諸力の相互作用を通して、文脈の中で、真に編成されるのだと思われる。これらすべての力（おそらくそれ以上）が、押し合い引き合いして物体の特質に対する子どもたちの注意に影響する。しかし、これらすべての自由度は子どもの中で圧縮され、各々の注意の行為において、言葉を聞いてその意味を理解するという行為を繰り返すにしたがって、組織化された全体がもたらされ、文脈に対してきわめて繊細になっていく。〈いま－ここ〉の細部に富む経験の中で、注意への高度に組織化された牽引力が発達し、それはこれらのすべての過去の言葉の解釈の行為の蓄積された知恵を反映している。

　これらのデータから明らかに、発達する知識において文脈が演じる3つの重要な役割を見ることができる。つまり、形成・選択・適用である。まず、特定の文脈における言葉の学習は、発達を助長する。すなわち、新奇な言葉を解釈する各行為の時間を通して蓄積された影響こそが、アトラクターを形成させる。第二に、全体としてのシステムと非線形なしかたで相互作用を行い、質的に異なる大域的構造を選択するのは、〈いま－ここ〉の文脈である。個人をランドスケープ内の特定の地点に位置づけるのは、〈いま－ここ〉なのである。第三に、〈いま－ここ〉の細部は常にパターンの一部であり、こうしてシステムは、かつて一度も行ったことのないことを行うことによって——システムの歴史の創造的なシナジーにおいて、そして知覚し行為する活動における直接の文脈において——、適応的に行為することができる。それは、洞窟に似た中で光線に照らされたキラキラするW型の物体を見るといった変わった文脈で新奇な名詞と新奇な形容詞を解釈するときに、子どもたちがしっかりと組織化された明確な大域的秩序を示すことができるということに明白に現れているように、〈いま－ここ〉と知識は一体だからである。ここで知能は、どこにあるのだろうか？　知能は、文脈によらない規則や抽象的表現の中にはない。知能は、本物の現実における私たちの活動に存在している。

文脈とコンピテンス

　伝統的な認知心理学では、知識とは棚の百科事典のような、心的なものであった。課題に直面すると、人はそれにふさわしい巻を棚から引き出し、その課題に関連がある情報をもってくる。この伝統的な枠組みは、構造 vs プロセス、長期記憶 vs ワーキングメモリー、コンピテンス vs パフォーマンスといった二元性に満ち溢れている。ダイナミックな活動としての知識という私たちの考えは、これらすべての理論的二元論を解消し、そのことによって、2つの根本的な問題を解く。第一に、大域的な構造

と局所的な適応性の両方が、どのように存在するのかという問題を解く。大域的な構造が局所的な文脈に適応するのは、それがシステムと〈いま－ここ〉の局所的な細部の、両方の本質的なダイナミックスの現れだからである。第二に、発達的な時間がいかにして実時間の中で創発するのかという問題を解く。私たちの見方では、時間の次元は1つしかない。行為ごとの変動性に関わる時間次元と、発達の変化に関わる別の時間次元が存在するわけではない。むしろ、発達的な時間は、実時間の事象の集積なのである。

　これらの問題を解くにあたって、私たちは知能と発達の方向に関しても新しい視点を提供する。知能は〈いま－ここ〉に、より依存しないことを意味しない。知能は、課題の文脈を越えて、同じ固定した構造に依存することを意味しない。知能は、変化する文脈に行動と認知を適応させ、合致させる能力を意味するのである。賢いシステムは、まったく同じことを2回繰り返したりしないだろう。むしろ、賢いシステムは、特定の文脈のニュアンスに適応する方向に、わずかにその行動を移行するだろう。あるいは、状況が要請するならば、まったく新しい状態に、根本的に移行するだろう。私たちのダイナミックシステムは、本質的に賢い。その活動は常に、〈いま－ここ〉、直前の活動、全体としてのシステムの歴史に依存しているので、歴史と直接経験の両方の要請と常に結合している——常にしたがう——からである。私たちのダイナミックシステムは。常に進行中のシステムなのである。

　ケルソ、ショルツ、シェーナー（Kelso, Scholz, & Schöner, 1986）は、知的なダイナミックシステムが常に進行中であり、多様なアトラクターの近傍で動き続けていると指摘した。そのようなシステムは、わずかなエネルギー量で、つまりわずかな力で、劇的に異なる種類のほぼ安定した状態に移行したり、そこから出て行くことができる。文脈における年長児の新奇な言葉の解釈は、そのようなシステムであるように思われる。もし刺激の文脈を、アトラクターのランドスケープにおいてシステムを押す力として考えるならば、「dax」対「dax one」といったわずかな力しか、システムを1つの組織された状態から大きく異なる状態へと押し出すのに必要とされない。けれども、ケルソが論じるように、もしこれらの力がシステムをきわめて深く狭いアトラクターの中に押すことができるとすれば、それは知的な、もしくは健康なシステムではないだろう。あまりにも深いアトラクターは、非常に大きく混乱されなければ、システムがその状態に固定され続けることを意味している。1つのことしかしないシステムは、知的ではないだろう。言葉は多くの種類の意味をもつのであるから、もし子どもたちが常に硬直したしかたで、形にこだわり、形にしか注目しないならば、新奇な言葉の獲得には役立たないであろう。むしろ、知的なシステムは、多くの近接したアトラクターの近傍で動き続けているのである。それは、1つのアトラクターの側面に沿って突入し、再びそこから出るのであって、おそらくはずっとその底に落ち込んだままと

いうことは決してない。

　本書の8つの章で展開してきたこれらの考えが、新しい発達心理学に貢献すると信じている。次の2つの章では、2つの発達的な達成を詳細に考察して、これらの考えを統合する。第9章では、乳児期における対象物へのリーチングなし状態からリーチングへの移行を考える。第10章では、対象概念の発達、とりわけA-not-Bエラーから隠れた物体を成功裡に見つけ出すことへの移行を考える。

第9章　行為からの知識
—— リーチングの学習における探索と選択

　第8章で私たちは、新たな運動能力の発達、そして物体の特質と新奇な言葉の意味の理解における、時間に途切れがないダイナミックスを描いた。たとえいかなる年齢やスキルのレベルであろうとも、各行為はその中に行為のいろいろなスケールが入れ子になっていることを論じた。つまり、〈いま－ここ〉の行為は、直接的なダイナミックな文脈、ランドスケープのアトラクターを作る過去の行為の歴史、そして〈いま－ここ〉の繰り返される行為における未来のランドスケープの成形と、密接に結びついている。実時間の乱雑な細部から —— 個々の行為の変動性と文脈感受性から —— 全体的秩序が創発することができ、その秩序を、私たちは個体発生のプロセスと進歩として特徴づけた。私たちは、知識はものではなく持続するプロセスであり、構造ではなく行為であり、行為の歴史の中に埋め込まれており、そこに由来すると結論した。

　この章では、乳児のリーチングの学習を議論することで、これらのテーマを継続する。具体的には、文脈における乳児の個々の行為が、まさに発達をもたらすということを示す。すなわち、行為は生物学的システム固有の変動性とノイズの探索から、知識のカテゴリーとして選択されるのである。リーチングのストーリーで注目すべきことは、その時々の解決の個別性、そして、学習が進行するにつれて、解決が全体として収斂していくことである。適応的な目標に向けて手足をコントロールする能力は知識であるから —— それは、身体とその環境との関係の理解を必要とする —— この例は、知識の獲得プロセスについて、とりわけ詳細に全体像を見せてくれる。運動 —— そして、それに関係する諸変数 —— は、純粋な心的活動よりも明白であり、継続的に測定できるが、思考と行為も同一のダイナミックスを通じて実時間と発達の時間に現れることを、私たちは一貫して強調する。運動カテゴリーをかたちづくり、適応的に適合させるプロセスと、知覚カテゴリーをかたちづくり、適応的に適合させるプロセスの間に、論理的な相違はない。

リーチングの学習 —— 課題の性質

　リーチングの学習は、後に続くすべての知覚－運動の学習にとっての土台である。それは、乳児が直接的に、そして視覚、触覚、自己受容感覚、音や味といった多くの感覚モダリティを通じて、物体を学習する方法である。乳児は物体にリーチングし掴

むことに非常に動機づけられており、最初は口による探索のために口に物体を運び、後には手と目を使って、より複雑な探索を行う。第7章で詳しく述べたように、リーチングと掴むことは、知覚－行為のサイクルを始動させ、それによって新しい運動スキルが新しい知覚－運動を探索する機会を開き、それが行為システムが解くべき新しい課題をもたらし、等々と続く。

　この重要な行動の源は何だろうか？　何がその前駆となる能力であり、どのような方法によって、乳児は進歩するのだろうか？　これらの問題に、多くの理論家と研究者たちが没頭してきた。私たちのダイナミックな説明の前に、従来の理論的アプローチをいくつか再検討するのが役立つ。ここでも、他の知覚、運動、認知の領域と同様、伝統的な説明が不十分であることがわかる。

　説明の1つの群は、基本的に生得主義的である。ゲゼルと共に研究したハルヴァーソン（Halverson, 1931, 1933）は、リーチングは主として「皮質制御の支配」の増大を通して進歩すると結論した（1933, p.40）。ゲゼル派の伝統では、皮質の成熟は成長に本来的であり、成長は遺伝子の所産である。バウアーとトレヴァーセンは、より現代的な生得説の提案者で、スペルキたちが主張した物体の固有性の生得的知識と同様、リーチングが生得的な知識の一形態であると主張した。この見解を支持する証拠は、新生児が目に見える目標物、あるいは自分が頭を向け凝視する方向に向かって、両腕を伸ばすという報告である（Bower, Broughton, Moore, 1970; Hofsten, 1982; Trevarthen, 1974, 1984）。したがって、リーチングは新規な行為でも学習されるのでもない。リーチングは、視覚と把握を結びつける、すでに予定された表現であって、ただ精巧になることと調節が必要なだけなのである。たとえばバウアー（1989）は、新生児が、刺激の形式的な特質、「より高次の、感覚モダリティから自由な形式」（p.30）を理解しているとしている。

　理論の第二群は、構成主義的であるというのが一番特徴を捉えているだろう。彼らは基本的に、視覚と手のマップを作り上げることに焦点を置く。第7章で引用したピアジェの古典的な説明は、リーチングを、見られ感じられた手と、見られたオモチャの、相互的なマッピングから構成されたものとして描く。ピアジェは、最初、手と目は2つの分離したシェマに属しており、相互作用と統合を通してのみ、乳児は自分が見るものを掴むことができると知るようになると考えた。ブルーナーとコスロフスキー（Bruner & Koslowski, 1972; Bruner, 1973）は、別種の構成主義的な見方を提案した。彼らは成熟したリーチングは構成部分から成り、発達の課題は、それらの部分を正確に秩序づけて統合することであると示唆した。こうして問題は、分離した知覚と行為の流れを統合することというより、扱いにくく分化されておらず、十分に協調していない構成要素をプログラムすることの学習であった。

　生得論者の解決は、終わりなき後退といういつもの問題を抱えている。もしリーチ

ングが遺伝子に、その後は脳に予定されているのならば、どのようにそこに予定されたのであろうか？　どのように出てくるのだろうか？　さらに、実証的証拠はあいまいである。新生児は、視覚的に興味深い光景の存在に腕を伸ばすかもしれない。しかし、その動きは、視覚的に物体に導かれてはいない。ホフステン（Hofsten, 1982）は、新生児のシナジーが、興味深いディスプレイを掴み操作する意志を示す運動というよりも、注意の反応――乳児が興味深いディスプレイによって刺激され、両腕を伸ばしたのかもしれない――であろうと考えた。新生児がこれらの「リーチング以前の運動」を行う状況が、最大限に覚醒しており、直立して、姿勢が支えられているという、非常に制約された特別なものであることに注意することもまた重要である。これらの運動の機能的な重要性は、明確ではない。加えて、新生児の腕の伸展と後のリーチングとの間に、観察できる連続性はない。実際、腕の運動の頻度と質は、生後4ヵ月の間に劇的に変化し、その間には、それらがほとんど顕在化されない期間も含まれる（Hofsten, 1984）。

　構成主義者の立場もまた、データと合わない。正確なリーチングと掴む行為における視覚の中心的役割は議論の余地がないが、リーチングが本当に対象物を見、手を見、手を動かし、手と対象物を比較し、その違いを計算し、手を再び動かすといった、注視－運動－比較のサイクルから創発するのかを問えるだろう。確かに、まさに最初のリーチングの試みは、たいてい見えた物によって引き出され、音を出す物によっても引き出されうるが、もっとも重要なことは、見えた手や腕を必要としないように見えることである。手と物体を適合させることの証拠は、リーチングの始まりあたりの時期に見られる、強い手の注視（ハンドリガード）、あるいは手と物体の注視の期間である。だがピアジェは、子どもの手と対象物の相互注視は、目標物の周辺に手をやった後のみであり、子どもは望む物体の近くに手を持っていくことを、何らかの方法ですでに学習していると見た。ホワイト、キャッスル、ヘルド（White, Castle, & Held, 1964）は、手と対象物の適合の証拠として、手の注視の期間が長引くことを報告した。しかし、彼らが施設に収容された乳児たちの集団におけるリーチングの発達を研究したことに注意してほしい。この子どもたちは、起きている間のほとんどすべての時間、ベビーベッドに仰向けに寝かされたままなので、子どもたちの養育状態はかなり貧しいと見なせるだろう。この比較的に視覚と運動が奪われている状況では、子どもたちの手は、おそらく周囲でもっとも面白く、注意をひく光景であっただろう。

　最初のリーチングを導くのに視覚をほとんど用いないことの圧倒的な証拠が、クリフトン、ミュア、アシュミード、クラークソン（Clifton, Muir, Ashmead, & Clarkson, 1993）の最近の研究から得られた。彼らは乳児の集団を縦断的に追い続け、乳児の輝く物体か音の出る物体に対するリーチング能力を、明るい場と暗い場の両方でテストした。彼らは、リーチングの最初期には、明るい場でも暗い場でも、そして

暗い場では、輝くオモチャにも音の出るオモチャにも、熟達していることを見出した。この同等性は数ヵ月も続いた。暗闇条件は乳児が自分の手を見ることができず、音のみによってしかオモチャの場所を特定できなかったが、乳児のパフォーマンスを混乱させなかった。1年後に掴む行為がより正確になり、分化されて初めて、視覚がはっきりとリーチング行為を助けるようになる（Bushnell, 1985）。

リーチングの学習 —— ダイナミック・アプローチ

　もしリーチングが前もって予定もされておらず、手と目の前進的なマッピングによって構成されるのでもないとすれば、この新しい行動形態はどこからやってくるのだろうか？　テーレンと共同研究者たちによってなされた研究（Thelen, Corbetta, Kamm, Spencer, Schneider, & Zernicke, 1993）は、ダイナミックシステム・アプローチによってデザインされた。彼女たちの焦点は、基本的で生得的な構成要素や視覚－運動マッピングの単一原因を探すことではなかった。そうではなく、焦点は創発する知覚－運動パターンの例証としてのリーチングにあった。この研究の背後にある仮定は、リーチングは文脈内の、相互作用しあう同等な、多元的な構成要素からなる構造とプロセスのソフトな編成を通して獲得される、というものである。これらの構成要素は、最終的なスキルが創発するために必要不可欠であるが、1つかそれ以上の構成要素が制御パラメーター、もしくは進度制限要素として動く。

　このダイナミックな見方は、生得論者や構成主義者の考えとは異なる、リーチングの始まりの研究を導く一連の仮定をもたらす。テーレンたちによるリーチングの研究は、仮説をテストし、1つの原因を探す典型的な発達研究とは、非常に異なるように見える。テーレンたちは、オモチャとの接触に成功したかどうかから筋肉のパターンまで、多様なレベルで —— そして、1回のリーチングを作り上げる部分の微小時間から、1回のセッションにおいてオモチャへのリーチングが実行される数分、リーチング行動に質的な移行が現れる数週間～数ヵ月といった多様な時間スケールで ——、同一の子どもたちの行動を繰り返し測定した。多様なレベルと多様な時間スケール —— テーレンたちが設定した非常に多様な測定と実証課題の規模 —— は、リーチングが複雑な、静止することのないシステムから創発するという基礎的な仮定から直接引き出される。こうして、この研究は、創発する能力のダイナミックシステムの説明をどのように始めるかの、一例を示すものである。

　この多様なレベルと時間スケールの包括的な調査は、四つの特定の実証的問いに関連している。最初は、乳児の内在的ダイナミックスの問題である。ダイナミックシステムの見方では、乳児は進行している他のリーチングではない姿勢と運動の背景から、リーチングを発見する。言い換えれば、リーチングが始まる前に、システムは深かっ

たり浅かったりする、そして乳児の歴史と新しいかたちを獲得する潜在能力の両方を反映する、選好されたアトラクターの谷のランドスケープをもっている。このランドスケープは、乳児の内在的ダイナミックスを構成する。発達する時間における各々の時点でのこの内在的ダイナミックスを記述するためには、実時間での行動の軌跡と、それがどのように同じ状態に留まり、どのように変化するかを調べることが必要となる。

　二番目は、各時間スケールの統合である。リーチングではない行為からリーチングへの移行を理解するには、実時間と発達の時間との統合が必要となる。創発する行為の移行を招き、ランドスケープの変化を可能にするのは、実時間の行動である。乳児が意図しない運動を対象へのリーチングの課題に転換するとき、何が変化するのだろうか？　リーチングは専用の「リーチング」装置から生じたり、突然現れたりするわけではなく、他の運動から発見されるので、彼女たちはリーチングのみを測定することはしなかった。むしろ、より長いセッションで乳児に興味をひくような物体を与えて運動の諸変数を記録し、リーチングではない行動からリーチングへの移行が捉えられるようにした。こうして、彼女たちは2つの時間スケールで移行を記録した。つまり、1つはオモチャが与えられて乳児が行為のパターンを採用しなければならない試行の実時間である。もう1つは、安定したパターンが展開し消失するだろう、発達の時間スケールである。

　三番目は、制御パラメターの発見である。複雑系の発達の最初の研究では、制御パラメターは知られておらず、リーチングではない行動からリーチングへの移行をもたらす最後の構成要素の創発である制御パラメターは、システムのいかなるレベルでもありうる。制御パラメターがわからないときには、創発するパターンを多様なレベルで研究しなければならない。このケースでは、テーレンたちは空間におけるそれぞれの手の運動の軌跡と各関節の協調パターンのみならず、腕を動かすのに用いられた諸力と運動生成の背後にある筋肉のパターンも研究した。彼女たちはまた、リーチングの始まりと進歩に寄与し、運動、姿勢、活動を豊かに描くことを可能にするであろう、「自然な」構成要素も付け加えた。

　四番目は、適切な集合変数の選択である。集合変数とは、協同的システムのダイナミックスと時間的変化を表現する自由度が圧縮されたものであることを思い出してほしい。このように集合変数は、システムにおける発達的変化に依存する測度である。適切な集合変数は、ア・プリオリに明白ではない。論理的に導き出されるのではなく、経験的に見出される。このケースでは、乳児は実際にオモチャを掴んだのかという単純な行為の基準は、リーチング・システムの発達の不十分な従属測度である。オモチャを掴む行為はいろいろなしかたでなされることができ、同じ結果であっても、異なるプロセスで起こりうる。以前の研究の大半が、リーチングの始まりの後、生後1

年の間に乳児のリーチングが次第ににより一直線になり、いくぶん速くなると報告している（Fetters & Todd, 1987; Halverson., 1931, 1931; Hofsten, 1991; Mathew & Cook, 1990）。「リーチングの一直線性」は集合変数だろうか？　あらゆる可能な集合変数のリストの中から、どの集合変数がもっとも意味のあるしかたで変化するのだろうか？

　これらの四つの考察を合わせてまとめると、テーレンたちの研究は、最初のリーチング以前と対象物へのリーチングへの移行の最中の子どもたちにおける行動の多様なレベルを、多様な時間スケールで調査したことになる。先行研究は乳児のリーチングがなぜ、そしてどのように創発し、改善するのかに対する答えを与えてこなかったので、システムの行動における移行に関わる制御パラメターは同定されていない。そこで、研究のポイントは、変化するポイント、すなわち位相変位を発見し、背後の制御パラメターを同定し、第4章で歩行の事例について明らかにしたように、実験的に操作できるように、システムのダイナミックスをマップすることとなる。

　この研究に参加したのは、ネイサン、ガブリエル、ジャスティン、ハンナの4人の乳児である。この子どもたちのリーチングの運動が3週間から30週間まで、週ごとに、それ以降は2週間ごとに観察された。リーチングのセッションは、標準的な手続きからなる。つまり、乳児はほぼ垂直に椅子に支えられ、肩くらいの高さに興味をひくオモチャを提示された。提示の方法は、月齢と子どもの興味によって変えられた。すなわち、ほとんどの場合は、親か実験者がオモチャを提示したが、乳児が社会的相互作用によって注意がそれていた場合には、装置を使って乳児の前でオモチャが揺れるようにした。両腕の関節の姿勢と時間の三次元データと、1本の腕と背中の下部からの筋電図記録（EMG）が集められた。これらのデータは、両腕の詳細な身体測定学的測定値と共に、大量の運動学的（時間－空間）データ、ダイナミックな（力）データ、そして筋肉のパターンのデータを集め、計算するのを可能にした。データ収集と分析の詳細については、テーレンたちの論文（Thelen, Corbetta, Kamm, Spencer, Schneider, & Zrnicke, 1993）を参照されたい。このリーチングの計測と観察に加えて、乳児たちは2度目に実験室に訪れた際に、自然状態に準じた場面で床の上で遊ばされた。親たちは自分の子どもと普段のように遊ぶように言われた。このとき実験者は、各2分間のセッションを、乳児たちを仰向けか、お座りか、うつ伏せといった異なる姿勢に置いて開始した。そしてセッションの半ばで、乳児たちの関心をひく、頭上で動くモビールが与えられた。このプレイセッションの、乳児たちの姿勢、運動、頭の位置、手の活動、注視が、常にコード化された。この大量のデータ・セットの分析は今もなお継続中であるが、1人の乳児、ネイサンのリーチングの移行と、1年間の結果を提示することにする。それは、文脈における行為のダイナミックな編成をよく示している。

リーチングへの移行

　リーチングはどこから生じるのだろうか？　リーチングではない行為からリーチングを行って物体を掴むことができるようになる、位相変位の本質は何だろうか？　この新奇な形態の創発をもたらす制御パラメターは何だろうか？　そして、いったん乳児が解決を発見すると、その後この行為をどのように用い、修正するのだろうか？　ダイナミックな言葉で言えば、パターンはどのように安定するのだろうか？

　第3章で論じたように、安定した状態と移行状態を同定する重要な次元は、観察の時間スケールとの関係における変化の時間スケールである。それが生じるときの移行を研究するためには、観察の時間スケールが変化の時間スケールよりも小さくなければならない。たとえば、もし仮に、リーチングが数ヵ月にまたがって徐々に創発するならば、3週間ごとにダイナミックスを観察することで移行と変化の大きさを同定するには十分であろう。しかし、もし乳児が非常に速くスキルを獲得し改善させるならば、そのような観察スケジュールでは位相変位のダイナミックスを見逃してしまうだろう（もちろん、参加してくれた研究協力者の都合と観察者が使える時間と労力とが折り合わなければ決まらない）。

　リーチングを、乳児が腕を上げて、伸ばし、与えられたオモチャをじっと見ながら繰り返し触れることと定義すると、1週間ごとの観察スケジュールで、妥当な正確さでリーチングの始まりを同定可能である。乳児は最初の接触ではオモチャを握る必要はないし、常に握るというわけではなかった。乳児がそれに触れるだけで十分だった。移行を特徴づけるために、テーレンたちは自然に生じる運動と目標に向かうリーチング運動の両方を、リーチングが始まった週とその前後2週間について記述した。

　4人の乳児は大きく異なった月齢で、この里程標となる運動に到達した。さらに、移行の個人ごとの特徴は、各々の乳児が異なる問題を解くことによってリーチングを獲得したことを示唆した。これは、私たちのダイナミックス理論からみて、完全に納得がいく。新しい形態は、かつてのパターンの安定性が失われ、調和の新しいかたちを探求するシステムの能力を通して、複雑系の自己組織化する特性から生じる。いかなる時点においても、システムの現在の状態は、そのときの環境と課題のサポートと、時の流れを体現するシステムの歴史の、両方に依存している。こうして、リーチングは、各々の乳児の現在の運動状態に関して独特に創発し、それはまた、乳児の持続的な発達の軌跡の結果でもある。いわば彼らは、個々に内在的システムをもち、リーチング課題は各々それぞれの、その場での解決を必要とするのであり、4人の乳児たちにとって、同一ではなかったのである。

　説明しよう。最初に、乳児が望む対象に手が届くことができるために、何が必要と

されるかを考えよう。原初的なかたちであれ、この行為が現れるために、いかなるサブシステムがあらかじめ用意されている必要があるだろうか？　何よりもまず、幼い乳児では、口が物体の最終目的地なので、おそらくは口を用いて物体を調べたいという欲求に動機づけられて、オモチャを手に入れようと思うに違いない。日常生活と研究室の観察の両方から、この動機づけが高いことが示されている。(1) 乳児は、1人で物体に手を届かせて掴むずっと以前に、手の中に置かれた物体を口を用いて調べるだろう。(2) 生後1ヵ月、そしてそれ以前に、視覚的に引きつけられる光景に出くわすと、乳児は口を開ける動きを行うのが見られる (Jones, 1992)。(3) やはり乳児は、手を届かせて掴むずっと以前に、視覚を固定し追跡することで、引きつけられる対象への興味を示す。さらに、G. スミス (Smith, 1992) は、リーチングが始まる数週間前に、手を握ることと口のリズミカルなサイクルを記述している。これらの動きは、あたかも乳児が握った手を物として扱い、常にそれらを口に運んでいるように見える。第二に、リーチングを行うためには、乳児は完璧ではないにしても、三次元の空間において物の位置をよく理解しなければならない。3ヵ月までに、乳児はかなりの輻輳と鋭敏さをもっている。第7章で論じたように、この月齢までに、乳児はおそらく、深さの情報を提供する多様な視覚手がかりを用いてもいる。最初のリーチングのとき、これらの深さの手がかりは十分に調整されていないかもしれないが、乳児が差し出された物体（それらはたいてい大きく、カラフルで、多くの縁と輪郭がある）にかなり近くに手を持っていくには十分である。最後に、リーチングを行うためには、一定の視覚的なイメージを与え、完全に安定した姿勢を崩すことなくリーチングすることができるために十分に安定した、頭と胴体の姿勢を乳児はもっているはずである。この最後のスキルは、後で説明するように、決定的に重要であると思われる。

　それでは、リーチングの学習の発達の軌跡は、どのようなものだろうか？　この新しい形態の創発における考えられる制御パラメーターは何だろうか？　これらの問いへの答えは、移行に先立つシステムの内在的ダイナミックスに依存している。つまり、これらのダイナミックスは、乳児ごとに異なるのである。ここで、2人の乳児を比較してみよう。最初もっとも活動的な赤ん坊を代表していたガブリエルと、もっとも大人しい赤ん坊を代表していたハンナである。

大人のリーチング

　ガブリエルとハンナの初期のリーチングについて述べる前に、乳児期に見られるパターンと比較するために、大人の熟練したリーチングの運動学的、動力学的プロファイルを見ておくことは無駄ではない。大人のリーチングは広範にわたって研究されており、このような高度に熟練した運動の滑らかで効率的で再生可能なパターンの特徴を生み出すために、脳がいかに手をコントロールするのかに関して、多くのモデルが

ある。縦断研究における乳児とまったく同じ課題を大人が与えられたら、彼らの目の前に、身体の真ん中に、肩の高さで、腕を伸ばした距離にあるオモチャにリーチングして掴むために、運動学的、およびダイナミックな筋肉の活動のパターンを生み出すが、それらは実験参加者のなかでも、また実験参加者によっても、多少変わる。たとえば、腿か口のどちらかに手を置いた状態から、素早く、あるいはゆっくりと対象にリーチングするように指示された1人の女性実験参加者による運動を考えてみよう。上から眺めると（図9.1）、彼女の手の軌跡はそのたび、ゆっくりのときよりも素早い動きの方がやや真っ直ぐになっているが、再生可能な軌跡を描いており、曲線の軌跡が典型的である。図9.2の手の速度のプロファイルもまた、加速と減速の滑らかな、1つのピークがある特徴をもっている。各反復試行において同一の振幅と特徴的な頻度をもっている。関節の協調のレベルでは（図9.3）、肩の滑らかな移動と肘と手首の伸張が見られ、類似した調和が観察される。熟達したリーチングの研究において頻繁に言及されているとおり、3つの関節の協同は速度における変化にも見られ、肩と肘と手首が密接に共時的に、加速と減速をしている（図9.4）。次に、関節のトルクのレベルで類似の調和が見られる。肩の筋肉のトルク（図9.5に示されている）は、滑らかな運動学上の変化がそれらを生み出す諸力の高度なコントロールを反映していること

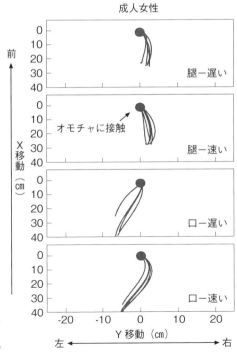

図 9.1
大人のリーチングの手の軌跡。2つの開始位置（腿、口）、2つの速度（速い、遅い）のリーチングを、観察者が手を上から見たかたちでx, y平面に描いたもの。

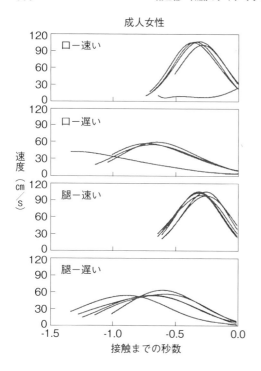

図 9.2
図 9.1 のリーチングの速度。接触時点 (0.0) からプロットしている。

図 9.3
図 9.1 の腿位置から開始したリーチングの肩、肘、手首の関節の協調。関節の角度の減少は、屈曲を示している。肩の屈曲は、腕を持ち上げていることを示している。この図でも、右側の接触時からプロットされている。

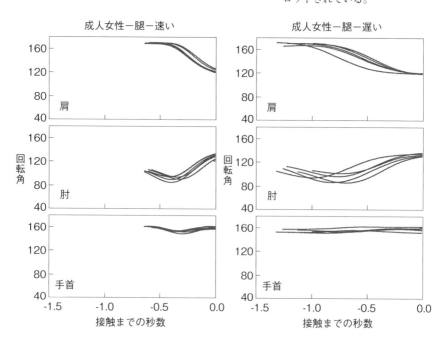

第9章　行為からの知識 ── リーチングの学習における探索と選択　309

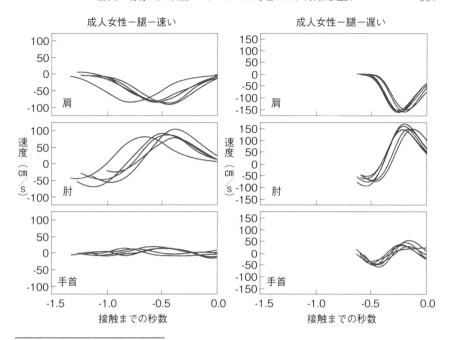

図 9.4
図 9.1 の、腿から開始した遅いリーチングの関節角回転の速度。3つの関節全部の速度変化が、密接に協調していることに注意。

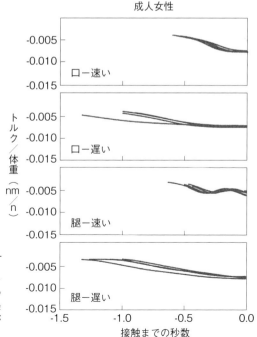

図 9.5
データが得られた図 9.1 の一部のリーチングに対する、肩部で発生した力の総量。ここで重要なポイントは、各条件におけるリーチング内でパターンが安定していることである。

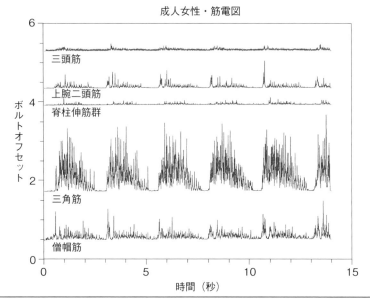

図 9.6
大人の連続的なリーチングの、表面 EMG による筋肉活性化パターン。モニターした筋肉は三頭筋、上腕二頭筋、脊柱伸筋群、三角筋、僧帽筋である。繰り返される三相性のパターンに注意。

を示す。最後に、EMG によって記録された筋肉の活性化のパターンは、リーチングの輪郭が明確で、数試行にわたって繰り返し可能な、特徴的な三相性の、相互的な活性化パターンを示している（図9.6）。この1人の実験参加者に見られるパターンは、他の大人たちとも非常に似ていた。まとめると、このシンプルで制約された課題で、リーチングに熟練した人はスムーズで効率的な解を発見しており、それは個人内でも、個人間でも、反復しても、きわめて変動が少ない。

これらのパターンをしっかり心に留めた上で、それでは、乳児がリーチングに初めて成功した際に、どのように同じ課題を成し遂げるのかを問うことにしよう。

ガブリエル —— バタバタと手を動かす行為からリーチングへ

ガブリエルは、運動がきわめて活発な乳児だった。彼は15週で初めてオモチャにリーチングした。彼の手が実際に腕を伸ばしてオモチャに触れる前の週に、社会的相互作用のときとオモチャを見るときの両方で、自分の手を速く、力強く「バタバタ」動かした。図9.7 は、リーチングが始まる前の週のガブリエルの両手の自発的な運動の例を示している。図の上段のグラフは、彼の前の平面に投影された、位相平面上のダイナミックな表現としての、彼の手の軌跡を示している。この平面は、彼の手の左

右方向の変位 対 その速度をプロットしている。いくつかの特徴が注目される。第一に、両手のエネルギッシュな、速い、規則的なサイクルが同等のスペースであることは、両手が同時に動かされていることを示している。軌跡と位相平面図は、共に時間独立である。同じデータを時系列で示すと（速度 対 時間。図9.8）、両手が協調して加速と減速していることが明らかに見て取る。

第二に、ガブリエルの自発的な運動は、ランダムにバタバタ手を動かしているのでは決してない。位相平面は、集合変数として、手の位置とそのエネルギー消費の間の相互関係を描いている。この例の場合、両手とも、ガブリエルが胴体に向かって動かすとき（右手は右から左へ、左手は左から右へ）、より速度が速い。しかし、両手とも滑らかな楕円形をしており、周期力関数をもつ減衰バネの行動を示唆している（Abraham & Shaw, 1984）。つまり、ガブリエルがこれらの激しい手をバタバタする運動を見せるとき、彼の腕の内在的ダイナミックスが、特定の剛性、減衰、バネ圧をもつ物理的バネのそれと、トポグラフィー的に類似したタイミングとパターンを示した。

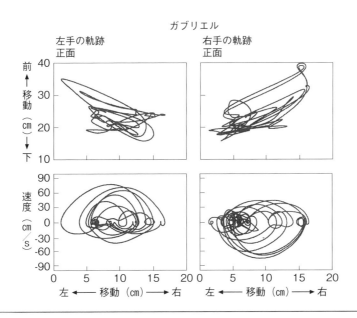

図 9.7
ガブリエルがリーチングを開始する前の週の自発的運動の14秒間の手の軌跡と位相平面プロット。【上】正面（y, z）平面における両手の道筋。乳児がこの面に正対して、右手、左手で彼の前のスクリーン上の道筋をトレースしていると想像してみてほしい。オモチャとの接触はない。【下】同じ運動の手の左右方向の変位 対 その速度を位相平面にプロットしたもの。丸い軌跡は、変位にしたがって速度がスムーズに変化していることを示しており、これはバネや振り子のダイナミックな特徴である。軌跡がトポロジー的に類似しているのは、行動が限定サイクル・アトラクターであることを示唆している。

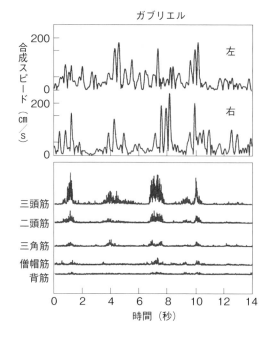

図9.8
ガブリエルがリーチング開始に先立つ週の、自発的運動の左右の手の三次元速度とそれに対応する右腕の筋肉と腰背部の EMG。(Thelen et al., 1993. 許可を得て再掲)

　第4章で見たように、課題に束縛されていないか、もしくはあまり束縛されていない状況下においては、乳児の手足は驚くほど自己組織化されたパターンを見せることがあり、それは骨、関節、筋肉の身体的特性と、興奮した乳児のエネルギッシュな代謝の特性から創発する。ガブリエルの腕の位相平面は、古典的な循環アトラクターを描いている。

　ガブリエルの視覚的注意がオモチャに捉えられ、動機づけられてその光景により喚起されたとき、彼の腕はバネのように動いた。明らかに、これらの荒々しくバタバタする運動は、確かにランダムではないし、ガブリエルの意図する目標だろうと私たちが推測すること ── オモチャを手に取り、口に入れること ── を行うにも適切ではなかった。だとすると、ガブリエルにとっての課題は、何とかしてこのアトラクターを崩壊させる、つまり、システムが敏感ないくつかの制御パラメーターを縮小し、アトラクターをポイント・アトラクター、つまり安定した、1つの終点、できればオモチャの周辺の範囲に移行させることである。動き始めてから運動エネルギーを補給されない、減衰していく振り子やバネを想像してほしい。ついには、それは一点で静止するだろう。そして、位相平面上では、最終地点に向かって減衰していく螺旋になるだろう（図3.7参照）。もし私たちが正しく、リーチングが発達中のダイナミックス（腕の内在的なダイナミックス）から発見されるのであるならば、リーチングはこれらの進行中の運動に埋め込まれているはずであり、実際、ガブリエルが1つのアトラクター

第9章 行為からの知識 —— リーチングの学習における探索と選択 313

の体制をより適応性のある課題構造に変換するメカニズムを検出できるはずである。

この、自発的にバタバタ動かす運動からオモチャへと真っ直ぐ伸ばすことへの変換が、図9.9に描かれている。図の上段は、ガブリエルが最初にリーチングした週の、8秒間の、彼の手の道筋の二次元投影図である。これには、オモチャから遠ざかる、一見方向性のない「バタバタする動き」も含まれ、それはオモチャに近づく運動に先立ち、また併存し続けた。これらの運動の速度は速く、その下の速度プロファイルのピークに示されるように、多くの方向変化があった。ガブリエルは、接触前のほんの一瞬だけ、運動の速度を弱めた。下段は、この運動の部分を構成している、肩、肘、手首の関節の動きのパターンを示している。これらを運動学的に見ると、肩の屈曲が速く、肘がかなり硬いことを示しており、これはリーチングの始まる前の数週間におけるガブリエルの、自発的な手をバタバタする運動の特徴である。この事例において、ガブリエルは接触する前に肘と手首を屈曲させ、伸ばしたが、リーチングが始まった頃の大半では、肘が硬いままであった。

これらの運動のパターンの背後に、どのような力があるのだろうか？　図9.9の一番下のグラフは、同一部分に関連するトルクである。第4章で、トルクは手足を関節の周囲で回転させる力であることを述べた。力を算出するために測定された加速度と手足の質量を用いる逆ダイナミックスのテクニックによって、手足を動かす力の源を能動的、受動的な部分に区分けすることが可能である（Schneider, Zernicke, Jensen, Ulrich, & Thelen, 1990）。受動的部分は、引力（GRA）による手足を動かす力と、機械的に手足の部分に伝えられる身体の他の部分の運動から生じる手足を動かす力、つまり、肩の運動から生じる肘への力である（MDT、もしくは動作依存力）。能動的な力は、筋肉の収縮と細胞組織の他の伸縮性の特質（MUS）から生み出される力である。ガブリエルが速く力強く動いていたので、彼の手をバタバタ動かす運動は肩に高いMDTを発生させ、それは高いMUSの力によってバランスをとられた。もっとも特筆すべきは、オモチャに方向づけられた運動の部分内で、ガブリエルがオモチャに手を近づけるとき、彼はうまく高いトルクを調整したことである。

図の下段上右の筋肉の収縮パターンは、ガブリエルが、コントロールされていないバタバタ運動をどのように方向づけられた行為に転換させたかを示している。大人が、単に手を膝から肩の高さで腕を伸ばした距離に置かれた物体まで動かすように求められたときにリーチングで用いる筋肉の収縮パターンと比較してほしい。大人の熟練したリーチングの相補的な筋肉の活性化の明確なパターンとは対照的に、ガブリエルはオモチャに向かうリーチングの間の肩と腕上部の運動の大規模な共収縮を示した。そのような共収縮は、腕を硬くし、その追従性を弱め、もしくは「与え」、そのため、ガブリエルがオモチャに向かってコントロールできず、コントロールされた接近よりも強く打つことになってしまった荒々しい高速のバタバタ運動を、減衰させた。

第Ⅲ部　知識のダイナミックスと起源

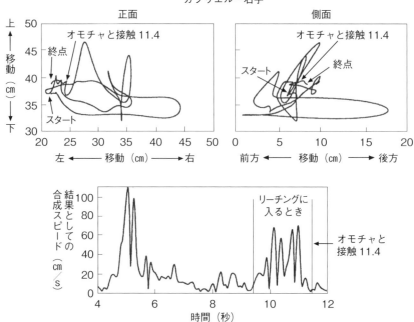

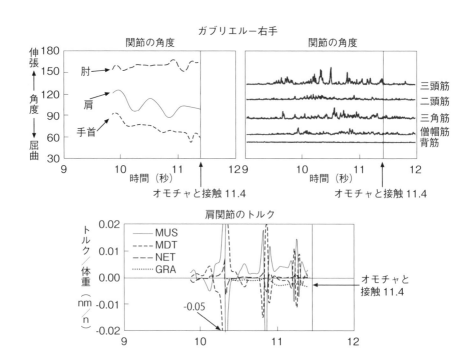

図9.9
リーチングが始まったときのガブリエルの右手が、自発的なバタバタ運動からリーチングに変換される様子を示す典型例。【上段上左】正面平面における8秒間の手の道筋。【上右】同じ手の矢状断面の道筋（ガブリエルがプロットの発生源に正対しているときに右手横から見たもの）。【上段下】同じ部分の三次元速度。4〜6秒と9.5秒のリーチングに入るときの速度の速いバタバタ運動が示されている。【下段上左】上記のリーチングに入るときのバタバタ運動の、肩、肘、手首の関節の回転。屈曲、肘と手首の関節角度の減少、肩の屈曲に伴う腕の持ち上げを示す。【下段上右】上記8秒間全体の、5つの筋肉群のEMG。最初のバタバタでは位相的に共収縮し、リーチングに入るときのバタバタでは緊張持続性の共収縮が見られることに注意。【下段下】同じ部分に関わる肩のトルク。マイナスのトルクは、関節を屈曲させるように働く。【NET】肩関節を回転させている全トルクの合計。【GRA】引力によるトルク。引力は肩筋を伸ばすことに注意。【MDT】他の、機械的にリンクした腕の部分の動きによってもたらされる、肩のトルク。【MUS】筋肉収縮と細胞組織変形による肩のトルク。

　リーチングが始まった最初の週、ガブリエルのすべてのリーチングは継続していたバタバタ運動から生じており。基本的に非常に速く、動作に依存したトルクが強く、広範囲の共収縮を用いた肩の運動が特徴であった。こうして、ガブリエルは彼の筋肉パターンを「手なずける」よう自発的に調整し、減衰するバネが自然に平衡点に達するように、そのバネ的な腕システムを、周期的なアトラクター・パターンをポイント・アトラクターに変換するのに利用した。

ハンナ ── 引力問題の解明

　ここで、ガブリエルのオモチャを得る最初の解決を、ハンナが採用したそれと比較すると有益である。彼女の内在的なダイナミックスは、彼女に相当異なる問題をもたらした。ガブリエルとは対照的に、ハンナは静かで熟慮する乳児で、視覚的に敏感であり、社会的にもよく反応するが、運動筋肉的には活発ではなかった。22週目にリーチングが始まる前、彼女は胸の上か口に手をやって座っているか、小さくゆっくりとした動きをしているのが好きだった。彼女がオモチャを手にするために身を外に乗り出して腕を上に伸ばした数週間前、ハンナの親が彼女にそのオモチャを手渡したとき、彼女はそれを握っていじった。

　リーチングが始まる前のハンナの自発的な運動は、手が動く速さと筋肉のトルクが他の乳児の平均よりずっと下回っていた（Thelen et al., 1993）。こうして、リーチングは異なる挑戦となった。彼女は暴れる力や激しく振れる腕を手なずける必要はなかった。むしろ、ハンナは引力に逆らって腕を持ち上げるため肩に、そして腕の自然に曲がる筋肉の位置に逆らうため、肘に十分な力を生み出す必要があった。

　この活動的ではない背景から、ハンナは滑らかで、かなり成熟して見える最初のリーチングを生み出した。図9.10で、典型的なリーチングが小さな横方向と後ろ向きのループをもつ穏やかな位置から始まり、それに続いて、通り越してしまったが、

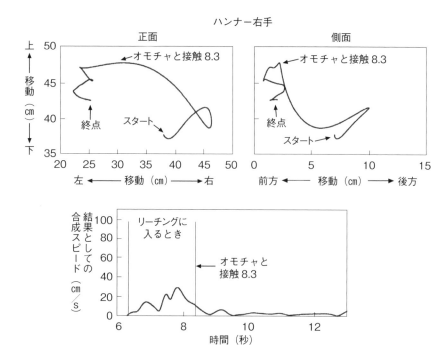

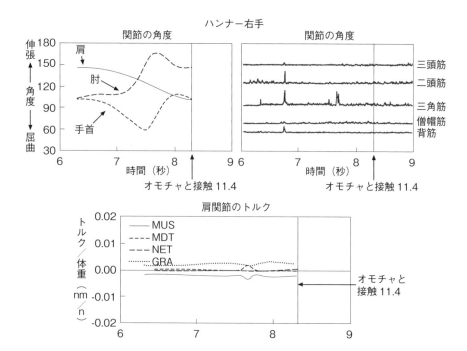

図 9.10

リーチングが始まったときのハンナの右手の典型例。動きのない開始位置からスムーズなリーチングの部分が始まっていることを示している。【上段上】正面平面と側面平面における8秒間の手の道筋。【上段下】同じ部分の三次元速度。ガブリエルよりもリーチングが遅く、逆戻りが少ないことを示している。【下段上左】リーチング部分の肩、肘、手首の関節の回転。肩の遅い屈曲と、調節が肘と手首に限られていることに注意。【下段上右】8秒間の部分とリーチング部分（縦線で示されている）のEMG。三頭筋、二頭筋、三角筋、と腰背部の微小活動との共集中に注意。【下段下】同じ部分に関わる肩のトルク。非常に低いMUSが微小なMDTと共に、引力に対抗している。（短縮語については、図9.9の説明を参照。）（Thelen et al., 1993より。許可を得て再掲）

オモチャまで直接手を動かしたことに注目してほしい。リーチングは、比較的ゆっくり持続し、速度も遅く、方向の変化も少なく、そして、ガブリエルの最初のリーチングよりも大人のパターン（図9.1参照）のように見えた。ガブリエルはほとんどで肘を硬くしていたが、このときや他のリーチングにおいて、ハンナはより関節が柔軟で（Thelen et al., 1993参照）、例にあるように（図9.10の下段右）、時には協調的なしかたで動いた。また、ガブリエルとは劇的に対照的に、ハンナの遅い動きは高いMDTを発生させず、実際、彼女の筋肉のトルクは、基本的に引力に対抗するものだった（一番下）。しかし、ハンナの筋肉発火のパターンは、基本的な共活性化を示す点で、ガブリエルのパターンとよく似ていた（実際、大人のリーチングと正確に同じ筋肉パターンをもつ乳児はいなかった）。

　ハンナの問題は、ガブリエルの問題とは異なっていた。しかし、同じでもあった。ガブリエルのように、彼女は腕を動かす力やエネルギーを適応させなければならなかった。彼女の場合は、腕を膝から離して持ち上げるのに十分なように、腕を硬くする、あるいは力を入れる必要があった。したがって、ガブリエルとハンナの共通点は、いま進行中の、しかし運動にとって機能的でないパターンを変化させ、オモチャに触れるために手を十分近くに持っていくために、腕に配分する力を調整する能力だった。2人の解決は、各自の状況に関連して発見され、個人のランドスケープから作り出されたのであって、脳や遺伝子によって先だって知られていたシナジーによって予定されていたものではなかった。

リーチングのはじまり ── 新しい形態の発見

　行動はシステムに象徴的に表現されてはいない、もしくは、それがなされる〈いま－ここ〉の文脈なしにプログラムされてはいないというのが、発達のダイナミックシステム理論の第一の原則である。これは、乳児が常に変化するしかたで環境と出会い、環境は、常に新しい出会いを供給し続けるので、乳児は欲求と機会との間が適合するようにさせる行為の新たなパターンを発見しなければならない、ということを意味す

る。

　ガブリエルとハンナの共通の目的 ―― オモチャを手に入れ、自分の口にそれを入れる ―― を実現した対照的なしかたは、行動がプロセスであり、関係であって、指令でもパフォーマンスでもないことを劇的に示している。2人は目の前にぶら下がっている物をどのように手に入れるかという問題に直面したが、これらの乳児は何も書き込まれていない白紙ではないし、アルゴリズムの束でもない。むしろ、2人はそれぞれ、独自の内在的ダイナミックス、気質の集合、注意スパン、能力、筋肉生理学、エネルギーレベルなどのセットをもち、それが腕と姿勢の状態の動き（あるいは静止）を決定している。これが2人が働かなければならない、システムが活動している空間であり、そこから自律的に、そして個々に、解決を発見しなければならない。実際、リーチングの始まりにおいて、ガブリエルとハンナに共通することは、オモチャを手に入れたいという欲求であり、結果的に巧くいったそれとの接触だった。他にどのような共通するプロセスと関係を2人は共有し、それぞれの個人的な解決を見つけられるようにしたのだろうか？

　中枢神経系が対象にリーチングし握るために腕と手をどのようにコントロールするかは、運動神経科学とロボット工学における中心的な重要問題である。ガブリエルとハンナ、そしていかなるリーチングをする人も、第4章で議論した、ベルンシュタインの自由度問題を解くよう務めなければならない。このことは、リーチングする人それぞれが、個々の部分のほとんど際限のない組み合わせの可能性をもつ異種混淆的な編成 ―― ニューロン、筋繊維、骨、関節、新陳代謝のプロセス ―― を、1つ目的の装置 ―― 手と腕 ―― へと動員し、それが素早く効率的に望む対象のところに行くようにすることを意味する。ベルンシュタインが指摘したとおり、この運動の問題にとって唯一の、あるいは決定的な解決はない。関節の角度の多くの組み合わせが、手の軌跡を生み出すことができる。同じく、個々の筋肉パターンの数え切れないほどの組み合わせ、もしくは能動的、受動的な力の合計が、生み出すことができる。

　それでは、中枢神経系は、実際に何をコントロールしているのだろうか？　科学者は人間の腕の軌跡形成を観察しモデル化して、図9.1〜図9.6に描かれた滑らかで速く、効率的な運動を説明する、いくつかの異なる仮説を提出した。これらの典型的なプロファイルにおいては、手が目標に向かってほとんど真っ直ぐに横切り、特徴的な速度プロファイルをもち、関節がほぼ同時に屈曲伸張し、対象の大きさと重さを予想し、正確にピッタリの瞬間に手を開き、閉じていることに注目してほしい。また、熟練した人のリーチングは筋肉の力を過剰にならず、効率的に用い、運動を開始したり、途中で止めたり、望ましくない相互的な力に抗してリーチングを安定させている。

　こうしたモデルの1つのグループは、脳が、実際の軌跡と意図する軌跡とを絶え間なく視覚的に比較し、直接手の方向をコントロールすると示唆する（たとえば、

Morasso, 1981参照）。モデルの他のグループも、軌跡 —— 運動力学 —— に焦点を当てるが、中枢神経系が手の道筋の不規則性を最小にすることによって、リーチングが滑らかで優美であるようにプランすると示唆する（Hogan, 1984）。三番目の理論は、三次元空間で手を正確に動かすために、脳がどのように関節角度の変化の正確なパターンを計算するかに焦点を合わせる（たとえば、Soechting & Ross, 1984参照）。運動のコントロールには基礎に筋肉の収縮がなければならないので、さらに別のモデルはこのレベルに焦点を合わせ、最終的な運動力学的な一定性を決定するのは、手足の主動筋と拮抗筋の活性化の相対的なタイミングであると示唆する（Gottlieb, Corcos & Agarwal, 1989）。これらの工学的解決の各々は、人間の腕の軌跡形成についての何らかの既知の特質に狙いを定めている。しかし、各々はまた、もっとも重大な問題の状況、すなわち手足の運動の内部から、また外部の環境から生じる不可避で、しばしば予測不能の混乱させる力に直面して、どのように行為を柔軟で熟達したものにし続けるのかを説明できない。またこれらのモデルのどれであれ特定のコントロールのレベルが、どのように発達するのかも説明できない。人は本能的にリーチングのしかたを知って生まれたのではないので、パフォーマンスモデルは発達的にも現実的でなければならない。

　実際、発達データは、軌跡や関節の角度、筋肉パターンを統制された変数であると見なすモデルを支持しない。リーチングの始まりでは、ガブリエルとハンナは運動をこれらのどのレベルでもプランしているように見えなかった。2人のリーチングは、オモチャが見えることで視覚的に誘発された。しかし、2人の頭にも凝視行動にも、あるいは運動の軌跡それ自体にも、明らかな持続的な視覚的修正はなく、対象に向かうとき、しばしばそれからそれた（Thelen, 未発表の観察）。リーチングの初期は、真っ暗でも明るい所でも、同じようにうまく行われることを示したクリフトンたち（Clifton et al., 1993）の説得力のあるデータを併せ考えると、初期のリーチングが、対象との関係で手をオンラインで視覚的にモニターしていることを表しているというのは、ありそうにない。同様に、乳児は関節-角度の協調のきわめて多様なパターンから手の軌跡を生み出した。この多様性は、研究対象となった4人の乳児の間のみならず、1人の乳児の中でさえ明らかで、その協調は、リーチングのたびに変化した。最後に、乳児の蹴る行為と同様、筋肉の活性化パターンは非特異的で変動するシナジーを伴いながらも、かなりの共収縮を示した。これは、乳児は最初、すでに存在しているステレオタイプな反応、ないしは反射タイプの反応からリーチングを生み出しているのではないことを示唆している。

　これらの発達データが支持しているのは、中枢神経系が、その運動の道筋や筋肉の発火パターンというよりも、コントロールされている手足の全体のダイナミックで編成的な性質に実際に取り組んでいることを示唆する一群のモデルである。より具体的

には、これらのモデルは、手足が重りを付けられたバネのように動き、神経系は手足の追従性（ダイナミック剛性）を変えることによって全体的な反応のダイナミックスを変化させる、と提案する（Berkenblit, Feldman & Fukson, 1986; Feldman, 1966; Polit & Bizzi, 1978; Hogan, Bizzi, Mussa-Ivaldi & Flash, 1987）。これらの見方では、手の軌跡や関節－角度の協調、筋肉の発火パターンのための、明示的なア・プリオリの指令、ないしプログラムはない。そうではなく、中枢神経系は、腕の現在の位置、目標、意図された運動の目的地点との関連において手足の最初の剛性の条件をセットし、運動が開始されたとき、手足のバネのような性質がその最終的な位置、あるいは最終的な平衡点を決める。重りの付いたバネの剛性を調節しているとしよう。エネルギーがバネに加えられると、バネはある振幅と周期で振動し、やがて静止するが、それはそれ固有の剛性と減衰特性によって決定される。同様に、手の軌跡と関節の回転パターンの時間的、空間的細部は、最初の剛性の調整結果として創発する。運動力学的な特性は、必ずしもどこかに明確に表現される必要はない。それらはダイナミックスにとって二次的に現れるものだからである。

　非常に幼い乳児が手や関節の運動力学的レベルで軌跡をプランし実行するという証拠はほとんどないけれども、ダイナミックな力のフィールドを検出し、手足に柔軟性のコントロールを課す生理学的なメカニズムが生後かなり早い時期に存在する可能性に関しては、かなりの支持がある。これには低レベルの伸張反射が含まれると思われ、おそらく脊髄レベルで媒介され、負荷の変化に応じて筋肉の長さ（Houk, 1979; Myklebust, Gottlieb & Agarwal, 1986）、そして手足全体、あるいはその一部をこわばらせる主動筋と拮抗筋の協調的使用（Feldman, 1980; Hogan et al., 1987）をコントロールするように機能する。主動筋と拮抗筋のペアの共活性化、あるいは相互の収縮は、基本的に手足の剛性を変化させるためのメカニズムである（左手を腕の上部辺りに置き、手全体をこわばらせるようにしてみなさい）。確かに、乳児は腕のみならず、足、首、胴も同様に、運動制御の手段として、広範囲にわたる共収縮を見せる（Thelen & Fisher, 1983; Hadders-Algra, Van Eykern, Klip-Van den Nieuwendijk & Prechtl, 1992）。

　したがって、ガブリエル、ハンナ、他２人の乳児の最初のリーチング（Thelen et al., 1993）は、自発的な運動のダイナミックスを意図的な目標、そして欲しい対象物の知覚上の特徴にどのように適応させるかという問題に対して、各自が発見した解答なのである。より具体的に言えば、乳児たちは最初、内在的な運動のダイナミックスを調整し探索する。そして、バネのように腕の共鳴する周期を用いるが、しかしこれらのバネの張力を調整もしながら、この適合を成し遂げるのである。彼らの最初の試みは、オモチャへのぎくしゃくした回り道をとり、かなり未熟で、ぎこちないリーチングを生み出した。しかし、その運動は手を十分オモチャの近くにもたらし、より正確な補正のプロセスを開始させた。いったんこれらの自己組織化プロセスを通して、

新たな形態が発見されると、システムはそれに対して何らかの働きかけを行うようになる。次項では、この適応的マッチングの持続的プロセスを取り上げる。

マッチングの意図と、内在的ダイナミックス

ガブリエルとハンナのリーチングの開始から2週間のうちに、2人は（研究対象となったあと2人の乳児も）、ぎこちない最初のリーチングを、このリーチング課題の要求に合わせ始めた。2人の手の軌跡は、依然としてオモチャの方に向かってぎくしゃくした不規則的で迂回した動きを示しており、それと認識できる変化はほとんどなく、関節の協調パターンも変動し、一貫しなかった。改善が明らかだったのは、力の調節のレベルを示す変数であった。すなわち、手の速度、肩のトルク、そしてシステムの剛性の推定値であった。

乳児の適応パターンにおいて注目すべきは、それらが各々の個人にとって適切であったことである。図9.11 と図9.12 について考えよう。ガブリエルとハンナが対象に接近するときの2人の手の速度の変化を示している。これらの図においては、分析可能なすべてのリーチングはオモチャに接触するまでの時間で正規化され、得られた接触前3秒間の手の速度がプロットされている。リーチング開始の週では、これらの

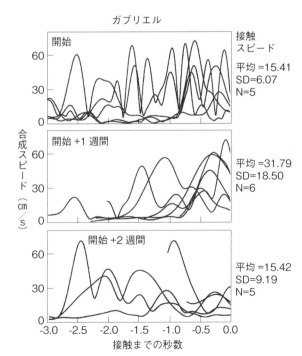

図 9.11
ガブリエルがオモチャに接触したときの、リーチング開始の週と続く2週間の、すべての分析可能な試行から得られた手の軌跡の速度。最初に接触した手のみをプロットしている。接触 (0.0) からその前の3秒間のリーチングをプロットしている。(Thelen et al., 1993 より。許可を得て再掲)

グラフはガブリエルの高速のバタバタする動きと、ハンナのずっと遅い動きを示している。翌2週間の間に、ガブリエルは動きの速度を落とし、弱めることを学習した。とりわけ接触寸前の0.5秒前に顕著である。対照的にハンナは、速さを上げることに決め、実際、やや鐘型の速度のカーブを描く、非常に大人に似た速度プロファイルを示したが、しかしやはり接触直前では速度を落としている。大人のデータでは、もっとも成熟したリーチング方略は敏速に接近し、次には手に握る準備をさせ、強く当たらないよう減速させていたことを思い出してほしい。これらの乳児たちのリーチングは熟達したものとは程遠いけれども、より効率的な方略に近づいているように見える。

上手なリーチングの追求は、力の変数、つまり肩で生み出された筋肉のトルクにも反映された。筋肉のトルクは統制されたトルクであり、関節を回転させるためにも、不必要な受動的力を減殺するためにも生成されると思われる。開始の週に、ガブリエルは図9.13に示されるように、非常に高いトルクを生み出した。ハンナの運動(図9.14)とは劇的なまでに対照的である。ガブリエルは自分の激しい運動が役立たないことを素早く学習した。そして、リーチング開始から2週間の間に、一貫して調整できるようになった。ハンナはより速い、より力強い運動を探索した。このことは、リーチング開始の後の週の、より大きく、より変動するトルクに反映されている。

最後に、図9.15と図9.16は、システムの全体的な剛性の推定であるが、個人の方

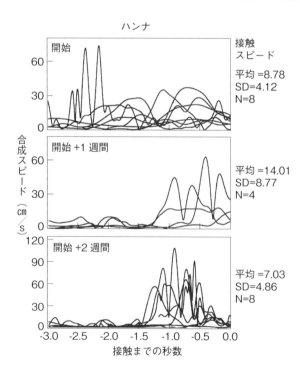

図9.12
ハンナがオモチャに接触したときの、リーチング開始の週と続く2週間の、すべての分析可能な試行から得られた手の軌跡の速度。最初に接触した手のみをプロットしている。接触(0.0)からその前の3秒間のリーチングをプロットしている。(Thelen et al., 1993より。許可を得て再掲)

第9章 行為からの知識 —— リーチングの学習における探索と選択   323

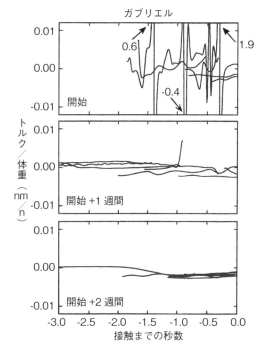

図 9.13
図9.11（ガブリエル）にプロットした軌跡部分の、ダイナミックデータを計算できた肩のMUSトルク。マイナスのMUSは、基本的には引力に対抗するために、筋肉が収縮して屈曲していることを意味する。MUSの高いスパイクは、高いMDTを生み出している急速な運動と関係している。（短縮語については図9.9の説明を参照。）（Thelen et al., 1993 より許可を得て再掲）

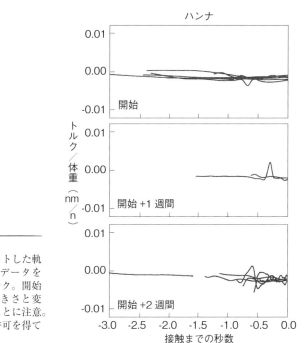

図 9.14
図9.12（ハンナ）にプロットした軌跡部分の、ダイナミックデータを計算できた肩のMUSトルク。開始+1と+2で、MUSの大きさと変動性が大きくなっていることに注意。（Thelen et al., 1993 より許可を得て再掲）

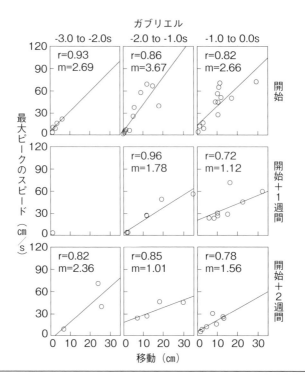

図 9.15
リーチング開始の週とそれに続く2週間の、接触に先立つ3～2秒、2～1秒、1～0秒における、ガブリエルのリーチングの各部分の剛性の推定。散布図の各点は、単一の「運動単位」に対する最大ピーク速度の関数としての変位を示している。回帰線は、腕の剛性の推定を与える。急なスロープは高い剛性を示す。スロープが0に近ければ、剛性の欠如を示す。しかし、この推定の意味をめぐる議論については、テーレンら (1993) の理論を参照。(Thelen et al., 1993 より許可を得て再掲)

略の説得的な証拠である。剛性（張力）は直接には測定できないが、腕が動いた距離との関係で運動の最大速度を考慮することで推定できる。基礎にある仮定は、一定の距離をより速く関節を動かすためにはより張力が必要だということである（きつく巻かれた螺旋バネと緩く巻かれた螺旋バネを考えてほしい）。この推定のため、私たちは加速と減速の各々の単位を同定した（ホフステンの運動単位; Brooks, Cooke, & Thomas, 1973; Hofsten, 1982）。各々の単位は手の軌跡と結びつけられる。こうして、各点は、すべての分析可能なリーチングにおけるオモチャへの接触直前の秒ごとにプロットされた、運動単位に対する速度変位のピーク値を表す。これら2つの変数の回帰が剛性を推定する。ガブリエルは接触直前の数秒間と開始後の数週間共に、硬くなくなった（剛性が低くなった）。このことは、彼がオモチャに接近するときにバタバタと手を動かす動作を調整し、そして数週間のうちに、全般的により柔軟になったことを示唆し

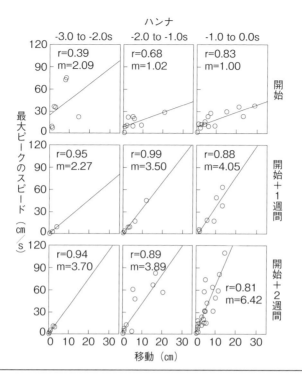

図 9.16
リーチング開始の週とそれに続く2週間の、接触に先立つ3〜2秒、2〜1秒、1〜0秒におけるハンナのリーチングの各部分の剛性の推定。散布図の各点は、単一の「運動単位」に対する最大ピーク速度の関数としての変位を示している。回帰線は、腕の剛性の推定を与える。急なスロープは高い剛性を示す。スロープが0に近ければ、剛性の欠如を示す。(Thelen et al., 1993 より許可を得て再掲)

ている。リーチング開始の週に剛性が低かったハンナは、リーチングがより速くなるにしたがって、ずっと硬くするようになった（剛性が高くなった）。

創発的カテゴリーとしての行為

　2人の乳児がどのようにリーチングを行うかを発見し、2週間の間であっても、自分たちの運動をどう課題に合わせるかを学習することに関する詳細な説明は、発達の位相変位のダイナミックスへの導入となる。この移行において、制御パラメーターは腕の剛性の調整であるように見える。つまり、適切な速さでオモチャの近辺に手を持っていくために、このシステムの質の十分な制御を得ることである。リーチングなしからリーチングへの移行は不連続であったが、この新たに発見された制御を生成してい

くプロセスは、本質的に連続していなければならない。ガブリエルとハンナは腕を伸ばしたリーチングを見せてはいなかったが、この里程標に先立つ3, 4ヵ月前に、無活動だったわけではない。実験の文脈で初のリーチングをしたときまでに、リーチング可能な対象物に満ちた、視覚的に複雑な重力環境での、何ヵ月もの知覚−運動経験を積んでいた。彼らはより安定した頭の制御と胴の制御とともに、視覚的追跡を改善し、鋭敏さを増し、両眼視を獲得していた。この知覚的に複雑な世界で運動し知覚することが、世界がどのように見え、感じ、聞こえ、味がし、匂いがするかに対する、多様な、再入力される、時間拘束的なマルチモーダルな場面を準備する。もっとも重要なことは、2人が泣いたり、興奮したり、リラックスしたり、ウトウトしたりしたときに頭と手足を動かしながら、筋肉、関節、肌、前庭受容体における多様なエネルギーレベルと、その結果としての多様な活性化の規模を探索していたということである。2人は同時に、筋肉の剛性と柔軟さの点から身体を感じ、多数の状況と重力の方向で、自分の運動の結果を見たり、感じたりしていた。

　目標に向かうリーチングは不思議で複雑な知覚的運動行為であるが、システムもこの複雑さをもっていなければならないと仮定する必要はない。システムは、自己組織化のプロセスを開始するために、もっとも単純な動機的衝動 ── 興味深い物体を視界の中に保つ、それを口の中に入れる ── を必要とするのみである。前の諸章で提起したように、関連づけられた入力が神経グループを立ち上げ、それはアトラクターのように働き、乳児自身の知覚運動的活動とその活動の結果に依存して、次第に増強されるか弱くなっていくかする。ガブリエルとハンナ、そしてこの研究の他の乳児の場合、内在的ダイナミックスの探究によって、乳児たちはそれぞれにとって適切な、目標の近くに手を持っていくための解決 ── 加速か減速か ── を、個々に発見した。

　続く2週間にわたって、乳児たちは知識を得た。すなわち、様々な出発点からオモチャへと手を動かすことができる適切な剛性制御 ── もしくは平衡点 ── のカテゴリーを形成した。実際、ベルンシュタインが指摘したように、これらの自己編成されるスキルの特徴は、その等結果性、すなわち異なる協同のパターンを用いて同一の課題を実行する能力である。これら2週間にわたる各々のリーチングは、現時点での能力をオモチャの位置に合致させる努力であった。毎日毎日合致させようと努力を繰り返すことによって、乳児たちは能率的で安定した、解決のより普遍的なカテゴリーを確立した。これらの解決は、あらゆるリーチングの状況に普遍化できるのだろうか？たとえば、異なる姿勢や、空間における異なる位置に等と、普遍化できるのだろうか？　自然状況で得られたデータからは、直ちにはわからない。より多様な自然の遊び場面で観察すると、乳児は仰向けのときよりも座位のときの方が、数週間速くリーチングを行う（Schoeny, 1992; Thelen の未発表の観察）。仰向けからのリーチングはエネルギー的により難しい（ベッドで本を持ちながら読むのに必要な努力を考えてみてほし

い）。そして、どうやら乳児たちは、この挑戦的な課題を成し遂げるためには、新しい剛性域のセットを学習しなければならないようである。しかし、異なった姿勢と位置でのリーチングの経験が増えてくるに伴って、乳児たちは、手を持ち上げるのにどれくらいの筋肉の力が必要かの一般知識を獲得し、多様な目標に対して適切なエネルギーを見積もるようになる。

再び、これらのデータは、私たちのダイナミック・アプローチにとって時間スケールの統合が中心的であることを例証している。発達的変化は、最初のリーチングに至ったのと同じ探究と発見のプロセスによって発生する。発達とは、行動による学習の持続的プロセスなのである。

本研究の乳児たちはすべて、リーチングの開始から数週間以内に、腕を動かす力を適切に調整することを学習したが、とうていリーチングに熟達してはいなかった。乳児たちの動きは未だぎくしゃくしており、直接的でなく、その上、しばしばオモチャに手をぶつけたり、完全にオモチャを取り損なったりもした。乳児たちの初期のリーチングの試みが行ったのは、オモチャを掴むこと、あるいは単に取り損なうことが、どのように感じたり見えたりするかに関する情報を与えられるのに十分な近さに、彼らの手を「ほぼ正確に」持っていくことであった。このこととクリフトンらの結果（1993）から、最初のリーチングには、見られたオモチャと感じられた手が関わっていたと思われる。制御パラメターは、最初は筋肉の活性化の適切な見積もりだった。乳児たちがいったんおおよそのリーチングを生み出すことができれば、手と目標物の視覚的なモニタリングがより重要になるのではないかと思われる（検証は行われていない）。

ネイサン ── 生後 1 年にわたる探究と選択

生後 1 年の間に、リーチングがより直線的に、よりスムーズになり、乳児たちは指を前もって閉じたり開いたりしながら、物体を掴むことを予期することはよく知られている。ダイナミックな見方では、スキルのこの緩やかな進歩のプロセスは探究と選択の所産でもあるはずである。つまり、乳児は最初、多くの手の道筋、関節の協同、力、あるいは筋肉パターンを生み出すであろうし、それらは異なる出発状況からリーチングするのに用いられるが、しかし、最終的にはスムーズで効率的な、解決策の小さな部分集合のみが選ばれるだろう。

1 人の乳児ネイサンのデータは生後 1 年間にわたる分析が完了しているが、明確に探究と選択の二重のプロセスを例証している。まず、ネイサンの手の速度の制御について考えよう。物体を掴もうと手を動かして接近するとき、それほど早すぎないことが重要である。物を掴むのに手を強く打ち付ければ、手と指を正しく制御できない。

そして、あまりにも遅い動きは動く物体を掴み損ねるであろうし、腕を浮かせ続ける強い筋肉の収縮を必要とする。手の速さは、オモチャに接近する空間の文脈における力の制御を示す、妥当な集合変数である。図9.17の上図は、ネイサンの生後1年間にわたる、分析可能なすべてのリーチングの手の平均速度をプロットしている。データはオモチャへの接触に対して正規化されており、リーチングそれ自体とリーチング以前の動きを示すため、接触前の3秒間も含んでいる（典型的には、成熟した適度な速度のリーチングは1秒もかからない）。この三次元のプロットは、x軸とy軸上に接触前の秒数とネイサンの月齢、そして垂直線（z軸）上に手の平均速度が示されている。下図には、接触時点の平均速度における月齢変化が示されている。

ネイサンが15週でリーチングを開始した後の数週間、オモチャに接近する運動の

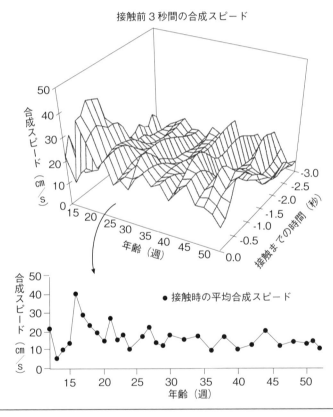

図 9.17
1人の乳児ネイサンの生後1年間のリーチング速度の発達的変化。【上図】オモチャに接触する前3秒間の合成された手の速度の連続的三次元表示。x軸：月齢。y軸：接触までの時間。z軸：速度。月齢と共に、接触に先立つ速度が減少していることに注意。【下段】オモチャ接触時点の合成平均速度。

速度は非常にまちまちであったことに注意されたい。生後1年の半ばにあっても、ある週には速く、別の週には遅く動くという具合だった。実際、生後1年の最後の月になってやっと、ネイサンは運動を一貫して見積もり、リーチング直前の1秒における速度が釣り鐘型のカーブに落ち着き、よく調整された速さでオモチャに近づいた。

物体への真っ直ぐの道筋はまた、良いリーチングの印であり、良い集合変数と見なせるだろう。図9.18もまた三次元のランドスケープであるが、ネイサンがオモチャに近づくときの、それとの平均距離がプロットされている。再び、ほとんどの月齢で、非常に変動性が大きいことに注意されたい。ある週では、ネイサンは規則的に距離を縮めながら手を前に出してオモチャに近づいた。だが、別の週では、その前進は一定しなかった。もっとも特筆すべきは、最後の数ヵ月における接触前0.5秒の変動性が減少していることである。これもまた、初期の変動性から、ネイサンがより効率的な方略を選択していたことを示している。

全体として、ネイサンはこれら2つの集合変数において直線的な進歩を示さなかった。むしろ、ネイサンはリーチング開始後に幅広く力と空間を探索し、非常に大きな変動性の時期を示した。生後1年の半ば、生後およそ30週から45週に、ネイサンのリーチングは安定したが、それでもセッションごとに変化した。あたかもこの時期、リーチングは「十分」であるかのように、変化の契機はほとんどなかった。最終的に、最後の月あたりで、ネイサンはより一貫した空間と力の値を発見した。観察は1年で

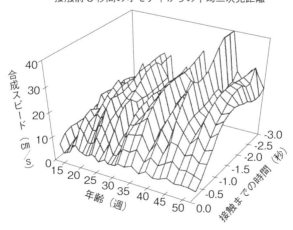

図9.18
生後1年間のネイサンの手の軌跡（オモチャからの距離）の発達的変化。オモチャに接触する3秒前から接触までの距離を連続的に示す。x軸：月齢。y軸：接触までの時間。z軸：手からオモチャまでの合成（三次元）距離。

終了となったので、緩やかな、あるいは劇的な変化がさらに続いたかどうかはわからない。

　手の速度と方向の制御が自由度を圧縮し、基礎にある制御のレベルを示すということを了解するならば、それに関わるサブシステムのダイナミクスについて問うことができる。潜在的な制御パラメター ── その変化がシステム全体に及ぶ再組織化を発生させ、発達的変化をもたらすエージェントとして作用するサブシステム ── を、私たちは同定することができるだろうか？　図9.19は、生後1年にわたるリーチングのダイナミクスに寄与しているいくつかの構成要素としてのサブシステム群におけ

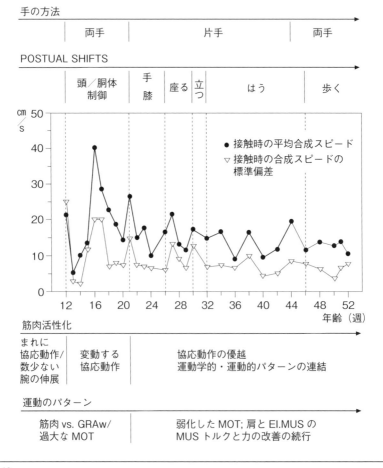

図9.19
生後1年間にわたるリーチングの改善の基礎にある多様なサブシステムの変化。【中央図】オモチャ接触時の平均の手の速度。その上下は、筋肉の活性化パターン、諸力、四肢間の結びつき、姿勢の変化の質的な記述である。（短縮語については、図9.9の説明を参照）

第9章　行為からの知識――リーチングの学習における探索と選択　　331

る変化のまとめである。中央の図は、オモチャに接触するときの手の平均速度の集合変数を再掲したもので、生後20週までのネイサンの能動的な探索の時期、32週までの継続した変動性の時期、46週までのより安定したプラトーの時期、制御された、手の速さが制御されパフォーマンスがかなり安定した最終の時期を示している。この図の上下は、行動的、運動的変数の質的な描写と、運動力学的な変化に連動する筋肉の活性化パターンである。

　最初に、手の速度の制御を生み出す諸力と筋肉パターンを見てみよう。当然ながら、行動レベルの制御における移行とこの制御の背後にあるメカニズムにおける移行との間には対応がある。最初に、当初の手の接触の制御が非常に変動的である期間が、同様に貧弱な腕の各部を動かす力の制御に反映されていることに注意してほしい（Zernicke & Schneider, 1992）。ネイサンは、よく制御されていない、高速度の運動を生み出したが、筋肉の活性化を、バタバタと手を動かすことで生み出された運動依存の高いトルクに対抗するために用いた。あるいはより動きの少ない週には、筋肉の力が重力に対抗するために使われた。リーチング開始後の数ヵ月後、ネイサンはバタバタする動きをより巧みに抑制するようになった。そして、筋肉の活動をより選択的に、より効率的に用いた。重要なことに、月齢が進むにつれ、ネイサンは肩と肘の力の制御を連動させることができるようになり、より調和した手足の各部全体の制御を生み出した。

　探索と選択は、ネイサンのリーチングに連動した筋肉の活性化パターンにとりわけ明白であった（Spencer, Kamm, & Thelen, 1992）。リーチング開始時、ネイサンの筋肉のパターン、つまり腕と肩の屈筋と伸筋の開始のタイミングはかなり変動的であり、それと見分けられるどんなパターンもほとんど示さなかった。（たとえば、十分に熟練した大人がリーチングを行う際に、二頭筋と三頭筋の安定した相補的パターンを示すことを思い出してほしい。）手の接触速度が変動した期間、ネイサンはまた多様な筋肉パターンを用いたが、その変動の中で、いくつかのリーチングは明らかな共活性化パターンを示した。1年目の後になって、集合変数が安定するのに伴い、ネイサンはまた基本的に共活性化の1つのパターンに落ち着いた。これは大人のパターンではないが、手足を効果的に制御する、協調されたランダムではないパターンである。

　何ヵ月ものリーチングを通して、ネイサンはよりスムーズに調整された適切なリーチングを生み出すために、筋肉を制御することを学んだ。他の連動する行動についてはどうだろうか？　集合変数、つまり手の速度は、最初にオモチャに触れた手のみしか測られなかったが、ネイサン（他の乳児たちも）のリーチングはしばしば両手による活動であった（Corbetta & Thelen, 1993）。もっとも特筆すべきことは、ネイサンがリーチングを始めたとき、ときどき両手が同時にオモチャに触れないことがあったが、基本的に両手を一緒に用いたことである。ネイサンは20週で、片手でリーチングを

行うように劇的に切り替えた。そして、その後も片手を用い続けた。それだけに限定はされなかったが、基本的には右手であった。それがしばらく続き、生後1年の最後の数ヵ月に、再び劇的に両手でのリーチングに移行した（Corbetta & Thelen, 1993）。両手の協調における移行は、乳児が手を用いる際に頻繁に観察されている。しかし、この移行はまだ説明できていない（たとえば、Goldfield & Michel, 1986 参照）。なぜ、左右の手どちらかが優勢になる全体的な発達において、乳児は協同と選好における、このような複雑で一見体系的ではない移行を見せるのだろうか？

　リーチングのシステム的見方は、可能性としての制御パラメターへの手がかりを与えてくれる。ネイサンの基本的な両手使用から片手使用への最初の位相変位は、彼のより安定した手の速度の制御ができるようになる最初の期間と連動していた。再び両手を用いるようになる2回目の移行もまた、最後の数ヵ月の高度に一貫した速度の制御と一致する。実際、トルクの制御のパターンを詳細に検討して、コルベッタとテーレン（Corbetta & Thelen, 1993）は、ネイサンがリーチングを行う手の力を制御し、両手のシナジーにときにエネルギーが「溢れる」のを効果的に押さえることができるようになって初めて、最初に片手だけを用いることができたことを示した。このことは、最初の両手を用いる期間はエネルギーに溢れた運動をうまく制御できず、両腕の制御を分離できていないことを反映していることを示唆する。

　したがって、12週から20週においては、ネイサンは繰り返し行ったリーチングから一方の手を制御する力の調整だけでなく、他方の手の連動した運動を抑制することもまた学習した。当然、片手だけで小さな物体を掴めるのに、両手を繰り出すのは効率的ではない。繰り返しの知覚と行為を通じて、より安定し適応した運動が創発した。

　1年の終わり頃の、両手によるリーチングへの2回目の移行についてはどうだろうか？　ここでは推測しか述べることができない。けれども、ネイサンが両手を協同して用い始めたのは、まさにこの時期であった。たとえば、左手で箱を保持しながら、オモチャを入れるなどである。この両手への移行は、おそらくこの意図を反映しており、両手を用いるスキルの進歩を予兆している。

　ここまで、私たちはリーチング・システムの多様なレベルにおける変化を説明してきた。制御を強化するいくつかの局面を説明するであろう、システム全体にわたるパラメターが何かあるのだろうか？　上記の縦断研究では、リーチング自体に直接的には関連が薄い進行中の行動の測定も行われた。シェニイ（Schoeny, 1992）は、生後1年間のネイサンの姿勢の好みを、特定の姿勢で過ごした時間で報告した。予期されるように、ある特定の月齢で、特定の姿勢がとりわけ「魅力的」であった。ネイサンはその姿勢でもっとも安定しており、彼が動揺したときには、これらの姿勢をとることを好んだ。図9.19 は、システム全体にわたる姿勢のダイナミックスがリーチングと無関係ではなかったことを示している。これは、伝統的には姿勢の課題とは見なされ

ていない。

　たとえば、12 週から 20 週に、ネイサンの手の速度の制御がもっとも変動したときに、彼は頭と胴の制御もまた増大させていた。四つん這いの姿勢、座位、立位ができるようになるには、どれも背筋と首の筋肉の強さが必要であり、肩で独立して腕を動かす能力は、次のレベルの腕の速さの制御と連動していた。ハイハイもまた別のリーチングのプラトーの指標であり、そしてネイサンの独立歩行と彼の腕のもっとも安定した制御との間には、強い結びつきがあった。

　これらの結果については、しかるべく慎重でなければならない。それは、わずか 1 人の乳児についての現在の研究を反映したもので、連関を報告しているだけであり、潜在的な制御パラメターを同定しているかもしれないが、確証してはいない。因果関係の方向はわかっていない。歩行の学習に至るプロセス、あるいはそれによってもたらされるプロセスが、腕の制御の進歩を促すのだろうか、それとも逆だろうか？　これらの問いは、第 4 章で示唆したように、実験操作によってのみ答えることができる。

　ダイナミックな視点からもっと重要なのは、変化のエージェントそれ自体が変化するだろうということである。システムはダイナミックで非線形なので、12 週時と 52 週時では敏感な制御パラメターが異なる。たとえば、12 週では胴体を不安定にするとリーチングができなくなるであろうが、生後 1 年時では、システムが動いても効果がない。1 年時までに、アトラクターは十分に深くなっており —— 運動カテゴリーが十分に普遍的になっており —— 乳児は多くの姿勢から、多くの状況で、遠くや近くにある対象に向かってリーチングできる。生後 1 年時に、リーチングにおける進歩にはおそらく、力の制御の効率の微妙な変化、あるいは両手の共働のタイミングの微妙な変化が含まれているだろう。単一原因の説明は、この豊かな、多次元のダイナミクスを捉えるには不十分である。

行為からの知識と知識からの行為

　乳児が方向性のない運動を機能的なリーチングに変え、続いてスムーズで効率が良くなるよう学習するときに、何が起こっているのだろうか？　先に論じたように、運動は知覚的カテゴリーとして見なされなければならない。つまりそれは、時間拘束された神経活性化の編成であり、それが緊密に結合しているのは、機能的な課題文脈における反復される、多様な、再入力される性質のゆえである。この課題文脈の中で、乳児は行為することから、三次元空間に置かれたものを口まで持ってくるためにそれを掴むという課題に、腕の剛性、胴の安定、両手の抑制などのどのレベルが一番合致するかを試し、学んでいる。乳児は腕のバネのような自然な特質 —— 探索を通して知覚されねばならない特性 —— を、効率的なリーチング装置に変えるために学習してい

る。

　この学習が知識であり、かどや輪郭や衝突やスロープなどの理解といった、世界の中の物の物理的特質に関する知識と同じである。リーチングによって作られた活性化パターンは、予期や直接的な注意やまとまった認知的資源を生み出し、伝統的により認知的と見なされる活動パターンがそうであるように、ダイナミックに行為する。どちらも〈いま‐ここ〉での活動の所産であり、〈いま‐ここ〉の要求に対するそれらの配置に負っている。そして、共に歴史と未来をもつ。

　ここまで、私たちは共通のテーマをもつ多くの発達ストーリーについて述べてきた。私たちは、どのようにダイナミックスの抽象的なレベルと神経の活性化パターンと力のより機械論的なレベルとで描かれた共通のプロセスが、移動、リーチング、カテゴリー化したり学習したり記憶したりする能力といった、乳児期のいくつかの基本的なスキルを説明できるのかを示してきた。一貫して、これらの領域は分離されておらず、因果の編み合わされた織物をかたちづくっていることを強調してきた。新たな運動の里程標、あるいはピアジェ派の認知的課題の成功といった1つの領域における新しいスキルは、しばしば、あたかもそのスキルの前駆体がその領域で特権をもっていたかのように現れる。しかし私たちは、この話は常により複雑で、脂肪組織が運動スキルを変え、運動スキルが認知能力を変えるというように、しばしば驚くべきものだと見ている。次章では、乳児期におけるもっとも際立った興味をひく新たなスキルの1つ、隠れた物体の場所を記憶する能力を分析して、この認知的な里程標を支える知覚と行為のダイナミックなマトリックスを示す。

第10章　実時間、発達的時間、知るということ
—— A-not-B エラーの説明

　第9章では、発達に適用されたダイナミックシステム理論の明解な例を提供した。そこでは、実時間のプロセスの細部で、それを通して、リーチングの全体的構造がどのように創発するかを示した。リーチングは、筋肉と関節の行為、生体力学と運動学的特性を備えた両腕、および、対象にリーチングし、集めようとする乳児の動機と別には存在することのできないダイナミックな編成である。リーチングの全体的構造は、これらの構成要素に還元できず、これらの構成要素が実時間でどのように相互作用するかを理解することによってのみ、説明される。さらに発達的な変化は、実時間で個々のリーチングが、構成要素によってどのように修正され、逆に、構成要素を修正するのかを理解することによってのみ、明らかになる。このように、リーチングは前もって形成されておらず、発達は、神秘的な成熟のプロセスによって推し進められるのではない。むしろ、リーチングの発達は、行動自体の異時間的な土台における変化、すなわち、生命体の活動から創発する変化の結果なのである。

　行為と認知がダイナミックな編成であるということは、新しい発達理論および変化に関する新しい実証的研究へのアプローチの、核心となる仮定である。この章で私たちは、乳児の対象についての理解、特に、理解における1つの里程標である、A-not-B エラーにダイナミックな原理を適用する。A-not-B エラーについて説明する中で、再び知ることが活動の中でどのように生み出されるかを示す。

A-not-B エラー

　ピアジェ（Piaget, 1952）は、時間と空間において物体が単一で境界があり、持続的であるという性質の理解を、乳児がどのように構成するかに関する理論の中で、心的構造の6つの連続的な再組織化、すなわち感覚運動期の6つの段階を提案した。ピアジェはこの心的構造における段階的で質的な移行に関する理論を、自身の乳児の、対象物に対する行動が劇的に変化することを観察して導き出した。対象の概念の発達の第4段階を定義するために彼が用いた移行ほど、不可解な移行はなかった。

　興味をそそられる行動である A-not-B エラーは、対象を隠して探す課題で出現する。この課題では、乳児が見ている間に実験者が位置 A に、たとえばバケツの下に、興味をそそる対象を隠す。少し経ったら、通常は数秒後に、乳児はその対象を探索す

(335)

ることを許される。第4段階の乳児は、探索し、対象を見つけることに成功する。このA試行は数回繰り返される。評価試行で、乳児が見ている間に、実験者は位置Bに、たとえば別のバケツの下に、対象を隠す。第4段階の乳児は、対象を取り出すことを許されたとき、対象が見えなくなるのを見た場所ではなく、最後に対象を見つけた場所である位置Aを探索するという、驚かされる行動をする。ピアジェによると、A-not-Bエラーが生ずるのは、乳児が、自分の知覚や行為から独立して、対象が空間と時間において永続しているものとして表象することができないからである。さらに、7ヵ月より若い赤ん坊は、隠された対象を探索しないので、A-not-Bエラーをしない。12ヵ月より年長の乳児は、対象が最後に見えなくなるのを見た場所をうまく探索できるので、一般的にA-not-Bエラーをしない。したがって、発達の短い期間においてのみ、質的に独特なA-not-Bエラーが生ずる。しかしこの期間、エラーは強固で、認知発達における注目すべき出来事であるように見える。

　A-not-Bエラーが非常に劇的で、対象の永続性に関するより成熟していない理解とより成熟した理解を明確に区別するので、この現象が盛んに研究されてきたのも驚くにあたらない。驚くべきことは、膨大な実証的研究の積み重ねが一貫性のある理論を導かなかったことである（Bremner, 1985; Harris, 1987; Wellman, Cross, & Bartsch, 1987参照）。私たちの見方からすれば、統合の理論的な試みは、単一原因の探求と、コンピテンスとパフォーマンスの区別、という2つの要因によって妨げられてきたものと思われる。

　A-not-Bエラーの実験を推し進めさせた実証的問題は、第4段階の乳児は、位置Bに隠された対象が位置Aに存在すると実際に信じているか、であった。この疑問に答えるために、研究者は2種類の研究を計画してきた。その1つは、(a) 乳児が決定的に必要なコンピテンスをもっていることを示そうとする研究（乳児は、対象がどこにあるかを本当に知っているのか）であり、もう1つは、(b) 想定される潜在的コンピテンスを覆い隠す、記憶や注意、空間的知識のようなパフォーマンスに関わる変数を発見しようとする研究（乳児が知っているとすれば、なぜできないのか）である。最初の種類の研究例として、ベイラージョンとグレイバー（Baillargeon & Graber, 1988）は、実際に対象を探索し取り出すことを乳児に求めない、A-not-B課題の変形課題を開発した。その代わりに、ベイラージョンとグレイバーは、対象はそれが隠された場所で見つかるということを乳児が「本当は知っていた」ことを示すために、第6章と第8章で論じた馴化パラダイムを使用した。彼女たちの研究では、乳児は対象が隠されるところを見て、次に、短時間の注意をそらす出来事を見、そして、対象が取り出されるのを見た。乳児は、可能条件では、対象が隠された位置から取り出されるのを見た。不可能条件では、対象が異なる位置から取り出されるのを見た。乳児は、対象を取り出す出来事を、可能条件より不可能条件において、より長く見た。ベイラー

ジョンとグレイバーは、乳児は空間と時間における対象の永続性を実際に知っているが、A-not-B課題では手で探索させるので、このコンピテンスが何らかのしかたで覆い隠される、と結論づけた。

コンピテンスを覆い隠すパフォーマンス変数の解明という、第2の問いの研究の流れに、前頭葉の成熟と関連させてA-not-Bエラーの発達を調べたダイアモンド (Diamond, 1990a, b) の最近の研究がある。ダイアモンドは、抑制の失敗、特に優位な反応傾向を抑制できないためとしてA-not-Bエラーを説明する。ダイアモンドは、ベイラージョンとグレイバーと同じく、乳児が「最後に報酬を見つけた場所に戻って手を伸ばす場合でさえ、報酬がどこにあるかを知っている」と主張する (Diamond, 1990b, p.662)。ダイアモンドの見解では、乳児にとっての問題は、知ることにあるのではなく、リーチングを抑制することにある。

このようなA-not-Bエラーへのコンピテンス・アプローチにおける1つの問題は、このエラーが状況に特異的な、いくつもの要因に系統的に依存することを示す多くの証拠が、説明されないまま残されることである。言い換えれば、この移行は、単に知識をもっているかいないか、あるいは、リーチングを抑制できるかできないか、ということではない。むしろ、私たちのいつものダイナミックな描写を用いると、発達の軌跡は図10.1で図示したように見える。発達の初期では、1つの深いアトラクターがある。乳児はまったく隠された対象を取ろうとはせず、そうするように誘発されることもない。もう一方の端には、非常に深い別のアトラクターがある。乳児は、対象が見えなくなるのを見た位置Bを常に探索する。発達のランドスケープでは、A-not-Bエラーはこの2つの谷の間の、でこぼこの地帯にある。別の言い方をすれば、この考えの要点は、エラーは ── それが生ずる短い発達段階における ── 変数だということである。

ここに重要な考えがある。もし、実時間の行動と発達的な時間が連続的であるならば、また、実時間の探索課題において行動を編成する状況特異的な力が、発達的な変化を引き起こすのと同じ力であるならば、A-not-Bエラーの変動性、すなわちA-not-Bエラーが生じたり生じなかったりする状況は、隠された対象を探索しない状態から正

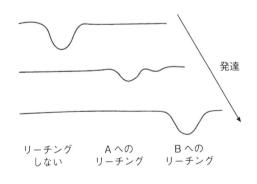

図10.1
発達と共に変化するA-not-B課題におけるアトラクター。

しく探索する状態への移行を理解する鍵である。

この章の構成は、以下のとおりである。まず、8ヵ月～10ヵ月の乳児のA-not-Bエラーの発生における、課題と状況の効果に関する証拠をレビューする。すなわち、隠された対象を探索しない状態から正しく探索する状態への過渡期における、実時間の課題の効果を調べる。次に、状況の効果に関する証拠から、システムはどのようなものか、つまり、これらの効果を生じさせる構成要素は何か、を提案する。第三に、発達的時間、すなわち、システムとその構成要素の変化が、発達的傾向をどのように説明するかを検討する。つまり、実時間の状況効果に対するダイナミックシステム的な説明を、第4段階のエラーに入り、そこから出る位相変位を説明するために用いる。第四に、何が発達を推進するのかを問う。私たちは特に、この課題における発達的変化は前頭皮質の成熟によって駆動される、というダイアモンドの提案を検討し、却下する。そして最後に、コンピテンスとは何か、つまり、乳児は実際に何を知っているのか、また、知ることは探索行動にどう関わっているのかを問う。

文脈効果

A-not-Bエラーに関する公刊された研究は、発達心理学における他の現象にも増して多いであろう。異なる理論的な理由に駆られて、多くの特定の仮説が調べられ、実験者たちは課題のあらゆる側面を操作してきた。隠す位置の視覚的な特性、隠す物の透明性、位置間の距離、隠し場所の数、隠してから探索するまでの遅延時間、探索対象が人か物か、探索を家で行うか実験室で行うか、などが含まれる。実験者が見出したことは、ほぼすべての要因が何らかのかたちで関係し、もし単独では関係しないとしても、組み合わさることにより関係する、ということであった。

ウェルマンら（Wellman et al., 1987）は、報告された結果のメタ分析を行い、これらの文献を秩序づけようと試みた。メタ分析は、ある従属変数に対する独立変数の影響を調べるために、発表されている結果を組み合わせる統計的な手続きである。メタ分析における分析の単位は、個々の実験参加児ではなく、既公刊研究における実験条件である。ウェルマンらは、対象が位置Bに隠される評価試行において、標的行動を示した乳児の割合を従属測度として用いた。ここで、標的行動は、位置Aを探索するエラーか、位置Bを探索する正しい行動である。ウェルマンらは分析により、A-not-Bエラーを犯す乳児と犯さない乳児の数を決定する重要な4つの変数を見出した。それらは、(a) 乳児の月齢、(b) 対象が隠されてから乳児が探索を許されるまでの遅延時間、(c) 隠す位置の数、そして (d) 隠す容器の弁別性、である。これらの課題効果は一貫して重要な変数として現れ、現在の理論では説明されていない。本章では以下、ダイナミックシステムによる説明を適用する。

第10章 実時間、発達的時間、知るということ —— A-not-Bエラーの説明

説明すべきデータ

　ここで、ウェルマンらによるメタ分析の主な結果を簡潔に要約しよう。課題の条件と、それらの課題条件におけるその発達関数について記述する。ウェルマンらは、彼らの分析を何通りかのしかたで報告している。その1つは、偶然によって期待されるよりも多くの乳児が反応したか、少ない乳児が反応したか、あるいは、反応した乳児の数は偶然に期待される数と異ならなかったか、という点からのものであった。私たちはこの情報を、主として、説明したい一般化された発達関数を構成するために使用した。たとえば、図10.2の一番上に描かれた発達関数は、標準条件における8ヵ月児のメタ分析によって示唆された4つの点から描かれた。つまり、0秒と1秒の遅延では、Aを探索する乳児の数とBを探索する乳児の数は偶然より大きくない。3秒と5秒の遅延では、Bを探索する乳児の数が偶然より大きい。そこで、この月齢における遅延の効果を捉えるために、2つの短い遅延のAとBを探索する尤度が等しい点と、長い遅延のBを探索する尤度が高い点を結び、滑らかな関数を引くことにより、一般化された発達関数を描いた。

2つの位置がある標準的な課題における遅延　標準的な、2つの位置がある A-not-B 課題は、ピアジェの課題にしたがっている。そこでは、1つの興味をひく対象と、水平面上で少し隔てられ、2枚の同一のカバーと背景によって区分された、2つの位置がある。この課題に関する既公刊の結果のメタ分析により、乳児が正しく探索するかどうかを決定する2つの要因が明らかになった。それは、乳児の月齢と、隠してから探索を許されるまでの遅延時間である。ウェルマンらの分析から示唆された、8ヵ月児、9ヵ月児、10ヵ月児の、隠してから探索までの遅延時間が0秒、1秒、5秒の時の、一般化発達関数を図10.2に示した。この図は、8ヵ月児は、0秒と1秒の遅

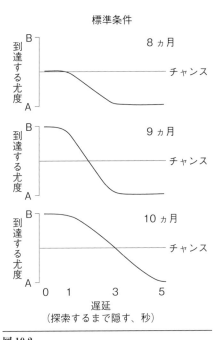

図10.2
実験において実験参加児のすべてがAにリーチングするか、Bにリーチングするか、あるいは何人かはAに、何人かはBにリーチングするというように、群としては偶然のレベルのパフォーマンスとなるかの尤度。(ウェルマンらによって行われたメタ分析の結果による。)

延では信頼性をもってエラーをするとは言えないが、3秒と5秒のより長い遅延では、系統的にエラーをしたことを示している。対照的に、9ヵ月児は、遅延が0秒のときには正しく探索し、3秒と5秒のときには系統的にエラーした。10ヵ月児は、遅延が0秒と1秒のときには正しく探索し、3秒と5秒のときには系統的にエラーした。このように、正しく探索する尤度と隠してから探索するまでの遅延の長さの間の発達関数には、規則的な変化がある。

隠す位置の視覚的弁別性 しかしながら、これらの関数は、すべての課題状況において同じというわけではない。重要な変化の1つは、隠す容器が視覚的に弁別的であるかどうかである。標準的な課題では、容器が同一の場合に乳児はエラーし、容器が異なる色や模様である場合にはエラーしない。図10.3は、2つの隠す位置が、空間における位置以外の特性でも明確に区別された条件で示唆される発達関数である。ここでも、正しく探索する尤度と隠してから探索するまでの遅延の長さの間の発達関数に明瞭な変化が見出される。しかし、これらの関数は、区別のないカバーを用いた標準的な課題のそれとは異なっている。どの月齢においても、子どもは系統的な A-not-B エラーをしていない。エラーする子どもの割合は、信頼性をもって偶然レベルと異なることがないか、正しく探索するかである。8ヵ月児は、どの遅延条件でも位置Bを系統的に探索することはなく、9ヵ月児は、0秒と1秒の遅延で正しく探索する。そして10ヵ月児は、0、1、3秒の遅延で正しく探索する。

多数の位置 隠す位置の数も、エラーの尤度を変え、年齢と遅延の関数を変化させる。実際に、8ヵ月児が正しく探索するのは、隠す位置が多数あるこの条件のときだけである。多数の位置がある課題では、すべてが視覚的に同一の背景とカバーで6つの位置が

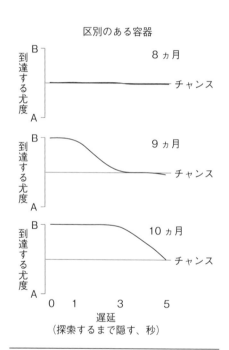

図 10.3
実験において実験参加児のすべてがAにリーチングするか、Bにリーチングするか、あるいは何人かはAに、何人かはBにリーチングするというように、群としては偶然のレベルのパフォーマンスとなるかの尤度。(ウェルマンらによって行われたメタ分析の結果による。)

乳児に提示される。これらの多数位置の研究では、通常、位置 A が一方の端にあり、位置 B が他の端にある。隠す位置が多数ある実験の結果のメタ分析により示唆された発達関数を、図 10.4 に示す。発達関数は、遅延がなく位置が多数ある条件での評価試行では、8ヵ月児でも正しく位置 B を探索するが、遅延が長くなると系統的にエラーすることを示唆している。9ヵ月児は、0 秒と 1 秒の遅延では系統的に正しく探索するが、5 秒の遅延ではエラーする。10ヵ月児は、0、1、3 秒の遅延で正しく探索する。全体として、このように位置が多いと、正しい探索の尤度が増加する。なぜこのような結果になるのであろうか？

図 10.2 〜図 10.4 を見ると、データにはっきりとした秩序があることがわかる。発達は、課題の文脈にかかわらず、エラーのない探索という明確な方向性のある成長を示している。すべての文脈において、小さな、しかし前進

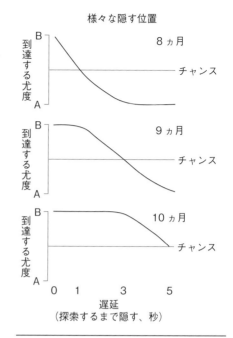

図 10.4
実験において実験参加児のすべてが A にリーチングするか、B にリーチングするか、あるいは何人かは A、に何人かは B にリーチングするというように、群としては偶然のレベルのパフォーマンスとなるかの尤度。（ウェルマンらによって行われたメタ分析の結果による。）

的な変化がある。月齢とともに、ますます長い遅延に耐えることができるようになる。しかし、A-not-B エラーが起きるこの短い発達の期間、乳児のパフォーマンスが課題の文脈に依存していることにも気づく。したがって、説明すべき現象には、(a) 8、9 および 10ヵ月児の変化する文脈の効果、(b) 月齢とともに長い遅延に耐えることができようになる乳児の能力、そして、(c) エラー自体、という 3 つの側面がある。私たちは、3 つの側面のすべてが単一の発達しつつあるシステムの現れであり、文脈効果、発達的変化、およびエラー自体のすべてが、行動の中から創発し、行動から成長̇ す̇ る̇ 、すなわち、システム自身の活動から成長する、と提案する。

システムによる説明

私たちの説明は、第 6 章と第 8 章で提示した、認知が、時間拘束的な〈なに〉シス

テムと〈どこ〉システムの相互作用の中に創発する、という考えに基礎を置いている。A-not-B エラーの説明において、私たちは、1つの〈なに〉システムと2つの〈どこ〉システムからなる、3つのシステムの相互作用の中で、発達が創発すると提案する。そしていずれの時点においても、これらの3つのシステムから、6つの同時的マッピングがなされている、つまり、各システムは、世界における物理的事象を自分自身の活動にマッピングし、さらに、他のシステムの活動を自分自身の活動にマッピングする、と提案する。図 10.5 に、3つの異種混淆的なシステムと、それらの再入力結合の様子を図示した。それは、〈注視する〉と〈リーチングする〉という2つの〈どこ〉システムと、対象の静的な視覚的特性を知覚する〈なに〉システムを含んでいる。私たちは、A-not-B エラーという課題特有の行動と探索行動の発達的な変化が、これら3つのシステムと世界における出来事との相互作用、そしてシステム間の相互作用の中に創発する、と提案する。また、3つのシステム間の再入力マッピングが内的ランドスケープを創り出すために、課題特有の行動と発達が起きる、と提案する。このランドスケープを通して、経験の歴史、システムの直前の活動、およびその瞬間の入力が、共同で行動を引き起こす。以下で述べる A-not-B エラーに関するダイナミックな見方の具体的な説明は、アクレデロ（Acredelo, 1990）やバーテンサール、キャンポス、バレット（Bertenthal, Campos, & Barrett, 1984）の研究と多くの部分を共有しているとともに、それらの研究から引き出されてもいる。

　予備的な説明は整った。私たちのここでの目標は、ダイナミックなシステムが、実時間の活動と発達的な傾向の両者を、どのように説明することができるかを示すことであり、ダイナミックシステム・アプローチが実際の検証可能な発達の理論としてどのように働くかを例証するよう、それを具体的で単純な方法で試みる。そうするために、構成要素のシステムとそれらの相互作用の働きに関する仮定を単純化する。この単純化は、確実に間違っている。というのは、これらのシステムの1つひとつが、それ自体も内部も複雑系であり、また、後で議論するように、まさに構成要素の複雑性とその発達的な道筋が、観察された発達的な傾向に実質的に寄与するかもしれないからである。しかしながら私たちは、この説明が、探索行動、課題の文脈、および発達に関するいくつかの本質的な真理を捉えており、ダイナミックなシステ

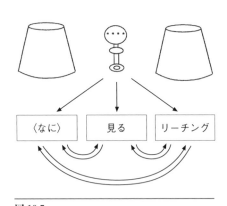

図 10.5
注視システムとリーチング・システムの間の結合。

第10章 実時間、発達的時間、知るということ —— A-not-Bエラーの説明　343

ムの有効性を示している、と信じている。

　ダイナミックシステムの活動に常に関わっている、３つの決定要因があることを思い出してほしい。それは、内在的ダイナミックス、直前の出来事、そして、その瞬間の感覚入力である。内在的ダイナミックスは、進化や発達における長期にわたるシステムの歴史を反映し、それを構成するシステムと、それらのカップリングの特有の特性に依存する。システムの一番最近の歴史である各瞬間に起こっている出来事は、表象への推力と、カップリングの強度の過渡的な変化を通して影響を及ぼす。過渡的な変化は、実時間での内的、外的な出来事の特定の継起によって引き起こされる。最後に、その瞬間の感覚入力がある。

　私たちは、感覚入力と、課題それ自体における内的、外的出来事の継起がエラーの発生をどのように決定するかに集中することにより、A-not-B エラーの説明を構築する。まず、１つの年齢レベル —— ８ヵ月児 —— における文脈効果に集中する。その後、発達と、内在的ダイナミックスならびに過渡的ダイナミックスが、図10.2 ～図10.4に示した発達傾向を生み出すために、どのように変化するのかを検討する。

８ヵ月児のパフォーマンスにおける文脈依存性の説明

　標準の２つ位置がある課題における出来事の時間経過は、およそ以下のようである（構成要素システムの活動、および軌跡を記述するために、この連続的な出来事における時点を以下のような記号で表記する）。

- $t_{(1)}$　　　乳児は興味をそそられるオモチャに気づき、注視する。
- $t_{(2-4)}$　　乳児は実験者が位置Ａにオモチャを移動させるのを注視する。
- $t_{(5)}$　　　乳児はオモチャが位置Ａで見えなくなるのを見る。
- $t_{(6)}$　　　乳児は実験者の手が位置Ａを離れ中心に戻るのを注視する。
- $t_{(7-n)}$　　乳児はある時間 $_{(n)}$ 制止され、$t_{(n)}$ で制止が解かれる。
- $t_{(n+1-n+2)}$乳児は位置Ａに手でリーチングする。
- $t_{(n+3)}$　　乳児は興味をそそられるオモチャを取り出す。

　その後、この出来事が何回か繰り返され（ほとんどの研究では、m = 2）、次に、位置Ｂに隠す評価テストの出来事が、以下のように起きる。

- $tm_{(1)}$　　　乳児は興味をそそられるオモチャを注視する。
- $tm_{(2-4)}$　　乳児は実験者が位置Ｂにオモチャを移動させるのを注視する。
- $tm_{(5)}$　　　乳児はオモチャが位置Ｂで見えなくなるのを見る。
- $tm_{(6)}$　　　乳児は実験者の手が位置Ｂを離れるのを注視する。

tm (7-n)　乳児はある時間制止され、tmn で制止が解かれる。

　私たちが説明したいのは、時点 tm (n+1) における 8 ヵ月児の行動である。乳児は位置 A にリーチングするだろうか、あるいは、位置 B にリーチングするだろうか？その行動は、遅延 (n)、隠す位置の弁別性、および隠す位置の数によって、どのように左右されるだろうか？

　この決定的時点での直前の課題中の出来事は、対象に気づき、注視し、リーチングするという文脈において生ずる内的な心的活動の軌跡として理解することができる。このことを明晰にするために、第 8 章において可能および不可能な出来事に対する乳児の知覚の説明で行ったように、構成要素システムそれぞれの活動レベルが入力とどのような関係にあるのかに関して、単純な仮定を設ける。再び、心的活動の理論的な軌跡を描くのを助けるために、活動の状態を整数によって表示する。刺激となる出来事の類似性や、単一の構成要素システム内の対応する活動レベルが、これらの数によって順序づけられる。表 10.1 は、隠し場所のカバーが同一で 2 つの選択がある標準的な課題で、隠してから探索するまでの遅延がない場合の、A 場面と B 場面に

表 10.1
標準条件で 0 秒の遅延において、8 ヵ月児が表象の軌跡を構成するのに用いる〈なに〉システム、〈どこ−注視〉システム、および〈どこ−リーチング〉システムの活動の仮想値

	時間	段階	〈なに〉	見る	リーチング
	1	オモチャ	8	4	4
	2	オモチャを A に移動させる	8	3	4
	3	オモチャを A に移動させる	8	2	4
	4	オモチャを A に移動させる	8	1	4
A 場面での活動レベル	5	オモチャが A で見えなくなる	2	1	4
	6	手が中心にある	4	4	4
	7	0 秒の遅延、A を見る	2	3	4
	8	0 秒の遅延、A を見る	2	2	4
	9	0 秒の遅延、A を見る	2	1	4
	10	手を伸ばしオモチャを取り出す	8	1	1
	1	オモチャ	8	4	4
	2	オモチャを B に移動させる	8	5	4
B 場面での活動レベル	3	オモチャを B に移動させる	8	6	4
	4	オモチャを B に移動させる	8	7	4
	5	オモチャが B で見えなくなる	2	7	4
	6	手が中心にある	4	4	4

値は、乳児がどこに手を伸ばすかを記述する、評価テストの出来事までを表示した。

第10章　実時間、発達的時間、知るということ —— A-not-Bエラーの説明　　　345

おける３つの構成要素システムの各時点での活動レベルを一覧にしている。これは、
８ヵ月児が評価テストのときに、位置Ａと位置Ｂのどちらも系統的には探索しない、
つまり、一貫してエラーしたり正しく探索を行ったりもしない文脈である。以下に、
表10.1の数値が何を表しているか —— 各構成要素に対する出来事の間の活動レベル
がどのようであるか —— について述べる。

〈なに〉システム —— 対象の静的な特性を知覚する

　A-not-B課題で乳児が注意を向けると思われる主な対象は、興味をそそられるオモ
チャ、カバー、および実験者の手である。私たちは、これら３つの重要な対象が特性
をほとんど共有していないので、これらの対象の静的な特性に基づいた内部の活動パ
ターンは、ほとんど類似していないと仮定する。標準の課題ではカバーが同一なので、
２つの隠し場所のカバーに対する活動パターンは、当然同じか、ほぼ同じである。解
釈のため、そして内部の活動の軌跡を描くために、説明の中で重要な対象それぞれの
内部活動を表すのに、以下の値を用いる。オモチャ（実験者の手の中にある）—8；実
験者の手のみ—4；Ａでのカバー—2；Ｂでのカバー—2。さらに、〈なに〉構成要素
は乳児が注視している対象に作用し、注視行動は刺激野における運動の影響を強く
受けると仮定する。したがって、表10.1の一番上にある〈なに〉の列の数値は、乳
児がオモチャを注視する［t $_{(1)}$］、オモチャが位置Ａに動かされるのを注視する［t $_{(2.4)}$］、Ａでカバーを見る［t $_{(5)}$］、実験者の手がＡから離れるのを注視する、乳児がリー
チングしながらカバーを見る［t $_{(7.8)}$］、そして、オモチャを見る［t $_{(9)}$］、に対応する。
同じ活動の経過が、評価テスト試行であるＢ場面の〈なに〉システムに、私たちが
予想しようとしている出来事が起きる時点であるt $_{(7)}$ まで示されている。

注視システム

　このシステムの活動レベルは、乳児が**どこ**を見ているかに依存すると仮定する。当
面の目的のために、この要素の活動レベルを、位置Ａと位置Ｂに関する横方向の注
視位置で表す。Ａへの注視は１の値で表し、Ｂへの注視は７で表す。このようにして
表10.1の〈注視〉列に記述されたＡ場面における注視行動の継起は、以下のとおり
である。実験者がオモチャを持っている中線の方を注視する［t $_{(1)}$］、Ａへオモチャ
が移動するのを追視する［t $_{(2.4)}$］、オモチャが隠されるときＡを注視する［t $_{(5)}$］、実
験者が位置Ａから離れるにつれて、中間点へ向かう手を追視する［t $_{(6)}$］、乳児がリー
チングするとき位置Ａを注視する［t $_{(7.8)}$］、オモチャが見つかるとき位置Ａを注視
する［t $_{(9)}$］。表10.1の下段は、乳児がどのように振る舞うかを予測したい時点 t $_{(7)}$
までの、**位置Ｂ**を注視する同様のパターンを記述している。

リーチング・システム

　このシステムは、その活動レベルが世界の中の位置に依存するという点で、注視システムと似ている。この仮定されたシステムの活動レベルは、リーチングする方向によって決定され、1がAの方向へのリーチング、7がBの方向へのリーチングを表し、2〜6の値はこれらの両端の中間へのリーチングを表す。また4を、乳児が制止されている遅延期間の間にリーチングしないことを示すデフォルト値としても用いる。このシステムの仮定された活動レベルを、表10.1の〈リーチング〉列に示す。実験のA場面では、乳児は制止されていて、表に記述した出来事の最後の段階までリーチングしていない。したがって、リーチング・システムの活動レベルはずっとデフォルト値の4で、乳児が位置Aに正しくリーチングする実験のA場面の最終段階のときに1となる。

　ここで記述した活動パターンは、リーチングすることで感じられた運動から生ずる、仮定された内的出来事の記述であることに注意してほしい。これは、そもそもなぜ、乳児が実験のこの場面で位置Aにリーチングしたのかを説明しない。しかし私たちは、以下に述べる中で説明を提示する。しかしまず、乳児がリーチングすることを許されたときに、評価場面Bで何が起こるのかに集中しよう。

軌跡 ── 8ヵ月児、標準条件、遅延なし

　表10.1の値は、3つのシステムにおける時間拘束された活動への1つの力（刺激入力）の軌跡を描くために用いることができる。軌跡の細部を三次元の表象で見ることは困難なので、代わりに3つの二次元のプロットを図10.6に示す。これらは、三次元の状態空間の3つの平面図を表している。

　〈注視〉と〈なに〉　左の図は、注視システムの活動レベルの関数としての〈なに〉システムの活動レベルを示している。太線の軌跡は、A場面の間の2つのシステムの共同の活動を描いている。細線は、B場面で出来事が展開するときの2つのシステムの活動の軌跡を描いている。第6章と第8章で用いたのと同じ推論にしたがって、実験のA場面において繰り返された経験が、過渡的アトラクターを立ち上げると提案する。すなわち、太線の軌跡を実験のA場面によって形成された谷の中心の低い地点と見なす。その軌跡に接近する活動レベルは、それによって捉えられる傾向がある。

　〈注視〉の関数としての〈なに〉の位相図では、AとBの軌跡は状態空間の類似した地点から出発するが、反対の方向に動く。しかし重要なことに、乳児がリーチングすることを許される地点であり、また、私たちが予測したい地点であるB場面の軌跡の終わりは、Aへのリーチングに対応するA場面の軌跡に接近している。そのた

第10章 実時間、発達的時間、知るということ——A-not-Bエラーの説明　347

め、実験のB場面での心的活動レベルは、おそらくこのアトラクターに引き込まれるだろう。

　B場面で乳児がリーチングすることを許されるときに起こることは、単に状態空間における位置やその瞬間の感覚入力だけではなく、3つのシステムにおける再入力された活動としての表象モーメントにもよるだろう。遅延が0秒のとき、すなわち、実験者の手が位置Bから中心に戻ると直ちに制止が解かれてリーチングするときには、内的活動それ自身の推進力である表象モーメントは、A場面の軌跡から遠ざかっていくかもしれない。しかし、重要なことだが、B場面の軌跡にA場面のアトラクターによって捉えられるのを回避するだけの十分なモーメントがある可能性は、遅延が長くなるにつれて減少するだろう。

〈リーチング〉と〈注視〉　図の中央の状態空間は、A場面（太線の軌跡）とB場面（細線の軌跡）において出来事が展開するときの、〈注視〉システムと〈リーチン

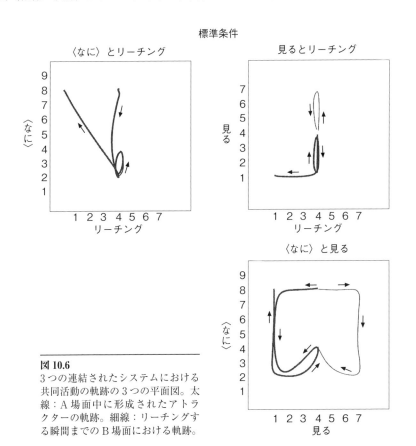

図 10.6
3つの連結されたシステムにおける共同活動の軌跡の3つの平面図。太線：A場面中に形成されたアトラクターの軌跡。細線：リーチングする瞬間までのB場面における軌跡。

グ〉システムの時間拘束された活動を示している。再び、B 場面の軌跡は、先行する A 場面の経験から創発した、仮定されたアトラクターの軌跡に接近して終わっている。しかし、アトラクターの軌跡が、B 場面の決定的瞬間のパフォーマンスを捉えるかどうかは、再び、表象モーメント、すなわち、3 つのシステム相互における直前の活動の再入力の影響に依存している。そしてここでも、A 場面のアトラクターから離れるいかなる表象モーメントの力も、隠してから探索までの遅延の増加とともに減少するだろう。

　　〈なに〉と〈リーチング〉　図の右の状態空間は、〈なに〉システムと〈リーチング〉システムの時間拘束された活動を示している。ここでも、太線の軌跡は、A 場面の経験からの活動のアトラクターの軌跡を表し、細線の軌跡は、B 場面における 2 つのシステムの時間拘束された活動を表している。この平面図で、B 場面の活動の軌跡が A 場面の軌跡に直接落ちていることがわかる。これは、静的な視覚的特性とリーチングへの身体的な制止が、A 場面と B 場面において決定的な瞬間まで同一だからである。では、B 場面の乳児は A にリーチングするのだろうか？　〈なに〉と〈リーチング〉の 2 つのシステムが働いているシステムのすべてであれば、答えは明らかにイエスだろう。しかし、そうではない。関連する活動パターンは、リーチングすること、注視すること、そして見ることの共同によって定義される三次元空間にある。次に、全体の活動パターンが、標準的な課題における 8 ヵ月児の行動に対して何を示唆するかを考えよう。

標準的な課題における 8 ヵ月児の行動の説明

　ウェルマンらのメタ分析によって、8 ヵ月児は、0 秒と 1 秒の遅延では、A か B を一貫して探索することなく偶然のレベルのパフォーマンスであるが、3 秒と 5 秒の遅延後は、一貫して間違えて A を探索することが示された。私たちの分析によると、図 10.6 に軌跡によって表されている 0 秒の遅延での偶然レベルのパフォーマンスは、0 秒の遅延では B 場面における軌跡の表象モーメントが十分であるために生じる。活動パターンは A の方向に曲げられるかもしれないが、A 場面の軌跡によって常に捉えられるということはない。言い換えれば、違う場所に隠される出来事をじっと見るという単一の経験は、前のパターンをときどき混乱させるのに十分な、競合する表象モーメントを引き起こす。この状態においては、どちらか一方への強い引きはなく、出来事の偶然の様相や内的活動が、個々の乳児に A にリーチングさせたり、B にリーチングさせたりするだろう。

　乳児がより長く制止され、リーチングが妨げられると、何が起こるだろうか？　遅延があっても、3 つのシステムの活動は止まらない。遅延中の任意の瞬間における各

システムの内部活動は、内在的ダイナミックス、表象モーメント、および遅延中に起きる非系統的な内的、外的出来事によって決定されるだろう。これらの非系統的な作用は、遅延時間中に特定の感覚入力が方向性の作用を及ぼすことがなければ、活動パターンを漂流させるだろう。また、軌跡Bの終端が比較的軌跡Aに近く、軌跡Aは活動が繰り返されたためより多くのモーメントをもつであろうから、遅延が長くなるにつれ、システムの活動がAにリーチングすることになる可能性は高くなるだろう。

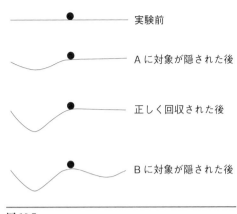

図 10.7
標準課題の経過を通して変化するアトラクター。

　この過渡的ダイナミックス、課題の中で創発するA対Bの方向において変化しているアトラクターの強さを、図10.7に要約して示す。この図は、丘と谷によって、システム（地勢の中心にあるボールによって示される）が特定の方向へ移動する可能性を要約している。(a) 実験の初めでは、ランドスケープは比較的平らである。B方向よりA方向を見るという傾向はない。(b) しかし、〈なに〉、〈注視〉、〈どこ〉システムの再入力マッピングによって、乳児が対象がAに隠されるのを見ると、A側のアトラクターが形成されるだろう。したがって、制止を解かれると、乳児は正しくAにリーチングする。(c) 時間拘束された感覚的出来事、ならびにAにリーチングし探索を成功させる感覚的出来事の再入力の効果によって、Aのアトラクターが強くなるだろう。(d) 対象がBに隠されるのを見ることにより、対象がAに隠されるのを見るのと同じしかたで、浅いアトラクターが形成される。実験の決定的な時点では、乳児は2つのアトラクターの間におり、AかBのどちらかにリーチングするだろう。遅延が長くなるにつれて、乳児の活動は、Aにリーチングするより深いアトラクターに捉えられるだろう。

8ヵ月児と弁別的な容器

　対象を隠す2つの位置が、色、あるいはパターンの違いによって区別される場合、8ヵ月児はどの遅延条件においても、偶然レベルのパフォーマンスを示す。私たちの説明は、そのような文脈効果を予測する。A場面とB場面の軌跡は標準条件の場合ほど互いに近くないので、弁別的な位置の場合、どの遅延条件においてもエラーが少ないと予測される。

350 第Ⅲ部　知識のダイナミックスと起源

　表10.2 は、私たちが軌跡を作成するのに用いた弁別的な容器条件における仮定の
活動レベルを示している。3つの構成要素システムのA場面における活動レベルは、
標準課題と同一である。実際、仮定された活動レベルの唯一の変化は、B場面の第6
段階の〈なに〉システムにある。位置Bの容器と位置Aの容器の静的な視覚的特性
が著しく異なるので、〈なに〉システムの活動パターンは、乳児が位置Bを見るとき
と位置Aを見るときとで著しく異なると仮定される。図10.8 は、3つのシステムに
対する、時間拘束された感覚入力の平面図を示している。標準条件の軌跡とは対照的
に、どの平面においても、弁別的な容器条件のB場面における活動は、A場面で生
起したアトラクターの軌跡の上に落ちない点に注意してほしい。活動の三次元の状態
空間の中で、B場面の軌跡はA場面の軌跡からさらに遠くにある。

　弁別的な容器条件で制止が0秒のときに、8ヵ月児がリーチングすることを許され
ると、何が起こるだろうか？　課題中の過渡的ダイナミックスを図10.9 に示す。再
び、丘と谷は、実験課題の様々な時点で、乳児がAかBにリーチングする可能性を
要約している。文脈は、アトラクターBがより深いアトラクターAから比較的遠く
にある実験の決定的な時点（段階4）以外は、標準課題と似ている。乳児が探索を許
されたとき、変化の可能性は両方向に同じ程度である。2つのアトラクターが遠く離

表10.2
弁別的な容器条件で、遅延0秒における8ヵ月児の表象の軌跡を作図するために用いた〈なに〉
システム、〈どこ－注視〉システム、および〈どこ－リーチング〉システムの活動の仮定値

	時間	段階	〈なに〉	見る	リーチング
	1	オモチャ	8	4	4
	2	オモチャをAに移動させる	8	3	4
	3	オモチャをAに移動させる	8	2	4
	4	オモチャをAに移動させる	8	1	4
A場面での	5	オモチャがAで見えなくなる	2	1	4
活動レベル	6	手が中心にある	4	4	4
	7	0秒の遅延、Aを見る	2	3	4
	8	0秒の遅延、Aを見る	2	2	4
	9	0秒の遅延、Aを見る	2	1	4
	10	手を伸ばしオモチャを取り出す	8	1	1
	1	オモチャ	8	4	4
	2	オモチャをBに移動させる	8	5	4
B場面での	3	オモチャをBに移動させる	8	6	4
活動レベル	4	オモチャをBに移動させる	8	7	4
	5	オモチャがBで見えなくなる	16	7	4
	6	手が中心にある	4	4	4

第10章 実時間、発達的時間、知るということ —— A-not-Bエラーの説明　351

れ、その間の地形が平らなので、AとBの探索の可能性は長い遅延の間にも変化しないだろう。遅延中の非系統的な出来事は、乳児をAにもBにも同様に向かわせるだろう。

　試行ごとに、子どもにAかBを探索させる原因となるが、子どもや試行によっ

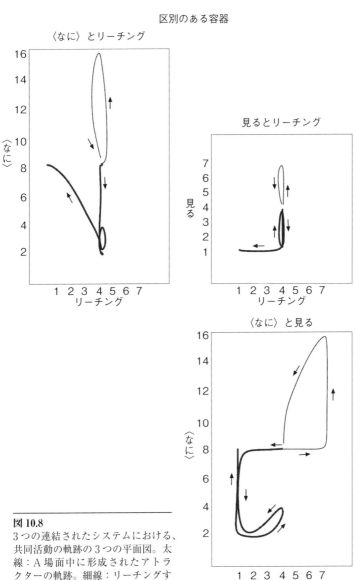

図10.8
3つの連結されたシステムにおける、共同活動の軌跡の3つの平面図。太線：A場面中に形成されたアトラクターの軌跡。細線：リーチングする瞬間までのB場面における軌跡。

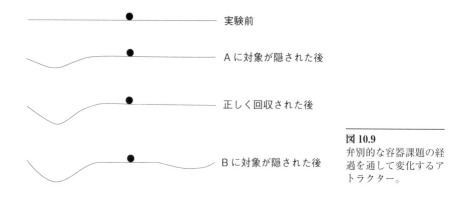

図 10.9
弁別的な容器課題の経過を通して変化するアトラクター。

て異なる、この非系統的な出来事は何であろうか？ アクレデロ（Acredelo, 1990; Acredelo, Adams, & Goodwyn, 1984）が示唆している１つの重要な出来事が、自発的な注視行動である。乳児が自発的に（おそらくランダムに）容器Ａの方に目を向ければ、乳児はその方角へリーチングするだろう。しかし、乳児が自発的に容器Ｂの方に目を向ければ、乳児はその方向へリーチングするだろう。この例では、どちらの方向を見るかということが、システムを特定の方向へ推し進める偶然の出来事である。しかしながら、３つのシステムは連結されているので、文脈や経験によって正しい方向を見る可能性を増加させれば、正しくリーチングする可能性が増加するだろう。私たちは、このことが、多数の位置がある場合に起こると提案する。

８ヵ月児と多数の隠す位置

この課題では、乳児に５つの同一の容器が一列に提示される。容器Ａは列の一方の端に、容器Ｂは他方の端にある。この課題では遅延がない場合、８ヵ月児はＢ場面で正しく探索する。しかし、３秒と５秒の遅延では一貫してエラーをし、対象が位置Ｂで見えなくなるのを注視した後に、位置Ａに戻って探索する。なぜ８ヵ月児は、この条件で０秒の遅延では正答するのに、長い遅延では一貫して最初の隠し場所を探索するのだろうか？ ダイナミックな見方では、隠す位置の数に関するこの効果は、１つの対象がいくつかの容器を過ぎて運ばれ、最後の容器に隠されるのを見るという経験が、心理的な課題を実質的に変更することを示している。私たちは、多数の位置が課題空間を著しく変え、それがＡ場面とＢ場面の心的な軌跡の近さを変えたと提案する。

表 10.3 に、３つのシステムの仮定された活動レベルをまとめた。もっとも大きな２つの変更点は、オモチャが間にある容器（filler containers）を通り過ぎて運ばれるのを見るという経験から生じた〈なに〉システムと注視システムにある。実験者がオモ

チャを、中線から隠す位置（A）へ運ぶとき、実験者はいくつかの間にある容器を通り過ぎてオモチャを運ぶだろう。オモチャが容器を過ぎて移動するとき、乳児が瞬間的に興味をそそられるオモチャから目を離し、容器を見る可能性がある。したがって、〈なに〉システムの活動はオモチャを運ぶ間、オモチャと容器の特性間で変動するだろう。注視システムも乱され、より長く1ヵ所に留まったり、見返したり、前に戻ったり先に行ったりして、オモチャが移動する経路上の容器を見るだろう。感覚入力の関数として提案された内的活動において、別の2つの変化が提案される。AとBという2つの隠す位置に対する〈なに〉活動は、わずかに異なる。2つの容器は表面上は同一であるが、おそらく、それらの間のより大きな距離と隣接する対象が、影や他の特性に違いを生じさせる。また、位置Aと位置Bの実際の距離がより大きく、それらの間の空間が対象で満たされているために、両者間の心理的距離がより大きいと見なせる。

表 10.3
隠す容器が多数ある条件で、遅延0秒における8ヵ月児の表象の軌跡を作図するために用いた〈なに〉システム、〈どこ−注視〉システム、および〈どこ−リーチング〉システムの活動の仮定値

	時間	段階	〈なに〉	見る	リーチング
	1	オモチャ	8	7	7
	2	オモチャをAに移動させる	8	5	7
	2a		2	4	7
	3	オモチャをAに移動させる	8	3	7
	3a		2	2	2
A場面での	4	オモチャをAに移動させる	1	1	7
活動レベル	5	オモチャがAで見えなくなる	1	1	7
	6	手が中心にある	4	7	7
	7	0秒の遅延、Aを見る	2	5	7
	7a		2	4	7
	8	0秒の遅延、Aを見る	1	3	7
	9	0秒の遅延、Aを見る	1	1	7
	10	手を伸ばしオモチャを取り出す	1	1	1
	1	オモチャ	8	7	7
	2	オモチャをBに移動させる	8	9	7
	2a		2	10	7
B場面での	3	オモチャをBに移動させる	8	11	7
活動レベル	3a		2	12	7
	4	オモチャをBに移動させる	8	13	7
	5	オモチャがBで見えなくなる	3	13	7
	6	手が中心にある	4	7	7

図10.10は、3つの軌跡の平面図を示している。〈なに〉-〈注視〉の平面では、興味をそそられるオモチャが隠す位置Aに移動されるA場面での〈なに〉-〈注視〉の軌跡において、また、乳児が探索することを許された時の軌跡に揺らぎがあることから、間にある容器の影響が見られる。B場面の〈なに〉-〈注視〉の平面における活動の軌跡も複雑で、揺らぎがある。〈注視〉-〈リーチング〉の平面における軌跡は、2つの端にある容器の間に、より大きな心理的距離を与えられて空間が拡張したこと以外は、標準条件と弁別的な容器条件の軌跡に類似している。最後に、〈なに〉-〈リーチング〉の平面におけるAとBの軌跡も複雑であり、オモチャ、および同様な容器を交互に見ることによって生じる振動するパターンを示している。

私たちは、8ヵ月児が最初に正しく探索するのは、複雑さが加わったB場面におけ

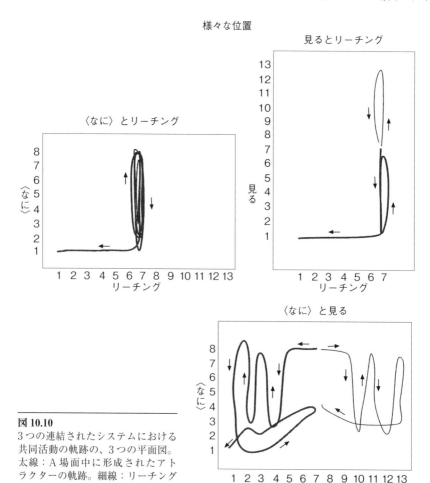

図10.10
3つの連結されたシステムにおける共同活動の軌跡の、3つの平面図。太線：A場面中に形成されたアトラクターの軌跡。細線：リーチングする瞬間までのB場面における軌跡。

る軌跡のモーメントが、乳児にBの方向に戻って見るように引きつけるからだと考える。この加えられた引きは、間にある容器、つまり軌跡間の揺らぎに由来する。間にある容器は、オモチャがなくなった方向の文脈的なリマインダーとなって、乳児を助ける。特定の文脈的リマインダーが、出来事の表象モーメントを増加させることを思い出そう。実験者がオモチャを隠したとき、その経路を特徴づける空の容器群は、乳児に経路を印象づける。間の容器は、対象が隠されたときに何が見えたかを乳児に思い出させるので、正しい方向を見るよう引っ張るのである。

しかし十分な遅延があると、軌跡Aが強く軌跡Bに接近しているので、軌跡Aはますます、〈なに〉、〈注視〉、および〈リーチング〉システムにおける内的活動を捉えるようになるだろう。

8ヵ月の乳児における、探索行動の説明の評価

A-not-B課題の3つのバリエーションにおける8ヵ月児の探索に関する以上の説明には、〈なに〉、〈注視〉、〈リーチング〉システムの具体的なプロセスが単純すぎるなど、望ましいものには程遠い。私たちは単に、刺激となる出来事の関数として、3つのシステム間にありうる、時間拘束された相互作用を追ったにすぎない。各瞬間において、各システムの活動が他のシステムの活動に複雑に依存していることが考慮に入れられていない。

それにもかかわらず、この説明は、ダイナミックシステムの枠組みの下で発達心理学をどのように行うかの、モデルとして役立つ。私たちは今、特定の発達的時間における行動に、文脈がどのように影響を与えるかについての説明を手にした。この説明では、行動があるコンピテンスを明らかにするかどうかを問題にしない。いくつかの条件が他の条件より、乳児の知識に関するより良いテストを提供するかどうかも問題にしない。むしろ私たちは、データ全体 ── 探索行動の全体的構造と文脈におけるその変動性 ── を解き明かす説明を試みる。私たちが提示する説明は単純であり、明らかにこのままで正確とは言えないが、検証可能である。しかも、それが示唆するテストの種類は、この課題で8ヵ月児の行動を生成する複雑系に関する新しい重要な事実を、確実に明らかにする。

私たちの説明の最良の実証的テストは、システムを乱すこと、つまり文脈の効果を調べて、システムがどのように反応するかを見ることである。たとえば、私たちの説明では、遅延の間、〈なに〉システムと〈どこ〉システムの内的活動は、Bでの探索に対応する領域で活動を維持する、これらシステムへの外的な（知覚入力の形式の）力がないので、次第にA場面の軌跡の方へ引き込まれていくだろう。そうであれば、構成要素のシステムの活動をBの方向へと押す遅延期間における外部の力は、正しい探索の可能性を増加させるだろう。これは、次のようにテストすることができる。

Bに対象を隠した後、手を中心に戻さず、注意を持続させるためにBに留める。私たちの説明が正しければ、乳児はより正しく探索するはずである。

さらに、AとBの位置を見ることに対応する内的活動に弁別的な複雑さを加えることによって、多数の容器が正しい探索の可能性を増加させたという考えをテストすることができる。たとえば、赤いテープを貼った道はAへ、青いテープを貼った道はBへ、あるいは、対象がAへはぴょんぴょんしながら行き、Bへは水平に飛ぶというように、Aへの経路とBへの経路を区別する任意の方法によって、B場面おける正しい探索の可能性を増加させることができるはずである。私たちはこれらの考えを実証的にテストし始めており、この特定の説明を支持する結果が見つかるだろう。しかしながら、たとえ見つけられなくても、このような文脈の効果に関する研究によって、システムの構成要素とそれらの相互作用について、さらに多くの発見があるだろう。

さらに、A-not-B課題での8ヵ月児の行動の文脈効果に対する、私たちの複雑系理論による説明はまた、発達的変化の説明の出発点を与えてくれる。なぜ、探索の成功を文脈と関連させる働きが、年齢の関数として変化するのだろうか？

発達 ── 実時間と発達的時間を統合する

同じA-not-B課題に、9ヵ月児と10ヵ月児は8ヵ月児とは異なるパフォーマンスをする。これは、内在的ダイナミックスが変わったことを意味する。心的活動の〈いま−ここ〉の軌跡が創発するランドスケープが異なるので、軌跡が異なるのである。

図10.2 ～図10.4に要約したように、3つの課題文脈における年長乳児のパフォーマンスに関するウェルマンらの分析から、それらの変化の特徴について何らか推論することができる。まず、発達とともに、軌跡Aと軌跡Bは状態空間の中でさらに離れるに違いない。すなわち、軌跡Aが軌跡Bを捉える可能性が減少する。次に、対象がBに隠されるのを見るという課題内での経験は、より強い表象モーメントをもつ軌跡を生み出すに違いない。それは、Bで隠される経験によって生み出された心的活動が、乳児がリーチングすることを制止されている間、継続するということである。アトラクターAに引き込まれるのに打ち勝つためには、より大きな表象モーメントが必要である。これら2つの変化、すなわち、軌跡Aと軌跡Bの間の距離の拡大と、より大きな表象モーメントは、〈なに〉、〈注視〉、〈リーチング〉システムが発達とともに漸増的に結合される、という提案によって容易に説明される。

私たちのダイナミックシステムによる説明では、いかなる時点においても各システムの心的活動は、その直前の活動ならびに外界と内界からの2つ種類の入力に依存する。「内界」の入力は、システムの他の構成要素の活動からの再入力である。A-not-B

第10章　実時間、発達的時間、知るということ ── A-not-Bエラーの説明　　　357

課題での発達的な変化は、3つのシステムそれぞれにおける活動の他のシステムの活動への依存度の増大、という観点から説明することができる。この増大した結合には、状態空間における軌跡Aと軌跡Bを分離し、表象モーメントを増加させるという2つの効果があるだろう。

　最初の種類の変化の影響を、表10.4と図10.11にあるように示すことができる。この表と図は、対応する標準課題の8ヵ月児の表10.1および図10.2と、〈リーチング〉システムの活動だけが異なっている。今回の場合、リーチングの活動は〈注視〉システムの中で起こっていることに部分的に依存するようになっている。この考えは、〈注視〉と〈リーチング〉が漸増的に結合されたために、乳児が実際にはリーチングしていないときでさえ、〈リーチング〉システムが〈注視〉システムの活動をある程度反映するということである。このように〈リーチング〉システムの各時点での活動を〈注視〉システムの活動に依存するようにすると、生じる軌跡Aおよび軌跡Bは、状態空間においてより遠く離れている。つまり、それらは、異なる活動パターンで独自に組織化される。したがって、対象がBに隠されるのを見た後、すべての遅延において、乳児がAにリーチングすることの方へ引き込まれることはほとんどないだろう。

表 10.4
標準条件で0秒の遅延における、年長児の表象軌跡を作成するために用いた〈なに〉システム、〈どこ－注視〉システム、および〈どこ－リーチング〉システムの活動の仮定値

	時間	段階	〈なに〉	見る	リーチング
A場面での活動レベル	1	オモチャ	8	4	4
	2	オモチャをAに移動させる	8	3	3.5
	3	オモチャをAに移動させる	8	2	3
	4	オモチャをAに移動させる	8	1	2.5
	5	オモチャがAで見えなくなる	2	1	2.5
	6	手が中心にある	4	4	4
	7	0秒の遅延、Aを見る	2	3	3.5
	8	0秒の遅延、Aを見る	2	2	3
	9	0秒の遅延、Aを見る	2	1	2.5
	10	手を伸ばしオモチャを取り出す	8	1	1
B場面での活動レベル	1	オモチャ	8	4	4
	2	オモチャをBに移動させる	8	5	4.5
	3	オモチャをBに移動させる	8	6	5
	4	オモチャをBに移動させる	8	7	5.5
	5	オモチャがBで見えなくなる	2	7	5.5
	6	手が中心にある	4	4	4

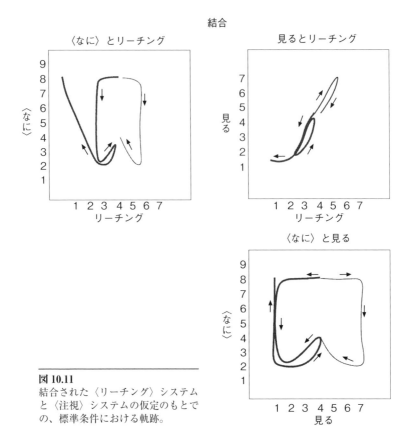

図 10.11
結合された〈リーチング〉システムと〈注視〉システムの仮定のもとでの、標準条件における軌跡。

　システム間の結合の増大は、実験における A 場面と B 場面の出来事をより別個のものにするだけでなく、さらにより強力なモーメントをも生み出すだろう。各時点において、各システムの活動がますます他のシステムの直前の活動に依存するので、内的活動は外部の、直前の感覚入力にそれほど依存しないだろう。より強い結合は、構成要素間のより強い内的入力を意味し、時間的に、それら自身で活動を持続できる。言い換えれば、より強い結合はより強い表象モーメントを引き起こし、それはより長く持続する。したがって、発達とともにシステムの結合が増大するという考えは、なぜ、年長乳児が年少乳児に比べて、ますます長い遅延で正しく探索するのかを説明することができる。

　しかし、なぜシステム間の結合が、8〜10ヵ月の間に増大するのだろうか？　一般に、結合は時間拘束された活動の経験とともに増大するだろう。2つの構成要素システムが複雑な時間拘束された活動の歴史をもっているほど、それらは互いに同調し

あい、相互に影響を及ぼすようになるだろう。明らかに、〈なに〉システムと〈どこ〉システムの結合は、新生児が目を開き、見る瞬間から促進される。しかし、個々の新しい運動スキルとそれに関連する注意の要求や機会とともに、多様な再入力活動のための機会が多くなる。こうして、乳児が視覚的に導かれたリーチングを始めると、結合はより強く、洗練されたものになるだろう。乳児が自分で移動し、部屋中をあちこち探索するために見ること、動くことを使用するにつれて、結合はさらに発達的に変化するだろう。私たちは、8〜12ヵ月児において〈なに〉と〈どこ〉の結合を促進するのは、とりわけこの移動の経験であり、したがって、移動の経験はA-not-Bエラーにおける発達的変化の決定的な出来事、すなわち制御パラメータであると考える。

　この説明を裏付ける、かなりの実証的証拠がある。自己移動の経験の多い乳児ほど、よりA-not-B課題に成功する（Bertenthal & Campos, 1990）。さらに、どこを見るか、何を見るか、および自己行為の間に時間拘束された対応をもたらす自己移動だけが、A-not-B課題のパフォーマンスに役立つように思われる。第7章で述べたように、ハイハイの段階で、周囲を見渡せず自分がどこに行くか見ることができない乳児は、A-not-B課題において、自己移動の利点を示さない（Kermoian & Campos, 1988）。このことは、ここで提示した発達の説明と完全に一致する。乳児が移動し探索するとともに、構成要素システムの時間拘束された活動およびそれらの再入力マッピングは、要素間の結合と相互の影響をもたらす。再入力マッピングは次に、内在的ダイナミクス、つまり、システムの歴史としてのランドスケープを変化させる。

　私たちは、乳児自身の活動が〈注視〉システムと〈リーチング〉システムの結合を増大させ、内在的ダイナミクスの変化を導くので、自己移動がA-not-B課題において制御パラメータとして働くと提案した。移動経験のある乳児は、移動経験のない乳児とは異なる内在的ダイナミクスをもってA-not-B課題を受けるので、同じ実時間の課題が異なる心的軌跡をもたらす。実際に、移動経験、追視（見ることとリーチングを結合させる仕組み）、およびA-not-B課題のパフォーマンスの間には明確な結びつきがある、という確固たる実証的証拠がある。興味をそそられる対象が位置Bに移動されるとき、対象に注意を払い、それを追視し、そして、遅延中に位置Bを注視する乳児は、より多くBを正しく探索する（Acredelo, 1985; Horobin & Acredelo, 1986）。さらに、自己移動の経験が多い乳児は、A-not-B課題において、興味をそそられる対象と隠す位置に、より多くの視覚的注意を示す（Acredelo et al., 1984）。

　この説明は、実時間と発達的な時間を、2つの点で統一する。第一に、発達的時間は実時間の経験と連続的であり、実際に、実時間の経験から組み立てられている。第二に、私たちは、活動と発達の両方における文脈効果についての単一の説明を提供した。私たちは、標準課題、弁別的な容器課題、および多数の位置課題という異なる課題文脈における8ヵ月児の違いについて、発達的変化について説明するのに用いるの

と同じシステムで説明する。8ヵ月では、乳児に異なった隠す容器を与えることにより、A場面とB場面の出来事に関連した心的活動の弁別性が増加する。この弁別性は、見て動く実践から発達的に獲得される。隠された対象の探索に成功する発達には自己移動が重要であるという事実は、まさに、ダイナミックシステムによる発達の説明によって期待される種類の関係である。発達は、内的な成熟プロセスがシステムにどう発達するかを伝えるために生じるのではない。むしろ発達は、システム自身の活動を通して、そして、その活動のゆえに、起こるのである。したがって、自身から生み出される移動性によって引き起こされた経験は、A-not-B課題で成功するための制御パラメータであるだろう。

　私たちは発達に関するこの説明を、システムを「動揺の下で」、すなわち、異なる文脈において、どう反応するかを探ることにより、テストすることができる。たとえば、発達的変化の重要な要素が、〈注視〉システムと〈リーチング〉システムの結合の増大であるという主張を、文脈を操作することによってテストすることができるだろう。もし、結合の増大により、10ヵ月児が8ヵ月児に比べてより探索に成功するのであれば、実験的に〈注視〉システムと〈リーチング〉システムの結合を解くことによって、10ヵ月児の探索を失敗させることができるはずである。同様に、結合を増加させるか、結合の代わりを見つけることによって、8ヵ月児の正しい探索を増やすことができるはずである。

成熟か発達か

　エーデルマンの神経細胞群選択理論に基づくA-not-Bエラーに関する私たちの説明の仮定の1つは、注意することとリーチングすることの相互に関連した活動が、マルチモーダルな再入力活動を受けている神経群の接続を強くし、脳回路に実際の変化を引き起こすというものである。しかしながら私たちは、そのような回路がどこにあるのかという解剖学上の明確な説明を提示していない。A-not-B課題の変化に関する、脳に基づいた洗練された他の説明が、アデル・ダイアモンドによって提案されている。私たちは、ダイアモンドによるメカニズムの探求と、人間の乳児、乳児と成体のサル、および脳損傷のある人間の成人からの統合された証拠を賞賛するが、一方で、原因に関する彼女の説明が不十分であると考える

　ダイアモンド（Diamond, 1990a）は、課題において、より長い遅延でも正しく探索する乳児の能力が8〜12ヵ月の間に高まるのは、直接、背外側前頭前野の成熟によると提案した。脳のこの領域は、記憶および優勢な反応の抑制の両方を要求する反応に関係しているようである。前頭前野の機能は、伝統的に遅延反応テストによって評価される。そして重要なことに、遅延反応テストは、A-not-B課題に非常に似ている。

第10章 実時間、発達的時間、知るということ —— A-not-Bエラーの説明

両方の課題で、実験参加児は、実験者がオモチャを持ち上げ、2つある同一の隠す位置のうちの1つに隠すのを見る。そして、実験参加児は一定時間制止された後、探索することを許される。ダイアモンドによって用いられたA-not-B課題のバージョンと遅延課題では、遅延中、実験参加児は正しい隠す位置の方を注視できないか、見続けることが妨げられている。遅延反応は、興味をそそられる対象がAに隠されずBに隠され、Bでのパフォーマンスが評価測度となるA-not-B課題とは異なり、興味をそそられる対象が任意に決められた順序でAかBに隠され、試行全体でのパフォーマンスが評価測度となる。図10.12aは、乳児がA-not-Bエラーを初めて犯す遅延（テストから探索まで）と、遅延課題においてパフォーマンスが88％未満となる遅延を示している。また、図10.12bは、アカゲザルの乳児での同様の結果を示している。明らかに、2つの種とも両方の課題において規則的な線形の成長がある。

ダイアモンド（1990a）は、この線形の発達から、行動の変化の原因はおそらく、その基礎をなす神経構造の成熟であると主張している。

背外側前頭前野の成熟が遅延反応テストのパフォーマンスを制御するという提案は、解剖学、生理学、薬学および代謝の様々な方法によって、よく支持されている（Diamond, 1990a 参照）。たとえば、成体のサルの前頭前野に損傷を与えると、遅延反応課題でエラーが生じ、特に、短い遅延で持ちこたえられなくなる。ダイアモンドと共同研究者たち（Diamond & Goldman-Rakic, 1989; Diamond, Zola-Morgan, & Squire, 1989）も、成体のサルを用いて、頭頂皮質や海馬ではなく背外側前頭前

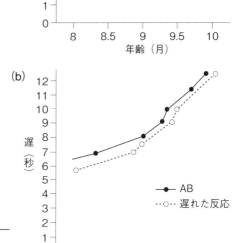

図 10.12
乳児（a）とサル（b）がA-not-B課題と遅延反応課題において成功した探索を行うことができる、遅延時間の発達的変化。

野の損傷が、A-not-B 課題においてエラーを増加させ、特に長い遅延でパフォーマンス成績を低下させることを示した。総じてこれらの証拠は、A-not-B エラーに背外側前頭前野が関与していることを疑問の余地なく示している。

ダイアモンドは、前頭前野の成熟により、乳児が優勢で競合する反応を抑制できるようになると主張する。この議論では、A-not-B 課題と遅延反応課題において乳児が犯すエラーのタイプは、これらの課題や、隠された対象の空間的な位置を覚えておくことにさえ特有ではないはずである。ダイアモンドの見方では、A-not-B エラーを犯す乳児は、優勢な反応を抑制しなければならないすべての課題がうまくできないはずである。たとえば、透明な容器から対象を取り出す場合の乳児の試みは、A-not-B 課題および遅延反応と類似した発達の経過となる。この、対象を取り出す課題でダイアモンド (1990b) は、魅力的なオモチャを一方の側面が開いた透明な箱の中に、乳児にはっきり見えるように提示した。開いた側は乳児に面するか、乳児とは別の方を向いている。開いた側が乳児に面する場合、8 ヵ月児でさえ直接リーチングし、オモチャを取り出す。しかし、興味をそそられる対象を得るために側面に迂回してリーチングしなければならない場合、乳児は正しくできない。彼らは透明な容器を通してはっきり見ることができる。逆説的ではあるが、容器が不透明な場合、乳児は開いた側面を容易に見つけ、手を迂回して伸ばすことができる。ダイアモンドの説明では、不透明な容器の場合のより良いパフォーマンスが予測される。なぜならば、透明な容器の場合、透明な仕切りを通してそこに見られる対象に直接リーチングすることを抑制しなければならないが、不透明な容器の場合は、迂回する際に競合し抑制すべき優勢な反応がないからである。これらの結果からダイアモンドは、乳児は実際に対象がどこにあるか覚えていることができ、時空における対象の永続性を理解していると論じている。むしろ、乳児の中心的問題は、前頭前野が未熟なため、優勢な反応、つまり直接リーチングすることを抑制することであると考えられている。

ダイアモンドの行動的証拠は、非常に説得的である。乳児はだんだんと「優勢な」反応を「抑制」するようになる。他の用語を使えば、反応を文脈の細部に対して調節するようになる。さらに、前頭葉がこれらの課題に関係すると考えられる。しかし私たちは、ダイアモンドの議論が適切な説明となっているかについては疑問がある。「前頭葉」を呼び出すことが、どう発達を説明するのだろうか？　前頭葉の「未熟さ」は、乳児が課題で示す特定の行動をどのように説明するのだろうか？　特定の課題で特定の時期に抑制が達成されるプロセスは、どのようなものなのだろうか？　何が反応を「優勢に」するのだろうか？　そしてもっとも重要なことだが、何が前頭葉の発達を駆動しているのだろうか？　何が未熟な前頭葉を成熟させるのだろうか？　私たちの考えでは、行動の原因として前頭葉を持ち出しても、何の説明にもならない。

対照的に、私たちのダイナミックシステムによる説明は、プロセスと原因の問いに

答える。私たちの説明では、特定の課題文脈の中で、1つの課題での軌跡が別の課題の軌跡と明確に異なっていて、2つのアトラクターが十分に高い尾根によって分離されている場合に、「抑制」が達成される。私たちの説明では、パフォーマンスを引き起こす「抑制」と呼ばれる内部の能力はない。むしろ抑制は、特定の文脈における特定のダイナミックな特性を備えたシステムの、所産なのである。

　何が反応を「優勢に」するのだろうか？　私たちの考えでは、「優勢」は、それほど優勢でない反応の基礎をなす内的活動の状態空間の領域の近くに、深いアトラクターを生み出す経験によって決定される。ある行動を他の対象より優勢にするプロセスおよび抑制（「優勢な」活動をそれほど優勢でなくする）のプロセスは、まさに同じであり、両方とも、特定の課題における複雑系の所産である。たとえば日常生活では、移動できない年少の乳児は、多くの直接リーチングする機会と、わずかの迂回しなければならない機会が与えられる。そして、何かの周りを移動するかリーチングして迂回に成功することは、自己移動とともに劇的に増加するだろう。

　何が未熟なシステムを成熟させるのだろうか？　私たちの説明は、発達的な変化の原因を特定する。それは複雑系の実時間の活動である。優勢な活動を優勢にする同じ活動、システムを再組織させ（増大した結合によって）「抑制」を生み出す同じ実時間の活動が、10ヵ月のときに8ヵ月の状態とは異なるシステムの内在的ダイナミックスを作るのである。

　私たちは、前頭葉がまったく重要ではないと言っているのだろうか？　そうではない。私たちの考えのどれも、前頭葉の関与と矛盾しない。しかしながら私たちは、ダイアモンドが原因と結果を逆にしていると示唆しているのである。私たちにとって発達の原因は、〈なに〉、〈注視〉、そして〈リーチング〉システムの結合の増大を促進する経験である。この増大した結合は、前頭葉の変化に具体化して現れるだろう。前頭葉は他の多くの脳の領域からの、およびそれらの領域への投射をもっているので、異種混淆的なシステムの統合と相互作用に関係しているだろう。

　対照的にダイアモンドは、前頭葉の変化が発達の原因、つまり駆動者であると提案した。ハイハイの段階の乳児は A-not-B 課題で得点できないことを明らかにしたカーモイアンとキャンポス（Kermoian & Campos, 1988）の結果に言及して、ダイアモンドは、特に原因となる力としての自己移動に反論した。彼女は次のように述べている。

　おそらく、ここで重要なのは、這うという経験自体ではなく（また、ハイハイの乳児の経験は、四つ這い（高這い regular crawling）の乳児の経験とは決定的に異なるということでもなく）、なぜ這うことが隠された対象を取る能力に影響するのであろうかということである。… おそらく四つ這いは、這うことにとっても他の課題にとっても同じく重要な、成熟上の進歩を示している。四つ這いは、通常、四肢のパターン化された移動を要求

するが、ハイハイはそうではない。つまり、いかなる瞬間も、身体の一方の側の腕と脚は反対側の腕と脚とは異なったことを行っている。1つの肢が別の肢と同じことを行うことが抑制されるには、脳梁を介した各半球のSMA［前頭葉にある補足運動野］間の連絡が必要だろう。(1990c, p. 607)

　ダイアモンドの成熟の擁護を拒む実証的、理論的な強い理由がある。実証的な根拠としては、手足の交互の活動が前頭葉を必要とするという証拠はない。乳児は、這うよりずっと前に、様々な文脈で、たとえば、仰向で脚を蹴っているときや、動いているトレッドミルの上に垂直に保持された場合に、よく組織化された脚の交互の活動パターンを示す（Thelen, 1986, Thelen & Ulrich, 1991）。脚の交代回路は一般に、脳皮質下と、おそらく脊髄にあると考えられている（Grillner, 1981）。さらに、A-not-B課題での成功には自己移動が決定的に重要な経験であるという証拠は、相関関係という以上である。歩行器によってより早くから実験的に自己移動の経験を与えられた子どもは、探索課題でより高いパフォーマンス・レベルを示す（Bertenthal & Campos, 1990）。最後に、前頭葉において脳波（EEG）のパターンに発達的な変化が生じるのは、自己移動の前ではなく、後である（Bell & Fox, 1992）。
　さらに、発達的な変化の原因が前頭葉にはないとする理論的な理由がある。もし内的、外的出来事によって駆動された活動が発達を駆動していないのであれば、何が発達を駆動しているのだろうか？　「成熟」という発達的なプロセスは、何であろうか？遺伝子の発現から、胎生学、神経と行動の発達に至るまで、私たちが生物学的な発達について知っていることのすべては、発達には非経験的な構成要素のようなものはないことを示している（Gottlieb, 199la, b参照）。ダイアモンドは、「なぜ這うことが隠された対象を取る能力に影響するのであろうか」と問う。答えは、あらかじめ定められた既知の課題セットに対して設計された解決には、発達的なプロセスのための適切な経験がない、ということである。むしろ、発達的なプロセスには、環境と相互作用している複雑系としての生命体全体が関わっているのである。

知るとはどのようなことか

　以上のことは、自分の子どもが「間違った」場所に対象を探索するのを見たことから引き出されたピアジェの最初の結論にとって、何を意味しているのだろうか？8ヵ月、9ヵ月および10ヵ月の子どもは、対象の永続性について何を知っているのだろうか？　そしてA-not-Bエラーは、乳児が知っていることに関して、私たちに何を教えてくれるのだろうか？
　ベイラージョンとダイアモンドのメッセージは明快である。乳児は対象の概念を

第10章 実時間、発達的時間、知るということ —— A-not-Bエラーの説明 365

「もっている」が、そのことを A-not-B 課題で示すことができないだけである。多くのベイラージョンの実験では、習熟化後の不可能な出来事が対象の具体的な永続性を破るので、乳児が驚いたことを思い出そう。ベイラージョンとグレイバー（1988）による A-not-B 課題の非探索バージョンでは、対象が隠された場所と異なる場所から取り戻されると、乳児は非常に驚いた。そうすると、子どもがただ見るだけの場合は、対象について「知って」おり、見てリーチングする場合は知らないということになる。では子どもは本当は何を知っているのだろうか？　この疑問は、第1章で中枢パターン発生器に関して提起した問いと非常に似ている。パターンがある文脈の中以外には存在しないのであれば、パターンの本質、知ることの本質は何であろうか？

　私たちの考えでは、知ることは、乳児が隠された対象を見、そして探すことの両方において行うことである。知ることは、生命体の内在的ダイナミックスの中で、今ある課題に関して、〈なに〉システムと〈注視〉システムをダイナミックに編成するプロセスなのである。私たちは、「対象」や「空間と時間内の延長」というような構成概念を呼び出す必要はない。これらの構成概念の論理的な構造は、活動を引き起こす課題の外部には存在しない。

　したがって知ることは、私たちのダイナミックシステムの所産であり、原因となる先行条件でない。A-not-B 課題において、乳児が見、乳児がリーチングすることが、知ること、すなわち活動であり、それは実時間のパフォーマンスに先だって存在してはいない。システムの内在的ダイナミックスは、知ることの特定のパターンが様々な文脈で何度も繰り返し起こることを意味し、パターンがあたかも単一の永続的な構造、つまり、知ることの中枢パターン発生器によって指令されているように見えるかもしれない。知ることの特定のパターンは、多くの結合されたシステムの活動によって高度に安定しており、ちょうど手足のパターンが多くの撹乱にもかかわらず持続するように、〈いま−ここ〉の細部によって影響されないように見えるかもしれない。しかし、ちょうど協応のパターンがダイナミックな相互作用の中で創発するように、知ることもその本質は流動であって、結晶化され精錬されるということはないのである。

　最終章では、知ることおよび知識に関するこの考えを、拡張し評価する。

第11章　困難な問題
── ダイナミックな認知に向かって

　本書で、私たちは「知ること」が「行うこと」からどのように発達するのかを説明
しようと試みてきた。まず第1章と第2章において、現在の理論的アプローチが人間
発達の中心的な謎をいかに未解決のまま積み残しているかを示すことから始めた。つ
まり、種に典型的な変化の全体的秩序の中で、その細部は乱雑で、流動的で、特異的
で、複雑だという謎である。私たちはぐるりと一周して、こう結論する。発達の本質
はまさに、この乱雑さと複雑さにある。観察の倍率を上げ微視的に見れば、個々の活
動 ── 実時間の知覚、運動、記憶 ── が変化を生じさせる力を構成することが明らか
になる。発達研究者が実験参加者に発達状態を測定する課題を提示すると、全体的な
発達秩序だけでなく、子どもが課題を行う実時間の行為をも引き出すことになる。真
の「コンピテンス」や「中核知識」を、課題の〈いま−ここ〉のダイナミックスから
抽象することはできない。問題解決は本質的にダイナミックであって、その細部は乱
雑で流動的なのである。解決は常に、柔軟に編成されるのであり、したがって、実験
参加者の現在の内的ダイナミックスによって制約されているとともに、課題条件に
よって潜在的にそれから脱線させられたり、方向転換させられたりもする。発達を前
進させるのは、まさにこの内在的なダイナミックスと課題の交差するところにある。
この流動的な編成が、より適応的な解決を探索し、選択することを可能にするからで
ある。時間の諸スケールは、こうして切れ目なく相互に織り合わさっている。その構
成要素とプロセスとは、不可分なのである。

　全体と局所の調和を求める過程で、私たちは、非常に一般的な実時間の行動の原理、
複雑で非線形のダイナミックシステムを提案した。第3章では、物理的なシステムか
ら引き出された原理が、どのように発生と変化を1つのプロセスとして説明しえるか
を示した。第4章では、乳児の脚の協調を例として、こうした原理を実時間の運動と
その発達時間における変化に適用した。特に、移動の発達を、乳児が新しい姿勢と課
題に挑戦するときに運動の形態が発展し消滅する、ダイナミックなアトラクターのラ
ンドスケープとして描き出した。

　最初の諸章では、生物学的に妥当なメカニズムに無頓着な現代の発達理論に対する
批判を行った。情報処理モデルや他の機械論メタファーとは違って、ダイナミックア
プローチは発達神経生物学や現代の神経科学の理論と整合性が高い。第5章では、ダ
イナミックな説明の神経学的基礎として、エーデルマンの神経細胞群選択理論を援用

した。私たちは、神経発生学の基礎的プロセスがそれ自体、いかにダイナミックで文脈依存的か、そして、このようなエピジェネティックなプロセスがいかに脳を、入力の時間拘束的な特性 —— 経験のマルチモーダルな結果 —— から利益を得るように配線するかについて報告した。その鍵となるプロセスは、第6章で論じたように、ダイナミックなカテゴリーを精神生活の出発点から、基本要素として形成する能力である。私たちは再入力マッピングとダイナミックなカテゴリーがいかに —— 神経活動の〈いま－ここ〉の視点から —— 多少とも生得的であると仮定される諸能力を説明できるかを示した。

第7章では、神経細胞群選択を支持する行動上の証拠を概観した。それらには、諸感覚の原初的な統合、発達初期のカテゴリーを形成する際に運動が果たす決定的な役割、初期の記憶と忘却における文脈に結びつけられた性質等が含まれる。第8章では、乳児や幼児で実施された数々の重要な実験的現象（スロープ上での移動、可能事象と不可能事象の検出、新規な言葉の解釈）を解釈し、再解釈することによって、これらのテーマを結びつけた。これら3つの研究領域すべてで、私たちのテーマは以前と同様、実時間のプロセスと発達的変化の統合だった。第9章は、対象にリーチングする学習を探求するなかで、実時間の変化から発達的時間の変化への移行に対する微視的分析を行った。私たちは、この新しい形態が前もって作られているのでも課されるのでもなく、乳児の内在的なダイナミックスと直面する課題の制約の間の適合として、乳児によって個別に発見されると結論づけた。最後に第10章では、それまでのテーマを統合して、乳児に関するもっとも広範に研究されてきた現象の1つ、すなわちピアジェのA-not-Bエラー課題に対する再解釈を行った。ダイナミック・アプローチが、見かけ上まったく異なるように見える、あるいは相反するようにさえ見える実験結果を、いかに1つに結びつけることができるかを示した。その鍵は、実験文脈のダイナミックスと、そして、赤ちゃんの実生活の活動が、どのように課題のパフォーマンスを支える神経ダイナミックスを変化させたかを理解することにあると論じた。特に、自己産出的な運動が視覚的注意の変化をもたらすプロセスであり、それが次には、正しい探索を促すことを指摘した。

さて、この説明で取り上げながら、これまで不十分にしか論じてこなかった数々の問題に転じよう。私たちは上記の領域と神経、知覚－運動、認知のレベルの間の関係を強調してきて、それらは本書に繰り返し現れるモチーフとなっているが、その他の重要な問題と関連することがらについては、あまり注意を払ってこなかった。というわけで、本書において紹介はしたが十分に展開しきれなかったいくつかの構成概念の状態を明らかにし、理論をこれまで論じてこなかったレベルに拡張したい。これには動機づけと価値、文脈の果たす役割、そして、とりわけ発達における社会的、文化的なことがら、思考と言語の関係、さらに、私たちが古い連合主義を新しい装いで改訂

しただけなのかどうかといった問題が含まれる。この章の眼目は、ダイナミック・アプローチが感覚運動的操作、あるいは具体的操作から抽象的推論やメタ認知、思考に関する思考の領域へ入って行くことができるかどうかという、もっとも難しい問題に迫ることである。私たちは、このような高次のプロセスが、個体発生的な土台をもつより抽象的でない心的操作と原理的に何の違いもなく、また、実際、すべての脳の機能は、脳と行動の変化と同様、共通のダイナミックなプロセスによって統合されなければならないと結論する。

動機づけ ── それはどこから来るのか

　機械の中の幽霊を追い払うべく努めてきた。私たちはエーデルマンにしたがって、原初的な状態は豊かに相互に結びついたマトリックスであって、相互の活性化と同調を通して、それまでよりもより鋭く定義された帰納的現実を構成すると論じた。私たちは、このプロセスがいかに、いろいろな出来事が相関する知覚と自己運動の知覚を含まなければならないかを見た。しかし、このプロセスは行動に何らかの価値なくしては、すなわちある活動が他よりも良いということなくしては、起こりえない。エーデルマンは、ダーウィン式オートマトン（理論上の計算機械）上の神経細胞群選択のシミュレーションで、価値の重要性を例証した。変化のプロセスは、価値中立なシステムからは開始できない。そもそも、何かがそのプロセスをスタートさせなければならない。何かが乳児に対し見る、リーチングする、口に持っていくなど、彼らを取り巻く世界の情報を探索するように動機づけなければならない。私たちは、様々なサブシステム同士の協調的な相互作用を編成し、環境内で子どもの目標と能力を機能的に合致させるシナジーを保持するときの、探索と選択の重要性を一貫して強調してきた。しかし、何が探索のエンジンを生み出すのだろうか？　機能的に合致させるものに、何が判断を下すのだろうか？　ホムンクルスを再び持ち出すことなく、こうした問題に取り組めるのだろうか？

　歴史的に見ると、動機づけとそれが行動の変化に対してもつ関係の問題は、学習理論、パーソナリティ、愛着理論、心理力動論の分野のことがらだった。現代の知覚、行為、認知、言語の発達に関する説明に動機づけが明白に取り入れられることはほとんどなかった。動機づけの発達理論としては、クルト・レヴィンの研究が最前線に位置している（Lewin, 1946）。半世紀以上も前に、すでにレヴィンの行動ダイナミックスは現代のダイナミックシステムを予兆するもので、明白かつ簡潔に、発達的変化の原動力は動機づけの力の場が変化することにあるとした。レヴィンにとって、行動は心理学的な力、「一定の方向に行為する傾向」によって始まる（Lewin, 1946, P.796）。ヒトは異なる動機づけの価、あるいは潜在力をもつ様々な活動の心理学的場である、生

活空間の中で発達する。この動機づけの価によって、ヒトはある活動を起こすかどうか、また、どのくらいの強さで活動するかが決まる。レヴィンによれば、認知的変化は目標に向かう活動への新しい道を学ぶときに生じる。したがって発達は生活空間の精緻化であり、また、分節化である。つまり、発達とは、乳児の単純な力の場から年長児や成人の高度に複雑な目標空間への変化である。（後の節で、再びレヴィンのダイナミックスに言及する。）

　動機づけの駆動力は、ジョン・ボウルビィ（Bowlby, 1969）の愛着に関する古典的研究においても主要な役割を果たした。ボウルビィは愛着行動の起源を養育者へ「感じた接近の必要性」に帰した。ボウルビィによれば、動機づけは本能的である。それが生まれつき備わっているのは、未熟な動物が養育者のそばにくっついていることによって、生き残る上で膨大な利益が得られるからである。彼らはより長く生存し、子孫を残すことができる。乳児はこのような動機づけのバイアスを最初からもっているが、愛着形成という目標のために異なる手段を採用し、成熟に伴って変化する。乳児が自力で移動できないとき、泣くことが母親を自分のそばに置くために効果的である。移動できるように発達すると、母親のあとを追うようになる。表情、音声ジェスチャー、その後の言語などは、すべて母親を保護と安心のためにそばに置くという、広い動機づけの傘の下に組み込まれる。

　レヴィン以降、認知論者は動機づけのバイアスに直接向き合うことがほとんどなかった。ピアジェは、生命体を行動に駆り立てるのは環境への適応の必要性であり、それが均衡状態へと向かわせると考えた。これが生物学的な所与である。したがって、ある意味でピアジェの均衡化の働きにおける構造的不変項である同化と調節は、変化への継続的な駆動力を与えていると考えることができる。乳児は積極的に環境の中に、心的構造に情報を与える側面を探索し、構造を変化させ、そして、新たな側面を探し出すという弁証法的なプロセスを継続する。確かに、ピアジェは食物の探索と消費のメタファーを、あたかも心的均衡化を引き起こす動因が栄養素への動因に匹敵する動機づけであるかのように用いた。ピアジェは、生後1ヵ月のローランが、バラバラで一貫性のない像を目にしたとき、なぜ自分の周りを見続けるのか疑問をもった。

　　では、子どもを行動へと動機づけている力は何か？　唯一そこにあるのは、この役割を　果たすできるものを見るという、まさに必要である … 言い換えれば、もし、子どもが　動く対象を見るとしたら、それは単純に、最初は、それが対象を見るという行為に対する　滋養［強調を付加した］であるからである。後に、距離や目立つものなどへの様々な調節　が視知覚を豊かにするとき、その対象はそうした多面的な操作に対するより分化した栄養　物として働くものとして見られる。（Piaget, 1952, p.65）

ギブソン（Gibson, 1988）も、内在的な動機づけの力が、乳児が積極的に感覚のための「滋養」を探索するよう駆り立てると主張した。

　　乳児は世界を学習し相互に交渉する学習の長い道筋を開始する助けとなる道具を、生まれつき備えている。乳児はその知覚システムを世界を探索するために用いるようにさせる衝動を生まれつきもっており、外の世界の出来事、対象、それらの特性、あるいは環境の配置へと、直接注意を向けるように駆り立てる。（Gibson, 1988, p.7）

　ここ数十年、動機づけの問題それ自体は、情動と認知の関係に関する関心によって影が薄くなっていた（たとえば、Izard, Kagan, & Zajonc, 1984; Lewis & Goldberg, 1969; McCall, 1972）。そこでの議論は、情動が認知の結果なのか、あるいは行為や思考を生み出しているのは動機や動因なのかに集中した。最初のケースでは、認知プロセスが情動反応を引き起こすとされ、たとえば、課題達成時に喜びがわくなどである。この見方に立てば、認知は情動反応の解釈も行い、それが何であるか命名し、その表出が社会的文脈に受け入れられるよう調整するだろう。もっと直接的な動機づけとの関連は、学習と情動の関係である。ワトソン（Watson, 1966, 1972）は何本かの重要な論文で、乳児は枕を押したり、足蹴りをしたりしてモビールを動かすことを学習すると、それらの随伴性を再認する際に、微笑や発声の増加が見られると報告した。ルイス、サリバン、マイケルソン（Lewis, Sullivan, & Michaelson, 1984）は、感情がパフォーマンスにエネルギーを与え —— 乳児の注意を随伴性へと向け、そこに焦点を当てるように動機づけ ——、また、乳児が正の強化を通じて随伴性を学習し記憶することを保証すると指摘した。実際、著者たちは他の研究者同様、繰り返し正の随伴的刺激を経験したことが、環境に作用した操作することができるという一般化された期待をもたらすと示唆した。この学習された連合が、今度は、動機づけの力となって、さらなる探求、特に新奇な文脈へのさらなる探索の、動機的力として作用する。

　こうした情動理論家は例外で、現代の認知発達科学の大半は、古典的な学習と動機づけの理論から距離を置いてきた。レヴィン（あるいは、フロイト）は、パーソナリティ理論と社会科学一般に対して計り知れないほど大きな影響を及ぼしてきたにもかかわらず、発達的な思潮の主流派ではなかった。ハルやスキナーのような動因説の理論家たちによる影響はさらに小さかったし、また、彼らの発展的後継者である社会的学習理論も動機づけには焦点を当てず、社会的認知、すなわち認知発達の社会的行動に対する影響の方により多く関心を示してきた（Bandura, 1986）。

　真のシステム・アプローチの関心からすると、おそらく共通に分け持っている研究領野を認識し、回復するときである。刺激、新奇性、環境の統制を求める内在的な衝動と欲求の構成概念、あるいは同様の概念が、飢えや渇きのような純粋に生理学的な

動因という古い概念を、高次の認知に用いることのできる何かへと昇格させている。しかしながら、論理的には、食べ物を求める動機づけと、探索する動機づけに違いはない。私たちは空腹になれば、食べる物を見つけるまで冷蔵庫や台所の棚を漁る。数時間後、また腹が減る。同様に、乳児の注意は面白そうなオモチャに向かうと同時に、それを掴んだり、口に持っていったりすると心地よく感じる。しばらくして、赤ちゃんは新しいオモチャの探索へと駆り立てられる。どちらの動機づけ概念も、ある活動が他よりも生活体や環境の刺激の状態に対してより良い活動だというバイアスをシステムに導入する。学習は、このようなバイアスなしには起こらない。理論家は動機づけの要素の必要性を認識してはいたが、発達初期の動機づけやその発達的変化の性質については、特に知覚、行為、思考との関連性については、ほとんど明らかにしてこなかった。もし、ダイナミックな説明が行為、学習、発達の各時間スケールの全体をうまく扱うことができるとすれば、私たちはこうした必要性、動因、システムの価値の問題に、もっと多く注意を払う必要がある。

　将来取り組むべき研究課題は、知識装置を持ち込むことなく、システムを行為することから学習する軌跡に乗せるために、どのように特殊な、ないし一般的な動機づけの構成要素が必要とされるかを検討することである。エーデルマンのシミュレーションにおいて、価値の問題は単純である。光がないよりあった方がよい、接触がないよりあった方がよい。実際の人間の乳児についても、同様に単純なバイアスをもつ妥当な発達のシナリオを描けると思われる。単純な、相対的に低いレベルの誘意性 —— 縁、運動、光、多様な人間の声、温かさ、接触 —— が、発達のカスケードを開始しうる。たとえばジョンソンとモートン（Johnson & Morton, 1991）は、乳児の顔に対する強い選好は、新生児の初期の方向づけバイアスによって開始されると論じる。行動上の証拠からこのバイアスは、目や口の位置関係に相当するいくつかのコントラストの高い「斑点」の配置を好み、おそらく大脳皮質下の経路によって媒介されていることが示唆される。乳児は、養育、おむつ替え、社会的やりとりを通じて、実際の顔のこのような刺激布置を間近に与えられるので、こうした布置へのわずかな誘意性であれ最初にあれば、顔の存在に関して一連の神経が急速に強化されるだろう。生後2〜3ヵ月になって脳の高次の中枢がより関与するようになると、システムはすでに顔のような刺激に対して調整済みなので、顔に関するより多くの情報を獲得するための備えができた状態になる。実際、特定の顔に対する選好が、4ヵ月あたりまでに生じる。

　このようなプロセスが動き出すために最小限必要なものは、比較的非特定的に調整されたパラメターをもつ感覚システムと、他の価値よりもある特定の刺激布置を好み続けるようにする価値の水路である。こうした価値は、特別な教師役ではない。光がないよりある方が好ましい、自動車のクラクションより人の声の方が好ましいというバイアスをシステムがもっているということは、システムが知識モジュールや概念的

第11章 困難な問題 ―― ダイナミックな認知に向かって 373

基本要素、あるいは対象の特性に対する理解を有するということではない。むしろ、それは単純な生命体や神経系さえもたない生命体によって示される、誘意性や向性に似ている。したがって、システムの構成にこのような誘意性が含まれるということは、機械の中に幽霊を棲まわせることではない。もし、幽霊がいるとしたら、単細胞動物にさえ同様のバイアスが見られるのであるから、生命自体が幽霊なのである。

　乳児は豊かな適応的バイアスをもってこの世に生まれてくるが、それらはエピジェネティックに獲得され、強い選択的な価値をもっている。それらには確実に、食物を探したり吸ったりする動機、接触と温かさに対する動機、適度なレベルの感覚的刺激への好み、そして、選好されたダイナミックスが含まれる（たとえば、Turkewitz & Kenny, 1983）。これらが相まって、乳児が他のヒトから発せられる感覚的な刺激配置、すなわち、ヒトの顔と声の空間的、音声的周波数に対して特に注意を向けさせるだろう。これらの属性の縁が他の適応的バイアス ―― 食べ物や温かさ ―― と連合して、強い社会性が素早く構築され、生後数ヵ月で現れる。ある内的状態と外的刺激が特定の快感の調子 ―― 快、不快の様々な程度の誘意性 ―― を与えられて、乳児の価値、あるいは動機づけの基本状態を構成する。エーデルマンの自動機械は、これらのバイアスが、実時間の再入力によるカテゴリー化のプロセスの本質的で決定的に重要な要であり、したがって、心の発達の核心にあるということを示唆する（学習プロセスのシミュレーションにおける動機づけの説明については、Cruz, 1992; Grossberg, Schmajak, & Levine, 1992 参照）。

動機づけ再考

　私たちはここで、伝統的な学習理論、ダイナミックス、学習の神経学的基礎、認知発達における現在の関心の接近を見始めている。実時間の行動変化は、動物の知覚と行為と価値状態（強化あるいは罰）との連合に基づく。私たちは神経細胞群選択理論によって求められる価値誘意性と発達のダイナミックな説明、つまり、行動はエピジェネティックであり、創発的であり、また、発見的であるとする考えを調和させられるだろうか？

　現在の神経解剖学と神経生理学の証拠は、この統合的な見方を支持している。脳の基本的な配線、すなわちエーデルマンの初期レパートリーが、学習と記憶のすべてのプロセスにおいて価値の構成要素に強い影響を与える。すなわち、スタートの時点から、情動、覚醒、警戒に関与する脳の領域は、自動的に働く内分泌系の情報ともども、より高次の脳機能（新皮質）のほぼ全領域、したがって記憶、学習、行為に携わる構造にアクセスし、またそれらからアクセスされている（Gray,1991; Steinmetz, 1994）。このことは、基礎的な知覚カテゴリー化、記憶、再生、再カテゴリー化における神経群の選択のプロセスが、すべてこの情動的誘意性の流れの中で起こることを意味する。

特に、相互に結合した知覚-行為回路が密集し再入力しあう性質をもち、また、それらが強化と連合した手がかりに反応するため、神経群は、情動の影響を伴う行為をマップするように形成されるだろう。

動機づけとダイナミックなランドスケープ

神経解剖学と反響しあう回路の生理学が学習と記憶に動機づけの影響が広く及んでいることを支持していることから、私たちはここで、よりマクロなレベルへと進み、第4章で紹介したダイナミックなランドスケープのメタファーの観点から動機づけの要素を描き出すことができる。ここ数年、動因の状態——動機的力——を明確なダイナミックシステムとしてモデル化する努力がなされてきている（Killeen, 1989, 1991, 1992; Townsend & Busemeyer, 1989）。これらのモデルでは、ある活動が他の活動よりも多く行われる傾向は、アトラクターへ向かって行動を動かす力として概念化することができ、アトラクターの強さは刺激や問題空間に連合した特定の動機的誘意性の強さを示している。これらのモデルは発達的ではないが、それにもかかわらず刺激的である。

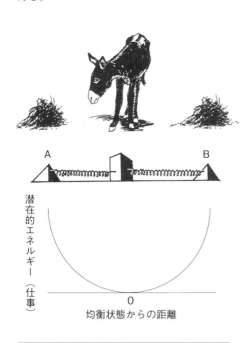

図11.1
【上段】ビュリダンのロバ。【中段】ロバに働いている仮説的な力。【下段】潜在的な関数。(Killeen, 1991 より)

これがキリーン（Killeen, 1991, p.439）の一風変わった、「ビュリダンのロバ」の絵に描かれている（図11.1）。1世紀前に哲学者のビュリダンは、等距離に置かれた同量の藁束の中間で、ロバは動くことができないと示唆した。ロバは両方の藁束に同じくらい魅せられ、おそらくどちらの束を取るにも等しいエネルギーを費やさなければならず、2つの束の間の均衡を破るだけの位置エネルギーを生み出せないだろう。キリーンはこのことを、図11.1の、今ではお馴染みのポテンシャル井戸として表した。ロバは動き始めるためには、内的な一押し、あるいは攪乱が必要である。もし力が伸びたバネのように働くとしたら、また、藁の束が同じくらい魅力的だったとしたら、ロバは2つの束の間で揺らぎ、Aの束に近づけばBに引

戻され、Bに近づけば今度はAに引き戻されるだろう。片方の束が相当大きな強制力をもたない限り、ロバがポテンシャル井戸の障壁を乗り越えるに十分な動機づけのエネルギーを生み出すことはできないだろう。(もし藁の束を電気防護柵に置き換えたとしたら、ロバは2つの柵の間で同様に動けないであろう。)

キリーンの主張のポイントは、目標状態が行動アトラクターのように振る舞うこと、またポテンシャル井戸の形状が、ロバがいかに容易に、かつ迅速にそうしたアトラクターに向かって動いていく(あるいは、同様に配置された柵から遠のく)かを示す、ということである。行動それ自体が、フィールドを通るア

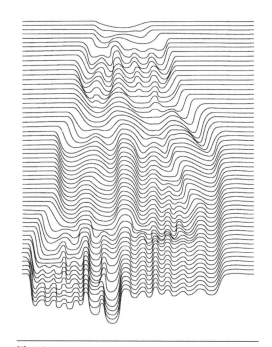

図 11.2
第4章の移動のランドスケープは、動機づけや情動の一般的なランドスケープをも表す。

トラクターと障壁の軌跡を創り出す。軌跡は目標の均衡状態へ直接素早く向かうものでありうる。あるいは、もし窪みが浅ければ、道筋はゆっくりと蛇行し、おそらく、たまたま近くにある窪みに捉えられるだろう。時には、ビュリダンのロバのように、2つないし3つの等しく魅力的かあるいは不愉快な目標状態の間で、決められない状態のまま揺らぐだろう。

したがって、私たちは容易に動機づけランドスケープを、第4章で紹介した移動のランドスケープと入れ替えることができる。図11.2の山と谷は特定の脚の布置を表すのではなく、乳児を様々な刺激あるいは課題に向かわせる、あるいはそれらから避けさせる、力の相対的な強さと安定性を表すとしてみよう。誕生の時点で、ある単純な刺激が、自然選択を通じて、特定の誘意性の価値を獲得していたと仮定する。そうすると、図の溝は、口に乳首をあてがわれたときに吸いついたり、あるいは、肌のぬくもりや接触を求めたり、特定の視覚刺激に注目したりするアトラクターを表すかもしれない。先に述べた学習のしかたを通じて、行動それ自体が変化する可能性があるばかりでなく、その行動を行うよう駆り立てているもろもろの動機づけの力の連合や強さもまた、変化する可能性がある (Kileen, 1991)。加えて、乳児は動機アトラクター

と結びついている、より良い刺激の知覚者であることを学習するかもしれない。

　ということは、乳児が動いたり、知覚したりするとき、つまり、彼らがランドスケープの可能性を探索するとき、図11.2に描かれている様々な動機の窪みの間をさまようことになる。この探索によって乳児は様々なアトラクターを試し、引き寄せられ、行為を情動のもたらす結果に合致させるようになる。神経群の選択のプロセスを通じて、ちょうど、ある動きや知覚が高次のカテゴリーを形成するのと同様に、これらのカテゴリーは特定の動機づけアトラクターに結びつけられていく。こうした情動的結びつきのゆえに、乳児は後に、ランドスケープの場所に結びついた知覚や動きの詳細に注目したり、記憶したりするようになる。情動の誘意性が強くない場合、どんな行動上の解決でも十分良いだろう。行動は柔軟でありえるし、偶然やその時々の気まぐれで決まり、また、多様でもある。情動の関与が強い場合、子どもは効果的な方略を素早く学習するだろう——彼らはより焦点を絞った方略を素早く採用し、内的あるいは外的要因によって混乱させられたり妨げられたりする可能性は小さい。

　例示のため、図11.2の上3分の1の溝が乳児の探索動機、すなわち、リーチングして掴める対象を、見たり、触ったり、口に持っていったりすることを表すとしてみよう。これは行動を強いる動機ではあるが、中くらいの強さであり、乳児は、1つの対象から別の対象へと移動したり、社会的な機会が介入したり、空腹になったり眠くなったりして注意をそらされることもある。しかしながら、こうした中くらいのアトラクター内で、動機の強さは変化する。たとえば、ある対象を探索するために口に持っていく動機は、生後1年の間に減少し、手で触ったり、目で見たりする探索が増加する（Bushnell & Boudreau, 1993; Gibson, 1988）。後に、口と結びついた動機アトラクターは食物に結びつくようになる。つまり、乳児は口に入れる異なる対象のカテゴリーを識別し、動機的要素の目標と強さを向け直すことを学んだのである。こうした変化は、図のコブの深さと広がりの変化として描かれている。同様に、乳児は最初、ごく単純な視覚刺激の特徴に注意をひかれるが、探索した結果、対象の複雑で一般的なカテゴリーを獲得するにつれて、学んだ結びつきを通じて他の刺激属性に引きつけられるようになる。

　対照的に、アトラクター・ランドスケープの右側の一連の谷に焦点を当ててみよう。それらがボウルビーの言う養育者に対する接近の要求の動機的強さだと考えてみる。このアトラクターに従って起こる行動は変化するだろうが、動機の強さは初めから強く、ずっと強いまま続く。このシステムが養育行動の喪失感によって活性化された場合、反応は素早く、強く、容易にわきへそれない。他の動機的力は抑制される、つまり、探索は中止し、食事も止まり、すべての行動の軌跡がこのアトラクターの溝に吸い込まれる。

　このように、知覚し行為することの実時間のプロセスが発達的変化の材料として円

滑に途切れることなく続くのと同じように、この動機づけのランドスケープも、最小限の初期バイアスが与えられただけで、一連の豊かなダイナミックな可能性へと自ら分化していく。動機づけのランドスケープ、すなわち知覚し行為することのポテンシャルは、行動の状態空間と同じ空間の中に存在する。それは同じダイナミックスの一部であり、ちょうど、脳システムが情動的誘意性を供給しながら、知覚、行為、思考と豊かに、濃密に相互に結びついているのと同様である。

情動的認知に向けて

このようなシステムの観点は、動機づけと認知の調和をはかるだけでなく、情動発達の性質を考える上でも、理論的な基礎を提供する。誘意性を考えることは、ポジティブあるいはネガティブな感情 —— 情動 —— とその表出について感じられた経験と、どのように関連するのだろうか？　ダイナミックシステムの観点を用いて、フォーゲルと共同研究者たち（Fogel & Thelen, 1987; Fogel, 1992; Fogel, Nwokah, Dedo, Messinger Dickson, Matusov, & Holt, 1992）は、認知や発達段階が脳の中の「モノ」ではないように、情動もまたダイナミックに創発すると指摘した。新しい情動の理論において、フォーゲルたちは、情動が知覚、行為、認知、社会定行動等他の側面と同様、同じダイナミックスの一部であると提案する。

> 私たちは情動が感じられた経験であるというだけではなく、神経発火のパターンというだけでもなく、また、微笑みのような行為だけでもないという前提に立つ。情動とは、社会的あるいは物理的な文脈における変化に関わって生じる、これらの構成要素間のダイナミックな相互作用から創発するプロセスである。… ダイナミックシステムの観点からは、一貫した情動とは、これら構成要素間の複雑でダイナミックな相互作用のプロセスによって継続的に構成される、相対的に安定したパターンであると考えられる。(Fogel et al., 1992, p.129)

創発する自己組織化プロセスとして、情動は認知と同様流動的で、文脈に敏感であり、非線形的であり、偶発的である。他の創発カテゴリーと同様、乳児は日々の社会的活動を通じて、初めは自己と環境との間のより拡散的な一致であったところから、意味を割り当てる —— カテゴリーを形成する —— ことを学習する。乳児が社会的談話に参与するとき、行為を生み出し、感じられた結果を知覚し、社会的パートナーとの交互活動を、しばしば互いに相手に合わせたり、役割を交代したりするゲームの中で見る。世界を理解する安定したカテゴリーが神経細胞群選択において創発するのとまさに同じく、感情の安定したカテゴリーは一定の知覚−運動カテゴリーと結びつけられるようになる。（メルツォフ（Meltzoff, 1993）も、乳児と大人の間の知覚−運動のマッ

ピングが、自己と他者両者における情動表出の理解の源泉であると指摘している。)

このように、動機づけのランドスケープは、情動経験と情動表出の分化を示すそれとして、容易に解釈することができる。少数の深い井戸しかない、まばらなアトラクターのランドスケープで表される初期バイアスから、乳児は、情動状態とそれに結びついた活動を生み出し、知覚する経験を反復することによって、より複雑で分化した一連のアトラクターの安定した窪みを獲得するようになる。この道筋に沿って、いくつかの結合は失われ、他の結合は新しい社会的文脈に方向転換される。このようにして、社会的、文化的期待が感じられる情動と、その感じられた情動を他者に伝える活動の重要部分となる。これらの活動は、再び、動機づけと認知のランドスケープと互いに重なり、かつ完全に交差していると考えられるだろう。

クルト・レヴィン再発見

動機づけとダイナミックな認知に関する考察を、クルト・レヴィンへの賛辞で締めくくろう。彼は50年前に、ダイナミックな動機づけのランドスケープを描いていた。こうして、現代のダイナミックシステムと神経科学を通じて動機づけの基礎を探す旅は、一巡してレヴィンの非凡な着眼へと回帰した。レヴィンは発達理論家としては忘れられたも同然であるが（彼のことは最近の教科書に載っていない（Miller, 1989））、彼の説明は大いに現代的妥当性をもっている。レヴィンは真のシステム理論家だった。行動を理解するために、彼は「人とその環境は、相互依存的な諸要素の1つの布置として考えるべきである」（Lewin, 1946, p.793）と主張した。所与の物理的環境は、その環境にいる個体の状態の関数としてのみ意味をもつ。逆に言えば、個体の特性は、彼らが置かれた環境の外部には存在しない。このように、行動を説明する目標は生活空間を科学的に特徴づけることであり、したがって、行動を生活空間につなげる関数を発見することである。

先に述べたように、レヴィンは生活空間を様々な強度をもった諸力の場 —— ダイナミックシステムの用語で言えば、アトラクターとリペラー —— として特徴づけた。人はこの力の場の中を、その空間内の場所、要求、それ以前の歴史、等々に応じてダイナミックに動く。力、すなわち、動機づけは、特定の環境内でのその性向に依存して、競合したり、葛藤したり、合わさったりするだろう。学習は、生活空間内の特定されていない場所へ至る道を発見すること、あるいは、新たな構造を付加することに関わっている。子どもたちが新しい道を切り開くにつれて、新たな生活空間が開かれ、分節化し、新しい、そしてより多くの、アトラクターとリペラーの領域が作り出される。

レヴィンの発達のダイナミックスは、図11.3に見事に描かれている。生活空間は層をなす力の場として描かれ、特定のアトラクターの窪みと力の潜在力に対応して異

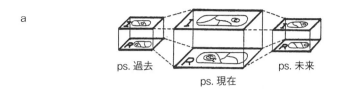

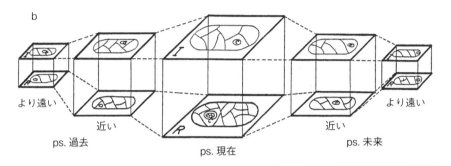

図 11.3
レヴィンの心理的空間 (ps)。力の場の層からなるシステムとして描かれたランドスケープ (R：現実。I：「非現実」)。過去、現在、未来の動機づけの力のつながりを示している。【a】年少児の生活空間。【b】より年長児の生活空間。

なる区域がある。生活空間のパラメターは、大きさ、特異性の度合い、現実と「非現実」の区別、時間を通じての心理学的影響の大きさと距離のような、いくつかの次元をもつ。上の図 (a) は年少児の生活空間である。現在においても、直近の過去、未来においても同様に、年長児に比べ小さく、より分化の程度が少なく、そして、現実とファンタジーの区別がなされていない。対照的に、発達 (b. 年長児) は、接近可能で知っている空間領域が増え、現実と願望や恐怖の間の距離が大きくなり、さらに、より長い心理学的歴史と未来に対して期待すべきことに対する、より明確な知識をもっている。

レヴィンによれば、そうした空間内でどのように巧みに動くかかという認知、あるいは解決は、欲求に由来する。「生活空間の認知構造は欲求の状態に影響される」(1946, p.810)。意味は欲求の強度と、空間の関連領域のレヴィンが言うところの「流動性」との関連においてのみ、知覚に与えられる。私たちの用語で言うと、これは代替パターンを探索し選択を許容する、協調サブシステムの相対的な柔軟性として考えられる。つまり、レヴィンは認知を、柔かに編成された、動機により駆動される、課題に対し柔軟な、個別的で、歴史的で、機能的なものと見ている。

次節で論じるのは、まさにこうした、いわゆる認知の高次の形態がダイナミックに

創発することを可能にする、精神生活の質についてである。言語、論理、意識、想像力、そして、象徴的推論は、これまで述べてきた動機づけられた知覚、カテゴリー化、行為などのプロセスよりも「上位」にあるわけではない。むしろそれらは、これらの諸プロセスの一部であり、時間的にも機構的にも継ぎ目なく、一体なのである。何よりもまず、私たちは、高次の認知が発達の中に埋め込まれていると主張する。それは、その起源の歴史から成長し、それが維持される。特に、認知は身体化され、また、社会的に構成される。ダイナミックな理論がどのように身体化され、社会的に構成された認知を支持するか、というのが次節の主題である。

身体化された認知の起源

　第2章で私たちは、認知発達研究が危機に至ったと主張した。この危機は、心の性質についての理論と現実の子どもたちについての実際のデータとの対立の結果だった。尊大な見方から、人間の認知の特徴は象徴的、合理的、要約的で、構造化され、演算的であるとされてきた。しかし、私たちの心の発達についてのデータは、そうした最終状態の記述と合致しない。現実の子どもが実際の課題にどのように取り組むかを微視的に見れば、考えることは雑然としていて、流動的で、文脈に依存し、しばしばとても合理的とは言えないことがわかる。本書で論じてきたことは、私たちが脳について知っていること、また発達について知っていることは、まったく異なる最終状態の理解に導く、ということである。

　最近、何人かの心の哲学者が、人間の認知を心の客観主義者の見方を反映したものとして見る支配的な特徴づけに対する、別の見方を提示している（Johnson, 1987; Lakoff, 1987a, b; Varela, Thompson, & Rosch, 1991)。客観主義者という用語は、この世界には客観的真理が存在し、人はその真実を象徴的に表現する心的構成概念によって理解するという信念を言う。ピアジェは心の客観主義者の見方の代表である。ピアジェが発達の最終状態として見たものは、冷徹な論理によって世界を理解するようにデザインされた心である。発達が導くのは、象徴的構成概念によってのみ理解される論理的世界に意味を与える、一連の命題構造である。このように、ピアジェ理論においては、乳児や児童は、形式論理の理想的な抽象化のために、主観的で、文脈依存的、非論理的な解決を捨て去らなければならない。ピアジェは彼の探求を、この最終地点——合理的で、この世界が機能するしかたに合致するように進化した、抽象的な構造を備えた、カント的な認識者から出発した。彼はある意味で、発達のストーリーを逆向きに打ち立てたのである。理想的な大人の認識者の理解から出発して、彼の発達観察を解釈した。その観察自体は比類ないものであり、スイスの論理学者、卓越した合理主義者となったのであった。そうした発達の最終的なあるべき姿という先入観を捨

てさえすれれば、ピアジェや私たちのデータに対する、まったく異なる解釈による発達のストーリーを描き出すことができるのである。

　反客観主義の哲学者は、客観主義者が心を合理的、真理主義的、抽象的、概念的、そして先験的な属性に力点を置いて見ており、人間の経験の全領域を説明するには不十分であると論じる。日常の経験には、身体的、情動的、知覚的、想像的、事後的、そして実際的な諸側面がある。この章の最初の節で主張したように、私たちの活動にエネルギーを与え、思考を焦点化したり拡張したりするのは、こうした動機づけの流れ、この生活の現実のもろもろとの接触である。この立場の思想家は、現代の認知科学にあまりにも一般的な、心がデジタル・コンピュータのように働くとする仮定を拒絶する。彼らは、知ること —— 世界をカテゴリー化し、その中で行為し、世界に意味を付与し、自分の行為を省察すること —— は、その中核において非命題的で、流動的で、乱雑で、想像的で、創発的で、構成的で、メタファー的であり、何よりもダイナミックであると指摘する。彼らは知識を、経験を超えて存在するのではなく、直接経験に根差していると考える。彼らは、意味の本質が世界の知覚とその中での身体的活動の不可分の一部であると見る。意味とは、私たちが家庭や職場や共同体の文化の中で、見たり、聞いたり、感じたり、問題を解決したりするしかたの中から、構成されるものである。

　ジョンソンとレイコフは、現実の経験から思考が創発することを捉えるのに、身体化という言葉を適用した。ヴァレラ、トンプソン、ロッシュ（Varela, Thompson, & Rosch, 1991）は、同様の考えを表すのに動作性認知（enactive cognition）という言葉を用いた。身体化認知という観念は、次のようなことを意味する。すなわち、人間は自分の経験を、命題論理を用いて記述し、考えることが可能であり、また、そのようにする。しかしながら、私たちの論理は、非命題的であり、そして実際、完全に身体的な経験に基づいて働いている。私たちは知覚と行為を流動的で、ダイナミックで、文脈的なカテゴリー、組織化のパターンとして取り扱い、それらが私たちが意味と関わるまさに基礎的材料となる。動作性認知においては、もっとも抽象的な意味での意味であっても、行為と切り離せない。意味の起源は行為であり、したがって、実時間において、活動を通じて現れる —— 創られる。

　身体化された意味の1つの重要な源泉は、物理的包含の一般化された経験である。ジョンソンは次のように述べる。

　　包含と境界との出会いは、私たちの身体経験にもっとも広く見られる特徴の1つである。私たちは自分の身体を三次元の容器、すなわち何らかの物（食物、水、空気）を取り入れ、また、他の物（食物や水の排泄物、空気、血液、等々）が現れる容器として深く意識している。また、生まれたときから環境の中の物理的包含（私たちを取り巻く対象）を絶え

ず経験する。部屋、衣類、乗り物、等、境界で区切られたおびただしい空間を出たり入ったりする。モノを掴んで容器（コップ、箱、缶、袋、等々）の中に入れたり出したりする。これらの1つ1つの場合に、繰り返される空間的、時間的組織がある。言い換えれば、物理的包含には典型的なスキーマがある。(Johnson, 1987, p.21)

ジョンソンは続けて、そうしたスキーマがどのように思考や言語に浸透するのか、また、抽象的なメタファー的意味において、どのように物理的包含関係を通じて世界を理解するのか、を示す。これは、「in（中に）」、「out（外に）」、「over（上に）」、「near（近くに）」のような前置詞の理解に反映されている。ジョンソンによれば、そうした物理的関係を理解できるのは、私たちがそれらに行為し、それらに触れ、それらを見てきたからである。しかし、私たちの身体的経験は、メタファーや想像力のような、より抽象的な領域にまで拡張される。たとえば、前置詞「in（中に）」と「out（外に）」に対する私たちの理解を、包含の一般化されたカテゴリーの部分として考えてみよう。「leave out（外に置いておく）」、「pick out（外に取り出す）」、「take out（外に持ち出す）」などの言い回しは、方向と関連した純然たる物理的意味と理解できる。しかし、次の2つの文章中の「leave out」を見てほしい。

(1) 焚き木を積むとき、あの大きな丸太を〈除いて〉ください。
(2) どんな関連するデータも、私の議論〈から外し〉たくない。

(Johnson, 1987, p.35)

最初の文章は、単純な物理的関係を表している。しかし、二番目の文は、意味のメタファー的な飛躍がある。議論の中にデータのどんな物理的存在もない。議論を、そこにデータを入れたり取り出したりできる容器のように解釈している。議論は論理的には容器と等価ではないが、経験の他の場にもし包含を投影できるならば、それに似たものである。これには「in（中に）」や「out（外に）」のカテゴリーを流動的に、表出的に、創発的に使用することが必要とされる。

私たちは、認知と行為のダイナミックシステムによる説明は、こうした意味深い拡張が獲得される発達メカニズムを示唆することができると考える。特に、私たちが本書で提示したいくつかの例が、どのようにジョンソンの第二の広く浸透したイメージのスキーマ、物理的力のそれに直接つながるかを、推測できる。

私たちは空間を移動する際に、身体を動かす力を制御しなければならない。実際、私たちが対象に対して行為したり、あるいは対象が私たちに対して作用したりするとき、環境とのすべての因果関係が、何らかの力の相互作用を必要とする。ジョンソンが言うように、「私たちの経験は力の相互作用によって結合されているので、意味

の網の目はそうした活動の構造によって結びついている」(p.42)。彼はそれに続いて、力のゲシュタルトが、どのように力のスキーマを通じて言語と意味に浸透するかを示す。すなわち、強制、妨害、対抗力、進路変更、使用可能状態、誘引、等々を表現する動詞はすべて、力を産出し、力を受けている存在としての経験に由来し、それを通して理解された基本的なメタファーである。なおいっそう注目すべきは、ジョンソンが、「can（できる）」「may（してよい）」「must（ねばならない）」「should（べきである）」「could（ありうる）」「might（かもしれない）」のような法助動詞──言語の中で完全に論理的に構成され、命題の形式で表現しえる動詞──ですら、より基本的な、経験に根差した意味において理解されうることを示した。これらの、可能性、必然性、許可を表す動詞は、環境に対して、障碍や強制を乗り越えたり、その他の力に関連する行為の意味を担っている。ジョンソンは、こうした理解を前言語的であると考えている。「must（ねばならない）」、「can（できる）」という概念は言語から学ぶ必要はなく、日常生活の中の力、障碍物をよける四肢や体の動き、リーチングして物を掴むこと、椅子に腰を下ろすときの力加減、等々の動作によって学習される。

力の身体性に対する発達的説明

　身体化された認知という構成概念は、身体を制御することを学習している乳児や幼児の活動に、新しい意味を付与する。第4章、第8章、そして第9章において、私たちは、乳児が単純な運動スキル、歩くこと、リーチングすること、脚を蹴って頭上のモビールを動かすこと、そして、スロープを降りることに対する説明を行った。それぞれの場合において、私たちは、そうした課題が学習されたのは、乳児が目標──部屋を横切る、オモチャを掴む、興味深い出来事を見る、母親に抱きつく──に対する動機づけがあったからであり、そして、そうするために身体を用いて、力強い相互作用を利用したからだと論じた。歩行にはダイナミックなバランスの習熟、重力によってぐらついて倒れたりしない振り子の動き、足と床との間の適正な密着が必要とされる。リーチングするには、適当な強さの力を腕に加え、膝から持ち上げ、熱心に腕をバタバタさせる動きを制御して、オモチャに触れるために手を止める必要がある。モビールを動かすには、脚の筋肉を収縮させる頻度と強さを増大させなければならない。スロープをうまく越えるには、傾斜を正確に見積もること、それに見合った移動スキル、そして、移動運動のタイプと程度を勾配に合わせることが必要とされる。

　それぞれの場合において、私たちは乳児が探索を通じて解法を獲得するようになると指摘した。すなわち、様々な文脈下で運動を生み出すこと、そして、そうした運動の結果を感じること、見ることである。頭上のモビールやスロープのような新奇な課題に直面すると、乳児はその文脈に、自然発生的に、あるいは目標達成をすることで生じた運動を通じて、何らかの理解をたずさえて臨む。その課題の挑戦は新奇であっ

ても、動いたり知覚したりするプロセスは、時間的に切れ目なく続いている。突いたり、つぶしたり、バンバン叩いたり、跳ねさせさせたり、つたい歩きしたり、声を出したりするような、もっとも普通に見られる日常の行為であっても、子どもはそこから、世界と相互作用する運動の情報を得ている。

　ここで指摘したいことは、神経群選択理論であり、繰り返される運動の相関する再入力、そしてその知覚的な結果のプロセスを通じて、乳児は知識のカテゴリーを獲得するようになるということである。第9章でガブリエルとハンナの研究を紹介して見てきたように、乳児は個々に、オモチャにリーチングするのにどのくらいの力が適当かを学習する。しかし、こうした乳児は、脚についても、頭についても、姿勢の安定についても学んでおり、すべてが何らかの力を見積もることに関わっており、その結果、環境との間の力強い相互作用が生じる。特に指摘したいのは、広く様々な個別の場面で力を制御することを学習した経験を通じて、より一般的な理解のカテゴリーが創発するということである。「スロープに働く力」、「モビールを動かす力」、「オモチャにリーチングする力」等々の経験から、乳児は「力一般」という、高次の概念を記憶し、一般化する。ロビー - コリアの実験結果を思い出してみると、いくつかの異なるモビールを経験することによって乳児は、モビール一般に対する適切な足蹴りを覚えることができたのであり、訓練に用いられた刺激の場面だけを学習したわけではなかった。もちろん、現実の生活における乳児の経験は、対処すべき多くのオモチャ、様々な異なる姿勢、床面、人々、その他、によって高度に多様である。神経細胞群選択理論によれば、この多様なカテゴリーの継続的な形成と貯蔵こそが、高次の抽象が創発する基礎である。

　運動スキルの領域内で起こる挑戦、探索、発見、そして新たな挑戦という一連のサイクルは、乳児が目覚めている時間の大半を占めている。実際、私たちは、力と世界の相互作用に対するこれらの解決が、乳児はもちろん、生涯を通じて広く浸透しており、基礎をなすので、言うならば、すべての認知の織物そのものへと持ち越されると考える。このプロセスは、単純なモデルで例示できる。図11.4にあるように、ある抽象的な心的状態空間での力問題に対する解決を、4つの雲の形で表現してみよう。雲はダイナミックで、非構造的で、プロセス志向の性質を示すのに用いる。ダイナミックの用語で言えば、これらをアトラクターの窪みと考えることができる。当初は、モビールとスロープを使った実験が示すように、解決空間は小さく制約されている。乳児は、彼らの姿勢、位置取り、その他の文脈に特有の要素に特異な解決を学習する。雲は分離している。図11.4の1. に示されているように、特定の文脈における行為はその文脈に影響されており、限定された、似た歴史をもつ。しかし、乳児が広い範囲の経験を得るにしたがって、雲が広がり、解決が一般化され、1つの文脈での行為がより広い、様々な文脈での行為の歴史によって影響を受ける（図11.4の2.）。

第11章　困難な問題 ── ダイナミックな認知に向かって　　385

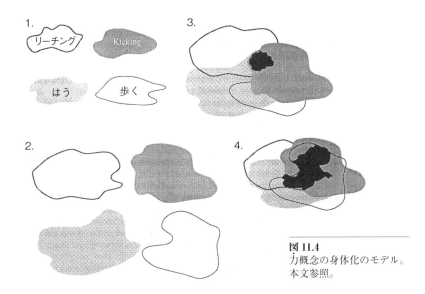

図 11.4
力概念の身体化のモデル。
本文参照。

やがて、各解決の共通部分が互いに重なりあうところで、解決空間同士が交わる（図11.4 の 3.）。この場合、あたかも抽象的な力の上位カテゴリーが、個々の特異な経験から創発して存在するかのように見える。この力の知識は、しかし、その特定の例から切り離された表現ではない。それは相互作用する神経群の諸プロセス、それらの歴史を担う諸プロセス、乳児が「モビール性」、「スロープ性」をどのように学習したかと同一の諸プロセスの中に存在している（図11.4 の 3.）。

　もし、指摘したように、身体的な力の経験の歴史が日常生活における膨大な問題解決に伴うとすれば、この抽象化の雲は実際、大変大きくなるだろう（図11.4 の 4.）。力の雲は行為することの知覚によってだけでなく、行為することを考えること、行為を計画すること、そして、行為について語ることによっても創発するだろう。ダイナミックの用語で言えば、こうした特定の実時間の経験からアトラクターの広い窪みが創発し、その結果、非常に多くの日常経験がこの窪みに捉えられると想像することができる。意味、多様な個別の認知的行為の全体にわたる類似性、共通していると見える核、単一に見える抽象的観念は、文字どおり、多大な日常経験の共通性から生み出される。このようにして、思考は発達的に構成される。継ぎ目なく続く時間とプロセスの織物が、創発する高次の抽象の身体的な基礎を与える。この関係性の基礎は、言語以前の発達初期に構築され、こうした身体的関係性は、言語以後にも言語とは独立に、また、言語を通じて存在し続ける。ここでの考えは、私たちがこれらの交差の中を徹底的に生きてきて、完全に埋め込まれ身体化されているので、議論からデータを「外す」ことができ、字義どおりの意味からの拡張を理解できるのである。あるいは、

「must（ねばならない）」（力）という語は、その大元に、力による強制が関わると実感できるのである。他の身体化されたイメージ・スキーマ —— 均衡、経路、連結、誘引、一致、接触、対象、量計、中心－周辺、物差し、重ね合わせ、等々 —— を脱構築して、ジョンソンはそれらが「私たちの理解と推論を制約する、浸透性のある、良く定義された、完全に十分な内的構造である」[ジョンソンによる強調]（Johnson, 1987, p.126）と結論する。

> このような重ね合わせによって、私たちの世界は、高度に構造化され、価値を帯び、個人化された領域として形成され始め、その中で私たちは、願望の引く力を感じ、目標を追求し、欲求不満に対処し、そして、喜びを祝福する。私たちが当然のこととして世界に組み込まれているとしている構造、価値、目的性の大部分は、主として、上述した種類の互いに織り合わされ、重ね合わされたスキーマからなっている。（pp.125-126）

本書のテーマは、私たちが記述してきたダイナミックなプロセスを通して、乳児期に「世界が形をとり始める」ことを示すことにあった。時間の糸は途切れることがなく、身体的経験 —— 知覚することと行為すること —— は世界との原初的な相互作用を形成するので、認知は身体化されなければならない。知るということはダイナミックであり、カプセルに入れられて切り離されてはおらず、構造と計算であるよりは、むしろ軌跡でありプロセスなので、高次の理解は日常生活の実時間の解決から自己組織化されるのである。機械の中の幽霊や、頭の中の知者、あるいは特別な装置などは必要ない。

知識の社会的身体性へ向けて

本書で私たちは、個人の知覚すること、行為すること、知ることに焦点を当ててきた。私たちは、個人が何よりも第一に問題解決者であり、環境が課す難題に対する適応的な適合を生み出したり、選択したりしていると特徴づけた。時には、A-not-B エラーにおけるように、個人は「局所的な」解決に陥ってしまい、自身の内的なダイナミックスの特有性と現下の課題の制約に、いわば、捉えられてしまう。別のときには、そうした局所的な渦から逃れて、ダイナミックな位相変位のときに、新たな適応的な適合を見出す。

現実の世界においては、もちろん、個人はまったく単独で、解決空間を探索したり、模索したりすることは決してない。生まれた瞬間から、学習と発達は社会的である。家族と同胞は乳児と幼児にとって世界の親密な一部であり、彼らが生活する対象であり、接触する外部である。そして物理的な対応物とは違って、人間同士は入り組んだ

ダイナミックな力を創り出し、関係性が進展するに伴ってお互いに変化する。

　これまで私たちは、発達初期の社会的側面に焦点を当ててこなかったが、ここで述べる説明は、知識の社会的構成理論と矛盾しないし、また、事実、そうしたプロセスに対する生物学的に妥当なメカニズムを提案するものである。確かに、私たちは、身体的行為が指向の中に「身体化」されるようになるのと同一のしかたで、意味が家族、学校、地域、文化の中の関係性によって与えられるとするフォーゲル（Fogel, 1993）に同意する。社会的情報と社会的問題解決は、日常の活動の〈いま－ここ〉にあまりにも完全に浸透しているので、そうした出会いの共通性が非常に大きな雲、巨大なアトラクターの窪みを生み出し、思考、想像力、言語のすべての側面に広がる。次には共通性が、同様に、文化の細目を通じて立ち上がる。意味は、したがって、それを生み出す局所的な活動から解き放たれることはできない。

　社会に埋め込まれた思考の理論は、ジョン・デューイ（Dewey, 1916）と、より最近の、ロシアの心理学者ヴィゴツキー（Vygotsky, 1978, 1986; Luria, 1976; Rogoff, 1982; Wertsch, 1985; Cole, 1985 参照）の新たな関心に起源をもつ。ヴィゴツキー理論の基本的論点は、子どもの認知発達は社会的活動として進歩し、またそのようなものとしてのみ理解することができるということにある。家族、同胞、教師、そうした人々を通じて、つまり全体としてのその社会の文化が、心の内容と構造を与えるだけでなく、意識の性質そのものをも提供するのである。社会的ディスコースと言語を通じて、子どもたちは歴史社会的な文脈に参加し、かつ吸収することで、やがてそれらは、彼らの思考と言語に組み入れられる。ヴィゴツキーは、彼以前のデューイ同様、文化への能動的な参加、たいていの場合、自分より文化の価値や道具の使用法をよく知っている仲間と交互活動をともにすることが、発達的変化の原動力であると信じていた。このように、私たちのダイナミックな説明と同じく、複数の時間スケールの切れ目のないダイナミックスから、新しい適応が創発する。〈いま－ここ〉で子どもが行っているのは、過去の活動の所産であるとともに、未来における行為の基盤でもある。

　ヴィゴツキーの伝統に位置づくロゴフ（Rogoff, 1995）は、社会的文脈における子どもたちの密度の高い交互作用を、3つの異なる平面に焦点化して特徴づけた。徒弟制というメタファーは、経験の乏しい子どもが、他者によって用意された社会参加を促す文脈で、実践的に文化的に組織された活動を学ぶプロセスをうまく捉えている。学校は、組織化されたクラブ活動や授業であり、子どもたちに、その文化が認可した道具、材料、価値、制約などを提供する。ロゴフは、対人的場面において生じる活動を、導かれた参加と名づけている。これには、構造化された活動における個人的、社会的パートナー同士のあらゆる相互的な行為が含まれる。パートナーの片方が公式に、あるいは非公式に他方を手引きし、また、ある活動を促進するように環境が構造化される。したがって、たとえパートナー同士が対等でなく、片方が見ているだけの存在で

あったとしても、すべてのパートナーが能動的な参加者である。ロゴフの構成概念において重要な点は、導かれた参加を組織するのは相互的な課題であり、相互的な解決を探求することにあることである。これは作業 —— パズルを解いたり、地図を読んだり —— を成し遂げるという、非常に特化されたものであったり、あるいは、単に一緒に楽しい時間を過ごす場合もある。ロゴフの第三の記述レベルは、参加的充当（participatory appropriation）である。これは、個々人が変化し、「類似の活動に異なるしかたで行うことができるようになる」（p.17）プロセスである。彼女はこの用語を、ヴィゴツキーが用いた内化という概念と対比する。子どもたちは情報を単に吸収し、それを組み入れる、すなわち、外的なものを内的なものへと変換するというだけではない。むしろ、「プロセスであり続ける子どもたちの能動的な参加それ自体が、活動を促進する作用となる」と主張する。

> 参加的充当のダイナミックなアプローチは、認知を貯蔵された所有物（思考、表現、記憶、プランなど）の集合として定義せず、むしろ、考える、表現する、想起する、プランを立てる能動的なプロセスとして扱い、これは貯蔵されたものの相互作用には還元できない … 能力や知識の断片を所有したり獲得したりすることを研究する代わりに、人々が参加する活動や展開している出来事に含まれる、能動的な変化に焦点を合わせる。出来事や活動は本来的にダイナミックであり … 変化と発達こそが … 土台なのである。（Rogoff, 1995, pp.17-19）。

認知と行為へのダイナミックシステム・アプローチは人間の認知に関する文化的また文脈的説明に、生物学的な基礎を提供する。思考と行為は、柔軟に編成され、流動的で、課題によって駆動されるという単純な仮定から始めて、心的生活は日常生活の活動から創発すると主張する。前節で意味自体が私たちの歴史、共通の経験の文脈における行為であると論じた。文化はそのあらゆる現れ方において日常生活に満ち溢れているので、意味はこの文化の共有された諸側面によって覆われている。意味は文脈の中での、ダイナミックな歴史をもつシステムにおける活動性であり、それゆえ、文化とその中に暮らす家族によって共有され、解釈された価値、信念、傾向を伴う。こうした意味で、抽象化された論理的構造というものはない。個々の認知的行為それぞれが、独自の意味を創造するのである。

話すことと知覚すること —— 相互作用的認知

リーチングしたり、打ったり蹴ったりなどに用いられる力のように、広く浸透している文化の一側面が言語である。子どもは言葉の海の中で育ち、言葉は知覚すること、

行為すること、思考すること、求めることと結びついている。現実生活の言語使用には異種混淆の、離接的な、過剰な、そして連結された神経群が連携的に関わっており、それらの再入力の影響を通じて、深く広いアトラクターを発展させるだろう。このように、言語の共有された歴史は、共有された身体的な力や文化と同様、個人の実時間の認知的行為を形成するだろう。私たちが行うことのすべて —— 行為することについて語ること、行為を計画すること、行為することを考えること、行為を知覚すること —— は、この言語経験の歴史をたずさえているだろう。

　発達における言語の役割に対する私たちの見方は、このように、ウォーフの考えに近い。私たちは言語に特別な地位を与えるものではないが、ウォーフ（Whorf, 1956）と同様、言語は考えること、知覚することをかたちづくると主張する。歴史的に見ると、言語が知覚を変化させうるとする考えは、大いに論争を呼んできた。もし、知覚が普遍的で言語に影響されないとすれば、知覚は言語が構築されるところの基盤である。もし、対照的に、知覚されたこと、つまり、世界との相互作用から知り得ることが言語に依存するならば、単一の真実はないことになる。知り得ることは相対的となる。多くの人々は、知覚 − 言語論争では恒常的で普遍的な知覚システムが支持されたと考えている（Glucksberg, 1988 参照）。最近、しかしながら、それとは反対の報告が増えてきている（たとえば、Choi & Bowerman, 1991; Gentner & Rattermann, 1991; Lakoff, 1987b; Sera, Reittinger & Castillo, 1991; Smith, 1993; Smith & Sera, 1992）。1つの研究結果について、簡潔に考えてみよう。

　知覚 − 言語の相互作用を研究する1つの方法は、異なる言語を話す中で育った人々の知覚の最終的な状態を調べることである。もう1つの方法は、知覚と言語の変化の間の発達的依存度を調べることである。スミスとシーラ（Smith & Sera, 1992）は2番目の方法を用いて、子どもの次元の知覚が、次元に関する言葉の知識の関数として劇的に変化することを報告した。具体的には、2歳と3歳の間に、子どもの物の大きさと音の大きさとの照合が飛躍的に増大することを見出した。2歳児は、より大きな対象とより大きな音を照合しなかったのに対して、1歳年上の子どもたちは、そろって、迷うことなく照合したのである。さらに、知覚照合課題における個々の子どもたちの成績は、「big（大きい）」、「little（小さい）」、「loud（音が大きい）」、「quiet（静か）」のような言葉を知っているかどうかによって決定された。この言葉を知っている子どもは、次元間の照合を行えたのである。

　スミスとシーラは、子どもの大きさと灰色の濃さの照合に関して、まったく反対の発達コースを見出した。2歳児は、より大きな対象をより濃い灰色に、しっかりと、一様に対応させたのに、年長児はそうしなかった。大きさと灰色の濃さを、ランダムに対応させたのである。さらに、より大きな対象をより濃い灰色に対応させなかったのは、「big（大きい）」、「little（小さい）」、「dark（濃い）」、「light（薄い）」という言葉

を知っている子どもたちであった。より大きな対象をより濃い灰色に対応させたのは、「dark（濃い）」、「light（薄い）」という言葉を知らない年少児に限られていた。

このように、スミスとシーラは、言語学習とともに増大する知覚的対応と、減少する知覚的対応とを見出した。彼らは、言語学習が他の力とともに、成人が当然と見なしている「量的」次元間における知覚的対応を創出したという仮説を立てた。彼らは、英語が正側の言葉を特別に扱い、「big noise（大きな音（騒音））」のように、「big（大きい）」を一般的な量を表す言葉として用いることが、「より～だという状態（moreness）」という抽象的な概念——図11.4で力の考えを「雲」アトラクターのようなものとして見た抽象的な概念——の形成を促進したと推測した。スミスとシーラはさらに、発達初期の、bigger（より大きい）、darker（より暗い）のような知覚上の関係が、知覚された強度の言語による再組織化と、特に、英語における「dark（暗い）」と「light（明るい）」という言葉の使用が、灰色にも照明の強さにも言及するために、直接的に打ち消されると論じた。さらに彼らは、西アフリカのヨルバの言語のように、色に対する言葉と光に対する言葉が混合しない言語の中で育った子どもは、発達中一貫して、big も知覚的に dark grey のようであろうと推測している。

スミスとシーラの結果とその解釈は、知覚が言語の土台ではないことを示唆する。言葉はすでに形成された知覚的カテゴリーの上に、それらに触れることなく、またそれらを変えることもなしに、純粋にマッピングされるのではない。むしろ、言語を学習することは、リーチングや這うことの学習と同様、知覚的ランドスケープを変化させる。私たちが知覚することは経験の歴史に依存し、その歴史には言語が含まれる。言語は、蹴ることや、入れ物の中に入ったり出たりすることや、社会関係をもつ相手と役割を交代することと同じように、認知を創り上げる相互作用の複雑な歴史における、1つのダイナミックな構成要素なのである。

この、言語を知ることが知覚することを変化させるという考えは、認知発達が1つの方向にのみ流れる——知覚から概念へ、言語へ、ますます高次に、ますますより抽象的に——とする見方とは正反対である。認知に対する私たちの見方はそれとは違って、あらゆる方向——知覚から言語へ、そして言語から知覚へ——の多様なレベルにわたっての、そしてそれらの間の、同時的で継続的な相互作用であると考える。この発達している認知システムは相互依存の全体的結果であるという考え方は、ヴァン・ギーアト（van Geert, 1993）によるメタファーにうまく示されている。彼は発達を島の生態圏における進化と定着に喩える。知覚と言語は、この生態圏における2つの種と見なせる。それぞれの種の適応はもう一方の種に依存し、さらに、その島のすべての他の種に依存する。孤立した状態での適応は考えられない。さらに、ウォーフ仮説の伝統的な定式化のように、2つのうちどちらがもう一方を決定するのかを問うのは無意味である。発達の結果、すなわち島の生態圏の構造全体と、個々の種の適応は、

連続的な相互作用と相互的影響のダイナミックシステムとして理解するのが最善である。

フォーダー（Fodor, 1983）は、認知が多くの相互依存性をもつ文脈に敏感な高次システムであるとするこの考え方を、そのような認知システムは科学的に研究しがたいだろうとして拒否した。本書ならびに姉妹書（Smith & Thelen, 1993）は、それに対する反証を提供するものである。複数の部分が継続的に、そして流動的な相互に影響しあう発達のプロセスを理解するためには、ダイナミックな認知の組織を複雑系と見て、その安定点、不安定点、組織化、再組織化を実証的に解明しなければならない。

ダイナミックな認知における象徴的思考

ここでもう１つ、別のメタファーを紹介しよう —— それは、私たちのダイナミックな認知の概念と、より伝統的な計算論的な見方の間の根本的な相違をよく示している。このメタファーはまた、計算理論の優れた強みであり、ダイナミック理論の致命的な欠陥だと一部から主張されることについて考える上での、お膳立てともなる。この議論を分かつ問題とは、象徴的思考である。

このメタファーはヴァン・ゲルダー（van Gelder, 1992）によるもので、何らかの機械に接続されたはずみ車を駆動する蒸気機関に関する 19 世紀の技術的問題に由来する。問題は、エンジンの負荷と蒸気圧が絶えず不規則に変動しても、はずみ車の速度を一定に保たなければならないことである。はずみ車の速度を一定に保つための装置、調速器と呼ばれるが、それをどのように設計すればよいだろうか？　ヴァン・ゲルダーは最初、次のような計算論的な解決を考えた。はずみ車の速度を測定するタコメーター、スロットルの調整を算出する装置、スロットル調整器、そして、一連の作動を統御する実行装置。注意してもらいたいのは、この道具の内部にあるのは、蒸気圧、速度、その他の表現（測定値）だということである。実際、この計算論的調速器は、伝統的な認知メタファーと同じく、１つの構成部分から次の部分へと、表現を操作し、次々と伝達することによって働く。

おそらく計算論的に調速器を作ることは可能であろうし、機能するだろう。しかし、それは 1800 年代初期にジェームズ・ワットによって発明された単純で洗練された装置ほどに巧く、負荷や圧力の変化に賢く、流れるように適応して働かないだろう。ワット式の装置は遠心力を利用したもので、図 11.5 に示されている。遠心式調速器は、主たるはずみ車に振り子重りのついた回転軸がギアで結合されていて、完全にはずみ車自身の回転速度に依存して回転するようになっている。ヴァン・ゲルダーは次のように述べている。

回転軸に蝶番で2本のアームが取り付けられ、それぞれのアームの先端には金属球が着いている。軸が回転すると、遠心力によって金属球が外側に動き、したがって上方に移動する。巧妙な仕組みにより、アームの動きはスロットルに直接つながっている。その結果、主たるはずみ車の速度が増すと、アームが持ち上げられ、弁が閉じて蒸気の流れが制限される。はずみ車の速度が下がると、アームは下がり、弁が開くことでより多くの蒸気が流れるようになる。その結果、機関は一定の速度を保ち、驚くべき迅速さで、圧力と負荷による大きな変動に対して、滑らかな動きが維持されるのである。(van Gelder, 1992, p.3)

ワットの調速器は、計算論的な装置とは根本的に異なるしかたで――表現や計算を用いることなしに、知的で文脈の変化に敏感な、かつ、全体の秩序を保つしかたで――課題をこなす。ワットの調速器は内部に何も表現しない。ただ、仕事をするだけである。どの時点を取っても、すべてが他のすべてに依存しているので、ほぼ完璧に働く。アームの上昇、スロットルの開閉、はずみ車の速度は、順次直線的に進むように連結されているわけではない。このシステムのどの部分の振る舞いも他の部分より優位だったり、先んじたりすることはなく、むしろ、すべての部分が複雑で自己変容的な活動の流れにおいて、同時に原因であり結果でもある。ワットの装置は賢い、ということにも注意されたい。それは（内的表現はもたないが）計算論的調速器と同等の知識を具体的動作において示す。私たちは、認知がワットの遠心力調速器の賢さのようなものであると提案する――それは、無数の異種混淆的な力の同時的で、継続的な相互作用において創発する活動である。もちろん、本書に展開してきた認知の理論は、1つ重大な点において、遠心調速器とは異なる。認知は発達する。私たちは、それ自身の活動を通じて、まさにその構成要素と相互作用のしかたを変化させるような遠心調速器を構想しなければならない。この発達する遠心調速器のイメージは、認知の良いメタファーを提供する――私たちが本書で提起してきた考えを要約するものである――と信じる。それは、私たちが動作性（enactive）システムという用語で意味することを描き出す。認知は複雑系の活動であり、時間における各瞬間は多くの構成要素のダイナミックな相互作用によって創造され、そして各瞬間は次の瞬間を創造する。

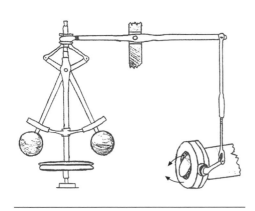

図 11.5
ワットの遠心調速器の一例。本文参照。

第11章　困難な問題——ダイナミックな認知に向かって　　393

　ヴァン・ゲルダーのメタファーは認知に関する私たちの理論に適切であるが、致命的な欠陥を明らかにしてもいるという議論もあるだろう。私たちの理論に反対の議論は、次のようになるだろう。人生の目標が蒸気機関の調速器になることである人を想像してみよう。はずみ車を安定した状態に保つことに専念するとしても、ただその仕事をすることにはならないだろう。彼らはそれについて考え、語り、そうした作業のための機械を発明し、それを説明する理論を考案し、それを不滅にする詩を書くかもしれない。グレイットマン、グレイットマン、シプリー (Gleitman, Gleitman, & Shipley, 1992) の例を借りれば、糸を紡ぐ人は、巣を張るクモとは違って、糸を紡ぐことについて知っていることを知っているし、たいていは、その知識を新しい文脈でも使えるようにしたり、他人にも伝えることができるようなしかたで知っていることを知っている。遠心調速器が、はずみ車をどうやって一定に保っているか、知ることなどあるだろうか？

　注意深く考えなければ、計算論的モデルがメタ認知や象徴的思考というこの深い問題に容易に解答を与えるように思うかもしれない。計算論的調速器は、遠心式と違って、ものごとについて測る（表現）個別の構造体から成り立っている。このような装置がどのようにはずみ車を一定に保つと考えるか、あるいは、一連の手続きの様々な行程を表すシンボルのシステムをどのように創り出すかを説明するためには、その装置がどのようにしてそれ自身の認知プロセスを見下ろし、それを意識に上らせるようにするかを説明するしかない。この見方では、メタ認知と明示的な象徴的思考は、もっと日常的な認知におけるのとまったく同じ表現から作られることになる。

　この種の説明は、認知発達の隅々まで浸透している。一例を挙げると、音素の発達に関する考察に見ることができる。音素は（多くの理論において）発話知覚と発話産出の表現ユニットであると仮定されている (Harris & Coltheart, 1986 参照)。音素はまた（多少とも）、明示的にアルファベットの文字で表示される。アルファベットはこのように内的なシンボルの外的な現れとして見ることができ、その発明は、音素の内的な現実性の証拠とされる (Gleitman & Rozin, 1977)。読みの教育、詩を書くこと、音素論の理論化、子どもの言葉遊びなど、明示的に音素を操作する他の認知領域も同様に、発話の知覚と産出の背後にあるまったく同じ表現を用いていると見ることができる。このようにあらゆる認知は、同じ種類のものである。論理を用いる際の明示的なシンボル操作も、地図を描くことも、数を数えることも、すべての認知プロセスと同じであり、それが顕在化したものである。この考え方を、概念図として図11.6に示した。メタ認知と明示的な象徴的思考は、無意識の表現へアクセスして意識化し、転送可能にし、明示的に操作可能にすることからなる (Rozin, 1976)。この伝統においては、省察と内観が認知の構造を露わにするもっとも良い道筋である。

　計算論的な説明で象徴的思考を容易に説明できるという誘惑は、錯覚である。音

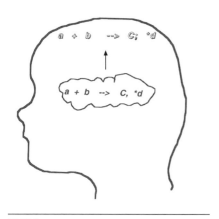

図 11.6
象徴的思考と日常の認知との、1つの可能な関係を示す概念図。

素のような表現の実体は、もっとも熱烈な理論家にとっても、調整弁や、はずみ車や、紙の上に記された文字のようにはっきりしたかたちでは、存在しない。もし私たちが脳の中を覗いたならば、シンボルなど、どこにも見えないだろう。シンボルは物理的なレベルに還元することはできず、物理的形式を超越している。ここに問題が生じる。象徴的表現が物理的なものを超越したものからなるとするなら、現に生きている人々の実時間の何のプロセスによって、意識に知られるのであろうか？　シンボル、アクセス、意識といった考えは、最終的に、実在のプロセス、実時間、実際のものに根ざさなければならない。

　計算論モデルに対する代替案として、そして現実の生きたものごとからシンボルを得る方法として、コネクショニスト・モデルが提案された。基本的な考え方は、ニューロンのような単純な非知的要素が正しく結合されると、興味深い全体的な特性をもち、そうした全体的特性がシンボルのような性格を示し、こうしてシンボル思考がもたらされる（Smolensky, 1988; Clark & Karmiloff-Smith, 1993）。

　ヴァレラ、トンプソン、ロッシュ（Varela, Thompson, & Rosch, 1991）は遺伝子を例にとって、創発する象徴的表現の考えを次のように描写している。

　　長年、生物学者たちはタンパク質連鎖が DNA 中にコード化された指令であると考えていた。しかしながら、DNA のトリプレット〔訳注：塩基の3つ組〕がタンパク質中のアミノ酸を予測可能なしかたで特定できるのは、それらが細胞の代謝に埋め込まれている場合、すなわち、複雑な化学的ネットワーク内における何千という酵素による調節を受けている場合に限られる。私たちが代謝の背景を考慮せずにトリプレットをアミノ酸のコードとして扱えるのは、こうしたネットワーク全体に創発の規則性があるからにほかならない。(p.101)

　言い換えれば、(文脈の中にある) DNA トリプレットには、十分に規則的な全体的秩序があるので、そうした DNA トリプレットを「遺伝子」と呼ばれるシンボル単位として扱うことができる。遺伝子はそれが創発する基底と独立ではないけれども、有

用な理論的構成概念であり、実際のDNAトリプレットのより複雑で文脈依存的なプロセスを表す、「速記」なのである。

カミロフ＝スミス（Karmiloff-Smith, 1992）は、認知は「遺伝子」とDNAトリプレットのようなものであると指摘している。認知の因果的なものは高度に結合された諸要素の分散処理によって実現されるが、しかし、そうした分散され、文脈に敏感なパターンにおいて創発する全体的な安定性は、象徴的な用語で記述し直される——生物学者がDNAトリプレットの活動を細胞の文脈で記述し直すのと同様である——と提案する。カミロフ＝スミスはこのプロセスを、表現の書き換えと呼ぶ。彼女は認知とは2つの種類のものであると指摘する。複雑な相互作用のネットワークにおける分散した活動であり、そして、そうした活動の内的に表現されたシンボルによる書き換えである。このカミロフ＝スミスの創発するシンボルの考えを描いたのが図11.7である。この概念図はシンボルの計算論的説明の際に用いたのと似ているが、ここでは、低レベルと高レベルとで表現属性はまったく同じではなく、低レベルはごちゃごちゃしたネットワークの相互作用、そして、高レベルは書き換えられたシンボルが描かれている。

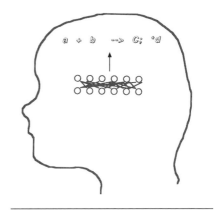

図 11.7
象徴的思考と日常の認知との、1つの可能な関係を示す別の概念図。

この認知に対する明示的にハイブリッドな説明には利点がある。認知は身体と脳活動の分散されたパターンに根差している。そしてシンボルがあり、人々は言葉、文字、地図などの外的に実現されたシンボルについて考え、それらに行為するのであるから、それらは必要である。さらに、この説明は、シンボルは速記であり、「遺伝子」のような利便であって、より流動的で、文脈依存的なプロセスを表していると明確に認識している。

こうした利点にもかかわらず、このハイブリッドな説明には重大な欠点がある——実際、私たちの観点では、計算論的な説明と同じ致命的な欠陥がある。このハイブリッドモデルは、依然として認知が一方向へ、低く、乱雑な知覚から高次のより抽象的な思考へと流れると見ている。シンボル的思考は依然として、より基礎的なプロセスが「高められ」、「書き換えられ」たものであり、全体的な活動それ自体の所産であるよりは、実際の脳活動のもっとも高い超越的な階層であるとされる。これは、大いに問題のある考え方である。たとえば、もし音素が「実際に」複雑なネットワークに

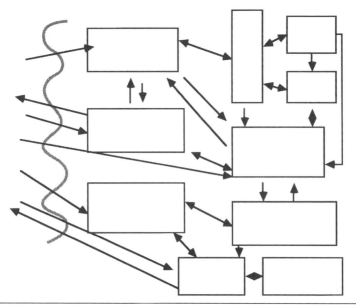

図 11.8
象徴的思考と日常の認知両者についての私たちの見方。

またがる全体的なパターンだったとしたら、いったい、何が全体的パターンを俯瞰し、それを明示的なシンボルの用語に書き換えるのだろうか？　もし明示的なシンボルが時間の中での分散されたパターンでもないとしたら、それらは何であり、どこに存在するのだろうか？　書き換えるのは誰だろうか？　意識は機械の中の幽霊だろうか？　もし、機械の中の幽霊を呼び出すのなら、計算論的説明においてだけでなく、ダイナミックな説明においても呼び出すことになるだろう。ここには、象徴理論家に何の利点もない。機械の中の幽霊はただ、計算論と同じく遠心調速器も、ただ「見下ろして」、「意識化する」ことができるだけである。

　私たちの主張の要点は、最終的には、意識と象徴的思考を現実の生きていることごとの現実のプロセスと活動において説明しなければならないということである。そうするとき、その説明は複雑系のような、遠心調速器のように見えるだろう。図 11.8 は象徴的思考に対する私たちの見方を描いている。図は、エーデルマンが提起し、本書の第 6 章、第 8 章、第 10 章で認知発達を説明するのに用いた、複雑な神経グループ同士の相互作用を表している。ここにのみ、多くの異種混淆的なシステムが存在する（脳にははるかに及ばないが！）。各神経グループは、外的そして内的出来事に、それ自身の時間拘束された働きをもつ。どのシステムにおいても、その活動のパターンは、その瞬間における外的世界へのマッピング、その直前の状態、そして、無数の他

第11章 困難な問題――ダイナミックな認知に向かって 397

の神経グループからの再入力に依存するだろう。神経グループ活動のこうしたパターンは、互いに取り入れられ、やがて互いに学習しあうだろう。

　このダイナミックシステムにおいて、象徴的推論はどこに位置するのだろうか？本書を通じて、私たちは「日常の」認知と行動が図11.8に描かれているような、複雑系の活動の創発的パターンによってどう説明されるかを示してきた。糸紡ぎの例を再考してみよう。時間の流れの中で、ある特定の瞬間における糸紡ぎは、多くの神経グループにまたがる複雑な相互作用からなるだろう。こうしたグループの活動は互いに、そして世界における出来事に、時間拘束されているだろう。糸紡ぎについて考えることもまた、実時間における神経グループ間の相互作用からなる。考えることは、糸を紡ぐことと同様、行動であり、システムの活動全体の所産なのである。しかしながら、糸を紡ぐ活動のパターンと、糸を紡ぐことについて考える活動のパターンとは同じでないし、一方が他方に含まれるということもなければ、一方から他方が「立ち上がる」ということもありえない。糸を紡ぐことと糸を紡ぐことを考えることは、すべての同じ構成要素を含むわけでもなければ、同じしかたで構成要素を含んでいるわけでもない。両者の構成要素や歴史に重なりはあるだろうが、全体としての編成は異なるだろう。糸を紡ぐことを考えることは、糸を紡ぐ場合に実際に起こることを見出すことと切り離すことはできない。内観することが認知について情報を与えることはない。内観することは心の窓ではなく、この複雑系の他のどんな行動とも同じく、それは行動だからである。私たちも、象徴的計算論の理論家と同様、認知はすべて１つの種類であると見る。しかし、私たちの見方では、それはすべて身体的であり、すべて分散されており、すべて活動であり、すべて時間的に複雑な出来事である。

　私たちは活動によって駆動される、再入力型の、高次認知の理論が、象徴的思考を理解するのにもっとも有望であると信じている。象徴的思考は、スロープの上り下り、A-not-Bエラー、新規な言葉の解釈と同じように、物理的世界における、そして私たちに対する、活動とその所産の中で創発する、と提案する。世界を探索し行為するとき、その行為は、私たちが知覚する世界に具体的な物理的変化を生じさせるだろう。活動の所産を知覚し、その知覚をそれが創発した現在進行中の活動に再入力しマッピングすることによって、私たちは、外的なシンボルを「外的に」創り、そしてその価値を発見するのである。

　発達初期の空間分類の創発が良い例であろう。人々は、日常的に、空間内に物をグループ分けすることによって、対象のカテゴリーに関する知識を示す。たとえば、全部のボールをまとめて１つの山にし、他方、箱をまとめて別な山にして、最初の山と物理的に切り離す。このように、分類するということは空間を象徴的に利用して行われる。近いことは類似性を表し、遠いことは非類似性を表す。空間を利用して類似性を表現することは、ピアジェとインヘルダー（Inhelder & Piaget, 1964）によって高次

の知性の働きとして認識され、標準化されたテストにおける知能の測度として広く用いられている。子どもたちは、18ヵ月近辺で —— 知覚された類似と相違を示すのに空間を利用して —— 自発的に対象を分類し始める（たとえば、Gopnik & Meltzoff, 1987; Sugarman, 1983）。

ネイミーとガーシュコフ＝ストウ（Namy & Gershkoff-Stowe, 1993）は、子どもたちがどのようにして、物で自発的に遊びながら空間を象徴的に使うことを発見するかについて示唆している。彼らは、まだ自分自身で自発的に対象を分類しない18ヵ月児が、1種類の対象とだけの相互交渉を促進し、他の対象は拒否するような遊びの経験を与えられると、分類ができるようになることを見出した。たとえば、ある実験で、子どもたちは、1種類の物しか合わない透明な形の分類板を与えられた。この実験で、彼らはこの1種類の物とだけ遊び、他はすべて無視した。この経験は、似たものを複数の空間グループに分類するという、別の課題での空間的分類を引き起こした。ネイミーとガシュコフ＝ストウは、1つの種類の物と遊ぶという元の遊びの実際的な要請が、似たもの同士を一ヵ所（テーブルの上、あるいは透明な形分類板の底）に一緒に集めるという行為を導いたと示唆する。さらに、似たモノを集めて見ることが、子どもたちに、似た対象と違う対象を表現するのに空間を使うという考えをもたらしたと示唆する。このように、空間の象徴的利用は、行動の外的な物理的所産とその知覚された所産を、再入力により内的活動にマッピングすることによって創発したのであろう。これらの結果とネイミーとガシュコフ＝ストウの解釈は、カミロフ＝スミスが表象の書き換えによって意味したことの具体例を提供している。しかしながら、この説明において、シンボルだけが外的であることに注意してほしい。すなわち、テーブル上の空間が類似性のシンボルである。しかし、知覚すること、考えること、分類すること、興味をそそられることはシンボルではない。それらは、複雑なダイナミックシステムの活動において顕在化された、行動なのである。

象徴的思考が行動の外的な顕在化を通じて発達するというこの考えは、発達心理学における古典的な見方である（Luria, 1976; Vygotsky, 1962; また、Premack, 1976; Smith, 1993 も参照）。こうした古典的な考えは、現在進行形の世界の切れ目ない部分である —— それ自身と世界を変化させる原因でもあり、また結果でもある —— 複雑系という、私たちの考え方によく合致する。

パラダイムシフト

最後に、私たちの認知の説明が理論的枠組みの中でどこに位置するのかを問うことで、本書を閉じることにする。理論を分類し、しかるべき場所に位置づけるのによく用いられる論点がいくつかある。発達は生得的な設計図によるのか、学習によるの

第11章　困難な問題 ―― ダイナミックな認知に向かって　　　399

か？　認知プロセスと学習手続きは1つの一般的な構造をなしているのか、あるいは知識と処理プロセスは領域固有でモジュールをなしているのか？　学習は単純に連合によるのか、進化の歴史によって制約されているのか？

　こうした問いに、私たちは答えられない。生得か学習か、領域固有か領域一般か、連合主義的か制約的か、という問いには、イエスともノーとも言えない。これらは古い問いであり、古い論争であるが、私たちの新しい認知観には当てはまらない ―― しかも、簡単に論じられることでもない。

　私たちの理論では、世界における実時間の活動が発達をもたらすのであるが、しかし、これは通常の意味での学習ではないし、進化の歴史を否定することにもならない。実際の脳の多重の収斂的かつ拡散的な連結をもつ異種混淆的プロセスは、本質的にダイナミックであって、そこから活動が創発する。このような異種混淆的な構成要素の特性、その初期の状態と結合のしかたが、発達の取りうる方向性を決定するだろう。しかし、私たちは生得主義者ではない。発達は、あらかじめ決められた何らかの設計図にしたがって展開するのではない。設計図は存在しない！　私たちは発達、変化は、それぞれが世界において個別に働く、異種混淆的な構成要素同士の相互作用による影響によって引き起こされると仮定する。それらはカプセル化されたモジュールではない。実際、発達が起こり、行動は流動的で適応的な知性を示すが、それはすべてのことがらが他のすべてに影響するからである。領域固有 対 領域一般という区別は、この理論では意味をもたない。私たちは、異種混淆的な構成要素間を通じての時間拘束的な活動のパターンのゆえに発達が起こると考えるが、これは心の連合主義理論ではない。私たちは、一時的な偶発的な考えを結合することで世界の表現を作っているのではない。私たちは表現をまったく作ってなどいない！　心は時間の中での ―― 現実の物理的因果の実時間の ―― 活動なのである。

　こうしたメタ理論的な議論の古い見方は、もはや適切ではない。私たちのダイナミックシステム理論は、認知と心の概念化のしかたを根本的に再構成するからである。トマス・クーン（Kuhn, 1962）は科学史における理論転換の研究において、科学におけるパラダイムシフトは3つの関連する変化からなると指摘した。(a) 説明される現象領域、(b) 受け入れ可能な説明の性質、(c) 理論の中心にある概念と問題群そのもの。人が何かを行っている最中に、自分が何を行っているのかを明瞭に知ることは難しいし、おそらく不可能である。未だ、心理学と認知科学は、パラダイムシフトの只中にあるように思われる。私たちの理論は、現象の根本的な再構成 ―― コンピテンスと構造から変動性、変化、プロセスへの転換を示唆している。私たちの理論は、頭の中の構造による説明 ―― 「信念」、「ルール」、「概念」、「スキーマ」など ―― は受け入れられないと示唆する。受け入れられる説明は、現実の活動における行動に根差している。私たちの理論は、その中心に新しい概念 ―― 非線形性、再入力、結合、異種混

渦、アトラクター、推力、状態空間、内在的ダイナミックス、力――を有する。これらの概念は古い概念に還元できない。

ミッチェル・ファイゲンバウムは、流体力学の理解におけるこれに対応する概念転換について、次のように述べている。

物理学には、世界を理解する方法はその構成要素を、それが本当に基本的なものであると思えるまで分離し続けることだという基本的な信念がある。そして、理解していない他のことは、些細なことと仮定する。ここには、少数の原理があり、それは純粋な状態において観察することによって見つけることができる――これが真の分析的な観念である――という仮定がある。それから、もっと込み入った問題を解決したいときは、何らかの方法で、そうした観念をもっと複雑なしかたでまとめ上げるのである。もし、できればだが。最終的には、理解するためには、やり方を変えなければならない。進行中の出来事の何が重要であるかについての考え方を組み立て直さなければならない … それには、問題に対する異なる考え方が求められる。（Feigenbaum & Gleick, 1987, p.185 からの引用）

エピローグ

　ダイナミック・アプローチは何ができるだろうか？　ダイナミック・アプローチは発達の考え方を変えることができ、発達研究を行う方法を変えることができる。

　いったん発達をダイナミックな選択主義的アプローチから見始めると、この考えが非常に強力で、他の考え方には戻れないことに気づく。目にするあらゆる論文、耳にするあらゆる会話、研究室のすべてのデータが、新しい意味を帯びる。私たちは、実験をこれまでとは異なったしかたで計画し、古いデータを新鮮な観点から解釈した。発達研究を動機づけているいくつかの問いは、もはや重要であるとは思われない。他の問いは、探求の全領域でさらなる研究が行われることを要請している。

　私たちは、こうした変化が従来の見方を解き放つものであると知っている。全体としての結果は、理論と研究に蔓延する二元論の拒否であり、発達をそれがあるかたちで —— プロセスと変化として —— 研究する自由である。

　本書で私たちは、理解の進歩は古い二元論的思考 —— 構造 vs. 機能、生まれ vs. 育ち、脳 vs. 行動、知覚 vs. 認知、心 vs. 身体、コンピテンス vs. パフォーマンス、学習 vs. 発達 —— では、うまくいかないことを論じた。代わりとなる私たちの提案は、すべてのレベルのダイナミクスを考慮するアプローチであり、このアプローチにあっては、連続性と変化が1つの理論の傘の下に包摂され、二元論の垣根はもはや存在しない。

　発達についての二元論的思考からのこの解放は、研究を構想し、行う上で、重要な意味をもつ。この最後の頁で、ダイナミックな思考が実証研究を変える、3つの道筋を示唆しておきたい。

　1.　**時間への新しい意味**　ダイナミック・アプローチは、行為すること、学習すること、発達することの間の区別を消し去り、異なる時間スケールで起こっている変化だけを検討する。その結果、研究を計画し解釈するとき、実験の間子どもが経験していること ——そして子どもが毎日の生活で経験していること —— を、研究状況の〈いま－ここ〉で子どもがいかに行動するかへの影響として理解するよう要請する。これらの経験によって創り出された活動のポテンシャルなパターンは何か？　それらは実験のテスト事象と何が共通しているのか？　日常生活の入力や実生活のマルチモーダルな相関の性質は何か？　これらの経験は、いかにして安定した記憶、すなわち、経

(401)

験のカテゴリーの一部となり、さらには関連する状況へと一般化されるのか？　ダイナミックに考えることは、テスト状況を子どもが生きている生活から切り離してしまうことから、私たちを解き放つ。

　2.　**変動性への新しい意味**　ダイナミック・アプローチは、個人内でも個人間でも、変動性を、発達プロセスの基本的要素へと高める。変動性は安定性の測度であり、変化の先駆けである。変動性はまた、探索と選択の基本的な基礎でもある。

　この点から古いデータを見、新しい実験を計画すると、新しい視点が開かれるだろう。パフォーマンスが変動するとき、それはシステムが過渡状態にあり、変化の多様な道筋や時間表があるということかもしれない。実験参加者個人の内在的ダイナミクス —— 生命体としての要素、歴史的要素の結果として課題に持ち込んだもの —— と課題自身の、相互作用を示しているのかもしれない。このような相互作用は重要であり、興味深い。それらは、そのプロセスの機会と制約を明らかにするかもしれないからである。第8章の形バイアスの研究と第9章のリーチングの研究は、変動性がいかにプロセスを明らかにするかの例である。

　読者には、ANOVAで有意な効果が検出されなかったためお蔵入りになった未公刊の研究を収めた書庫に行ってみるようお勧めする。研究デザインや思考方法に間違いがないなら、ダイナミックに考え、変動性をデータとして使おう。変動性自体が、時間と共に変化しているか？　子どもたちの各測度に変動があるのだろうか、各個人は一貫していて、異なる道筋をたどっているのだろうか？　探索パターンに系統的なパターンがあるだろうか？　あるなら、そうしたパターンを動かせる、課題の操作があるだろうか？

　3.　**個人性に対する新しい敬意**　最後に、以上を総合して、私たちはダイナミック・アプローチが、発達研究者を、年齢グループ比較の専制から解放し、別の研究デザインを正当なものとすると確信している。とりわけ、少数の実験参加児による深い、多次元的な縦断研究をお勧めする。そうした研究では、必ずしもすべての子どもがどのようにある発達的移行を果たすのかではなく、少数の子どもがそうするのかを、詳細に学ぶことができる。このような研究デザインは大変な厳密さ、創造性、献身を要し、理想的には分析のいくつかのレベルのダイナミクスを統合するために、多様な学問グループで行われるのが望ましい。このような研究は多様なレベル、多様な時間スケールにまたがるダイナミクスを統合するためには、欠かすことができない。

　発達におけるダイナミクスの最終テストは、もちろん、広範な領域の学者にとっての有用性である。読者がこの新しい考え方と研究のしかたの挑戦を受け入れてくださることを期待している。そして、その報告を心待ちにしている。

訳者あとがき

　原著は *A dynamic systems approach to the development of cognition and action.*（1994）で、亡き Esther Thelen と Linda Smith の共著である。本書は、監訳者を含む5名の訳者による原著の全訳である。

　興味をそそられる横文字の出版物が山ほどある中で、原著に特別な関心を寄せ、精読を決心し、さらに翻訳出版まで決意したのには、理由がある。発達心理学研究にダイナミックシステムアプローチ（DSA）がどのような理論的、研究実践的貢献が可能かについて考えることは、実は、ピアジェの認知発達理論を批判的に超え出る方向性について探求する試みでもあった。本訳業にピアジェ批判というキーワードは唐突に聞こえるかもしれない。遡ること30年前、1980年代も半ば過ぎ、すでにピアジェ批判の大合唱が定着した時代にあって、そうした批判の大多数が、ピアジェ理論の依拠する研究手法やデータへの些末で部分的なものに過ぎないという疑問から、最初の著書『認知発達の理論と展望 —— ピアジェ理論への新たな視点』（青弓社）を上梓した。当時、チョムスキー派の生得説、ヴィゴツキー派の歴史－社会的アプローチが、それぞれピアジェ理論に対する骨太な批判理論としての存在感を増しつつあった時代に、拙著は嵐の海に漕ぎ出す小舟のごときものだったかもしれない。

　若気の向こう見ずは、それに留まらず、いろいろとお世話になっていた故波多野誼余夫先生に書評をお願いするという、今思えば冷や汗ものの軽挙に出た。ご快諾いただいた上に、著者の面目を施すように配慮の批評を頂戴したことは、年を経てもなお感謝の念は薄れることがない。専門雑誌『児童心理』（金子書房）の「本の紹介」欄に掲載された書評は、拙著の意図を実に要領よく、二つにまとめての紹介だった。一つはピアジェの発達段階を再構造化ではなく、より高次の階層的構造化として捉えること、もう一つは、その変化のメカニズムに成熟ではなく制約という概念を導入することである。これら二つの事柄は、結局、発達的変化のプロセスを説明するメカニズムを明らかにするという大目標に集約される。そして、これが監訳者のライフワークとなり、その後、スーザン・ケアリーの *Conceptual change in childhood.*（邦題『子どもは小さな科学者か —— J. ピアジェ理論の再考』ミネルヴァ書房）、ならびにアネット・カミロフ＝スミスの *Beyond modularity: A developmental perspective on cognitive science.*（邦題『人間発達の認知科学 —— 精神のモジュール性を超えて』ミネルヴァ書房）の訳業へと繋がった。しかし、残念ながら、これらの相当な時間と労力を要した仕事も、結果から見れば期待していたほど理論的進展へのヒントを得るまでには至らなかった。

カミロフ＝スミスの訳書を出した 1997 年からわずか 1 年後、名著 *Rethinking innateness: A connectionist perspective on development.* の翻訳（邦題『認知発達と生得性——心はどこから来るのか』共立出版）が刊行され衝撃を受けた。原著者の中にカミロフ＝スミスが入っていたこと、波多野先生から、折角の翻訳（カミロフ＝スミスの単著）の影が薄くなったというような葉書を受け取ったことが衝撃をさらに強めたのであるが、本当の衝撃はそんなことではなく、内容そのものにあった。コネクショニスト・モデルという、それまでは認知科学の中でも計算論的アプローチを取る特殊な人々の専売特許だと考えられていたものが、ごく普通に発達現象を説明するプロセスモデルとして使われていたのである。そして、さらに瞠目すべきは、複雑系と自己組織化を理論的背景としたダイナミカルシステムが、同じく発達を説明するモデルとしてごく自然に提案されていたことである。一読して、DSA が発達理論を一変させるパワーをもつものであり、すでに知ってはいたが、不覚にもその重要性に気づけなかった本書の原著との関連が強く直観された。

本書の原著を紹介してくれたのは鈴木宏昭氏である。氏とは日本認知科学会を立ち上げる準備のためのセミナー（佐伯胖先生が中心となり、東京理科大学野田キャンパスで行われた）で知遇を得て以来の付き合いで、工学系の方々との交流から、いち早く DSA に注目し、その重要性を説いてくれていた。しかし、ピアジェ理論から発達研究をスタートした身にとって、DSA のハードルは高く、基礎的な知識を得るまでに一定の時日を要し、本格的な理解に達するには、さらに多くの月日が必要だった。また、当時、原著はまだ発達心理学関係者の耳目を集めるまでになっていなかったことから、もう一つの翻訳（J. パーナーの「心の理論」に関する著作）を優先し、本書は後回しになってしまった。ダイナミックシステムアプローチ（DSA）が依拠している複雑系と自己組織化の理論は、心理学の分野では、依然として十分に認知されているとは言えない新しいシステム理論である。数学理論によって裏打ちされているために難解であり、広く理解されるには今少し、時間を要するのかもしれない。最近、少数ながらこうしたアプローチに積極的に取り組む試み（例：日心第 81 回大会、岡林春雄（2017）シンポ：認知発達理論分科会第 53 回例会（2017）等々）が見られるようになってきたものの、まだ、大きな流れになるまでには至っていない。

ピアジェ理論との関連性について言及しておく必要があるだろう。ピアジェは発達的変化を説明する上で、いくつかの説明原理を前提としたことはよく知られている。マクロな発達的変化を説明する原理として発達段階と再構造化があり、ミクロな発達的変化として、同化、調節、均衡化のメカニズムが設定され、さらに発達的変化を推進するメカニズムとして、主体と対象、あるいは遺伝的要因と環境的要因の間の相互作用が措定されていて、フィードバックと自己組織化をも説明原理として取り入れている。一見、ピアジェ理論はそれ自体、高度なシステム論であり、DSA の一種と見

ることができるようにも思われる。しかし、両者は似て非なるものである。

　システムの原理の後知恵的な発動と、それらを発達プロセスの実証的研究へと応用することの間には、大きな溝がある（Thelen, 1989）。ピアジェは、均衡化という概念を新しい構造の獲得の基本的なプロセスとして提示した（Chapman, 1988）。この定式化は、発生学者ウォディントンから借用したものである。その基底的メタファーが有機的、かつシステム的であったにもかかわらず、ピアジェに触発された膨大な実証的・理論的研究において、プロセスそのものの探求、考察はほとんど見られなかった。代わって焦点が当てられたのは、その結果として生じる構造の性質だった。したがって均衡化とは何か、なぜ、そして、いかにして生命体は、環境との間に安定した関係を構築することができるのか、また、何が生命体をして、新たな問題解決のレベルへと向かわせるのかといった根本的な問いに答える理論的考察や実証的研究は皆無だったと言っても過言ではないだろう。

　しかし、このことに気づき、強烈に意識したのは、他ならぬピアジェ自身だったのではないだろうか。ピアジェ最晩年の遺作と呼んでもよい2冊の著書はともに物理学者であり認識論哲学者でもあるロランド・ガルシアとの共著である。特に重要な *Psychogenese et Histoire des Sciences*（邦題〔藤野・松原訳〕『精神発生と科学史 —— 知の形成と科学史の比較研究』新評論）について触れておこう。ベーベル・インヘルダーの序文によると、この書は二つの異なる研究関心に基づいていると言う。一つは、構造主義的な発生的認識論の完成度を高めること、もう一つは、発達のメカニズムに関する理論の完全な再検討という未解決の問題への取り組みである。前者については、本書でテーレンとスミスによって繰り返し手厳しく批判されたものであるが、後者の問題は期せずして、テーレンとスミスが本書で一貫して目論んだテーマと大よそ重なる課題だとも言えるのである。

　イリヤ・プリゴジーンが散逸構造に関する著作の中で「生物 - 行動 - 感覚運動的で、後に概念的な精神発生」という連鎖は、生物学的構造 —— したがって、認知の構造 —— を、物理学に属するダイナミックな均衡の形式に結びつけることにより、下部から補完されることができる可能性があると述べ、さらに、彼らの構想がピアジェの意味における認知構造の機能的発現を含む多くの状況に適合し、発生的認識論の基本的着想と完全に一致する、とさえ述べている。果たして、この発言に大御所ピアジェはどのような反応を見せたのか気になるところである。ともあれ、ピアジェは努めて冷静にこのことを敷衍して、「彼らの“散逸構造”とわれわれが均衡化とみなすものとの間には、いくつかの類似点がある」という手短なコメントをするに留まった。曰く、均衡はダイナミックなものである、構造の安定化は文脈との交流による、交流は自己組織化によって特徴づけられる、不安定から安定へと至るシステムの振る舞いは歴史的にしか理解できない、安定性は複雑さに依存する。これらの定式化がテーレン

のものだと言われたとしても誰も疑わないだろう。惜しむらくは、ピアジェに残された時間はもうほとんどなかったのである。

　本書は、「知ること」と「行うこと」が一体となって、どのように発達の生成過程の全体像を説明し描き出すのかという壮大な試みであると言える。従来の認知心理学（ピアジェの認知発達論も含まれる）が、認知と行為を別々のものとして捉え、それらを統合することによって高次の精神過程が構成されるとする構成主義的な見方を取ってきたのに対し、DSA は、認知と行為を初めから不可分のものとして捉え、各認知機能には設計図もなければ形成されるプログラムもない状態から、創発的に立ち上がってくるものとする。最初の諸章では、生物学的に妥当なメカニズムに無頓着な現代の発達理論に対する批判が展開される。情報処理モデルや他の機械論メタファーとは違って、DSA は発達神経生物学や現代の神経科学の理論との整合性を重視する。第 1 章と第 2 章において、伝統的な発達理論的アプローチが未解決のまま積み残した発達の問題が論じられる。発達的変化は、全体的に見ると調和の取れた秩序に沿って進行するように見えて、その細部においては、乱雑で、流動的で、特異的で、複雑なのはなぜか、という問題である。結論から言えば、発達の本質はまさに、この乱雑さと複雑さにあるのだ、ということである。全体の秩序と局所的乱雑さ、複雑さの調和を説明する原理こそが実時間（リアルタイム）の行動の原理、複雑で非線形のダイナミックシステムなのである。

　第 3 章と第 4 章では、化学の初歩から歩行のダイナミクスに至るまでの幅広い題材について、DSA のアイディアがいかに広大な領野をカバーするものであるかが示される。第 3 章は、『混沌からの秩序』（Prigogine & Stengers, 1984）からの引用が掲げられたのち、「もし仮に〈化学 I 〉の最初の授業で、教師がいきなりベロウソフ・ジャポンスキー反応（BZ 反応）を紹介したとしたら、物理世界についての私たちの認識は、いったいどのように変わってしまうだろうか。」という問いから始まる。そして、著者たちの発達に関するアプローチが、単純な因果関係のモデルや線形性、決定論、そして還元主義的分析を捨て去るものであり、自己組織的システムの原理に依拠したものであることが明確に示される。第 4 章では、前章で導入された非線形のダイナミックシステムの概念が、乳児の歩行発達という文脈の中にきわめてエレガントな形で接続されている。発達は、生成と崩壊を繰り返すアトラクターとして描き出され、新しい行動形態の出現は、現在の形態の安定性の喪失から引き起こされる相転移の連鎖だとされる。したがって、新たな形態はアプリオリに備わっているのではなく、不安定性に対する自律的な解として創発するものなのである。

　第 5 章では、ダイナミックな説明の神経学的基礎として、エーデルマン（Edelman, G.M.）の神経細胞群選択理論（TNGS）を援用しながら、神経発生学の基礎的プロセスがそれ自体、いかにダイナミックで文脈依存的か、そして、このようなエピジェネ

ティックなプロセスがいかに脳を、入力の時間拘束的な特性から利益を得るように配線するかについて論じられる。第6章では、神経活動の〈いま－ここ〉の視点から、いかに生得的であると仮定されてきた諸能力をダイナミックなカテゴリーによって説明できるかが示される。第7章では、神経細胞群選択理論を支持する行動上の証拠が概観され、諸感覚の原初的な統合について、また、発達初期のカテゴリーを形成する際に、運動が果たす決定的な役割が論じられる。第8章では、乳幼児で実施された数々の重要な実験的現象（スロープ上での移動、可能事象と不可能事象の検出、新規な言葉の解釈）を再解釈することによって、これら3つの研究領域すべてで、実時間のプロセスと発達的変化の統合が論じられる。第9章、第10章については、それまで A-not-B Error が、対象概念の発達や、前頭葉の成熟による抑制の発達によって説明されてきたのに対して、課題の遂行に関連する複数のシステムの相互作用による説明が試みられる。A-not-B Error を含む逆U字型発達曲線が示す有能な乳児と無能な幼児というパラドックスを DSA がどのように解決するかが示される。第11章では、10章までに論じられた主題以外の残された課題について、未来に向けたヒントが満載されている。第一に、動機づけの問題、第二に、情動認知の問題、第三に、身体化認知の問題である。

　当初、発達心理学を専門としてはいるが、必ずしもダイナミックシステムアプローチに深くコミットしているわけではない3名の方々に分担訳をお願いしてスタートした。原著は監訳者が当初、想像していたよりも遥かに難しく、通常の発達心理学の専門知識だけでは到底歯が立たない内容を多く含むものであることが徐々に明らかになり、訳者の方々にはご苦労をおかけすることになった。途中から、原著らと直接、交流のあった丸山慎先生にご参加いただき、発達研究とは専門性の大きく異なる3章ともっとも長大な4章をご担当いただいたことで、この訳業は大きく進展した。内容が多岐にわたる関係上、最終的に、監訳者が全体を通して訳語、表現の統一を図り文章を整えた。したがって、誤訳の責任は一義的に監訳者にある。お気づきの点があればご一報をお願いしたい。

　慣例にしたがって、末尾になってしまったが、編集を担当していただいた新曜社の塩浦氏には大変お世話になった。叱咤激励、仏の顔と鬼の心をもっての督促は編集者としての定番で、敢えて言うまでもない。特筆すべきは、通例の編集作業を凌駕した原稿への朱筆、普通、推敲とするところだが、この場合、斧鉞の方がピッタリくる。本訳書が世に出ることになったのは、塩浦氏の鬼神のごとき力添えによるところ大であることを申し添え、訳者を代表して、ここに満腔の謝意を表する次第である。

監訳者

文　献

Abraham, R. H., & Shaw, C. D. (1984). In R. H. Abraham (Ed.), *Dynamics: The geometry of behavior* (Vols. 1–4). Santa Cruz, CA: Aerial Press. 〔東保光彦訳 (1989). 『ダイナミクス――力学系ふるまいの幾何学』現代数学社.〕

Abraham, R. H. (1987). Dynamics and self-organization. In F. E. Yates (Ed.), *Self-organizing systems: The emergence of order* (pp. 599–613). New York: Plenum Press.

Acredelo, L. (1990). Behavioral approaches to spatial orientation in infancy. In A. Diamond (Ed.), *The development and neural bases of higher cognitive functions* (pp. 596–612). New York: National Academy of Sciences.

Acredelo, L. P. (1985). Coordinating perspectives on infant spatial orientation. In R. Cohen (Ed.),*The development of spatial cognition* (pp. 115–140). Hillsdale, NJ: Erlbaum.

Acredelo, L. P. (1988). Infant mobility and spatial development. In J. Stiles-Davis, M. Kritchevsky, & U. Bellugi (Eds.), *Spatial cognition: Brain bases and development* (pp. 156–166). Hillsdale, NJ: Erlbaum.

Acredelo, L. P., Adams, A., & Goodwyn, S. W. (1984). The role of self-produced movement and visual tracking in infant spatial orientation.*Journal of Experimental Child Psychology, 38,* 312–327.

Adolph, K. E. (1993). Perceptual-motor development in infants' locomotion over slopes. Unpublished doctoral dissertation, Emory University, Atlanta.

Adolph, K. E., Eppler, M. A., & Gibson, E. J. (1993a). Crawling versus walking. Infants' perception of affordances for locomotion on slopes. *Child Development. 64,* 1158–1174.

Adolph, K. E., Eppler, M. A., & Gibson, E. J. (1993b). Development of perception of affordances. In C. Rovee-Collier & L. P. Lipsitt (Eds.), *Advances in infancy research* (Vol. 8)(pp. 51–98). Norwood, NJ: Ablex.

Alexander, R. M. (1984). Walking and running. *American Scientist, 72,* 348–354.

Anokhin, P. K. (1964). Systemogenesis as a general regulator of brain development. *Progress in Brain Research, 9,* 54–86.

Armstrong, S. L., Gleitman, L. R., & Gleitman, H. (1983). *What some concepts might not be.* Cognition, 13, 26–308.

Aslin, R. N., & Smith, L. B. (1988). Perceptual development. *Annual Review of Psychology, 39,* 435–474.

Ausabel, D. (1957). *Theory and problems of child development.* New York: Grune & Stratton.

Bahrick, L. E. (1983). Infants' perception of substance and temporal synchrony in multimodal events. *Infant Behavior and Development, 6,* 429–451.

Bahrick, L. E., & Watson, J. S. (1985). Detection of intermodal proprioceptive-visual contingency as a potential basis of self-perception in infancy. *Developmental Psychology, 21,* 963–973.

Baillargeon, R. (1986). Representing the existence and the location of hidden objects: Object permanence in 6- and 8-month-old infants. *Cognition, 23,* 21–41.

Baillargeon R. (1987a). Object permanence in 3. 5- and 4. 5-month-old in fants. *Developmental Psychology, 23,* 655–664.

Baillargeon, R. (1987b). Young infants' reasoning about the physical and spatial properties of hidden objects. *Cognitive Development, 2,* 179–200.

Baillargeon, R. (1991). Reasoning about the height and location of a hidden object in 4.5- and 6.5 month-old infants. *Cognition, 33,* 13–42.

Baillargeon, R. (1992). The object concept revisited: New directions in the investigation of infants' physical knowledge. In C. E. Granrud (Ed.), *Visual perception and cognitions in infancy* (Vol. 23). Hillsdale, NJ: Erlbaum.

Baillargeon, R., & Graber, M. (1987). Where's the rabbit? 5.5 month infants, representation of the hidden object. *Cognitive Development, 2,* 375–392.

Baillargeon, R., & Graber, M. (1988). Evidence of location memory in 8-month-old infants in a nonsearch AB task. *Developmental Psychology, 24,* 502–511.

Baillargeon, R., Spelke, E. S., & Wasserman, S. (1985). Object permanence in five-month-old infants. *Cognition, 20,* 191–208.

Baltes, P. B. (1987). Theoretical propositions of life-span developmental psychology: On the dynamics between growth and decline. *Developmental Psychology, 23,* 611–626.

Bandura, A. (1986). *Social foundations of thought and action.* Englewood Cliffs, NJ: Prentice-Hall.

Barnsley, M. (1988). *Fractals everywhere.* New York: Academic Press.

Barsalou, L. W. (1987). The instability of graded structure: Implications for the nature of concepts. In U. Neisser (Ed.), *Concepts and conceptual development: Ecological and intellectual factors in categorization* (pp. 101–140). New York: Cambridge University Press.

Bates, E. (1979). *The emergence of symbols: Cognition and communication in infancy.* New York: Academic Press.

Bates, E., & Elman, J. (1993). Connectionism and the study of change. In M. H. Johnson (Ed.), *Brain development and cognition* (pp. 623–642). Cambridge, MA: Blackwell.

Bateson, P. P. G. (1987). Biological approaches to the study of behavioural development. *International Journal of Behavioral Development, 1987, 10,* 1–22.

Beek, P. J. (1989). Q*Juggling dynamics.* Amsterdam: Free University Press.

Bekoff, A. (1985). Development of locomotion in vertebrates: A comparative perspective. In E. S. Gollin (Ed.), *Comparative development of adaptive skills: Evolutionary implications* (pp. 57–94). Hillsdale, NJ: Erlbaum.

Bekoff, A., & Kauer, J. A. (1982). Neural control of hatching: Role of neck position in turning on hatching movements in post-hatching chicks. *Journal of Comparative Physiology, A, 145,* 497–504.

Bekoff, A., & Kauer, J. A. (1984). Neural control of hatching: Fate of the pattern generator for the leg movements of hatching in post-hatching chicks. *Journal of Neuroscience, 4,* 2659–2666.

Bell, M., & Fox, N. A. (1992). The relations between frontal brain electrical activity and cognitive development during infancy. *Child Development, 66,* 1142–1164.

Bernstein, N. (1967). *Coordination and regulation of movements.* New York: Pergamon Press.

Berkinblit, M. B., Feldman, A. G., & Fukson, O. I. (1986). Adaptability of innate motor patterns and motor control mechanisms. *The Behavioral and Brain Sciences, 9,* 585–638.

Bertalanffy, L. von. (1968). *General system theory.* New York: George Braziller.

Bertenthal, B. I. (1990). Application of biomechanical principles to the study of perception and action. In H. Block & B. I. Bertenthal (Eds.), *Sensory-motor organizations and development in infancy and early childhood,* (pp. 243–260). The Netherlands: Kluwer Academic Publishers.

Bertenthal, B. I., & Campos, J. J. (1990). A systems approach to the organizing effects of self produced locomotion during infancy. In C. Rovee-Collier & L. P. Lipsitt (Eds.), *Advances in infancy research* (Vol. 6) (pp. 1–60). Norwood, NJ: Ablex.

Bertenthal, B., Campos, J., & Barrett, K. (1984). Self-produced locomotion: An organizer of emotional cognitive, and social development in infancy. In R. Emde & R. Harmon (Eds.), *Continuities and Discontinuities* (pp. 175–210). New York: Plenum Press.

Bigelow, A. E. (1992). Locomotion and search behavior in blind infants. *Infant Behavior and Development, 15,* 179–189.

Bloom, L. (1973). *One word at a time.* The Haque: Mouton.

Boiler, K., Rovee-Collier, C, Borovsky, D., O'Connor, J. & Shyi, G. (1990). Developmental changes in the time-dependent nature of memory retrieval. *Developmental Psychology, 26,* 770–780.

Borovsky, D., & Rovee-Collier, C. (1990). Contextual constraints on memory retrieval at 6 months. *Child Development, 61,* 1569–1583.

Bower, T. G. R. (1986). Repetitive processes in child development. *Scientific American, 235,* 38–47.

Bower, T. G. R. (1989). *The rational infant: Learning in infancy.* New York: Freeman. 〔岩田純一・水谷宗行訳 (1995). 『賢い赤ちゃん──乳児期における学習』ミネルヴァ書房.〕

文　献　　411

Bower, T. G. R., Broughton, J. M., & Moore, M. K. (1970). Demonstration of intention in the reaching behaviour of neonate humans. *Nature, 228,* 679-681.

Bowlby, J. (1969). *Attachment and loss. Volume 1: Attachment.* New York: Basic Books. 〔黒田実郎ほか訳 (1991). 『母子関係の理論』新版, 岩崎学術出版社.〕

Bradley, N. S., & Smith, J. L. (1988a). Neuromuscular patterns of stereotypic hindlimb behaviors in the first two postnatal months. I. Steppping in normal kittens. *Developmental Brain Research, 38,* 37-52.

Bradley, N. S., & Smith, J. L. (1988b). Neuromuscular patterns of stereotypic hindlimb behaviors in the first two postnatal months. III. Scratching and the paw-shake response in kittens. *Developmental Brain Research, 38,* 69-82.

Brainerd, C. J. (1978). The stage question in cognitive-developmental theory. *The Behavioral and Brain Sciences, 1,* 173-182.

Bremner, J. G. (1985). Object tracking and search in infancy: A review of data and a theoretical evaluation. *Developmental Review, 5,* 371-396.

Brent, S. B. (1978). Prigogine's model for self-organization in nonequilibrium systems: Its relevance for developmental psychology. *Human Development, 21,* 374-387.

Brent, S. B. (1984). *Psychological and social structures.* Hillsdale, NJ: Erlbaum.

Bril, B., & Breniere, Y. (1992). Postural requirements and progression velocity in young walkers. *Journal of Motor Behavior, 24,* 105-116.

Bronfenbrenner, V. (1979). *The ecology of human development.* Cambridge, MA: Harvard University Press.

Brooks, V. B., Cooke, J. J., & Thomas, J. S. (1973). The continuity of movements. In R. B. Stein, K. G. Pearson, R. S. Smith, & J. B. Redford (Eds.). *Control of posture and locomotion* (pp. 257-272). New York: Plenum.

Bruner, J. S., & Koslowski, B. (1972). Visually preadapted constituents of manipulatory actions. *Perception, 1,* 3-14.

Bruner, J. S., & Olver, R. R. (1963). Development of equivalence transformations in children. *Monographs of the Society for Research in Child Development,* No. 28.

Bryant, P. E., & Trabasso, T. R. (1971). Transitive inferences and memory in young children. *Nature, 232,* 456-458.

Bullock, M., Gelman, R., & Baillargeon, R. (1982). The development of causal reasoning. In W. J. Friedman (Ed.), *The developmental psychology of time.* New York: Academic Press.

Bushnell, E. M. (1985). The decline of visually guided reaching during infancy. *Infant Behavior and Development, 8,* 139-155.

Bushnell, E. M., & Boudreau, J. P. (1993). Motor development in the mind: The potential role of motor abilities as a determinant of aspects of perceptual development. *Child Development, 64,* 1005-1021.

Butler, J., & Rovee-Collier, C. (1989). Contextual gating of memory retrieval. *Developmental Psychobiology, 22,* 533-552.

Cairns, R. (1988). *Spoken comments at the centennial celebration of the Department of Psychology.* Indiana University, Bloomington.

Carey, S. (1985). *Conceptual change in childhood.* Cambridge, MA: MIT Press. 〔小島康次・小林好和訳 (1994). 『子どもは小さな科学者か —— J. ピアジェ理論の再考』ミネルヴァ書房.〕

Chapman, M. (1988). *Constructive evolution. Origins and development of Piaget's thought.* Cambridge: Cambridge University Press.

Chi, M. T. H. (1978). Knowledge structures and memory development. In R. S. Siegler (Ed.), *Children's thinking: What develops?* (pp. 73-95). Hillsdale, NJ: Erlbaum.

Chi, M. T. H., & Koeske, R. D. (1983). Network representations of knowledge base: Exploring a child's knowledge and memory performance of dinosaurs. *Developmental Psychology, 19,* 29-39.

Choi, S., & Bowerman, M. (1991). Learning to express motion events in English and Korean: The influence of language-specific lexicalization patterns. *Cognition, 41,* 83-121.

Chomsky, N. (1965). *Aspects of the theory of syntax.* Cambridge, MA: MIT Press. 〔福井直樹・辻子美

保子訳 (2017).『統辞理論の諸相 —— 方法論序説』岩波文庫.〕

Chomsky, N. (1986). *Knowledge of language: Its nature, origin, and use*. New York: Praeger.

Clark, A., & Karmiloff-Smith, A. The cognizer's innards: A psychological and philosophical perspective on the development of thought. *Mind and Language, 8* (4), 487-519.

Clark, E. V. (1972). How children describe time and order. In C. A. Ferguson & D. I. Slobin (Eds.), *Studies of child language development* (pp. 585-606). New York: Holt, Rinehart, & Winston.

Clifton, R. K., Muir, D. W., Ashmead, D. H., & Clarkson, M. G. (1993). Is visually guided reaching in infancy a myth? *Child Development, 64,* 1099-1110.

Cohen, A. H. (1992). The role of heterarchical control in the evolution of central pattern generators. *Brain, Behavior, and Evolution, 40,* 112-124.

Cohen, A. H., Holmes, P. J., & Rand, R. H. (1982). The nature of coupling between segmental oscillators of the lamprey spinal generator for locomotion: A mathematical model. *Journal of Mathematical Biology, 13,* 345-369.

Cohen, L. B., & Salapatek, P. (1975). *Infant perception: From sensation to cognition*. New York: Academic Press.

Cole, M. (1985). The zone of proximal development: Where culture and cognition create each other. In J. V. Wertsch (Ed.), *Culture, communication, and cognition: Vygotskian perspectives* (pp. 146-161). Cambridge: Cambridge University Press.

Corbetta, D., & Thelen, E. (1993). Shifting patterns of interlimb coordination in infants' reaching: A case study. In S. P. Swinnern, H. Heuer, J. Massion, & P. Casaer (Eds.), *Interlimb coordination: Neural, dynamical and cognitive constraints* (pp. 413-438). New York: Academic Press.

Cowan, W. M. (1978). Aspects of neural development. *International Review of Physiology, 17,* 150-191.

Cruz, C. A. (1992). Knowledge-representation networks: Goal direction in intelligent neural systems. In D. S. Levine & S. J. Leven (Eds.), *Motivation, emotion, and goal direction in neural networks* (pp. 369-410). Hillsdale, NJ: Erlbaum.

Damasio, A. R. (1989). Time-locked multiregional retroactivation: A systems-level proposal for the neural substrates of recall and recognition. *Cognition, 33,* 25-62.

Davis, D. W. (1991) . Treadmill-elicited stepping in low birthweight infants born prematurely. Unpublished doctoral dissertation, Indiana University.

DeCasper, A. J., & Fifer, W. P. (1980). Of human bonding: Newborns prefer their mothers' voices. *Science, 208,* 1174-1176.

Delcomyn, F. (1980). Neural basis of rhythmic behavior in animals. *Science, 210,* 492-498.

DeLoache, J. S. (1987). Rapid change in the symbolic functioning of young children. *Science, 238,* 1556-1557.

Devaney, R. (1986). *An introduction to chaotic dynamical systems*. New York: Addison-Wesley.

Dewey, J. (1916). Democracy and education: An introduction to the philosophy of education. New York: Macmillan.〔河村望訳 (2000).『民主主義と教育』人間の科学社.〕

Diamond, A. (1988). Differences between adult and infant cognition: Is the crucial variable presence or absence of language? In L. Weiskrantz (Ed.), *Thought without language* (pp. 337-370). Oxford: Clarendon Press.

Diamond, A. (1990a). Development and neural bases of AB and DR. In A. Diamond (Ed.), *The development and neural bases of higher cognitive functions* (pp. 267-317). New York: National Academy of Sciences.

Diamond, A. (1990b). Developmental time course in human infants and infant monkeys, and the neural bases of inhibitory control in reaching. In A. Diamond (Ed.), *The development and neural bases of higher cognitive functions* (pp. 637-676). New York: National Academy of Sciences.

Diamond, A. (1990c). Discussion. In A. Diamond (Ed.), *The development and neural bases of higher cognitive functions* (pp. 1-25). New York: National Academy of Sciences.

Diamond, A., & Goldman-Rakic, P. S. (1989). Comparison of human infants and rhesus monkeys on Piaget's AB task. Evidence for dependence on dorsolateral prefrontal cortex. *Experimental Brain*

Research, 74, 24-40.

Diamond, A. S., Zola-Morgan, S., & Squire, L. (1989). Successful performance by monkeys with lesions of the hippocampal formation on AB and object retrieval, two tasks that mark devel opmental changes in human infants. *Behavioral Neuroscience, 103*, 526-537.

Donaldson, M. (1978). *Children's minds*. New York: W. W. Norton.

Edelman, G. M. (1987). *Neural Darwinism*. New York: Basic Books.

Edelman, G. M. (1988). *Topobiology: An introduction to molecular embryology*. New York: Basic Books.

Edelman, G. M. (1989). *The remembered present: A biological theory of consciousness*. New York: Basic Books.

Edelman, G. M. (1992). *Bright air, brilliant fire. On the matter of mind*. New York: Basic Books. 〔金子隆芳訳 (1995).『脳から心へ ── 心の進化の生物学』新曜社.〕

Edelman, G., & Gall, W. (1979). The antibody problem. *Annual Review of Biochemistry, 38*, 699-766.

Ehri, L. (1976). Comprehension and production of adjectives and seriation. *Journal of Child Language, 3*, 369-384.

Engel, A. K., König, P., Kreiter, A. K., Schillen, T. B., & Singer, W. (1992). Temporal coding in the visual cortex: New vistas on integration in the nervous system. *Trends in Neurosciences, 15*, 218-227.

Ettlinger, G., & Wilson, W. A. (1990). Cross-modal performance: Behavioral processes, phylogenetic considerations and neural mechanisms. *Behavioural Brain Research, 40*, 169-192.

Fagen, J. W., Morrongiello, B. A., Rovee-Collier, C, & Gekoski, M. J. (1984). Expectancies and memory retrieval in three-month-old infants. *Child Development, 56*, 936-943.

Fagen, J. W., & Rovee-Collier, C. (1983). Memory retrieval: A time-locked process in infancy. *Science, 222*, 1349-1351.

Feldman, A. G. (1966). Functional tuning of the nervous system with control of movement or maintenance of a steady posture. III. Mechanographic analysis of execution by man of the simplest motor tasks. *Biophysics, 11*, 766-775.

Feldman, A. G. (1980). Superposition of motor programs-I. Rhythmic forearm movements in man. *Journal of Neuroscience, 5*, 81-90.

Felleman, D. J., & Van Essen, D. C. (1991). Distributed hierarchical processing in the primate cerebral cortex. *Cerebral Cortex, 1*, 1-47.

Fetters, L., & Todd, J. (1987). Quantitative assessment of infant reaching movements. *Journal of Motor Behavior, 19*, 147-166.

Fischer, K. W., & Bidell, T. R. (1991). Constraining nativist inferences about cognitive capacities. In S. Carey & R. Gelman (Eds.), *Constraints on knowledge in cognitive development* (pp. 199-236). Hillsdale, NJ: Erlbaum.

Flavell, J. H. (1970). Concept development. In P. H. Mussen (Ed.), *Carmichael's manual of child psychology* (Vol. 1). New York: Wiley.

Fodor, J. A. (1972). Some reflections on L. S. Vygotsky's "thought and language". *Cognition, 1*, 83-95.

Fodor, J. A. (1976). *The language of thought*. New York: Crowell.

Fodor, J. A. (1983). *The modularity of mind: an essay on faculty psychology*. Cambridge, MA: MIT Press. 〔伊藤笏康・信原幸弘訳 (1985).『精神のモジュール形式 ── 人工知能と心の哲学』産業図書.〕

Fodor, J. A. (1987). Modules, frames, fridgeons, sleeping dogs, and the music of the spheres. In J. G. Garfield (Ed.), *Modularity in knowledge representation and natural language understanding* (pp. 25-36). Cambridge, MA: MIT Press.

Fogel, A. (1992). Movemment and communication in human infancy: The social dynamics of development. *Human Movement Science, 11*, 387-423.

Fogel, A. (1993). *Developing through relationships: Origins of communication, self, and culture*. New York: Harvester Wheatsheaf.

Fogel, A. (1993). *Developing through relationships: Communication, self, and culture in early infancy*. Cambridge: Harvester Press.

Fogel, A., Nwokah, E., Dedo, J. U., Messinger, D., Dickson, K. L. Matusov, E., & Holt, S. A. (1992). Social process theory of emotion: A dynamic systems approach. *Social Development, 1*, 122-142.

Fogel, A., & Thelen, E. (1987). The development of expressive and communicative action in the first year: Reinterpreting the evidence from a dynamic systems perspective. *Developmental Psychology, 23*, 747-761.

Forssberg, H. (1985). Ontogeny of human locomotor control. I. Infant stepping, supported locomotion, and transition to independent locomotion. *Experimental Brain Research, 57*, 480-493.

Fraiberg, S. (1977). *Insights from the blind: comparative studies of blind and sighted infants*. New York: Basic Books.〔宇佐見芳弘訳 (2014).『視覚障害と人間発達の探求 —— 乳幼児研究からの洞察』文理閣.〕

Freeman, W. J. (1981). A physiological hypothesis of perception. *Perspectives in Biology and Medicine, 24*, 561-592.

Freeman, W. J. (1987). Simulation of chaotic EEG patterns with a dynamic model of the olfactory system. *Biological Cybernetics, 56*, 139-150.

Freeman, W. J. (1991). The physiology of perception. *Scientific American, 264*, 78-85.

Freeman, W. J., & Skarda, C. A. (1985). Spatial EEG patterns, nonlinear dynamics and perception: The neo-Sherringtonian view. *Brain Research Reviews, 10*, 147-175.

Frégnac, Y., & Imbert, M. (1984). Development of neuronal selectivity in primary visual cortex of cat. *Physiological Review, 64*, 325-434.

Freyd, J. (1983). The mental representation of movement when static stimuli are viewed. *Perception and Psychophysics, 33*, 575-581.

Freyd, J. J. (1992). Five hunches about perceptual processes and dynamic representations. In D. Meyer & S. Komblum (Eds.), *Attention and performance XIV: A silver jubilee*. Hillsdale, NJ: Erlbaum.

Freyd, J. J., & Finke, R. A. (1984). Representational momentum. *Journal of Experimental Psychology: Learning, Memory, & Cognition, 10*, 126-132.

Gallistel, C. R. (1980). *The organization of action: A new synthesis*. Hillsdale, NJ: Erlbaum.

Garfield, J. (1987). *Modularity in knowledge representation and natural language understanding*. Cambridge, MA: MIT Press.

Gasser, M., & Smith, L. B. (1991). The development of the notion of sameness: A connectionist model. *Proceedings of the Thirteenth Annual Conference of the Cognitive Science Society, 719-723.*

Gelman, R. (1969). Conservation acquisition: A problem of learning to attend to relevant attributes. *Journal of Experimental Child Psychology, 7*, 167-187.

Gelman, R. (1972). The nature and development of early number concepts. In H. W. Reese & L. P. Lipsitt (Eds.), *Advances in child development and behavior*. New York: Academic Press.

Gelman, R., & Gallistel, C. R. (1978). *The child's understanding of number*. Cambridge, MA: Harvard University Press.〔小林芳郎・中島実共訳 (1989).『数の発達心理学 —— 子どもの数の理解』田研出版.〕

Gelman, S. A., & Coley, J. D. (1991). Language and categorization: The acquisition of natural kind terms. In S. A. Gelman & J. P. Byrnes (Eds.), *Perspectives on thought and language: Interrelations in development* (pp. 146-196). Cambridge: Cambridge University Press.

Gelman, S. A., & Markman, E. M. (1987). Young children's inductions from natural kinds: The role of categories and appearances. *Child Development, 58*, 1532-1541.

Gelman, S. A., & Medin, D. L. (1993). What's so essential about essentialism? A different perspective on the interaction of perception, language, and concrete knowledge. *Cognitive Development, 5*, 157-168.

Gentner, D. (1989). The mechanisms of analogical learning. In S. Vosniadou & A. Ortony (Eds.), *Similarity and analogical reasoning* (pp. 199-241). Cambridge: Cambridge University Press.

Gentner, D., & Rattermann, M. J. (1991). Language and the career of similarity. In S. A. Gelman & J. P. Byrnes (Eds.), *Perspectives on thought and language: Interrelations in development*. Cambridge: Cambridge University Press.

Georgopoulos, A. P. (1986). On reaching. *Annual Review of Neurosciences, 9,* 147–170.

Georgopoulos, A. P. (1988). Neural integration of movement: Role of motor cortex in reaching. *The FASEB Journal, 2,* 2849–2857.

Georgopoulos, A. P. (1990). Neurophysiology of reaching. In M. Jeannerod (Ed.), *Attention and performance XIII* (pp. 227–263). Hillsdale, NJ: Erlbaum.

Georgopoulos, A. P. (1991). Higher order motor control. *Annual Review of Neurosciences, 14,* 361–377.

Georgopoulos, A. P., Kettner, R. E., & Schwartz, A. B. (1988). Primate motor cortex and free arm movements to visual targets in three-dimensional space. II. Coding of the direction of movement by a neuronal population. *The Journal of Neuroscience, 8,* 2928–2937.

Gesell, A. (1939). Reciprocal interweaving in neuromotor development. *Journal of Comparative Neurology, 70,* 161–180.

Gesell, A. (1945). *The embryology of behavior: the biginnings of the human mind.* New York: Harper. 〔新井清三郎訳(1978).『行動の胎生学』日本小児医事出版社.〕

Gesell, A. (1946). The ontogenesis of infant behavior. In L. Carmichael (Ed.), *Manual of child psychology* (pp. 295–331). New York: Wiley.

Gesell, A., & Ames, L. B. (1940). The ontogenetic organization of prone behavior in human infancy. *The Journal of Genetic Psychology, 56,* 247–263.

Ghiselin, M. T. (1969). *The triumph of the Darwinian method.* Chicago: University of Chicago Press.

Gibson, E. J. (1969). *Principles of perceptual learning and development.* Englewood Cliffs, NJ: Prentice-Hall. 〔小林芳郎訳 (1983).『知覚の発達心理学』田研出版.〕

Gibson, E. J. (1988). Exploratory behavior in the development of perceiving, acting, and the acquiring of knowledge. *Annual Review of Psychology, 39,* 1–41.

Gibson, E. J., & Walk, R. D. (1960). The "visual cliff." *Scientific American, 202,* 64–71.

Gibson, E. J., & Walker, A. (1984). Development of knowledge of visual and tactual affordances of substance. *Child Development, 55,* 453–460.

Gibson, J. J. (1979). *The ecological approach to visual perception.* Boston: Houghton-Mifflin. 〔古崎敬・古崎愛子・辻敬一郎・村瀬旻訳 (1985).『生態学的視覚論 —— ヒトの知覚世界を探る』サイエンス社.〕

Glass, L., & Mackey, M. C. (1988). *From clocks to chaos: The rhythms of life.* Princeton, NJ: Princeton University Press.

Gleick, J. (1987). *Chaos: Making a new science.* New York: Viking.

Gleitman, L. R., Gleitman, H., & Shipley, E. (1972). The emergence of the child as grammarian. *Cognition, 1,* 137–164.

Gleitman, L. R., & Rozin, P. (1977). The structure and acquisition of reading I: Relation between orthographies and the structure of language. In A. S. Reber & J. Scarborough (Eds.), *Toward a psychology of reading.* Hillsdale, NJ: Erlbaum.

Gleitman, L. R., & Wanner, E. (1982). Language acquistion: The state of the state of the art. In E. Wanner & L. R. Gleitman (Eds.), *Language acquisition: The state of the art* (pp. 3–51). Cambridge: Cambridge University Press.

Glucksberg, S. (1988). Language & thought. In R. J. Sternberg & E. E. Smith (Eds.), *Thepsychology Of human thought* (pp. 214–241). Cambridge: Cambridge Univerity Press

Goldberger, A. L., & Rigney, D. R. (1988). Sudden death is not chaos. In J A. S. Kelso, A. J. Mandell, & M. F. Shlesigner (Eds.), *Dynamic patterns in complex systems* (pp. 248–264). Singapore: World Scientific. .

Goldfield E G., & Michel G. F. (1986). The ontogeny of infant bimanual reaching during the first year. *Infant Behavior and Development, 9,* 81–89.

Goldman-Rakic, P. S. (1987).). Development of control circuitry and cognitive function. *Child Devel opment, 58,* 601–622.

Goodman, N. (1955). *Fact, fiction and forecast. Indianapolis'.* BobbSrNtemlL

Goprvik, A., & Meltzoff, A. N. (1987), The development of categorization in the second year and its relation to other cognitive and linguistic developments. *Child Development, 58,* 1523–1531.

Gottlieb, G. (1961). Developmental age as a baseline for determination of the critical period in imprinting. *Journal of Comparative and Physiological Psychology, 54,* 422–427.

Gottlieb, G. (1991a). Epigenetic systems view of human development. *Developmental Psychology, 27,* 33–34.

Gottlieb, G. (1991b). Experiential canalization of behavioral development: Results. *Developmental Psychology, 27,* 35–39.

Gottlieb, G. (1991c). Social induction of malleability in ducklings. *Animal Behavior, 41,* 953–963.

Gottlieb, G. L., Corcos, D. M., & Agarwal, G. C. (1989). Strategies for the control of voluntary movements with one mechanical degree of freedom. *Behavioral and Brain Sciences, 12,* 189–250.

Gould, S. J., & Lewontin, R. C. (1979). The spandrels of San Marco and the Panglossian paradigm: A critique of the adaptationist programme. *Proceedings of the Royal Society of London (B), 205,* 581–598.

Gray, J. A. (1991). The neuropsychology of temperament. In J. Strelau & A. Angleitner (Eds.), *Explorations in temperament; International perspectives on theory and measurement* (pp. 105–128). New York: Plenum.

Grebogi, C, Ott, E., & Yorke, J. A. (1987). Chaos, strange attractors, and fractal basin boundaries in nonlinear dynamics. *Science, 238,* 632–638.

Greco, C., Hayne, H., & Rovee-Collier, C. (1990). Roles of function, reminding, and variability in categorization by 3-month infants. *Journal of Experimental Psychology: Learning, Memory & Cognition, 16,* 617–633.

Greene, P. H. (1982). Why is it easy to control your arms? *Journal of Motor Behavior, 14,* 260–286.

Green field, P. M. (1991). Language, tools and brain: The ontogeny and phylogeneny of hierarchically organized sequential behavior. *Brain and Behavioral Sciences, 14,* 707–784.

Greenough, W. T. (1991). Experience as a component of normal development: Evolutionary considerations. *Developmental Psychology, 27,* 14–17.

Greenough, W. T., Black, J. E., & Wallace, C. S. (1987). Experience and brain development. *Child Development, 58,* 539–559.

Grillner, S. (1975). Locomotion in vertebrates: Central mechanisms and reflex interaction. *Physiological Reviews, 55,* 247–304.

Grillner, S. (1981). Control of locomotion in bipeds, tetrapods, and fish. In V. B. Brooks (Ed.), *Handbook of physiology, Vol. 3: Motor control* (pp. 1179–1236). Bethesda, MD: American Physiological Society.

Grillner, S. (1985). Neurobiological bases of rhythmic motor acts in vertebrates. *Science, 228,* 143–149.

Grossberg, S., Schmajuk, N., & Levine, D. S. (1992). Associative learning and selective forgetting in a neural network regulated by reinforcement and attentive feedback. In D. S. Levine & S. J. Leven (Eds.), *Motivation, emotion, and goal direction in neural networks* (pp. 37–62). Hillsdale, NJ: Erlbaum.

Gustafson, G. E. (1984). Effects of the ability to locomote on infants' social and exploratory behaviors: An experimental study. *Developmental Psychology, 20,* 397–405.

Hadders-Algra, M., Van Eykern, L. Al., Klip-Van den Nieuwendijk, A. W. J., & Prechtl, H. F. R. (1992). Developmental course of general movements in early infancy. II. EMG correlates. *Early Human Development, 28,* 231–251.

Haken, H. (1977). *Synergetics: An introduction.* Heidelberg: Springer-Verlag.

Haken, H. (Ed.). (1985). *Complex systems: Operational approaches in neurobiology, physics, and computers.* Heidelberg: Springer-Verlag.

Haken, H. (1987). Synergistics: An approach to self-organization. In F. E. Yates (Ed.), *Self-organizing systems: The emergence of order* (pp. 417–434). New York: Plenum Press.

Hall, W. G., & Bryan, T. E. (1980). The ontogeny of feeding in rats. II. Independent ingestive behavior. *Journal of Comparative and Physiological Psychology, 93,* 746–756.

Halverson, H. M. (1931). Study of prehension in infants. *Genetic Psychological Monographs, 10,* 107–285.

Halverson, H. M. (1933). The acquisition of skill in infancy. *Journal of Genetic Psychology, 43,* 3–48.

Hanson, S. J. (1990). Meiosis networks. In D. S. Touretsky (Ed.), *Advances in neural information processing systems II.* (pp. 533-541). San Mateo, CA: Morgan Kaufman.

Haroutunian, S. (1983). *Equilibrium in the balance: A study of psychological explanation.* New York: Springe r-Verlag.

Harris, P. L. (1987). The development of search. In P. Salapatek & L. B. Cohen (Eds.), *Handbook of infant perception* (Vol. 2). New York: Academic Press.

Harris, M., & Coltheart, M. (1986). *Language processing in children and adults.* London: Routledge & Kegan Paul.

Hasan, Z., & Stuart, D. G. (1988). Animal solutions to problems of movement control: The role of proprioceptors. *Annual Review of Neurosciences, 11,* 199-223.

Held, R. (1985). Binocular vision-Behavioral and neural development. In V. Mehler & R. Fox (Eds.), *Neonate cognition: Beyond the blooming buzzing confusion* (pp. 37-44). Hillsdale, NJ: Erlbaum.

Held, R., & Hein, A. (1963). Movement produced stimulation in the development of visually guided behavior. *Journal of Comparative and Physiological Psychology, 56,* 872-876.

Heriza, C. B. (1988). Organization of spontaneous leg movements in preterm infants. *Physical Therapy, 68,* 1340-1346.

Hildebrand, M. (1989). Vertebrate locomotion: An introduction. How does an animals' body move itself along? *BioScience, 39,* 764-765.

Hinde, R. A. (1961). The establishment of the parent-offspring relation in birds with some mammalian analogies. In W. H. Thorpe & O. L. Zangwill (Eds.), *Current problems in animal behaviour* (pp. 175-193). Cambridge: Cambridge University Press.

Hofsten, C. von. (19823). Eye-hand coordination in the newborn. *Developmental Psychology, 18,* 450-461.

Hofsten, C. von (1984). Developmental changes in the organization of prereaching movements. *Developmental Psychology, 20,* 378-388.

Hofsten, C. von (1989). Motor development as the development of systems: Comments on the special section. *Developmental Psychology, 25,* 950-953.

Hofsten, C. von (1991). Structuring of early reaching movements: A longitudinal study. *Journal of Motor Behavior, 23,* 280-292.

Hogan, N. (1984). An organizing principle for a class of voluntary movements. *Journal ofNeuroscience, 4,* 2745-2754.

Hogan, N., Bizzi, E., Mussa-Ivaldi, F. A., & Flash, T. (1987). Controlling multijoint motor behavior. In K. B. Pandolf (Ed.), *Exercise and sport science reviews* (Vol. 15, pp. 153-190). New York: Macmillan.

Hood, L., & Bloom, L. (1979). What, when, and how about why: A longitudinal study of early expressions of causality. *Monographs of the Society for Research in Child Development,* Serial No. 181.

Horobin, K., & Acredolo, L. P. (1986). The role of attentiveness, mobility history, and separation of hiding sites on stage IV search behavior. *Journal of Experimental Child Psychology, 41,* 114-127.

Horowitz, F. D. (1987). *Exploring developmental theories: Toward a structural/behavioral model of development.* Hillsdale, NJ: Erlbaum.

Houk, J. C. (1979). Regulation of stiffness by skeletomotor reflexes. *Annual Review of Physiology, 41,* 99-114.

Huttenlocher, P. R. (1990). Morphometric study of human cerebral cortex development. *Neuropsy chologia, 28,* 517-527.

Inhelder, B., & Piaget, J. (1964). *The early growth of logic in the child.* London: Routledge & Kegal Paul.

Izard, C. E., Kagan, J., & Zajonc, R. B. (Eds.)(1984). *Emotion, cognition, and behavior.* Cambridge: Cambridge University Press.

Jackson, E. A. (1989). *Perspectives of nonlinear dynamics.* Cambridge: Cambridge University Press. 〔田中茂・丹羽敏雄・水谷正大・森真訳 (1994-1995). 『非線形力学の展望1 カオスとゆらぎ』『非線形力学の展望2 複雑さと構造』共立出版.〕

Jeannerod, M. (1985). *The brain machine. The development of neurophysiological thought* (English transla tion by David Urion). Cambridge, MA: Harvard University Press.

Jenkins, W. M. , Merzenich, M. M. , & Recanzone, G. (1990). Neocortical representational dynamics in adult primates: Implications for neuropsychology. *Neuropsychologia, 28,* 573-584.

Jensen, J. L., Thelen, E., & Ulrich, B. D. (1989). Constraints on multi-joint movements: From the spontaneity of infancy to the skill of adults. *Human Movement Science, 8,* 393-402.

Johnson, J. , & Newport, E. (1989). Critical period effects in second language learning: The influence of maturational state on the acquisition of English as a second language. *Cognitive Psychology, 21,* 60-99.

Johnson, K. E. (1992). *The effect of expertise on hierarchical systems of categorization.* Unpublished doctoral dissertation, Emory University. Atlanta, GA.

Johnson, M. (1987). *The body in the mind: The bodily basis of meaning, imagination, and reason.* Chicago: University of Chicago Press. 〔菅野盾樹・中村雅之訳 (200).『心のなかの身体 —— 想像力へのパラダイム転換』紀伊國屋書店。〕

Johnson, M. H. (1990). Cortical maturation and the development of visual attention in early infancy. *Journal of Cognitive Neuroscience, 2,* 81-95.

Johnson, M. H., & Morton, J. (1991). *Biology and cognitive development: The case of face recognition.* Oxford: Blackwell.

Jones, S. S. (1992). The importance of mechanism for interpreting neonatal matching of adult behav iors. Presented at the International Conference on Infant Studies, Miami, May 1992.

Jones, S. S., & Smith, L. B. (1993). The place of perception in children's concepts. *Cognitive Development, 8,* 113-140.

Jones, S., Smith, L., & Landau, B. (1991). Object properties and knowledge in early lexical learning. *Child Development, 62,* 449-516.

Jones, S., Smith, L., Landau, B., & Gershkoff-Stowe, L. (1992). The developmental origins of the shape bias. Presented at the Boston Child Language Conference, October 1992.

Jordan, M. I. (1990). Motor learning and the degrees of freedom problem. In M. Jeannerod (Ed.), *Attention and performance XIII* (pp. 796-836). Hillsdale, NJ: Erlbaum.

Juszyk, P. W. (1989). Perception of cues to clausal units in mative and non-native languages. Presented at the Biennial Meeting of the Society of Research in Child Development, Kansas City, March 1989.

Kaas, J. H. (1991). Plasticity of sensory and motor maps in adult mammals. *Annual Review of Neuro sciences, 14,* 137-167.

Karmiloff-Smith, A. (1992). *Beyond modularity: A developmental perspective on cognitive science.* Cambridge, MA: MIT Press.

Karmiloff-Smith, A. (1992). Nature, nurture and PDP: Preposterous, developmental postulates? *Connection Science, 4,* 253-269. 〔小島康次・小林好和監訳 (1997).『人間発達の認知科学 —— 精神のモジュール性を超えて』ミネルヴァ書房。〕

Keil, F. C. (1981). Constraints on knowledge and cognitive development. *Psychological Review, 88,* 197-227.

Keil, F. C. (1989). *Concepts, kinds, and cognitive development.* Cambridge: Cambridge University Press.

Kellman, P. J., & Spelke, E. S. (1983). Perception of partly occluded objects in infancy. *Cognitive Psychology, 15,* 483-524.

Kellman, P. J., Spelke, E. S., & Short, K. (1986). Infant perception of object unity from translatory motion in depth and vertical translation. *Child Development, 57,* 72-86.

Kelly, M. (1992). Using sound to solve syntactic problems. *Psychological Review, 99,* 349-364.

Kelso, J. A. S., & DeGuzman, G. C, (1991). An intermittency mechanism for coherent and flexible brain and behavioral function. In J. Requin & G. E. Stelmach (Eds.), *Tutorials in motor neuroscience* (pp. 305-310). Amsterdam: Kluwer.

Kelso, J. A. S., Holt, K. G., Kugler, P. N., & Turvey, M. T. (1980). On the concept of coordinative structures as dissipative structures: II. Empirical lines of convergence. In G. E. Stelmach & J. Requin (Eds.), *Tutorials in motor behavior* (pp. 49-70). New York: North-Holland.

Kelso, J. A. S., Holt, K. G., Rubin, P., & Kugler, P. N. (1981). Patterns of human interlimb coordination emerge from the properties of non-linear limit cycle oscillatory processes: Theory and data. *Journal of Motor Behavior, 13,* 226-261.

Kelso, J. A. S., Mandell, A. J., & Shlesinger, M. F. (Eds.). (1988). *Dynamic patterns in complex systems.* Singapore: World Scientific.

Kelso, J. A. S., & Scholz, J. P. (1985). Cooperative phenomena in biological motion. In H. Haken (Ed.), *Complex systems: Operational approaches in neurobiology, physics, and computers* (pp. 124-149). Heidelberg: Springer-Verlag.

Kelso, J. A. S., Scholz,, J. P., & Schöner, G. (1986). Non-equilibrium phase transitions in coordinated biological motion: Critical fluctuations. *Physics Letters A, 118,* 279-284.

Kermoian, R., & Campos, J. J. (1988). Locomotor experience: A facilitator of spatial cognitive development. *Child Development, 59,* 908-917.

Killeen, P. R. (1989). Behavior as a trajectory through a field of attractors. In J. R. Brink & R. Haden (Eds.), *The computer and the brain: Perspectives on human and artificial intelligence* (pp. 53-82). Amsterdam: Elsevier.

Killeen, P. R. (1991). Behavioral geodesies. In D. S. Levine & S. J. Leven (Eds.), *Motivation, emotion, and goal direction in neural networks* (pp. 91-114). Hillsdale, NJ: Erlbaum.

Killeen, P. R. (1992). Mechanics of the animate. *Journal of the Experimental Analysis of Behavior, 57,* 429 463.

Kitchener, R. F. (1982). Holism and the organismic model in developmental psychology. *Human Development, 25,* 233-249.

Konner, M. (1991). Universals of behavioral development in relation to brain myelination. In K. R. Gibson & A. C. Petersen (Eds.), *Brain maturation and cognitive development: Comparative and cross-cultural perspectives* (pp. 181-223). New York: Aldine de Gruyter.

Kugler, P. N., Kelso, J. A. S., & Turvey, M. T. (1980). On the concept of coordinative structures as dissipative structures. I. Theoretical lines of convergence. In G. E. Stelmach & J. Requin (Eds.), *Tutorials in motor behavior* (pp. 3-47). New York: North-Holland.

Kugler, P., Kelso, J. A. S., & Turvey, M. T. (1982). On the control and coordination of naturally developing systems. In J. A. S. Kelso & J. E. Clark (Eds.), *The development of movement control and coordination* (pp. 5-78). New York: Wiley.

Kuhl, P. K., & Meltzoff, A. N. (1982). The bimodal perception of speech in infancy. *Science, 218,* 1138-1141.

Kuhn, D., & Phelps, E. (1982). The development of problem-solving strategies. In H. Reese & L. Lipsitt (Eds.), *Advances in child development and behavior* (Vol. 17, pp. 2-44). New York: Academic Press.

Kuhn, T. S. (1962). *The structure of scientific revolutions.* Chicago: University of Chicago Press. 〔中山茂訳(1971).『科学革命の構造』みすず書房.〕

Kuo, Z. (1967). *The dynamics of behavior development: An epigenetic view.* New York: Random House.

Lakoff, G. (1987a). *Women, fire, and dangerous things: What categories reveal about the mind.* Chicago: University of Chicago Press. 〔池上嘉彦・河上誓作他訳(1993).『認知意味論 —— 言語から見た人間の心』紀伊國屋書店.〕

Lakoff, G. (1987b). Cognitive models and prototype theory. In U. Neisser (Ed.), *Concepts and conceptual development: Ecological and intellectual factors in categorization* (pp. 63-100). Cambridge: Cam bridge University Press.

Landau, B. , Smith, L., & Jones, S. (1988). The importance of shape in early lexical learning. *Cognitive Development, 3,* 299-321.

Laszlo, E. (1972). *Introduction to systems philosophy.* New York: Harper & Row.

Lee, D. N., & Aronson, E. (1974). Visual proprioceptive control of standing in human infants. *Perception and Psychophysics, 15,* 529-532.

Lehrman, D. S. (1970). Semantic and conceptual issues in the nature-nurture problem. In L. B.

Aronson, E. Tobach, D. S. Lehrman, & J. S. Rosenblatt (Eds.), *Development and the evolution of behavior* (pp. 17–52). San Francisco: Freeman.

Lerner, R. M. (1978). Nature, nurture, and dynamic interaction. *Human Development, 21,* 1–20.

Lewin, K. (1946). Behavior and development as a function of the total situation. In L. Carmichael (Ed.), *Manual of child psychology* (pp. 791–844). New York: Wiley.

Lewis, M., & Goldberg, S. (1969). Perceptual-cognitive development in infancy: A generalized expectancy model as a function of mother-infant education. *Merrill-Palmer Quarterly, 15,* 81 100.

Lewis, M., Sullivan, M. W., & Michaelson, L. (1984). The cognitive-emotional fugue. In C. E. Izard, J. Kagan, & R. B. Zajonc (Eds.), *Emotion, cognition, and behavior* (pp. 264–288). Cambridge: Cambridge University Press.

Lewkowicz, D. J., & Turkewitz, G. (1980). Cross-modal equivalence in early infancy: Auditory visual intensity matching. *Developmental Psychology, 16,* 597–607.

Lockman, J. J. (1990). Perceptuomotor coordination in infancy. In C-A, Hauert (Ed.), *Developmental psychology: Cognitive, perceptuo-tnotor, and neuropsychological perspectives* (pp. 85–111). Amster dam: North-Holland.

Lorenz, K. (1937). The companion in the bird's world. *Auk, 54,* 245–273.

Luria, A. R. (1976). *Cognitive development: Its cultural and social foundations.* Cambridge, MA: Harvard University Press.

Madore, B. F., & Freedman, W. L. (1987). Self-organizing structures. *American Scientist, 75,* 252–259.

Mandler, J. M., Bauer, P. J., & McDonough, L. (1991). Separating the sheep from the goats: Differentiating global categories. *Cognitive Psychology, 23,* 263–299.

Markman, E. M. (1989). *Categorization and naming in children: Problems of induction.* Cambridge, MA: MIT Press.

Marler, S. (1991). The instinct to learn. In S. Carey & R. Gelman (Eds.), *The epigenesis of mind: Essays on biology and cognition* (pp. 37–66). Cambridge, MA: MIT Press.

Marr, D. (1982). *Vision.* San Francisco: Freeman. 〔乾敏郎・安藤広志訳 (1987). 『ビジョン——視覚の計算理論と脳内表現』産業図書.〕

Mathew, A., & Cook, M. (1990). The control of reaching movements by young infants. *Child Development, 61,* 1238–1258.

McCall, R. B. (1972). Smiling and vocalization in infants as indices of perceptual-cognitive processes. *Merrill-Palmer Quarterly, 18,* 341–347.

McGraw, M. B. (1932). From reflex to muscular control in the assumption of an erect posture and ambulation in the human infant. *Child Development, 3,* 291–297.

McGraw, M. B. (1940). Neuromuscular development of the human infant as exemplified in the achievement of erect locomotion. *Journal of Pediatrics, 17,* 747–771.

McGraw, M. B. (1945). *The neuromuscular maturation of the human infant.* New York: Columbia Uni versity Press.

McGraw, M. B. (1946). Maturation of behavior. In L. Carmichael (Ed.), *Manual of child psychology* (pp. 332–369). New York: Wiley.

McMahon, T. A. (1984). *Muscles, reflexes, and locomotion.* Princeton, NJ: Princeton University Press.

Medin, D., & Ortony, A. (1989). Psychological essentialism. In S. Vosniadou & A. Ortony (Eds.), *Similarity and analogical reasoning* (pp. 179–195). New York: Cambridge University Press.

Meltzoff, A. N. (1990). Towards a developmental cognitive science: The implications of cross-modal matching and imitation for the development of representation and memory in infancy. In A. Diamond (Ed.), *The development and neural bases of higher cognitive functions* (pp. 1–25). New York: New York Academy of Sciences.

Meltzoff, A. N. (1993). The centrality of motor coordination and proprioception in social and cognitive development: From shared actions to shared minds. In G. J. P. Salvelsbergh (Ed.), *The development of coordination in infancy* (pp. 463–496). Amsterdam: North-Holland.

Meltzoff, A. N., & Borton, R. W. (1979). Intermodal matching by human neonates. *Nature, 282,* 403–404.

Mendelson, M. J., & Haith, M. M. (1976). The relation between audition and vision in the human newborn. *Monographs of Society for Research in Child Development, 41,* Serial No. 167.

Merzenich, M. M. , Allard, T. T. , & Jenkins, W. M. (1990). Neural ontogeny of higher brain function: Implications of some recent neurophysiological findings. In O. Franzn & P. Westman (Eds.), *Information processing in the somatosensory system* (pp. 293–311). London: Macmillan.

Merzenich, M, M., & Kaas, J. H. (1980). Principles of organization of sensory-perceptual systems in mammals. *Progress in Psychobiology and Physiological Psychology, 9,* 2–42.

Miller, P. H. (1989). *Theories ofdevelopmental psychology* (2nd ed.). New York: Freeman.

Mjolsness, E., Sharp, D. H., & Reinitz, J. (1990). A connectionist model of development. (Report YALEU/DCS/RR-796) Department of Computer Science, Yale University, New Haven, CT.

Morasso, P. (1981). Spatial control of arm movements. *Experimental Brain Research, 42,* 223–227.

Morton, J., & Johnson, M. H. (1991). Conspec and Conlern: A two-process theory of infant face recognition. *Psychological Review, 98,* 164–181.

Mountcastle, V. B. (1980). *Medical physiology* (14th ed.). St. Louis: C. V. Mosby.

Movshon, J. A., & Van Sluyters, R. C. (1981). Visual neural development. *Annual Review of Psychology, 32,* 477–522.

Mpitsos, G.]., Creech, H. C, Cohan, C. S., & Mendelson, M. (1988). Variability and chaos: Neurointegrative principles in self-organization of motor patterns. In J. A. S. Kelso, A. J. Mandell, & M. F. Shlesigner (Eds.), *Dynamic patterns in complex systems* (pp. 162–190). Singapore: World Scientific.

Muchisky, M., Gershkoff-Stowe, L., Cole, E., & Thelen, E. (1993). The epigenetic landscape revisited: A dynamic interpretation. Manuscript submitted for publication.

Murthy, V. D., & Fetz, E. E. (1991). Synchronized 25-35 Hz oscillations in sensorimotor cortex of awake monkeys. Abstracts of Society of Neuroscience 21st Annual Meeting, New Orleans, November 1991.

Myklebust, B. M., Gottlieb, G. L., & Agarwal, G. C. (1986). Stretch flexes of the normal infant. *Developmental Medicine and Child Neurology, 28,* 440–449.

Namy, L., & Gershkoff-Stowe, L. (1993). A microgenetic analysis of the origins of classification. Presented at the meeting of the Society for Research in Child Development, New Orleans, March 1993.

Newport, E. L. (1990). Maturational constraints on language learning. *Cognitive Science, 14,* 11–28.

Nosofsky, R. M. (1986). Attention, similarity, and the identification-categorization relationship. *Journal of Experimental Psychology: General, 115,* 39–57.

Oppenheim, R. W. (1981). Ontogenetic adaptations and retrogressive processes in the development of the nervous system and behaviour: A neuroembryological perspective. In K. J. Connolly & H. F. R. Prechtl (Eds.), *Maturation and development: Biological and psychological perspectives* (pp. 73–109). London: Spastics International and William Heinemann.

Osherson, D., Stob, M., & Weinstein, S. (1986). *Systems that learn.* Cambridge, MA: MIT Press.

Overton, W. F. (1975). General systems, structure, and development. In K. F. Riegel & G. C. Rosenwald (Eds.), *Structure and transformation: Developmental and historical aspects* (pp. 61–81). New York: Wiley.

Oyama, S. (1985). *The ontogeny of information: Developmental systems and evolution.* Cambridge: Cam bridge University Press.

Patla, A. E. (Ed.). (1991). *Adaptability of human gait. Implications for the Control of Locomotion.* Amsterdam: North-Holland.

Pearson, K. (1987). Central pattern generation: A concept under scrutiny. In H. McLennen (Ed.), *Advances in physiological research* (pp. 167–185). New York: Plenum.

Pearson, K. G., & Duysens, J. (1976). Function of segmental reflexes in the control of stepping in cockroaches and cats. In R. M. Herman, S. Grillner, P. S. G. Stein, & D. G. Stuart (Eds.), *Neural control of locomotion* (pp. 519–537). New York: Plenum.

Pearson, K. G., Ramirez, J. M., & Jiang, W. (1992). Entrainment of the locomotor rhythm by group Ib afferents from ankle extensor muscles in spinal cats. *Experimental Brain Research, 90,* 557–566.

Piaget, J. (1951). *Play, dreams, and imitation in childhood.* New York: Norton.

Piaget, J. (1952). *The origins of intelligence in children.* New York: International Universities Press. 〔谷村覚・浜田寿美男訳 (1978).『知能の誕生』ミネルヴァ書房（原著フランス語からの翻訳).〕

Piaget, J. (1952). *The origins of intelligence.* New York: Norton.

Piaget, J. (1954). *The constructin of reality in the child.* New York: Basic Books.

Piaget, J. (1955). *The construction of reality in the child.* London: Routledge and Kegan Paul (Original French edition 1937).

Piaget, J. (1970). *Psychology and epistemology.* New York: Norton. 〔滝沢武久訳 (1977).『心理学と認識論』誠信書房（原著フランス語からの翻訳).〕

Piaget, J. (1971). *Biology and knowledge.* Chicago: University of Chicago Press.

Piaget, J. (1976). *The grasp of consciousness: Action and concept in the young child.* Cambridge, MA: Harvard University Press.

Piaget, J. (1985). *The equilibration of cognitive structures: The central problem of intellectual development.* Chicago: University of Chicago Press. Originally published in 1975.

Piaget, J. (1987). *Possibility and necessity.* Minneapolis: University of Minnesota Press.

Pick, H. L., & Pick, A. D. (1970). Sensory and perceptual development. In P. Musson (Ed.), *Carmichael's manual of child psychology* (Vol. 1, pp. 773–847). New York: Wiley.

Pinker, S. (1987). The bootstrapping problem in language acquisition. In W. Demopoulas & A. Marras, (Eds.), *Language learning and concept acquisition.* Norwood, NJ: Ablex.

Pinker, S. (1989). *Learnability and cognition: The acquisition of argument structure.* Cambridge, MA: MIT Press.

Plunkett, K. , & Marchman, V. (1989). Pattern association in a back propagation network: Implication for language acquisition. Center for Research in Language, University of California Technical Report No. 8902, San Diego, CA.

Polit, A., & Bizzi, E. (1978). Processes controlling arm movements in monkeys. *Science, 201,* 1235–1237.

Posner, M. I. (1980). Mental chronometry and the problem of consciousness. In P. W. Jusczyk & R. M. Klein (Eds.), *The Nature of thought: Essays in honor of D. O. Hebb* (pp. 95–114). Hillsdale, NJ: Erlbaum.

Prechtl, H. F. R. (1986). Prenatal motor development. In M. G. Wade & H. T. A. Whiting (Eds.), *Motor development in children: Aspects of coordination and control* (pp. 53–64). Dordecht, Nether lands: Martinus Nijhoff.

Premack D. (1976). *Intelligence in ape and man.* Hillsdale, NJ: Erlbaum.

Prigogine, I., & Stengers, I. (1984). *Order out of chaos: Man's new dialogue with nature.* New York: Bantam.

Pylyshyn, Z. W. (1978). When is attribution of beliefs justified? *Behavioral and Brain Sciences, 1,* 592–593.

Quine, W. V. O. (1960). *Word and object.* Cambridge, MA: MIT Press. 〔大出晁・宮館恵訳 (1984).『ことばと対象』勁草書房.〕

Rapp, P. E., Albano, A. M., & Mees, A. I. (1988). Calculation of correlation dimensions from experimental data: Progress and problems. InJ. A. S. Kelso, A. J. Mandell, & M. F. Shlesinger (Eds.), *Dynamic patterns in complex systems* (pp. 191–205). Singapore: World Scientific.

Reed, E. S. (1982). An outline of a theory of action systems. *Journal of Motor Behavior, 14,* 98–134.

Reeke, G. N., Jr., & Edelman, G. M. (1984). Selective networks and recognition automata. *Annals of the New York Academy of Science, 426,* 181–201.

Reese, H. W., & Overton, W. F. (1970). Models of development and theories of development. In L. R. Goulet & P. B. Baltes (Eds.), *Life-span development psychology: Research and theory* (pp. 115–145). New York: Academic Press.

Robertson, S. S., Cohen, A. H., & Mayer-Kress, G. (1993). Behavioral chaos: Beyond the metaphor. In L. Smith & E. Thelen (Eds.), *A dynamic systems approach to development.* Cambridge, MA: MIT Press.

Rock, T. (1973). *Orientation and form*. New York: Academic Press.

Rogoff, B. (1982). Integrating context and cognitive development. In M. E. Lamb & A. L. Brown (Eds.), *Advances in developmental psychology* (Vol. 2, pp. 125–170). Hillsdale, NJ: Erlbaum.

Rogoff, B. (1995). Observing sociocultural activity on three planes: Participatory appropriation, guided participation, apprenticeship. In J. V. Wertsch, P. del Rio, & A. Alvarez (Eds.), *Sociocultural studies of mind* (pp. 139–164). Cambridge: Cambridge University Press.

Rolls, E. T., & Williams, G. V. (1987). Sensory and movement-related activity in different regions of the primate striatum. In J. S. Schneider & T. I. Kidsky (Eds.), *Basal ganglia and behavior: Sensory aspects and motor functioning* (pp. 37–59). Bern: Hans Huber.

Rosch, E. H. (1973). Natural categories. *Cognitive Psychology, 4,* 328–350.

Rose, S. A., & Ruff, H. A. (1987). Cross-modal abilities in human infants. In J. D. Osofsky (Ed.), *Handbook of infant development* (pp. 318–362). New York: Wiley.

Rosenbaum, D. A., & Saltzman, E. (1984). A motor-program editor. In W. Prinz & A. F. Sanders (Eds.), *Cognition and motor processes* (pp. 51–61). Heidelberg: Springer.

Rovee, C. K., & Rovee, D. T. (1969). Conjugate reinforcement of infant exploratory behavior. *Journal of Experimental Child Psychology, 8,* 33–39.

Rovee-Collier, C. (1990). The "memory system" of prelinguistic infants. In A. Diamond (Ed.), *The development and neural bases of higher cognitive functions* (pp. 517–542). New York: New York Academy of Sciences.

Rovee-Collier, C. K., & Gekoski, M. J. (1979). The economics of infancy: A review of conjugate reinforcement. In H. W. Reese & L. P. Lipsitt (Eds.), *Advances in child development and research* (Vol. 13, pp. 195–255). New York: Academic Press.

Rovee-Collier, C. K., Griesler, P. C., & Early, L. A. (1985). Contextual determinants of retrieval in three-month-old infants. *Learning and Motivation, 16,* 139–157.

Rovee-Collier, C., & Hayne, H. (1987). Reactivation of infant memory: Implications for cognitive development. In H. W. Reese (Ed.), *Advances in child development and behavior* (Vol. 20, pp. 185–238). New York: Academic Press.

Rozin, P. (1976). The evolution of intelligence and access to the cognitive unconscious. In J. M. Sprague & A. A. Epstein (Eds.), *Progress in psychobiology and physiological psychology* (Vol. 6). New York: Academic Press.

Rumelhart, D. E. (1989). The architecture of mind: A connectionist approach. In M. I. Posner (Ed.), *Foundations of cognitive science* (pp. 133–160). Cambridge, MA: MIT Press.

Rumelhart, D. E., & McClelland, J. L. (Eds.). (1986). *Parallel distributed processing: Explorations in the microstructure of cognition. Vol. I: Foundations.* Cambridge, MA: Bradford Books/MIT Press. 〔甘利俊一・田村淳訳 (1989). 『PDP モデル —— 認知科学とニューロン回路網の探索』産業図書.〕

Sameroff, A. J. (1983). Developmental systems: Contexts and evolution. In P. H. Mussen (Ed.), *Handbook of child psychology* (4th ed.). *Vol. I: History, theory, and methods* (pp. 237–294). New York: Wiley.

Schieber, M. H., & Hibbard, L. S. (1993). How somatotopic is the motor cortex hand area? *Science, 261,* 489–492.

Schiller, P. H. (1986). The central visual system. *Vision Research, 26,* 1351–1386.

Schiller, P. H. (1993). The effects of V4 and middle temporal (MT) area lesions on visual performance in the rhesus monkey. *Visual Neuroscience, 10,* 716–746.

Schmidt, H., Spelke, E. S., & LaMorte (1986). The development of Gestalt perceptions in infancy. Presented at the International Conference on Infant Studies, Los Angeles, April 1986.

Schmidt, R. A. (1975). A schema theory of discrete motor skill learning. *Psychological Review, 82,* 225–260.

Schneider, K., Zernicke, R. F., Ulrich, B. D., Jensen, J. L., & Thelen, E. (1990). Understanding movement control in infants through the analysis of limb intersegmental dynamics. *Journal of Motor Behavior, 12,* 493–520.

Schoeny, M. (1992). Relations between laboratory measures of reaching and behavior in a natural setting. Presented at the International conference on Infant Studies, Miami, May 1992.

Scholtz, J. P., Kelso, J. A. S. , & Schoner, G. (1987). Nonequilibrium phase transitions in coordinated biological motion: Critical slowing down, and switching time. *Physics Letters, A, 123,* 390–394.

Schöner, G., & Kelso, J. A. S. (1988). Dynamic pattern generation in behavioral and neural systems. *Science, 239,* 1513–1520.

Sera, M., Reittinger, E., & del Castillo Pintado (1991). Developing definitions of objects and events in English and Spanish speakers. *Cognitive Development, 6,* 119–142.

Sera, M., & Smith, L. B. (1987). Big and little: Nominal and relative uses. *Cognitive Development, 2,* 89–112.

Shaw, R. (1984). *The dripping faucet as a model chaotic system.* Santa Cruz, CA: Aerial. 〔佐藤讓・津田一郎訳 (2006).『水滴系のカオス』岩波書店.〕

Sherrington, C. S. (1906). *The integrative action of the nervous system.* New Haven: Yale University Press (2nd ed. 1947).

Shields, P. J., & Rovee-Collier, C. (1992). Long-term memory for context-specific category infor mation at six months. *Child Development, 63,* 245–259.

Shiffrin, R. M. , & Schneider, W. (1977). Controlled and automatic human information processing: Perceptual learning, automatic attending, and a general theory. *Psychological Review, 84,* 127–190.

Shirley, M. M. (1931). *The first two years: A study of twenty-five babies* (Vol. 1). *Postural and locomotor development.* Minneapolis: University of Minnesota Press.

Siegler, R. S. (1978). The origins of scientific reasoning. In R. S. Siegler (Ed.), *Children's thinking: What develops?* (pp. 109–147). Hillsdale, NJ: Erlbaum.

Siegler, R. S. (1989). Mechanisms of cognitive development. *Annual Review of Psychology, 40,* 353–380.

Siegler, R. S., & Crowley, K. (1991). The microgenetic method. *American Psychologist, 46,* 606–620.

Siegler, R. S., & Jenkins, E. A. (1989). *How children discover new strategies.* Hillsdale, NJ: Erlbaum.

Sinclair de Zwart, H. (1969). Development psycholinguistics. In D. Elkind & J. H. Flavell (Eds.), *Studies in cognitive development* (pp. 315–366). New York: Oxford University Press.

Singer, W. (1986). The brain as a self-organizing system. *European Archives of Psychiatry and Neurological Sciences, 236,* 4–9.

Singer, W. (1990). The formation of cooperative cell assemblies in the visual cortex. *Journal of Exper imental Biology, 153,* 177–197.

Singer, W., Artola, A., Engel, A. K., König, P., Kreiter, A. K., Löwel, S., & Schillen, T. B. (1993). Neuronal representations and temporal codes. In T. A. Poggio & D. A. Glaser (Eds.), *Exploring brain functions: Models in neuroscience* (pp. 179–194). New York: Wiley.

Singer, W., Gray, C, Engel, A., König, P., Artola, A., & Bröcher, S. (1990). Formation of cortical cell assemblies. In Cold Spring Harbor Symposium, *Quantitative Biology* (Vol. IV, pp. 939–952). Cold Spring Harbor Press.

Skarda, C. A., & Freeman, W. J. (1987a). Simulation of chaotic EEG patterns with a dynamic model of the olfactory system. *Biological Cybernetics, 56,* 139–150.

Skarda, C. A., & Freeman, W. J. (1987b). How brains make chaos in order to make sense of the world. *Behavioral and brain sciences* (Vol. 10, pp. 161–195). New York: Cambridge University Press.

Skarda, C. A., & Freeman, W. J. (1981). A physiological hypothesis of perception. *Perspectives in Biology and Medicine, 24,* 561–592.

Smith, G. (1992). Spatial and temporal characteristics of hand-to-mouth movements in the first year. Presented at the International Conference on Infant Studies, Miami, May 1992.

Smith, J. L. (1986). Hindlimb locomotion of the spinal cat: Synergistic patterns, limb dynamics, and novel blends. In S. Grillner, P. S. G. Stein, D. G. Stuart, H. Forssberg, R. M. Herman, & P. Wallen (Eds.), *Neurobiology of vertebrate locomotion* (pp. 185–208). Hampshire, England: Macmillan.

Smith, J. L., & Zernicke, R. F. (1987). Predictions for neural control based on limb dynamics. *Trends in Neuroscience, 10,* 123–128.

Smith, L. B. (1989). A model of perceptual classification in children and adults. *Psychological Review,*

96, 125-144.

Smith, L. B. (1991). Perceptual structure and developmental process. In G. R. Lockhead & J. R. Pomerantz (Eds.), *The perception of structure* (pp. 297-316). Washington, DC: American Psychological Association.

Smith, L. B. (1992). Real time and developmental time: Insights from novel word interpretation. Presented at the Symposium on Dynamic Systems in Psychology, American Psychological Association, August 1992, Washington, DC.

Smith, L. B. (1993). The concept of same. *Advances in Child Development and Behavior, 24,* 215-252.

Smith, L. B. (1995). Stability and variability: The geometry of children's novel word interpretations. In F. Gilgen & F. Abraham (Eds.), *Chaos theory in psychology.* Westport, CT: Greenwood Press.

Smith, L. B., & Heise, D. (1992). Perceptual similarity and conceptual structure. In B. Burns (Ed.), *Percepts, concepts, and categories* (pp. 234-272). New York: Elsevier.

Smith, L. B., Jones, S. S., & Landau, B. (1992). Count nouns, adjectives, and perceptual properties in children's novel word interpretations. *Developmental Psychology, 28,* 273-289.

Smith, L. B., Rattermann, M. J., & Sera, M. (1988). "Higher" and "lower": Comparative and categorical interpretations. *Cognitive Development, 3,* 265-284.

Smith, L., & Sera, M. (1992). A developmental analysis of the polar structure of dimensions. *Cognitive Psychology, 24,* 99-142.

Smith, L. B., Sera, M., & Gattuso, B. (1988). The development of thinking. In R. J. Sternberg & E. E. Smith (Eds.), *The psychology of human thought* (pp. 366-391). Cambridge: Cambridge University Press.

Smith, L. B., & Thelen, E. (Eds.). (1993). *A dynamic systems approach to development: Applications.* Cambridge, MA: MIT Press.

Smolensky, P. (1986). Information processing in dynamical systems: Foundations of harmony theory. In D. E. Rumelhart & J. D. McClelland (Eds.), *Parallel distributed processing* (Vol. 1, pp. 194 281). Cambridge, MA: MIT Press.

Smolensky, P. (1988). On the proper treatment of connectionism. *Behavioral and Brain Sciences, 11,* 1 74.

Soechting, J. F., & Ross, B. (1984). Psychophysical determination of coordinate representation of human arm orientation. *Neuroscience, 13,* 595-604.

Soja, N., Carey, S., & Spelke, E. (1991). Ontological categories guide young children's induction of word meanings: Object terms and substance terms. *Cognition, 38,* 179-211.

Spelke, E. S. (1976). Infants' intermodal perception of events. *Cognitive Psychology, 8,* 533-560.

Spelke, E. S. (1979). Perceiving bimodally specified events in infancy. *Developmental Psychology, 15,* 626-636.

Spelke, E. S. (1984). The development of intermodal perception. In L. B. Cohen & P. Salapatek (Eds.), *Handbook of infant perception.* New York: Academic Press.

Spelke, E. S. (1985). Preferential looking methods as tools for the study of cognition in infancy. In G. Gottlieb & N. Krasnegor, (Eds.), *Measurements of audition and vision in the first year of postnatal life* (pp. 323-364). Norwood, NJ: Erlbaum.

Spelke, E. S. (1988). Where perceiving ends and thinking begins: The apprehension of objects in infancy. In A. Yonas (Ed.), *Perceptual development in infancy: The Minnesota Symposia in Child Psychology* (Vol. 20, pp. 197-234). Hillsdale, NJ: Erlbaum.

Spelke, E. S. (1990). Origins of visual knowledge. In D. N. Osherson, S. M. Kosslyn, & J. M. Hollerbach (Eds.), *An invitation to cognitive science: Visual cognition and action* (pp. 99-128). Cambridge, MA: MIT Press.

Spelke, E. S. (1990). Principles of object perception. *Cognitive Science, 14,* 29-56.

Spelke, E. S., Breinlinger, K., Macomber, J., & Jacobson, K. (1992). Origins of knowledge. *Psychological Review, 99,* 605-632.

Spelke, E. S., Hofsten, C. V., & Kestenbaum, R. (1989). Object perception in infancy: Interaction of spatial and kinetic information for object boundaries. *Developmental Psychology, 25,* 185-196.

Spencer, J., Kamm, K., & Thelen, E. (1992). Longitudinal study of EMG activation relative to reaching kinematics kinematics and kinetics in the first year. Presented at the Annual Meeting, Society for Neuroscience, Anaheim, CA, October 1992.

Stehouwer, D. J. (1988). Metamorphosis of behavior in the bullfrog (*Rana catesbeiana*). *Developmental Psychobiology, 21*, 383–395.

Stehouwer, D. J., & Farel, P. B. (1983). Development of hindlimb locomotor activity in the bullfrog. (Rana catesbeiana) studied in vitro. *Science, 219*, 516–518.

Stehouwer, D. J., & Farel, P. B. (1984). Development of hindlimb locomotor behavior in the frog. *Developmental Psychobiology, 17*, 217–232.

Stein, B. E., & Meredith, M. A. (1993). *The merging of the senses*. Cambridge, MA: MIT Press.

Steinmetz, J. E. (1994). Brain substrates of emotion and temperament. In J. E. Bates & T. D. Wachs (Eds.), *Temperament: Individual differences at the interface of biology and behavior*. Washing ton, DC: American Psychological Association.

Stent, G. S. (1984). Semantics and neural development. In S. C. Sharma (Ed.), *Organizing principles of neural development* (p. 156). New York: Plenum.

Stillings, N. (1987). Modularity and naturalism in theories of vision. In J. L. Garfield (Ed.), *Modularity in knowledge representation and natural language understanding* (pp. 383–402). Cambridge, MA: MITPress.

Strauss, S. (1982). Ancestral and descendant behaviors: The case of U-shaped behavioral growth. In T. G. Bever (Ed.), *Regressions in mental development: Basic phenomena and theories* (pp. 191–220). Hillsdale, NJ: Erlbaum.

Streri, A., & Pecheux, M. G. (1986). Tactual habituation and discrimination of form in infancy. A comparison with vision. *Child Development, 57*, 100–104.

Sugarman, S. (1983). *Children's early thought: Developments in classification*. Cambridge, MA: Cambridge University Press.

Sutherland, D. H., Olshen, R., Cooper, L., & Woo, S. L. Y. (1980). The development of mature gait. *Journal of Bone and Joint Surgery, 62*, 336–353.

Swinney, H. L., Horsthemke, W., McCormick, W. D., Noszitczins, Z., & Tarn, W. Y. (1988). Temporal and spatial patterns in chemical systems. In J. A. S. Kelso, A. J. Mandell, & M. F. Shlesinger, (Eds.), *Dynamic patterns in complex systems* (pp. 112–120). Singapore: World Scientific.

Taylor, C. R. (1978). Why change gaits? Recruitment of muscles and muscle fibers as a function of speed and gait. *American Zoologist, 18*, 153–161.

Telzrow, R. W., Campos, J. J., Kermoian, R., & Bertenthal, B. I. (1992). Evidence for effects of motoric development on psychological processes: Studies of infants with myelodysplasia. Unpublished manuscript.

Templin, M. C. (1957). Certain language skills in children. Minneapolis: University of Minnesota Press.

Thelen, E. (1979). Rhythmical stereotypies in normal human infants. *Animal Behaviour, 27*, 699–715.

Thelen, E. (1981). Kicking rocking, and waving: Contextual analysis of rhythmical stereotypies in normal human infants. *Animal Behaviour, 29*, 3–11.

Thelen, E. (1984). Learning to walk: Ecological demands and phylogenetic constraints. In L. P. Lipsitt (Ed.), *Advances in infancy research* (Vol. 3, pp. 213–150). Norwood, NJ: Ablex.

Thelen, E. (1985). Development origins of motor coordination: Leg movements in human infants. *Developmental Psychobiology, 18*, 1–22.

Thelen, E. (1986). Treadmill-elicited stepping in seven-month-old infants. *Child Development, 57*, 1498–1506.

Thelen, E. (1988). Dynamical approaches to the development of behavior. In J. A. S. Kelso, A. J. Mandell, & M. F. Schlesinger (Eds.), *Dynamic patterns in complex systems* (pp. 348–369). Singapore: World Scientific.

Thelen, E. (1989). Self-organization in developmental processes: Can systems approaches work? In M. Gunnar & E. Thelen (Eds.), *Systems in development: The Minnesota Symposia in Child Psychology* (Vol. 22, pp. 77–117). Hillsdale, NJ: Erlbaum.

Thelen, E. (1991). Timing in motor development as emergent process and product. In J. Fagard & P. H. Wolff (Eds.), *The development of timing control and temporal organization in coordinated action* (pp. 201–211). Amsterdam: Elsevier.

Thelen, E. (1993). Timing and developmental dynamics in the acquisition of early motor skills. In G. Turkewitz & D. Devenny (Eds.), *Timing as an initial condition of development* (pp. 85–104). Hillsdale, NJ: Erlbaum.

Thelen, E., Bradshaw, G., & Ward, J. A. (1981). Spontaneous kicking in month-old infants: Man ifestations of a human central locomotor program. *Behavioral and Neural Biology, 32,* 45–53.

Thelen, E., Bril, G., & Breniere, Y. (1992). The emergence of heel strike in newly walking infants: A dynamic interpretation. In M. Woollacott & F. Horak (Eds.), *Posture and gait control mechanisms* (pp. 334–337). Eugene, OR: University of Oregon Books.

Thelen, E., & Cooke, D. W. (1987). The relationship between newborn stepping and later loco motion: A new interpretation. *Developmental Medicine and Child Neurology, 29,* 380–393.

Thelen, E., Corbetta, D., Kamm, K., Spencer, J., Schneider, K., & Zernicke, R. F. (1993). The transition to reaching: Mapping intention and intrinsic dynamics. *Child Development, 64,* 1058 1098.

Thelen, E., & Fisher, D. M. (1982). Newborn stepping: An explanation for a "disappearing reflex." *Developmental Psychology, 18,* 760–775.

Thelen, E., & Fisher, D. M. (1983). The organization of spontaneous leg movements in newborn infants. *Journal of Motor Behavior, 15,* 353–377.

Thelen, E., Fisher, D. M., & Ridley-Johnson, R. (1984). The relationship between physical growth and a newborn reflex. *Infant Behavior and Development, 7,* 479–493.

Thelen, E., Fisher, D. M., Ridley-Johnson, R., & Griffin, N. (1982). The effects of body buUd and arousal on newborn infant stepping. *Developmental Psychobiology, 15,* 447–453.

Thelen, E., Kelso, J. A. S., & Fogel, A. (1987). Self-organizing systems and infant motor develop ment. *Developmental Review, 7,* 39–65.

Thelen, E., Ridley-Johnson, R., & Fisher, D. M. (1983). Shifting patterns of bilateral coordination and lateral dominance in the leg movements of young infants. *Developmental Psychobiology, 16,* 29–46.

Thelen, E., & Ulrich, B. D. (1991). Hidden skills: A dynamic systems analysis of treadmill stepping during the first year. *Monographs of the Society for Research in Child Development,* Serial No. 223, *56* (1).

Thelen, E., Ulrich, B., & Niles, D. (1987). Bilateral coordination in human infants: Stepping on a split-belt treadmill. *Journal of Experimental Psychology: Human Perception and Performance, 13,* 405–410.

Townsend, J. T. (1992). Chaos theory: A brief tutorial and discussion. In A. F. Healy, S. M. Kosslyn, & R. M. Schiffrin (Eds.), *From learning theory to connectionist theory: Essays in honor of William K. Estes* (Vol. 1). Hillsdale, NJ: Erlbaum.

Townsend, J. T., & Busemeyer, J. R. (1989). Approach-avoidance: Return to dynamic decision behavior. In C. Izawa (Ed.), *Current issues in cognitive processes* (pp. 107–133). Hillsdale, NJ: Erlbaum.

Trabasso, T. (1977). The role of memory as a system of making transitive inferences. In R. V. Kail & J. W. Hagen (Eds.), *Perspectives on the development of memory and cognition* (pp. 333–365). Hillsdale, NJ: Erlbaum.

Trabasso, T., & Riley, C. A. (1975). The construction and use of representations involving linear order. In R. L. Solso (Ed.), *Information processing and cognition: The Loyola Symposium* (pp. 381–409). Hillsdale, NJ: Erlbaum.

Trevarthen, C. (1974). The psychobiology of speech development. In E. H. Lenneberg (Ed.), *Language and brain: Developmental aspects. Neurosciences Research Program Bulletin* (Vol. 12, pp. 570–585). Boston: Neurosciences Research Program.

Trevarthen, C. (1984). How control of movement develops. In H. T. A. Whiting (Ed.), *Human motor actions: Bernstein reassessed* (pp. 223–261). Amsterdam: North-Holland.

Tucker, M., & Hirsh-Pasek, K. (1993). Systems and language: Implications for acquisition. In L. B.

Smith & E. Thelen (Eds.), *A dynamic systems approach to development: Applications* (pp. 359-384). Cambridge, MA: MIT Press.

Turkewitz, G., Birch, H. G., Moreau, T. Levy, L., & Cornwell, A. C. (1966). Effects of intensity of auditory stimulation on directional eye movements in the human neonate. *Animal Behaviour, 14*, 93-101.

Turkewitz, G., Gardner, J. M., & Lewkowicz, D. L. (1984). Sensory/perceptual functioning during early infancy: Implications of a quantitative basis of responding. In G. Greenberg and E. Tobach (Eds.), *Conference on levels of integration and evolution of behavior* (pp. 167-195). Hillsdale, NJ: Erlbaum.

Turkewitz, G., & Kenny, P. A. (1982). Limitations on input as a basis for neural organization and perceptual development: A preliminary theoretical statement. *Developmental Psychobiology, 15*, 357-368.

Ulrich, B. D., Ulrich, D. A., & Collier, D. (1992). Alternating stepping patterns: Hidden abilities in 11-month-old infants with Down Syndrome. *Developmental Medicine in Child Neurology, 34*, 233-239.

van Geert, P. (1993). A dynamic systems model of cognitive growth. Competition and support under limited resource conditions. In L. Smith & E. Thelen (Eds.), *A dynamic systems approach to development: Applications* (pp. 265-332). Cambridge, MA: MIT Press.

van Gelder, T. (1992). What might cognition be if not computation? *Indiana University Cognitive Science Research Report 75.*

Varela, F., Thompson, E., & Rosch, E. (1991). *The embodied mind.* Cambridge, MA: MIT Press.

Vereijken, B. (1993). Infant treadmill stepping: Effects of training. Presented at the Biennial Meeting, Society for Research in Child Development, New Orleans.

Vereijken, B., & Thelen, E. (1993). Effects of training on infant treadmill stepping. Manuscript submitted for publication.

Vygotsky, L. S. (1978). *Mind in society: The development of higher psychological processes.* Cambridge, MA: Harvard.

Vygotsky, L. S. (1986). *Thought and language.* Cambridge, MA: MIT Press. 〔柴田義松訳 (2001). 『思考と言語』新読書社 (原著ロシア語からの翻訳).〕

Waddington, C. H. (1966). *Principles of development and differentiation.* New York: Macmillan. 〔岡田瑛・岡田節人訳 (1968). 『発生と分化の原理』共立出版.〕

Waddington, C. H. (1977). *Tools for thought: How to understand and apply the latest scientific techniques of problem solving.* New York: Basic Books.

Walley, A. C. (1993). The role of vocabulary development in children's spoken word recognition and segmentation ability. *Developmental Review, 13*, 286-350.

Wallman, J. (1979). A minimal visual restriction experiment: Preventing chicks from seeing their feet affects later responses to mealworms. *Developmental Psychology, 12*, 391-397.

Watson, J. S. (1966). The development of and generalization of contingency awareness in early infancy. *Merrill-Palmer Quarterly, 10*, 223-228.

Watson, J. S. (1972). Smiling, cooing and "the game." *Merrill-Palmer Quarterly, 18*, 323-339.

Watson, S. J., & Bekoff, A. (1990). A kinematic analysis of hindlimb mobility in 9- and 10-day old chick embryos. *Journal of Neurobiology, 21*, 651-660.

Weisel, T. N., & Hubel, D. H. (1965). Comparison of the effects of unilateral and bilateral eye closure on cortical unit responses in kittens. *Journal of Neurophysiology, 28*, 1029-1040.

Weiss, P. A. (1969). The living system: Determinism stratified. In A. Koestler & J. R. Smithies (Eds.), *Beyond reductionism: New perspectives in the life sciences* (pp. 3-55). Boston: Beacon Press. 〔池田善昭監訳 (1984). 『還元主義を超えて ―― アルプバッハシンポジウム '68』工作舎〕

Wellman, H. M., Cross, D., & Bartsch, K. (1986). Infant search and object permanence: A meta analysis of the A-not-B error. *Monographs of the Society for Research in Child Development, 54*, No. 214.

Wellman, H. M., Cross, D., & Bartsch, K. (1987). A meta-analysis of research on stage 4 object permanence: The A-not-B error. *Monographs of the Society for Research in Child Development, 5*

(3).

Werner, H. (1957). The concept of development from a comparative and organismic point of view. In D. B. Harris (Ed.), *The concept of development* (pp. 125–148). Minneapolis: University of Minnesota Press.

Wertsch, J. V. (1985). *Vygotsky and the social formation of mind.* Cambridge, MA: Harvard University Press.

West, B. J., & Goldberger, A. L. (1987). Physiology in fractal dimensions. *American Scientist, 75,* 354–365.

West, M. J., & King, A. P. (1987). Settling nature and nurture into an ontogenetic niche. *Developmental Psychobiology, 20,* 549–562.

White, B. L., Castle, P., & Held, R. (1964). Observations on the development of visually directed reaching. *Child Development, 35,* 349–364.

Whiting, H. T. A., (Ed.). (1984). *Human motor actions: Bernstein reassessed.* Amsterdam: North-Holland.

Whorf, B. L. (1956). Languages & logic. In J. B. Carroll (Ed.), *Language, thought and reality: Selected xvritings of Benjamin Lee Whorf* (pp. 233–245). Cambridge, MA: MIT Press. (Originally published in1940).

Wohlwill, J. F. (1962). Form perception to inference: A dimension of cognitive development. Mono graphs of the Society for Research in *Child Development, 27,* 87–112.

Wolff, P. H. (1987). *The development of behavioral states and the expression of emotions in early infancy. New proposals for investigation.* Chicago: University of Chicago Press.

Woollacott, M. (1990). Changes in posture and voluntary control in the elderly: Research findings and rehabilitation. *Topics in Geriatric Rehabilitation, 5,* 1–11.

Wynn, K. (1992). Addition and subtraction by human infants. *Nature, 358,* 749–750.

Yates, F. E. (1987). *Self-organizing systems: The emergence of order.* New York: Plenum.

Yonas, A., & Granrud, C. E. (1985). The development of sensitivity to kinetic, binocular, and pictorial depth information in human infants. In D. Ingle, M. Jeannerod, & D. Lee (Eds.), *Brain mechanisms and spatial vision* (pp. 113–145). Dordrecht, Netherlands: Nijhoff.

Zanone, P. G., & Kelso, J. A. S. (1991). Experimental studies of behavioral attractors and their evolution with learning. In J. Requin & G. E. Stelmach (Eds.), *Tutorials in motor neuroscience* (pp. 121–133). Dordrecht, Netherlands: Kluwer.

Zelazo, P. R. (1984). The development of walking: New findings and old assumptions. *Journal of Motor Behavior, 15,* 99–137.

Zelazo, P. R., Zelazo, N. A., & Kolb, S. (1972). "Walking" in the newborn. *Science, 177,* 1058–1059.

Zernicke, R., & Schneider, K. (1992). Changes in dynamics of reaching during the first year. Presented at the International Conference on Infant Studies, Miami, May 1992.

人名索引

■A

Abraham, R. H.　84, 97

Acredelo, L. P.（アクレデロ）　242-244, 342, 352, 359

Adams, A.　242, 243, 352

Adolph, K. E.（アドルフ）　240, 241, 266-269, 271

Agarwal, G. C.　319, 320

Albano, A. M.　84

Alexander, R. M.（アレクサンダー）　108, 109

Allard, T. T.　173, 198, 208

Ames, L. B.　17

Anokhin, P. K.（アノーヒン）　5

Armstrong, S. L.　203

Aronson, E.　119

Artola, A.　177

Ashmead, D. H.（アシュミード）　301

Aslin, R. N.　215

Ausabel, D.　47

■B

Bahrick, L. E.　236, 239

Baillargeon, R.（ベイラージョン）　40, 272-274, 276, 280-283, 285-287, 336, 364, 365

Baldwin, J. M.（ボールドウィン）　1, 66

Baltes, P. B.　10

Bandura, A.　371

Barnsley, M.　97

Barrett, K. C.（バレット）　241, 342

Barsalou, L. W.（バーサロウ）　203

Bartsch, K.　58, 336

Bates, E.　40, 67

Bateson, P. P. G.　151

Bauer, P. J.　204

Beek, P. J.（ビーク）　96, 101

Bekoff, A.（ベコフ）　35

Bell, M.　364

Berkenblit, M. B.　320

Bernstein, N.（ベルンシュタイン）　101, 105-107, 318

Bertalanffy, L. von（ベルタランフィ）　1, 9

Bertenthal, B. I.（バーテンサール）　119, 241, 247, 342, 359, 364

Bidell, T. R.　67

Bigelow, A. E.（ビゲロウ）　247, 248

Birch, H. G.　235

Bizzi, E.　320

Black, J. E.　198

Bloom, L.　45, 46

Boller, K.　258

Borovsky, D.（ボロフスキー）　258

Borton, R. W.　236, 237

Boudreau, J. P.（ボードロウ）　238, 239, 241, 244, 246, 376

Bower, T. G. R.（バウアー）　26, 300

Bowerman, M.　389

Bowlby, J.（ボウルビィ）　370

Bradley, N. S.（ブラッドリー）　36

Bradshaw, G.　110, 113, 124

Brainerd, C. J.　21

Bransley, M.　97

Breinlinger, K.（ブラインリンガー）　49

Bremner, J. G.　336

Breniere, Y.　29, 119

Brent, S. B.　10

Bril, B.　119

Bril, G.　29

Bröcher, S.　177

Bronfenbrenner, V.　10

Brooks, V. B.　324

Broughton, J. M.　300

Bruner, J. S.（ブルーナー）　272, 300

Bryan, T. E.（ブライアン）　6

Bryant, P. E.（ブライアント）　41, 42

Bullock, M.　40

Busemeyer, J. R.　374

Bushnell, E. M.（ブッシュネル）　238, 239, 241, 244, 246, 302, 376

Butler, J.　253, 255

■C

Cairns, R.（ケアンズ）　55

Campos, J. J.（キャンポス）241, 247, 342, 359, 363, 364
Carey, S. 202, 228
Castillo, P. 389
Castle, P.（キャッスル）301
Chapman, M. 10
Chi, M. T. H. 59
Choi, S. 389
Chomsky, N.（チョムスキー）45-47
Clark, A. 394
Clark, E. V. 45, 65
Clarkson, M. G.（クラークソン）301
Clifton, R. K.（クリフトン）301
Cohan, C. S. 84
Cohen, A. H. 25, 75, 100
Cohen, L. B. 40
Cole, M.（コール）11, 158, 161, 387
Coley, J. D. 202
Collier, D. 149
Coltheart, M. 393
Cook, M. 304
Cooke, D. W. 29
Cooke, J. J. 324
Cooper, L. 29
Corbetta, D. 302, 304, 331, 332
Corcos, D. M. 319
Cornwell, A. C. 235
Cowan, W. M.（コーワン）197
Creech, H. C. 84
Cross, D. 58, 336
Cruz, C. A. 373

■D
Damasio, A. R.（ダマシオ）232, 233
Darwin, C. R.（ダーウィン）1, 66
Davis, W. E.（デイヴィス）149
DeCasper, A. J. 52
Dedo, J. U. 377
DeGuzman, G. C. 96
Delcomyn, F. 23
DeLoache, J. S. 40
Devaney, R. 97
Dewey, J.（デューイ）387
Diamond, A.（ダイアモンド）337, 338, 360-362, 364

Dickson, K. L. 377
Donaldson, M.（ドナルドソン）40, 44, 45
Duysens, J. 110

■E
Early, L. A. 254
Edelman, G. M.（エーデルマン）11, 166, 167, 179-181, 183-189, 191-199, 201, 202, 206, 208-212, 215, 224, 226-228, 233, 238, 250, 360, 367, 369, 372, 373, 396
Ehri, L. 43
Elman, J. 67
Engel, A. K. 177, 178
Eppler, M. A.（エプラー）240, 241, 266, 267
Ettlinger, G.（エトリンガー）233, 234

■F
Fagen, J. W. 252, 256
Farel, P. B.（ファレル）34
Farmer, J. D.（ファーマー）69
Feigenbaum, M.（ファイゲンバウム）400
Feldman, A. G. 320
Felleman, D. J. 189, 190
Fetters, L. 304
Fetz, E. E. 234
Fifer, W. P. 52
Finke, R. A.（フィンケ）222, 223
Fischer, K. W.（フィッシャー）67
Fisher, D. M.（フィッシャー）26-28, 110, 111, 122-124, 126, 151, 320
Flash, T. 320
Flavell, J. H.（フラベル）272
Fodor, J. A.（フォーダー）47, 55-58, 62, 272, 391
Fogel, A.（フォーゲル）10, 67, 241, 377, 387
Forssberg, H.（フォルスバーグ）20, 23, 29
Fox, N. A. 364
Fraiberg, S.（フライバーグ）248
Freedman, W. L. 69, 70, 76, 97
Freeman, W. J.（フリーマン）168, 170, 171, 184, 185, 188, 208
Frégnac, Y. 198
Freud, S.（フロイト）371
Freyd, J. J.（フレイド）211, 222, 223
Fukson, O. I. 320

■G

Gall, M.（ガル） 183
Gallistel, C. R.（ガリステル） 47
Gardner, J. M. 235
Garfield, J. 56
Gasser, M. 61
Gattusso, B. 41, 59
Gekoski, M. J. 251, 256
Gelman, R.（ゲルマン） 40, 44, 47, 202
Gelman, S. A.（ゲルマン） 204
Gentner, D.（ゲントナー） 59, 272, 389
Georgopoulos, A. P.（ジョージャポーリス）
　171, 172, 208
Gershkoff-Stowe, L.（ガーシュコフ・ストウ）
　158, 161, 288, 398
Gesell, A.（ゲゼル） 1, 10, 17, 19
Ghiselin, M. T. 202
Gibson, E. J.（ギブソン） 11, 236, 239-241,
　245, 266, 267, 371, 376
Gibson, J. J.（ギブソン） 181, 222, 239, 240,
　266
Glass, L. 1, 97
Gleick, J.（グリック） 10, 69, 74, 400
Gleitman, H.（グレイットマン） 203
Gleitman, L. R.（グレイットマン） 46, 203,
　393
Glucksberg, S. 389
Goldberg, S. 371
Goldberger, A. L. 75, 84, 97
Goldfield, E. G. 332
Goldman-Rakic, P. S. 95, 361
Goodman, N. 49
Goodwyn, S. W. 242, 243, 352
Gopnik, A. 398
Gottlieb, G. 10, 52, 150, 151, 198, 364
Gottlieb, G. L. 319, 320
Gould, S. J. 183
Graber, M.（グレイバー） 285-287, 336, 365
Granrud, C. E. 245
Gray, C. 177
Gray, J. A. 373
Grebogi, C. 84, 97
Greco, C. 256
Greene, P. H.（グリーン） 107
Greenfield, P. M. 57

Greenough, W. T. 198
Griesler, P. C. 254
Griffin, N. 28, 123
Grillner, S. 23, 110, 364
Grossberg, S. 373
Gustafson, G. E. 241

■H

Hadders-Algra, M. 320
Haith, M. M. 235
Haken, H.（ハーケン） 10, 79-81, 87, 97, 165
Hall, W. G.（ホール） 6
Halverson, H. M.（ハルヴァーソン） 300, 304
Hanson, S. J.（ハンソン） 63
Haroutunian, S. 10
Harris, P. L. 336, 393
Hasan, Z. 24
Hayne, H. 251, 255, 256
Hebb, D. O. 169, 176, 217
Hein, A.（ハイン） 239
Heise, D. 202, 204
Held, R.（ヘルド） 95, 116, 239, 301
Heriza, C. B.（ヘリザ） 113, 122, 149, 160
Hibbard, L. S. 199
Hildebrand, M.（ヒルデブランド） 108
Hinde, R. A. 150
Hirsh-Pasek, K. 56, 57
Hofsten, C. von（ホフステン） 99, 300, 304,
　324, 301
Hogan, N. 319, 320
Holmes, P. J. 75
Holt, K. G. 92, 105
Holt, S. A. 377
Hood, L. 45
Horobin, K. 359
Horowitz, F. D. 10
Horsthemke, W. 71
Houk, J. C. 320
Hubel, D. H. 198
Hull, C. L.（ハル） 371
Huttenlocher, P. R. 198

■I

Imbert, M. 198
Inhelder, B.（インヘルダー） 40, 41, 397

Izard, C. E. 371

■ J

Jackson, E. A. 97
Jacobson, K.（ヤコブソン） 49
Jeannerod, M. 173
Jenkins, W. M. 151, 173-176, 198, 208
Jensen, J. L. 112, 313
Jiang, W.（ジャン） 25, 130
Johnson, J.（ジョンソン） 54
Johnson, K. E.（ジョンソン） 203
Johnson, M. H.（ジョンソン） 190, 191, 372, 380-382, 386
Jones, S. S. 204, 223
Jordan, M. I.（ジョーダン） 63

■ K

Kaas, J. H. 173
Kagan, J. 371
Kamm, K. 302, 304, 331
Kant, E.（カント） 272, 380
Karmiloff-Smith, A.（カミロフ＝スミス） 56, 65, 394, 395, 398
Kauer, J. A.（カウアー） 35
Keil, F. C.（カイル） 47, 50-52, 202, 204, 272
Kellman, P. J.（ケルマン） 214, 216, 218, 219, 220
Kelly, M. 56
Kelso, J. A. S.（ケルソ） 1, 10, 75, 76, 96, 97, 91-94, 101, 105, 152-154, 249, 296
Kenny, P. A. 373
Kermoian, R.（カーモイアン） 241, 247, 359, 363
Kettner, R. E. 172
Killeen, P. R.（キリーン） 374, 375
King, A. P.（キング） 8
Kitchener, R. F. 10
Klip-Van den Nieuwendijk, A. W. J. 320
Koeske, R. D. 59
Kolb, S.（コルブ） 20, 151
König, P. 177, 178
Konner, M.（コナー） 20
Koslowski, B.（コスロフスキー） 300
Kreiter, A. K. 177, 178
Kugler, P. N. 78, 92, 105

Kuhl, P. K. 236, 238
Kuhn, D. 151
Kuhn, T.（クーン） 399
Kuo, Z. 54

■ L

Lakoff, G.（レイコフ） 205-207, 380, 381, 389
LaMorte 214
Landau, B.（ランドー） 287-289, 291
Laszlo, E.（ラズロ） 9
Lee, D. N. 119
Lehrman, D. S.（レーマン） 54
Lerner, R. M. 10
Levine, D. S. 373
Levy, L. 235
Lewin, K.（レヴィン） 369-371, 378, 379
Lewis, M.（ルイス） 371
Lewkowicz, D. J. 235
Lewontin, R. C. 183
Lockman, J. J. 241
Lorenz, K. 150
Löwel, S. 177
Luria, A. R. 11, 387, 398

■ M

Mackey, M. C. 1, 97
Macomber, J.（マッコーマー） 49
Madore, B. F. 69, 70, 76, 97
Mandelbrot, B.（マンデルブロー） 74
Mandell, A. J. 1, 10, 76, 97
Mandler, J. M. 204
Marchman, V. 61
Markman, E. M. 202, 204
Marler, S. 181
Marr, D. 213
Mathew, A. 304
Mayer-Kress 100
Metusov, E. 377
Mayer-Kress, G. 100
McCall, R. B. 371
McClelland, J. L.（マクレランド） 61, 63, 66
McCormick, W. D. 71
McDonough, L. 204
McGraw, M. B.（マグロウ） 17, 19, 26, 32, 157
McMahon, T. A.（マクマホン） 89, 108, 109

索 引　　435

Medin, D.　204
Mees, A. I.　84
Meltzoff, A. N.（メルツォフ）　236-238, 377, 398
Mendelson, M.　84
Mendelson, M. J.　235
Meredith, M. A.（メレディス）　234, 235
Merzenich, M. M.（メルゼニック）　173-176, 179, 198, 208
Messinger, D.　377
Michel, G. F.　332
Michaelson, L.（マイケルソン）　371
Miller, P. H.　378
Mjolsness, E.（ミェルスネス）　63
Moore, M. K.　300
Morasso, P.　319
Moreau, T.　235
Morrongiello, B. A.　256
Morton, J.（モートン）　191, 372
Mountcastle, V. B.　232
Movshon, J. A.　198
Mpitsos, G. J.　84
Muchisky, M.（ムチスキー）　158, 161
Muir, D. W.（ミューア）　301
Müller, J.（ミューラー）　232
Murthy, V. D.　234
Mussa-Ivaldi, F. A.　320
Myklebust, B. M.　320

■ N
Namy, L.（ネイミー）　398
Newport, E. L.（ニューポート）　54
Niles, D.　28, 30, 130
Nosofsky, R. M.　209
Noszitczins, Z.　71
Nwokah, E.　377

■ O
O'connor, J.　258
Olshen, R.　29
Olver, R. R.（オルバー）　272
Oppenheim, R. W.　26
Ortony, A.　204
Osherson, D.（オシャーソン）　48
Ott, E.　84, 97

Overton, W. F.　9, 10
Oyama, S.　4, 22

■ P
Packard, N.（パッカード）　69
Patla, A. E.　24
Pearson, K. G.（ピアソン）　24, 25, 110, 130
Pecheux, M. G.　236
Penfield, R.　173, 174
Phelps, E.　151
Piaget, J.（ピアジェ）　1, 10, 40, 43, 44, 50, 66, 67, 109, 124, 201, 202, 213, 232, 233, 235, 259, 272, 300, 335, 336, 364, 368, 370, 380, 381, 397
Pick, A. D.　57
Pick, H. L.　57
Pinker, S.　56, 57
Plunkett, K.　61
Polit, A.　320
Posner, M. I.　58
Prechtl, H. F. R.　320
Premack, D.　398
Prigogine, I.（プリゴジン）　69, 71-74, 78
Pylyshyn, Z. W.　52

■ Q
Quine, W. V. O.（クワイン）　48

■ R
Ramirez, J. M.（ラミレス）　25, 130
Rand, R. H.　75
Rapp, P. E.　84
Rasmussen, T.　173, 174
Rattermann, M. J.　43, 389
Recanzone, G.　174, 175, 176
Reed, E. S.　232
Reeke, G. N. Jr.（リーク）　208-212, 215, 224
Reese, H. W.　9
Reinitz, J.（ライニッツ）　63
Reittinger, E.　389
Ridley-Johnson, R.（リドリー－ジョンソン）　28, 123, 126, 151
Rigney, D. R.　84
Riley, C. A.　41
Robertson, S. S.　100

Rock, T. 56
Rogoff, B. （ロゴフ） 11, 387, 388
Rosch, E. H. （ロッシュ） 65, 183, 203, 380, 381, 394
Rose, S. A. 236
Rosenbaum, D. A. （ローゼンバウム） 103, 104
Ross, B. 319
Rovee, D. T. 32, 109
Rovee-Collier, C. K. （ロビー・コリア） 124, 249, 251-256, 258, 259, 263, 266, 384
Rozin, P. 52, 393
Rubin, P. 92
Ruff, H. A. 236
Rumelhart, D. E. （ラメルハート） 60-63, 66

■S

Salapatek, P. 40
Saltzman, E. （ザルツマン） 103, 104
Sameroff, A. J. 10
Schieber, M. H. 199
Schillen, T. B. 177, 178
Schiller, P. H. （シラー） 189, 190
Schmajak, N. 373
Schmidt, H. 214
Schmidt, R. A. 104
Schneider, K. 302, 304, 313, 331
Schneider, W. 57
Schoeny, M. （シェニイ） 326, 332
Scholz, J. P. （ショルツ） 92, 93, 296
Schöner, G. （シェーナー） 75, 92, 93, 101, 296
Schwartz, A. B. 172
Sera, M. （シーラ） 41, 43, 59, 64, 389, 390
Sharp, D. H. （シャープ） 63
Shaw, C. D. 97, 311
Shaw, R. （ショー） 84, 85
Sherrington, C. S. （シェリントン） 232
Shields, P. J. 258
Shiffrin, R. M. 57
Shipley, E. （シプリー） 393
Shirley, M. M. 17
Shlesinger, M. F. 1, 10, 76, 97
Short, K. 214
Shyi, G. 258
Siegler, R. S. 59, 60, 67, 151
Sinclair de Zwart, H. 43

Singer, W. （シンガー） 177, 178, 198, 199, 234, 239
Skarda, C. A. 168
Skinner, B. F. （スキナー） 371
Smith, G. （スミス） 306
Smith, J. L. （スミス） 24, 36
Smith, L. B. （スミス） 41, 43, 59-61, 64, 202, 204, 215, 222, 223, 287-293, 389-391, 398
Smolensky, P. 61, 63, 394
Soechting, J. F. 319
Soja, N. 228
Spelke, E. S. （スペルキ） 40, 49, 50, 53, 181, 214-216, 218-220, 228, 236, 272, 273, 300
Spencer, J. 302, 304, 331
Squire, L. 361
Stehouwer, D. J. （ステーフワア） 34
Stein, B. E. （スタイン） 234, 235
Steinmetz, J. E. 373
Stengers, I. （スタンジェール） 69, 71-74, 78
Stent, G. S. （ステント） 69
Stillings, N. 56
Stob, M. （スタブ） 48
Strauss, S. 26
Streri, A. 236
Stuart, D. G. 24
Sugarman, S. 398
Sullivan, M. W. （サリバン） 371
Sutherland, D. H. 29
Swinney, H. L. 71

■T

Tam, W. Y. 71
Taylor, C. R. （テーラー） 108, 109
Telzrow, R. W. 247
Templin, M. C. 287
Thelen, E. （テーレン） 10, 26-30, 32, 60, 83, 109-113, 121-126, 128, 130, 131, 134-138, 141, 143, 144, 146, 148, 149, 151, 153, 155, 158, 161, 248, 302, 304, 305, 312, 313, 315, 317, 320-326, 331, 332, 364, 377, 391
Thomas, J. S. 324
Thompson, E. （トンプソン） 65, 183, 380, 381, 394
Todd, J. 304
Townsend, J. T. T. 97, 374

索引

Trabasso, T.（トラバッソー）　59
Trabasso, T. R.（トラバッソー）　41, 42
Trevarthen, C.（トレヴァーセン）　300
Tucker, M.　56, 57
Turkewitz, G.　235, 373
Turvey, M. T.　78, 105

■U

Ulrich, B. D.（アーリッチ）　28, 29, 32, 112,
　130, 131, 134-138, 141, 143, 144, 146, 148,
　149, 153, 313, 364

■V

Van Essen, D. C.　190
Van Eykern, L. A.　320
van Geert, P.（ヴァン・ギーアト）　390
van Gelder, T.（ヴァン・ゲルダー）　391, 393
Van Sluyters, R. C.　198
Varela, F.（ヴァレラ）　65, 183, 380, 381, 394
Vereijken, B.（ヴェレイジケン）　155
von Bertalanffy, L.（フォン・ベルタランフィ）
　1, 9
Vygotzky, L. S.（ヴィゴツキー）　11, 151, 272,
　387, 388, 398

■W

Waddington, C. H.（ワディントン）　1, 9, 67,
　159
Walk, R. D.　267
Walker, A.　236
Wallace, C. S.　198
Walley, A.　52
Wallman, J.　54
Wanner, E.　46
Ward, J. A.　110, 113, 124

Wasserman, S.　273
Watson, S. J.　35
Watson, J. S.（ワトソン）　239, 371
Watt, J.（ワット）　391, 392
Weinstein, S.（ワインシュタイン）　48
Weisel, T. N.　198
Weiss, P. A.（ワイス）　9
Wellman, H. M.（ウェルマン）　58, 336, 338-
　341, 356
Werner, H.（ウェルナー）　1, 10, 66, 67, 272
Wertsch, J. V.　11, 387
West, B. J.　75, 97
West, M. J.（ウエスト）　8
White, B. L.（ホワイト）　301
Whiting, H. T. A.　105-107
Whorf, B. L.（ウォーフ）　389
Wilson, W. A.（ウィルソン）　233, 234
Wohlwill, J. F.（ヴォールヴィル）　272
Wolff, P. H.　10
Woo, S. L. Y.　29
Woollacott, M.　119
Wynn, K.　40

■Y

Yates, F. E.　78
Yonas, A.（ヨナス）　245
Yorke, J. A.　84, 97

■W

Zajonc, R. B.　371
Zanone, P. G.（ザノーネ）　152-154, 249
Zelazo, N. A.（ゼラゾー）　20, 151
Zelazo, P. R.（ゼラゾー）　20, 21, 151
Zernicke, R. F.　24, 302, 304, 313, 331
Zola-Morgan, S.　361

事項索引

■アルファベット

A-not-B エラー　14, 225, 242, 250, 335, 360, 364, 368, 397
　　——と脳発達　362
　　——に関するダイナミックな見方　342
　　——の説明　342, 360
　　——の変動性　337
DNA　191, 192, 394, 395
if-then 型論理機械　255

■あ行

足蹴り（運動）　27, 101, 102, 109-115, 120-122, 124-129, 149, 158, 160, 239, 371, 384
　　自発的な——　109, 113, 124, 129
足踏み（運動）　102, 107, 120-124, 128-160
アトラクター　12, 81-84, 86, 117, 135
　　——（の）軌跡　217, 218, 220, 275
　　——状態　78, 82, 86, 87
　　——の安定性　93, 118, 133, 136, 165
　　——の共在　87
　　——の強度　93, 119, 253
　　——の窪み　170, 182, 237, 238-239, 255
　　——の発達　283
　　安定した——　222
　　カオス的——　170
　　局所的——　94
　　行動——　133, 158, 165, 375
　　周期的——　84, 315
　　循環——　312
　　知覚-運動——　255
　　不動点——　82-84, 88, 89
　　文脈——　254
　　ポイント・——　312, 315
　　リミットサイクル・——　82, 83
アフォーダンス　240, 266
アメリカン・サイン・ランゲージ　54
安定状態　90, 93, 94, 102, 129, 139
　　ダイナミックな——　84, 90
安定性　14, 66, 96
　　大域的——　94, 95
　　ダイナミックな——　13, 81

異種混淆的　7, 78, 81, 265
　　——システム　64, 217, 218, 236, 265, 281, 342, 363, 396
　　——な経験　231
　　——な構造　63, 227
　　——なパターン　219
　　——な編成　318
　　——な要素　108, 117, 179, 225, 248, 399
　　——プロセス　210, 220, 224, 399
位相制約的　177
位相同期性　167
位相変位　14, 74, 87, 88, 90, 116, 118, 132, 150, 305
位置生物学的（topobiological）潜在力　193
一般知識　56, 327
一般問題解決　56, 58
遺伝決定論　4
遺伝子　4, 5, 8, 9, 394
遺伝と環境論争　17
移動運動　13, 17, 20, 22-25, 29, 32, 33-37, 110
〈いま-ここ〉　102, 202, 219, 263, 265, 270, 272, 273, 275, 277, 294, 295, 367
ウォーフ仮説　390
運動：
　　——協応　225
　　——協調　33, 74, 106
　　——単位　324
　　——視差　245
　　——におけるエネルギー学の役割　109
　　——能力　5
　　——のエネルギー的な側面　108
　　——の重要性　214, 231
　　——のトポグラフィー的表現　174
　　——プログラム　103, 104
運動発達　12, 17, 20-22
　　——における運動の役割　238
運動野　171-173, 234
エーデルマンモデル　172
エピジェネティック　179, 191, 196-198, 226, 248, 368, 373
　　——・ランドスケープ　158, 159

(438)

エントロピー的平衡状態　78

■か行

外的シンボル　397
概念的カテゴリー　205
開放システム　78, 79
カオス　71, 74, 76, 167, 168, 184
　——システム　74, 84
　——的アトラクター　170
　——的状態　85
　——的性質　170
学習：
　——と記憶　13, 206, 249, 251, 373
　——と情動　371
　——と成熟　19
　——と生得　399
　——と想起　249
　——理論　369, 371, 373
　カテゴリー——　208-212, 256, 258
　帰納的——　50
　言語——　54, 390
　構成された——　48
　道具的——　21
　認知的——　48, 49
　歩行——　17-37, 99, 101, 165, 333
確率論　84, 120, 137, 193, 203, 204, 250
形バイアス　288, 289, 293, 294, 402
価値（エーデルマン）　228, 369, 372
カテゴリー　13, 20, 25, 100, 134, 181, 202, 203, 212, 223, 325
　——学習　208
　——形成　13, 202, 225, 231, 240
　——構造　204
　心の——　202
　生物学的——　205, 207
　創発的——　325
　知覚的——　162, 180, 181, 185, 187, 189, 201, 225, 228, 247, 250, 251, 254, 333, 390
カテゴリー化　180, 201, 202, 250, 259, 271, 373
　知覚的——　180, 181, 188, 189, 191
　自己組織的——　209
カテゴリー化再カテゴリー化　250, 251, 256, 257, 259, 272
　再カテゴリー化　251, 256, 257, 259, 271, 373
　視覚的——化　199

自己組織的——　209
可能事象　273-275, 278, 280, 283-285, 368
カプセル化　5, 56-58, 180
　——された知識　52
　——されたモジュール　399
　情報的に——された構成単位　57
　情報的に——されたサブシステム　56
　情報的に——された仕組み　56
感覚運動期　14, 58, 335
感覚モダリティ　180, 187, 189, 228, 232-235, 238-248, 251, 259, 299, 300
　——間協調　237
　——間照合　237
　——間統合　235
　——間パフォーマンス　234, 236
眼球運動　189, 226, 239
還元主義的-二分法的パラダイム　8
感情　371, 377
観測時間　94
記憶
　——と学習　13, 206, 249, 251, 373
　——の実験的研究　251
　——の発達的変化　257
機械の中の幽霊　386
疑似的な安定　86, 92, 96, 251
機能的モジュール性　232
客観主義　202, 204, 205, 207, 219, 220, 223, 224, 380, 381
共時的振動　234
局所的：
　——アトラクター　94
　——緩和時間　93-95
　——スケール　94
　——相転移　195
　——な非対称性　81
　——な連続性　61
　——複雑性　185
　——変動性　13, 60, 197, 263, 264, 272
　——揺らぎ　197
計算論　391-397
形態発生　74, 191, 194, 196
ゲシュタルト　171, 177, 206, 213, 214, 383
　——心理学者　213
言語：
　——学習　54, 390

―― 環境　8
―― コンピテンス　45, 46
―― の役割（発達における）　389
―― の理解　56
高次機能　20-22
行動ダイナミックス　369
合理主義者　53, 55, 59, 60, 66, 73, 380
心のカテゴリー　202
心の静的構造理論　275
個人性　402
個体発生　2, 3, 5, 6, 8, 20, 21, 73, 94, 97, 121,
　　133, 157, 170, 191, 253, 299, 369
　　―― 的な時間スケール　102, 114, 135, 167,
　　179, 182
　　―― のメカニズム　11
　　―― ランドスケープ　158, 159, 161
古典的ダーウィン理論　181, 183
コネクショニスト　63-65
　　―― ・モデル　60, 61, 63, 66, 212, 394
コネクショニズム　60
コンピテンス　40, 44-47, 50, 219, 220, 224, 251,
　　267, 281, 295, 336, 337, 367
　　―― ・パフォーマンスの区別　44-46
　　大域的な ――　267
コンピュータ　9, 13, 99, 104, 381
　　―― と脳　9, 179, 185
　　―― ・メタファー　89
　　―― ・モデル　208
　　デジタル・ ――　9, 381

■さ行 ――――――――――――――――

再カテゴリー化　250, 251, 256, 257, 259, 272
再 入 力（reentrant）　185, 187, 188, 233, 235,
　　249, 275, 397
　　―― 構造　226
　　―― ネットワーク　189, 191
　　―― マッピング　199, 208, 220, 222, 238, 265,
　　281, 349, 359, 368
再入力マップ　208, 210, 216, 224, 225, 229, 270
　　時間拘束的な ――　225
細胞：
　　―― 移動　192, 193, 195, 197
　　―― 死　192, 193, 195, 198
　　―― 集合（体）　192-194, 197
　　―― 接着分子　195-197

―― 増殖　197
―― 表層　192, 194, 195, 197
サッカード運動　190
散逸構造　78
散逸システム　74
参加的充当　388
視覚的断崖　241, 266-268, 271
視 覚 野　173, 176-178, 189, 190, 198, 234, 237,
　　239, 240, 276
時間　2, 179, 401
　　―― 依存的　225, 228
　　―― 計測アプローチ　58
　　―― 制約的　198
　　―― 多元的な時間　13
　　―― 的軌跡　88, 216
　　―― 的コード化　176
　　―― ―的秩序　75
　　―― 的同時性　189
　　―― 独立　311
　　観測 ――　94
時間拘束（性）　176, 177, 215, 216, 219, 224-
　　227, 229, 231, 237-239, 243, 252, 257, 265,
　　270, 271, 277, 281, 326, 333, 346, 348-350,
　　358, 359, 368, 399
　　―― 的活動　257
　　―― 的再入力マップ　225
　　―― 的な再入力システム　265
　　―― 的な相互作用　212
　　―― 的パターン　237
　　―― 的マッピング　215
時間スケール　8, 11, 13, 77, 93-95, 101-103,
　　106, 114-116, 133, 135, 167, 249, 250, 263,
　　302, 303, 304, 305, 367
　　複数の ――　102, 103, 114, 387
次元性　84
志向性（intentionality）　22
自己運動　119, 181, 228, 238, 240-242, 369
自己産出：
　　―― 的移動　241
　　―― 的運動　240, 241
自己受容的　130, 131, 238, 252
自己組織化　67, 78-81, 88, 89, 101, 108, 109, 111,
　　113, 114, 131, 158, 165, 167, 169, 181, 208,
　　212, 225, 377, 386
自己組織的カテゴリー化　209

索引

自己組織的システム　74
自己中心的反応　247
自己発動的運動　238
実時間　13, 46, 47, 53, 94, 100-103, 109, 115, 121,
　128-131, 135, 136, 153, 165, 167, 170, 171,
　179, 208, 212, 220, 231, 237, 249, 265, 299,
　303, 335, 337, 338, 343, 356, 359, 367, 399
シナジー　107, 125, 126, 295, 301, 317, 319, 369
　――的システム　74
　――的な見方　89
シナジェティックス　165
　――の原理　167
臭覚　168
集合的信号爆発　170
集合変数　81, 84, 89, 90, 93, 111, 113, 114, 116-
　118, 129, 132, 133-135, 146, 165, 303, 304,
　311, 328, 329
自由度　75, 76, 81, 82, 84, 106, 107, 111, 165, 225,
　318
　――の圧縮　133, 303, 330
縮重（degeneracy）　185, 187-189, 191, 205, 206,
　208, 210, 212, 226, 235, 249, 254, 256
　――モデル　207
馴化　49, 214, 220, 236, 273-284
　――手続き　217, 218, 220
状態空間　82-85, 87, 88, 92, 93, 117, 182, 183, 217,
　218, 220, 256, 291
　――のランドスケープ　221, 281
　理論的――　270
象徴的思考　391, 393-398
情動的認知　377
情動的誘意性　373, 377
情動と学習　371
情報処理モデル　59, 60, 367
情報処理理論　66, 73
　――的アプローチ　58-60, 249
初期レパートリー　185, 191, 194, 226, 373
知ることの本質　365
進化の時間　57, 58
進化論のアナロジー　57
新奇性　4, 6, 255, 371
新奇な言葉　287
神経グループの地図　198
神経細胞群選択　187, 189, 231, 368, 369, 377
　――理論（TNGS）　11, 13, 166, 167, 179, 180,

201, 202, 208, 212, 225, 237, 239, 241, 245,
　246, 249, 252, 256, 257, 270, 360, 367, 373,
　384
神経細胞編成体　169, 170
神経成熟的アプローチ　18
神経胎生学　167, 179, 191, 226
神経的多様性　184
神経発生　2, 197, 198
　――学　11, 13, 100, 368
神経分化　198
身体化　47, 208, 221, 385, 387
　――されたイメージ・スキーマ　386
　――された認知　380, 381, 383
　力の身体性　383
身体的なもの　205
心的イメージ　205-206
心理学的場　369
推移律　41-43, 51, 59
ストレンジ・アトラクター　74, 84
スペイン式乗馬学校　89
スロープの学習　266
生活空間　370, 378, 379
制御パラメーター　90, 94, 147, 150, 158, 116, 132,
　136, 151, 165, 244, 245, 303, 304
　潜在的な――　116, 145, 146, 150, 330, 333
成熟：
　――と学習　19
　――と発達　360
生態学的構造　206
生得－経験論争（問題）　3, 63
生得主義（者）　47, 48, 49-53, 55, 59, 60, 66, 73,
　300, 399
　――の誤り　50
生得的　8, 49, 50, 53
　――制約　47, 48, 52
　――知識　300
　生得と学習　399
生得論　22, 48, 302
生物学的カテゴリー　205, 207
生物学的組織化　178
制約的　399
遷移　61, 90-94, 132
前言語　383, 385
想起と学習　249
相互作用主義　4

相互作用的認知　388
相転移　88, 195
　　局所的 ——　195
創発的カテゴリー　325

■た行

大域的：
　　—— 安定性　94, 95
　　—— 活動　276
　　—— な構造　263-265, 272, 287, 294, 295
　　—— なコンピテンス　267
　　—— な秩序　85, 263-266, 281, 295
　　—— 平衡時間　94
対象の永続性　97, 247, 248, 336, 337, 362, 364
ダイナミック・アプローチ　302, 327, 401
ダイナミックシステム　1, 38, 63, 74, 75, 113, 215, 397
　　—— ・アプローチ　93, 117, 118, 132, 134, 135, 302, 342
　　—— による説明　215, 338, 356, 362, 382
　　—— の原理　1, 2, 12, 77
　　—— の原理の操作化　133
　　—— の状態空間　82
　　—— の遷移　91
　　—— 理論　61, 63, 66, 67, 100, 101, 105, 130, 265, 280, 317, 399
ダイナミックな安定状態　84, 90
ダイナミックな履歴　102, 103
ダイナミック方程式　87
ダイナミック（な）ランドスケープ　14, 158, 374
大脳基底核　190
大脳皮質　18, 19, 171-173, 372
ダーウィン式オートマトン　369
多次元性　33, 108, 157
多重感覚空間　234
　　—— ・多重運動マップ　235
多重感覚的統合　235
多重モデル　207
段階的構造　203-205, 224
知覚 - 行為のサイクル　300
知覚的モダリティ　242, 246
知覚的カテゴリー（化）　180, 181, 185, 187-189, 191, 201, 225, 228, 247, 250, 251, 254, 333, 390

知覚的神経細胞群　256
知覚の再帰的プロセス　171
知識：
　　—— と行為　333
　　—— 獲得　58, 205, 224, 238, 259, 280, 286, 299
　　—— 構造　45, 47, 51, 52, 60, 101, 201, 224, 267, 270, 272, 275
　　—— ダイナミックな活動としての知識　295
　　—— の起源　49, 53, 55, 219
　　—— の社会的構成理論　387
　　—— の社会的身体性　386
　　—— の文脈特異性　272
　　抽象的 ——　282, 283
秩序パラメター　81, 83, 86
中央神経系　4
中核知識　367
注視システム　342, 345, 346, 352, 353, 357
中枢パターン発生器　22-25, 35, 37, 39, 45, 50, 103, 104, 107, 110, 224, 264, 365
チョムスキー派理論　52
デカラージュ　118, 119, 121, 251, 257, 268, 270
デカルト的二元論　100
適応的マッチング　321
哲学的カテゴリー　202
動機づけ　14, 36, 37, 103, 248, 369-381, 401
　　—— のバイアス　370
動機的な価値　210, 217
統語論　54, 294
動作性システム　392
動作性認知　381
特徴分析器　210, 211
徒弟制　387
トポグラフィー　172-174, 178, 311
トレース運動　210
トレッドミル　23, 24, 28-33, 36, 43, 102, 128-131, 133-160, 364
〈どこ〉システム　215, 221, 342

■な行

内化　388
内観　204, 393, 397
内在的ダイナミックス　280, 302, 303, 306, 311, 318, 321, 326, 343, 356, 359, 363, 365, 400, 402
〈なに〉システム　215, 221, 341, 342, 345

索　引　　443

人間の情報処理　58
認知：
　——的学習　48, 49
　——的推力　222, 223
　——の連続性　50
熱力学的平衡　77-79, 91
ノイズ　8, 75, 81, 84, 87, 88, 90, 91-93, 95, 96, 118, 120, 136, 137, 158, 197, 294, 299
脳　23, 25, 47, 60, 63, 100, 171, 173, 225-228, 232-235, 301, 318, 360, 369, 377, 380, 394
　——とコンピュータ　9, 179, 185
　——内の神経組織の成熟　19
　——の可塑性　173
　——の成熟　26, 28, 248, 257
　——のダイナミックな組織化　167
　——の地図　175
　——脳の発達理論　2
　——への還元主義　2
脳幹　190
脳波（計）　168, 364

■は行 ────────────

バイオメカニクス（生体力学）　99
発達関数　288, 339-341
発達：
　——的時間　13, 335, 338, 355, 356, 359, 368
　——における運動の役割　238
　——における変動性　118
　——の不連続性　42, 52, 53
　——の有機体論的見方　9
　——の連続性　42, 50, 52, 53
　——ランドスケープ　292
　——理論の目標　7
パラダイムシフト　398, 399
反客観主義　381
非均衡システム　87, 88
微視発生的実験　151
非線形システム　1, 74
非線形ダイナミックス　84
非対称性局所的な非対称性　81
ビュリダンのロバ　374, 375
表現語彙　288
表層調節メカニズム　196
非連続性　51, 52, 55, 61, 175, 213
敏感期　150

ファジー　255, 258
不可能事象　273-275, 278, 279, 280, 283-285, 368
複雑系　10, 73-76, 83, 87, 90, 91, 99, 113, 165, 303, 305, 342, 355, 356, 363, 364, 391, 392, 396-398
　——の大域的な特性　73
複雑性　1, 2, 4, 9, 10, 74, 77, 78
　局所的——　185
物理的包含　381, 382
振り子運動　59
文脈　117, 181, 253, 295
　——アトラクター　254
　——依存性（的）　32, 33, 41, 157, 177, 280, 343, 368, 380, 395
　——感受性　114, 299
　——効果　338, 341, 343, 349, 356, 359
　——－固有性　55
　——主義　11
　——特異性（的）　7, 13, 14, 108, 114, 121, 220, 224, 251, 258, 259, 265, 266, 269, 272, 280, 281, 289, 294
　——（的）リマインダー　255, 355
分類カップル　188, 226-228
ヘップ的概念　217
ヘップ的シナプス　169
ベロウソフ・ジャボチンスキー反応　70-73, 75-79, 88, 91, 99, 192
変動性　13, 101, 118, 182, 195, 208, 209, 402
　局所的——　13, 60, 197, 263, 264, 272
　個人（体）間——　136, 183
　個人内——　136
　神経系の構造における——　184
　データの——　136
　発達における——　118
弁別的コード化　177
歩行：
　——運動　19, 21, 26-28, 32, 107
　——学習　17-37, 99, 101, 165, 333
　——のランドスケープ　159
　——のランドスケープ　159
ポテンシャル井戸　86, 90, 93, 94, 118, 150, 159, 374, 375
ポテンシャルの丘　86, 94
ホムンクルス　11, 165, 173, 174, 369

翻訳の不確定性　48

■ま行

マッピング　84, 131, 173, 180, 181, 198, 210, 216, 276
　　感覚入力と運動の全体的な──　228
　　再入力──　199, 208, 220, 222, 238, 265, 281, 349, 359, 368
　　時間拘束的──　215
　　全体的な──　228, 238
　　知覚－運動の（的）──　249, 377, 378
　　知覚－行動──　167
　　マルチモーダルな──　201, 208, 231, 241
導かれた参加　387, 388
ミューラー＝リヤーの錯視　56, 57
目的志向的行動　18
目的論　5, 7, 66, 73
モジュール仮説　55, 56
モジュール性　55, 56, 157, 232

■や行

揺らぎ　90-92, 94-96,
　　局所的──　197

■ら行

離散的位相遷移　92
リターンマップ　84, 85
リーチング　13, 14, 167, 171-173, 213, 225, 232, 240, 243, 299, 302-337, 347, 348, 354-360, 383
　　──・システム　342, 346, 357
　　大人の──　306
リペラー　86, 89, 378
領域一般　399
　　──の知識構造　270
領域固有　399
両指運動　94, 96
理論的二元論　295
レーザー　74, 79-81, 91, 99
連合主義　368, 399
連続性：
　　局所的な──　61
　　時間スケールの──　249, 250
　　認知の──　50
　　発達の──　42, 50, 52, 53

著者紹介

エスター・テーレン（Esther Thelen, Ph.D. 故人）

1941年5月、ニューヨーク州ブルックリン生まれ。1964年にウィスコンシン大学より学士号（動物学）、1977年にミズーリ大学より博士号（生物科学）を受けた。同年ミズーリ大学心理学部の助教授、1985年にインディアナ大学心理学部（現在の心理脳科学部）の教授となった。The International Society of Infant Studies および The Society for Research in Child Development (SRCD) の会長を歴任。複雑系モデルおよび行動レベルの精緻なデータをもとに新たな行動パターンや認知能力が生じる原理を探求した革新的な研究は、発達科学をはじめ、運動学、認知科学、神経科学、ロボティクス、幼児教育、小児リハビリテーションなど多様な領域にインパクトを与えた。2004年12月、インディアナ州ブルーミントンにて死去、63歳。

リンダ・スミス（Linda Smith, Ph.D.）

1973年にウィスコンシン大学より学士号（理学）、1977年にペンシルベニア大学より博士（学術）を受けた。同年インディア大学心理学部の助教授、1985年に同教授、2007年より同特別教授となる。2013年に Cognitive Science Society より Rumelhart 賞、2018年に Association for Psychological Science より APS William James Fellow 賞を授与されるなど、現在、認知発達研究を牽引する研究者の一人である。ピアジェの A-not-B エラーを感覚運動的な過程として再解釈した業績をはじめ、発達初期の言語獲得や記憶に関して複雑系のモデルからアプローチする研究とその成果は、発達ロボティックス（epigenetic robotics）などを含む広い研究領域で評価されている。

訳者紹介

小島康次（こじま・やすじ）【監訳者、序章、2章、11章、終章】
北海道大学大学院教育学研究科博士課程単位取得退学、札幌大学女子短大助教授、クラーク大学（米国）客員研究員を経て、現在、北海学園大学経営学部教授（平成30年4月より札幌保健医療大学）
主な著書に、『心理学におけるダイナミックシステム理論』（分担執筆）金子書房、主な訳書に、A. カミロフ＝スミス『人間発達の認知科学』（監訳）ミネルヴァ書房がある。

高橋義信（たかはし・よしのぶ）【1章、5章、6章、7章】
北海道大学大学院教育学研究科博士課程単位取得退学、現在、札幌医科大学医療人育成センター准教授
主な著書に、『乳幼児の人格形成と母子関係』（分担執筆）東京大学出版会、『乳幼児心理学』（分担執筆）サイエンス社、主な訳書に、『数学者としての子ども』（共訳）ミネルヴァ書房がある。

丸山　慎（まるやま・しん）【日本語版序文、3章、4章】
東京大学大学院教育学研究科修了、博士（教育学）、インディアナ大学ブルーミントン校心理・脳科学部博士研究員等を経て、現在、駒沢女子大学人文学部心理学科准教授
主な著書に、『知の生態学的転回1　身体：環境とのエンカウンター』（分担執筆）東京大学出版会、主な論文に、Maruyama, S., Dineva, E., Spencer, J. P., & Schöner, G. (2014). Change occurs when body meets environment: A review of the embodied nature of development, *Japanese Psychological Research, 56,* (4) がある。

宮内　洋（みやうち・ひろし）【8章、9章】
北海道大学大学院教育学研究科博士後期課程単位取得退学、日本学術振興会特別研究員 DC1、同 PD、高崎健康福祉大学人間発達学部准教授等を経て、現在、群馬県立女子大学文学部教授
主な著書に、『体験と経験のフィールドワーク』（単著）北大路書房、主な論文に、「貧困と排除の発達心理学序説」『発達心理学研究』（第23巻第4号）がある。

杉村伸一郎（すぎむら・しんいちろう）【10章】
名古屋大学大学院教育学研究科博士課程満期退学、博士（教育心理学）、名古屋大学教育学部助手、神戸女子大学文学部助教授、広島大学大学院教育学研究科助教授を経て、現在、広島大学大学院教育学研究科教授
主な著書に、『心理学研究の新世紀　第3巻　教育・発達心理学』（編著）ミネルヴァ書房、主な論文に、「空間認知の発達における感覚運動的知能と概念的知能の関係」『認知科学』（第6巻第4号）がある。

発達へのダイナミックシステム・アプローチ
認知と行為の発生プロセスとメカニズム

初版第 1 刷発行　2018 年 3 月 15 日

著　者　エスター・テーレン、リンダ・スミス
監訳者　小島康次
訳　者　高橋義信・丸山　慎・宮内　洋・杉村伸一郎
発行者　塩浦　暲
発行所　株式会社　新曜社
　　　　101-0051　東京都千代田区神田神保町 3-9
　　　　電話（03）3264-4973（代）・FAX（03）3239-2958
　　　　e-mail：info@shin-yo-sha.co.jp
　　　　Ｕ Ｒ Ｌ：http://www.shin-yo-sha.co.jp/

印　刷　星野精版印刷
製　本　イマヰ製本所

ⓒ Esther Thelen, Linda Smith, Yasuji Kojima, Yoshinobu Takahashi, Shin Maruyama, Hiroshi Miyauchi, Shinichiro Sugiyama, 2018　　Printed in Japan
ISBN978-4-7885-1570-3 C3011

--- 新曜社の本 ---

新しい自然主義心理学
自然法則に従う人間モデルからの出発

三ヶ尻陽一

四六判168頁
本体1800円

発達心理学・再入門
ブレークスルーを生んだ14の研究

A・M・スレーター＆P・C・クイン 編
加藤弘通・川田学・伊藤崇 監訳

A5判292頁
本体2900円

社会心理学・再入門
ブレークスルーを生んだ12の研究

J・スミス＆S・A・ハスラム 編
樋口匡貴・藤島喜嗣 監訳

A5判288頁
本体2900円

知能と人間の進歩
遺伝子に秘められた人類の可能性話

J・R・フリン
無藤隆・白川佳子・森敏昭 訳

A5判160頁
本体2100円

ディープラーニング、ビッグデータ、機械学習
あるいはその心理学

浅川伸一

A5判184頁
本体2400円

心の理論
第2世代の研究へ

子安増生・郷式徹 編著

A5判228頁
本体2500円

モチベーション再考
コンピテンス概念の提唱

R・W・ホワイト
佐柳信男 訳

A5判116頁
本体1800円

人狼ゲームで学ぶコミュニケーションの心理学
嘘と説得、コミュニケーショントレーニング

丹野宏昭・児玉 健

A5判168頁
本体1700円

大ヒットアニメで語る心理学
「感情の谷」から解き明かす日本アニメの特質

横田正夫

四六判192頁
本体1800円

子ども・若者とともに行う研究の倫理
研究・調査にかかわるすべての人のための実践的ガイド

P・オルダーソン＆V・モロウ
斉藤こずえ 訳

A5判240頁
本体2800円

いまさら聞けない疑問に答える心理学研究法のキホンQ & A 100

N・J・サルキンド
畑中美穂 訳

A5判168頁
本体1800円

いまさら聞けない疑問に答える統計学のキホンQ & A 100

N・J・サルキンド
山田剛史・杉澤武俊・寺尾敦・
村井純一郎 訳

A5判196頁
本体1900円

現象学的心理学への招待
理論から具体的技法まで

D・ラングドリッジ
田中彰吾・渡辺恒夫・
植田嘉好子 訳

A5判280頁
本体3100円

＊表示価格は消費税を含みません。